国際倒産 vs. 国際課税

石 黒 一 憲

国際倒産 vs. 国際課税
— 牴触法的考察 —

International Bankruptcy vs. International Taxation

By

Prof. Kazunori Ishiguro

The University of Tokyo

❦ ❈ ❦

学術選書
16
国際民事訴訟法

2010
Shinzansha

信 山 社

「はしがき」

　私の本書初校の終了（2010年3月12日に全体の点検等をし、同13－21日の間に丸6日かけて、それを行なった）を受けて、本日（3月23日夜）、いよいよ妻裕美子の詳細チェックが始まった。その大変さを思いつつ、この機会に、本書の「はしがき」を、書いておくこととした。

　本書は、貿易と関税（［財］日本関税協会）2005年9月号から2010年3月号までの連載論文たる、『国際課税と牴触法（国際私法）』のうち、同論文の四3（「国際倒産と租税──最近のわが国際倒産法制の改革との関係において」同2007年8月号から2009年11月号まで）を主軸とし、それに同論文中の若干の部分を付加して、1冊としたものである。
　まず、『国際課税』との関係で一言しておけば、私は、昭和61年以来、税務大学校（当初は新宿区若松町、その後は埼玉県和光市）において、『国際租税セミナー』での、「国際私法」の講義を行なって来た。だが、その主眼は、「国家管轄権」論の方にあり、国家法の域外適用等との関係で、「国際課税」関連の諸問題を、「国際倒産と課税」の論点を含めて、扱って来た（なお、そのような得難い機会が私に与えられるについては、昭和61年1月15日に、まさに「成人の日に処女作を遺稿とす　一憲」の一句のごとく逝去された、故上本修君の、天からのお導きがあったものと、私と妻は、理解している。なお、上記論文冒頭の、貿易と関税2005年9月号53－54頁参照）。
　他方、『国際倒産』については、石黒『国際民事訴訟法』（1996年・新世社）289頁以下に、それまでの私の研究のエッセンスを、詳細な注とともに、記しておいた。だが、その後、『平成12年法（承認援助法）』の制定で、「事態はガラリと変わった」、かのごとくである。──果たして、「そう」考えるべきなのか否か。まさにそこに、本書全体を通して訴えようとする事柄が、深く関係して来る。
　『牴触法（Conflict of Laws）』の研究対象は、いわゆる「民事・非民事」の区別なく、国際的な法律問題の全体に及ぶ。そして、実際の「国際倒産現象」の全体像もまた、「民事・非民事」の双方に及ぶ。このことは、本書でも再三論じた、かのBCCI事件からも、既にして明らかとなる「はず」のこと、であった（本書でも引用した石黒他『国際金融倒産』［1995年・経済法令研究会］も、この基本認識に基づき、「非民事」の「国際銀行監督」上の諸問題を含めて論じたもの、であった）。
　ところが、ここで、島国日本ならではの（!?）、奇異な現象が起きる。日本における「国際倒産法研究のフィーバー状態」の原因ともなったBCCI事件の、「非民事的側面」はいつしか完璧に忘れ去られ、すべてが「民事の論理」で片付くかのごとき「思い込み」で、前記の「平成12年法」が、制定されてしまったのである。しかも、1997年の「国連モデル法」を採用して制定されたのが、この「平成12年法」である旨、我が国から国連（UNCITRAL［国連国際商取引委員会］）側に正式の通告がなされているのに、「国連モデル法」と「平成12年法」とは、内容的に、あまりにも違い過ぎる（何よりも、実際に、「国連モデル法」と「平成12年法」との、個々の条文の、そして、全体構造の、比較をしてみよ。無数の「?」マークがつくはずである）。

だが、それだけではない。実は、このモデル法の策定上、最も揉めた論点の一つは、『「外国倒産手続きの承認」と「課税の取り扱い」との関係』について、であった。ところが、日本側は、この問題の背後にある米欧対立の基本図式すら、十分に（否、全く？）理解できていなかったという、驚くべき、また、致命的な事態が判明する。

島国日本における、この致命的な法現象の根には、実に深いものがある。かくてここに、本書のタイトルたる、『国際倒産 vs. 国際課税』の対立図式が、成り立つことになる。

だが、その対立図式もさることながら、日本の民訴・倒産法学者には、「従来の自国法制度・法文化の継承」をあっさりと放棄し、「（米国主導の）国連モデル法≒平成12年法」（但し、この認識の"更なる歪み"については、本書で詳述される）がすべてだ、とする傾向が、遺憾ながら強い。強過ぎる。

それがゆえに本書は、「スイス」・「ドイツ」・「英国」、そして「米国」において、「従来の自国法制度・法文化の継承」が、如何に自覚的に（強烈に！）志向されているかを、国際倒産に関する「2000年EU規則」、及び、前記の「国連モデル法」との関係において、詳細に辿ったのである。そして、かかる「世界一周の旅」から得られた、法的エネルギーの凝縮した光を、再度、日本の「平成12年法」に、その"病理の層"を焼き切るべく、強烈に照射したのである。――その結果、一体、"燃え滓（カス）"として、何が"残った"というのか。それは、本書自身に語らせることとしよう。

ともかく、最も大局的な問題として、本書各章の光のプリズムから明らかとなるのは、次のことである。即ち、国際倒産関連の「平成12年法」の、立法過程・規律内容に示された極めて深刻な問題は、石黒『国際私法（第2版）』（2007年・新世社）の「はしがき」にも示したところの、「法例廃止・通則法制定」（国際私法［準拠法］関連）の愚挙や、「新会社法制定」上の基本的問題（「日米規制改革対話」における米国の対日"規制緩和"要求が、そのドライビング・フォースであったことによる、暗い歪み）にも、通底するものなのだ、ということである。かくて、最近の日本におけるあまりにも性急、かつ無意味に広汎な法制度改革における、基本的病理（その根源にある問題については、石黒『法と経済（Law vs. Economics）』［1998年・岩波］参照）が、本書のテーマにも、色濃く滲み出ているのである。

それでは、一体なぜ、日本が、諸外国に率先して、エリトリア（1998年）に続き、南アフリカ、メキシコと同年の「2000年（平成12年）」に、米国主導の「国連モデル法」を、早期採用せねばならなかったのか（当の「米国」は2005年、「英国」は2006年の採用、である）。その種明かしについては、本書「終章」の副題たる、「米国の思惑、EUの戦略、そして日本の無策」というキイ・ワードから、逆算して頂きたい。

どうして、日本は、こんな情けない国に、なり果ててしまったのか。――そのことへの深い嘆きと、「法律学研究の本来あるべき姿」への私の痛切なる想い（そして、その裏側での、強い"喪失感"！）が、本書を貫いている。「歴史に対する私（と妻）の責任の果たし方」の問題として、そのことだけは、どこまでも、ここで強調しておく。こういう時期だからこそ、「学問の理念型（Idealtypus）」を、日本の法律学の、限りなく衰微してゆく歴史に対して、"刻印"しておく責任が、私にはあるのだ（!!）。

なお、本書には、この3年程の、「私（と妻）のすべて」が、別途埋め込まれている。

実は、この期間は、2004年12月2日に、私が、己の内なる「強い（強過ぎる）先天の氣」の覚醒を、北京の劉先生（中医学・気功医学の権威者）の"指一本"で受けてからの、猛烈かつ急速なパワーの進展の時期と、連動する。その間に生起したもろもろの事柄についても、議論の本線とは別に、有り体に書き記してあるのである。但しそれは、むしろ将来的には、いまだ初期段階しか科学的に解明されていない『氣（電磁波）』のパワーへの、更なる基礎研究のための、ある種の資料ともなり得るもの、と考えてのことでもある。

次に、（縦組みの）雑誌論文を（横組みの）著書とするにあたって、若干断っておきたいことがある。まず、細かいことだが、日本語の「右の」には、単純に「上記の」・「前記の」と出来ぬニュアンスが、場合によってはあり、そこで、「右の」は、そのままとしてある。日本語の常識で、適宜補ってお読みいただきたい。

また、とくに本書前半においては、貿易と関税の各号の年月、頁について、本書の該当部分に移し替えて示すことを、全部については、していない。雑誌連載に際しては、論文内の引用箇所の極めて詳細かつ厳格な特定に、とくに意を用いて来たのだが、著書化に際しては、"重層的な対比"が重要となる本書後半部分に、その厳密な作業を、意識的に限定し、重点化しつつ、他方で、必要度の高い個所については、一層細かい「特定方法」をとった（「本書何頁参照」では、特定に十分とは言えない場合も、あるからである）。

ただ、そうした本書内での「特定方法」なしに、もともとの雑誌論文の頁等のみがリファーされている個所については、読みづらい点もあろうかと思われる。だが、あまり気にせず、そこは無視して、論述の内容に、さしあたり注目していただきたい（本書の中で、貿易と関税の毎月の連載の切れ目については、極力その旨明示してあるので、それで大体の検討はつくはず、でもある）。ちなみに、重要な個所については、「読む」という作業の途中で別な頁を探すことによる"意識の希釈化"を避けるべく、何度も（参照対象たる）記述ないしは当該文書の内容を、それぞれの個所に反復して示してある。

最後に一言。もう30数冊の著書（単著）を出している私だが、著書という点では、2007年に2冊出して以来、となる。実は、本書の出版については、全く諦めていた。だが、2009年12月16日（同年最後の、新月期大潮初日！──私の『氣』のパワーは、「新月」のときにmax.となる。劉先生は「満月」のとき、だそうであるが……）に、急転直下、「5分」で出版が決まった。信山社の袖山貴氏、稲葉文子氏には、心からの感謝の意を、表させて頂きたい。しかも、普通に組めば700頁以上にはなる分量なのに、組み方も綺麗で、実に校正もしやすく（詳細チェック中の妻も同感）、有難い限りである。

2010年3月23日夜

　　　　詳細チェック中の妻の、頁を繰る音を静かに聞きつつ

　　　　　　　　　　　　　　　　　　　　　　　石　黒　一　憲

目　次

はしがき

序章　国際倒産と国際課税——本書の基本的分析視角 …………………………… 1
1　はじめに …………………………………………………………………………… 1
2　「国境でメルトダウンする人権保障？」——執行共助の刑事と税務 ………… 5
　(1)　問題の設定（5）
　(2)　「徴収共助」に関する問題の所在と「米国の論理？」（6）
　　　a　概　　観（6）
　　　b　国境を越えた外国の刑事・租税判決の承認・執行？——「米国的論理」の問題性（8）
　(3)　国際刑事法上の「没収共助」と憲法——「徴収共助」問題との関係において（8）
　　　a　「双方可罰性」の要件をめぐって（8）
　　　b　組織犯罪処罰法62条をめぐって（10）
　(4)　結　　語？（11）
3　"諸悪の根源"としての米国対外関係法第3リステートメント§483
　　——「外国租税判決・刑事判決の承認・執行」?? ……………………………… 15
　(1)　"米国流"の考え方の問題性と「欠落する"執行管轄権＆基本的人権"からの視点」への序章——「§483的米国」とは？（15）
　(2)　米国対外関係法第3リステートメント§483の「論理構造」・その1——「英国」の「インド課税事件」判決の不当な矮小化（22）
　(3)　米国対外関係法第3リステートメント§483の「論理構造」・その2——「基本的人権の観点」等は何処へ？（26）
　(4)　「国境」に落ちたコインの両側！——「執行管轄権」と「基本的人権保障（租税法律主義）」（32）

第1章　わが国際倒産法制の変革へのプロセスと「課税」 ………………………… 37
1　私の国際倒産法研究の「出発点」と"軌跡"——なぜか誰も語ろうとしない真実(?)を含めて ……………………………………………………………………… 37
2　「平成12年法（承認援助法）」と「"米国の影"に怯える日本？」 ……………… 40
　(1)　はじめに（40）
　(2)　法改正論議の最終段階での、"米国の影"——国連の「国際倒産モデル法」と日本の「平成12年法」（41）
3　「一橋案」と「国際課税」 …………………………………………………………… 48
　(1)　「準拠法の論理」の混入？（48）
　(2)　「コミティ」を含めた「米国からの心地よい風」に吹かれて⁉（57）
　(3)　「一橋案と租税」を論ずるための更なる前提——「BCCI事件」を出発点として（60）
　(4)　国際金融法の全体像から見た"国際倒産現象"（64）
　(5)　「一橋案」における「租税」の取扱い？・その1——「ルクセンブルグ対IRS事

件」とも対比させつつ（76）
- (6) 「一橋案」における「租税」の取扱い？・その 2 ──「承認要件」に関する「一橋案」と「平成12年法」との対比を含めて（89）

4 「従来の米国連邦破産法」と『「コミティ」＆「米国型の"裁量権限"」』 …… 94
- (1) 「"積極介入型"の米国裁判官の裁量」と「日本の選択」？（94）
- (2) 米国連邦破産法304条と『「コミティ」の重層構造的性格』（101）
- (3) 米国連邦破産法304条制定前・制定後の「コミティ」の実際の機能、そして「米国型裁量の実像」（104）
- (4) 「国家法の域外適用」と「コミティ」（111）
  - a 「牴触法の理論枠組み」についての若干の確認（111）
  - b 米国対外関係法第3リステートメント §403における「裁量とコミティ」（121）

第 2 章 スイスの選択と「ミニ破産」 …………………………………………… 127

1 これまでの論述のまとめと今後の展開──「手書きの一枚紙」からの出発 … 127
2 スイス国際私法典における国際倒産規定について──草案段階からの展開と「ミニ破産」 ……………………………………………………………………… 134
3 スイスにおける外国破産宣告承認と「自国租税債権の処遇」──連邦と州（カントン）の権限配分との関係において ……………………………………… 141
4 「スイスのミニ破産」と「私」── Hotchpot Rule との関係を含めて …… 145
5 「従来の米国」と「スイス」の国際倒産法制との比較──スイスの行き方は「承認」ではなく「共助」だと、果たして言えるのか？ …………………… 154

第 3 章 「2000年 EU 規則」とドイツの対応 ……………………………………… 163

1 はじめに ……………………………………………………………………………… 163
2 「2000年 EU 規則」とそこに至るまでの道程・その 1 ──「英国」という"悲しい言葉遣い"についての再確認を含めて ……………………………………… 164
3 「2000年 EU 規則」とそこに至るまでの道程・その 2 ──「租税債権の取扱い」に重点を置いて ……………………………………………………………………… 170
4 「EU 金融機関倒産指令」と証券・マネーの「ペーパーレス化問題」 ………… 172
5 「2000年 EU 規則」の基本構造への正しい理解──スイスの「ミニ破産」との親近性に留意しつつ ………………………………………………………………… 178
6 ドイツの側から見た「2000年 EU 規則」と「国連モデル法」──「牴触法」・「比較法」に関する若干の重要な注記とともに ……………………………… 190
- (1) 概 観（190）
- (2) ドイツの従来の国際倒産法制との連続性──米国型の「フェアネス」と「コミティ」との関係等についての、重要な注記とともに（196）

第 4 章 「英国」の選択──「国連モデル法」のその後の採用状況と、その制定過程での「租税の取扱い」を含めて ……………………………………………… 213

1　「英国」についての再確認事項 ……………………………………………………………… 213
2　「英国」の「2006年国際倒産規則」による「国連モデル法」の採用──「国連モデル法」のその後の採用状況を含めて ………………………………………… 219
3　従来の「英国」の国際倒産法制の基本と「裁量」──その淵源をめぐって … 224
4　『「国連モデル法13条2項」vs.「米国対外関係法第3リステートメント§483の不当な論理」』、そして「英国」の対応 ………………………………………… 236
　(1)　はじめに（236）
　(2)　「国連モデル法」13条のUNCITRALにおける審議過程と米国の「林檎と手錠」戦略（238）
　(3)　「外国の租税」に関する「英国」の選択・その1（243）
　(4)　これまでの議論の再整理と若干の展開──「裁量」・「コミティ」、「レシプロシティ」、そして「公序」？（245）
　(5)　「外国の租税」に関する「英国」の選択・その2──巧妙な規律構造（カラクリ）の解明（248）
5　「2000年EU規則」と「国連モデル法」──従来の「英国」国際倒産法（牴触法）との関係において ………………………………………………………………………… 254
　(1)　「国連モデル法」(1997年)と「国連モデル法（英国）」(2006年)との差異について──「2000年EU規則」の"成立過程"の、「国連モデル法」への「直接的反映」!!（255）
　(2)　「ジュリスディクション問題」と「従来の英国国際倒産法」──「国連モデル法」における「国際管轄規定の不存在」との関係において（259）
　(3)　「従来の英国の国際倒産法」の基本構造──「2000年EU規則」及び「国連モデル法（英国）」との関係において（261）
　(4)　「英国の従来（在来）の国際倒産法（牴触法）」の詳細と留意点──「2000年EU規則」の果たした役割（265）
　　　a　企業倒産（Corporate Insolvency）（265）
　　　　［A］「イングランド裁判所の国際管轄」（265）
　　　　［B］「イングランドの清算命令の効力」──外国主手続側への自国資産引き渡しの可否と「裁量」!!（266）
　　　　［C］「外国の清算命令の効力」──「準拠法の論理」の混入!?（271）
　　　b　(自然人の)「破産（Bankruptcy）」（273）
　　　　［A-1］「英国の破産」についての「国際管轄」（273）
　　　　［A-2］「英国破産手続の効力」（274）
　　　　［B-1］「外国破産」についての「外国裁判所の管轄」（275）
　　　　［B-2］「外国破産手続の効力」（276）
　　　c　(4)の小括と『「準拠法の論理」の介在についての重要な補足』──「コモン・ロー・ルール」について（278）

第5章　「米国連邦破産法Chapter 15」と「国連モデル法」──背景をなす諸事情と逐条的検討 ………………………………………………………………………………………… 281

1　「米国と国連モデル法」を論ずる諸前提 ………………………………………………… 281

(1) はじめに（281）
(2) 「平成12年法」と「国連モデル法」との間の"亀裂"の一端についての"重要な事前補足"（281）
(3) 本書のこれまでの論述の流れを振り返って（286）
(4) 従来の「連邦破産法304条」の制定過程と"想起すべき事柄"（290）
(5) 「米国連邦破産法304条の制定過程」と"ボタンの掛け違い"？（295）

2 「国連モデル法」と「Chapter 15の米国」・その1──これまでの論述との関係において ………………………………………………………………………… 299
(1) はじめに（299）
(2) 『「§483的米国」vs.「Chapter 15における実際の米国の選択」』──「国連モデル法」13条2項の制定過程との関係での、「米国流のダブル・スタンダード」論？（299）
    a 概　観（299）
    b 「§1513(b)(2)(A)」をめぐって──「日本側の米国理解の問題性」と「課税の取扱い」（302）
    c 「§1513(b)(2)(B)」をめぐって──「2003年版・2008年版 OECD モデル租税条約」の徴収共助条項との関係を含めて（309）
(3) 『「平成12年法」関連での"暴論"』との関係──「国連モデル法」は排他的なルートなのか？（315）
    a はじめに（315）
    b 「国連モデル法」による外国倒産手続の「承認」は、果たして排他的なものだったのか？──米国の「Chapter 15」との関係を含めて（316）
        [A] 日本の"暴論"のルーツは？──若干のシミュレーションとともに（316）
        [B] 「Chapter 15の米国」における「国連モデル法」ルートの排他性？（320）
        [C] 中間的取りまとめ（322）
        [D] 「国連モデル法」自体において、「承認」ルートは"排他的"なものだったのか？・その1──「Chapter 15の米国」との関係において（326）
        [E] 「国連モデル法」自体において、「承認」ルートは"排他的"なものだったのか？・その2──日本側における"初歩的誤解"の問題性!!（329）
    c 小括──これまでの論述への"若干角度を変えての纏め"を兼ねて（334）

3 「国連モデル法」と「Chapter 15の米国」・その2──「Chapter 15」の概観と逐条的検討 ………………………………………………………………………… 339
(1) 「304条」と「国連モデル法」、そして「Chapter 15」の相互関係（339）
    a 『「304条削除」イコール「304条の枠組の基本的な"温存"」』の「パラドキシカルな構図」（339）
        [A] ポーズとしての304条"削除"!?（339）
        [B] 「米国型裁量≒コミティ」&「自国債権者保護への強い要請」はどうなったのか？（341）
    b §1507と§1509との関係──「Chapter 15」で一層クローズ・アップされた「コミティ」!!（342）
(2) 「Chapter 15」の条文構成と主要な留意点──「国連モデル法」と対比させつつの逐条的検討（346）
    a 目的・定義等（§1501 & §1502）──日本側の問題ある理解を含めて（346）

b　§1516までの諸規定──「EUの戦略勝ちの構図」を含めて（355）
　　　c　「Chapter 15制定後の米国」における一部米国判例の造反？──『「裁量」（≒「コミティ付与」）権限への束縛を嫌う米国裁判所の本能的リアクション（!?）』をめぐって（360）
　　　d　§1517以下の「承認」規定──はじめに（366）
　　　e　「承認」前の「緊急の保全的措置」と「（米国的？）"裁量"」──「国連モデル法」と「2000年EU規則」との基本的な"規律手法"の差（!!）を含めて（368）
　　　f　「Chapter 15」と「BCCI事件」との接点!?──§1519(d)（及び§1521(d)）をめぐって（373）
　　　g　外国「主手続」の「承認」の効果──§1520（377）
　　　h　「承認」後に与えられ得る「救済」と§1521──「国連モデル法」21条への「米国型裁量」の"歯止めなき流入（!!）"（381）
　　　i　「自国内資産」の「外国手続」側への「引き渡し」と「自国債権者保護」──「国連モデル法」自体が設けた「セーフガード措置」!?（382）
　　　j　§1523（「国連モデル法」23条）と「規律手法の不安定さ」──再び「2000年EU規則」の"規律手法"との対比、そして、"信じ難い事実（!?）"との関係において（387）
　　　k　§1525－§1527（Cooperation with foreign courts and foreign representatives）（394）
　　　l　§1528－§1532（Concurrent proceedings）（399）
　　　m　§1529と「国連モデル法」29条・その1──後者の基本構造に焦点を当てて（404）
　　　n　§1529と「国連モデル法」29条・その2──「内国倒産手続の優位」!!（406）
　　　o　§1529と「国連モデル法」29条・その3──「国連モデル法」29条(b)以下の規定についての補足（408）
　　　p　§1529と「国連モデル法」29条・その4──『「埴輪」から「大魔神」への大変身』と『「国際協調オンリーの発想」とは無縁（!?）の「国連モデル法」の真の姿』!!（409）
　　　q　§1529と「国連モデル法」29条・その5──『「硬直的なヒエラルキー」としてそこで「回避」されたもの』と『根源的な制度選択上の岐路』!!（411）
　　　r　§1530－§1532の規定──「国連モデル法」30－32条（417）

第6章　「平成12年法（承認援助法）」と日本の選択？　……………………………… 423

1　「国連モデル法」と日本の「平成12年法（承認援助法）」との関係？　………… 423
　(1)　「国連モデル法」と「平成12年法」との"基本的なズレ"をめぐって（423）
　　　a　はじめに──これからの論述への基本方針（423）
　　　b　「内外並行倒産」の場合・その1──「国連モデル法」29条の基本（再論）（426）
　　　c　「内外並行倒産」の場合・その2──「平成12年法」における「外国手続」の「主従」の定義と"信じ難い事態"（427）
　　　d　「内外並行倒産」の場合・その3──「平成12年法」57－60条と「国連モデル法」28条以下との個別的整合性？（433）
　　　e　「内外並行倒産」の場合・その4──「国連モデル法」29条の「内国倒産手続の優位」を、「平成12年法」が何処まで"採用"したと言えるのか？（436）
　　　　　[A]「国内手続先行型」の場合と「規定相互の矛盾」!?（436）
　　　　　[B]「承認決定（ないしその申立て）先行型」の場合──極端に拙い規定振り!!（439）
　　　f　「内外並行倒産」の場合の「国連モデル法」と「平成12年法」とのズレ・その1──本章1(1)eの「小括」と更なる展開（441）

　　　　　g　「内外並行倒産」の場合の「国連モデル法」と「平成12年法」とのズレ・その 2
　　　　　　──"裸の裁量"と『「平成12年法」の"基本的な規律手法"の問題性』(447)
　　　　　h　「平成12年法」における「援助の処分」と"裸の裁量"──『「国連モデル法」自体
　　　　　　が設けた「セーフガード措置」との"捩れた関係"、そして「資産の国外持ち出し」
　　　　　　に関する重大な制度上の抜け穴!!(449)
　　　　　i　「内外並行倒産」の場合の「国連モデル法」と「平成12年法」とのズレ・その 3
　　　　　　──前記 g の問題関心に立ち戻りつつ示される「強迫観念モデル」とは？(455)
　　　　　j　「内外並行倒産」の場合の「国連モデル法」と「平成12年法」とのズレ・その 4
　　　　　　──これまでの論述の再整理と若干の展開(459)
　　　　　k　「内外並行倒産」の場合の「国連モデル法」と「平成12年法」とのズレ・その 5
　　　　　　──「租税」をそこにインプットするとどうなるか？(465)
　　(2)　『「平成12年法」適用事例の"極端な乏しさ"』と『水面下に潜る裁判所の判断プ
　　　　ロセス!?』──『「決定」・「命令」の「公告等」の仕方』に端を発する『「平成12
　　　　年法」の"致命的な構造"？』(468)
　　　　　a　論述の前提──「平成12年法」適用事例の"極端な乏しさ"(468)
　　　　　b　「平成12年法」における「公告等」のなされ方と「裁判所の判断プロセス」の"不
　　　　　　開示"(ないし"不存在"!?)(472)
　 2　「平成12年法」と「課税」……………………………………………………………477
　　(1)　問題の所在──その事前の"開示"(477)
　　(2)　「平成12年法」の立法過程での「租税」の取扱い？──予想される「外国管財人側」
　　　　のクレイムとの関係において(479)
　　(3)　「平成12年法」と「課税(滞納処分)」？──日本の倒産諸法の"条文構成"と
　　　　の関係(482)
　　　　　a　「民事再生法」と「平成12年法」──「前者の"条文構成"の後者への混入(!?)」
　　　　　　という基本構図について(482)
　　　　　b　『「平成12年法」と「課税(滞納処分)」との関係』を考える上での前提・その 1
　　　　　　──「民事再生法」と「課税」(484)
　　　　　c　『「平成12年法」と「課税(滞納処分)」との関係』を考える上での前提・その 2
　　　　　　──(「改正会社更生法」&)「新破産法」と「課税」(485)
　　(4)　『「外国側」から見た「平成12年法」』と『「租税」に関する同法の"迷路"』!?
　　　　──「滞納処分は安全(無傷)だ」と本当に言い切れるのか？(489)
　　　　　a　「租税(課税)」に関する『「平成12年法」の"迷路"』──「新破産法」等との対比
　　　　　　において(489)
　　　　　b　「平成12年法」25条の「中止」及び「取消し」と「課税処分」──「外国側」から
　　　　　　見た「行政庁に係属しているものの手続き」とは？(493)
　　(5)　「小括」──「国税サイド」での反省点・今後の注意点を含めて!!(495)

終章──米国の思惑、EU の戦略、そして日本の無策………………………………503

事項索引

序章　国際倒産と国際課税——本書の基本的分析視角

1　はじめに

　本書は、最近に至るまでの、わが国際倒産法の混乱に満ちた改正を、「牴触法（Conflict of Laws）」的視座から、それ自体として糾弾することを、いわば縦糸とする。だが、この縦糸に対する横糸として本書を織り成すのは、「国際課税」への強烈な眼差し、である。そこからの強い光を当てることにより、わが国際倒産法制の変革の「構造的な脆さ」（信じ難いそれ!!）が、浮き彫りとなるから、である。即ち本書は、この法改正の流れに最初から顕著であったところの、「課税」を典型とする「非民事」の法領域での問題に対する、基本的な目配りの欠如と、過度に米国的なその発想方法（そうでありつつ、「米国法の本質」を見抜けないこと!!）に対し、厳しい批判を加えるものである（なお、私の批判の骨子は、石黒・国際私法［第2版］（2007年・新世社）31-32頁の注26にも、あらかじめ示しておいたところである。なお、この個所のもともとの執筆開始日は、2007年6月3日。——以下、本書を編集するに当たり、もともとの論稿を一部組み替えた個所［とくに「序章」］はあるけれども、執筆の基準時点を極力明確にする意味で、同様の時点の表示を、"残す"こととする）。

　なお、本書のベースをなす貿易と関税（［財］日本関税協会）に掲載の私の連載論文において、「国際倒産と課税」を扱ったのは同誌2007年8月号以降であるが、それに先立ち、2007年2-7月号の連載論文において、私は、「国境を越えた公権力行使（の禁止）」の問題（イコール『一般国際法上の「執行管轄権」の問題』、と考えてよい）に焦点を当てて論じておいた。その際、とくに、（英米は別として）我々から見て「非民事」の領域における、具体的には課税・刑事の「執行共助」（や『国境を越えた「郵便による送達」』——それについては同誌2007年2月号60頁以下、及び、同2009年12月号64頁以下、同2010年1月号49頁以下）の問題を扱った。

　其処での論述と、「国際倒産と課税」を扱う本書との"連続性"について、まず一言しておこう。以下において最も重要な問題となるところの、「外国倒産手続の承認・執行」の局面においては、外国の倒産手続で選任された「管財人」が、（当該外国における）「倒産者」の日本所在の財産に対して、「国境を越えた手」を、伸ばして来ることになる(*)。

* 「外国倒産手続の承認・執行」が、大枠では「民事」のものとして把握されることにつき、石黒・国際民訴法（1996年・新世社）289頁。但し、そこにおいて内外の租税債権が如何に扱われるべきかが、ここでの論述の基本的なターゲットとなる。
　　ここで略述のみしておけば、従来は、民訴118条（及び民事執行法24条2項）による「外国"判決"」の「承認・執行」とパラレルに、「外国"倒産手続"」の「承認・執行」を考える方向に、わが民訴学者・倒産法学者を含めた議論が、大きく動いていた（詳細な注の中で多くを論じたところの、同前・294頁以下参照）。

序章　国際倒産と国際課税──本書の基本的分析視角

　そしてそれは、理論的にも健全なことであった。即ち、「倒産手続」は、両当事者対立型の「訴訟」ではなく、基本的に「非訟事件」ではあるが、牴触法上「訴訟」と「非訟」との間で区別して論ずる意味はなく（同前・103頁以下、214頁以下、とくに216頁の表１、等参照）、また、「包括的清算手続」の取り扱いと、いわばそこから分岐した「個別の"支分的"な外国判決等」（同前・314頁以下の注852参照!!）についてのそれとの、整合的な把握の観点からも、それは、すこぶる健全なこと、であった。
　後述の「一橋案」による改正提案もまた、こうした基本的方向性に沿うものであった。だが、その後、それが挫折し、（「米国型の裁量」に裏付けられた）「米国的な共助」の世界へと、日本の法制度が一挙に迷い込むことに、なってしまったのである。

　問題は、「外国管財人」が、当該外国の「課税当局」（刑事当局［等］でも以下の問題は同じ）にとっての、実質的な「藁人形」として機能する場合に、顕在化する。即ち、日本側が「外国管財人」に在日財産（資産）を渡す際、もとよりそれは、当該外国の「倒産手続」における「配当」を前提としてのものである。ところが、当該財産（資産）がその外国の領域内に入った時点で、当該外国の"公的部門"の一翼を担う、当該外国の課税当局がそれを待ち受けており、当該外国の租税債権の実現のために、そこからの支払いを（倒産手続の外であれ、中であれ）受けるということが、かなりの蓋然性をもって、想定出来る（倒産絡みの状況下で、右の場合に外国の租税債権がゼロだと想定する方が、はるかに不自然であろう）。
　当該外国の租税債権の、国境を越えた"直接執行"は、一般国際法上の「執行管轄権」の問題（国境を越えた「公権力行使［の禁止］」の問題）として、なし得ない。だったら何故、間に「管財人」という「藁人形」を噛ませた場合に、それが可能となるのか、ということである。
　他方、右と同じことは、日本の「管財人」が外国に出向き、当該外国所在の倒産者の財産（資産）を、日本の領域内に持ち帰った場合にも言える(*)。日本の課税当局が、直ちに「在日資産」となったからということだけでそれにかかって行くとすれば、この場合には、日本で選任された「管財人」が、日本側の「国境を越えた"隠れた域外執行"」のための、「藁人形」として実質的に機能したことになる。「土着的徴税実務の蟻地獄的発想」（石黒・新制度大学院用国際私法・国際金融法教材［2004年・信山社］71頁２段目左、参照）だけで済む問題ではないことに、注意すべきである。

　　＊　なお、以上の前提として、最も注意すべきことがある。それは、「管財人」のかかる国境を越えた活動（他国領域内の財産の自国内への持ち込み）が、自国の国家機関の一翼を担う裁判所の"公的なお墨付き"を得てなされるのだ、との点である。つまり、ここでの「管財人」は、一国の公権力行使の担い手として、国家からの"授権"を受けた者、という位置付けになる（!!）。
　　　かかる者が、当該他国（外国）の「国家的同意」（!!──「執行管轄権」問題をクリアするための必須の条件）なくして、"事実として"当該他国内の財産（資産）を自国内に持ち込んだとする。それは、自国公務員が直接当該外国領域内からのその持ち出しをはかったのと、同じことになる。後者は、見え見えの「国境を越えた公権力行使」にあたり、一般国際法に対する違反（当該他国の主権侵害）になる。だが、前者とて、基本的には同じことではないか、ということである。

もとより、当該他国が、かかることに対して「国家的同意」を与えておれば、また、事後の黙認等による（一般国際法上の）「対抗力」（石黒・前掲国際民訴法33頁、82頁注129）が生じておれば、当該他国の主権侵害の問題は解消される。だが、当該他国の知らぬ間に、水面下の交渉等で、事実として（!!）他国所在の財産の自国への持ち込みを、自国管財人がはかるようなことは、国家対国家の問題として、本来あってはならない「はず」である。

　同様に、自国裁判所（又は管財人）の"黙認"の下に、自国倒産手続上の主だった債権者が、（当該他国の国家としての決定に関係しない形で!!）同じく水面下の（債権者間の）交渉等で、事実として（!!）自国内に他国所在の倒産者の財産をトランスファーすることなども、本来、当該他国の主権の侵害となり得るはずである。たしかに、自国裁判所（及び管財人）の"完全な不知"の中でそれが行なわれたなら微妙である。つまり、自国の公的な（倒産）手続と全く無関係な、単なる事実上の、当該財産の所在地国変更の場合なら問題はないが、それとの関係での微妙さ、である。

　だが、自国裁判所（又は、そこから授権を受けた管財人［!!］の）"黙認"（事態の展開を知りつつ、あえて自己の思惑に添い得るそれに、身を任せること）もまた、この局面では、当該行為者を、自国公権力行使の担い手として主体的に活動させる"国家的なお墨付き"を与えたものと、評価されるべきである（政府の「不作為」が一般国際法への違反として評価された実例につき、石黒・国境を越える環境汚染［1991年・木鐸社］78頁参照。また、ここでの問題が、「郵便による送達」などと比して、当該他国の領域主権に与える実力行使性が、高いことに注意せよ。当該他国が察知しにくいように事を運ぶとしても、問題の本質は何ら変わらない［!!］。貿易と関税2007年2月号58頁下段の、「相手国領域内から……資産を持ち去ること」がここでの問題だから、である[**]。なお、その後の法改正との関係でご登場頂く山本和彦教授の、送達関連での問題ある指摘、等については、石黒・前掲国際民訴法11頁注14、83頁注137参照）。

**　以上の点に対しては、「何とリジッドな……」との印象が、一般的であろう。だが、私がこうしたことをここで説くについては、それなりの理由がある。即ち、従来の「わが国際倒産実務」が、後述の法改正を待たずして、既に、"水面下での事実上の交渉"に全てを委ねる傾向を、かなり濃厚に示していた事実が、あるのである。

　例えばその一端を、宮崎誠「三田工業事件」後掲金融・商事判例増刊号1112号（2001年）48頁以下から、示しておこう。日本での会社更生申立との関係で、「裁判所から、申立予定日の三日前に［「保全管理人代理候補者」への］就任の打診」を受けた宮崎氏は、「更生の成否は海外主要拠点での事業継続いかんにかかっていた」と認識した。

　だが（同前・49頁）、「ミタヨーロッパ」については、「本社を置くオランダ」の倒産手続を利用した「法的手続をとった場合、……［すべてが］オランダの裁判所の判断に委ねられることとなり、グループ全体の再建を考えると、法的手続はあまりにリスキーであり、手続がいったん始まるとこれらの不安についてなんらの保証もない、との［「現地の弁護士」の］報告も寄せられた」ことから、「ミタヨーロッパの債権者」たる「銀行9行（うち、7行は日系銀行）……プラス1社でバンクミーティングをもつことにし」（以上、同前・50頁）、「交渉した結果、差押に走った現地銀行の……優先権を認めることで合意した」（同前・51頁）云々と、そこにある（同前・52頁には、内外の「税務当局」を意識した指摘が、辛うじてある。だが、詳細な実際上の処理が如何なるものであったかは、他の点についても同様だが、不明なままである）。

　とくに再建型の倒産手続においては、この種の水面下での交渉は、必須ではあろうし、右の宮崎氏の指摘とて、本書がここで問題とする"日本の管財人による、外国の国家的

同意なき当該外国領域内からの資産の持ちだし"を、直接叙述するものではない。だが、過去の実務的処理については、例えば（右と同様に）外国債権者を黙らせておいてから、当該外国所在の、日本の倒産者が所有していた"古城"を売却して日本にカネにして持ち込んだ事例なども、捜せば見つかるはずである。わが「倒産属地主義」の解釈論的相対化が一定程度進んだ後、日本の倒産手続の国際的射程を巡る、この種の実際の処理が、"水面下"に隠れ、その実態が、主として担当弁護士による"管財人実務"として「のみ」語られる、あるいは論文として発表される（そうでなければ、一般の知るところとはならない‼︎）という傾向が、極めて濃厚になっ「ていた」ことも、重大かつ長期的にみれば不健全な理論的・法制度的問題として、ここで示しておくべきであろう（その流れを、基本的に追認しつつ、更に「米国流の裁判官の裁量」で一挙に肥大化させるという、ある種の「法的無責任体制」の構築が、その後の法改正の本質であった、と見るのが私見である。そうであるがゆえに、なおさら、「執行管轄権」問題の基本からの厳密な考察が、必要とされる「べき」なのである）。

この関係で、外国管財人が日本に出て来るという、以上とは逆の局面での問題を直接には念頭に置きつつ、坂井秀行「外国管財人の地位——管財人の協力、プロトコル、権限等」同前・111頁が述べるところに、注目すべきである。即ち、——

「外国管財人としては……日本国内において必ずしもなんらかの法的手続をとらねばならないものではない。日本国内においてなんらの法的手続もとられていなければ、日本国内に所在する組織（たとえば支店など）は、外国倒産処理手続における債務者会社の従前の指揮命令系統のなかにおいて活動を継続するものであるから、外国管財人がそのような社内組織、指揮命令系統を利用して資産の管理処分……を行い、あるいは資産の移転などを行うことは不可能ではない。むしろ、属地主義をとる従前の破産法や会社更生法に基づく倒産処理手続においても、日本の管財人らは、伝統的にこのような手法を用いて海外財産の換価回収を行ってきた［‼︎］。［後述の、平成12年制定の］承認援助法施行後も、国内債権者による権利行使と抵触しない限り、外国管財人が手続経済の観点から同様のアプローチをとる場合は依然として続くものと考えられる」

——と、そこでは指摘されている（とくに、右の最後の傍線部分に注意せよ。但し、右の指摘については、理論的に注釈を付けたくなる点が多々ある。さしあたりは、後述の、昭和56年の東京高裁決定の事案との対比をせよ‼︎）。

「何とリジッドな……」との印象が、一般的であろうところの、私の前記の「＊マークの個所」における指摘は、日本での倒産手続を"賢明に"進めるために、との一念で進められて来た最近の我が国際倒産の実務家のこうした営為（日本の裁判所も、果たしてどこまでコントロール出来ているのかが、不安になる「はず」のそれ‼︎）についての、私の従来から抱いていた懸念（なお、本書第5章3⑵k、及び第6章1⑵参照）を、あえて理論的に纏めて示したもの、なのである（＊＊＊）。

＊＊＊　但し、宮崎・同前54頁に、後述の、平成12年の「承認援助法」制定との関係で、「現地子会社に対しては、今回の立法も直接の影響があるわけではない」とある点に、別途、注意すべきである。同法の後述の射程からして、これは当然の指摘のようにも思われるが、池内稚恆「ヤオハン事件」同前・47頁は、「承認援助法が適用されるのは……特殊な事件に限られるのではないであろうか」とし、中島健仁「マルコー事件」同前・39頁も、「マルコー事件の当時にこれらの国際倒産の規定［「破産法、会社更生法」の改正

規定を含む〕が整備されていたとしたらマルコー事件の処理は異なったものとなっていたであろうか。……大筋に変更はなかったものと思われる」としている。これらの指摘と宮崎・前掲の指摘とが、共通するものを含んでいることに、注意すべきである（坂井・同前頁にも、同様のニュアンスがあることに、更に注意せよ）。それらには、後述の「承認援助法」制定で全てが片付くかのごとき、松下・後掲の暴論と対比すべき、実務家の直感が、端的に示されているから、でもある。

　ここで、本書の重要な想定読者層を成す「べき」国税サイドにも、深く考えて頂きたい点がある。つまり、ここで重要なのは、「徴税共助」（税の「徴収共助」）のための条約枠組の存在、という事実である（日本側のこの制度の運用の実際において、実例が一つもないことは、ここでは捨象する）。

　内外の課税当局間に「徴収共助」の条約枠組がある場合、外国倒産手続の承認・執行の局面において、当該外国の課税当局は、「倒産手続」とは別枠において、「共助」ルートで日本側に、「国税徴収の例」によって、「在日資産」からの徴収を要請できる立場にある。その「執行共助」ルートとは別に、（外国倒産手続の）「承認・執行」ルートが存在することになる。この点を、理論的・実務的に、如何に整合的に理解すべきかという問題が、ここにはあることになる(*)。なお、もとより以上の点は、日本の課税当局が在外資産に目を向けるときにも、同じである。

*　場合によっては、当該外国課税当局は、「承認ルート」と「共助ルート」とを、ダブルで利用出来る、ということにもなり得ることに、注意せよ。どこかおかしいとは感じないか、ということである。

● ● ●

　さて、既述の貿易と関税（〔財〕日本関税協会）2007年2‐7月号の連載論文において扱ったところの、「国境を越えた公権力行使（の禁止）」の問題（イコール"一般国際法上の「執行管轄権」の問題"）について、その骨子を、小論文の形で若干システマティックに、ここで示しておくことが、有益であろう。西村利郎先生追悼論文集・グローバリゼーションの中の日本法（2008年10月・商事法務）501頁以下の小論を、以下に掲げておく〔本書のもととなった連載論文では、貿易と関税2009年12月号分にそれを挿入しておいた〕。

2　「国境でメルトダウンする人権保障？」──執行共助の刑事と税務

(1) 問題の設定

　故西村利郎先生と私との出会いは、かの「日立 vs. IBM事件」にあった。助教授になり立ての私は、そこで日米企業間紛争の最前線での、最も徹底した戦い方を、いわば一から教えて頂き、そこでの経験がその後の私の全研究の、バックボーンをなすに至った[1]。そして、西村先生との最後の共同戦線は、WTO（世界貿易体制）[2]下のGATS（サービス貿易一般協定）における、「弁護士業務の更なる自由化問題」[3]において、張らせて頂いた。

西村先生は常々、日本がロンドンやニューヨークのような紛争処理の国際的なセンターにならねば……、と嘆いておられた。その先生を偲びつつ、ここではあえて、あまり陽の当たらぬ領域としての「執行共助」を、"針の穴"としての素材とし、そこに強烈な光を照射することにより、「人権保障」が「国境」でメルトダウン（熔融）してしまってよいものかという、重大かつ根源的な問題につき、警鐘を鳴らしておきたい[4]。

ここで扱う問題の本質は、じっくりと考えていただければ、文字通り「法学入門」的な、単純なものである。即ち、日本に資産を有するAが、刑事被告人、または納税者として、米国裁判所で刑事没収裁判、またはtax judgmentを受けたとする。米国内に没収対象物、または執行対象財産がなく、そこで米国側は、「国対国」の"執行共助"（日米租税条約で言えば、改正前・改正後の27条の、「徴収共助」）ルートを選択したとする。日本側がそれに応ずれば、日本国内で日本の国家権力が発動し、Aの「在日資産」にかかって行くこととなる。その際の、日本国憲法上の「基本的人権保障」（「罪刑法定主義」又は「租税法律主義」を基軸とするそれ）は、一体どうなるのか、ということである。

実は、そこには、重大な問題が多々ありながら、理論・実務の双方で、それらが無視されて、今日に至っている。しかも、具体的な日本の（そして世界の）制度作りには、常にと言ってよいほど、この種の問題について「人権保障」の観点の希薄な、"米国の影"がある。こうした「人権保障の国境におけるメルトダウン」（「国境を越えたバイパス」）現象に対して、我々は、憲法感覚を、今こそ研ぎ澄まさねばならないのではないか、というのが、以下の論述の基本的なメッセージとなる。

(2) 「徴収共助」に関する問題の所在と「米国の論理？」

a 概　観

まず、「徴収共助」の基本的なメカニズムを、実際の租税条約の規定で、確認しておこう（なお、本書第5章2(2)cと対比せよ）。改正日米租税条約（第3次のそれ——平成16年条約2号）の第27条は、「1　各締約国は、……のないようにするため、……他方の締約国が課する租税を徴収するよう努める (shall endeavor to collect such taxes)。その徴収を行う締約国は、このようにして徴収された金額につき当該他方の締約国に対して責任を負う (shall be responsible)。　2　1の規定は、いかなる場合にも、1の租税を徴収するよう努めるいずれの締約国に対しても、当該締約国の法令及び行政上の慣行 (the laws and administrative practice of that Contracting State) に抵触し又は公の秩序 (the public policy [ordre public]) に反することになる (at variance with ..... or which would be contrary to .....) 行政上の措置をとる義務を課するものと解してはならない」、と規定する[5]。

ここでの関心は、第1に、右に例として掲げた日米租税条約27条の、とくに第2項が、わが憲法上の「租税法律主義」（憲法84条）に反しないのか、の点の解明にある（現状のままでは違憲、と判断する）。そして第2に、いかにして条約上の「徴収共助」規定の合憲性を確保するか、にある。そして、この第2の点が、刑事執行共助関連の後述の問題と、関係して来る。

2 「国境でメルトダウンする人権保障？」——執行共助の刑事と税務　　7

　ここで重要なのは、かかる執行共助に応ずる側の日本の国内で、執行のための国家の強制力が発動するメカニズムを、あくまで国家の強制を受ける側の私人の立場に立って考察すること、である。基本的人権の保障の観点からして、日本国内で出来ないことが、外国からの共助要請があったからということで出来るようになることは、基本的に認められないはずだし、条約上の定めによって上位規範たる憲法上の要請を相対化することもまた、出来ないはずである[6]。

　この観点から、前記条約27条2項を見ると、租税法律主義との大きな緊張関係が、明らかになる。米国で一定の納税義務ありとされた者について、それが日本では何ら課税が出来ない場合であった、との場面を考えよう。この場面で、日本の課税権力が果たしてこの者にかかって行けるか否かについては、同条2項の共助拒絶事由が、いわばオン・オフのスイッチとして機能することに、注意すべきである。

　ところがそこには、共助に応ずる側の日本の「法令及び行政上の慣行に抵触し又は公の秩序に反する」か否かとの、漠然たる要件しか存在しない。これで、租税法律主義の憲法上の要請を、果たしてクリア出来るのか。

　言うまでもなく、租税法律主義からは、「課税要件……のすべてと租税の賦課・徴収の手続は法律によって規定されねばならない」し、実体的な「課税要件」のみならず、課税の「手続」もまた、法律の定めを要する。また、課税要件等の「政令・省令等」への「委任」の文脈において、「一般的・白紙的委任は許されない」し、憲法上許容される「具体的・個別的委任」と言えるためには、「委任の目的・内容及び程度……が委任する法律自体の中で明確にされていなければならない」とされ、「この基準に該当しない委任規定は、一般的・白紙的委任として無効である」、とされる[7]。この基準を、前記の条約上の徴収共助規定に当てはめて見よ。猛烈に息苦しくなるはずである[8]。

　「租税法律主義」の本旨は、国家が「課税」という局面で私人の財産権に介入する場合の、実体・手続両面での要件は、常に、「法律」（あるいはそれ以上）のレベルで、一般条項的な曖昧な要件によるのではなく、具体的に書き込んで規定しておかねばならない、ということにあるはずである。その原則論という、"鈍い刀"で、どこまでも押し切らねばならないはずである。「論理」の問題として「も」、そうならざるを得ないはずである。

　日本国内での一般の課税と実質的に同じメカニズムが発動するこの場面において、「手続」面では、たしかに租税条約実施特例法（昭和44年法律46号）の11条で「国税徴収の例によりこれを徴収する」とあるから、「租税法律主義」の要請は、それで満たされる[9]。だが、「実体」面、即ち実体的課税要件は、漠としたままである。どうしてそれで、「租税法律主義」の既述の要請を、クリアしたことになるのか。それが、ここでの問題である[10]。どうか、じっくりとお考え頂きたい。

　さて、かくて現状では租税法律主義違反が濃厚な、租税条約上の徴収共助規定につき、その合憲化を図るべく、私は、刑事執行共助の場合に着目していた。そこにおいて従来堅持されて来た「双方可罰性」の要件と、少なくとも同等の要件を、前記日米租税条約27条2項の中に、運用上何とか埋め込もうと考えたのである[11]。

　ところが、当の刑事執行共助の場合の「双方可罰性」の要件につき、何と日米刑事

共助条約（平成18年条約9号）で、大きな風穴が、（実は、米国のごり押しによって）あけられてしまった[12]。この点は本章において後に扱うが、その前に、一連の問題と深く関係する「歪んだ米国の論理」について、手短に見ておく必要がある。

b 国境を越えた外国の刑事・租税判決の承認・執行？──「米国的論理」の問題性

詳細は後述するが、（外国の刑事判決の場合と同様に）国境を越えた外国租税債権の徴収（執行）は、それが「外国租税判決」という形をとり、その「承認・執行」が自国裁判所に求められた場合にも、もとより拒絶される「はず」である。これは、英国最上級審判決たる Government of India v. Taylor, [1955] A.C. 491が、条約もないのにそんなことを認めることは、「主権独立のすべての概念に反する（contrary to all concepts of independent sovereignty）」と、正当に指摘していた点でもある[13]。ここでの問題は、一般国際法上の「執行管轄権」、言い換えれば「国境を越えた公権力行使の禁止」にある[14]。

ところが、米国では、驚くべき次のような立論がなされている。即ち、米国対外関係法第3リステートメント§483は、Recognition and Enforcement of Tax and Penal Judgments と題し、外国の租税・刑事判決の承認・執行も裁判官の裁量でなし得る旨を、記述している[15]。

幸い、米国の判例はこれに従っていないが、そこには、一般国際法上の「執行管轄権」問題の不当な矮小化と、「基本的人権」への既述のごとき配慮の、完全なる欠如という、信じ難くかつ致命的な問題がある（本章3で論ずる）。一般民事の外国判決の承認・執行と、国家公権力の明確な行使たる課税・刑事の場合とを不当に同視するその立論は、1935年以来の米国において、「他州」の租税判決の州境を越えた執行が可能となったことを踏まえ、「州際」の論理を直ちに「国際」に反映させるという、いかにも米国的な、"悲しい惰性"に基づくものである。だがそれは、右のことと、「英米における民事・非民事の混淆」という致命的な問題とが、無自覚的に絡み合ってなされたものでもある[16]。

本章で既に示した一般国際法上の伝統的なルールを the revenue rule という言葉で表現しつつ、刑事の問題をもそこに含めて、課税の場合と同様に扱おうとするのが、米国の悲しい惰性の一環でもある。だが、我々は、「執行管轄権」問題と「基本的人権保障」とを、「国境に落ちたコインの両側」として、かかる「米国の論理」とは明確に袂を分かち、日本国憲法に基づく自覚的な道を、歩まねばならないはずである[17]。

以上略述した「米国の論理」は、不幸にも、日米刑事共助条約の中に、埋め込まれてしまった（具体的には後述する）。だが、この点での「米国の思惑」は、国際刑事共助（執行共助）に関する多国間条約の中にも、徐々に色濃く滲み出て来ている。以下、本章では、そうした動きがいかなる憲法上の問題を惹起するかについて、論じて行くこととする。

(3) 国際刑事法上の「没収共助」と憲法──「徴収共助」問題との関係において
a 「双方可罰性」の要件をめぐって

これから論ずる日米刑事共助条約の案文が合意される前の月、即ち平成15年5月14

日に、「国連国際組織犯罪防止条約」(いまだ未発効)が国会での承認を受けた。ところが、「双方可罰性」との関係で、その18条9項には、次のような悩ましい規定がある。即ち、「締約国は、双罰性［双方可罰性］が満たされないことを理由としてこの条の規定に基づく法律上の相互援助を与えることを拒否することができる。ただし、要請を受けた締約国は、適当と認める場合には、当該要請にかかる行為が自国の国内法により犯罪を構成するか否かを問わず、その裁量により決定する範囲内で、援助を提供することができる」、との規定である[18]。何と、但書で「双方可罰性」が外されている。しかも、その「但書」には、「裁量」とある。

ちなみに、同条約に"先行"する1988年の「国連麻薬新条約」7条（Mutual Legal Assistance)15項の「共助拒絶事由」には、「双方可罰性」の要件（その欠如を、共助拒絶事由とするそれ）がある。但し、その文言は、「英語」として既に、若干"屈折"していた。以下のc)である。この要件を突き崩そうとする、何らかのパワー（「米国の影」!?）が働いていたから、であろうか。そして、これに続くd)が、c)とダブって見えるのも、そのためのようにも、私には思われる。即ちそこには——

"15. Mutual legal assistance may be refused:
　　………………
c) If the authorities of the requested Party would be prohibited by its domestic law from carrying out the action requested with regard to any similar offence, had it been subject to investigaion, prosecution or proceedings under their own jurisdiction;
d) If it would be contrary to the legal system of the requested Party relating to mutual legal assistance for the request to be granted."

——とあった。「双方可罰性外し」の、ここで"想定"する文脈では、「国連国際組織犯罪防止条約」の前記条文は、この点で（ダーク・サイドへの）更なる一歩を進め、後述の日米刑事共助条約の条文に繋がるものとして、把握される。

さて、「日米刑事共助条約」だが、その1条1項には、「捜査、訴追その他の刑事手続」が「共助」の対象たることが示され、とくに、1条2項7号には、「犯罪の収益又は道具の没収及び保全並びにこれらに関連する手続についての共助」、とある。「没収」も、射程内である。問題の「双方可罰性」については、1条4項で、「被請求国は、この条約に別段の定めがある場合を除くほか、請求国における捜査、訴追その他の手続の対象となる行為が自国の法令によれば犯罪を構成するか否かにかかわらず、共助を実施する」とある。

それでは、「共助拒絶事由」の規定はどうか。同条約3条1項は、「被請求国の中央当局は、次のいずれかの場合には、共助を拒否することができる」とし、同項の(4)は、「被請求国が、請求国における捜査、訴追その他の手続の対象となる行為が自国の法令によれば犯罪を構成しないと認める場合であって、請求された共助の実施に当たり自国の法令に従って裁判所若しくは裁判官の発する令状に基づく強制捜査又は自国の法令に基づくその他の強制措置が必要であると認めるとき」、とする。「強制捜査」・「強制措置」が必要となる場合「以外」には、「双方可罰性」の要件が、かくて、外されるに至っている。

だが、注意すべきは、この3条1項に、「できる」、とあることである。「警察実務家の立場」からの本条約の解説にも、「双罰性が欠如する場合、強制措置の実施については、被請求国の裁量に委ねられる（第3条1(4)）」と、明言されている[19]。

一体これは、どういうことなのか。「双方可罰性」がない、即ち、日本の法令によれば、当該の者に対して刑事の「強制措置」を何らとり得ないときにも、日本の当局の「裁量」で、米国側の要請があれば、日本国内で「強制措置」を実施「できる」とは、どういうことなのか。

一体、如何なる国家観・国家像をもって、警察・検察当局は、この「裁量」規定を、よしとしたのか。なぜ、日本国憲法上、そんなことは出来るはずがないと、歯を食いしばって米国側に詰め寄り、こんな規定を"粉砕"できなかったのか。戦前の日本ならいざ知らず、こんな「裁量」規定で日本の警察権力が実際に動く訳はないから「実害」は無い、などとタカをくくっての条約規定だったとしても、そもそも基本的な対米交渉のやり方に、問題があったのではないか、とも思われる[20]。

ここで注意すべきは、前記の「国連国際組織犯罪防止条約」との濃密なリンケージの下に制定された、「組織犯罪処罰法」59条1項の規定である。刑事執行共助の文脈において、右の日米刑事共助条約3条1項と同じく、「できる」との文言を有しつつ、そこでは、双方可罰性の欠如する場合（等）「を除き、当該要請に係る共助をすることができる」、との文言になっている。同じく「できる」ではあっても、共助に応ずることが「できる」のであって、双方可罰性の欠如する場合には、共助に応ずることは「できない」、とされているのである（「裁量」の余地無し）。即ちそこでは、「双方可罰性」の欠如が、明確に共助拒絶事由とされている。これが日本の法制度の基本であって、健全なことである。「日米」の刑事共助条約の場合には、其処に「相対化」という"風穴"が開けられ、だが、「日韓」の場合には、本来の姿に戻った、ということで考えるべきところ、なのである。

b　組織犯罪処罰法62条をめぐって

だが他方、現在の組織犯罪処罰法59条以下の、「没収及び追徴の裁判の執行及び保全についての国際共助手続等」（同法第6章）、特に62条の「利害関係人」の立場については、別の問題がある。そこでの「利害関係人」とは、基本的には、外国（例えば米国）で刑事没収裁判の当事者（被告）とされた、まさに当人である。即ち、その者の日本国内の財産が、執行共助ルートで、日本の国家権力の発動により、まさに収奪を受けるところの、"当事者"である。その者が、単なる「利害関係人」として、「刑事被告人"未満"」の扱いを受けるのである。その者に与えられるのは、"聴聞の機会"のみである[21]。

つまり、組織犯罪処罰法61条で外務大臣（または法務大臣）による「共助の要請の受理」がなされると、62条の「裁判所の審査」となる。外国没収裁判の執行共助の場合に即してこの規定を見ると、62条1項で、まず「検察官」が共助拒絶事由があるか否かにつき、「裁判所」に「審査の請求」をする。同条2-4項は「裁判所」の「決定」に関する規定であるが、前記の者の立場は、62条6項で「利害関係人」どまり、である。

その者が前記の「審査」の手続に「参加を許されていないとき」には、共助をなし得ないとする同条6項を受けて、62条7項では、かかる「参加人」の、「意見を聴かなければならない」とする。そして、62条8項は、「裁判所は、参加人が口頭で意見を述べたい旨を申し出たとき、又は裁判所において証人若しくは鑑定人を尋問するときは、公開の法廷において審問期日を開き、参加人に当該期日に出頭する機会を与えなければならない。この場合において、参加人が出頭することができないときは、審問期日に代理人を出頭させ、又は書面により意見を述べる機会を与えたことをもって、参加人に出頭する機会をあたえたものとみなす」、とする。

「利害関係人」（＝「参加人」）には、かくて、常に「期日に出頭する機会」が与えられる訳ではない。しかも、それは「出頭する機会」の付与のみであり、「みなし」規定まである。この者が「自己の責めに帰することのできない理由により、当該〔外国〕裁判に係る手続において自己の権利を主張できなかったと認められるとき」（59条1項6号）にあたれば共助は拒絶されるが、64条で、かくて「審査」を経て「決定」があれば、当該の外国の裁判を日本の裁判と「みなす」、とされる。

だが、前記の「利害関係人」（＝「参加人」）は、全ての手続を最初から日本で行なうならば、明確に、「憲法の人権保障規定」の下で「刑事被告人」の立場に置かれる者、である。その立場にあって、実際にも「執行共助」ルートで自己の財産の収奪を、日本の国家権力の発動によって受ける者が、なぜ「刑事被告人"未満"」（!?）の法的保護しか、受けられないのか。私の疑問は、まさに其処にある。

どうしてこのような制度設計になってしまったのか。恐らくその原因は、最大判昭和37年11月28日刑集16巻11号1593頁と、それを受けた「刑事事件における第三者所有物の没収手続に関する応急措置法[22]」（昭和38年法律138号）にある（とくに、その後者）。その論理が不当にスピルオーヴァーして、前記の組織犯罪処罰法上の執行共助手続の規定に、なってしまったものと思われる[23]。

かくて、問題の根は実に深い。だが、ともかく、こうした諸問題に対する、研ぎ澄まされた憲法感覚が必要であることは、明らかであると思われる[24]。従来の惰性で先に進むことは、もはや出来ない、と言うべきではないのか。

(4) 結　語？

以上、ここで辛うじて言及され得た諸問題は、しかしながら、紙数の制約から、当該の諸問題「だけ」についても、氷山の一角でしかない。そして、その一角すら、今の日本では、所詮は春の朧の中に漂って見える、だけなのかもしれない。だが、「国際協調」ばかりが叫ばれる昨今において、"そこ"には、法曹界に身を置く者としての、自覚的対応を要する根本的な問題が、見え隠れしているはずである。しかも、日本国内で日本の国家権力が発動する点で、措置対象者の立場からは同じ問題なはずの、執行共助の刑事と税務とでは、基本的人権保障のための防波堤の具体的な姿（その整備の度合い）が、現状では、大きく異なる[25]。

西村先生が書いておられたように、「国家が自己完結性を維持し得た時代」は、確かに「過去」のものとなりつつある。だが、「新たな国際水準への適合が要求される」[26]としても、「人権保障」が国境で「メルトダウン」するがごとき法現象に対しては、

断固たる対応が、なされて行かねばならないはずである。それが私の、明確な立場である。

（１）　石黒一憲・国際民事紛争処理の深層101頁以下（1992年・日本評論社）、同・国際民事訴訟法7、11、24、79、222、255、256、263、279頁（1996年　新世社）、同・国境を越える知的財産127頁以下（2005年・信山社）、等を見よ。なお、私が西村先生から徹底的に教え込まれた事柄については、同・貿易と関税（［財］日本関税協会）2007年3月号61頁以下の私の連載論文（ここでは、以下において、同誌の号数と頁のみを示す）参照。

（２）　同・世界貿易体制の法と経済（2007年・慈学社）の全体、及び、法と経済126頁以下（1998年・岩波書店）、等参照。

（３）　自由と正義49巻7号（1999年7月号）に、その特集がある。西村先生の直々のご依頼に基づく私の小論は、同誌同号から石黒・グローバル経済と法366頁以下（2000年・信山社）に、転載させて頂いたが、その冒頭に、西村利郎「経済社会のグローバル化と日本の会社法」ジュリスト1155号257頁（1999年）を引用させて頂いている。

（４）　以下は、貿易と関税2007年5・6・7月号の私の連載論文の、エッセンスを"再叙"したものである。

（５）　なお、日本が結んだ租税条約上の徴収共助規定とその実施特例法の規定との変遷につき、石黒・貿易と関税2007年5月号60頁以下。また、徴収共助の実例が、今に至るまで1件もないにもかかわらず、最近締結された租税条約にも、少なからず徴収共助の規定が見られること、等については、同・2007年6月号57頁以下。

（６）　憲法（及び国際法）の学説の状況につき、同・2007年5月号58頁以下。

（７）　ここでは便宜、金子宏・租税法［第11版］80頁以下（2006年・弘文堂）を、以下において参照する。

（８）　日米以外の租税条約上の規定も、基本的に同様である。前出・注（５）参照。
　　　ところが、金子・前掲81頁では、「なお、最近、条約において課税要件に関する定めをなす例が多い……が、条約の締結にあたっては必ず国会の承認を要することになっているから……、これは課税要件法定主義に反するものではない」、とされている。そして、そこでリファーされた同前・111-112頁の「条約」の個所では、租税条約上の「執行共助」（同前・112頁）が、明示されている。
　　　「法律の定め」が一般条項的な「一般的・白紙的委任」であって「無効」とされる場合、その「法律」も、「国会」を通過している。これに対し、「条約」で同じことをした場合、なぜ「租税法律主義」に違反しないのか。一般の「法律」も「条約」も、「憲法」の下にあるのが、日本の場合である（前出・注（６）参照）。「租税法の執行における国際的協力の促進」（同前・112頁。その例として「執行共助」が挙がっている）の必要はあっても、「憲法」（「租税法律主義」）との関係は、別なはずである。

（９）　但し、同法11条の問題につき、石黒・貿易と関税2007年5月号62頁以下。

（10）　ちなみに、ドイツ・オーストリア間の租税条約上の徴収共助規定に関するドイツでの違憲訴訟と、それを合憲とする連邦憲法裁判所の論理の脆弱性につき、同・貿易と関税2007年7月号69頁、及び、そこに所掲のもの参照。

（11）　同・前掲国際民訴法62頁以下、とくに64頁。なお、憲法上の基本的要請と執行共助への要請とを"架橋"する「双方可罰性」の要件についての、日本の刑事法（国際刑事法）サイドでの問題ある見方については、同・貿易と関税2007年7月号61頁以下。

（12）　この点につき、同・貿易と関税2007年7月号59頁以下。なお、早川剛史「日米刑事共助条約」警察学論集59巻1号87頁（2006年）にあるように、同条約は、日本初の2国間刑事共助条約である。但し、「双方可罰性」要件の相対化は日米条約限りであり、日本として2番目の日韓刑事共助条約の3条1項5号では、「双方可罰性」の要件が堅持されている。この点につき、（「裁量的共助拒絶事由」をめぐる更なる問題を含めて）石

黒・同前（2007年7月号）66頁以下、及び、そこに引用した河村憲明「日韓刑事共助条約について」警察学論集59巻8号31頁以下、35頁（2006年）。

(13) この点につき、Dicey, Morris & Collins, The Conflict of Laws [14th ed.], at 101 (2006 Sweet & Maxwell) でも、"There is a well-established and almost universal principle that the courts of one country will not enforce the penal and revenue laws of another country. .... [T]he best explanation, it is submitted, is that suggested by Lord Keith of Avonholm in Government of India v. Taylor, that enforcement of such claims is an extension of sovereign power which imposed the taxes, and "assertion of sovereign authority by one State within the territory of another, ..., is (treaty or convention apart) contrary to all concepts of independent sovereignties.""との、この英国判決に対するオーソドックスな理解が、当然のことながら、維持されている。「国際倒産と租税」の文脈でも重要な、英国のこの「インド課税事件」の位置付けにつき、竹下守夫編・国際倒産法28頁（竹下守夫）（1991年・商事法務研究会）等の、いわゆる「一橋案」の問題ある把握との関係で論じたものとして、石黒・貿易と関税2007年9月号88頁以下（本書第1章3(1)参照）。

(14) 「執行管轄権」と「立法管轄権」との関係に関する、石黒・前掲国際民訴法13頁以下、41頁以下を、更にリファインした分かりやすい"説明の仕方"は、同・貿易と関税2008年1月号74頁以下に示してある（本書第1章4(4)a参照）。

(15) The American Law Institute, Restatement, Third, Foreign Relations Law of the U.S., Vol 1, at 611ff (1987 ALI Publishers).

(16) なお、この§483をめぐる最近までの米国の理論状況と、かかる見方に対する徹底的な批判については、石黒・貿易と関税2007年4月号55頁以下、同5月号54頁以下。また、「英米における民事・非民事の混淆」については、同・貿易と関税2006年2月号61頁以下を踏まえ、更なるその深彫りを、「裁量」・「コミティ」のキイ・ワードの下に、同2007年12月号51頁以下（その纏めとして同2008年1月号73頁）で行なっている。

(17) 同・貿易と関税2007年5月号54頁以下。ところが、米国の判例も認めていないかかる論理が、2003年改訂のOECDモデル租税条約27条に新設された「徴収共助」規定の中に、混入してしまっている。同前・66頁以下。私は、そこにおいて、日本の国税関係者への若干の注意喚起をも行なっている。なお、本書第5章2(2)c参照。

(18) この18条9項の英文は、"State Parties may decline to render mutual legal assistance pursuant to this article on the ground of absence of dual criminality. However, ... at its discretion, irrespective of whether the conduct would constitute an offence under the domestic law of the requested State Party."である。

(19) 早川・前掲88、92頁。なお、「国際捜査共助法」（昭和55年法律69号）2条（共助の制限）の2号は、従来、「双方可罰性」の欠如を、明確な「共助拒絶事由」としていた（その場合には「共助をすることはできない」との規定）。だが、前記の「日米刑事共助条約」の策定に伴って、この2号は、「条約に別段の定めがある場合を除き」との文言を付加するものと、なってしまった（同前・92頁）。

(20) 石黒・前掲世界貿易体制の法と経済82頁以下参照。なお、早川・前掲88-90頁の、本条約1条の「解説」は、わずか6行。しかも、そこでは、1条4項の「双方可罰性」要件の相対化に関する、以上論じた重大な憲法問題（人権問題）につき、全く言及が無い。辛うじて「解説」があるのは、同前・91-92頁の、既述の3条についてであり、そこにおいて、従来は「双罰性が欠如している場合には、共助をすることができないとされていた。しかし、この条約の締結により、双罰性が欠如している場合でも、任意措置にとどまる限り、共助の実施は義務となる（第1条4）」とあるのに続き、前記の「双罰性が欠如する場合、強制措置の実施については、被請求国の裁量に委ねられる（第3条1）」とある（同前・92頁）。しかも、こうした（1条プラス）3条による「双方可罰性」要件の相対化に対する評価として、何と、「共助対象の拡大に資するとともに、双罰性の審査が不要となる点で、迅速な共助の実施に資する規定であるといえる」とされ（同前頁）、それで3条の解説は終わり、となっている。

「警察実務家」にとっては、こうした重大問題について、「人権保障」と「警察権力の行使」との"相剋"ではなく、「共助」の「対象拡大」と「迅速さ」という、「国際協力推進」（同前・87頁）のための"行政効率の向上"という、其処だけが問題なようである。重大な問題である（なお、「強制措置」と「任意措置」との微妙な限界点については、石黒・貿易と関税2007年7月号68頁以下）。

こうした中で、多少ほっとするのは、「双方可罰性」の要件を堅持する日韓刑事共助条約に即してのものではあれ、同じく警察当局者の指摘として、「もっとも、人権等を理由とする訴追又は処罰等、我が国の憲法秩序や国際法秩序に反するような事案についての共助については、日米刑事共助条約第3条1(2)の「その他の重要な利益が害されるおそれがあると認める場合」に該当するものとして拒否事由となると考えられる」、とあることである（河村・前掲35頁以下）。

我が国の憲法秩序や国際法秩序に明確に言及する河村氏の姿勢には、本書の訴えたい事柄と共通のものがあるし、何より、そこで言及されている日米条約3条1項は、前記の「できる」（裁量的共助拒絶事由）の規定である。この規定についての右の指摘には、「拒否事由となる」との明確な立場が、河村氏個人の見解として、示されている。日本国憲法（や国際法）上の要請により、「裁量」が（共助拒絶への）「法的義務」に、"運用"上、格上げされるべきだ、との私の立場と共通するものが、其処にはある。

"行政実務の流れ"が既に始まってしまった場合、途中での軌道修正が難しいことは、二国間経済連携協定であろうと、二国間租税条約であろうと、ここでの刑事共助の問題であろうと、変わらない。だが、ことは憲法上の人権保障の根幹にかかわるのであるから、警察庁サイドでは、この河村氏の貴重な指摘をベースに、"猛省"をして戴きたいものである。

(21)　詳細については石黒・貿易と関税2006年5月号66頁以下、同・2007年5月号57頁以下、同・2007年6月号58頁以下。

(22)　樋口陽一＝佐藤幸治＝中村睦男＝浦部法穂・注釈日本国憲法上巻704頁（佐藤幸治）（1988年・青林書院）参照。

(23)　松井茂記・憲法判例百選［第5版］251頁以下［別冊ジュリスト187号2007年］は前掲最大判昭和37年への解説であるが、基本的に私見と同旨の松井教授は、同前・251頁において、まず、「本判決は、没収を受ける人［所有者］にとっていかなる手続が必要であるか、明らかにしていない」とした上で、「わずかに入江裁判官が、証人として弁解、防御を為さしめるのでは不十分で、［当該の］訴訟に参加させる必要があるとしているのが参考となる」のみだ、とする。私と同様、まさに自己の所有物を没収される当人への憲法上の保障を問題とする松井教授は、前記の「刑事事件における第三者所有物の没収手続に関する応急措置法……によって憲法的欠陥は是正されたと考える向きが多いようである」けれども、「学説」上も「この点明確ではなく」、「応急措置法によって認められる参加の事前手続が憲法的に十分であるかどうか問題がないわけではない」、とされる。また、所有者たる「第三者を証人として召喚して弁解・防御の機会を与えれば足りるかの問題がある」し、「証人として与えられる手続が憲法的に適切かどうかも問題である」、とされる。同前頁には、麻薬特例法や組織犯罪処罰法も明示的に掲げられ、没収の「効果を第三者に及ぼすという前提自体が問題であり、はたしてこのこと自体が憲法に違反しないか検討に値しよう」、ともある。

組織犯罪処罰法に今は一本化された「没収共助」の手続において、当該の者は、（「証人」ではなく）既述のごとく「利害関係人」だが、問題は同じである。かくて、1991（平成3）年の麻薬2法案の国会提出以来この点を問題として来た私見（貿易と関税1991年12月号59頁以下）は、ここに重要な賛同者を、得たことになる。

(24)　そこから先の、更なる深刻な問題については、石黒・貿易と関税2007年6月号61頁以下を見よ。

(25)　同前・67頁。ここ（本書序章2）においても、その一端は滲ませておいたので、確認されたい。

(26)　西村利郎・前掲ジュリスト1155号257頁。

(2008年3月20日脱稿［＊］)

＊　もともと右の小論を含む「国境を越えた公権力行使の諸相」に関する私の論述（貿易と関税2007年2月号以下）は、他国との間の「国境」というものを相対化させようとする「覇権国家米国の思惑」との関係で、我々として（独立国家として）守る「べき」ものは何なのかを、多面的に明らかにすることに、その目的があった。そして、右の小論でも登場したところの、「国際倒産と課税」を考える際にも「諸悪の根源」と言うべき「米国対外関係法第3リステートメント§483」の問題あるスタンス、即ち、（米国を含めた!!）諸国の国家実行に反するそれについて、引き続きここで詳細に扱っておくことが、本書のこれからの行論上、必要となる。

3　"諸悪の根源"としての米国対外関係法第3リステートメント§483 ──「外国租税判決・刑事判決の承認・執行」??

(1)　"米国流"の考え方の問題性と「欠落する"執行管轄権＆基本的人権"からの視点」への序章──「§483的米国」とは？

私は、石黒・前掲国際民訴法87頁以下の「注184」において、The American Law Institute, Restatement, Third, Foreign Relations Law of the U.S. (1987), Vol. 1, at 375の「書き振り」に対し、次のような批判をしておいた。即ち（若干補充して示せば）──

「Id. at 375からもその一端が知られるように、マルコス資産問題についてのアメリカの判例は分かれているのだし……Id. at 616（但し、Id. at 382をも見よ）がアキノ政権の域外執行要求を……認めた判例のみを持ち出して、外国の租税・刑事判決の承認・執行可能性［!!］を一般的に基礎づけようとするのは、(Id. at 383において、イギリスの House of Lords[最上級審］が1981年に［そして1986年の前記の「スペインのシェリー酒事件」でも!!］アメリカのアクト・オヴ・ステート・ドクトリンを採用した［＊］、と論じているのと同様……）極めて強引である……。」

──との私の批判、である。そこに引用されているものを、すべて自分の眼で確かめ、そして考え抜いてはじめて理解可能となる「はず」の注である（──以下の執筆は、2007年2月9日午後4時54分。岩波判例基本六法の「判例追録」を纏めてから、久々の執筆に向かう。予定では、2月22日に新世社の「国際私法［第2版］」が出る。その出版に向けた全ての作業が終わり、息つく暇もなく、私にとって重要な論文審査もこなし、等々で今日まで執筆にかかれなかった）。

＊　なお、「米国のアクト・オヴ・ステート・ドクトリン」と「英国」との関係について、一言のみ、ここで補充しておく。到着したばかりの Dicey, Morris & Collins, The Conflict of Laws (14th ed. 2006), at 100ff の RULE 3 には、"English courts have no jurisdiction to entertain an action: (1) for the enforcement, either directly or indirectly, of a penal, revenue or other public laws of a foreign State;"との、従来通りの

懐かしいルールがあるが、すぐ続けて " ..... or (2) founded upon an act of state." とある。その部分の正しい理解について、である。

"Act of State" (Id. at 113ff) の部分は、まずもって「英国自身」の国家行為に関する問題を論じ、その後で、Id. at 115において、外国での収用等の国家的措置の英国における効果を論ずる際に、石黒・前掲国際民訴法57頁で引用した、"Every sovereign state is bound to respect the independence of every other sovereign state, and the Courts of one country will not sit in judgment on the acts of the Government of another done within its own territory." との著名な判旨が引用されつつ、それについて、"This principle is sometimes used as an alternative ground [!!] for a result which can also be reached by the application of the ordinary rules of the conflict of laws." との"解説"がある。

かくて、Id. at 116に、"act of state doctrine" という「言葉」(!!)はあるものの、「米国」のそれとは、異質である。即ちそれは、英国流の牴触法的な"理論的昇華"（未だ中途半端にせよ）を経た上でのものである。「言葉」の紛らわしさはともかくとして、石黒・前掲国際民訴法87頁以下の「注184」での前記の指摘は、かくて、維持されるべきものとなる。

本書全体としてのメッセージでもあるが、「米英」（とくに米国）のもののみをベースに、日本での問題をあれこれ論ずるのは、とくに「国境」を意識すべき諸問題については「危険」が多い。一言で言えば、「コミティ」と「裁量」とをキイ・ワードとする「英米の論理（英米の司法制度）」の「特殊性」への警鐘、そして、全ての基盤にある、「英米における"民事・非民事の混淆"」という大問題（!!）、である。それらについては、順次本書において論じてゆくこととなる。

だが、それだけではない。とくに「米国」については、[1] そもそも「精確な各国法の比較」が行われにくい土壌がある。また、[2]「国境を越えた諸問題」について、真実驚くべきこと（!!）として、「人権的視座」が、極めて希薄である（以下の論述において、"このこと"を、終始、忘れないで頂きたい!!）。

ここで論ずるのは、「外国の租税判決（!!）・刑事判決の承認・執行」も可なりとする、Restatement, Third, supra, §483 (Id. Vol. 1, at 611ff) の、驚くべき、また、憂慮すべき（不十分な!!）内容である。直接には、右の [2] が関係する。その問題性については、石黒・前掲国際民訴法43頁以下でも、既に体系的に論じてある。

だが、ここでは、「国際課税」と（一般国際法上の）「執行管轄権」とを正面に据え、問題の憂慮すべき広がりにつき、再度、かつて十分に打ち込んでいた「はず」の"五寸釘"（もともとは、24年前の1986年刊の、石黒・前掲現代国際私法［上］491頁以下の、徹底した体系的分析に基づくそれ。それを受けて、同・前掲ボーダーレス社会への法的警鐘153頁以下、同・前掲教材70頁以下、等において、この点を論じた）を、更に"補強"する(*)。

　　*　但し、"補強"といっても、断じて、欠陥建築の補強、ではない。その場所は液状化し易い土壌だからと"立ち入り注意"の立て札を、私が夙に立てて置いたところの、"本来危ないところ"に、米国製の道具立てで出来てしまった"砂上の楼閣"が、「やはり」何かの勘違いによる"蜃気楼"的なものに過ぎなかったことを示すための、再確認的補

強作業である。しかも、その作業は、"楼閣"を作った人々の何十倍もの労力をかけて、ナノとは言わぬまでも、ミクロ単位の検証によって、倒壊原因となる問題の亀裂部分と、その拠って立つところの法的土壌とに、強烈な光を浴びせ、これから行われる。他方、当該の楼閣は、補強工事で済む代物では、恐らく無い。即刻、危険建物として「解体」すべきものと考えるのが私、である（!!）。ちなみに、この「*」部分は、本書のエッセンスを示すものともなるので、あらかじめ注意されたい。

それは、本書のテーマたる、「国際倒産と課税」に関する、その後の日本における「国際倒産法制の変革」の問題ある姿とも、"直結"する問題である（!!——同・前掲新制度大学院用教材70頁以下の「国際倒産と租税——再論」をも参照）。

だが、ここでも、前記の［2］の視点から論ずるのみでは、今の私の（日々「氣」のevolutionを続ける）内面との関係で、もはや不十分である。だから、［2］のベースにある［1］についても十分に言及し、本書でも多面的に、そして執拗に示してゆくこととなる「真の米国の姿」を、抉り出すこととする。

ただ、またしても妻裕美子に、「話が何処に行くのか分かりにくい」と批判されそうゆえ、直接の"爆破"の対象たるRestatement, supra, §483の、一体何が問題で、それがこれまでの論述と、どう関係するのかを、あらかじめ若干示してから、真の「知の糧」の眠る"茨の道"の奥へと、歩を進めることとする（私だって、多少は"学習"するのだ！）。

本当に念のためだが、あえて一言しておく。米国の「リステートメント」は、別に直接裁判所で適用され得る法規範「ではなく」、単に、判例主体で州ごとに各種の法の牴触のある「米国」の法の全体的な、そして個別的な「再叙」を、The American Law Instituteという民間団体が行なったものに過ぎない（それなのに、それを準拠法として「適用」してしまった日本の下級審の裁判が、探せば見つかるはずである。助手の頃の私の、ビックリ体験の一つである）。

これは英米法のイロハのイだが、そして、今更それを書くのも若干恥ずかしいことだが、そうしたことにも一応言及してから、問題の§483を示す。恥ずかしいついでに更に言えば、契約法・不法行為法等々についても継続的に出され、追録で随時補充される米国の「リステートメント」(*)は、従来より、"Restatement"ではなく"Ill-statement"と、しばしば揶揄されて来た。故田中英夫先生の英米法第2部の講義のときに、具体例とともに、講義の冒頭近くで強調されていた点である。全然「再叙」になっていない部分が、けっこう目立つのである。そのようなものとして、これと付き合う必要のあることも、すべての前提なのである。

*　その継続的購入すら、「東大法学部」では、年々困難になって来ている。私は、元図書委員長だが、深刻な事実である。「規制改革」のあおりを食らったため、である。いわれなき大学改革が、明治以来先人達が培って来た、東洋一のはずの誇るべき、そして、ハーバード・ロースクールの図書館に比肩すべき「東大法学部書庫」の、急速な崩壊をもたらしつつあるのである。"問題の根っこ"を焼き切ることを怠ったための出来事、である。そこから先は、石黒・世界貿易体制の法と経済（2007年5月刊・慈学社）をご

覧頂きたい。

　思えば、この点の実例を、前記の §483 に即して、当時は一学部生だった私が、ここで再度一から示すことになる。感慨無量である（田中先生の定期試験を受けなかったことが、今でも悔やまれる）。§483 については、本来論ずるべきポイントをいくつも外している等々の、その論述の不十分さが、問題となるのではあるけれども。

　さて、Restatement, Third, supra, Vol. 1, at 611 の、問題の §483 だが——

"§483　Recognition and Enforcement of <u>Tax and Penal Judgments</u>

Courts in the United States are <u>not required</u> to recognize or to enforce judgments for the collection of <u>taxes</u>, fines, or penalties rendered by the courts of other states."

——とある。そこに付された "Comment a."（Ibid）は——

"a. <u>Nonrecognition not required but permitted</u>.　This section states a principle that has <u>long been accepted</u> both in international and in United States practice. However, <u>the rationale for the rule has been questioned</u>, particularly with respect to tax judgments [!!], see Reporters' Note 2. <u>No rule of United States law or of international law would be violated if</u> a court in the United States enforced a judgment of a foreign court for payment of <u>taxes</u> or comparable assessments that was <u>otherwise consistent with the standards of §§ 481 and 482</u>."

——というものである。

　これは（ルールとコメント a のタイトルとの、若干トリッキーな関係の中で）、諸国における、そしてそれを受けた米国での、従来の正しい取扱いを"逆転"させ、外国租税判決の"不承認"は、ルールとしては何ら要請されず、単に従来通りの"不承認"が、<u>許されるのみなのだ</u>、としたものである。「ああ、米国はそうなんだ。だったら日本でも……」と"短絡"（危険な「脳内配線のショート」!!）をするところから、大きな"不幸"が、（国税庁サイドをも一部巻き込みつつ!!——石黒・前掲教材70頁以下）始まっていた（!!）。

　しかも（!!）、右の "Comment a." の最後の、「その他の点において §481 及び §482 の基準に合致する」云々が何を意味するかも、大きな問題である。このリステートメントの "§§ 481 and 482"（Id. at 594ff）とは、一体何なのか。

　まさにここに、「注意すべき英米の論理」（「欧州大陸諸国＆日本」とは決定的に異なるそれ!!）の、最も極端かつ"安易"（!!）な「米国ヴァージョン」が、凝縮して示されている、のである。"其処"(*)に気づくことが出来るか否かで、基本的な、ある種の

審判が、下るはずである。"§§481 and 482" とは、（我々からすれば!!）「民事」の、外国判決（等）の承認・執行に関するセクションなのである。

* その複雑な"学問的地層"の最も深い部分から説き起こし、"我々にとっての毒"を除去し、"真の知の糧"を抽出するのが、本書である。それに対して、その表層部分の重金属層（??）を、これも"米国製"だから（高価そうだし??）参考にしようと、かかる学問的精査を度外視し、日本への安易な直輸入が意図され、そして幾重にも歪んで、遂に出来てしまったのが、本書で批判的に扱う、外国倒産手続の取扱いに関する、日本の或る特別法である。そして、すべては、"腐った肉の移植手術"のごとき、危険な展開だったことが、これから一々手順を踏んで、示されるのである（!!）。

実は、§483を含む、Id. at 591ffの、このリステートメントの「第8章」は、「外国の裁判及び仲裁判断の承認（FOREIGN JUDGMENTS AND AWARDS）」についてのものである。即ち、一般の国際民事訴訟法（国際民事手続法）で扱われるところの、「外国判決（"等"）[*]」の承認・執行」の枠組の中に「外国の租税（そして刑事）判決」の"国境を越えた（!!）""承認・執行"問題を、安易に埋め込もうとするのが、このリステートメント「第3版」の、方針なのである(**)。

* 右の"等"とは、「判決」以外の各種の「裁判」、そして、「裁判」以外の、各種行政行為等の、外国の「国家行為」を広く含む、との意味である。石黒・前掲国際民訴法212頁以下、及び216頁の表1を見よ。

** だが、米国内の事情という点で一言すれば、準拠法選択問題と共に recognition and enforcement of foreign judgments の問題も、基本的に「州法マター」である。前記の§481冒頭のコメントにも、そのセクションが連邦法や国際法のルールではなく、米国各州のそれを示すものだ、とある（"This section sets forth the ..... law of States of the United States, not rules of federal or international law."）。もとよりこれは、「承認拒絶事由」を示す Id. at 604ff の§482にも受け継がれる前提である。
   だが、（ここでの再論は避けるが）「州際」をベースに、その延長線上での類推で「国際」を考えるという米国の「牴触法」の伝統（後述）の中に、ここでの（即ち「§§481 and 482"の）問題もある。しかも、州ごとに、承認・執行のルールは微妙に異なる（なお、石黒・前掲現代国際私法［上］407頁以下を見よ）。
   その中に、§483として、「外国」の租税判決（「等」――「等」とは、外国の「刑事判決」）の「米国領域内での取扱い」の問題（まさに米国の、国家としての問題）が、基本的に「州法マター」のような色付けで（??）、埋め込まれてしまう。何だかしっくりしないものを、"そこ"に私は感ずる（なお、この点を夙に指摘していた、石黒・同前［上］491頁、493頁を見よ）。
   後述のごとく、"そこ"には、かつての米国における、「他州」の租税判決でも州境を越えた承認・執行が出来ない、との伝統があった。連邦国家なのだからと、「他州」の租税判決の承認・執行が、一時期から認められるに至り、またしても（!!）そこからの単純な類推で、（後述のごとく）「他国」の租税判決も、「他州」のそれと同じく承認・執行を「したっていいんじゃないの？」、となったのが、ここでの問題のカラクリの、"一つ"である。

そもそも、Id. at 591の、この「第8章」の目次からも知られるように、承認・執行の一般を論じた§481・§482の次に、「租税及び刑事判決」の§483があり、その次は§484で「離婚」、§485は「子の監護」、そして§486の「扶養」となって、仲裁判断の承認・執行の二つのセクションが続き、そこでこの「第8章」が終わる。「外国租税判決」（等）に関する、問題の§483が、如何に"浮いた"存在であるかは、この目次を見ただけで、「アレッ？」と気づくはずである。それ程までに、「民事・非民事の混淆」が、我々から見て、極めて不自然な形で、其処に、埋め込まれているのである（!!）。「離婚も租税も同じなんですかあ??」との、素朴な違和感を、どこまでも忘れずに、歩を進めるべきなのである。

そして、貿易と関税2006年2月号62頁にも引用した、私にとって（モリスの著書同様に）思い出深い「英国」の権威書（Cheshire/North の12版〔1992年〕121頁）の、"[I]t is ..... difficult to give precise definition to the concept of "public law", since the common law does not as yet recognize any clear distinction between public and private law." との指摘を、ここで再度想起すべきである。「コモン・ロー」の伝統においては、「公法と私法」（「民事と非民事」——順序的には「非民事と民事」だが）の区別が曖昧なのである。この指摘は、くどいようだが"厳粛なる事実"なのである。しかも、ここでは単なる抽象論「ではなく」（!!）、まさにリステートメントのこの§483を正しく把握するためにも、この点への理解が、必須の理論的前提となるのである。

それとともに、貿易と関税の前記頁にこの著書とともに引用したところの、「刑事事件以外はすべて民事（civil）だ」、とする「英国」の最上級審（House of Lords）の判旨をも、ここで、同じく再度想起して頂きたい。必要なことなのであるから（ブルックナーの通奏低音のようなものと、お考え頂きたい。更に後述する〔***〕）。

***　若干整理しよう。「米国」にとって「母国」たる「英国」における、右の前者（Cheshire/North）の点は、「米国」の§483にも受け継がれて「いる」。だが、後者（House of Lords）の点はどうか。これは、§483に受け継がれて「いない」（!!）。「租税も刑事も同じ」で、双方を「民事」に寄せるというのが、ここでの"米国流"、である。そうした問題展開の"機微"にも、冷静な眼差しを注がねばならないのである。「米国」が「母国たるはずの英国」（コモン・ローの伝統）を越えて、一体何処に向けてスキップして行くのか。——「英国」から「米国」を見た場合には、そんなニュアンスの問題となる。「英米」（英語圏）ということで、我々の側から両者を単純に一体と見ることは、「ここでは」（!!）出来ない、のである（"comity & discretion" については、後述のごとく、別な把握が必要）。

　　　　●　　　　●　　　　●

さて、妻からの有り得べき批判（「一体、話は何処へ行くの??」といった既述のそれ）との関係で言えば、ここでの"コンテクスト"は、次の通りとなる。本書のこれまでの論述からは、国境を越えた外国租税債権の徴収（執行）は、それが「外国租税判決」という形をとり、その「承認・執行」が自国裁判所に求められた場合にも、もとより拒絶される「はず」である。

これは、英国最上級審判決たる Government of India v. Taylor, [1955] A.C. 491（以下、本書ではこの事件を「インド課税事件」として、再三それに言及することとなる）が、条約もないのにそんなことを認めることは、「主権独立のすべての概念に反する（contrary to all concepts of independent sovereignty）」と、正当に指摘していた点でもある（更

3 "諸悪の根源"としての米国対外関係法第3リステートメント§483
──「外国租税判決・刑事判決の承認・執行」??　　　　　　　　　21

に後述する)。だが、米国のこのリステートメント（第3版）では、そうなって「いない」。"其処"にどんなカラクリがあるのかを、"徹底検証"せずに、本書の論述を、このまま維持する訳には行かなくなる。だから、何処までも執拗に「書く」ことが、必要となる。

　しかも、ここで問題の正面に在るのは、（「刑事」よりも）まさに外国の「租税」判決の方である。これまで、課税は国家公権力行使の典型だ、との（結論的には当たり前の!!）前提で論じて来たが、そうではない「カモ」知れない、ということになる。

　検討の結果としては、すべて「冗談言うなの世界」に帰着（私にとっては「回帰」）するのだが、特殊米国的に縺（もつ）れた"法的な糸"を解きほぐすことを「しなかった」から、妙なことに「なってしまった」というのが、後述の「国際倒産と租税」の論点でも顕在化する、不幸な日本での「その後の展開」となる。そして、「それ」をすべて解きほぐすには、前記の［1］［2］に留意した論述が、必要となるのである。

　　　　　　　　●　　　　　●　　　　　●

　但し、前記の"Comment a."の内容につき、あらかじめいくつか注意を喚起してから、［1］［2］に留意した論述に、移行しよう。

　まず、前記の原文引用部分で、"foreign"という言葉がある。この文脈では、"a court in the United States"と対比してあるから、それを「外国の」と訳しても、大丈夫そうである。

　だが、実は、米国の（牴触法絡みの）文献を読む際には、常に、"foreign"が「外国の」か「他州の」か（あるいはその双方か）を、文脈で判断しつつ、注意深く見て行かねばならない（石黒・前掲国際私法［第2版］1．3の注42参照。ちなみに、初版の注の番号は「第2版」でも、ごく一部の例外を除き、維持されている）。米国の牴触法（conflict of laws）では、「州際」での法の牴触が主たる関心事項であり、「国際」が単なるその類推で論じられるという、不幸な伝統があるから、である（それが、前記の§483の背景にも、明確に在る!!──後に、"現物"を示す）。

　次に、前記の引用部分では、外国租税判決（等）を米国側で承認・執行しても、"No rule of …… international law would be violated …… ."だ、とされていた。この点も、一応の説明を要する。一般国際法で禁止されるのは、相手国の「国家としての同意」が「ない」場合の、当該相手国領域内での自国公権力行使の禁止、である。前記の「コメントa」では、いわば米国が、もはや包括的に他の全ての国に対して「国家的同意」を与えている（それが「ある」と考えてよい）、との前提があるものと、ともかくも考えるべきである。そう考えないと、議論が混乱する。だが、かかる前提をとる際の"論証"が、一体どうなっているのかが、別途、問題となる（「租税」の取扱いに即して後述するところを、参照せよ）。そこらへんの問題をスキップして論じてしまっているのが、この「リステートメント」§483の、大きな問題である（租税［等］だけを論じるのみで、問題の全体的広がりに対する配慮を欠くという、"米国にありがちな現象"[*]の、一例である）。

　　*　「米国にありがちな現象」と言う際に、私がここで念頭に置いているのは、石黒・前掲国際私法［第2版］2．3の「アメリカ牴触法革命とその後」の項、との関係である。即ち、"道路交通事故"ばかりに注目が集まる中でかかる「革命」が起きたことの、学

問としての"不健全さ"が、そこでの論述の"背景"として、明確に裏打ちされている。

だが、気になって若干捜した結果、私は従来、必ずしも、この点を明確には書いていなかったの「ではないか」、との疑念が生じた（「氣」のパワーのせいで、気になったのである！）。例えば、石黒・前掲国境を越える知的財産466頁の、米国の「牴触法革命」に関する「法的印象主義」との批判についても、この論点をインプットすれば一層面白かったのに、と思う（フランス国民議会での報告だったから、である）。

一カ所ないし数カ所だけに色を塗って全体にその印象を及ぼす手法、との点ではフランス印象主義絵画と似ているが、米国の「牴触法革命」の場合には、全体の印象に何ら繋がらず、画面全体が本当の意味で未完成で、かつ、伝統的方法論に比して、すぐ行き詰まるし、全然美しくない。それが、米国の"牴触法革命"の場合である。何故「道路交通事故」（や製造物責任）だけから、「不法行為」の全体、あるいはその他の全事項をも通観するはずの「方法論」が、説かれ得るのか、ということでもある。

「目立った部分だけ」を論じて「全体」を論じ切ることに替えるのが「米国流」なのかなと、ずっと私は考えて来た。似たような現象は日本でもあるが、程度の程が違う、と感じて今日に至ったのある。

見方を変えれば、実際に多々問題となっているところだけを論ずるのが、米国流のプラグマティズムの「反体系主義」なのか、とも思う。ここでも"それ"が、但し、非常に低次元のものとして、現われているように、私には思われるのである。

他方、米国が本当にかかる「国家的同意」を全ての他国に与えていたと仮定しても（但し、既述のcomity等との関係で、実際には「全ての」とは、ならない）、それでは他国（例えば日本）はどう考えるべきなのかとなると、そんなことは米国が一方的に主権の壁を（租税や刑罰につき）低くしただけで、関係ない。どうするかは当該他国の決めることである（そこに更に、「人権保障」の観点をしっかりと埋め込んで考えるべきことについては、後述する）。

本書冒頭以来の論述との関係で言えば、極端な話、自国の軍隊の代わりに米国の軍隊に、自国領域内の反乱分子を制圧して貰うことだって、（実際の国際紛争ではいろいろあろうが）基本的には、その国の主権的判断の問題である。その国の「国家的同意」によって、一般国際法上の「執行管轄権」の壁が、自主的に取り払われるのである。それと同じ「ような」ことを、米国が一方的な判断でしたのだ、とするのが前記の「コメントa」だ、と考えれば分かりやすかろう（と私は思うが、妻はどう思うかが心配である。——さっき、ちらっと妻が仕事場に現われたこともあり、今日はここで筆を擱く。以上、2007年2月9日午後8時35分までの執筆）。

(2) 米国対外関係法第3リステートメント§483の「論理構造」・その1——「英国」の「インド課税事件」判決の不当な矮小化

さて、前記の［1］［2］の論点に着目しつつ、以下、何でこの§483に「そんなこと」が書かれているのかについて、徹底的に批判・検証しておこう。念のために再叙すれば、前記の［1］［2］とは——

［1］　とくに「米国」については、そもそも「精確な各国法の比較」が行われにくい土壌があること、

［２］　「国境を越えた諸問題」について、真実驚くべきこと（!!）として、「人権的視座」が、極めて希薄であること、

——であり、以上の２点に"着目"した論述を、以下に行なう。まず、先に現物を見る必要もあり、［２］から論ずる。

　まず、§483の前記の「コメントａ」に続き、Restatement, supra, Vol. 1, at 611fでは、「コメントｂ—ｅ」があり、問題の焦点たる、（前記の「コメントａ」の中にもリファーされていた）REPORTERS' NOTES となる(*)。

　＊　ここで、念のために、「コメントｂ—ｅ」を、若干のみ、見ておく。そこでは、このセクションで承認・執行の対象となる"Tax and Penal Judgments"が定義されている（細かすぎるから、＊の中で論ずる次第）。
　　　まず、Tax以外の"[o]ther fiscal judgments"（Comment d.）の定義をする際に、§483で、即ちtax (and penal)として承認（・執行）の対象となるものが、明確に"civil"とされている。「租税＆刑事」は「民事」だ、とされているのである。そのことも、既述の諸点との関係で、それ自体重要である。
　　　だが、他方、問題の限界付けにおいて、厳密さを欠く点が、其処に既に、露呈している。細かしいことだが、論議の"底の浅さ"を検証するサンプルとして、見て置こう。
　　　承認・執行され得る"tax judgments"に対して、"[o]ther fiscal judgments"には、承認の対象外となるものがある、との文脈における説明の際、§483で「承認の対象とならない罰金（fine）」というものがあるとされ、そうであるか否かの判断は、その罰金の請求権やそれが基礎を置く法の目的に依存する（"Whether a judgment ...... is ...... a fine not entitled to recognition [??], depends on the purpose of the claim and on the law on which it is based." [Id. at 612.]) などとある。
　　　例としてそこには、外為規制の違反としての"fine"は、対象外だろう（would not be）、とある。卒然と対象外とされたそれが、「どうしてそうなのか？」と、首を傾げたくもなるが、それだけではない。
　　　Id. at 611の"[p]enal judgments"の定義（Comment b.）には、"A judgment for a fine or penalty is within this section; ...."とある。前記の、次の頁で承認（・執行）の対象外とされる"fine"との関係は、一体どう"整理"されるのか、といった疑問が、次々と沸いて来る。だが、こうした点での厳密さを求めるのは、我々にとって「気力を挫かせる」（daunting——石黒・前掲国際知的財産権26頁）だけの、むなしいものとなろう。
　　　そもそも、（この＊の中に、更に注釈を付けたくもなるが）米国における「罰金（fine）」の性格は、英文和訳的に我々が感じ取ってしまうものとは異質なものを含んでいる。そうした点にまで視野を広げるとき、何故に、前記のごとき厳密さを求める営為がdauntingであるかが、あるいは判明する、であろう。
　　　石黒・同前43頁にも示したように、米国では、例えば「私人が私人に払うものも罰金（fine）」（!?）とされる場合が、実際には在る。其処で言及したのは、インターネットの世界で著名な、米国の「プレイメン事件」判決である。
　　　イタリアのインターネット・サイトを運営する被告会社に対し、米国のプレイボーイ社（PEI）が訴えを起こし、被告の行為はかつて（紙ベースでの出版に対して）米国裁判所の出していた差止命令の違反だとし、米国裁判所は、「裁判所侮辱」の一環として、被告会社は「PEIに対して」（!!）、１日1000ドルの"fine"を払え、とした（"......

shall pay to PEI a fine ……．"）。
　「官と民」、「民事と非民事」とが、其処まで（!!）グチャグチャになっているのが「米国」、なのである（米国の各種法制度におけるこの種の現象と、その国境を越えた意味合いにつき、石黒・前掲教材１頁以下）。
　他方、ここで前記の§483の「コメント e」に戻れば、そこには、"Recognition and enforcement of public law judgments distinguished." とある。承認・執行の対象外とされるものが、曖昧な（英米とも!!──既述）「公法」上の判決について、示されている、かのごとくである。だが、そうしたものでも承認され得るとあり、その例としては、「外国有罪判決（a foreign conviction of a crime）は、当該の者のヴィザ（visa）や帰化を拒絶する目的で承認され得る」、等々とある。「全然別の問題だろうが!!」と、怒鳴りたくなる。
　ともかく、「外国租税判決の（"民事" としての）承認・執行??」という、本書のここでの問題の要となる、既述の Reporters' Note 2 に入る前に、20年以上前のものとはいえ、権威あるものとしていまだによく引かれる、このリステートメントの（玉石混淆の!!）中身について、以上、サンプル的に、わずか１頁半の「コメント b─e」につき、多少のメスを入れた訳である。とりわけ、「この§483は、出来が悪い!!」のである。

　さて、ここで、問題の REPORTERS' NOTES に、移行する。その１と２（Restatement, supra, Vol. 1, at 612-614）が、問題の箇所となる（この NOTES は、Id. at 612-616 だが、最後の６［Id. at 616］が、別途関係する。但し、この点は既に扱った「マルコス資産問題」との関係である。前記の、石黒・国際民訴法の「注184」参照）。
　この「ノート」の１は、（外国及び他州の）租税判決を不承認とする従来のルールの、オリジンを辿るもの（1. Origin of "revenue rule."）である。「外国租税判決」の取扱いがメインであることも、其処から分かる。
　まず、「1775年」の英国判決（Holman v. Johnson, 1 Cowp. 341, 98 Eng. Rep. 1120 [K.B.1775]）の、"[N]o country ever takes notice of the revenue law of another." との説示が、引かれている。ここで "take notice of ……" とは、辞書どおりに、「……に好意的な心配りを示す」であり、それを「しない」のだから、「無視する」ということになる。
　Restatement, supra, Vol. 1, at 613 では、この説示が「英国」の、本書でもしばしば言及した「インド課税事件」、即ち Government of India v. Taylor, [1955] A.C. 491（H.L.[E.]）を初めとする米英の各判決で引かれて来た、とする。"其処" から先で（Reporters' Note 2 で）、もう一度この1955年の英国判決が、Ibid で引用されるが、同判決のこの２度目の引用は、「こんなの古臭いよ！」との意味合いでのものである。

　これは、英国の「インド課税事件」判決の引用としては、極めて不当である（!!）。前記の Dicey, Morris & Collins, The Conflict of Laws (14th ed. 2006), at 101（前記の RULE 3 に関する部分の冒頭の、最も重要な説明部分）でも──

"There is a well-established and almost universal principle that the courts of one country will not enforce the penal and revenue laws of another country. ……

3 "諸悪の根源"としての米国対外関係法第3リステートメント§483
―― 「外国租税判決・刑事判決の承認・執行」??　　　　　　　25

[T]he best explanation, it is submitted, is that suggested by Lord Keith of Avonholm in Government of India v. Taylor, that enforcement of such claims is an extension of sovereign power which imposed the taxes, and "assertion of sovereign authority by one State within the territory of another, ……, is (treaty or convention apart) contrary to all concepts of independent sovereignties.""

――との、この英国判決に対するオーソドックスな理解が、当然のことながら、維持されている（"Revenue laws."の定義に関するId. at 105でも、その趣旨で同判決が引用されている[*]）。其処をなぜ"迂回"して同判決を紹介するのか（??）ということが、前記のReporters' Noteの問題、なのである。

* 但し、多少ここで私が慌てたのは、この重要なGovernment of India v. Taylor, [1955] A.C. 491が、同書第14版の「判例索引」に、「ない」ことであった。またしても、「そんな馬鹿な！」と思って調べたら、案の定、本体には何度も引用されていた。
こんな重要判決を判例索引で入れ忘れるなんて、信じられない（私と妻との手内職の、石黒・国際私法［第2版］の索引作りなどとは比較にならぬ、大規模なチーム・プレイの伝統が、英国には在るからである）。――と、ひとしきり憤慨した後で、後日（翌日）、再度調べ直したら、"India, Gogernment of v Taylor"との索引項目で、やっと見つけた。ややこしい「判例索引」である。なぜ本文の方の引用の仕方と合わせないのか、と思う。
だが、そうしたテクニカルなところとは別に、私は、「英国」の「牴触法」の学問レベルも、（ドイツ語圏の諸国と同様！）以前に比すれば、随分と"劣化"していると、事あるごとに、感じていた。同様の感想を私に漏らすのは、ドイツ民法や法制史を研究する学部同僚達である。大いに、気になっていること、である。
但し、米国の前記リステートメントの§483は、そんなレベルではない。あまりにも非道過ぎ、である。それなのに、「米国がこうなのだから……」と、日本の国際倒産法の改革が、なされてしまったのである（後述）。本当に、漱石でなくとも「悲惨（悲酸）な国民」だわいと、言いたくなる。

要するに、「米国」のRestatement, supra, Vol. 1, at 613 (Reporters' Note 1&2)は、全ての出発点たるはずの、一般国際法上の「執行管轄権」問題を正面に据えたこの「英国」判決の本質を、従来からの「英国側の正当な理解」をも度外視して（!!）不当に矮小化し、前記の"[not] take notice of ……"の言葉の中に、全てを押し込め、自分に都合の良い方向へと、強引に論じ進めるのである。全くもって非学問的で非常識、そして、「非合理的」（unreasonable!! ――「彼ら」が嫌う言葉ゆえ、それを何度も国際会議で体験しているゆえ、その「言葉」を、ここで使わせて頂こう）なこと、そして、「断固許されざる暴挙」だと、言うべきである。

さて、このReporters' Noteは、"其処"から、一体何処に行こうとするのか。その先は、明日書くこととする（以上、2007年2月10日午後3時半頃から午後10時38分までの執筆。執筆再開は、翌日の午後2時半頃）。

(3) 米国対外関係法第 3 リステートメント §483の「論理構造」・その 2 ――「基本的人権の観点」等は何処へ？

Id. at 613の Reporters' Note 1は、右の点にすぐ続き、「州際」からの延長線上で「国際」を考えたがるという、既述の"米国流"の歪んだ考え方の典型的発露と言うべき論じ方をする。即ち――

"The rule of nonrecognition of tax judgments prevailed in the United States with regard to sister-State judgments until 1935, when the Supreme Court held that whatever the rule on enforcing sister-State claims for tax, if such claims had been reduced to final judgment, the Full Faith and Credit clause of the Constitution required that the judgment be enforced."

――との、純粋に「米国内」での展開を、まず示す。連邦国家内部の、相互に主権を有する「州」と「州」の関係において、「1935年」までは、かくて、「州際」問題につき、諸国における「国際」（国家間）のルールが、そのまま当てはめられていた。「連邦国家なんだからその辺はもっとフレキシブルにしては？」といった常識的展開が、連邦憲法上の "Full Faith and Credit" 条項を用いて、ようやくその年になされ得た、ということである。

「其処」まではよい。所詮は、米国内の問題なのだから、米国が勝手に決めればよい（米国にとっての主権事項）。だが、Reporters' Note 1は、すぐ続いて、1979年の 1 事例のみを紹介し、そこで終わる。たった一つ、である。しかも、この事例は、この Reporters にとって不利なものである。即ち、カナダの州（province）が米国市民に対して租税判決を得て、その執行を米国裁判所に求めた事例である（Ibidの原文は、"a Canadian province sought to collect a judgment ....." とあるが、このアンダーライン部分など、「もっとシャキッとした英語で書かんかい！」と、私などは思う）。

この事例につき、Ibid の Reporters' Note 1は次の指摘をし、そこでこのノートが（実質的に）結ばれてしまう。即ち――

"The court, though not persuaded of the soundness of the "revenue rule", found it to be "firmly embedded in the law", and declined enforcement."

――で終わり、である。言うまでもないが、右の "it" は "the revenue rule" のこと。それが "firmly embedded in the law" だとして、カナダ租税判決の国境を越えた執行が、「拒絶」されたのである。

しかも（!!）、"though not persuaded of the soundness of the "revenue rule","などと余計なことを書き、あたかも従来の "the revenue rule" に批判的なニュアンスを同判決が示している「かのごとき」印象が、意図的に（!!）読み手に与えられているが、実は、ここ「も」、全くフェアではない（!!―― "Unfair!" である）。

要するに、ここで Reporters は、米国判例で自己に有利なものを引用したかったが、それがないので、前記英国判例に対するのと同種の、但し軽微な"捏造"を、歪んだ

思いを込めて若干試みた、ということである。

　なお、この点で、手元にある Scoles/Hay/Borchers/Symeonides, Conflict of Laws (4th ed. 2004), at 1296を見ておこう。そこでは、当該の事例（Her Majesty the Queen in Right of Province of British Columbia v. Gilbertson, 433 F. Supp. 410 [D.Or. 1977], affirmed 597 F. 2d 1161 [9th Cir. 1979]）の内容は、"(refusal to enforce a British Columbia tax judgment against Oregon domiciliaries on the ground that one country does not recognize the tax claims or judgments of another)" というものとして、淡々と紹介されている。

　ちなみに、Scoles/Hay/Borchers/Symeonides, supra (4th ed.), at 1296も、石黒・前掲現代国際私法［上］491頁に、同書初版を引用しつつ示して置いたように（但し、同前頁の注373に、supra note 15とあるのは、note 147のミスであることを、21年も経って、今見つけた）、「他州」の租税判決と同様に「外国」のそれをも、(21年前に石黒・同前頁に書いておいたのと同様の、"policy considerations" から!!) 承認・執行すべきだとする立場である。即ち、前記リステートメントの§483のreportersと、同じ立場である（但し、彼らの言う "policy considerations" の底の浅さについては、石黒・国際私法［第2版］2.3の注166、181などを参照せよ!!）。

　ここで、「書き手の心理」（!!）として、まずは考えるべき点がある。もし、前記判決が従来のルール（"the revenue rule"）の soundness について、否定的なことを実際に述べているのなら、Scoles/Hay の第4版でも、其処を書き込むはずである。それが「ない」という事実から、既にして「何か」を感じ取り、あとは、同判決の原文にあたればよい。

　この何十年も、こうした "虱潰し" の作業をし、自分独りで（但し、ここ十数年は妻に励まされつつ!!）「すべて」を書くことでやって来たが、この先は、誰か他の人（居ないと思うが……）に譲る。

　なお、Scoles/Hay/Borchers/Symeonides, supra (4th ed.), at 1296-1298の、"Tax and Penal Judgments and Claims"（§24.23）の、2004年時点での書き振りについて、ここで一言して置こう。前記リステートメントの "狡い書き方"（!!）とは違い、従来のルールの根拠につき、"for reasons of territorial sovereignty and local public policy" と、それが「領域主権」（「執行管轄権」）の問題であることが、第1センテンスとして、まず示される。

　そして次の第2センテンスで、1963年にカナダ最高裁が、""It is perfectly elementary[!!] that a foreign government cannnot come here" to enforce a judgment for tax." と述べたことが示される（私は、この "elementary" とか "cannnot come here" という、素直な言い方が、妙に気に入った）。「だが（However）」とする第3文は、案の定、「米国」の「州際」上の論点へと "捩れ" てしまい、米国連邦最高裁の「州際」での既述の展開を示すものとなる。

　そこで「パラグラフ・チェンジ」となるが、その「第2パラ」のトピック・センテンスは、いまだ「州際」問題で、但し、「他州」の課税が判決にまでなっていない場合（unadjudicated tax claims）の、米国内での未解決の問題を述べる。第2センテン

スは、各州の裁判所が「州際問題」としてそれをも執行する傾向にあり、かつ、米国全州の半分を越える州が（まだ半分なのか!?）かかる執行を認める法規を整備した、とある。そして、同じパラグラフの中なのに（!!）、第3センテンスで、いきなり「国際」が次のように示され、そこで「課税」関係は終わる。即ち——

"The courts, however, continue to deny [!!] recognition to foreign-nation[!!] tax claims and judgments although the policy considerations reviewed above support a broad view in favor of enforcement of both interstate and international claims."

——とある。そして、右の文末に付された注で、それを証拠立てるべく（!!）、前記のブリティッシュ・コロンビアの事例等が、引用されているのである(*)。

　　* 細かいことだが、右の「第2パラ」の構成について、一言。私は、米国人の留学生に、随分前、国際シンポ等での英文ペーパーの書き方について、レクチャーを受けた。一つのパラグラフでは、その「トピック・センテンス」で内容全体を示し、同一パラグラフの中で別のことを書いては絶対駄目、等々のことである。
　　　ところが、Scoles/Hay のこの個所では、「州際」を論ずるパラグラフのはずなのに、途中で「国際」が出て来る。「国際」は別だろうがと、私などは思うが、まさに"其処"が"米国流"だ、とも言える。
　　　「国際」はあくまで「州際」のおまけ、との彼らの根強い認識をここにインプットすれば、この「第2パラ」は、いわば教科書通りの書き方、となる。そんなところにも、彼らの骨身に染み付いた考え方（「州際」の延長線上でしか「国際」を考えられない、彼らの悲しい本性？）が、窺えるように、私には思われるのである。

かくて、2004年の同書第4版に示されたように、米国の判例は、前記リステートメントでサジェストされた方向には、その後も、何ら行っていない（!!）。そのことの確認が、まずもって重要である。§483関連では、そこに書いてあることは、何ら米国法の「再叙（リステートメント）」なの「ではない」（!!）。まさにそれは、"Illstatement"（既述）である（ちなみに、英国側からF.A. Mannは、§483は「州際」のみ [only] に妥当するものと考えねばならない [must]、としている。石黒・前掲教材71頁 [第3段目左]）。

　　　　　　　　　●　　　●　　　●

以上が、前記リステートメント§483の、Reporters' Note 1である。そこにおける"the revenue rule"の淵源が、いかに歪められているかの検証を終え、いよいよ、前記の「コメントa」にもリファーされていた、Reporters' Note 2に移る（Restatement, supra, Vol. 1, at 613f.）。

実は、従来の私の批判は、このReporters' Note 2に重点を置くものだった。そこで、そのベースとなるNote 1に対しても、この際、徹底批判をする趣旨で、ここに至った。だが、同様の趣旨で、このReporters' Note 2の「構造」を、従来よりも一層執拗に、崩して置こう。

驚くほどに単純な「構造」の、このNote 2は、"Rationale for the rule"と題し、従来の"the revenue rule"の「根拠」が不十分だ、と「論証」するためのものである。

3 "諸悪の根源"としての米国対外関係法第3リステートメント§483
——「外国租税判決・刑事判決の承認・執行」??

まず、一般の（即ち、我々から見て基本的に「民事」の）牴触法における「外国判決の承認・執行」において、承認国側が "look behind the judgment" をしないこと（分かりやすく言えば、民事執行法24条2項の「実質的再審査の禁止」）が、"revenue, penal, or fiscal judgments" については当てはめられて来なかったとの、実に屈折した指摘をする。そして、以下に引用する部分が、この Reporters' Note 2 の"論拠"の、実質的な「すべて」となる（嘘だと思ったら占めたもの。だれも「現物」を細かく精査しようとしないで20年以上。是非、ご確認ください!!）。即ち——

"The [revenue] rule appears to reflect a reluctance of courts to subject foreign public law to judicial scrutiny (compare the rationale for the act of state doctrine .....), combined with reluctance to enforce law that may conflict with the public policy of the forum state. As applied to judgments of criminal courts, the rule appears also to reflect distrust of foreign criminal procedures. ....."

"Although the rule as commonly stated treats tax and penal judgments alike, the considerations concerning foreign tax judgments are different from those for penal judgments. In an age when virtually all states impose and collect taxes [??] and when instantaneous transfer of assets can be easily arranged, the rationale for not recognizing or enforcing tax judgments is largely obsolete. The British House of Lords stated in 1955 that it upheld the rule primarily because it had been in effect for nearly two centuries [??].
Government of India v. Taylor, Reporters' Note 1. Compare In re Norway's Application with adjudication of tax claim in foreign country. ....."

——との「伝統的ルールの変更の"理由"」が、十分なものか否かが問題となる。

　まず、"appears to" にご注目頂きたい。伝統的ルールの根拠はここにある「ように思われる」とある。だが、既に其処で、本当の問題を歪んで示していることは、既に論破・撃破した通り。外国の租税法（を調べること等）に対する "reluctance" や "distrust" といった、ひどく人間的な"言葉"が、縷々既に論じた「真の問題」を"隠蔽"すべく、用いられている。「外国の租税法なんて、気が進まないし、信用出来ないし……」ということで従来のルールがあったの「ではないか」とし、そうなら「相手を信じて reluctant であることを改めなさい」ということだが、完全に"ピンぼけ"の、汚ない議論の仕方である。そして、第2パラでは、こんなルールは「古臭い（obsolete）」と来る。「古臭いならやめれば？」と"誘う"のである。汚なすぎる（何処か、「新古典派経済学」の論じ方と似ていませんか？）。

　この第2パラでは、"In an age when ....." とあるが、その前半は、一体何を言いたいのだか。何処の国でも課税をする時代には……、と言ったって、課税そのものは大昔からある。途中でそうなったのでもないし、「何だこれは？」である（この Reporters は、出来が悪い!!）。

　二番目の "when" は、「別な問題」（!!）であり、この意図的（!?）混線が、右の

最後まで続く。「国境を越えた資金のトランスファー」があるから、ということだが、実は、1986年刊の石黒・前掲現代国際私法［上］493頁において、既に私は、Scoles/Hay を引用しつつ、この reporters と同じ考えの Scoles/Hay が、二国間租税条約上の「徴収共助」（!!）の規定の存在により、こうした議論（一般の「承認・執行」の枠内で考えるそれ）が unnecessary なものとなり得ることを、半ば認めていることまで、しっかりと書いていた（!!——「偉いちゃん」だ!!）し、米国内でも、「徴収共助」ルートの方がベターだとする見解が、従来からある事も、其処に示しておいた。

　要するに、国境を越えたこの種の問題への解決方法としては、「承認・執行ルート」と「共助ルート」との二つがある。この点は、まさに本書の基本をなす事柄なのだが、前記の第２パラでは、「インド課税事件」と「ノルウェー・タックス事件」（石黒・前掲教材72頁４段目右）を並べ、後者の方が新しい（obsolete ではない）と、言いたげである。この Reporters が「承認（・執行）」と「共助」とをゴッチャにするほどに不見識だ、ということでもある（Scoles/Hay の前記の見方と、対比すべきである）。

　本書でこれまで再三論じて来たように、「インド課税事件」で襟を正した英国裁判所が、条約上の「民事（civil or commercial）」の語を「英米流」に解し、ノルウェーで課税に際して「民事手続」が用いられているから、当該問題の性質が「民事」だと"短絡"し、同じ条約を批准していた諸国や英国内部からも、批判の雨に曝されたのが、「ノルウェー・タックス事件」である。「それ」と「あれ」とを安易に（否、Reporters' Note 1 の既述の書き振りからして、十分に意図的に）結び付け、「古臭い」論を展開することが、如何に不誠実か。——もう、これ位にしておこう。

　かくて、従来のルールに対する、この「変更提案」は、"理由不備（等々!!）"により、拒絶さるべきことになる。

　　　　　　●　　　　　●　　　　　●

　ところで、ここでの論述は、前記の［１］、即ち、とくに「米国」については、そもそも「精確な各国法の比較」が行われにくい土壌があること、そして、［２］「国境を越えた諸問題」について、真実驚くべきこと（!!）として、「人権的視座」が、極めて希薄であること、の２点に主眼を置く旨、私は宣言していた。そして、「まず［２］から論ずる」として、この§483への批判を始めていた「はず」である。其処は、どうなったのか。

　これは、執筆者側の「意図的なトリック」である。ここまでの個所で、果たして読み手の側に「人権」の視点がしっかりと"維持"されていたのか否か。おそらく、答は「否」であろう（妻裕美子は、どうだったのか??——いずれ遠からず、本人から「聴取」する）。

　従来の普遍的（!!）なルールを改めるべきだと、この§483の Reporters が、"reluctance" や "distrust"、そして "obsolete" といった "言葉" を用い、かつ、英国判決（等）の真意をネジ曲げて論ずる際、「人権」（基本的人権）の観点は、何らインプットされていなかった「はず」である。私が、意図的に、わずか４頁の「該当部分」から、必要な情報を、彼ら Reporters のように、抜き取ったり歪めたりしたの「ではない」。はじめから、彼らの頭には、「人権」、つまりは、日本で言うところの「租税法

律主義」に基づく納税者の憲法上の権利（自国内に実体・手続両面にわたり、法律による明確な規定がない限り、「課税」という国家公権力の介入は受けない、というそれ）は、念頭に「なかった」のである（!!）。

　実はこの点は、貿易と関税2007年5月号以下で論じ、本書序章2においても略述したところの、「執行共助の刑事と税務」の問題の中心的なテーマとなる。だからこうした（フェイントに満ちた）「論じ方」をした訳でもないが、「§483」とこの数日、ずっと格闘（??──偉そうな言い方だが、もう一度「遊んであげた」のみ）をしていたら、自然にそうなった。事実である。何らかのパワーが働いたゆえのこと、であろう（この部分を書きつつ、何で今更こんなに徹底して「書かされる」のだろうと、途中まで、実は私は藻掻いていた。だが、ふっと気づいて以降、流れにまかせた。要するに、「今」の自分に対して、「昔」の自分を「もっとよく見てやってね！」と求める、"何か或るもの"が、確実に何処からか、"ある種の電波"を送っているのである）。

　さて、前記の［1］について、手短かに書いて置く。執拗にこれまで書いて来たことは、この［1］についての、重要なサンプルとなる（!!）。

　もともとは、石黒・前掲ボーダーレス社会への法的警鐘275頁以下の、日米通商摩擦華やかなりし頃の「日米貿易摩擦への比較法文化的視点」と題した論稿の中の、「米国における日本法研究上の問題点とrevisionistsの日本理解」（同前・288頁以下）の個所が、この［1］に対応する。

　内容は、英米法の大家たる故田中英夫先生による、米国における「日本法研究」（と言うよりは、「比較法研究」）のなされ方への、徹底的な批判について、である。先生の親友たる、ワシントン大学のJohn O. Haley教授も、痛烈に批判されている。ヘイリー教授とは、国際会議でご一緒したことがあるが（同前・249頁参照）、不条理な当時の米国側からの日本批判に対して、日本を擁護する立場の論陣を張っておられた（同・前掲法と経済131頁）。そのヘイリー教授も、容赦ない批判のターゲットとなる。私は、「学問」と「人的関係」との峻別という、本来は当たり前のこと（!!）を、田中先生から教わったのである。

　田中先生は、次のように説いておられる（田中英夫・英米法と日本法［1988年・東大出版会］）。即ち、米国においては、「自国の問題を論ずる前提として比較法研究を行なうことが例外的にしかなされない」し（田中・同前423頁）、「外国に学ぶ」との伝統もなく（同前・433頁）、他方、「外国法を正確に紹介しても、それだけでは、あまり評価されない」（同前・433頁）ために、「地道な紹介があまりなされず［!!］」（同前・434頁）、「独創性だけが強調される」面があり、そこから、「第1次資料……を正しく把握し損ねるという危険性」が生ずる（同前・289頁）、と（石黒・前掲警鐘288-289頁）。

　田中先生の批判は、直接には、米国での「日本法の研究」に向けられたものである。だが、ここでの私の論述からは、かの§483絡みでの、米国における「英国判例の読み方」等々について、実は、同じことがここでも繰り返されていることが、どうしようもない形で浮かび上がる。そのはずである。もはや、「ほら、ここがそうでしょ！」的な繰り返しはしない（本来、私は、"repetition"が嫌いである！）。

ともかく、この［1］の点も、"That's America."の一端なのである。

　ちなみに、私は、若手助教授の頃、米国連邦破産法改正に関するRiesenfeldの「比較法研究」に重点を置く或る論文を、大学院ゼミの素材とした（当時、半分私の教え子として一緒に研究した仲間の、その後の労作たる、貝瀬幸雄・国際倒産法序説［1989年・東大出版会］313頁注3に引用の、恐らく前者［24 Am. J. Com. Law, at 288ff（1976）］であろう）。そして、びっくりした。私が深く研究していたスイス国際倒産法も含め、各国の法が、彼の言う米国での改正方向と同一だなどと、ぬけぬけと書いてあったから、である(*)。

　　*　この点については、本書第5章1(5)において後に言及する。

　こうして私は、まさに田中先生のお蔭で「現代国際私法［上］」も、脚注を大幅に削った上で（これは、あるまじき出版社側の要求）にせよ、出版出来たところの、田中英夫教授の重い御言葉を胸に、本書のこの部分の執筆を、ようやく終了することとなる（以上、2007年2月11日午後9時58分までの執筆）。

(4)　「国境」に落ちたコインの両側！——「執行管轄権」と「基本的人権保障（租税法律主義）」

　以上においては、外国租税判決（や外国刑事判決）の米国内での承認・執行も、一般の「民事」判決と同様に可とする、米国対外関係法第3リステートメント§483のReporters' Notesの杜撰な論理を、克明に辿った。ここまで執拗な分析は、内外ともにない（まさに、それが問題なのであるが!!）、と言えるほどまでに、である。
　そして、そこにおいて、「人権」、つまりは、日本で言うところの「租税法律主義」に基づく納税者の憲法上の権利（憲法84条）が、何ら念頭に「なかった」ことを、多少凝った論じ方により、裏から示しておいた。しかもそこには、「執行管轄権」問題に対する十分な認識もなかった。英国判例の意義の不当な矮小化、等による米国での論議の不十分さの問題、である。そのことの再確認が、本書におけるここでの分析の、出発点となる（!!）。
　しかしながら、驚くべきこととして、このレベル（低レベル）での論議が、最近も、全く無批判に、そのまま"踏襲"されている。既に論究したScoles/Hay（4th ed.）のみではない。米国の牴触法に関する、Scoles/Hayと同様に代表的な著作たる、R. J. Weintraub, Commentary on The Conflict of Laws（5th ed. 2006）, at 751-753もそうである。なぜそこで、このリステートメントにおける「論証のプロセス」への、厳密かつ厳格な、検証がなされないままなのか（!!）。既に批判した致命的な問題が種々ありながら、20年以上そのままの状態で、一向に進歩がないのは、何故なのか。或いは、これもまた、"米国流"の、徒にムードに流された論じ方の、一例なのかも知れない(*)。

　　*　既に一言したところだが、「新古典派経済学」のモデル設定に伴う"単純化"と"「印

象論"的説得手法"による論じ方を明確に想起させる、不当な"論点のずらせ方"、等々の顕著な現象が、"其処"にある。「法と経済」の双方にまたがる"其処"には、ひょっとして、「米国」を本当に理解する上で重要な何かが、あるのかも知れない。書きながら、段々そんな気がして来た。

ちなみに、Weintraub, supra では、§483の Reporters' Note 2の、既に批判し尽くしたはずの個所、即ち、"In an age when virtually all states impose and collect taxes and when instantaneous transfer of assets can be easily arranged, the rationale for not recognizing or enforcing tax judgments is largely obsolete."との部分を、(あえて言わせて貰えば)無神経にも(!!)、その論述の結論部分にそのまま引用しつつ、そういうことであるのだから "Courts should abolish the rule regarding non-recognition of tax judgments."(Id. at 753)なのだ、とされている。

但し、それは、"It is difficult to overcome the rule "long accepted both in international and in United States practice" that one country does not recognize another country's judgments for taxes."(Id. at 751f)との、当該項目全体の「トピック・センテンス」があった上での論述、である。米国の判例は、何ら動いていないのである。

結局、その計3頁のその論述においては、何ら新たな論拠の提示はなく、私からすれば、既述のごとくそれは、「前記のリステートメントから20年近くも経って、何だこれは！」と言いたくなる、杜撰な指摘である。むしろ、そのターゲットは、「健全にも(!!)梃子でも動かぬ米国の判例」に対して、専ら向けられているように思われる(手近に敵が居ると其処にだけ集中してしまい、自分の投げる手榴弾の中身が空っぽであることに気づかないという、それ自体本来危険な選択[!?]、とも言える現象である)。

Id. at 752に大きく取り上げられているのは、Pasquantino v. United States (544 U.S. 349, 125 S. Ct. 1766 [2005])の「米国連邦最高裁判決」である。事案は、カナダ向けの酒類の輸出に絡み、カナダでの課税を逃れようとして「米国内でなされた(!!)詐欺的行為」についての、米国での「訴追(procecution)」の当否が、問題となったものである。米国連邦最高裁は、そこに引用されているとおり——

"The present prosecution is unlike these classic examples of actions traditionally barred by the revenue rule. It is not a suit that recovers a foreign tax liability, like a suit to enforce a judgment. This is a criminal prosecution brought by the United States in its sovereign capacity to punish domestic criminal conduct [!!]. ….. [T]his prosecution poses little risk of causing the principal evil against which the revenue rule was traditionally thought to guard: judicial evaluation of the policy-laden enactments of other sovereigns. ….. True, a prosecution like this one requires a court to recognize foreign law to determine whether the defendant violated U.S. law. But we may assume that by electing to bring this prosecution, the Executive has assessed this prosecution's impact on this Nation's relationship with Canada, and concluded that it poses little danger of causing international friction.　We know of no common-law court that has applied the revenue rule to　bar an action accompanied such a safeguard. ……"（125 S. Ct. at 1775, 1779.）

——と、従来の"the revenue rule"を、裏から支持し、本件はそれと牴触しない、としている。この2005年の米国連邦最高裁判決によって、従来のルールが再確認されていることは、喜ぶべきことで「は」ある。

　だが、多少長目に引用したこの直近での米国連邦最高裁判決も、（刑事と課税をごっちゃにするその論じ方はともかくとしても）「インド課税事件」の「英国」判決などと比べると、何だか幾重にも、妙な"霞"がかかったようであることに、気づかないか。「執行管轄権」問題との関係が、もやあっとしているのである。

　即ちそこでは、"国境を越えた他国の課税権行使はこれを許さず"とする従来のルールが守ろうとしたのは、外国の立法に対する司法的評価という"evil"（悪？）だ、などとされている（前半の波線アンダーライン部分）。「そうじゃないだろうが！」と言いたくなる。

　だが、他方、後半の波線アンダーライン部分も、屈折している。本件処理上、被疑者の前記の（カナダでの課税逃れという）意図との関係で、「米国内でなされた行為」について(*)、「米国法に対する違反の有無を決定するために、外国［カナダ］の法を「承認」する必要があるが……」などとする。それをしも「承認」などと言う必要もあるまい(**)。また、何よりも、この点について、「行政部」が本件訴追によってカナダとの国際的な摩擦の危険なしとした点を、「セーフガード」とし、それがある以上、本件訴追は"the revenue rule"に反しない、などと持って行くその論理も、屈折している。

　　*　右の原文引用部分に、そこだけ「!!」マークを付しておいた。日本的に言えば、当該行為は「国内犯」なのであり、もっとシャキッと判示出来るだろうに、とは思う。

　　**　日本の「外国倒産処理手続の承認援助に関する法律」をめぐる、（UNCITRAL モデル法との関係を含めて!!）幾重にも捩れた「承認」概念の問題性と救い難い混乱については、本書で後述するが、極めて深刻な問題が、そこにあるのである（!!）。

　判旨のこの後半部分は、既述の「アクト・オヴ・ステート・ドクトリン」に基づく司法抑制を、"何となく"想起させる（本件の場合は、行政部がいいと言っているから司法抑制をしなくてよい、ということにはなっている）。しかも、通常の米国の判例よりもビクついた対応のようにさえ、私は感ずる(*)。

　　*　周知の「アライド・バンク事件」（石黒・前掲国際民訴法58頁以下）や、同前・57頁及び貿易と関税2007年3月号の末尾で言及した「サバチーノ事件」などと、対比せよ。いずれにせよ、妙なところで外国とのフリクションを気にする「米国」の裁判所の"或る種の傾向"を、其処から窺い知ることは出来るが、他方、同じ「カナダ」との関係で、同国での訴訟につき「外国訴訟差止命令」を出した、貿易と関税2006年2月号54頁以下

（「コミティ補論」!!）の「英国」の2005年の判決との対比も、若干興味深い。

　かくて、この最近の米国連邦最高裁判決を含めて考えても、米国では、必ずしも「執行管轄権」という一般国際法上の基本問題が、議論の正面に正しく据えられていない、との印象が、更に濃厚となる。それは、あるいは米国における一般国際法の地位の低さ（石黒・前掲国際私法［第2版］186頁注327）とも関係し得る問題か、とも思われる。

　だが、他方、国境を越えて外国の租税（や刑事）判決の執行をされてしまう側の者の「人権」（基本的人権）の問題が、そもそもこの手の"国境相対化"論によって踏まえられていないことは、既に示したとおりである。この点は、それを"否定"した右の米国最高裁判決の論理においても、また、それを"肯定"する Weintraub, supra においても、同様である。

　ここにおいて、[「国境」に落ちたコインの両側！——「執行管轄権」と「基本的人権保障（租税法律主義）」との、本書のこの部分での小見出しが、重要となる。即ち、「国境を越えた公権力行使」を遮断する一般国際法上の「執行管轄権」問題からの要請は、"国家対国家"の問題である。だが他方、課税や処罰といった外国の公権力行使に、自国内で自国の国家権力が"協力"をしてしまうことは、今更言うまでもないことながら（!!）、かかる"協力"をする国の内部で、"国家対私人"の関係における、人権保障上の重大問題をも生ぜしめる(*)。

　　＊　ここでの問題との関係では、全てを taxpayer 側から見ることが、重要である（!!——但し、吉村政徳「徴収共助の許容性に関する法的視点——レベニュールールの分析を素材として」財務省財務総合政策研究所・フィナンシャル・レビュー94号［2009年］57頁以下、とくに72頁注84の本文を見よ）。

　かくて、「国境を越えた公権力行使の遮断」は、その"遮断"をする側の国の「国内」においては、当該国の憲法的基盤の上で把握される。そして、一般国際法と自国憲法秩序の"両面"から、規制国の「国外」たる他国（例えば日本）にある資産等が、延いてはそれを有する者の人権が、保護されることとなる。その意味での「コインの両側」、なのである。

　但し、この憲法上の要請は、もとより国ごとに、その強さが異なる。「米国」については、かかる人権保障の局面が、少なくとも当面する問題との関係では"弱い"（ないしは全く意識されない）傾向にあることが、これまでの論述によって、別途解明されたことにもなる。

　自国内に、課税や処罰についての具体的な「法律」による定めが「ない」のに、それがなされてしまうことは、少なくとも日本では、憲法上保障された「租税法律主義」や「罪刑法定主義」に反する。それでは、「外国」が「課税」や「処罰」をする旨の決定（「判決」）をしているからということで、"国際協調"の名の下に「自国憲法秩序」からの基本的要請を、相対化してしまって、よいのか否か。——かかることを認めることは、「人権保障の"国境を越えたバイパス"」（!!）ではないのか。

　貿易と関税2006年4・5月号分の連載論文で論じた「バイパスされる国境」の論点と、

対比せよ。人権保障は、「あの手この手」でそれを相対化しようとする国家権力の側からの営みに対して、常に、タフでなければならない。その「あの手この手」の中に、「外国を使って処罰や課税をしてしまえ」との手段も、含まれる。日本が、今よりずっと野蛮な国家であったとすれば、あり得ない展開ではない。そこに、注意すべきである（以上は、貿易と関税2007年4月号分と同5月号分の一部とをもとに、編集し直したものである）。

第1章　わが国際倒産法制の変革へのプロセスと「課税」

1　私の国際倒産法研究の「出発点」と"軌跡"——なぜか誰も語ろうとしない真実（？）を含めて

　さて、これから始まる長い論述に備え、以下に論ずる諸点との関係で、「一体私が何者であるのか」について、つまり、とくに「国際倒産」に関する私のスタンスないし実績（!?）の程を、事前にディスクローズしておこう。その方が、親切なように思われるから、である。だが、その前に、条文について一言。

　従来のわが国際倒産法の基本は、破産法（大正11年法律71号）3条1・2項、会社更生法（昭和27年法律172号）4条1・2項の規定にあった。後者は、戦後の制定時に破産法の前記条文にならって作成されたものゆえ、ここでは、もはや存在しない右の破産法3条の規定の方を、左に示しておく（3項は、省略する）。

「破産法［旧］3条
　①日本に於て宣告したる破産は破産者の財産にして日本に在るものに付てのみ其の効力を有す。
　②外国に於て宣告したる破産は日本に在る財産に付ては其の効力を有せず。」

　（会社更生法の場合を含めて同じなのだが）右の条文には、「財産」とあり、それに着目した（内外の）「宣告」の属地的に限定された効力（属地的効力——「属地主義」）が認められていたにとどまる。だが、一般には、「"財産"に関する属地主義」のみならず、倒産者・管財人・債権者等の）「"権限関係"に関する属地主義」を含め、全ての点での極めて厳格な）「属地主義」が、もたらされるものと、解されて来ていた。私は、石黒・国際私法と国際民事訴訟法との交錯（1988年・有信堂）216頁以下（初出は、法学協会雑誌96巻11号、97巻1、4、5、8、10号［1979-1980年］）において、この点を理論的に批判した。そして、雑誌刊行直後に、長時間にわたり、某弁護士事務所の弁護士から、私の所説の趣旨につき照会があり、丹念に回答した。実は、それが、石黒・前掲国際民訴法296-297頁で解説したところの、画期的な東京高決昭和56年1月30日判時994号53頁と結び付いた。スイスで選任された破産管財人が、自己の名で、日本国内でなされていた（「スイスにおける破産者」の在日財産に対する）日本の債権者による仮差押えにつき、解放金を積み、執行取り消しを求め得るかが争点であり、従来の学説からはそれも否となるところ、それが認められた事例、である。前記弁護士は、スイス管財人の代理人であった。前記決定は、外国管財人の日本国内での権限行使（但し、誰の名で当該行為を行なうべきかという、「当事者適格」止まりでのそれ!!）を認めた初めての事例である。私にして見れば、自説がそれなりに（但し、判旨の論理には、問題がある。同前・297頁）認められた最初の裁判、となる。日本での、「属地主義緩和

に向けた一連の判例展開の出発点」となった事例である（但し、日本での国際倒産法研究のブームは、それに先立ち、日本の会社更生手続に参加していた債権者が、"抜け駆け的な個別執行"をカナダ所在の財産［外航船］に対して行なった、いわゆる「一成汽船事件」［石黒・同前294頁以下］を、直接のきっかけとする）。

その後、谷口安平教授は、英米的な、「対人（in personam）」と「対物（in rem）」との区別（なお、石黒・同前14－15頁）というレトリックとともに、私見と同旨の"解釈論"を、但し、日本では初めての学説だとして、展開された。Y.Taniguchi, "International Bankruptcy and Japanese Law", XIII Stanford Journal of International Law [1987], at 449ff である（なお、石黒・前掲国際民訴法317頁注862、同・国際的相剋の中の国家と企業［1988年・木鐸社］197頁）。

谷口教授は、私の存在に気づいておられないようであったが、いわゆる「属地主義」を、当時の条文の文言に忠実に、「財産に関する」それと、「権限関係に関する」それ（即ち、例えば、日本での倒産手続に組み込まれる「べき」者の間での「権限関係」——そうであるか否かの決定は、"牴触法"的な、密接関連性のチェックで行なう。石黒・金融取引と国際訴訟［1983年・有斐閣］295頁以下）とに、分けるというのが、私見の骨子である。

ちなみに、1981－82年の私のスイス留学に際し、スイス国際私法の「草案」中の「国際倒産」部分の規定（後述）につき、当時の条文案ではかえって混乱をもたらすとして、当時ベルンの連邦司法省におられたフォルケン氏（なお、石黒・前掲現代国際私法［上］17頁注43）を訪ね、直訴した結果、「外国倒産手続承認」に際してスイスで開始される破産手続（後述する）は、スイス所在の財産に限られるとの、スイス国際私法典170条1項の、いわゆる „Mini-Konkurs"［ミニ破産］条項が設けられることとなった（石黒・前掲金融取引と国際訴訟301頁以下参照。この点は、本書第2章で詳論する）。

もう一つ挙げるならば、日本の最近の法制度改革で正面から導入され（例えば新破産法201条4項、109条、会社更生法137条、等）、最近は国際倒産法の研究者がしきりに言及する「ホッチポット・ルール（hotchpot rule）」関連の問題がある。即ち、例えば前記の「一成汽船事件」における、海外での"抜け駆け的な個別執行"から得られた弁済を、日本での配当上、信義則的観点からいかに調整すべきかに関するルール（例えば山本和彦・後掲146頁以下、329頁、407頁、田頭・後掲208頁）、である。英国起源の、この「ホッチポット・ルール」については、夙に石黒・前掲金融取引と国際訴訟295頁以下で、そして、（同前・295頁の注350に示したように）更に遡れば、思い出の前記東京高決昭和56年1月30日への評釈たる石黒・ジュリスト748号（1981年!!）125頁以下で、言及していた。その点が、半分以上は確実に私の教え子であり、個別かつ全体として随分と指導したつもりの貝瀬幸雄・国際倒産法序説（1989年・東大出版会）の労作を経て、人口に膾炙（かいしゃ）した、というのが私の見方である（本書第2章4参照）。

その後、BCCI事件（石黒・前掲国際民訴法291頁、等。なお、本書第1章3(3)・(4)、第5章3(2)f参照）もあり、国際倒産法の研究が"フィーバー状態"となり、かつ、その過程で、わが民訴学者・倒産法学者の間で"米国法礼讃"の雰囲気が強まり、その中から、後述の「一橋案」なども出て来ることとなる（石黒他・後掲でも、これを批判

1　私の国際倒産法研究の「出発点」と"軌跡"——なぜか誰も語ろうとしない真実(?)を含めて　　39

した)。

　私は、「フィーバーの源」たるBCCI事件が、各国で純粋民事の国際倒産手続だけではなく、銀行規制上の「非民事」の措置（石黒他・後掲1頁［石黒］に記したように、米国の場合が、まさに典型であった——マネー・ローンダリング等を契機として、ニューヨーク州の銀行法上の措置によって、BCCIの在米資産が押さえられていた!!）との国際的競合を伴うものだったのに、日本の民訴・倒産法学者達の関心が、「民事」にのみ閉じる不健全さと、米国法偏重の議論の流れ（そうでありながら「民事・非民事の混淆」と「英米型の"コミティ&裁量"」についての、「比較法学の基本」からする適切な配慮がなされていない、等々!!）に対し、重大なる疑念を抱くに至った。

　そこで、石黒・前掲ボーダーレス社会への法的警鐘151-171頁の、「国際倒産と租税——国際的な税の徴収共助制度との関係において」（初出は、ジュリスト981号［1991年］）、同・前掲国際私法・国際金融法教材1頁以下に所収の「"国境を越えた執行"の諸相——"外国判決の承認・執行"と"執行共助"との理論的境界をめぐって」（初出は、貿易と関税1991年11・12月号）、等の論陣を張った。

　他方、時期的には、右の最後のものよりも若干前となるが、前記の貝瀬幸雄君にも協力を仰ぎつつ、(財)トラスト60で、商法・倒産法の研究者と銀行実務家との共同研究の場を設置して頂き、同財団の研究叢書として、石黒=貝瀬幸雄=佐藤鉄男=弥永真生=真船秀郎=土橋哲朗・国際金融倒産（1995年・経済法令研究会）を、刊行した（最後の2氏は、住友信託銀行所属。前掲の共著では、BCCI事件の、それまでの推移を、実に適切に纏めて下さった。同前・128-143頁）。ちなみに、同書を岩原紳作教授にも謹呈したところ、「こういう本が欲しかった！」と、感謝されたことを、今でも覚えている（石黒・前掲国際私法［第2版］、同・前掲世界貿易体制の法と経済における、新会社法・法務省民事局への批判についても、同様に感謝された。彼とは、助教授になってすぐの時期に、研究室で同室だったし、石黒・前掲国際私法と国際民事訴訟法との交錯の「はしがき」の1頁目にも示した、私の最も辛い時期［の一つ］に、大いに励まして貰った。だから、新会社法関連で、彼が孤軍奮闘している状況を見て、私は彼を、出来る限りサポートしたので「も」ある）。

　ところが、何と私が守ろうとしていた「国税サイド」の側からの反論（??）があり、実に情けない思いで、同「国際倒産と租税——再論」同・前掲教材70頁以下（貿易と関税1995年3月号58頁以下）を公表し、併せてそこで、英国における「承認」と「共助」との微妙な関係（後述）についても、言及した。

　そして、それらを踏まえ、1996年（平成8年）刊の石黒・前掲国際民訴法に「国際倒産」の章を設けた、といった展開となる（更に、同・日本経済再生への法的警鐘——損保危機・行革・金融ビッグバン［1998年・木鐸社］220頁以下で、再度「国際金融倒産」を論じ、その228頁以下、とくに235頁以下の注64・66・69・70・70aにおいて、いわゆる「92年版ISDAマスター・アグリーメントの日本での受容（「ネッティングないし相殺と国際倒産」）の過程におけるBIS側要請との重大なズレ［!!］」、等について、論じておいた）。——要するに、日本の民訴学者・倒産法学者が認めようが認めまいが、「国際倒産法」について「も」、私は結構研究して来ている、のである。

　そもそも、私は、これまでもこれからも、他人に影響力を行使したり、それを誇示

したりすることが、大嫌いである。新しい畑を開拓したら、次の地平を求めて、未練もなにもなしに、スタスタと歩き去るのが、私である。だから、世間的に言えば、馬鹿な思いばかりする。

この場合に限らず、この畑は自分（達）がすべて耕したのだし、すべて俺（達）のものだと言い張る人達が（まさに、バイキンマンの発想である）、実に多い。私は、淋しい人達だなとは思うが、人生いろいろ、人様々ゆえ、私は、主義として、私の選んだ道を行く（そうは言っても、時々辛くなるのは、人間だから仕方がない）。

だが、「知的財産」、「国際私法」に続き、私は、実に久々に、「国際倒産の地平」に戻って来た。かつて、何もない頃に、この私が、牴触法理論の側から自力で開墾した"其処"は、やはり全くの荒れ地になっていた。しかも其処には、invisible な（!?）「星条旗」が、翩翻と翻っているように、私には見えた……（石黒・国境を越える知的財産[2005年・信山社]、同・国際私法の危機[2004年・信山社]、そして、同・国際私法[第2版][2007年・新世社]の、それぞれの「はしがき」参照）。

以上が、これから本書のこの先の部分を書くにあたっての、私のスタンスないし決意、である。

2 「平成12年法（承認援助法）」と「"米国の影"に怯える日本？」

(1) はじめに

さて、前記のような従来の規定に対し、平成13年4月1日施行の「外国倒産処理手続の<u>承認援助</u>に関する法律」（平成12年法律129号）が制定されてしまった。破産法・会社更生法の前記規定は、今では（平成12年法律129号により——田頭・後掲208頁）、すっかりさっぱり、削除されている(*)。

* まずもって、右に傍線を付した部分（この特別法の名称）に対して、大なる違和感が、抱かれねばオカシイ（!!）。「承認」(recognition) と「援助」(assistance ——[共助] !!)との、理論的には誠に奇妙な、そして米国流の（!!）"同居"、である（石黒・前掲国際私法［第2版］31頁注26参照）。それが、すべてを暗示する（!!）。詳細は、すべて後述する。

他方、新破産法（平成16年法律75号）第11章（245-247条）、民事再生法（平成11年法律225号）第11章（207-210条）、会社更生法（平成14年法律154号）第10章（242-245条）に、いずれも「<u>外国倒産処理手続がある場合の特則</u>」と題した、それぞれ同じような（但し、後述のごとく内容空疎な"協力"の）規定が置かれている。便宜、新破産法の右の規定について言えば、245条は「外国管財人との協力」、246条は「外国管財人の権限等」、そして、247条は、「相互の手続参加」、となっている。これらは、内外での倒産手続の併存、つまり、いわゆる（内外）「並行倒産」の場合の規定である(*)。

* <u>国際課税の関係者は、新破産法247条（相互の手続参加）に、まずは注目すべきである。</u>即ち、同条2項には、「[[日本の] 破産管財人は、[日本で] 届出をした破産債権者であっ

て、破産者についての外国倒産処理手続に参加していないものを代理して、当該外国倒産処理手続に参加することができる」、と規定されている。それでは、新破産法114条による「租税の請求権の届け出」がなされていたとして、247条2項の、「代理」による「外国倒産処理手続」への「参加」は、この点でどうなるのか。まずは、「其処」を、考え見るべきである（[a]）。もとより、その前提は、日本の租税債権（者）が、国境を越えて「破産者についての外国倒産処理手続に参加」出来るか、ということである。貿易と関税2007年4月号63頁でも言及した英国の「インド課税事件」判決を、想起すべきである。しかも、このケースは、同2007年2月号55頁にも示したように、イングランドの倒産手続からの配当を、インド課税当局が求め、蹴っ飛ばされたものであった。結論として、日本の租税債権につき、右の海外手続での「参加」は、出来るはずがない、ということになる。それでは、間に「藁人形」としての内国管財人を噛ませたら、どうなるのか。所詮同じことゆえ、やはり駄目、となる「はず」だが、この規定との関係でどうなるのかを、法務当局に照会せよと、私は国税関係者に勧めている。租税を馬鹿にした、後述のこの法改正、そして、国家財政の危機など知らぬ、とでも言いたげな、その後の破産法改正における、不当な「租税債権の劣後化」への、一連の流れを踏まえた上での、ある種の"嫌み"として（!!）"せめて"そうでもすべきだ、との趣旨からである（本書第6章2参照）。

そして次に、日本の国税関係者は、新破産法247条1項の、以下の規定についても、同様の趣旨で、まずは注目すべきである。即ち、「外国管財人は、［日本で］届出をしていない破産債権者であって、破産者についての外国倒産処理手続に参加しているものを代理して、破産者の［日本での］破産手続に参加することができる。ただし、当該外国の法令によりその権限を有する場合に限る」、との規定である。

（右の但書の要件が、前記の「インド課税事件」の場合のインドのように、当該外国では満たされるとして）外国管財人が、日本で外国租税債権者（外国の課税当局）を「代理」して日本の破産手続に「参加」することは、出来るのか否か（[b]）。この点も、法務当局に対し、同様の趣旨で照会すべきだと、私は、国税関係者に勧めている（一般国際法上の「執行管轄権」について、これまで本書で論じて来た事柄からは、前記の[a]・[b]の問題は、表裏一体をなす、いわば入り口での問題である）。

「破産債権者」の定義は、同法2条6項、5項にあるが、外国租税債権（者）を排除しない文言と見受けられるし、外国租税債権が、「2段階の藁人形作戦」で、私人に（見え見えの形で）債権譲渡されていた場合を含め（!!）、一体どうなるのかと、法務当局に、"せめて"詰め寄って欲しい。これから示す一連の流れにおいては、馬鹿にされても国税当局が黙っておれば、更に馬鹿にされるということが、既に立証されている（後述）。米国流のこの種の"際限なき悪乗りの連鎖"が、日本に伝染して久しい。だから、でもある。──すべては、これから始まる"長い物語"を前提としての一言、である。

(2) 法改正論議の最終段階での、"米国の影"──国連の「国際倒産モデル法」と日本の「平成12年法」

ところで、前記の「外国倒産処理手続の承認援助に関する法律」（平成12年法律129号）は、"最終的"には（!!──その意味するところは、これから順次、論じてゆく）、UNCITRAL（国連国際商取引法委員会）の、後述の「国際倒産モデル法の強い影響を受けたもの」である（山本和彦・国際倒産法制［2002年・商事法務］「はしがき」1頁）。だが、同書の「はしがき」の2頁には──

「従来の日本法が採用する厳格な属地主義［但し、その"実像"については、本書において頭出し的に既述］に対しては、国内外から強い批判があったところである。著者も、後述の国連の会議に出席した際、その審議の過程で、(著者が日本代表として出席しているにもかかわらず［!?］)名指しで日本の態度が批判されたことを、苦い思いとともに記憶している。このような日本の姿勢は、国際貿易・投資立国として経済関係においては国際関係を不可欠の前提としながら、それに対応する経済的破綻の問題についてキチンとした法整備をしない無責任な国［!?］として、大げさに言えば国際信用にも関わるものとも言えた。この点はまた、日本の行政重視・司法軽視の体質［??］を具現したものとする評価も可能であったと思われる。しかし、21世紀においては、そのような態度は国際的に見て到底許されないのみならず、行政・司法制度改革に表れる「この国のかたち」にもそぐわない［??］ものであろう。その意味で、今般の法整備は、単に法律界に限らず、国の姿勢として大きな前進を遂げたもの［??］と評価出来よう。……」

——とある。

　国連のこの「国際倒産モデル法」が、米国の強い影響下で作成されたものであることは、これから順を踏んで示してゆく。"「名指し」での日本批判"に屈して、"際限なき米国化の泥沼"に沈んでゆく過程で、従来のわが「倒産属地主義」の「解釈論的修正」の実像について、本来主張すべきことが、どこまで強く主張されたのかも、大いに気になる（後述する）。「日米通商摩擦」における米国側の理不尽な主張（石黒・前掲世界貿易体制の法と経済の随所にも盛り込んだそれ）の"蹴っ飛ばし方"のノウハウが、交渉担当者にどれだけ共有されていたのかも、疑問である。
　それからの類推で言えば、米国側は、「解釈」で、なんてことでは駄目だ、「立法」ではっきりさせろ、と言う（言った）であろう。そうなったら、「コミティ」と「裁量」で何とでもなる米国の従来の国際倒産法制の実際だって、種々の問題はあろうが（!!）、等々のタフな"交渉・応酬"が、なされねばなるまい。だが、山本・前掲の、「(著者が日本代表として出席しているにもかかわらず)名指しで日本の態度が批判されたことを、苦い思いとともに……」の、括弧内のニュアンスからは、"同じようなこと"は、どうも期待薄であったようである。
　既に本書序章2(3)で論じた「日米刑事共助条約」における「双方可罰性要件の相対化」への、米国の対日攻勢への日本側の対応と、現象的には、似たような展開である。だが、米国からの「刑事執行共助」要請に対しては、既述の"実務的対応"（本書序章2の注(20)参照）が、一応は可能であるのに対して、「国際倒産」関連では、問題のほぼ完全な「米国化」により、事態は、更に一層深刻である。

　山本・前掲は、前記引用部分で、「今般の法整備は、……国の姿勢として大きな前進を遂げたものと評価出来よう」とするが、私は、そうは思わない。全く逆の考えである。
　私は、東大のロー・スクールにおいて、国連の前記モデル・アクトをベースとして

2 「平成12年法（承認援助法）」と「"米国の影"に怯える日本？」   43

作成された、問題の「外国倒産処理手続の承認援助に関する法律」の条文との関係で、これについてどんな訴訟が起き得るかを、学生達にじっくり考えさせたことがある。訴訟が100％起き得ないとはもとより言えないが、なかなか現実味を帯びては考えにくいというのが、彼らの印象であった。5分、10分ではない。本当にじっくりと考えさせた上でのことである(*)。私の印象も、同じである。

* ちなみに、貿易と関税2006年2月号57頁上段において、私は、まさに「国際倒産と租税」を論ずる際に、一つの重要な鍵となるところの、<u>英国の「悲しい過去――大英帝国の残影」</u>（石黒・前掲教材73頁）との関係で、以下のごとく述べていた。即ち――

　「東大のいわゆるロー・スクールでの「国際私法」講義は、この「教材」を用いて行なっているが、同前教材・73頁2段目右から1段目左への、10数行の英文引用部分の、最も深い意義を、ずばり指摘した学生が、この秋初めて登場し、感動した。<u>コモン・ウェルスから、まさに櫛の歯が抜け落ちるように去って行った諸国への、イギリスの側からの"協力"［「共助」‼――もう一度一つになろうよ、という意味でのそれ］の呼びかけのメッセージ</u>、である。彼は、其処に、「コミティ」と同質のものを感ずる、と言うのである。その通り。東大のロー・スクールも、捨てたものではないと、実感した。」

――と。
　後述の「一橋案」（一橋グループ）のわが国際倒産法改正提言において、右の傍線部分の趣旨で（イングランド以外の）他の法域への協力（相互的な共助・援助［‼］）の呼びかけのなされて来ていることが、正しく理解されていない面がある、との趣旨で、前記教材の「国際倒産と租税――再論」は書かれているが、その関係での、鋭い学生の指摘があったのである。そして、そのような鋭い学生（後に、民事訴訟法の助手となった）を含めた彼らに、まずは、本文で示した前記の点を、考えて貰ったのである。

　何故そうなのか。同法21条の「承認の条件」<u>（其処で言う「承認」の、屈折した意味合いについては、後述する）</u>の規定は、殆どノー・ガードでの「承認」を規定する。それを前提として、例えば25条の、「外国倒産処理手続に対する援助［共助‼］」を与える関係での、「他の手続の中止命令」の規定を、見てみよう。
　「裁判所は、<u>承認援助手続の目的を達成するために必要があると認めるときは……中止を命ずることができる</u>」（同条1項）、あるいは、「<u>裁判所は、……中止の命令を変更し、又は取り消すことができる</u>」（同条4項）、といった規定が、他の諸規定を含め、同法の基幹部分に、並んでいるのである。要するに、裁判所の"裁量"、しかも、よく考えれば"米国流の裁量"が、前記の（但し、詳細は後述する）国連のモデル・アクトを通して、過剰に"滲み出して"いるのが、同法の本質なのである（‼）。だから、例えば承認決定があったとして、そのこと自体、そしてその後の事態の推移に関する訴訟が、想定しづらいのである。

　ここで、この点を、更に若干踏み込んで見て置こう。ジュリスト別冊184号・倒産判例百選［第4版］（2006年）208頁以下の、田頭章一「国際倒産法制について」である。

平成13年４月１日施行の「外国倒産処理手続の承認援助に関する法律」により、裁判実務がどう変化したのか、の問題である。そこには──

「官報公告によると、平成18年５月現在、承認決定は２件しかなく（官報3738号24頁、4278号27頁参照）、その利用例は多いとはいえない。しかし、承認援助手続の利用を考慮したり、それを背景にして交渉[*]をしたりする例は少なからず存在するようであり、承認援助手続の国際倒産処理実務に与える影響はやはり大きかった［??］とみるべきであろう（なお、承認援助手続は申し立てられていないが、日韓のグループ企業の倒産処理をめぐる興味深い報告として……参照）。」

──とある。

* 右に「交渉」とある点については、本書序章１の「＊＊」・「＊＊＊」マークの個所で言及した宮崎・池内・中島・坂井の各氏（国際倒産の実務家弁護士）の指摘、との関係に留意せよ（!!）。

「承認決定は２件」のみ、そして、右の「ようである」の言葉から推測されるように、国際倒産処理の実態は、いわば"水面下に潜って"しまった観がある（!!）。それが同法制定への、私の基本的評価でもある。

こうなってしまう前は、田頭・前掲208－209頁にあるように、また、石黒・前掲国際民訴法289－299頁（本文）、313－324頁（注）で詳述し、その導入的な指摘を、本書において既に行なっておいたように、判例・学説による、破産法３条・会社更生法４条の「倒産属地主義」の「解釈による修正」への、健全な努力の蓄積があった（それについて、山本・前掲「はしがき」２頁の"国際舞台"で、日本側としてどこまで適切に主張・反論がなされたのかが、問題なのである［!!］。既述）。

だが、驚くべきこと（!!）として、更に、以下の"極論"がある（"暴論"と言うべきか）。即ち、平成12年の前記の特別法により、「承認決定」が（殆ど自動的に──既述）なされ、同法に基づく「管理命令」（32条以下）が出された事例（後述）に関し、松下淳一・国際私法判例百選［新法対応補正版］（別冊ジュリスト185号・2007年）211頁は、何と（!!）──

「管理命令が発令されて、承認管財人……が選任されてはじめて業務遂行権や財産管理処分権の所在が債務者[倒産者]から承認管財人に移るのである。管理命令の有無により財産管理処分権の帰属が一義的に明確になり、取引の安全に資し、裁判ごとに［外国倒産手続の］対内効の肯否の結論が分裂［!?］することも防ぐことができるのである。以上のような意味において、上述［従来］の判例法は先例としての価値を失う［!!］ことになる（ノルウェーの破産手続で選任された破産管財人は、破産者が有する権利を日本国内で行使することができる、と判示した東京地判平成３・９・26判時1422号128頁も同様である）。」

2　「平成12年法（承認援助法）」と〝米国の影〟に怯える日本？　45

――とする(*)。

* この点で重要なのは、坂井・前掲金融・商事判例増刊号1112号111頁以下の、次の指摘である。即ち、そこでは、外国管財人の代理をする倒産実務家の立場から、同法に基づく手続において、「裁判所が管理命令を発令したときは、いわゆる「承認管財人」を選任するため、自分以外の第三者が承認管財人に選任されたときには、外国管財人は国内倒産処理手続に対する直接のコントロールは失うこととなる」として、「承認援助法」ルートの選択には、外国管財人側としてそれなりのリスクのあることが、示されている。そして、同法に基づく「承認・援助」手続によるアプローチ以外の、「並行倒産アプローチ」（即ち、日本でも倒産手続を開始させること）、更には、本書でも一言したところの、専ら事実上の「任意清算アプローチ」が、そこで〝併記〟されている。

　その基本は、外国管財人の立場からして、新法制定後も、これら３つの「アプローチ」が適宜使い分けられてゆくであろう、との実務家としての直感にある。そして、それには、十分な理由がある、と言えよう（もとより、「国境」との関係での既述の点は別として、である）。

　そこで、例えば「任意清算アプローチ」が選択されたとして、「国内債権者による権利行使と抵触し」た場合（同前・111頁）には、前掲東京高決昭和56年１月30日のような紛争が生ずる。ところが、松下・前掲の立場では、そうした事案でも、一々「承認援助法」の手続を踏まねば、日本の債権者の「仮差押え」に対する外国管財人側の対応も、ままならぬことになる。

　だが、当該の、いわば「ミクロ・レベルでの個別差押への外国管財人側の対応」と、坂井・前掲の言う３つのアプローチの間での選択という、いわば「マクロ・レベルでの外国管財人側の対応」とは、別であり得る。ところが、すべて「承認援助法」のルートを通せ、ということ（松下説）になってしまっては、たまたま個別の紛争が先に顕在化していたということだけで、外国管財人の全体的な（既述の「マクロ・レベル」での）政策判断、つまりはその手足を、いわれなく縛る（!!）ことになってしまう（しかも、「承認援助法」32条からして、問題の「管理命令」が出されるか否かは、「裁判所」が「承認援助手続の目的を達成するために必要があると認めるとき」にあたるか否かをどう判断するかという、〝裁判官の裁量〟に、またしても［!!］左右されることとなる）。

　松下・前掲211頁は、「東京高決昭56・1・30……［を含めて］上述の判例法は先例としての価値を失う」、と明言しているが、その不当性は、前記の管財人実務の側からも、十分に批判されて然るべきであろう。この点は、再度後述するが、あらかじめ一言のみしておく次第である。

　ともかく、松下説のように解してしまっては、かえって「承認援助法」の制定によって、外国管財人の立場、延いては「外国倒産処理手続」の日本での取り扱いが、従来に比して〝硬直化〟、あるいは〝後退〟してしまい、今回の法制度の整備の基本（山本・前掲書の既述の「はしがき」参照）に逆行し得るものとしても、問題が大きい、と思われる。

　従来の判例のみならず、それを支えた学説の蓄積をも、すべて〝米国流〟の前記特別法が覆すのだ、とするこの「松下説の不当性」（!!）について、詳しくは、後述するところに譲る（詳細については、本書第６章の他に、「日本の〝暴論〟のルーツは？」と題した本書第５章2(3)b、及びcを見よ!!）。だが、要するに、同法に基づく手続が実際

に動き出した場合に、その限りで（!!）、従来の一般的な処理定式（牴触法上の、通常の取り扱い――石黒・前掲国際民訴法の前記箇所に示したそれ）が修正を受ける(*)ものと、解さねばおかしいことだけは、ここで強調しておく。

　　*　その理論的構造は、石黒・貿易と関税2005年8月号46頁以下（「WTO体制と日本の対抗立法・対抗措置――"米国通商法規の特異な構造"への牴触法的視座」）、とくに57頁の、其処で論じた日本の対抗立法（「アメリカ合衆国の1916年の反不当廉売法に基づき受けた利益の返還義務等に関する特別措置法」、2004年末に成立）の「6条」の場合と、同様である。即ち、米国の右の法規に基づく、同国の三倍賠償判決の日本での承認・執行は、"通商法規（非民事法規）"たる前記特別措置法6条が「特則」として機能し、民訴118条の「枠外」で、ダイレクトに、なされ得ないことになる（同条は、この点での民訴118条それ自体の排除を意図し、純然たる通商法規として、英国の通商利益保護法［石黒・前掲国際民訴法22頁］の規定と同趣旨のものとして、作成されたものである!!）。

　　　「外国倒産処理手続の承認援助に関する法律」も、外国倒産処理手続に関する「特則」として機能するものであるにとどまる。ただ、同法が、それ自体として、「外国倒産処理手続」の取り扱いに関する一般の牴触法的処理を、全面的に排除したものと考える理由はなく（詳しくは、後述）、同法の適用（承認・援助）が実際になされる限りにおいて、それとぶつかる一般の牴触法的処理が排除される、と考えれば済む。

　　　貝瀬幸雄「EU規則（regulation）との比較」山本克己＝山本和彦＝坂井秀行編・前掲金融・商事判例増刊号（1112号）・国際倒産法制の新展開――理論と実務（2001年）67頁には、「倒産共助のシステムと個別承認のシステムとが比較法的にみて当然に［原文に、傍点］共存しないわけではない」と、比較国際倒産法研究に殆ど全てを捧げて来た者としての、（控え目過ぎる）悲痛な叫びがある。そして、貝瀬・同前のこの指摘は、正当である（前者の「システム」とは、前記の「承認援助法」による共助のシステム、後者の「システム」とは、従来の判例・学説に支えられた、一般の牴触法的処理［民訴118条の類推、を基軸とするそれ。既述］のことである）。

　他方、松下・前掲210頁以下の、同法に基づく「はじめての承認事件」たる、「東京地判平成15年11月11日決定（平成15年［承］第1号承認援助事件――判例集未登載、官報平成15年11月25日第3738号24頁）」の、そこに記載された「決定要旨」に、更に注目すべきである。即ち、そこには――

「Xについての外国倒産処理手続（2001年12月14日に申し立てられた、中華人民共和国の香港高等法院第1審裁判所に係属する強制清算事件）を承認する。」
「Xの日本国内における業務及び財産に関し、承認管財人による管理を命ずる。［既述の「管理命令」である。］」
「承認管財人　A、B、C……。」

――とだけある。あとはすべて、既述の"水面下に潜る形（!!）"、である。
　また、その点を裏付けることとして、松下・前掲210頁には――

「判明している限りでは［!!］、同法の適用事例として解釈論上問題となる点……が

２　「平成12年法（承認援助法）」と「"米国の影"に怯える日本？」　47

１つあるのも注目に値する。」

——とある。同前・211頁にあるように、承認申し立てをしたのが「仮清算人」であり、「強制清算事件の開始の判断がされた旨は［本件］決定要旨……には表れていない」が、それで十分かが、右の「解釈論上問題となる点」、である（右の決定要旨の、傍線を付した部分参照）。

　そんな細かしいことはともかく、右の松下教授の指摘の、"言外の意味"に、ここでは注目すべきである。解釈論上の問題が「１つある」のが、"珍しい"、とのニュアンスが其処にはある。

　東大ロー・スクールでの私の試みに関する、前記の論述を、参照すべきである。（米国流の‼）「裁判官の裁量」が全面に出て、但し基本的に、"全てが水面下に潜る構図"になっているのが、同法なのである（‼）。そのことが、右の点からも、別途、ある程度は裏付けられるはずである。

　ここで問うべきは、次のことである（‼）。即ち、山本・前掲書の「はしがき」２頁には、既述のごとく、従来の判例・学説に支えられた「日本の姿勢は……経済的破綻の問題についてキチンとした法整備をしない無責任な国として、大げさに言えば国際信用にも関わるもの」であり、「日本の行政重視・司法軽視の体質を具現したものとする評価も可能であった」が、「その意味で、今般の法整備は……大きな前進を遂げたものと評価出来よう」、とあった。

　だが、"米国流の裁量"で、基本的にすべてが"水面下"に潜り、実際の訴訟（国際訴訟）という形で顕在化しにくい法制度作りをする方が、極めて「無責任」なこと、ではないのか（‼）。国際倒産事例は、多方面の関係者の利害調節を、「国境」を越えて、如何に行なうかという、極めて高度な法政策的判断を要する問題である。だが、だからこそ（‼）各ステップでの法的判断（牴触法的なそれ）の精緻さと、判例・学説による詳細な検証とその蓄積（‼）が、大いに求められる、と言うべきではないか。同法制定自体に対して、この点からの強い疑問が、呈せられてしかるべきである（後述）。それなのに、従来の判例・学説の蓄積（法文化の継承‼）を同法制定が全否定したとする、前記の暴論までがあるのは、一体どうしたことなのか（‼）。

　そこまで"米国に巻き取られて"平気な、日本の民訴学者の見識を、問題とすべきである。もとより、松下説に対しては、後述のごとく反対説もあるが、大局的に見た場合の現状は、石黒・前掲世界貿易体制の法と経済223頁以下、とくに226頁以下の(b)、即ち、従来の「利息制限法」関連での最高裁判決を否定しようとした「貸金業法」制定後の、"復活最高裁の登場"までの状況（同前・227頁、229頁を見よ）と、類似する(*)。自体は、深刻である。

　　＊　具体的には、次のようなことである。即ち、右のものに示したように、「弱者保護」の要請ゆえに、利息制限法の条文（文言）を越えてまでしてなされていた最高裁の暖かい営為の蓄積と学説の支持とを、「全否定」しようとして、「市場原理」重視の「貸金業

法」が制定された。その後、「政治に対する無力感」に「司法」(裁判所)が打ちひしがれる時期が長く続き、その間、学説側でも、当面する問題に対する論文等が(判例評釈等は別として)「激減」していたのである。

　今後のわが国際倒産法制についても、(新会社法の場合と同様に‼——石黒・同前229頁)同様の事態の展開が、大いに懸念される。即ち、「承認決定」や「管理命令」を出した後の「裁判所」は、管財人等の実務家の、水面下での営為・交渉の類いに基本的には全てを委ね、いわば若干遠い所から、実質それの傍観(ないしは、既述の「黙認」‼)をすることに、終始しがちとなろう。学説側も、具体的な「論理」が詳細に示されるがゆえに批判・検証をし易い従来の「判例展開」とは異質な、「見えない水面下の大きな部分」の存在に、大いに悩まされることとなろう(少なくとも、そうした傾向が生じることを、全面否定することは、出来ないはずである)。

　「国際倒産法制」とて、完全な法制度など、あるはずがない(‼)。具体的事例における理論的・実務的な成果と失敗との蓄積の中で、一歩一歩、制度改善を図って行く必要がある。そのはずである。それなのに……、ということである(「学問的"劣化"」[‼]の進行、と言ってもよい)。

　だが、こうした同法をめぐる基本的な法的状況への批判とともに、そこに「国際課税」をインプットした場合に、一体何が見えて来るのか(‼)が、大きな問題となる。まさに"其処"からの強い光を、同法制定に至るまでの、「わが国際倒産法制の変革の"全過程"」に浴びせたとき、「米国の論理に巻き取られるのみの悲しい日本の現実」が、みごとに露呈することとなる。

　かくて、「そもそものはじめは紺の絣かな」という、某年東大入試「国語」出題文冒頭の一句の通り、「そもそものはじめ」からの論述を、せねばならなくなる。以上は、これから議論が何処に流れるのかをあらかじめ示すための、「頭出し」的な論述であったに過ぎない(以上、2007年6月3日午前11時56分までの執筆。午後は、脳を休めることとする。同日、午後0時23分まで、点検。——執筆再開、翌4日午前9時29分。同日午後2時54分まで、極力ストレスを溜めないよう工夫しつつ、これまでの執筆部分の拡充を行なった。そして約1週間おいて、同年6月10日午前6時24分、執筆を再開し、やはり以上の部分の補充に全てを費やし、「一橋案と租税」等の論点については、次に回すこととした。点検を含め、同日午後1時3分、若干の雷鳴とともに、執筆終了)。

3　「一橋案」と「国際課税」

(1)　「準拠法の論理」の混入？

　さて、ここまでの本書においては、従来の私の「国際倒産法」研究との関係で、とくに、石黒・前掲国際民訴法289頁以下の国際倒産に関するまとまった論述と、その後の日本での法改正との"架橋"に、意を用いた(2007年7月5日午後0時14分、執筆を再開する)。だが、本書冒頭に示した通り、ここでの論述もまた、「わが国際倒産法制の改革」を"縦糸"とし、「国際課税」との関係を"横糸"とする、重層的なものである(石黒・前掲世界貿易体制の法と経済も、同様)。そしてそれによって、本書で扱う「執行管轄権」(国境を越えた公権力行使)問題の具体的イメージを、更に鮮明化す

るという全体的意図、との関係での論述となる。

　そこで、ここでは、これまでの本書における論述においても言及して来た「一橋案」とは一体何なのかについて、「国際課税」との関係に留意しつつ、論じておこう(*)。まずは、ズバリ問題の本質を、抉っておいた方が分かりやすかろう、との配慮からである（とは言っても、「準拠法選択の基本」も、「執行管轄権」問題も、すべて不明確なままの「一橋案」ゆえ、大上段に構えて斬り捨てるのは簡単だが、「それ」にインタフェイスを合わせるとなると、私の論述も、若干ややこしいものとなってしまうが、私の責任ではない!!)。

> ＊　もっとも、「一橋案」の立法提案における「租税」の扱いを、その条文案に即して批判する作業は、もう少し先になる。それまで待てないという方々には、石黒他・前掲国際金融倒産401頁以下の、「国際倒産と租税」の項目（石黒）を、差し当たりご参照頂きたい。

　さて、「一橋案」とは、「国際倒産法研究会」（代表は竹下守夫教授）の昭和60年からの研究成果として提示された、わが国際倒産法制の改正提案のことである。主要メンバーが一橋大学所属の竹下・伊藤眞（当時）両教授を中心とする諸教授であったため、私はこれを「一橋案」と呼んでいる（山本和彦氏は、そのメンバー「ではない」）。その研究成果は、竹下守夫編・国際倒産法──企業の国際化と主要国の倒産法（1991年・商事法務研究会）にまとめられ、同書の381頁以下には、「国際倒産法関連条文（国内法）改正要綱案の解説」（伊藤眞）、397頁以下には「国際（2国間）倒産モデル条約試案の解説」（西澤宗英）がある。また、金融法学会・金融法研究第5号（1989年）1頁以下には、それに先立ち、「国際倒産法の立法論的検討」の「シンポジウム」が組まれ、竹下教授以下の一橋グループ各氏の報告がある(*)。

> ＊　同じ金融法学会の金融法研究第15号（1999年）91頁以下では、「個別報告」として、山本和彦「UNCITRAL国際倒産モデル法」がある。ところが、その司会は（当時既に東大に移ってはおられたが、一橋グループの）伊藤眞教授ではあるものの、「一橋案」との関係は何ら示されず、同前・92頁の、伊藤教授の「国際倒産は、現在進行中のわが国の倒産法改正におきましても重要問題の一つでございますが、UNCITRAL（国連国際商取引法委員会）のモデル法は、その立案作業にとりましても重要な参考資料とされるものと存じます」との冒頭のスピーチの中に、全てが埋没してしまっているとの観がある。この間の事情については、右の山本報告に即して、後述する。

　それでは、この「一橋案」で「租税」（「国際課税」）がどのように捉えられていたのか。ズバリそこを示すべく、但し、例によって「手順」を踏みつつ、論じ進めることとする。

　まず、「租税債権」に関する「一橋案」の基本認識が問題となる。この点につき、竹下・前掲金融法研究5号7頁では──

「最も困難と思われますのは、主要な法抵触問題についての準拠法［??］の規律であります。担保権とか、労働債権あるいは租税債権等をいったいどのように処遇したらよいか、それについていずれの国の法を準拠法として判断すべきか［??］、という問題がとくに重要であると思われます。

　そこで、私どもの国内法改正試案……では、原則的に普及主義への転換を定めると同時に、これらの問題についての規律をおもな内容として定めている［!?］のでありまして……」

——とされている（竹下編・前掲の同様の指摘［B］と対比するために、右の指摘を［A］とする）。

　其処に、既にして重大な理論的混乱（!!）があることに、気づくべきである(*)。

　　＊　他方、"非民事"の「租税債権」と、（基本的には）"一般民事"の「担保権」・「労働債権」とが、同列に把握されていることの奇異さにも、目を向けるべきである（!!）。

「国際倒産法」の立法提案において「租税債権」の「処遇」が「最も困難」な問題となる、との竹下教授の認識は正しい。だが、第1に、後述の「一橋案」の立法提案における「租税債権」の「処遇」の仕方が、ある意味で致命的な問題を有することは、後述のとおりである。また、第2に、「それ」（即ち「租税債権」）について、「いずれの国の法を準拠法として判断すべきか」という問題設定は、実は、そもそもおかしい。この第2の点を、先に見ておこう。

　日本で選択される「準拠法」の如何で、内外の租税債権の、国際倒産手続（日本での手続、及び、外国倒産手続の承認の局面）における「処遇」が決定されるというのは、一体如何なる論理に基づくものなのか。"其処"を、冷静に考えて見る必要がある（もとよりこの点も、別途後述するが、基本的なポイントを、ここで示しておく次第）。

　とくに「外国」租税債権の「処遇」を考えて見ると、(a)「日本」の倒産手続において、「外国」課税当局が直接「日本」に出向き、配当要求をした場合に、「日本」側で定める「準拠法」次第で、その「処遇」が左右される、との論理が、ここで示されていることになる。

　他方、其処で示されているのは、(b)日本の国際倒産手続における、「日本」の租税債権の「処遇」も、同様に「準拠法」に左右されるとの論理、のようでもある。右の(a)(b)ともに、そんなことは、"あり得ない"（!!）こと、である(*)。

　そうであるにもかかわらず、かかる牴触法的には誤った前提の下に、「一橋案」の立法提案においては、その「規律」の「おもな内容」として、この点（「租税債権」の「処遇」）につき「定め」が置かれている、ということになる。

　　＊　右の(a)の傍線部分につき、「日本」を「英国」に、「外国」を「インド」に置き換えて見よ。問題がはっきりするはずである。この"変換"をすれば——

『「英国」の倒産手続において、「インド」課税当局が直接英国に出向き、配当要求をした場合に、英国側で定める「準拠法」次第で、その「処遇」が左右される（??）』

——ということになる。だが、どこか、基本的におかしくないか。要するに、右の"変換"を経た場面設定は、本書においても既に言及し、貿易と関税2007年2月号55頁、同4月号63頁でも扱ったところの、「インド課税事件（Government of India v. Taylor）」そのものである（再説すれば、インドの課税当局が英国での倒産手続に出向き、インドの租税債権につき、配当を受けようとして、蹴っ飛ばされた事例である）。

米国の対外関係法第3リステートメントのReportersの、この判決の意義を矮小化して伝えようとする歪んだ意図（同4月号54頁以下）にもかかわらず、「国家管轄権」問題の世界的権威者たるF.A.Mannのもの等とともに同前・63頁で引用したところの、Dicey, Morris & Collins, The Conflict of Laws (14th ed. 2006), at 101 でも——

"There is a well-established and almost universal principle that the courts of one country will not enforce the penal and revenue laws of another country. ..... [T]he best explanation, it is submitted, is that suggested by Lord Keith of Avonholm in Government of India v. Taylor, that enforcement of such claims is an extension of sovereign power which imposed the taxes, and "assertion of sovereign authority by one State within the territory of another, ..., is (treaty or convention apart) contrary to all concepts of independent sovereignties.""

——との、この英国判決に対するオーソドックスな理解が示されていた(**)。それはまさに、（米国はともかくとして）諸国における「執行管轄権」（「国境を越えた公権力行使の禁止」）問題の取り扱いの基本を、明確に示したものだったはずである。

** かくて、「一橋案」の基本スタンスを示した竹下守夫教授における、「租税債権」の「処遇」に関する前記の立論は、「執行管轄権」問題に関する基本的な"無理解"（!!）に基づくものであることが、明らかになる。そして、極めて不幸なことに、その後の一連のわが倒産法改正は、かかる致命的な問題を、そのまま引きずったまま、今日に至るのである（!!）。

ちなみに、以上の学会報告と基本的に同旨の、竹下編・前掲国際倒産法28頁（竹下）には——

「[従来の倒産属地主義について、それを] 普及主義的方向に立法上改めることになると、将来は、さまざまの困難な問題が生ずるものと予測される。ことに担保権者の地位、労働者の給料債権等各国が独自の社会政策的考慮に基づいて優先的権利を認めている債権の処遇、租税債権等国家主権の直接の現れである公法上の債権の処遇、については、法の牴触を明文の定めによって解決しておくことが望まれよう。」

——とある（[B]）。

前記の [A] の指摘よりも、後者（[B]）の方が、（相対的には!!）誤解の少ない表

現だが、各国の「社会政策的考慮」（等）が特定の債権の、優先性の背後にあることは、いわば通常の事態であり、牴触法上の特段の配慮は、その限りでは必要ない。基本的にそれらは、「一般民事」のものとして扱えばよい。

　だが、「租税債権」の処遇は、［B］の指摘にあるように、公権力行使と直結する（あるいは、公権力行使そのものである）がゆえに、"民事"の国際倒産処理におけるその扱いが、問題となるのである。そのことは、本書におけるこれまでの論述の、すべての前提でもあった。

　右の［B］では「法の牴触を……」とあるが、［A］・［B］の竹下教授の指摘を合わせて読めば、同教授が、「租税債権」の取り扱いが「準拠法の規律」（［A］の冒頭参照）、即ち「準拠法の論理」で処理されるものと、考えておられることは、疑いようがない。其処に、既述の通り、「執行管轄権」問題への"無理解"（海外での一般の議論との、重大な"不整合"［!!］）、そして、「重大な理論的混乱」のあることは、既述のとおりだが、以下、「＊」「＊＊」「＊＊＊」に分けて、あえて、どこまでも執拗に、竹下教授の言う「準拠法の論理」の内実を、極力丁寧に、（メスで薄膜を一枚ずつ剥ぐように!!）"解剖"してみることとする。

　＊　竹下教授が、ここにおいて、具体的に如何なる問題についての準拠法を想定しておられるのかが、実は定かではない（!!）。例えば「租税債権の優先性の準拠法」などというものを考えるのだ、とお考えなら、それは全くナンセンスとなる。

　つまり、第1に、日本での倒産手続における日本の租税債権の「処遇」が問題なら、ダイレクトに、日本の「絶対的強行法規」たる日本の租税法上の規範が適用される（日本国内で、課税上の諸原則が、ほかならぬ日本の倒産法の規定で一定の修正を受けているとしても、それをインプットした上で、右の処理がなされる）。課税要件に「借用概念」（貿易と関税2005年10月号53頁以下、特に62頁!!）が用いられておれば、当該の租税法規の適用上、問題となる取引等の準拠法の規律内容が、当該課税の前提となるが、あくまでそれは"前提"であり、それを踏まえた上での、当該の取引等への「介入」（国家公権力の直接的な発動としてのそれ）のメカニズムは、右に記したところによる。

　第2に、日本の倒産手続における外国の租税債権の「処遇」が問題だったとする。竹下教授は、この場合に、一体何についての「準拠法」をお考えなのか（!!）。例えば当該の外国法上、その国の租税債権を（一般債権に比して）優先させる「法規範」があったとして、その「法規範」がそのまま法廷地たる日本で「適用」され、それによって当該外国租税債権の日本における「処遇」が決まる（そして、それに沿って、本来当該外国内部での租税債権の優先のルールに従い、国境を越えた当該外国租税債権の実現が、日本国内でなされる!?）、などということを、同教授はお考えなのだろうか。だが、そんなことが、そもそもあり得るのかどうか。答は、明確に否のはずである（再度示した「インド課税事件」とその意味合いに、注意せよ）。

　仮に日本の裁判所によってそのようなことがなされるとすれば、日本の裁判所が、当該外国のための「執行吏（bailiff; Büttel）」として機能することとなる（石黒・前掲国際民訴法45頁）。「準拠法（準拠法選択）の論理」の中に、一般国際法上の「執行管轄権」問題がメルトダウンするがごときことは、そもそも認められない。これは、本書全体を

3 「一橋案」と「国際課税」 53

通して明らかにすべき事柄の、基本中の基本である(＊＊)。

＊＊　以上につき、石黒・前掲国際私法（第２版）60頁の、「図６　国際民事紛争における基本的な法の適用関係」を、同前・59頁の説明とともに、参照して頂きたい。
　但し、これが講義だったら質問が出そうゆえ、丁寧に説明しておく。特に説明を要しそうなのは、右の「＊」部分の中の、「第２の場合」である(＊＊＊)。

＊＊＊　かなりマニアックゆえ、この「＊＊＊」部分は、読み飛ばして頂いてかまわないが、あえて、更に一言しておく。学生から出そうな素朴な質問とは、次のようなものである。
　即ち、前記の「図６」では、準拠外国法上の「絶対的強行法規」（当該の国において、準拠法の如何によらず、絶対的に適用されるべく意図された、その意味で絶対的な強行法規）のうち、「赤裸々な公権力行使の部分」（罰則、行政処分等）は、法廷地国（例えば日本）では適用され得ないが、「私契約に影響する部分」については、準拠法所属国の「任意法規」・「相対的強行法規」（準拠法の如何でその適用が左右され、自国法が当該問題の準拠法となった場合にのみ適用される、その意味で相対的な強行法規）とワン・セットで、法廷地国で適用される、との説明が、ともかくもなされている。それとの関係で──

　『「外国の租税法規」の中にも「私契約に影響する部分」があるはずで、その部分は法廷地国（日本）でも適用される法規範に含まれるのではないか。日本での国際倒産手続において、準拠法が外国法とされ、当該外国の租税債権の処遇が問題となるなら、私契約（に基づく債権）に当該外国の租税債権が影響を及ぼすことになるから、この図６からしても、そうなるのではないか？』

──との、まことに素朴な質問が、提起され得る。素朴な質問ほど、教師として怖いものはないが、右に想定した質問についても、「一体、何についての準拠法が問題となる（なり得る）のか？」との点の明確化によって、一つ一つ誤解の芽を摘み取ってゆく必要がある（以下は、民訴法の大家たる竹下教授の前記の問題ある指摘についての、その誤解を解くための、国際私法の専門家としての、一からの説明、でもある）。

　ともかく私は、右の想定質問に対して、残りの講義時間を多少気にしていた状況だったならば、当面、以下のように答えるであろう（この種の議論を一蹴することは、それなりに簡単ではある）。即ち、「あなたが想定している準拠法とは、一体何についての準拠法ですか？」と問い、しばらくおいて、「はっきりしないでしょう？」、と言う。そして、「ここでは準拠法とは別の論理で、一から考えて見て下さい。外国租税債権の国境を越えた実現は、執行管轄権の問題です。そこから考えてゆくと、しっくりするでしょう？」──といった応答である。

　たしかに、その程度しか、実際の講義では出来ない場合が多い。だが、それでは、想定質問の根底に在る疑念の全てを焼き切ったことには、実はならない。相手の発想（その発する周波数とその源）にあくまで忠実に、丁寧に場面設定をし直して、一々回答する必要がある。実際の講義でも、極力私なりに実践していることではあるが（とくに、ロー・スクールでの「完全双方向」講義において）、以下、その線で考え抜いて行こう。

●　　　　●　　　　●

　前記の、図６の個所では、「米・イラン、米・リビアの金融紛争」に即し、法廷地（実

際はロンドンだが、適宜、それが日本であった場合にも論及）で、仮に当該取引の準拠法がニューヨーク州法等の、米国の法域の法となった場合について、論じてある。その場合、当該取引（ロンドンでの、米銀支店へのイラン・リビア側銀行の行なった米ドル建ての預金）をも射程内に置く、米国の資産凍結措置（大統領命令による、連邦法上の規制）につき、その直接的（赤裸々）な公権力行使の部分は、米国側の「国境を越えた公権力行使」にあたり、もとより他国の裁判所では「適用」される準拠外国法規範から、除外される（「執行管轄権」の問題と、［とくに措置違反に対する刑事処罰、等についての］「自国内部での基本的人権保障」の問題とが、"国境に落ちたコインの両側（表と裏）"として機能した結果、である。本書序章3(4)、及び、貿易と関税2007年5月号54頁以下、とくに56頁を見よ）。

だが、当該の米国の資産凍結措置には、期限が来ても「支払わなくともよい」との、私法上の取引に関係する部分があり、その部分は、「当該問題（預金取引）の準拠法」の一部として（!!――ここが、最も重要な部分であること、後述）、他国裁判所でも適用される法規範となる、との説明が、そこではなされている。まさにそうだからこそ、準拠法の如何が、実際にロンドンで提起された国際訴訟の帰趨を大きく左右するものとして、諸国で注視されていたのである（但し、この点で、「米国の思惑」に引きずられた最近の不健全・不可解な動きにつき、石黒・前掲国際私法［第2版］166頁注138の、最後の5行を見よ）。

それでは、それとパラレルに、前記の「第2の場合」、即ち、日本の倒産手続における外国の租税債権の「処遇」を、日本における「準拠法」問題の中で、考え得るのであろうか。まず、「場面設定」が根本的に違うこと（!!）に、気づくべきである（以下の、「要するに」の個所まで、読み飛ばして頂いて、何ら差し支えないが、書く側は、すべて段取りを踏んで、一歩一歩行かざるを得ない）。

即ち、前記の「米・イラン、米・リビア」の場合には、徹頭徹尾、「当該取引の準拠法」が問題となっていた。だが、日本の国際倒産手続における外国租税債権の処遇について、百歩譲って「準拠法」を考えるとしても、それが「当該取引」の、つまりは外国での課税の前提となった取引の「準拠法」に、果たしてなるのかどうか。其処を、考えるべきである。以下、ブレイン・ストーミングのつもりで、あえて行きつ戻りつの論を、展開する。

前記の国際金融紛争の場合には、私人が「一定のこと（具体的には、期日になっても支払わなくてよいこと）」の理由として、準拠法を、そして米国の措置を、持ち出した。それと極力パラレルに「第2の場合」を考えることは、それ自体難しい。

だが、例えば、日本の倒産者（債務者――米・イラン、米・リビアの場合の米銀側［債務者］に相当する）が、在日資産の一定部分は、外国租税債権者（外国課税当局）のために、当該外国租税法の規律（「準拠法」？）により、留保されているものだから、一般の日本の倒産手続の拘束から除外される、と「主張」したとすれば、何となく両者がパラレルなように、見えて来るであろう。「米・イラン、米・リビア」の場合の米銀側は、「それ」は「支払いの対象」にならない旨、「準拠法」との関係で主張し、「第2の場合」の倒産者も、「それ」は「日本の倒産手続の拘束」を受けない旨、主張することになる。

出発点がおかしい問題設定に、どこまで付き合うべきかは、悩むところだが、ともかく右の場面設定でも、「米・イラン、米・リビア」の場合と完全にパラレルには、まだなっていない。右に仮定した倒産者の主張には、当該外国で日本の倒産者への課税対象とな

る所得のあったことが、前提となっている。それに対する当該外国の課税であろう。その所得が、当該破産者と第三者との取引（個別取引）によるものだったとして、しかも、その取引の準拠法が、法廷地国たる日本の国際私法により、その外国課税当局の属する国の法となることが、かかる倒産者の主張の前提となって初めて、「米・イラン、米・リビア」の場合とパラレルな問題設定となる。

　これは、それ自体、ややこしい場面設定である。だが、ともかく、こう想定して初めて、「準拠外国法上の絶対的強行法規（租税法規）」中の「私契約に影響する部分」の、法廷地国（日本）における適用可能性（??）を論ずる前提が、やっと整う。

　けれども、この倒産者側の主張は、当該取引（個別取引）の準拠法との"接点"を、実は有しない（!!）。そこで仮定された主張は、実は、日本国内の一定の資産が、日本での倒産手続の対象外となること、つまりは、日本の倒産手続の効力が及ぶ財産の範囲を、問題とするものである。そして、その点は、「当該取引（個別取引）の準拠法」とは、無関係（!!）である。其処がまさに、「米・イラン、米・リビア」の場合との、決定的な違いとなる。

　「要するに」（既述!!）、例えば現在の破産法78条1項との関係で、伊藤眞・破産法（第4版補訂版）（2006年・有斐閣）178頁が説くように、わが破産法は、「破産手続開始決定の効力が在外財産にも及」ぶことを、ダイレクトに宣言している。在日、在外を問わずに、である。在日財産については、旧破産法3条が、やはりダイレクトに、それを規律していた。その点について、個別取引の準拠法は、介在し得ない（!!）のである。

　まさに其処が、「米・イラン、米・リビア」の前記の場合とは、決定的に異なる。ロンドンでの実際の訴訟においては、当該の訴訟（米ドル建ての預かった資金の返済を巡るそれ）を処理するために、当該問題の準拠法（lex causae）としての「預金契約の準拠法」が、正面から問題となり、それが米国内の法域の法となった場合に、その法への「具体的送致（Verweisung）範囲」が問題となった。そして、そのような通常の牴触法的処理の枠内で、「資産凍結措置」の中の「私契約に影響する部分」の適用が、問題となった。だが、当面する仮定的（前記の「第2の」）場合には、「準拠法」ということで言えば、ダイレクトに、法廷地（日本）の倒産法が、これを定めている。その限りで、「外国法」の適用は、問題とならない（!!）。其処が違うのである（!![****]）。

＊＊＊＊　「場面設定」を更に変え、あれこれ論ずることは出来るが、あまりにマニアックゆえ、この程度とする。また、右の「＊＊＊」のように丁寧に説明をすると、かえって学生の理解度が下がる、といった副作用も有り得る。「教える」という作業はつくづく難しいが、「＊＊＊」の部分を何度も何度も「読めば」、本当のことが分かって貰えるはずだ、とは思う。

　薮の中で蛇をつつき、多少血だらけ状態となってまで、「学生の想定質問」への「丁寧な回答」を、以上、あえて試みた。だが、薮の中の蛇が、実は干からびた抜け殻であったことを、かくて確認し、基本に戻る。

　牴触法上の理論枠組は、「準拠法の論理」のみではない。外国判決承認・執行等の「手続法の論理」が別にあり（外国倒産手続の承認が、従来、民訴118条［旧200条］の延長線上で正当に把握されて来たことは、既述のとおり）、更にその先に、「国家管轄権」論上の問題がある。かくて、竹下教授の前記［A］・［B］の指摘は、そうした「牴触法の

射程の全体像」（要するに、牴触法上の「民事・非民事の基本的区分」――同前［国際民訴法］・8頁以下）を、正しく捉えたものでは、ないのである。

「国際私法」と言えば「準拠法」、との「パブロフの犬」的な反応は、私が学生時代ならばともかく、今では古色蒼然たる認識、と言うべきである（其処に更に、「国際民事手続法」と言えば、すべて民訴学者が取り仕切るとの、ありがちな思い込み、ないしは奢りが、真に認識を曇らせる上で、機能しがちとなる。竹下教授には、そんなことはないのだが……［*］）。

* 但し、竹下教授は、竹下編・前掲国際倒産法14頁において、「外国会社について、通常、属人法の適用されるべき法人の内部組織の変更を伴う会社更生が、どこまで可能かの問題はある」としておられる。そして、この部分に付された同前・32頁の注20は、「この点につき、三ケ月章＝竹下守夫＝霜島甲一＝前田庸＝田村諄之輔＝青山善充・条解会社更生法（上）153頁以下（1973年）。」、とする。他方で、同前・45頁においても、同教授は、「誰が代表者かの問題は法人の属人法によって定まる、との国際私法上広く承認されている原則」への、ある種の配慮を、一定程度示しておられる（その他、同前・13、24頁をも見よ。なお、石黒他・前掲国際金融倒産19頁注52［石黒］）。

既述の「準拠法」問題についての、竹下教授の問題ある理解の根底には、あるいは右の点も多少作用していたのではないか。そう思われるので、以下、一言しておく。

実は、同教授が引用される三ケ月他（兼子一監修）・前掲157頁以下では、石黒・前掲国際民訴法290頁以下（とくに、313頁以下の注842、注846）、及び、同・国際民事紛争処理の深層（1992年・日本評論社）9頁で示したように、従来のわが倒産属地主義との関係で、以下のような微妙な、問題ある指摘が、民訴法学者の側からなされていた。即ち――

「外国法人について、その設立準拠法国においてその国の法律に従い管財人が選任された場合……従来の法人の代表者その他の機関を存置しつつ管財人の選任が行われる場合には、管財人の選任は法人の内部組織の変更（ことに代表者の変更）とは見られないから、法人の内部組織の変更は属人法によるべく、それ故、属人法たる外国法に従ってなされた組織変更の効力はわが国においても承認される、との国際私法上の原則は適用にならない。したがって、この場合には、上記の問題は本条［改正前の会社更生法4条］2項によって解決される……ものと解すべきである。もっとも［外国の］更生計画により、代表者が実体的に変更されてしまえばこの限りではない。」

――との指摘である。

そして、石黒・前掲国際民訴法290頁以下、296頁以下で批判したように、かかる「準拠法的アプローチ」が、従来の下級審判例にも、悪影響を与えていた。ここでの問題の処理を、（民訴118条的な）「手続法的アプローチ」に純化すべきことは、そこにも示したところである（なお、民訴118条［旧200条］の類推で外国倒産手続の承認を考える際に、一体誰を執行判決訴訟の被告とすべきかについての、改正前の法的状況における竹下教授の問題提起との関係については、石黒・前掲国際民訴法318頁の注863参照）。

ちなみに、右の点は、「国際私法と国際民事訴訟法との交錯」という、理論的に極めて重要な問題と関係する。そのエッセンスは、石黒・前掲国際民訴法99頁以下の同書第3章に、いくつかの分かりやすい図とともに示しておいた。

要するに、19世紀後半に、ドイツ民訴法（ZPO）の制定等によって、「国際民訴法」（即

ち「手続法的アプローチ」)の体系が理論的に整備されるまでは、「準拠法的アプローチ」しか存在しなかったのだが、全てを「準拠法」で考え続けるべきだとする、私の言う「ドイツ型牴触規定観」が根強いドイツでは、二つのアプローチのせめぎ合いが続いた。不幸なことに、三ケ月章教授と同世代の鈴木忠一判事の、外国非訟裁判の承認に関する論稿(鈴木「外国非訟裁判の承認・取消・変更」法曹時報26巻9号(1974年)所収論文の、1500頁以下)も、こうしたドイツの「準拠法的アプローチ」の紹介をするものであり(石黒・前掲国際民訴法213頁、238頁注637)、その延長線上で、国際的な非訟事件の一つたる「国際倒産」の領域にも、「準拠法的アプローチ」の悪影響が出ている、というのが私の見方である。最も詳細な分析は、全256頁の、石黒・前掲国際私法と国際民事訴訟法との交錯(1988年・有信堂)で、詳細を極める計568個の注とともに、デモーニッシュな形で、これを示した。本書第4章5(4)の、a[C]及びcで、この点を再度論ずる。

(2) 「コミティ」を含めた「米国からの心地よい風」に吹かれて!?

さて、竹下・前掲金融法研究5号7頁では、ともかくも、「租税債権等をいったいどのように処遇したらよいか……という問題がとくに重要であると思われます。……そこで、私どもの国内法改正試案……では……これらの問題についての規律をおもな内容として定めている」、とされていた。ここから先が、「一橋案」に対する私のパンチの、内容となる(今日はアイドリングのつもりゆえ、それに明日は講義があるゆえ、ここで筆を擱く。以上、2007年7月5日午後6時10分までの執筆。執筆再開は、7月7日午後1時ちょっと前)。

もっとも、同前(金融法研究5号)・15頁で、伊藤眞教授は、「竹下教授が説明いたしました4つの柱のなかで、抵触法の問題については、[「一橋案」としての]本要綱案では直接には触れておりません。これは国際私法の一般原則に委ねるというのが基本的な考え方でございます」と、若干の訂正をしている。だが、伊藤教授(*)が言う「抵触法」も「国際私法の一般原則」も、どうやら「最狭義の牴触法(国際私法)」、即ち「準拠法の選択・適用」という、牴触法上の「民事」の領域での問題しか、念頭にはないように思われる(例えば、「否認権の準拠法は?」といった問題関心からのそれ、である。それについては、石黒・前掲国際民訴法298頁以下)。「非民事」の「国際課税」関係の問題が、「一橋案」の中でどう扱われていたのかについては、これから順次示して行く。

* 「一橋案」が、1978年に新設された米国連邦破産法§304の影響を強く受けたものであることは、これから示して行く。だが、それ以上に、あまりにもダイレクトに(!!)、伊藤眞教授が、米国特有の「コミティ」の、"解釈論"としての日本への直輸入を、明確に意図しておられたことについて、夙に徹底批判したところではあるが、やはりここで、一言して置こう。「一橋案」の本質を考える上での、その背景に存する重要なファクターのようにも、思われるからである。

即ち、石黒・通商摩擦と日本の進路(1996年・木鐸社)212頁以下で詳細に批判し、同・前掲国際民訴法318頁注864でも一言して置いたように、竹下編・前掲国際倒産法271頁以下(伊藤眞)は、「米国管財人」が日本で「米国破産の効力承認」を求める際に、それを認める「根拠」を、「民訴200条ではなく、礼譲[コミティ]に求める」こと(伊藤・

同前271頁)、即ち、「礼譲概念を媒介とした外国破産の効力承認という議論」が、「破産法［旧］３条等の属地主義規定の立法的改正がなされるまでの過渡的解釈［!!］概念としては、検討に値するものと思われる」（同前・272頁）、としておられる。

しかも、「外国破産の効力承認……を礼譲に基づく裁量的なものとすることが、むしろ現行法と調和する［??］」とされ、その際、<u>日本の「裁判所」にとっては、「米国裁判所の礼譲適用の基準［!?］が参考となろう」</u>（同前頁）とまで、されていた。「一般には礼譲概念は、アメリカ法に固有のものとされ、わが国における解釈概念としては認められていないようである。しかし、そのことは、わが国において礼譲概念を受け入れることを積極的に拒否するというほどの強い意味をもっているとは思われない［!?］」（同前・271－272頁）、とされた上での、驚くべき解釈論である。

しかも、同前・277頁（「礼譲に基づいて」の「米国破産の効力承認」による、日本国内での「担保権の実行」の「禁止」）の他、276頁（同じく「礼譲」による「強制執行」の「中止」）、280頁（「破産申し立ての濫用」についての「礼譲の考慮」）といったように、<u>米国型「コミティ」のオン・パレードが伊藤説（しかも、解釈論!!）</u>である。その立論は、国際倒産法には必ずしも限られず、一般の外国判決承認にも及び得るものでもある（石黒・前掲通商摩擦と日本の進路214頁）。

其処まで"米国の風"に吹かれたいのは、一体何故なのか。私には、到底理解不能な立論だが、これまで私は、英米の「コミティ」概念（特に、米国の司法に最も深く根差す、独特の、極めて広汎な「裁量」権限と一体となったそれ）が、如何に日本の法的土壌と異質なものであるかについて、いやと言うほど論じて来た（貿易と関税2006年２月号54頁以下、同2007年３月71頁以下、同４月号56頁、同５月号56頁、等々を見よ）。それを思うと、真実これからの執筆が、いやになる程に、である(＊＊)。

＊＊　なお、以下において具体的に検討する「一橋案」が、1997年の「国連モデル法」を待たずして、それ自体として"米国の思惑"と連動するものであったことを、ここで頭出し的に示しておこう。前記の金融法研究５号における、一橋グループの竹内康二弁護士の報告部分（同前・７頁以下）である。

　　だが、その前に、竹内弁護士が「租税」に触れた部分を、先に見て置く。前記の竹下教授の「牴触法の全体系への適切な配慮の欠如」とは別な意味で、問題ある指摘だから、である（竹内・前掲金融法研究５号８頁──石黒・前掲ボーダーレス社会への法的警鐘163頁注４では「竹下」とあるが、「竹内」の誤り）。

　　即ち、竹内・前掲８頁は、「租税の問題」に触れ──

<u>「伝統的に［??］、租税が内国の納税者資産に限定されるというふうな解釈［??］をいたしますと、国税が在外資産について注目をするというエネルギーがもともとないということになります。」</u>

──との、"意味不明"な指摘をしている。

　　そこには、本書においてもこれまで示して来た「執行管轄権」（「国境を越えた公権力行使の禁止」）問題への認識が、みごとに欠落している。他方、そこには既述の「税の徴収共助」に関する条約枠組の存在への認識もまた、欠如している。この点は、「準拠法」問題に終始する竹下教授の認識にも、共通するものである。そして、<u>このような問題ある基本認識の下に「一橋案」が作成されていたことに、国税サイドとしては、注意すべきなの「である」</u>（正確には、「であった」）。

　　ちなみに、竹内康二・国際倒産法の構築と展望（1994年・成文堂）202頁では、「外国

租税債権の内国での権利行使を認めないのが、国際私法の一般原則である」として、Cheshire & North が引用されているが、「国際私法」の体系書の中で（既述の Dicey/Morris と同様に）「執行管轄権」問題が扱われているのであり、そこにも、竹下教授と同様、「国際私法イコール準拠法選択」という、非学問的な固定観念が裏打ちされていたことを、垣間見ることが出来よう。

　さて、竹内・前掲金融法研究5号における、「一橋案」と"米国の思惑"とのリンケージについてだが、同前・10頁には、「ABA [American Bar Assosiation] のビジネスセクションの破産法小委員会」のレポートが引用されている。ABA の活動と国連モデル法との関係（の深さ!!）について、詳しくは後述するが、「アメリカの実務家」、「カナダの実務家」の他、「9名」の「イギリス、フランス、ドイツ、それから日本」を含む「9カ国」の「実務家」の出したそのレポートでは、要するに、「外国の倒産手続を承認しないことあるいは協力的でないこと」により「債権者が被る損害」が問題とされ、米国の「回答」では「年平均1億4,500万ドル」、カナダは別として「その余の先進9カ国」で「1000万ドルから1億ドル」、などとあることが、ともかくも紹介されている。「統計学的には問題もあるとは思いますが」（同前頁）との留保はあるが、日米通商摩擦等でもよくある、"米国のいつもの手"、だと考えるべきである（石黒・前掲世界貿易体制の法と経済133－149頁、等参照）。

　だが、重要なのは、竹内・前掲12頁以下の、左に示す重要な指摘である。即ち——

「アメリカ側では……アメリカの304条が孤立をしないことが彼らのメリットであるというふうに把握をしていると思います。ABA その他が、1983年、87年と連続して、この国際倒産問題についての会を開きまして、同時に、ABA から IBA ［後述］へ支援を求めるというような動きもありまして、現在、ABA、IBA の二つの母体が中心となって、国際倒産について、304条の拡張［文脈上は、諸外国への（!!）「拡張」となる］という基本的な認識で作業を進めているのではないかと思うわけであります。
　ABA なり IBA がそれぞれどれほどの力をもっているか、あるいは、それぞれ各国は自国の保護とそのような国際的要請との調和を図る必要があると思われますけれども、私たちもなんらかの対応と、一つの日本としてのアイデアを出さなければいけないのではないか……」

——と、そこにある。

　"米国の思惑"に関する竹内・前掲（13頁）のこの指摘は、正しいものと思われる。そして、かかる動きが、前記の国連モデル法と結び付き、それに決定的に日本が巻き取られることとなったのである。だが、「一橋案」自体が、"米国からの風"に連動して、米国を範として作成されたことも、詳しくは後述するが、実は右の指摘の中に、含意されている。

　ちなみに、竹内・前掲11頁には、米国連邦破産法304条が、「共助のため」のものであることを示す部分があるが、「一橋案」における「承認」（民訴118条のそれ）と「共助」との微妙な関係については、伊藤眞教授の説明に即して、以下に述べる。

● 　 ● 　 ●

　ともかく、以上、頭出し的に見て来たところの、竹下・伊藤の両教授、そして竹内弁護士という、一橋グループの各氏に実は共通する問題性、即ち、「国家管轄権」問題・「牴触法上の"民事・非民事"の基本的区別」・「英米、特に米国における"民事・非民事の混淆"」という重大な事態への無理解（更には英米、特に米国に特異な「コミティ

＆裁量」との無反省な連動［伊藤教授］）、といった致命的な問題を抱えつつ、"米国からの風"に自ら進んで巻き取られて行ったら、一体どんな悲惨なことになるのか。これまでの論述からだけでも、或る程度のことは理解されようが、それを、これから、更に順を踏みつつ、書くこととなる（明日は、私と妻にとって大切な一日となるはずゆえ、今日の執筆はここまでとする。以上、2007年7月7日午後7時8分まで。今日は、七夕だったのか……。同日夜8時半過ぎから数十分間、思いついて、更に若干加筆した。［なお、以上は、貿易と関税2007年9月号分である。］――執筆再開は、何と、7月15日午後1時50分）。

(3) 「一橋案と租税」を論ずるための更なる前提――「BCCI事件」を出発点として ▶

* 「一橋案と租税」をここでズバリ扱うつもりだった私の考えは、ガラリと変わった。直近で「住信 vs.UFJ事件」についての、新書1冊程度の長い論文を書き、そのあと、情報通信分野での「国際標準化と国際政治」に関する論文を纏めた事が関係する（と、あとでわかった）。「国際倒産法」を一層大きな視座から"俯瞰"しておく必要性を、痛感するに至った（それら2本の論文の執筆経緯等は、すぐ次の「＊」で示す）。
  そこで、この(3)の項目では、「一橋案と租税」についてのこれまでの論述を受け継ぎつつ、其処から急上昇して、「国際金融の全体像から見た国際倒産」という一枚のパネルを、本書のこの部分に、ピタリとはめ込むこととする（以上、2007年8月10日午後11時40分追記）。

さて、「一橋案」の立法提案において、「租税」との関係が明示されているのは、便宜、伊藤眞・前掲金融法研究5号13頁以下によれば、その「第四　外国倒産の対内的効力」（同前・19頁以下）においてである（執筆再開は、2007年8月6日朝8時過ぎ[＊]）。

* 本書のここまでの部分においては、「準拠法」に関する、多少マニアックな問題を扱い、もろもろあって、多少短か目で執筆を切り上げていたが、その翌日の7月16日から、何度か中断しつつ、2週間ほどかけて「住信 vs.UFJ事件」についての、「契約の神聖さ(Sanctity of Contract)」を重視する立場からの、かなり長い論文（400字で250枚程度）を執筆し、国税関係のA4で31枚のレジュメを纏め、8月1・2日で東大法学部の政治COEのための、「国際標準化戦略」に関する論文を仕上げ、さすがに2日半休んでの、執筆再開である。
  その間、「エコノミスト」（毎日新聞社）2007年8月7日号のNTT特集のための急のインタビューに応じていたが（但し、当初の私への依頼のときは「NTTの戦略」ということゆえ受けたのだが、その後、「NTTの暴走」、そして7月31日に雑誌が出たときにはNTTの「野望」と、数日の間に目まぐるしく特集のタイトルが動いた）、「住信 vs.UFJ事件」の裏の仕掛人だった（!?）竹中平蔵氏が、このインタビュー記事において、私の反対派として同じ頁に登場していたのも、何かの因縁であろう。だが、「エコノミスト」の編集方針とかで、「米国の思惑」に関する私の発言は、すべてカットされてしまった。それもあって、前記の「標準化」論文では、「覇権国家米国の思惑」の部分を、再度、クリア・カットに示し、更に、広島原爆の日の朝に、多少補充して、かくて本書のこの部分の、執筆再開となる。
  つくづく思うのは、今この時点でも、"覇権国家米国の神経逆撫で"を、ご法度とするある種の思い込みが、この国には蔓延っていることの、不思議さである。それは、本

書におけるこれから継続される執筆においても、意識を持続させつつ、常に考えておかねばならないポイント、でもある。

　その意味で、本書第１章３(3)の末尾に示した点、即ち、本書では専ら批判の対象たる一橋案において、竹内康二弁護士が、「アメリカ側では……アメリカの［連邦破産法］304条が孤立をしないことが彼らのメリットであるというふうに把握をしていると思います」と、その限りでは正当な状況把握をしていた点が、再度注意されるべきでもある。

　一橋案では、「第二　国際倒産管轄」（後述）、「第三　内国倒産の対外的効力」に続き、「第四　外国倒産の対内的効力」（伊藤・前掲金融法研究５号19頁以下）の立法提案がある。この「第四」の「(8)　承認の効果」の③で、「租税債権」の語が出て来る。だがそれは――

「③……。ただし、［外国倒産手続きの］承認によって内国租税債権あるいは労働債権など優先権を認められる債権に基づく権利行使が［内国で］禁止される場合に、禁止による不利益が著しいときには、裁判所は、権利行使の禁止を解除することができる。」

――との形において、である（同前・20頁）そして、「租税債権」の語が出て来るのは、一橋案の立法提案において、そこ「だけ」である。一体、どういうことになっているのか。本書におけるこれまでの論述から、右の引用部分の意味するところと基本的問題とを、立ち止まって（つまり、ここから先を読まずに）とりあえずはじっくりと、考えて戴きたいものである。

　ともかく、ここでも問題点の一からの解明が、必要となる。まず、右の「但書」において、「租税債権」と「労働債権」とが、単に"優先権"つき債権"の例示として出て来ることの"奇異さ"に、改めて注意すべきである(*)。

*　しつこいようだが、重要ゆえ、再確認をしておく。本章において既に、金融法研究５号７頁の――

「最も困難と思われますのは、主要な法抵触問題についての準拠法の規律であります。担保権とか、労働債権あるいは租税債権等をいったいどのように処遇したらよいか、それについていずれの国の法を準拠法として判断すべきか［??］、という問題がとくに重要であると思われます。

　そこで、私どもの国内法改正試案……では、原則的に普及主義への転換を定めると同時に、これらの問題についての規律をおもな内容として定めている［!?］のでありまして……」

――との竹下教授の指摘を引き、以下、かなりマニアックな部分にまで踏み込んで、その論理の破綻振りを批判しておいた。執行管轄権問題への無理解、「国際私法＝準拠法」の古色蒼然たる理解、「牴触法における"民事・非民事の基本的区別"への無理解」、等がすべて"噴出"しているのが、前記の③の「ただし」以下だということになる（!!）。

　この③の「但書」の背後にある考え方（物事の根本を"見誤った"それ!!）についての、

既に行なった批判を前提としつつ、ここでは専ら、一橋案「第四」の、"構造" からの批判を、行なおう。この「第四」の立法提案は、まず(1)の「対内的効力」で、後述の「原則管轄」（同「第二」で、「主たる事業所あるいは取引中心地 [センター・オブ・ビジネス]」のある地 [*] に、ともかくもそれがある、とされる。同前・16頁）が日本から見て肯定される外国裁判所で倒産手続が開始された場合を、想定する。その場合に、当該外国倒産手続の「対内的効力」が肯定され得る、との前提がある。

* だが、（背景事情等については後述するが）この「原則管轄」に関する説明中の、「あるいは」で並列される「主たる事業地」と「取引中心地」との関係について、実際の国際的な企業活動との関係で、踏みとどまって、じっくりと考えよ。じっくりと考えてもぼんやりとしたままだったならば、石黒・前掲国際民訴法291頁の図14を見よ。その図に、A国（法人Zの設立準拠法所属国）とB国（法人Zの実際上の本拠地国）とが、別々の国として、示されているはずである。そして、A国・B国でそれぞれ選任された管財人が、倒産者の在日財産を狙って日本に出向き、当該財産は俺のものだと "互いに争う" 場面での問題である（!!——この「外国管財人同士の "争いの構図"」が、問題処理の基本であるはずなのに、やたら「協力」面ばかりの強調されているのが、その後の日本の法改正の基調をなしている。米国型「コミティ」の一面だけが導入されてしまったから、こうした "のほほん" としたことになってしまった、と考えるべきである。後述）。
　　この設定は、同前頁の図の下の説明からも明らかなように、日本の国際倒産法研究がフィーバー状態となった、1991年以来の、かの「BCCI事件」（石黒他・前掲国際金融倒産5頁以下 [石黒]、128頁以下 [土橋＝真船]）を念頭に置いたもの、である。即ち、世界的なコングロマリット（conglomerate）たる「BCCIグループ」の、この一大倒産劇において、グループの中核企業は、ルクセンブルグで設立され、ロンドンで実際上の業務統括を行なっていた。そこに、前記の「主たる事業地」と「取引中心地」という一橋案の「言葉」を、当てはめて見よ。一体、どうなるのか。少なくとも、そこで数分間、十分に悩んで見るべきである（一橋案の曖昧さについて、である。なお、実際のBCCI事件との関係での、次の(4)の項目で、"その先" を論ずる）。
　　次に、「外国倒産処理手続の承認援助に関する法律」（「平成12年法」）2条1項2号の、「外国主手続」に関する、「法人その他の社団又は財団であるときは主たる事務所がある国で申立てられた外国倒産手続をいう」との、その定義規定に着目せよ。同項3号の「外国従手続」は、「外国主手続でない」ものとされ、「主」か「従」かで、大きな区別が、同法上なされている（後述）。
　　それでは、そこで言う「主たる事務所がある国」とは、前記のBCCI事件の場合、ルクセンブルグ・ロンドン（イングランド）のいずれなのか。そこで、再度5分程度、実際に悩んで見よ。
　　一橋案の「主たる事業地」と「取引中心地」との並列が、同法2条1項2号で多少整理されて「主たる事務所がある国」となった訳だが、それでもルクセンブルグ・ロンドン（イングランド）のいずれなのかは、はっきりしないはずである。外国手続の主従の区別が、同法上、実際にも大きな法律効果の差に結び付くこと（後述）からも、これは、無視し得ない問題の「はず」である（!!）。それなのに、はっきりしない。のみならず、信じ難いことに、かかる同法の基本的事項につき、早速学説の争いが生じている（後述）。馬鹿馬鹿しい限りである。もうちっと、しっかり法律を作れと、檄を飛ばしたい（本書第6章で、再度正面から論ずる）。
　　既述のBCCI事件の "基本構造"（グループの中核企業に関するそれ）のことなど、

3 「一橋案」と「国際課税」 63

石黒他・前掲国際金融倒産128頁以下（土橋＝真船）の"事態の推移"に関する、大々的な日々の新聞報道等で、立法関係者は熟知していたはずである。だが、「物事をただ"見ている"ことと、それが"見えてくる"こと」は、やはり「違」っていたようである（石黒・前掲世界貿易体制の法と経済「はしがき」iv頁）。

　要するに、一橋グループや前記平成12年法の立法関係者には、基本的な「国際私法」、特に「国際会社法（国際企業法）」、しかも、彼らが「国際私法」と言えばそれだけと半ば（!?）思い込んでいるところの、「準拠法」問題についての基本的問題関心が、十分には理解されていなかったようである。そのことが、ここで露呈している。

　国際会社法（国際企業法）上の、主義の基本的対立は、「設立準拠法主義」と「本拠地法主義」との対立にある。だが、そこで言う「本拠地法主義」とは、「実際上の（actualな）本拠地」を言う。

　しかも、一橋案の前記の「取引中心地」は曖昧だし複数国で有り得るから、それは初めから採らずに、実際の業務統括が何処で行なわれているかで判断するのが、国際会社法（国際企業法）のイロハである。もし、この点（本拠地の所在）を形式的に見ると、設立地国（設立準拠法所属国）に形式上の本店を置くのが普通ゆえ、「設立準拠法」と「本拠地法」とは、同じになってしまう云々、というのが、ここで言うイロハの背景事情をなす（石黒・前掲国際私法［第2版］380頁[**]）。

** 　私は物事のイロハを書くことは、あまり好きではない。何よりも、この種のイロハは、国際課税の現場で日々活躍している方々にも、詰まらないはずだ。だから、石黒・同前（第2版）380-381頁に記した点、即ち「設立準拠法主義」と「本拠地法主義」との関係に関する、以下の記述と、国際課税とのかかわりについて、若干の注意喚起と意識の覚醒とを、「ついでに」ここで行なって置きたい。まず、そこには——

　「ある事業体が組合契約的なもの［!!］から組織を充実させてゆき、いずれかの段階でいわゆる法人格を付与されるに至る、というプロセスの中で考えた場合、設立準拠法主義は、要するに私人が選んだ地の法により規律する、という意味合いのものとなる。即ちそれは、［いわゆる組合契約的なもので問題となる］契約準拠法決定上の当事者自治原則との連続性［!!］を、強く有するものである。」

——とある（なお、石黒・貿易と関税2006年2月号54頁における「平成17年度税制改正による組合損失制限規定の導入」についての、国際私法上の「等価性・代替可能性［equivalence］に関する論述にも、注意せよ!!）。

　ここで問題となるのは、「米国のパートナーシップ」との関係での（特にそれへの出資者たる日本の居住者への）課税関係を、どう考えるかという、国際課税の実務上も重要な問題である。もし、日本の租税法が当該事業体を「法人」（法人税）・「個人」（所得税）いずれに寄せるかにつき、「借用概念」をダイレクトに用いているなら、国際的事案では、「国際私法」を介して「準拠法」を定め、全面的にそれに従う、ということになって、課税上は極めて面倒になる。このことは、貿易と関税2005年10月号62頁等で、既に縷々論じたところである。

　だが、幸い、この点については、水野忠恒・租税法（第2版）（2005年・有斐閣）の、次の見解がある。即ち、まず、水野・前掲第2版320-321頁（組合課税）では、「組合を借用概念であるとすることにより、当然の結論が導かれるものではなく、そもそも、民法において、団体が組合に該当する判断基準は示されていない」、「法人税の対象となる法人の定義としては、民法における権利能力なき社団・財団のメルクマールを適用することでは意味をもたない……。課税上、別のメルクマールを検討しなければならない」、

とされる。
　その上で、米国での取り扱い（水野・同前321頁以下）、即ち、「連邦」法人税と「各州」会社法との"関係"についての、その"構造を、日本での課税の場合に当てはめるというのが、この点での水野説の基本をなしている。具体的には、米国の（「選択制」よりも前の）「キントナー原則」（同前・322頁）を、解釈論上のメルクマールとするのが、水野説であり、同前・323頁には、「事業体の損益が構成員に直接帰属するかということについて、何が判定基準となりうるかという観点からみるならば、わが国の租税法においては、アメリカ財務省のキントナー原則はなおも、有効ではないかと考えられる」、とされている。そして、そのことの説明として、「準拠法」の語が出て来る。即ち、同前・324頁において——

「アメリカ合衆国の連邦所得税法におけるように、事業体がどの組織に該当するかという基準については、わが国の国内法によるべきであるが、その基準にあてはまるかどうかという性質決定は、現地の準拠法に基づき、いわゆる dual process によるべきではないかと思われる。」

——とある。
　その意味するところは、以下のとおりと思われる。右の個所にすぐ続く、同前・324－325頁の米国での「個別の認定の問題」についての論述からも、右の「性質決定」とは、一体どんな組織になっているのかについては各州の「パートナーシップ法」を見る（第1段階）ということであり、それを租税法上、どう評価するかについては、(法廷地たる)日本の租税法による（第2段階）、ということであると思われる。それを、「わが国の国内法」と"表現"するのは、分かりにくいが、この水野説の全体構造からは、「借用概念」性は正当に否定（!!）されているのだし、以上のごとく解すべきものと思われる（但し、水野・同前323頁、568頁以下の、「日米租税条約の改定」との関係、特に569頁の、第3次日米租税条約4条(6)で、以上の、わが租税法上の通常の考え方［水野説におけるそれ］が、憲法98条2項との関係での上位規範たる条約によって、一定の制約を受け得るに至っていることが、水野説においては、注記されている。なお、同前・320頁の、「民法の法人規定は、公益法人を前提としており、損益の分配を予定していない」との指摘も、民法と租税法との「目的の相違」による「概念の相対性」への指摘であり、重要）。
　以上、あまりにも「一橋案」の立法提案や前記の平成12年法が、国際私法的に見て、この点で大きな不満の対象となるものであるがゆえに、1997年に一橋大学に転任した、我が友水野教授の、「準拠法」関連の論述で、一定の"浄化作用"を試みた次第である（今日は、アイドリング程度で、と思っていたので、ここで広島原爆の日たる今日は筆を擱き、8月9日の長崎原爆の日以降の執筆に、全てを委ねることとする。以上、2007年8月6日午後0時20分までの執筆。——執筆再開は8月9日午後3時51分）。

(4) 国際金融法の全体像から見た"国際倒産現象"

　ここで、以上の(3)において、「一橋案と租税」に関する論述の途中で、いわばついでに言及していたにとどまる「BCCI事件」につき、本書の全体構造との関係での、重要な補足をしておく。それは、「日本の国際倒産法研究の"フィーバー状態をもたらしたBCCI事件は、"民事"の国際倒産法だけで語り尽くせる事件だったのか??」との点から出発して示される諸問題と、「私」との関係である。言い換えれば、全てを「民事」で論じ尽くそうとするかのごとき、わが国の民訴法学者（倒産法学者）達

3 「一橋案」と「国際課税」　65

の"傾向"が、ほかならぬこのBCCI事件との関係でも、多少ピントがボケていた、という事実（!!）について、である。

　だが、その先において、「国際金融」という切り口から見た場合に、一般民事のノホホンとした発想とは無縁の、恐ろしい世界が、そこに致命傷の傷口のごとく、パックリと口を開けていることをも示す。「国家安全保障」にも直結するこうした問題状況においても、ニュートラルでタフな法制度作りが志向されるべきところ、米国法制度のごく皮相的な移入にとどまっていたところの、本書で既に略述した「わが国際倒産法制の変革」が、何と無防備なものとなっていたのかを、「私」の視点から批判するのが、この項目である。その重要性に鑑み、一から論じてゆこう。

　まず、実際のBCCI事件では、イングランド・ルクセンブルグの管財人は、共同歩調をとっていた。だが、そんなハッピーな場面ばかりを想定してどうする、というのが石黒・前掲国際民訴法291頁の、前記の図14の基本であった。その関係での、重要な補足を、最初に行なう。

　このBCCI事件では、BCCIへの出資の70-80％以上がアブダビ政府側によってなされており、世界中を（一部政治的にも）巻き込んだ巨大マネー・ローンダリング事件であったこともあってか、複雑な事情の下に、中心的存在となった前記両国の管財人の、共同歩調がとられた（石黒他・前掲国際金融倒産5頁以下［石黒］、128頁以下［土橋＝真船］）。ちなみに、BCCI（グループ）は、「子会社を含め69カ国365カ所に拠点を有し、持株会社であるBCCIホールディング社（ルクセンブルグ法人）の傘下で運営が行われていた。主要な子会社はルクセンブルグに本店を持つBCCISAおよびケイマン法人のBCCIオーバーシーズの2社であっ」た。（虎ノ門の商船三井ビルにあった）BCCIの日本の拠点は、このBCCISAの世界「13カ国」での「営業」の、一部としてのものであった（同前・128頁［土橋＝真船］）。

　だが、他方、BCCIの中核企業（前記の持株会社）の本店所在地は、形式上ルクセンブルグであったが、「営業の中心」（同前・129頁［土橋＝真船］）というか、実際の業務統括は、「25カ所の拠点を有する英国」からなされており、そのこともあって、「1991年6月」に、英国の中央銀行（バンク・オヴ・イングランド）がBCCIの「粉飾、不正の実態」に関する調査を終え、それを「ルクセンブルグ、ケイマン、米国の各当局［金融当局である!!］に」報告し、「各当局は［同年］7月5日金曜日グリニッジ時間正午にBCCI営業停止の措置をとることで合意に達した。この時間が選ばれた理由［として］は、……混乱を最小限にとどめるためニューヨーク市場での取引開始前に閉鎖措置をとる必要があったこと、が挙げられている」（同前頁［土橋＝真船］）。——と、BCCI事件のほんの"入り口"を示しただけで、何かに気づかないか（!?）。

　日本の国際倒産法研究の"フィーバー"状態は、まさしくこのBCCI事件によってもたらされた。民訴法・倒産法研究者の間でのそれ、である。だが、以上若干のみ示した点からも、"民事"の倒産法だけでBCCI事件の全体像は、決して把握しきれない（!!）であろうことが、判明する。「国際銀行監督」という、（課税と同様の!!）純然たる"国家公権力行使"（"非民事"!!）の側面が、むしろ、この事件の中核部分をなしていたのである。

　石黒他・前掲国際金融倒産129頁（土橋＝真船）でも、「『改訂バーゼル・コンコルダー

ト』によれば、銀行監督の最終責任は本店所在地の監督当局にあるとされているが、BCCIの場合にはルクセンブルグ当局ではなく……英国の当局（イングランド銀行）の調査により……」として、前記の同前頁の指摘へと続く論述が、なされている。それでは、右の『改訂バーゼル・コンコルダート』とは、一体何なのか。

また、同前・1頁（石黒）では、「BCCI事件において……BCCI側の在米資産がいち早く刑事没収（criminal forfeiture）の対象とされたことに象徴されるように、また、やはり同じくBCCI事件において、在米の拠点とその資産がニューヨーク州銀行法[!!]の独特の手続の下に、銀行監督当局によって接収（ないし収用―― taking of property）され［てい］たように、むしろ非民事の、公法的な措置によって、銀行の破綻の問題が処理される場合も、実際にはある」ことが、示されている(*)。

* ちなみに、BCCI事件で実際になされたニューヨーク州銀行法上の措置について言えば（同前・14頁注8［石黒］）、そこに引用した日銀サイドの黒田巌＝外山晴之「多国籍銀行の清算法制」企業法学2号（1993年）126頁以下に示されているように、同州法による「資産囲い込み（ring-fencing）」がなされ、州内支店の債権者に優先的な分配がなされる。その残余がある場合に、当該外国銀行の本店ないしその管財人に引渡す、とされている。石黒・同前頁にも示したように、その処理方式は、後述のスイス国際私法典における「ミニ破産方式」と、類似する。黒田・外山・前掲130頁以下、142頁は、国際銀行監督の見地から、自州の利益を優先させる同州銀行法の行き方を、批判しているのではあるが。

　だが、実際のBCCI事件関連の米国での処理は、連邦法と州法とにまたがる、複雑なものであった。1991年8月1日に、ルクセンブルグ、英国、そしてケイマンの管財人側（正確にはいろいろあるが、省略する）が、共同で、後述の米国連邦破産法304条に基づく申立てをし、前記の銀行監督当局による措置にストップをかけようとした。あわせてそこで、在米資産の引渡しも、請求されていた。「民事」専門の一般の倒産法学者は、かかる外国管財人側の請求が認められ、在米資産の「半分」が彼らに引渡されたという結果「のみ」に注目するであろうが、実は、この点での米国の処理は、そう簡単ではない（なぜ「半分」だったのかを、よく考えよ）。同年12月19日、米国連邦司法省筋が、別途登場していたのである（以上、石黒他・前掲130－131頁［土橋＝真船］）。

　つまり、言ってみれば「刑事」の処分でBCCIの在米資産全体（約5億5000万米ドル）が司法長官によって没収され、そのあとは外国管財人側との"寝技による交渉"の結果、米国政府や米国の「被害者」に半分、外国管財人側に半分、との合意がなされた。だが、外国管財人側の請求を認めていた連邦の破産裁判所との関係が残る。当該裁判所は、「破産裁判所は［連邦］政府が没収を行なうことを禁止する管轄権を有しない」等々の理由で、前記の合意の効力を、ともかくも認めたのである（石黒他・前掲224頁［貝瀬幸雄］）。

　この点につき、石黒・前掲国際私法・国際金融法教材1頁以下との対比をして戴きたいものである（とくに、同前・2頁1段目冒頭に注目せよ）。前記の"折半合意"も、「民事・非民事の混淆」による"鵺［ぬえ］的諸制度を多く有する米国の、いかにも米国らしい問題処理の結果と言えるから、である。

　こうした米国内での処理だけを見ても、「一橋案」に象徴されるところの、「民事」しか見ない一般の日本の民訴学者（倒産法学者――石黒他・前掲の共同執筆者たる倒産法学者2名に対しては、銀行実務家をまじえた研究会で、そうした傾向の払拭に、リーダーたる私が、まずもって意を用いた）の視点からは、問題の全体像が見えて来ない、ある

いは歪んで見えてしまう恐れ（!?）のあることが、十分に感じ取れるところであろう。"武士の情け"で、私がこれまで書いて来た中でも、直接の批判はしていないが、某氏などは、前記のニューヨーク州銀行法上の措置の日本での承認・執行（??）を、当時の民訴200条で考えるとする、(但し不注意による）混乱した議論までしていた（調べれば、それが誰かも、分かることである）。

ともかく、とくに金融機関の国際倒産現象については、「非民事」の法領域への目配りが必須ゆえ、そこで石黒他・前掲1頁以下（石黒）では、「第1章――国際金融倒産の全体像」と題した論述を行なった。即ち、具体的には、「国際倒産法的アプローチ」と「国際金融法的アプローチ」とを対比させ、以下、「中央銀行の最後の貸し手（LLR [Lender of the Last Resort]）機能とその国際的側面」、「BCCI事件とLLR？」、「国際金融倒産と国家管轄権――ボーダーレス・エコノミー論と国境」、「わが国際倒産法の解釈論的現状への覚書」と、論じ進めたのである(*)。そして、石黒他・前掲2頁以下（石黒）で、同前・129頁（土橋＝真船）の言及する「バーゼル・コンコルダート（das Basler Konkordat）」(**)への言及を、行なっていた。

* 夙に同前・10-11頁では、今日（2007年8月9日）届いたばかりの貿易と関税2007年8月号73-74頁、81-82頁において言及した、"従来の日本の実際の管財人実務"との関係での、多少立ち入った論述が、「マルコー事件」や「USライン事件」との関係を含め、なされていた。当該の個所をやっと見つけだしたので、ここで付記しておく。

** 偶然にも昨晩というか本日（8月9日）未明にかけて、1981-82年の私のBasel留学時の、石黒・前掲世界貿易体制の法と経済の（白黒の）表紙にも掲げた絵のタイトルたる、Basler Fasnacht 1982の、私の屋外録音テープが、25年半も経っているのに、まるでCD録音（以上？）のような鮮明な音質であることを、妻とともに発見した。そして、当時の日本に送った封書の数々を、バーゼルの忘れ得ぬファスナハトの"音"とともに、楽しんだ。その留学先のバーゼルに、偶然に「国際決済銀行（BIS）」があり、それ「も」あって、私は国際金融法の研究に、のめり込んで行ったのである（石黒・前掲金融取引と国際訴訟［1983年・有斐閣］のはしがき参照）。そして、かかる「偶然的必然」の糸に導かれ、以下の(4)の項の構成となった、のである（最後の1文は、8月10日午後11時56分の追記）。

「バーゼル・コンコルダート」とは、主要国の中央銀行の議論の場たる、国際決済銀行（BIS [Bank for International Settlement――ドイツ語ではBIZ [Bank für Internationalen Zahlungsausgleich]）において、1975年12月のものを最初として出されて来た、国際銀行監督に関する、各国の規制・監督権限の配分を定めたルール（紳士協定としてのそれ）である（貿易と関税2006年4月号64頁をも参照せよ）。その1983年6月の改訂版が、石黒他・前掲129頁（土橋＝真船）で、言及されていたことになる（なお、石黒・前掲国際民訴法62、93頁）。

事の発端は、1974年6月に起きた、当時のユーロ市場を震撼させた大事件にある。「ヘルシュタット（Herstatt）銀行事件」（沢木敬郎＝石黒＝三井銀行海外管理部・前掲国際金融取引2［法務編］（1986年・有斐閣）177頁［一沢宏良］）、である。外為の先物取引の失

敗により、当時の西ドイツの大手銀行たる同行が経営破綻し、同国の金融監督当局から営業停止処分を受けた。ちなみに、インターバンクで通貨交換取引を行なう際に、一方が送金したのに、他方が突如倒産状態となり、後者からの送金がなかった場合のリスクを、「ヘルシュタット・リスク」と言うが、「ヘルシュタット銀行事件」関連では、実際にいわゆる「デルブリュック銀行事件」(一沢・前掲177頁以下)において、かかるリスクが顕在化していた。

　他方、「ヘルシュタット銀行事件」では、西ドイツで選任された管財人が、同行の在米資産の引渡しを求めて、米国に赴いていた（同事件の詳細は、貝瀬幸雄・国際倒産法序説〔1989年・東大出版会〕262頁以下）。だが、当時の米国には、外国倒産手続の承認に関する明確なルールがなく（後述）、「コミティ」をベースとした曖昧な処理しか、なされ得ない状況にあった（かの「アライドバンク事件」との関係にも言及する石黒・前掲国際民訴法92頁注229。なお、詳細は、貝瀬・前掲251頁以下）。そして、まさにこの「ヘルシュタット銀行事件」を契機に、1978年の米国連邦破産法改正がなされ、既述のBCCI事件で、外国管財人側が頼った「304条」なども、そこで設けられていた(*)。

　　* かくて、「ヘルシュタット銀行事件」には、石黒・前掲国際民訴法93頁注241でも示したように、①BISの「バーゼル・コンコルダート」発出、②米国連邦破産法改正による外国倒産手続承認規定の整備の、それぞれの直接の原因となった点、そして、③「デルブリュック事件」で顕在化した「ヘルシュッタト・リスク」を契機とする、国際的なEFT（Electronic Fund Transfer──電子資金移動）取引の法的問題処理に関する、国連の「国際振込に関するUNCITRALモデル法」（石黒・前掲国際私法〔第2版〕331、142頁、164頁注127）策定への出発点をなした点という、3方向での重要な意義があったことになる（なお、石黒・前掲教材8頁の、キイ・ワード配列による「配線図」には、これから述べる点を含めた、国際金融法の全体構造が、図で示されているので、参照されたい）。

　ところで、第1・第2の「バーゼル・コンコルダート」（それについては、石黒・前掲教材40頁）だが、そこでは、「流動性（liquidity）」・「支払能力（solvency）」の双方について、国際的活動を営む銀行の「母国」とその海外拠点の「所在地国」との監督責任が、（紳士協定としてではあれ）定められていた。そのソルベンシーの部分が、一般民事の「国際倒産法」(*)と、関係することとなる（「流動性」・「支払能力」ともに、「支店」・「子会社」・「合弁会社」に分けた規律が、なされていた）。

　　* 但し、各国の国際金融倒産法制においては、一般民事のそれとは異なる、「非民事」との境界領域における独特の制度が埋め込まれていたりするので、それ自体として注意を要する。石黒他・前掲1頁以下（石黒）。

　ソルベンシーに関する規律は、第1・第2に共通であり、「支店」については専ら「母国」が、「子会社」・「合弁会社」については、ともに「所在地国」がメイン（「正」）で、母国が2次的な（「副」としての）監督責任を負う、とされていた。既述の、石黒他・前掲国際金融倒産129頁（土橋＝真船）における、「『改訂バーゼル・コンコルダート』

によれば、銀行監督の最終責任は本店所在地の監督当局にあるとされているが、BCCIの場合には……」との説明は、実は若干正確ではないのだが（この点については、同前・65頁以下［弥永真生］の方を見よ）、ともかく「第2バーゼル・コンコルダート（1983年）」においては、「いかなる海外拠点も監督権限の外とせぬこと、連結ベースでの監督のなされるべきこと、現地・母国のいずれから見て他方の監督が不十分なときには、当該銀行の国際的活動の抑制ないし禁止をすべきこと、等の点が示されてい」た（同前・2頁［石黒］）。

だが、実際の危機的事例においては、終始「バーゼル・コンコルダート」の枠外とされていた、既述の「最後の貸手（LLR）機能」についても、各国中央銀行間の、水面下での調整が種々なされていた（同前・3頁以下［石黒］）し、現地国・母国の監督権限の配分も一応のものであった。ただ、前記のごとき割り切り方にはBCCI事件との関係でも問題が感じられ、まさにこの事件を契機として、1992年には、国際銀行監督上の「最低基準」が出された。

そこでは、既述のルールが相対化されるとともに、"事前規制（倒産事前防止）の観点"が強まり、更にそこへ（当面する問題を"trade matter"にしようとする）"米国の思惑"が作用して、"いわゆる「自己資本比率規制」へのズレ込み"が生じ（以上、同前・2－3頁［石黒］、68頁以下［弥永］）、今日では「BIS規制」と言えば専らそれ、との歪んだ一般認識までが生じている、ということなのである。

BISの「自己資本比率規制」の問題性については、石黒・グローバル経済と法（2000年・信山社）363頁以下、とくに364頁以下で論じたところを、参照せよ(*)。

* 私は、ニューヨーク連銀のコリガン総裁がBIS（正確にはバーゼルの国際銀行監督委員会）に赴いた段階で、何か異変が起こるな、と感じていた。そして、その通りになった訳である。

　なお、第2バーゼル・コンコルダート発出の原因となった、1982年7月のイタリア・ルクセンブルグ（そしてバチカン‼）間の「アンブロシアーノ銀行事件」については、石黒・前掲教材40頁、石黒他・前掲2頁（石黒）参照。ちなみに、バーゼル留学から帰国後の、翌月に起きた「アンブロシアーノ事件」を、私が初めて知ったのは、留学でお世話になった旧興銀の外国部に、帰国の挨拶に行ったときであった。

　その時見せられたフィナンシャル・タイムズのピンク色の紙面（第1面）の写真を、私は一生忘れられない。それは、大きな鉄橋の写真であった。が、中学以来の同期生に指をさされた其処を見ると、鉄橋の「下」に不自然な首吊り死体（他殺）で発見された、同銀行頭取の小さな姿までが写っていた。

　ルクセンブルグ・イタリア間で銀行の監督責任を巡って激しい争いの的となった同事件で、イタリア側は、バチカンの某（大？）司教の責任解明云々と、バチカン側に、要求してもいた。バチカンと、中南米某国の麻薬マフィアとが関係した事件ということゆえの、鉄橋の「下」の首吊り死体発見、だったのである。

石黒・前掲グローバル経済と法・364－366頁のベースとなっているのは、同・［研究展望］GATTウルグアイ・ラウンド（1989年・NIRA）13頁の論述である。いわゆる「自己資本比率規制」（一般に言うところの、BIS規制）は、今日、既にBasel—Ⅱと

呼ばれる改訂後のものになっている。だが、各国金融（銀行）規制当局間の国際協調によって、国際的な銀行破綻の"波及"を可及的速やかに防止しようという、前記の第1・第2の「バーゼル・コンコルダート」の"発想の健全性"は前記の Basel－Ⅰ で既に失われてしまっていた。そこに更に、2001年9月11日の「同時多発テロ」以降の強烈な国家戦略(*)が、「オペレーショナル・リスク」というソフトな"言葉"を介して、(Basel－Ⅱに）埋め込まれるに至った。それ自体、あまり気づかれてはいないことではあるのだが。

* 中里実＝石黒共編著・電子社会と法システム（2002年・新世社）15頁以下（石黒）の、「国境を越えた通信傍受と真のサイバー・セキュリティ」の項を、まずもって見よ。とくに、同前・18－19の注17（バリー・スタインハード氏の講演邦訳たる自由と正義1999年7月号14頁以下を引用）、注24（米国国家安全保障局［NSA］によるグローバル盗聴の事実を告発する EU の報告書に言及)、そして注19（グローバルな通信傍受［当局による盗聴］を効率的に行なうための、暗号解読鍵の保管システム作りへの、クリントン政権下での技術提言──1国［米国？］への世界中の暗号解読鍵の集中保管計画？）、等に注意せよ。

 ちなみに、私は実質的に編集責任者だったためもあり、同前・15頁以下の暗号・盗聴問題についての論述も、最低限のものにとどめていた。一層詳細な論述は、私の複数の著書等を注にリファーしてあるので、それらを参照されたい（石黒他・前掲国際金融倒産の場合と、事情は同じだったのである）。また、同前・19頁注23等に示された「国際刑事司法条約と盗聴（通信傍受）」とも言うべきテーマが肥大化して、貿易と関税2007年4－7月号における論述へと結び付いて行ったことも、事実ゆえ、付記しておく。

 ところで、米国で「2001年9月11日」の"同時多発テロ"が起こり、その映像が世界中に発信される数時間前、私は東京で、ある講演を行なっていた。そこでは、情報セキュリティ問題がテーマであった。

 戦後すぐに米英主導で、英米法圏の諸国に閉じた存在として立ち上げられた「グローバル盗聴組織エシェロン（ECHELON）」と、米国クリントン政権下の暗号・盗聴政策（OECD での暗号政策協調を経た上でのそれ）、そして、米国も恐れる NTT の暗号技術開発の凄まじさ（その一端と、「NTT の暗号技術と日銀とを結び付けようとする私の戦略」については、石黒・世界情報通信基盤の構築──国家・暗号・電子マネー［1997年・NTT 出版］271－276頁）ゆえの「日米テレコム摩擦」、等に関する講演である。その講演を聴いてくれた新潟（長岡）の税理士さんが、地元に戻って居酒屋で、あのショッキングな映像を見て、「今日、石黒のしゃべっていた問題だ!!」と、大きなショックを受けた話は、今も彼からよく聞く話である。金融とテレコムを深く（技術面も含めて）研究していると、自然にこうした"危ない世界"が見えて来るのである。

 他方、「9・11」の前に計画され、「2001年9月25日」に、やはり東京で行なわれた「『公益事業の今後のあり方』研究会」第107回会合でも、私は、「『電子社会とセキュリティ』──エシェロン問題を含めて」と題した講演を行なった。こちらは、電力・ガス事業者の集まりだが、全55頁の「限定配布」の講演録が、今、私の机にある。質疑の中で、「9・11」についての質問も出た。どんな質問なのか。

 何の色もついていない単なる企業の「国際倒産」ばかりを想定したがる日本の民訴法・倒産法学者達への、真空斬り的な（従って、彼らは何が起きたのかわからないだろうが、確実にパクリと傷口が開いている）一撃のつもりで、以下を、あえて記しておく。あと

は、「ローマ人への手紙」の要領で、神に全てを委ねる積もりで。即ち、私の発言（回答）は――

「本当はあまり言いたくないのですが、歴史的事実として明らかなことは参考になると思います。第2次大戦中にドイツがV型ロケットでロンドンを爆撃しました。そのときにチャーチルはロンドンが爆撃されることは察知していたのです。しかしロンドンの市民たちに逃げろと言うと、イギリス諜報網の存在とクオリティがわかってしまう。それをロンドン市民の生命よりも優先させて、チャーチルは政府の人間と共に地下壕に潜ったのです。何も情報を流さずに。察知したとおり、V型ロケットは飛んで来て、ロンドンは惨憺たる有り様になった。その状況の中で地下壕から出て来たチャーチルは国民の前に立って、「ナチスは何とひどいことをするのだ。絶対に許すべきではない」と演説をしたのです。これがアングロサクソンの１つの歴史的な事実です。誰だって知っている［!?］ことです。

それと今度の話です。察知できていないはずはないのです。いろいろな要素があると思います。だいたいマスコミレベルと同じような話はしたくないのです。状況からすると、同じようなことが起こり得た可能性はゼロではない。亡くなった方はたくさんいるのに、政府がそんなことをやるかと言うと、私はチャーチルの話を思い出します。ロンドン市民がどれだけ亡くなったか。どれだけの建物が破壊されたか。それよりも諜報網を守ろうとしたのがチャーチルです。しかしそのネットワークを一挙に強化しようという選択肢もあるのです［!!］。……。」

――との内容のものであった。

「オペレーショナル・リスク」という、このBasel―Ⅱの考慮要因（銀行の健全性確保のためのそれ）は、いまだ漠としている。だから、邦銀等も、さして深刻には受け止めていない。だが、"米国の思惑"との関係では、これから先において、その"霊鬼の本性"が、現れる「はず」である。

この「オペレーショナル・リスク」という"言葉"の背後に潜む考え方は、国際標準化機構（ISO）における、「セキュリティ・マネージメント・スタンダード」作りにおける「ビジネス・コンティニュイティ」というキイ・ワードと結び付く。「オペレーショナル・リスク」・「ビジネス・コンティニュイティ」の双方を、「9・11」と結び付けて考えよ。突発的大事件が起きても、企業が健全にオペレーションを続けられるように、との発想である。最初は"自己認証"的に、企業自身のチェック項目のように、"空箱"を入れ込ませて、"24時間・365日態勢のグローバル盗聴"（前記の「エシェロン」を想起せよ）の成果を適宜インプットすれば、"空箱"はすぐに、少なくとも"時限爆弾"となる。"繰り延べ税金資産"と同様の存在と言えば、本書との関係では、（語弊もあるが）"感覚"は、掴み易くなるであろうか。

しかも、「2006年」は、スター・ウォーズの"デス・スター"完成の年だと、無駄と知りつつ注意喚起して来たのが、私である。米国連邦政府主導の「ACE（Automated Commercial Environment）」システムの完成の年である。"言葉"はソフトでなんだかわからないが、テロ撲滅「等」を目的とする「24時間・365日態勢のグローバル盗聴システム」の（つまりは「エシェロン」等の）、抜本的高度化計画と、かくて収集され

たデータの多面的利用体制の構築、である。テロ撲滅「等」の錦の御旗の下に、それを行なうのである（IBM や GE といった諸企業がこれをサポートする。連邦政府のホームページで、ACE で検索せよ［IRS も出て来る!!］と、私は何度、"各所"に進言したことか[*]）。

> * ちなみに、こうした問題を理解し、経済産業研究所（RIETI）のホームページからの発信もしていたのは、第 1 次の大震災の頃から新潟県知事に転じていた、元 METI の泉田氏である。

ECHELON 関連の情報が米国政府から米国民間企業等にも流れ、NEC なども被害にあったことについては、中里＝石黒共編著・前掲19頁注24（石黒）を見よ。それと同様の、但し抜本的に高度化されたシステムからもたらされる事態に、真に技術的に"対抗"するというのが、同前・15頁以下（石黒）の言う「真のサイバー・セキュリティ」である。だが、着々と ACE やその周辺での事態が進行する（税関の CSI も、その一環である!!）。かくて、世界中のヒト・モノ・カネ・情報の全てが覇権国家米国に把握される世界へと、一気に流れが加速する中で、米国的法制度の各国への輸出が、本書の内容もその一例であるように、別途進む。しかも、Basel—Ⅱ（銀行）や ISO の国際標準（英国も明確に荷担）をも巻き込む流れ、である(*)。

> * 企業の「内部統制」に関する米国 SOX 法の「システム技術」面での問題が、日本では等閑視されがちで、危ない状況にある。そのこと「も」、ここ数年、注意喚起して来たことではある。
>   最近の、米国 SOX 法関連での、コスト増ゆえ云々の"緩和"への流れ（!?）について私が想起するのは、「暗号技術の輸出規制」（米国輸出管理法によるそれ）の場合と、丸で同じだな、ということである。表面的な"流れ"に幻惑されることなく、"水面を覗くと揺らいで見える、米国の本当の顔"にご注意、ということである。石黒・前掲世界情報通信基盤の構築286頁以下、及び、技術者達への分かりやすいメッセージとしての、同・前掲日本経済再生への法的警鐘270頁以下参照。

「第 2 BCCI 事件」が数年先に起これば、「9・11」以降に米国が仕掛けたグローバルな装置が、全体として（人々から見えないところで）発動するであろう。だが、1980年代半ばの「米・リビア金融紛争」で、米国が「米国のデータ・ベースへのアクセス規制」を行なったこと（[*]——逆探知が出来なければかかる規制が出来ないことを、考えよ!!）、そして、ロンドンでの訴訟において、リビア側の鑑定意見を出したハーバード大学のスコット教授（EFT 法の世界的権威者）が、0・1 のデータとしてのカネの流れを、米国政府の逆探知（グローバル盗聴）による妨害から極力遠くに置くべく、「現金」による支払いを英国裁判所に進言し、その通りになったこと（同・前掲日本経済再生への法的警鐘273頁）などを、更にここで、重ね合わせて考えるべきである。「9・11」以降の一連の事態は、従来から米国が行なって来たことの、"技術的高度化"であり、"法的・制度的正当化"でしかないのだから（!!）。

> * 30分以上探して、ようやく"それ"を私が一体何処で書いていたかを、ようやく"探

知"出来た。石黒・国際通信法制の変革と日本の進路（1987年・NIRA 経済政策研究シリーズ19）290頁、であった。そこには、米国の「このリビア制裁措置においては、"Export of goods, services and technology from the U.S. to Libya are also prohibited."ということになった」とあり、「テクニカル・データ」の輸出規制の文脈で、「米国のデータベースへのアクセス規制問題」が、同前頁以下、そして同前・289頁以下で、私が書いたものとしては最も詳細に記述されている。

　技術輸出禁止の中に、データベースの中の技術情報の輸出も含まれ、それも禁止される、ということである。なお、簡略化された叙述は、同・前掲国際的相剋の中の国家と企業（1988年・木鐸社）97頁、また、他の同種の事例も含めて同・情報通信・知的財産権への国際的視点（1990年・国際書院）25頁、143頁以下の注69、等参照。

　さて、ここで、いわゆる BIS 規制（「自己資本比率規制」——Basel—Ⅰ）の出発点に戻る。地震や火山の噴火と同じで、「国際銀行倒産」の完全な事前防止など、出来るはずがない。だからこそ、「流動性（リクィディティ）」、「支払能力（ソルベンシー）」の両面での、各国金融規制当局（とくに中央銀行）のクロスボーダーな協力態勢の確立（第1・第2バーゼル・コンコルダート）が、必要だったのである。細かな母国・出先国間の責任分配はともかく、各国中央銀行の LLR（最後の貸し手）機能を含めて、常時"臨戦態勢"でなければならない。それが金融監督の基本であることは、変わりようがない。

　だが、表面的な"話"としては分かるものの、そうした事態の未然防止ばかりが強調され、「自己資本比率規制"偏重"」の、不健全な事態が生じた。しかも、かかる「コリガン現象」（既述の「＊」の個所を見よ）とも言うべき、変身後の BIS 規制の導入の背後には、次の"重大な事実"があった。

　つまり、「英米」から「銀行に対する自己資本比率（貸出に対する自己資本の比率）に関する政府の規制のあり方の問題」が提起され、「日本の規制だけ甘いのは国際競争のうえで不公平だと言う……英米の」主張が、なされていたのである（石黒・前掲［研究展望］GATT ウルグアイ・ラウンド13頁、同・前掲グローバル経済と法365頁を見よ）。他方、同・前掲法と経済36-37頁に示したところの、「日本の"バブル崩壊に至るプロセス"」に関する事実を、ここに重ね合わせて見よ。「1980年代後半からの過剰な金融緩和」の裏に明確に日米間の「貿易摩擦」があったことが、いわゆる「前川レポート」（私がバーゼル留学との関係で知ったところでは、日銀の前川総裁は、BIS でも例外的に高く評価されていた中央銀行総裁だったようだが、どうも実際には……、との思いとともに同前・36-37頁を書いていたことを、ここで告白する）との関係を含め、そこに記されている。

　すべては、「日本の金融潰し」のための、テレコムの場合と同様の"英米合作"（石黒・前掲国際通信法制の変革と日本の進路241頁以下!!）のなせる業、である。私がスイスに留学した1981-82年当時、日本の金融は、世界のトップに君臨していた。だが、その足許は、意外なまでに脆弱であった。英米の専門家達の作った契約書ひな型や取引スキームを、そこに知的財産権が付着していないのをいいことに（厳密にはともかく……）"借用"し、手数料の安さを武器に、シェアをアップさせて行った「だけ」だったのである（簡単には、石黒・国際摩擦と法［第2版］（2002年・信山社）33頁以下）。

他方、覇権国家米国は、"敵"の弱点を、当然探す。そして、①「自己資本比率」（の低さ!!）と、②日本国内における"不動産（土地）神話"（それをベースとする日本の金融関係者の行動パターン）を、攻撃目標とするに至る。後は、"発射ボタン"を押しただけ、である。

但し、②は「規制緩和」等々の"多弾頭ミサイル"であり、そして①については、「バーゼル合意は紳士協定」との前提を、但し、Basel―Ⅰの合意の「後で」圧力をかけて崩す"テクニック"が、別途必要ではあった。その後者の関係で、面白い事実があるので、「再度」一言しておこう。石黒・前掲国際私法（第2版）12頁に記した点である（同・前掲国際民訴法39頁と対比せよ）。

「1992年（!!）改正」までの銀行法の規定では、当時の商法旧211条の2が準用されていた。そこに法務省見解を重ね合わせると、銀行の「海外子会社」には同法の規制が及ばないことになってしまう。同年の銀行法改正で、人知れず（!!）この商法規定の準用が、なくなったのである。それはそれで、「1991年以来」（!!）の、かの「BCCI事件」との関係もあり、しかるべき改正だと、一般には思われるであろう。

だが、第1・第2の「バーゼル・コンコルダート」との関係では、遅きに失した改正であろう。「いかなる海外拠点も監督権限の外とせぬこと」等の点が、その基調をなしていたから、である。だが、そうした綺麗事では済まない展開が、実はある。

つまり、「1992年の銀行法改正前」の右の状況との関係でも、石黒・前掲グローバル経済と法364―365頁に記したように、本来は「紳士協定的存在のかかるBIS規制［Basel―Ⅰ］が、いつしか［!!］金融規制の根幹と認識され、いわゆる"格付け"と共に、金融機関の生殺与奪の権を握っているかの如き奇観」を呈するに至った。大蔵省・日銀一体となった"転身"、である。同前・365頁以下に示した経済（金融）理論の側からの「自己資本比率規制」への強い疑念がありながらの"それ"、である。本当に、いつのまにかそうなっ「ていた」、のである。

ここで、「1992年」という既述の年から数年を経た、まさに本書のテーマと直結する事態について、一言しておく必要が生ずる。ここまでの論述を、ずっと辿って来た方々は、「またも論点がずれた！」などとお感じであったろうが、すべては、ここで繋がる。その上で、「国際倒産と租税」に、戻ることになる（以下は、石黒・日本経済再生への法的警鐘（1998年・木鐸社）228頁以下の「いわゆるネッティングないし相殺と国際倒産」の項目からの引用となる。もともと資本市場研究会からの執筆依頼の論文だったため、本当の論点は、目立たぬように、注の中にバラした経緯がある）。

前記の、大蔵省・日銀一体となった"転身"後のものたる、山崎達雄＝大野英昭「ネッティング契約のBIS規制上の位置づけ」金融法務事情1386号（1994年!!）49頁末尾の指摘が、関係する。当時既に、Basel―Ⅰの「自己資本比率規制」を金科玉条と、意図的に勘違いする風潮は定着していた。それを前提に、何がそこで説かれていたかを、見ておく必要がある（石黒・同前［警鐘］235頁以下の、注64、注66、注70にバラして書いた点を、纏めてここで示す）。

問題は、「1992年版ISDAマスター・アグリーメント」との関係にある。グロスの債権債務を契約でネットアウトして信用リスクを削減し、相手方倒産時にもリスクのミニマム化をはかる、とのISDAという国際的な民間組織の試みである。それと「1993

年３月のバーゼル合意改訂提案」（石黒・同前237頁）との関係での問題である。

かかる一括清算条項（等）の定めが、そもそも倒産法上有効かが、問題となる。有り体に言えば、この点のわが倒産法上の扱いをクリアすることに、日本の関係者の全ての関心が、集中していた。

そこで、民訴法・倒産法の新堂幸司教授の、意見書が登場する。それを論文とした新堂幸司「スワップ取引の法的検討——ISDA契約の倒産法上の問題について（上）（下）」NBL523号6頁以下、同524号12頁以下（1991年）が、石黒・同前235頁以下でも引用されている。なお、それともう一つ、新堂幸司「取引主体倒産時の対応」デリバティブ研究会・デリバティブ取引をめぐる法的諸問題第6回（1995年11月17［13？］日）の講演原稿も、そこで引用されているが、それは、同教授ご自身の筆によるものかを疑わせる記述があるからでもある（石黒・同前236頁冒頭を見よ）。

そして、それを前掲として、"大蔵・日銀揃い踏み"の山崎＝大野前掲（「ネッティング契約のBIS規制上の位置づけ」）49頁末尾の、「規制サイドのゴー・サイン」（石黒・同前237頁）が、この「ISDAマスター・アグリーメント」に対して、「1994年」の時点で与えられていたことになる。但し、その時点は、もはやBasel—Iを、「紳士協定」としてではなく、日本の「規制」として考えるという、その"格上げ"後、であった。

だが、石黒・同前237頁冒頭以降の個所で示したように、「1993年3月のバーゼル合意改訂提案」では、実は、かかる一括清算条項が「全ての関係国（all relevant jurisdictions）」の法の下で有効であること、の確認が求められていた。これに対し、新堂意見書以来の展開は、全く日本に閉じた発想の下で、つまりは日本が法廷地（forum）となった場合についての検討に、終始していた。それなのに、こうしたBISの規制提案とのズレがありながらの「ゴー・サイン」だった訳である。だから、同前頁に私は、「釈然としない」と、書いたのである。

ともかく、Basel—Iの"規制"の科学的合理性は極めて危うい（石黒・前掲グローバル経済と法365頁以下）ものの、不必要な海外拠点の閉鎖等も多々させながら、日本の金融機関の体力を弱める面では、既述の急の方針転換以来、猪突猛進しつつ、「国際」（!!）的な「倒産現象」との関係で必須な、一括清算条項の有効性のチェックの場面では、リスクの全体を見渡さずに、一転して日本の中だけを、既述の意味において注視する。——その"いびつな構図"が、私には、どうにも情けない。

しかも、それ以降、「ISDAマスター・アグリーメント」関連の問題は、一般には"解決済み"とされている、憂慮すべき実態が、早大ファイナンス研究科でのここ数年の双方向講義で、明らかとなって来ている。「信用リスク」削減に注力するなら、まさに"其処"をどこまでも掘り続けるべきなのに、との私の思いは、募るばかりである。

他方、日本の中はと言えば、あえて細かくは言わぬが、Basel—II作成には、日本も頑張った等々の、「そもそもの初め」を問わぬ矮小化した議論の氾濫があり、其処に埋め込まれた「オペレーショナル・リスク」についての、"米国の思惑"との関係での既述の諸点など、殆どメイン・テーマではないかのごとき反応が目立つ。「日本版SOX法」などという妙な言い方も氾濫し、「金融庁」の出方ばかりが注視される中、「米国SOX法」対応で、日立が100億円払った、等の断片的報道がなされる。だが、"其処"で再び全てが繋がる。日立が大枚（少なくとも数十億円）払ったのは、"米国の会

計事務所"であったが、"彼ら"がここで、再登場するのである。

　つまり、石黒・前掲グローバル経済と法363頁以下の「自己資本比率規制」批判の"全体的文脈"が、問題となる。それは、WTO設立（1995年1月1日）後の「貿易・投資の更なる自由化」の流れの中で、既に「グローバル寡占」を確立していた「英米の会計事務所」が、各国市場への、更なる参入円滑化のためにWTOで"活動"するとともに、ISOの「サービス標準化」の"先鋭化"のためにも暗躍している実態を、抉るためのものであった。

　「英国」起源の、「ISO－9000シリーズ」（同前・305頁以下、とくに31頁以下を見よ）が当たったから、その線で、ということである。「マネージメント・スタンダード」と呼ばれるそのラインから"分岐"して、「9・11」以降の「セキュリティ・マネージメント・スタンダード」作成への、ISOにおける既述の動きが生ずる。

　そもそも、「製品」等の「品質」を問題とするはずのISO－9000は、実は、最終的な「品質」を問題として「いない」。戦後日本企業の、品質重視の（いわゆる日本型TQC）戦略による世界支配を崩そうとして作られたのが、ISO－9000である。「品質管理」の「スペック化・マニュアル化・第三者認証」が、ISO－9000の求めることの、すべてであると言ってよい（同前・335頁）。マニュアルどおりにやっていないと駄目、全ての手順が文書化されていないと駄目、自分で見て大丈夫なんて信用出来ない、ということである。現場での「品質向上」への工夫は、もってのほか。マニュアルどおりにやっていることが、唯一要求される。そうした点を、日本の「現場」も"技術"も知らぬ「認証機関」（当初は、まさに英国のそれ）が、チェックしてまわり、カネを取っていたのである。

　こうした「英国」ならではの発想を、「9・11」以降の、「米国SOX法」関連での、日本企業の直近での痛々しい経験と、重ね合わせるべきである。米国市場への上場との関係で、まだ10社ほどにしかこの体験はないものの、全く同じ構図が、浮かび上がるはずである。しかも、こうした"地べたの蟻のカネ稼ぎ"とは別に、基本的なビジネスのなされ方の国際標準化（英米製の制服を皆着ろ、ということである）がISO「等」で進み、その全世界での状況がACEやECHELON「等」によって、"常時監視""等"、されるのである。そうした"全体構造"の中で、米国的な法制度の強烈な輸出戦略が遂行され、日本の国際倒産法制も、その"餌食"となったのである。

　わが国際倒産法制の変革にも直接間接にタッチした民訴法・倒産法学者の一部は、金融機関の倒産の制度的対応にも"活躍"したのだが、こうした"全体構造"の中に、彼らを置くと、どう見えて来るのか。そこが、問題となる。かくて、「課税」との関係以外にも、「非民事」領域での様々な問題が介在し「得る」ことを、"確認"した上で、"本線"に復帰する（以上、2007年8月9日午後10時16分までの執筆分に、翌8月10日午後4時43分から8月11日午前0時32分までの執筆分をプラスし、点検終了［以上は、貿易と関税2007年10月号分］）。

(5) 「一橋案」における「租税」の取扱い？・その1――「ルクセンブルグ対IRS事件」とも対比させつつ

　さて、ここで「一橋案」に戻る。今度こそ、本当に「租税の取り扱い」をズバリ論

ずる。"前提的事項"が多くて、書く自分が辟易しているので。

「一橋案」の立法提案「第四　外国倒産の対内的効力」（伊藤・前掲金融法研究5号19頁以下）の「(8)　承認の効果」の③、即ち「……。ただし、[外国倒産手続きの]承認によって内国租税債権あるいは労働債権など優先権を認められる債権に基づく権利行使が［内国で］禁止される場合に、禁止による不利益が著しいときには、裁判所は、権利行使の禁止を解除することができる」との規定案（同前・20頁）について、である。

まず、「承認の効果」についての(8)の構造について。その①は、「承認決定」がなされたときの、「公告」、「倒産登記の嘱託」、「知れたる債権者への通知」、である。日本の「課税当局」（租税債権者）が、この「知れたる債権者」に当たるかが問題となる。条文構成からして（また、後述の「平成12年法」──「外国倒産処理手続の承認援助に関する法律」[平成12年法律129号]──との対比からも）、この点は、イエスである（その上で③の、但書となる）。

②は、承認決定があると、「外国手続は、わが国との関係においても、外国におけるその開始決定のときにさかのぼって効力を生じる」、とする。この②は、「外国判決の承認・執行」に関する、後述の、（私からすれば）多少観念論的色彩のある一般論から下降した規定、である。

その一般論が③の本文まで続く。即ち、③の本文（第1文）は、「承認決定によって利害関係人の権利に対していかなる効果が生じるかは、倒産手続開始国法によって決定される」、とする。それを受けての、「租税債権」に言及する③の「但書」なのである（③の第2文については、後に言及する）。

この(8)の構造自体、「租税債権」を念頭に置くと、実に妙である（!!）。③の右の「本文」と「但書」との関係に、注意すべきである。要するに、承認国たる日本における、「内国の租税債権」の処遇が、外国たる「倒産手続開始国」の法によって「決定され」、それによって「内国の租税債権……にもとづく権利行使が禁止される場合」のあることが、そこで想定されていることになる。

頭をクールにして、どうか立ち止まって、考えて欲しい。当該外国（A国）で、倒産手続が開始しても、その国（A国）の租税債権の行使が「禁止」されて「いない」場合を、当面考えよ（そう想定する理由は、すぐ次に示す）。③の本文は、その点も含めてA国法による趣旨なのか。そのあたりは、全くの"無感覚"状態のままの（何も考えていない）条文、のようである。「国家管轄権論」に対する無理解（既述）の問題である。

だが、当該外国（A国）自体の法制において、倒産手続が開始しても租税債権の行使が「禁止」されて「いない」と言うとき、もとよりそれは、当該外国（A国）の租税債権のみ、を想定してのもののはずである。A国租税債権はOKだが、B国・C国・D国……、そして「日本」の租税債権など、（国境が間にあるのだから!!）A国での権利行使など、出来るはずがない、ということが、かかるA国法制度の前提として、あるはずである。くどいようだが、これは、国家管轄権論からの"普遍的要請"に基づく、当然の常識(*)、である。

＊　極めて異例なものとして、この普遍的要請を捨て、短期的な利益を、所詮無理な形で求めようとして挫折した、ルクセンブルグの事例については、後述する。

　この一橋案「第4」の(8)の③の「本文」は、かかる当該外国（A国）側の、「国境を越えた他国租税債権の行使の禁止」という"常識"の結果としての、<u>「『日本』の租税債権の『当該外国（A国）』領域内での執行禁止」</u>の部分を、"そのまま"日本国内での問題処理に持ち込もうとする（その上での③の但書である‼）。だが、右の傍線部分の「日本」と「当該外国（A国）」とを、"変換"して見よ。
　一橋案は、右の傍線部分の反面における問題、即ち、<u>「『当該外国（A国）』租税債権の『日本』領域内での執行禁止」</u>については、黙して語らない。その点に頬被りして、ただ当該外国（A国）の扱いに委ねる（⁉）ようである。
　そもそも、主として当該外国（A国）の「管財人」が日本に出て来る場合を前提してのものゆえ、「外国（A国）管財人」を押しのけて当該外国（A国）の「課税当局」が日本に来て、「在日財産は俺のものだ」と直接主張する場面は想定しにくいし、大体、後者（外国課税当局）は前者（外国管財人）の後ろに隠れて、在日財産が自国（A国）領域内に搬入されるのを、（シメシメと思いつつ）待っているはずである。
　ここまでのところで、<u>一橋案の「国家管轄権論」への"無感覚"（それについて何も考えていないこと）</u>の、具体的帰結を、整理して考えて見よう。当該倒産者に対して、「A国」・「日本」それぞれの租税債権が存在する場合において、要するにそれは、当該外国（A国）法に基づいて（⁉）「日本の租税債権」の実現にはストップをかけ、A国管財人の手で「在日財産（資産）」が当該外国（A国）に搬入後の「A国の租税債権」の実現は、不問に付す、ということを意味するものとなる。
　なぜ、せっかく日本の領域主権の中にある「在日財産（資産）」を、日本の公権力（課税権）行使を押さえて、外国側に一方的に渡すのか。しかも、その一橋案においては──

　「伝統的に、租税が内国の納税者資産に限定されるというふうな解釈［⁇］をいたしますと、<u>国税が在外資産について注目するというエネルギーがもともとないということになります。</u>」

　──といった「国家管轄権」（具体的には「執行管轄権＝国境を越えた公権力行使の禁止」）の基本をわきまえぬ、ボロボロの理解（既述の、竹内康二・前掲金融法研究5号8頁）が、前提とされていた。日本の「国税」は外国所在の「納税者資産」にも十分かかって行ける（⁇）のに、勝手な「解釈」によってそれをしていず、その意欲（エネルギー？）もないとの、勝手な一橋案における「解釈」である。「国境を越えた公権力行使」の基本を一切踏まえぬ、馬鹿馬鹿しい理解である。
　要するに、在日資産は、「民事」の論理で、外国管財人に渡すから、「日本の国税も外国に出向いて適宜配当にあずかればよい。だが、そんなエネルギーなどないでしょうがね」、ということである。私からすれば、「一体、何を言っているのか⁉」、というところである。

3 「一橋案」と「国際課税」　79

　しかも、こうした一橋案の"静かな（隠れた）暴論"の裏で、彼らの「徴収共助メカニズム」「等」への無理解も、露呈している。ちなみに、私の言う右の「等」の意味だが、在日財産を日本の税務当局に委ね、その後において、二国間租税条約に基づき、「相互協議」の枠内で、適宜当該外国課税当局との調整（折半等の配分）を図る、等の処理が、念頭に置かれている。そうした処理「も」また、彼らの眼中には、ないのである。

　この関係で、想起すべきことがある。即ち、前の(4)の項目で、日銀サイドの黒田＝外山・前掲企業法学 2 号126頁以下を引きつつ、ニューヨーク州銀行法の「資産囲い込み（ring-fencing）」を「保護主義的」とする見方について、言及した（石黒他・前掲国際金融倒産14頁注 8［石黒］）。また、実際のBCCI事件において、連邦政府が別途介入し、BCCIの在米全資産の「刑事没収」を行なっていたことにも、言及した。そのことの、この文脈で有する意味について、である。

　こうしたBCCI事件における、国家としての米国の行動は、自国領域内に資産があれば権利実現は出来るが、それが国外に持ち出されてしまえば、後の祭りとなるという意味での、『食うか食われるかの国家間の闘争』が、かくて現実のものであることを、我々に思い出させる「はず」である。しかも、BCCI事件におけるルクセンブルグ等の管財人の、在米資産引き渡し（外国倒産手続の承認）に関する連邦破産法304条に基づく申立てと、この連邦政府側の（ニューヨーク州の措置を強烈にサポートする意味合いをも有する）行動との関係につき、当の米国破産裁判所は、「破産裁判所は［連邦］政府が没収を行なうことを禁止する管轄権を有しない」として、連邦政府側の行動を、追認していた（石黒他・前掲224頁［貝瀬幸雄］）。「304条」だけを見て、それが"米国の姿"だと短絡することの危険性を、このBCCI事件の米国での処理の全体像は、よく示している（そのための、既になされたこの点への言及、でもあった）。

　ここで、一橋案「第 4」(8)の③に戻る。以上のごとき、非民事領域における誠に不明朗な、全く支持し難い"論理構造"を経て、「……。ただし、［外国倒産手続きの］承認によって内国租税債権……など優先権を認められる債権に基づく権利行使が［内国で］禁止される場合に、禁止による不利益が著しいときには、裁判所は、権利行使の禁止を解除することができる」、とされている（前掲・金融法研究 5 号20頁[*]）。

* 　2007年 8 月13日午後 3 時30分、ここで、本書にも何度か登場したバーゼルの、Rev. Dr. Felix Trösch S. J. ご逝去の、悲報が届いた。もう90歳くらいゆえ、仕方のないこと。まして、神父さんだから……。とは言っても、トレッシュさんは、ずっと私と妻の心の支えだったから、とても辛い。けれど、だからこそ、執筆に専念するほかない……（なのに、何でこんな美しくないテーマなんだ!!）。
　　ちなみに、"Das Beten"と仮に題した、"悲しみの聖母"的なＡ 4 版のクレヨン画の縮小絵葉書を、「最新作です」としてバーゼルに送ったが、同地から戻って来てしまい、はがきに貼られた黄色の紙の"Gestorben"の欄にチェックがなされていることに、妻が気づいた……。既に記したところの、8 月 9 日未明にかけての出来事について、そしてバーゼル（「バーゼル・コンコルダート」）について示したことの「偶然的必然」の、悲しい意味合いが、かくて、判明したことになる。

まず、「禁止による不利益が著しいとき」という、この但書の書き方が、おかしい。既述のように、この場合の「禁止」は、③本文の、外国たる「倒産手続開始国法」の「決定」によるものである。当該外国（の裁判所）に、『日本の領域内での、在日財産（資産）に対する日本の課税権行使を禁止すること』について"決定"する"権限"が、そもそもあるのか。"国家管轄権の基本"からその点を考えよ、というのが以上の論述における私の基本的メッセージだったことになる。

　「民事だけを見ていればよい」との思い込みにより、"非民事領域"を、民事の中に不当に"メルトダウン"させることから、かかる珍妙な事態が、生じていたことになる。日本国内での課税権行使は、一般国際法上、日本の「領域主権＝執行管轄権」に全面的に委ねられた問題である。それにストップをかける"権限"（厳密には、「立法管轄権」の問題となる）は、外国にはない。しかるに、「民事だけ」のつもりで、当該外国の「非民事」に関する法命題の部分まで「見てしまっている」がゆえの「禁止」、なのである（!!）。

　くどいから、この点はこの程度とするが、それにしても、「禁止による不利益が著しいとき」とは、一体、いかなる場合を想定してのものか。ひとまず、この但書で「租税債権」と並列される「労働債権」（など）の「優先権を認められる債権」と、対比して考えよう。

　当該倒産者（会社）に労働者として働いていた人々には、外国に出向いて債権届出をし、配当にあずかる道がある。別に「非民事」ではないから、国境を越えた権利行使を、直接彼らが行なっても、「執行管轄権（＝国境を越えた公権力行使の禁止）」の問題は、そもそも生じない。だが、実際に当該外国に出向いて種々の手続を取ることが、彼らにとって酷な場合は、十分に想定できる。そうした場合につき、「禁止による不利益が著しいとき」にあたるとして「権利行使の禁止を解除することができる」というのは、一応理解できる(*)。

* 　だが、むしろこの点は、端的に、「承認要件」とし、かつ、「裁判所は……できる」と、（米国型の？）「裁量」で全てを処理するのではなく、客観的基準でこの点を処理する方が、私にはベターと思われる。米国的な言い方をあえてすれば、local creditors の保護、ということになる。そもそも当該債権発生メカニズムの center of gravity（労務給付地、等）を問い、それが自国なら、当該の者に一々外国の手続に参加せよと言うこと自体が、酷なはずである。ちなみに、後述の「スイス国際私法典」における処理は、スイスにおける優先債権者の保護に限定しつつも、こうしたものである。
　だが、実は（!!）、（更に後述するように）「一橋案」が典拠とした「米国連邦破産法304条」（そもそもそれは、承認と共助との鵺［ぬえ］的存在たる、"Cases ancillary to foreign proceedings" としてのものではあるが）の"承認要件"の中に、同条(c)(2)において、「外国手続での債権処理過程における不利益と不都合に対して合衆国内の債権者を保護すること」との承認要件があったことにも、注意すべきである（!!――便宜、条文邦訳は、高木新二郎・アメリカ連邦倒産法［1996年・商事法務］508頁によった）。
　これとて、米国特有の「幅広い裁量権」（高木・同前465頁）の下での規定だが、同前・466頁の、「米国債権者の多く」が航空券を使えなくなった「客」等の「少額債権者」だっ

た事例（「アエロメヒコ事件」）などを、参照せよ。"米国型裁量"の一場面として、米国の「破産裁判官がメキシコの破産管財人に何らかの［かかる米国債権者救済のための］措置を提案するよう求め」、それに対して満足のゆく提案が当該のメキシコ管財人の側からあったために、この者に資産を引き渡す、304条の決定が出された事例である。そこには、別に、優先債権者に限って保護する、との前提もない（!!）。

だが、直前の＊の個所で、米国の事例に即して示したように、"米国型裁量"からは、裁判官の積極的"介入"が、ごく自然になされ得る。他方、実は「スイス国際私法典」においても、外国での配当手続に対するスイス側からのチェックが、いわゆる「ミニ破産」手続の後に、用意されていて、そこで同様の趣旨からのチェックが出来る仕組みとなっている（!!──第2草案では166条。成案では173条。前者につき石黒・法協100巻10号1929頁以下、後者につき P.M. Patocchi/E. Geisinger/S. Lüke, IPRG [2000], at 497.）。

これに対して、「一橋案」「第4」の(8)の③では、「禁止による不利益が著しい」との日本の裁判官の"認識"と、「権利行使の禁止」の「解除」をするか否かという"決定"、との間における"裁判官の営為の内実"が、問題である（!!）。不利益が「著し」くなければ外国の法による「禁止」のまま。「著しい」ならば「禁止」の「解除」。──その二者択一のようにも読めるが、そこでの"裁量"が、如何になされるのか。少なくとも、日本の裁判官が外国側（外国管財人等）に、「ちょっと、何とかしてよ！」と詰め寄る場面は、どうも想定されていないようである(*)。

＊　これは実は、極めて重大な問題である（!!）。（既に本書でも略述した）後述の「平成12年法」にも、そのまま引き継がれている「大問題」である。即ち、"米国型裁量"を範としつつ、実際には、米国裁判官の「裁量権行使」の"実像"、即ち、具体的な裁量権行使に至る"制度的な基盤・諸前提と実際のプロセス"（!!）──前記の、直近の「＊」部分でも"例示"されたそれ──が、欠落したままで、単なる"空（カラ）箱"として、それが「平成12年法」にも導入されている。
　　再三本書で論じたように、そんなところまで日本に導入するのは、所詮無理だし、すべきことでもない。だが、かくて、いわば"箱"の中身が「？」のままの、裁判官の裁量制度が、導入されてしまった。こうした状況下で、日本の裁判官のメンタリティが、一体どっちに、どう転ぶのかの問題となる。「外国倒産手続の承認援助」は"善"との"刷り込み"があり、かつ、ほとんど「承認」（＝援助［共助］を与えること）へのバリアも設定されていない「平成12年法」のことゆえ、無限定に「承認援助」へと傾く。しかも、貿易と関税2007年8月号で実例も示しておいたように、「管理命令」にまで、ほとんど自動的に行ってしまう傾向さえ、看取される。裁判官の心理としては、それ以上踏み込むのが怖いから、自然にそうなってしまう、というところでもあろう。
　　それでは、「国連モデル法」採用とともに従来の「304条」を削除した米国でも、外国に対してこんな"無防備"な状況が、生じてしまっているのか（!!）。この点の"検証"（現時点での日米比較!!）が、かくて、極めて重要となる。日本が、米国から一体何を学んだというのか、の問題でもある。
　　本書でも既に示した、BCCI事件における、国家としての米国連邦政府の全体的行動（既述の、『食うか食われるかの国家間の闘争』の局面でのそれ、と言ってもよい）には介入「しない」（介入する「管轄権がない」）としたのが、当該の米国破産裁判所ではある。だが、かかる米国破産裁判所は、前記の「304条」の下でも、「ローカルな米国債権

者の保護」以外に、外国側を"牽制"する種々の武器（「コミティ」を含めたそれ!!）を、実は、後述のごとく有していた（「コミティ」を含めたこの種の武器を、米国裁判官は、「米国型"裁量権"行使」の伝統からして、自由に使いこなせる状況にある。だが、"輸入品"としての「裁量」の「空箱」をいくら揺すって見ても、カランとも音がしない。それが、ここにおける日本の場合となる）。

　それでは、後述の「304条の"削除"」で、その米国が、狭い「国際倒産法」の文脈の中で考えても、果たして"どこまで"変わったというのか。また、そもそも米国倒産法のこの点での本質が、既に再度示したような点、即ち、「アメリカの［連邦破産法］304条が孤立をしないこと」を「メリット」とした一連の対外活動（竹内康二・金融法研究5号12頁以下。更に後述する）との関係で、どこまで"変わり得る"ものだったのか。

　「かつてのローマ帝国でも出来なかったような隠微（淫靡？）な世界制覇」を着々と準備するのが、"覇権国家米国"の現実の姿である（石黒・前掲世界情報通信基盤の構築285頁）。その米国が、しかも「9・11」後の状況下で、"好々爺"の如く変身したと考えることの愚かさ・不自然さに、あらかじめ気づくべきである。すべて後述するが、日本は、日本という国家を、"国境の外"に対して無防備とするために必要な限りで、「米国倒産法」を表面的に導入したに過ぎない。情けない限りである。（以上、2007年8月13日午後6時3分までの執筆。翌8月14日午後3時頃、執筆再開。なお、伊藤教授における「条件付き承認」論については、後述する）。

　ここで、前記の(8)③の但書における「租税債権」の扱いに戻る。既述のごとく、日本の租税債権の行使が（③の本文により）当該外国法（倒産手続開始国法）によって「禁止」されるとする際の"ロジック"に、そもそも問題がある。だが、「禁止による不利益が著しいとき」とは、いかなる場合なのか。

　日本の「国税」が外国での配当手続に、そもそも参加出来ない（「執行管轄権＝国境を越えた公権力行使の禁止」）以上、前記の「労働債権」の場合からの類推で言えば、「租税債権」については、外国での権利実現が、（当該外国の国家的同意がある場合は別として）常に"不可能"となる(*)。つまり、常に「禁止による不利益」は、「著しい」ことになる「はず」である。それでは、税額が"少額"なら「著し」くない、などと言えるのか。

　対比すべきは、ここでも、併記されている「労働債権」の場合である。"少額"ゆえ「泣け！」などと、労働者に果たして言えるのか、言うべきなのか。「労働者」のポケットは一つだが、「国税」のポケットは他に山ほどあるからここは「泣け！」、ということになるのかどうか、等々。裁判官としても、どこをどう考慮して判断を下すのか、大いに困るはずである（伊藤教授が、この点についていかなる"解説"をしているかは、後に示すが、結論としては、「何も書いてない」ということになる）。

　＊　私は、貿易と関税2007年4月号54頁以下、同5月号54頁以下（本書序章3）で、米国対外関係法第3「リステートメント」§483への徹底批判を試みた。本書における最重要論点として、である。米国の判例も、かかる「イル(ill-)ステートメント」には従わず、国境を越えた公権力行使についての諸国の通常の理解に従っていることを、含めての論述、であった。

　　だが、ここでは、「民事・非民事の混淆」の烈しい英米、以外の国における、極めて

3 「一橋案」と「国際課税」　83

例外的な処理を行なった「1事例」(「ルクセンブルグ対IRS事件」)と、その"顛末"について、一言しておこう。例外中の例外ゆえ、誤解なきよう。しかも、この"顛末"ゆえ、"同国"も、二度とこんな馬鹿なことはしないと思われることも含めて、あらかじめクギを刺して置く。

　当該の事例は、ルクセンブルグと米国にまたがるものであり、石黒他・前掲国際金融倒産刊行に向けた(財)トラスト60の共同研究の場で取り上げたものである。同前・225頁以下(貝瀬幸雄)の、Overseas Inns S.A.P.A. v. U.S., 685 F. Supp. 968 (N.D. Tex. 1988), 911 F. 2d 1146 (5th Cir. 1990)である。貝瀬・同前225頁は、この事例を、「《国際倒産と租税》という重要なテーマにかかわる」ものとして"紹介"している。

　だが、ここでまず注目すべきは、この米国の1事例の前提となったルクセンブルグでの問題処理である。後者が、極めて異例の処理を行なったのである。だが、その後の米国裁判所での問題処理も、本書のここでの論述にとって、なかなか興味深い。貝瀬教授(否、貝瀬君)の"紹介"に即して、事案を簡略化しつつ、以下にそれを示して置く。

　ルクセンブルグ法人Overseasは米国IRSから納税申告を怠ったと指摘され、米国で不服申立てを行なっていたが、その過程で、1976年12月にルクセンブルグで倒産した。1978年1月に同社とIRSとの間での、同社の納税額に関する和解が成立し、それに基づき同社の納税額を定める米国判決が、下されていた。

　ルクセンブルグの管財人(同国裁判所の選任したcommissaires)は、同年3月に、担保権者に全額、一般債権者に23%の弁済を、とする同社の再建案を提出した。だが、そこでは、更に後述するが、極めて異例なこととして、米国IRSが「一般債権者」に分類されていた(!!)。つまり、ルクセンブルグの倒産手続において、米国(外国)租税債権への配当が、認められたのである。これが全くの異例の取り扱いであることについては、貿易と関税2007年4月号63頁にも引用した英国の「インド課税事件」へのオーソドックスな指摘(等)と、再度十分に対比されたい。一々、本書の別な頁を捜すのも面倒だろう、との趣旨で再度示すが、Dicey, Morris & Collins, The Conflict of Laws (14th ed. 2006), at 101 の――

"There is a well-established and almost universal principle that the courts of one country will not enforce the penal and revenue laws of another country. ..... [T]he best explanation, it is submitted, is that suggested by Lord Keith of Avonholm in Government of India v. Taylor, that enforcement of such claims is an extension of sovereign power which imposed the taxes, and "assertion of sovereign authority by one State within the territory of another, ..., is (treaty or convention apart) contrary to all concepts of independent sovereignties.""

――との、この英国判決に対するオーソドックスな理解のことである(ちなみに、ルクセンブルグ・米国間には、右英文中のtreatyは、特になかった)。

　貝瀬・前掲には書かれていないが(私は、そこも書けと言ったのだが……)、銀行実務家をも交えた前記の共同研究の場では、ルクセンブルグ側が何でこんな異例のことを行なったのかが、当然問題とされた。どうも、同社のルクセンブルグでの再建計画の実現のためには、ともかく米国領域内を通して円滑にルクセンブルグへの資金移動のなされることが、当該事案において必須だったようで、そのためにそのルートを阻害しないことをIRSに確約してもらおうと、ルクセンブルグの同社側(管財人も含む)が、同国手続におけるIRSへの配当という、極めて異例の手段に打って出て、同国裁判所がこれを認めた、との背景事情があったようである(但し、同国裁判所が、同国としての

国家的同意を、果たして与え得る立場にあったか否かは、別問題として残る。国家管轄権［執行管轄権］の基本との関係で、この点は既述）。

　以下、再度貝瀬・前掲225頁以下の"紹介"に戻るが、IRSは前記のルクセンブルグでの再建計画案の「写しを受領したけれども、ルクセンブルグの手続には参加しなかった。翌1979年2月にルクセンブルグ裁判所が認可した再建計画が確定」し、それに従い、IRSへの179万米ドルの「弁済」がなされた。「ところがIRSは……残りの租税債権を回収するために」1981年に、米国での差し押さえを行なった。そこで、同社側は米国裁判所に提訴し、「《ルクセンブルグの裁判はIRSを拘束する［??］。ルクセンブルグの裁判に従ってOverseas［側］は179万［米］ドルをアメリカ合衆国に支払ったのだから、1981年にIRSは無権限であるにもかかわらず租税債権を回収した》と主張」したのである。当然のごとく敗訴した同社側は、控訴審において、「ルクセンブルグでの裁判に礼譲［コミティ!!］が付与されるべきである」、「そうでなくても、IRSは配当を受領したのだから、ルクセンブルグの裁判に同意したことになる［??］」、と主張した。

　控訴審でも、もとより同社側の主張は排斥されたが、米国裁判所は──

　「アメリカ裁判所は、アメリカ国民の利益やアメリカの立法政策（policies）を害するような外国破産宣告に対しては、礼譲の付与を拒んできた［!!］。アメリカにおいては、適法に課された連邦所得税の支払を確保すべきであるという強い公序［public policy］が明らかに存在し、破産における納税者についてもこの公序が妥当する。」

　「礼譲は、ある国が他国租税債権に影響を与えることまでも許すものではない。ルクセンブルグでの再建計画においてはIRSは非担保債権者とされているのに対し、アメリカ破産法によればIRSは担保権者としての優先的地位を有するのである。したがってルクセンブルグの裁判はアメリカを不当に侵害し（unfairly prejudices［??］）、アメリカの法とポリシーに反する。」

　──等と述べた（以上、貝瀬・前掲からの引用）。

　確かに"博覧"ではあるが、決して"強記"ではない貝瀬教授の筆だけに頼ると、若干心もとないが、ルクセンブルグ側は、つくづく馬鹿なことをしたと、後悔しているはずである。ちなみに、貝瀬・同前227頁が引用する本件への米国側のコメントとして、「ルクセンブルグの再建計画は、アメリカ租税債権を承認［!?──米国サイドが、こうした文脈において「承認」の語を用いることの問題性については、貿易と関税2007年5月号62頁、等参照］し、分配手続に参加させていたのであり、これは諸外国の裁判所では拒否されるような優遇措置」だと明言する者もあることに、注意すべきである。「優遇措置」というか、極めて異例の扱い、である。

　ここで、貝瀬教授が"強記"ではないことを、石黒他・前掲259頁（貝瀬）から、例証しておこう。そこには──

　「外国租税債権執行禁止原則の根拠が疑問視されている今日（の福祉国家）においては［??］（注261）、外国租税債権が一部にとどまる場合には、外国倒産の承認によって実現される外国国家の主権的利益は微弱［??］であって、むしろ……国際倒産法上の諸利益の実現が重視されるべきであろう（国際民事手続法上のトレランス［??］）。したがって［!?］、まず内国租税当局が租税債権を回収してから、その残余を外国管財人に引き渡すという限度で、執行管轄権の貫徹がはかられる（注262）。」

　──とある。

3 「一橋案」と「国際課税」　　85

　右の最後の一文が、「したがって」とあるから、この部分の結論となる。そこに、私とて異論はない。だが、其処に至るまでの傍線を付した部分は、一体何なのか。この種のものをご覧になる国税関係者の頭は、確実に「？」マークで一杯になるはずである。右の傍線部分は「アンチ国税」で、「したがって」以下の結論は、「国税サイド」、となっている。どういうことなのか。こういうときは、「注」に注意すべきである（なお、「国際民事手続法上のトレランス」云々については、英国における「承認」と「共助」との"交錯"に即して、後述するところが関係する。石黒・前掲教材72頁以下である）。
　実は、右の「注261」（同前・313頁）に引用されているのは、米国サイドの、"Silver, Modernizing the Revenue Rule: The Enforcement of Foreign Tax Judgments, 22 Ga. J. Int'l & Comp. L. 609, 611ff."である。そこに"the Revenue Rule"とあることが鍵となる。貿易と関税2007年4月号56頁以下（本書序章3）で徹底批判した、前記の米国対外関係法第3リステートメント§483のCommentで示された点を支持する一論稿が、ここで無批判に"引用"されているのである。それが「執行管轄権問題」（具体的には、既に英文を再度あえて示しておいた「インド課税事件」の普遍的教示）を不当に矮小化した上でのものであること等は、既に本書で示した。それなのに、「したがって」以降で「執行管轄権」が（これは正当に）出て来るから、訳が分からなくなる（far from "強記"！！）ということに、なるのである。前記の「承認」の語の用いられ方を含め、「米国流」の論じ方のロジックがsustainableなものかを、一層深く検討してゆくべきところ、それがなされていない。それが、貝瀬説というか、同教授の論じ方についての（ここでの問題には限定されない）基本的な問題、ともなる（更に後述する）。
　もう一つの「注262」（貝瀬・同前313頁）には、前記の「Overseas判決のアプローチおよび貝瀬・序説537頁・注68）。」、とある。同判決は、既述のごとく、米国領域内で米国租税債権の実現を図ることについて、外国裁判所がとやかく言う立場にはないという、当たり前のこと（但し、「一橋案」においては当たり前ではない??）を、宣言したものである。残額をルクセンブルグに渡すということも、其処での問題ではない。この文脈でのその引用には、多少問題がある。
　他方、貝瀬・前掲国際倒産法序説537頁注68の方には、伊藤教授の不当な「コミティ」導入論（既述）の概要が示された後で、「なお、租税債権にもとづく執行を停止するような外国倒産手続の効力は、わが国の執行管轄権を制約し、公序に抵触するものとして、その限度で承認されないであろう」、とある。「なお」の前後の繋がりが悪いが、この部分とOverseas判決の説くところとを併せて一本とすれば、本書が問題としている「一橋案」の「第四」の(8)③への重要な反論材料にはなる、との構図となる。だが、更に言えば、問題は「非民事」であり、「民訴」118条3号の「公序」の出る幕ではない、等々といったことになる……。

　さて、以上、「一橋案」の「第4　外国倒産の国内的効力」の、「(8)　承認の効果」の③に注目した批判をして来た。だが、「課税」に着目しつつ以上示して来た諸点は、実は、「(6)　承認の要件」とも、深くかかわる（石黒他・前掲259頁［貝瀬］は、既述のごとく、「外国租税債権執行禁止原則の根拠が疑問視されている今日（の福祉国家）においては……外国租税債権が一部にとどまる場合には、外国倒産の承認によって実現される外国国家の主権的利益は微弱」だとの、問題ある「一橋案」寄りの［!?］不当な論断をしているのではあるが。――「一部」でも巨額、というときにも「微弱」と言えるか、一部が「99.9％」だったらどうなのか、等々の点をも考えよ。後者の点については、更に後述する）。

実は、石黒他・前掲国際金融倒産401頁以下（石黒）の「一橋案」への批判も、まさにこの点に軸を置くものであった。ここまでようやく辿り着いたのだから、国税関係者は、まずもって、「一橋案」の示す以下の「承認要件」を、まずはじっくりと腕組みしながら、批判的に考察して戴きたい。ともかくそこには──

「(6)　承認の要件　裁判所は、外国手続が原則管轄［既述］にもとづいて開始されたと認められ、かつ、以下のいずれの要件にも該当しないと認められる場合に限って[＊]、外国手続について承認決定を行う。
　(イ)　債務者に対するすべての利害関係人の権利が公平に取り扱われないおそれがあること。
　(ロ)　内国債権者の利益が不当に侵害されるおそれがあること。
　(ハ)　利害関係人の権利の順位について、当該外国法と日本法との間に重大な差異があること。
　(ニ)　その他、わが国の公序に反する場合」

──とある。

　＊　後に、この点についての「平成12年法」との対比を行なうので、注意して戴きたい。

　(8)の「承認の効果」の③に即して既に一言したように、③の本文で「利害関係人の権利」が書かれ、その「但書」で「租税債権」が出て来る構造ゆえ、(6)の(イ)(ハ)の「利害関係者」に「租税債権（者）」は含まれる。(ロ)の「内国債権者」からそれを排除する理由もない。その前提で、眼光鋭く、国税サイドの方々として、この条文案を、"凝視"して戴きたい。
　私の問題関心は、ただ一つ。「国税（租税）債権」をインプットした場合（即ち、それがある場合）、「一橋案」において、「この(6)の承認要件が満たされる場合が、本当にあり得るのか？」、ということである。石黒他・同前402頁以下（石黒）に付加すべき点はないので、それを、ここで引用しておく（同書では、竹下編・前掲国際倒産法379頁以下を引用しており、そこでは前記の(イ)(ロ)(ハ)(ニ)が(A)(B)(C)(D)となっていたが、内容はもとより同じである。面倒ゆえ、例えば(C)を(ハ)に直して、引用をする）。
　私は其処で──

「外国倒産手続の承認要件たる前記の(6)［ハ］については、わが租税債権もそこに含めて解する以上、わが国の租税債権が外国で執行されるといったことが、国家管轄権論上、税務執行共助の条約ルートで当該外国で取り立てられるか、あるいは、当該外国が特にかかる域外執行に対して国家的同意を与える場合を除き、基本的にありえない点が問題となる。そもそも租税債権が外国で一切無視される（お互いにそう扱う）のが大原則である以上、わが租税債権が当該外国手続における倒産者に対して存在する限り、わが租税債権者（国）の、当該外国手続における「権利の順位」については、「重大な差異」のあることが、むしろ原則となる。差異というより、

それは端的な無視である。また、(6)[ロ]の、「内国債権者の利益が不当に害されるおそれのあること」という承認拒絶事由も、この点からして、同様に原則として存在する、ということにもなりうる。

　一橋案においては、わが国の租税債権を含めて考えても承認要件のみたされる場合があること[!?]を前提に、承認したあとの、その効力面で、前記の(8)③で、租税債権に「優先権」の認められる場合につき、「禁止による不利益が著しいとき」に限って、例外を設けようとする。その論理の構成が、国境を越えた課税権の行使（執行）という問題の本質との関係で、当を得たものかが、かくて問題となるのである。

　また、実質論としても、わが国の課税権行使を押さえて国内資産を単純に外国管財人に引き渡せば、その自国への到着を待って、当該外国の課税当局は、その中から優先的な弁済を受けることにもなりうる。租税収入は、いわば国（社会）全体の収入であり、要するに、かかる事態は、わが国社会構成員全体の利益[!!]を押さえ、外国社会のそれを優先させる、ということを意味する。昨今の日本型国際協調の陥り易い傾向とはいえるが、その当否は疑問である。わが租税債権の行使を一般の私債権のそれとの関係で論ずるのみでは、ここでの問題の検討として十分でない。内国租税債権と外国租税債権とのいずれを優先させるつもりなのか、との視点こそが基本である。

　「承認」論と「共助」論との関係を含め、問題の真の全体的把握が、強くのぞまれる。」

――と論じ、それが石黒他・前掲国際金融倒産全体の、"結び"の言葉ともなっている(*)。

* 　ちなみに、この点は、夙に石黒・前掲ボーダーレス社会への法的警鐘（1991年）158頁以下において指摘していたことであった（この部分の初出は、ジュリスト981号[同年3月26日脱稿]）。同前（法的警鐘）・160頁で、私は、「租税の『公共サービスの資産[原資]』としての『強い公共性』を考えた場合、『倒産属地主義の放棄＝普及主義の実現』という倒産法プロパーの要請のみから、かかる全国民的利益を減殺せしめてよいのであろうか」と説き、更に――

　　「ここで一橋案と対比すべきは、ECの破産条約案における処理であろうか。1970年準備草案21条、1980年・1984年草案の各23条は、普及主義的な破産の個別執行禁止的効力の例外として……他の締約国における……租税債権……の実現は妨げられないものとしている。当該課税国内で租税債権への優先権を確保する規定……とワン・セットをなす規定である。結局、租税債権については、ともかくも当該課税国内で同国法に基づき優先的に満足を得させた上で、残余額につき劣後的債権として倒産開始国での配当に参加させる、とするのが同条約案[!!――それが"条約"に基づく処理であることに、本書のこの文脈では、十分に注意せよ]の処理だ、ということになる。……一橋案の処理よりも、かかる解決方法（ただし、課税国内でのそれ[!!]）の方が穏当と思われる。外国倒産手続が承認されても、内国租税債権（及びその他の公的負担）については、その包括執行的（個別執行禁止的）効力の例外として、当面扱わ

ざるを得ないと思われる。」

——と、述べていた（なお、其処に付された注60［同前・170頁］において、既述の貝瀬・前掲国際倒産法序説537頁の「租税債権」と「公序」に関する論じ方を批判し、「法廷地国の絶対的強行法規」、そして更に「執行管轄権」からの基礎付けを行なうべきことについて、言及していた。本書での論述は、まさにその線での、一層敷衍したもの、ということになる）。

　「国税サイド」の方々は、ここで「そうだ、そうだ、その通りだ」と、おっしゃるであろう。だが、こうして私が「一橋案」と戦っている間、「あなた方」（あるいはその先輩達）は、私からの、度重なる"警告"と霞ヶ関内部での"（私との）共闘"の必要性を叫ぶ必死の声を、全く無視した。そして、私が警告した通り、後の破産法改正で、後述の、"不当な租税債権の劣後化"にまで至ってしまった。（日本の？）「租税憎し」で凝り固まった「一橋案」をサポートする陣営からの"一本釣り"で、こともあろうに、「国税サイドは石黒の言うことなど無視している」と受け取られても仕方のない、"或る文献"まで、登場した（石黒・前掲教材70頁以下[*]）。

　　＊　同前教材・70頁3段目左において、栗谷氏のNBL559号［1994年12月15日号］16頁注15からして、「法務省と国税庁との間で何らかの連絡があって公表された論稿のように、それが思われてなら」ない、と記した点を、参照せよ。そして、今からでもよいから、当時、一体何があったのかを、今の「国税関係者」として、調査しておく「べき」である。霞ヶ関内部での"騙し合いの構図"についての、今後の糧ともすべき"情報"が、そこから得られる「はず」であるから。

　それはそれとして、先に進む。石黒他・前掲国際金融倒産402頁以下（石黒）における、前記の「日本型国際協調の陥り易い傾向」について言えば、それは、「米・イラン金融紛争」を契機に「国際金融法」から「テレコム・知的財産権」、そして、あくまで紛争の最前線（フロント）に立つことを主眼とする私の「日米通商摩擦」対応や、「WTO／OECD批判」、そして、それらすべてを前提とする「規制改革・構造改革批判」という、私の研究の全領域を、（同書は1995年刊ゆえ、一部先取り的に）踏まえたものであった。己の研究領域を狭く設定し、一定年齢に達した後は、専ら其処から世界を見るような発言をすることは、一個の人間の社会的選択としては、ワイズなのかもしれない。「一橋案の人々」も、そうだったのであろう。「だが、しかし……」と、踏みとどまったのが私である。もう、満57歳になったのだし（本書が出る頃には60歳）、その程度の"高踏的"なものの言い方も、許されるはずである。

　この点で、貿易と関税2007年8月号79頁以下の、山本和彦・前掲国際倒産法制（2002年・商事法務）「はしがき」2頁についての私の指摘を、想起して戴きたい（本書第1章2）。山本・同前における、「従来の日本法が採用する厳格な属地主義」に対する「国内外」からの「強い批判」、そして何よりも、この著者が出席した「国連の会議」で、「（著者が日本代表として出席しているにもかかわらず[!?]）名指しで日本の態度が批判されたことを、苦い思いとともに記憶している」云々の、"歴戦錬磨"の私からすれば実に情けない指摘について、である。

某外国（米国）を敬愛しつつ、それなのに其処（米国）から馬鹿にされ、退路はないと"錯覚"し、せっせと米国流を移入しつつ、肝腎の「米国型裁量」の、日本の法制度的基盤との異質性には気づかない。だが、"権力の抑圧移譲"に近い発想で、「日本」の「国税」を目の敵にするその"本性"は、かえって増幅させつつ、「外国との関係」の、「非民事領域」での問題は、それは当方感知せずとばかり、無頓着なままで済ませ、「国家財政の危機」も何も、関心の外、等々。——これでは困る、のである。

さて、これ以降も、「一橋案」とその背景に関する論述が続くが、「租税」をインプットした途端に"金縛り"状態となる「一橋案」における外国倒産手続の承認要件につき、ここで、「平成12年法」との対比を、行なっておきたい。

(6) 「一橋案」における「租税」の取扱い？・その2——「承認要件」に関する「一橋案」と「平成12年法」との対比を含めて

「一橋案」の「第4」の(6)に示された前記の「承認要件」に対して、「平成12年法」の規律は、以下のようになっている。即ち、「次の各号のいずれかに該当する場合には、裁判所は、外国倒産処理手続の承認の申立てを棄却しなければならない」と規定するのが、「外国倒産処理手続の承認援助に関する法律」（平成12年法律129号）21条（承認拒絶事由）である（そこでの"承認"の意味合い"に関する問題は、後述する）。

同条の定める承認拒絶事由は、「費用の予納がないとき」（1号）、当該手続において「債務者の日本国内にある財産にその効力が及ばないとされていることが明らかであるとき」（2号）、外国手続に対して「援助の処分をすること」が日本の公序良俗違反となるとき（3号）、「援助の処分をする必要がないことが明らかであるとき」（4号）、「外国管財人等」が17条3項の、「外国倒産処理手続の進行状況」等に関する日本の裁判所への報告義務の規定に、「軽微」ではない程度に「違反したとき」（5号）、「不当な目的」での「申立て」等、「申立てが誠実になされたものでないことが明らかであるとき」（6号）、となっている。そこに、殆ど実質的な意味でのバリアはない（!!）。

そして、「承認決定」に関する22条では、かかるカラッポのこの21条、そして57条1項、又は62条1項により、「承認の申立て」を「棄却する場合を除き、外国倒産処理手続の承認の決定をする」、としている。英語で言えば、"shall"である（!!）。

57条1項は、"内外並行倒産"の場合であり、1-3号要件の「すべてを満たす場合を除き、当該［承認］申立てを棄却しなければならない」、とする。1号は、当該外国倒産処理手続が、（そうであるか否かの決定につき、既述の問題を、はらむところの）「外国主手続」（同法2条1項2号）であること、2号は、日本で外国倒産処理手続について「援助の処分をすることが債権者の一般の利益に適合すると認められること」、3号は、「援助の処分をすることにより、日本国内において債権者の利益が不当に侵害されるおそれがないこと」、である。

先に62条1項を見て、それからコメントをすることにしよう。62条は、複数の外国手続につき「承認の申立て」のなされた場合の、調整規定である。問題の同条1項は、1号で、既に「外国主手続」につき「承認援助手続があるとき」、続く2号で、そうではないが、「当該申立て」が「外国従手続」（同法2条1項3号——「主手続でない」もの）に基づくものであって、かつ、それについて「援助の処分をすることが債権者

の一般の利益に適合すると認められないとき」、と規定する。その「いずれか」にあたるときに「も」、「当該申立てを棄却しなければならない」とする規定である。
　そもそも、同法における「承認」の意義は、その2条1項5号からして、日本国内で「援助の処分」（要するに"共助"‼）を行なう「基礎として承認すること」とあり、伊藤説に基づき後述する「一橋案」とは、大きくずれ、更に一層"米国化"されたものとなっている。だが、「日本の租税債権」を軸に、以上の「平成12年法」と「一橋案」とを比較すると、面白い（⁉）構図が、浮かび上がる。
　まず、「内外」・「外外」の倒産手続の競合のない場合たる「21条」だが、"承認拒絶事由"の1－6号中に「公序」は残っているものの（「一橋案」の「第4」の(6)㈡参照）、外国管財人側として、そもそも引っ掛かりようのない事由ばかりが並んでいる。だから、ここは殆ど"フリーパス"となる。貿易と関税2007年8月号83頁で言及した東京地決平成15年11月11日も、この線で、「管理命令」にまで突っ走った事例である。
　次に、"内外並行倒産"の57条1項だが、「一橋案」の前記(6)の、「㈠　債務者に対するすべての利害関係人の権利が公平に取り扱われないおそれがあること」、「㈡　内国債権者の利益が不当に侵害されるおそれがあること」、「㈢　利害関係人の権利の順位について、当該外国法と日本法との間に重大な差異があること」の3点が、「平成12年法」の57条1項の2号（「債権者の一般の利益」）、3号（「日本国内において債権者の利益が不当に侵害されるおそれ」）の中に、すべて"押し込まれて"いる。
　要するに、「一橋案」は、「すべての利害関係人」・「内国債権者」・「利害関係人の権利の順位」につき、つまりは、外国手続におけるそれら"一人一人の扱い（‼）"につき、ともかくも（正当に‼）注目していた。だからこそ、「(8)　承認の効果」の③で「租税債権あるいは労働債権など」の処遇が、問題となったのである。
　だが、「平成12年法」においては、かかる"個別債権者への眼差し"が、「債権者の一般の利益」の中に、いわば半ば"埋没"し（57条1項2号）、3号で、辛うじて「日本国内において債権者の利益が不当に侵害されるおそれがないこと」とあるので、そこで半ば"再浮上"する、不安定な存在となっている。この3号が2号に引っ張られれば、「一般の利益」の中に、個別債権者（租税債権者を、とくにここでは考えている）の利益は再度"沈み込み"がちとなろうし、「日本国内」での「不当」な「侵害」という曖昧な文言（これは、「一橋案」の(6)の㈡に相当する）の中に、(6)の㈢の「権利の順位」の問題なども、解消されてしまう（‼）。この57条1項の2・3号の構造の中で、3号の「不当に侵害されるおそれ」との文言を見直すと、「国連モデル法」の（つまりは、"米国の思惑"からする）"大義"の前に、日本の租税債権などがひれ伏すのは、本来致し方なく、従って「不当」ではないといった、それこそ不当なリアクションも、あり得るように見えて来るところが、怖い（*）。

　　＊　昨今の、日本の規制改革・構造改革と同様、そこで"斬り捨てられる"存在は、本当の弱者と、そして"体制派"にとって面倒な存在と、である（‼）。「租税」は、後者としての位置付けと、なってしまい得る（「私」もまた、後者である。――なお、2007年10月4日にこの部分の雑誌論文につき初校を行なったが、同じ日に、岩波の「世界」同年11月号の為に、この「＊」の個所と同じトーンでの、「執筆者からのメッセージ」の、

追加執筆を行なった。同号に寄せた私の小論が、編集部内で評判になったため、とのことである。光栄なことである)。

　ちなみに、「平成12年法」の中には、「租税」という言葉は、23条３項の、既になされた（!!）承認決定の「通知」先としての、「租税その他の公課を所管する官庁又は公署」という個所でのみ（!!）用いられている。同法において、日本の「租税債権」の位置付けは、「一橋案」よりも更に一層後退し、国税サイドは、A4一枚（!!）の同法の審議過程での議事録コピーを、ひたすら握り締める「のみ」（!!）の状態なのである（後述）。

　しかも、"外外"の競合の場合に関する62条２号では、「援助の処分をすることが債権者の一般の利益に適合すると認められないとき」と、再度「債権者の一般の利益」（のみ!!）を持ち出す。しかも、なぜかこの局面では、57条１項３号の、「日本国内において債権者の利益が不当に侵害されるおそれがないこと」との、"個別債権者への眼差し"を一応は想起させる文言（!!）は、ない。そこからして、57条の２項と３項との既述の関係でも、２項を軸にとの、前記の"不当"なあり得べき傾向が、更に若干プッシュされる構図、である（本書第６章１(1)で詳論する）。

　何でもいいから問題の全体的なイメージ（のみ??）を捉えて、既述のごとき曖昧な"大義"と、22条の、これこれの事情がなければ「承認の決定をする」べし（!!）との、これまた既述の"基本的方向性"に即応して動け、あとは米国型の（但し、既述の"カラ箱"としての!!）"裁量"だ、というのが同法の基本である。問題である。

●　　　●　　　●

　さて、以上の部分を挟み、ここまでの「一橋案」の「第４」への批判は、専らその"条文構成"に即してのものであった。では、伊藤・前掲金融法研究５号21頁以下の、この「第４」に関する"解説（説明）"は、一体どうなっているのか。以下、それを見ることとする（以上、2007年８月14日午後８時21分までの執筆。──１日おいて、８月16日午後３時18分、執筆再開。以上の補充を重点的に行なう）。

　伊藤・前掲21頁は、日本の倒産手続の効力を対外的に拡張しつつ、外国のものの効力を「承認」しなければ「アンフェア」だろう、というところから、この「第４」の説明を出発させる。だが、「問題は、内国債権者の利益の保護にあるということも、衆目の一致するところ」ゆえ、「承認の要件、条件つきの承認、権利行使の一部解除、あるいは承認の取消し、変更などの規定」を置いた、とする。

　右のうち、「条件つきの承認」がこの「第４」の何処に位置付けられるかはともかく（次の「*」参照）、「承認の取消し、変更」に関する、「(9)　外国管財人に対する監督」の規定について、ここで補則的に一言して置く。(9)の①で、承認決定後の「外国管財人に対する監督は、外国手続によって行われる」として、外国側に下駄を預ける規定が、まずある。そして、それに但書がつき、「承認決定にあたって」との限定付きで、外国管財人に対し、（何処の国での??）「その職務執行に関する報告」を「命じることができる」、とある。承認決定のなされた"後"は、その限りでは、日本の裁判所は、外国側のなすことに対して、アンタッチャブルとなる。ここが、"米国型裁量"とのエラい違いだということは、一例［一隅］を挙げたのみだが、既に示した（後に、本書第６章において、更に"肉付け"をする）。

だが、(9)の②で、「外国管財人の職務執行［何処の国におけるそれか？？］が内国債権者の利益を著しく害する場合には」承認決定の「全部または一部」の取消し・変更が「できる」、とある。ここでも、(9)の冒頭の、承認決定後の「外国管財人に対する監督は、外国手続によって行われる」との"事態静観の姿勢"（そこが"米国型裁量"との決定的な違い!!）が前提とされ、「著しく害する」まではじっと我慢して（承認決定の"後"のことについて、常時日本の裁判所が監督する前提は、そこではとられて「いない」!!）、ぶち切れたら取消し・変更と、なり"得る"。"裁量"で、である。そこに至るまでの（承認決定後の）"プロセス"（!!）において、「ここはもうちょっと変えろ、外国裁判所に掛け合って何とかせよ」といった積極的な事態改善への"積極介入"は、予定されていない規定振りである（なお、続く(10)は、「外国手続への積極的協力」だが、そこでなし"得る"ことについては、「外国管財人の補助者の選任などの処分」とある。自分の座敷［日本の領域］内でのお仕事について、お手伝いを雇いましょうか、というだけのことである[*]）。

*　なお、伊藤・前掲22頁は、「少額の債権などがあるときには……これらの債権の保護を条件として、承認決定をするということも考えられます」、とする。それが、既述の「条件つきの承認」の例なのだが、(6)の「承認の要件」における、既述の(イ)(ロ)の「おそれ」の判断の中に、この点をいかに埋め込み得るかは、不明確である。
　「条件」づき決定を言う伊藤説の頭に、「米国型の"裁量"」の典型例たる、「非便宜訴訟地排斥の原則（forum non conveniens）」（石黒・前掲国際民訴法141頁以下）などの場合の、「条件付きの却下」のようなものがあることは確かだが、同前・143頁で批判したように、「条件違反の場合の処理」（米国では、これも「裁量」による"裁判所侮辱"等で対処する）等を、この日本において、「何処まで英米流の裁量で行ない得るのか、等々疑問は尽きない」、と言うべきである（米国制度の皮相的移入？？）。

　さて、伊藤・前掲21頁以下には、「一橋案」における「承認」の概念に対する、牴触法的にもオーソドックスな指摘が、以下のようになされている。まず、「外国手続の対内的効力」には、「承認決定を経ないでも認められるもの」がある、との正当な理解がある。
　貿易と関税2007年8月号75頁でも言及した、重要な外国倒産手続承認事例たる東京高決昭和56年1月30日判時994号53頁でも、外国倒産手続のそれ自体の「承認」とは別に、いわばそれを待たずして、スイス管財人の自己の名での一定の権利行使（但し、仮差押えの解放に関する、当事者適格のみの問題）が、認められていた。それは「承認決定」を待たずに、「一橋案」においてはなし得る、ということである。正当である。そして、この点は「現在の判例、学説も……認めておりますので……」との、従来の議論との"連続性"についての、健全な理解も、示されている（「平成12年法」関連での"暴論"については、石黒・同前8月号81頁以下）。
　かかる「効力」とは別に、「倒産手続本来の効力」、即ち、「個別執行の排除、担保権実行の中止」などは、「承認決定をすることによって、初めて生じます」と、されている。この点につき、伊藤教授が"米国型裁量"の解釈論上の導入、なんてことを考えていたことについては、既に示したが、それはここでは措く。

なお、伊藤・同前22頁は、「承認ということの意味、あるいは意義」について、次のように述べている。即ち、ここで言う「承認」は、「民事訴訟法200条［今の118条］に基づく外国判決の承認とはやや意味を異にする」、とされているのである。だが、結論的には、あまりこの点は、気にしなくともよい。

つまり、同前頁では、(8)②の「承認の効果の遡及」（承認決定のあった「外国手続は、わが国との関係でも開始決定のときにさかのぼって効力を生じる」、とする）、(8)の③の、既述の如く「承認の効果が外国法によって規律されること」、これまた既述の(9)の、外国の「管財人に対する監督が外国裁判所によって行われること、などがこれを示しております」とある。だが、右のいずれの点も、「外国判決の承認・執行」の一般論（石黒・前掲国際民訴法228頁以下、より詳細には、同・前掲現代国際私法［上］405頁以下）との関係で、それなりに説明の付くことだから、である（例えば、伊藤・前掲頁の示す右の第1の点については、石黒・前掲国際民訴法221頁の、"automatic recognition"関連の個所と、対比せよ）。

ともかく、従来の（外国非訟裁判の承認の一場面としての）外国倒産手続承認に関する、通常の理解の線で、従って、この点では米国での「承認」概念に関する不当なバイアスなしに（!!）、この「一橋案」自体は、作成されていた。それを確認する方が、大切なこと、である。

だが、伊藤・前掲21頁の、それ以降の「第4」に関する説明では、米国でチャプター11に基づく倒産手続が開始され、当該の倒産者の在日資産に関する担保権実行が「日本の債権者」によってなされた場合の、米国側の者の日本での争い方に特化した説明がなされている。つまり、承認決定がなされれば、あとのことは「手続開始国法であるアメリカの連邦破産法の規定に従って決定されます」ということが、ことさらに示され、そして（!!）、「一般債権や租税債権［!!］についての取扱いも、基本的にはこの原則に従って行なわれることになります。しかし、労働債権や租税債権につきましては、政策的見地からも、これを保護する必要があることに鑑みまして、(8)③で特例を置いております。また、……」と、足早に"其処"から去っているのみ、なのである。こうした状況だから、本書では、前記の条文案の構成に重点を置いた論述を、当面の作業として、ここまでして来たのである（これから先は、"引っ越し後"の執筆に委ね、今から、執筆書類の梱包等の、力仕事の数週間となる（2007年8月16日午後8時51分までの執筆［以上は、貿易と関税2007年11月号分］。——ともかくも、段ボール300箱とともに、2007年9月6日の台風の日に、引っ越しを完了し、2007年9月29日午後3時半過ぎに、執筆を再開する。と言っても、今回ばかりは簡単に執筆再開とは行かない。8月19日に仕事の前倒しを終えた後、1カ月余の力仕事と、引っ越してからの連日の"段ボール筋トレ"の中で、（岩波の「世界」11月号用の小論やMETIの「日EU経済統合協定作りの要諦」等は書いたものの）「国際倒産と租税」の執筆準備のための脳内配線は、ほぼ完全に遮断されてしまった。今、9月29日の午後5時35分だが、まだまだ"復旧"は出来ていない。だが、そろそろ書き出すことにしよう。私は、書きながら考えるタイプゆえ。

4 「従来の米国連邦破産法」と『「コミティ」＆「米国型の"裁量権限"」』

(1) 「"積極介入型"の米国裁判官の裁量」と「日本の選択」？

　以下においては、「一橋案」における外国倒産手続の承認ルール（立法提案）と、そのモデルとされた米国連邦破産法304条の、"構造"に着目しつつ、両者を対比する。「コミティ」と「米国型裁量権限の"内実"」に着目した論述、である。続いてそれを、私も若干（のみ？）絡んで制定されたスイス国際私法典における国際倒産条項と、対比する。そして、「一橋グループ」等が、「租税」との関係で正しく捉えていなかったところの、英国特有の"承認と共助"との交錯する世界について略述しつつ、かくして徐々に、「国連モデル法」への"包囲網"を狭めて行く論じ方を、意識してとることとする(*)。

　　*　これまでの論述においては、金融法研究5号の、一橋案に関する金融法学会での報告に即した検討を行なった。もとより、この報告については、金融法学会の金融法研究・資料編(4) 2頁以下（1988年）の、各報告者の提出原稿が別にある。だが、それは、多少訳があって、国連モデル法との関係であえて後に言及することとする。内容的には、これまでに言及した点を、出るものではない（以下において、多少の論及はするが）。
　　　また、とくに本書第1章3(4)、即ち貿易と関税2007年10月号分の末尾近くで言及した一括清算ネッティング関連の問題について言えば、そこでは専ら、日本での"議論のなされ方——そのプロセス"（!!）に注目したかったがゆえに、特に言及はしなかったが、もとより1998年に、「金融機関等が行う特定金融取引の一括清算に関する法律」が制定されてもいる（森下哲朗「国際倒産と銀行倒産」国際私法年報3号［2001年］237頁）。だが、この森下論文は、貿易と関税2007年8月号81頁以下（本書第1章2(2)参照）の"暴論"との関係で、重要な指摘を行なっており、これまた後述の諸点との関係で、"温存"しておく。

　本書において私は、「米国型裁量」の本質をなす米国裁判官の、強大かつ柔軟な権限に対して、平成12年の承認援助法（遡れば「一橋案」の立法提案）において、いわば「カラッポの空き箱」としての「裁量」が日本に導入されたのみであることを、問題視していた(*)。

　　*　この点は、一橋案第四(8)の③の、「本文第2文」に即して、また、「米国型コミティ」の本質（!!）に即して、ここで更に敷衍する。

　もとより、そこまで米国のようにすべきだ、という趣旨からの批判「ではない」。貿易と関税2005年8月号58頁以下の「英米の論理と日本の論理」（「英米で出来ることと日本で出来ること」）の、基本的な差（!!）に関する論述を、同2006年1月号65頁以下、同2月号54頁以下、等で更に"拡充"して論じた点が、それへの重要な伏線をなす。
　この点で、同じく本章3(6)においては、伊藤・前掲金融法研究5号21－22頁が、「条件つきの承認」に言及し、「少額の債権などがあるときには……これらの債権の保護を条件として、承認決定をするということも考えられます」、とする点への批判も行

なっていた。即ち、そのようなことが、実際の一橋案の立法提案の何処に埋め込み得るのかを、私は疑問視した。

　この種のことは、米国では伝統的な裁判官の裁量権限で簡単にできることだが、日本の司法制度には、その"土壌"がない（!!）。そうした日米の制度基盤の差を度外視して、言葉の上だけで「米国型裁量」を"移植"しようとしたところで、うまく行くはずがない。だが、平成12年法（やその後の破産法改正）は、それをやってしまった(*)。そのことへの批判である。以下、まずはこの点の更なる肉付けを、行なっておきたい（一橋案ではそれなりの"悩みの跡［痕跡］"があるが、平成12年法にはそれすらない。そのことへの批判である）。

　＊　こうしたことは、「比較法学の基本」にも反することである。田中英夫教授の英米法第２部の講義（昭和48年度）の最初で語られた例を、私は思い出す。
　　戦後すぐ、何でも米国を見倣えとの風潮の下に、「米国では生後すぐの赤ちゃんをうつ伏せにして育てている。だからあんなに元気に大きく育つのだ」、ということが言われ、日本でも赤ちゃんをうつ伏せに、となった。その結果、赤ちゃんの窒息死が相次いだ。理由は簡単。米国のベビー「ベット」は固めだが、日本のそれはふっくらと柔らかい「布団」であり、その差が、見落とされていたからである。──田中教授は、そこに「比較法（比較法学）の基本ないし要諦」のあることを、静かに力説されていた。
　　なお、引越しの為の荷物の猛然たる整理・廃棄作業の中で、田中先生の学問的遺言とも言うべき、［私と同程度、いやそれ以上に激烈な？］田中英夫［書評］伊藤正己＝田島裕『英米法』・田島裕『イギリス法入門』成蹊法学34巻145頁以下のコピーが、遂に"発掘"された。学生達に、本当の学問の厳しさを知りたくば、これを読めと、講義等でいつも言っているそれ、である。
　　ちなみに、石黒・国際私法の危機（2004年・信山社）に示された「ような」、私の「書き方・論じ方」が激し過ぎると、嫌悪して遠ざけ、つまりは無視する（その実、ひたすら逃げまくる）人々に対して、一言。私は、英米法の田中、ドイツ法の村上の両教授のような、昭和40年代・50年代の東大法学部の最硬派の"正統派諸教授"に育てられた。私の論じ方は、右の田中教授の「書評」のトーン（兄弟子たる伊藤先生に対する学恩の深さゆえに、何処までも厳しく徹底批判するそれ）と、何ら変わらない。そのはずである。要するに、私の書き方がどうのこうのと、裏に廻って眉を顰める輩の学問的鍛練と言うか、覚悟が、足らないだけだ。私は、「学問の劣化」に対しては、故田中英夫先生に成り代わって、断固抵抗するのみ。もっとも、昨今では、あたり一面、中身スカスカの稲穂が、無意味に"風"に靡くかのごとく、ではあるが。
　　米国法の"表層部分"のみの輸入に終始するかのごときわが国際倒産法制の変革を、田中英夫教授がご覧になったら、どんなにか嘆かれることであろう。「比較法学の危機」は今に始まったことではないが（石黒・前掲国際私法［第２版］139頁以下参照）、ごく最近も、METIの（と言うよりは、豊田正和経済産業審議官と私との）日・EU経済統合協定（EIA）作成のための研究会に、EU法の専門家としてご参加頂いた中村民雄教授も、この危機については、私と同様、慨嘆しておられる……。

　一層具体的に言えば（同じく既に論じたことだが）、「一橋案」「第４」の(8)の③が、まずは（即ち、後述する諸点と要対比［!!］だが）、問題となる。「租税債権」の処遇との関係で、そこでは、「禁止による不利益が著しい」との日本の裁判官の"認識"と、「権

利行使の禁止」の「解除」をするか否かという"決定"との間における、"裁判官の営為の内実"が、問題である。不利益が「著し」くなければ外国の法による「禁止」のまま。「著しい」ならば「禁止」の「解除」。——その"二者択一"(!!)、のようにも読める。日本の裁判官が外国側（外国管財人等）に、具体的な「条件」を具体的に示してネゴを行なう、ないしは一層厳しく"詰め寄る"場面(*)は、その条文（案）において、想定されていない（更に後述する）、といった点を、私は問題としていた。

* ちなみに、石黒他・前掲国際金融倒産160頁（貝瀬）は、既に批判したのと同様のトーンで、「「課税権の域外的執行」という視点を貫徹する［石黒の］分析は明快であるけれども、国際倒産法の領域では、外国租税債権不執行の原則自体の再検討がこころみられており［??］、倒産の国際的調和の観点から新たな照明をあてる余地があるのではなかろうか」などとする。既に強く批判したように、民事の国際倒産法の都合（民事の論理）で国境が相対化出来るならば、他の民事法との関係でもそうなり「得る」はずだが、とんでもない越権行為である。他の法分野でどこまで同じことが言えるのかを、精査すべきでもあろう。「私は倒産法学者ゆえ、そこからとりあえず見ています」では、済まされない問題のはずである。
　それに、15年近く前のこととはなるが、貝瀬・同前・161頁以下には、1992年のドイツ倒産法政府草案についての言及がある。そして、同前・276頁注57には、ドイツ連邦政府の次のような見解が"紹介"（のみ！）されている。即ち——

「本草案は外国の公法上の債権について言及していないけれども、連邦政府によれば、内国財産が外国倒産手続に引き渡され、外国の公法上の債権の満足にあてられることを防ぐために［!!］内国債権者は……特別倒産手続を申立うる（外国の公法上の債権には、それが成立した国内でのみ遡求しうるという属地主義［!!］が妥当するのであるし、内国債権者の保護のためにも、以上の結論となる。BT/Druchs. 12/2443, 269)。また……」

——との"紹介"である。
　貝瀬・同前の「160頁」と「276頁注57」とは、一体どう繋がるのか。後者には、何の論評もなく、右の引用部分の最後の「また」で、次の論点に移ってしまっている。
　このような"彼の論じ方"は、彼が研究者の卵だったころから、「もっと論理回路の"配線"をしっかり繋げ！」と、私が強く指導して来たことの、ほんの一例となる。まだ、直っていないのだ。もはや手遅れ、の観は否めないが。

　そして、この点での「一橋案」の抱える問題が、「平成12年法」にも、そのまま引き継がれてしまっている(!!)。つまり、"米国型裁量"を範としつつ、実際には、米国裁判官の「裁量権行使」の"実像"、即ち、具体的な裁量権行使に至る"制度的な基盤・諸前提と実際のプロセス"(!!)が、欠落したままで、単なる「空（カラ）箱」として、それが「平成12年法」にも導入されている。こうした状況下で、日本の裁判官のメンタリティが、一体どっちに、どう転ぶのかの問題となる、云々とも、既に記しておいた。
　この点で、同じく既に略述したように、数少ない同法運用上の実例からも、何の理由も示さずに、また殆ど自動的に、承認決定から管理命令発出までしてしまう日本の

4 「従来の米国連邦破産法」と『「コミティ」＆「米国型の"裁量権限"」』　　97

裁判所の対応が、明らかになりつつある。あたかも、外国倒産処理手続を原則的に、そして迅速に（その実、単純に!!）承認することこそが国際協調であり、常に正しいことだと、するが如くに……（この点は、本書第6章で、徹底的に糾弾する!!）。

　だが、米国型の裁量（いわゆる「コミティ」の基礎にもあるそれ）の本質は、これから順を踏んで見てゆくように、そう単純なものではない。この点は、既に高木新二郎・前掲アメリカ連邦倒産法466頁の「<u>アエロメヒコ事件</u>」を、一例として示しておいた。即ち、"<u>米国型裁量</u>"の一場面として、米国の破産裁判官がメキシコの破産管財人（破産者はメキシコの航空会社）に、（<u>小口の、航空券の購入者を中心とする</u>）米国債権者救済のため、具体的措置を提案するよう求め、それに対して満足のゆく提案が当該のメキシコ管財人の側からあったために、それを踏まえて、この者に米国資産を引き渡した事例である。

　伊藤・前掲金融法研究5号21-22頁の言う「<u>条件つきの承認</u>」は、同教授が、既述のごとく「<u>少額の債権などがあるときには……これらの債権の保護を条件として、承認決定をするということも考えられます</u>」としていることからも、こうした米国型裁量（あるいは、まさにこの事件?）を念頭に置くものと思われる。だが、「一橋案」の条文を前提とすれば、"But how?"との疑問は、やはり消えない（平成12年法の条文とも、再度十分に対比して見るべきである。後述）。

　ちなみにこの点は、前掲・金融法研究5号44頁以下の、金融法学会での実際の議論における、高木新二郎判事の質問に伊藤眞教授が回答する中で、多少敷衍して示されている点でもある。そこで、それを見ておこう。

　高木判事は、承認決定の効果は倒産手続開始国法によるとする、一橋案の立法提案の「意味がよくわかりません」、とする。高木判事が問題とするのは、一橋案「第四」の(8)の、「租税債権」の処遇（既述）に言及する"但書"を有する、前記の③の、本書ではまだ言及していない（本文）第2文に、即したものである。即ち、この③では、承認決定の効果は倒産手続開始国法によるとする第1文を受けて、「<u>その内容は、承認決定の中で明らかにする</u>」（本文第2文）とし、既述の但書へと続く。

　高木判事（同前・44-45頁）は、「外国倒産手続を承認するにしても、画一的にその外国倒産手続が開始された国の法どおりの効果を認めてよいかどうか疑問があります」とした上で、米国の連邦破産法304条の実際の運用に、言及する。即ち、この304条について──

　「アメリカの裁判所は<u>様々な方法</u>で対処しております。事案によっては、国内債権者の個別的権利行使を禁止するだけのもの、アメリカ国内の債務者の財産を以て、まずアメリカ国内の債権者に対して配当し、余剰があれば外国管財人は外国へ、その余剰を持って行ってよいとするもの、アメリカ国内の債権者の債権調査はアメリカで行い、しかも外国管財人はそれに対処するためにアメリカの弁護士を代理人にしなければならないなど、事件の内容によって<u>硬軟様々な対応</u>［!!］をしております。……」

──とする高木判事は、続いて──

「倒産手続について裁判所等が相当な監督をしているかどうかについても、国により、制度により、さまざまなものがあり、安心できるものもあれば、そうでないものもあり、程度の差があると思います。そんなわけですから、外国倒産手続を承認するにしても、<u>事案に応じてさまざまな柔軟な対応</u>［!!］ができるようにすべきであると存じますが、いかがでしょうか。……<u>あるいは大陸法がベースになっているわが国では難しいことなのかもしれませんが</u>［!!］、この点について、伊藤教授のご見解をお伺いしたいと存じます。」

──とする(*)。

 * 私には、現場で日本の訴訟運営をしている高木判事の、右の「あるいは」以下の指摘が、何とも理解出来ない。同判事にあっては、米国破産法の「研究」と、現場での「訴訟運営」とは、全く別物とされているのであろうか。そうだとすれば理解可能な指摘なのだが……。
  いずれにしても、右の「<u>大陸法がベースになっているわが国</u>」云々の点が、「英米で出来ることと日本で出来ることとの差」に関する、私のここでの問題関心の内実をなす。

　複数の質問に対して一括して答えた伊藤教授の、同前・46－47頁の回答では、米国の304条の、これから若干見るところの条文とその運用実態とは異なり（!!）、「<u>ローカルな債権者を外国の債権者より保護するという理由は、なにひとつない</u>」（!?）との、（後述の米国の従来の扱いとの関係で）意外とも思われる点が指摘されるとともに、前記の高木判事の質問に対しては──

「承認の効果というものを柔軟に考える必要があるのではないか、というご指摘でございますが、そのとおりかと存じます。私の説明が［!?］やや不十分だったかと思いますが、一つの例として、<u>条件つきの承認</u>というようなことを考えてご説明をいたしました。<u>その条件の内容としては、いろいろなもの</u>［??］<u>が考えられるだろうと思います。……</u>」

──との回答がなされた。

　この高木判事と伊藤教授とのやり取りは、重要な意味合いを持つ。両者とも、『いわば"積極介入型"の米国型裁量』に、猛烈なシンパシーを抱いている。それは確かである。だが、高木判事は、その面で「は」（すぐ前の「*」部分を見よ）、さすがに現場で訴訟を指揮する立場ゆえ、それを「一橋案」のどの条項で行えるのか、考えた。そこで、前記の「<u>その内容は、承認決定の中で明らかにする</u>」（一橋案第四(8)の③の、<u>本文第2文</u>）に着目した。それしかない（!!）、との実務的直感であろう。だが、それで実際に米国の304条的な運用が出来るかが極めて不明確ゆえ質問をした、というと

ころであろう。

　たしかに、この③の文脈ないし構造からは、この第2文は、「倒産手続開始国法上の効果」の「内容」を明らかにする、ということになってしまう。そこに、前記の、そして高木判事の質問（前記の引用部分）の冒頭にもその一端の示されたところの、『"積極介入型"の米国型裁量』を埋め込むことは、困難であると言うか、所詮無理である。だから質問がなされた。

　だが、伊藤教授も、この点で一橋案の条文に即した説明はせず、その上に漂う"米国（304条）の風"を、漠然と示したのみ。「はるか上空の風」と「条文案」とを繋ぐものは、何もない（!!）。つまり、具体的な条文案に即して回答をすべき立場の後者は、明らかに、"地に足が着いていない"ように思われる。

　ちなみに、前掲金融法研究・資料編(4)45－46頁（伊藤）の方を見ておくと、一橋案第四の解説の中で、「条件付き承認および一部承認」の項目がある。重要ゆえ、短いその"全文"を示しておく。そこには——

「承認によっていかなる効果が生じるかは、(8)③によって承認決定の中で明らかにされる。ただし、裁判所としては、たとえば小口の内国債権の保護のために、特別の債権届出方法を［外国で？］定めるよう、承認について条件を付することができる。また、承認による効果が、租税債権や労働債権など優先権をもつ債権者にとって著しく不利益であるときには、その部分を除外して外国手続を承認することもできる。これが、(8)③但書の趣旨である。」

——とある（竹下編・前掲国際倒産法392頁の伊藤教授の解説でも、右の「たとえば」以下の例が同一で、全く同旨を示すのみ。即ち、他の具体例は、何ら示されていない!!）。

　右の引用部分の、「また」以下は、既に批判した点であるから、ここでは関係ない。『"積極介入型"の米国型裁量』は、かくて、一橋案（伊藤教授）においては、前記の「その内容は、承認決定の中で明らかにする」（一橋案第四(8)の③の、本文第2文）に、埋め込んだ「つもり」のようである。だが、あまりにも舌足らず、と言うか無理であろう。

　くどいようだが再度言えば、伊藤教授の理解では、この条項の第1文との関係で、「その内容」の「その」が、文脈上、「倒産手続開始地法の」となるはずのところ、そうなってはいない。承認の効果として、倒産手続開始地法の「内容」にかかわらず、日本の裁判官が、『"積極介入型"の米国型裁量』そのままに、種々条件を付けられることは、何ら条文化出来ていない（!!）。

　仮に伊藤教授の方針で考えるとしても、"其処"に至る"裁判官の営為の内実"が何ら条文上明らかでもなく、ポリシーと条文案とが、遊離したままである。だから、高木判事が質問をしたのである。

　他方、右の「例えば」以下の、繰り返して示される右のたった1例以外に、具体的にどのような場合に、またどこまで、日本の裁判官が外国側に詰め寄り得るのかは、遂に不明のままである。右の「ただし」以下を、条文化しようと思ったのかもしれないが、そのあたりに明確な指針が見いだせず、かつ、結局妙案もなくて、前記の条文

案のようになったのではないか、とも思われる（国際倒産を"橋頭堡"として、日本の司法制度の徹底した米国化を図るという、戦略的野心までは、さすがになかったようである）。

　いずれにしても、高木判事・伊藤教授が共に目指した「米国型裁量」は、米国の司法制度に深く根差したものであって、しかも、米国裁判官の示す種々の「命令」や「条件」には、仮にそれに対する「違反」があれば、『裁判所侮辱』等（!!――外国訴訟差止命令なども含む。なお、貿易と関税2006年2月号54頁以下参照）による、『強烈なサンクション』（!!）が、そこに断固たる形で、裏打ちされている。そこまで含めての「裁量」なのである（!!）。そうした『積極介入型』の米国型の裁量』の"全体像"を、1個や2個の条文の文言を弄るのみで日本に"移植"することなど、出来るはずがない（!!）し、するべきでもない（これは、日本の司法制度の根幹にかかわる。そこまで「裁判官」に信頼をおくべきか等々、まさにこれは、国民的合意の有無を慎重に確かめるべき、重大問題であることに、注意すべきである!!）。

　かくて、これから論ずるように米国連邦破産法304条の根底にある、右に示した「米国型裁量」の、単なる表層部分のみを日本に移植しようとする、あまりにも無謀な試みは、（日本が米国の五十何番目の州になれば格別）いずれにしても破綻する。既述のごとく一橋案（伊藤教授）とて、その移植のために条文案の文言を、あれこれ苦労してみた結果が、以上示したところなのであろう。

　だが、まだそこには、「米国のようにしたい」との、"願望"があった。それでは、平成12年の承認援助法では、この点、即ち、「承認援助」にあたっての外国側への「米国型の裁量」による"条件付け"が、どうなったのか。果たして使える条文があるのか否か。是非、お確かめ頂きたい。何もないはず（!!）である。
　言い換えれば、ほかならぬ米国の対日圧力（山本和彦・前掲書の「はしがき」に即して、2007年8月号79頁以下［本書第1章2］で既述）の結果としてか、高木・伊藤両氏に共通の、右の米国型裁量からの問題関心自体が、平成12年法では、"粉砕"されてしまっているのである（!!）。皮肉すぎる展開、である(*)。

　　* 「日米通商摩擦」における"対米処方箋"について私が編み出した"ミラー・アタック"（!!――石黒・前掲世界貿易体制の法と経済84頁）は、ここでも有効だったはずだが、実に残念な展開である（貿易と関税2007年8月号79-80頁参照）。最初にこうした躓きがあると、（「不公正貿易報告書」発出"前"の!!）1991年までの日本の対米対応のように、ズルズルと、いわれなき妥協を徒に繰り返すことになる。ここでの問題展開も、全く同じだった、というのが私の見方である。

　承認援助手続の目的を達成するために（同法1条の漠然たる「目的」規定参照）「必要があると認めるときは」云々の文言が空虚に漂うのみ。――それが平成12年法の実際の条文構成のはずである。どんな基準で「必要」性を判断するのかも不明なまま、とにかく「裁量」で、となる（だから、無責任すぎると、私が批判するのである!!）。

それで、高木判事が気にしていたような前記の積極的なチェック（高木・前掲金融法研究44−45頁）が、如何にして行なえるというのか。平成12年法では、高木判事が抱いていた実際の事案との関係での"懸念"自体が、かくて雲散霧消してしまった。だが、それで本当によいのか（??）。

<u>私が、「"丸裸"の承認援助法」とのイメージ（既述）を濃厚に抱く理由は、ここに「も」ある</u>（今日は、アイドリング・プラスアルファのつもりゆえ、ここで筆を擱く。以上、2007年9月29日午後10時28分までの執筆。夕食後、新居のベランダで妻と深呼吸して、それから翌日の午前1時20分まで、何となく点検をした。執筆開始は9月30日、明日開講のテレコム特別講義の配布資料の整理を終え、午後3時半頃から。以上の部分の再点検と補充をした上で、先に進む。どうやら調子が摑めて来た）。

(2) 米国連邦破産法304条と『「コミティ」の重層構造的性格』

さて、米国連邦破産法の1978年改正で導入された304条だが、既述のごとく、1974年の「ヘルシュタット事件」が大きなきっかけとなって、同条を含む国際倒産法関連規定が整備された。正確には、同条を含む「少なくとも7つの規定」（貝瀬・前掲国際倒産法序説280頁、321頁注58参照。——304条の「外国手続に対する補助ないし付帯の手続[cases ancillary to foreign proceedings]」、それを補完する305条の「回避[abstention]」、306条の「制限的な外国管財人の米国破産裁判所への出頭ないし応訴[limited appearance]」、等）が関係する。

だが、「一橋案」との関係では、その「承認要件」につき、それが「アメリカの改正破産法304条のように内国債権者の利益保護［!!］などの具体的要件を列挙する……方法が……優れていると考えた」上でのものであり、かつ、「一橋案」第四(6)の「承認要件」（(イ)(ロ)(ハ)(ニ)の4つ）のうち「(イ)ないし(ハ)の承認要件は、アメリカの改正破産法304条を参考にしたものである」旨の明言がある（伊藤眞・前掲金融法研究・資料編(4)45頁）。そうである以上、以下においては、中心的な役割を演じて来た304条に、集中する。

まずは、貝瀬・前掲序説280−281頁の、304条の示す外国倒産手続の「承認要件」（同条(c)である）の邦訳と、高木・前掲アメリカ連邦倒産法507頁以下の同条の邦訳とを、適宜対比しつつ、日本語で示しておく。

「304条(c)　裁判所は、本条(b)項による［外国倒産手続のために行なう］救済を与えるか否かを決するにあたっては、次に掲げる要求を満たしつつ、いかにすれば財団の経済的かつ迅速な管財業務を最も確実にするかに、配慮しなければならない。
　(1)　当該財団に対して債権又は権利を有する全ての債権者又は持分権者の正当な処遇、
　(2)　当該外国手続において債権の追行手続を取ることについての不利益と不都合に対して米国内の債権者を保護すること［!!］、
　(3)　当該財団財産の偏頗な、又は詐欺的な処分の防止、
　(4)　<u>当該財団財産の換価金が、実質的に、本編の定める順序に従って配分されること</u>［!!］、

(5)　礼譲（comity）［!!］、
(6)　もし適切であれば、当該外国手続に関係する個人の再出発の機会の提供(*)。」

　　＊　この304条が後に削除され、国連モデル法に米国も帰依「していますよ」とのポーズを今の米国がとっていることについては、これから、順を踏んで示してゆく。

　最も注目すべきは、304条の右の承認要件自体の中に、「コミティ」が埋め込まれていること（!!）、である。まずは、そのことの現実の機能についてだが、米国内では──

"[T]he inclusion of "comity" serves the purpose of giving the court ..... broad discretion [!!] so that it may consider the appropriate relief under the circumstances of each case." (E.F. Scoles/P. Hay/P.J. Borchers/S.C. Symeonides, Conflict of Laws, 4th ed. [2004], at 1253 n.11.)

──との、もとよりその通りというべき指摘が、なされている。但し、ここにわざわざ「コミティ」を"文言"として埋め込まなくとも、米国司法制度にもともと深く根差すのが、裁判官の「裁量権限」と「コミティ」ゆえ、米国裁判官のなすことに、実は、基本的な差はない（!!［*］）。

　　＊　この点は、後に米国が304条を削除し、連邦破産法に第15章を設け、そこに国連モデル法を受容したことで、一体何が違って来得るか（!!）を"検証"する際の、極めて重要なポイントとなる。

　のみならず、304条の立法過程を詳細に辿った論稿（Goldie, 58 The British Year Book of International Law, at 307, 315, 345）からは、何と（!!）──

「304条自体（具体的には同条(c)）がコミティの内容を表現したもの、ともされている。にもかかわらず、最大限のフレキシビリティを維持しつつ制定された［その(c)の第5号に「コミティ要件」を有する］304条……とは別に［!!］、従来どおり［即ち、同条制定前の扱いのままに］、304条を通さずダイレクトに、［いわば裸の］コミティによる外国倒産手続の承認が、別途認められている [Id. at 331f.]、というのが、アメリカの現実［!!］である（正直なところ、「アメリカ法」という言葉と「コミティ」という言葉がダブッてしまい、頭が若干クラクラするのを禁じ得ない。……）。」

──といったことが、別途、判明する（石黒・通商摩擦と日本の進路［1996年・木鐸社］211－212頁からの引用）。

　若干整理をしておこう。ここでの『「コミティ」の重層構造的性格』（!!［*］）について、である。『米国法の深層』を正しく理解する上で、重要なことであるから。

*　「コミティ」の"重層構造的性格"について論ずるにあたって私が想起するのは、航空関係者以外は、その存在すら全く知らないはずの、石黒・日米航空摩擦の構造と展望（1997年・木鐸社）123頁以下の『「以遠権」問題の本質』、とくに127頁の、非常に苦労して作った『シカゴ体制下の「以遠権」問題の"三重構造"的性格』の図、である（!!）。どことなく、問題の性格が似ているような気が、してならない。

　第1に、304条の承認要件の中に明文で埋め込まれた「コミティ」がある。第2に、（広汎な米国裁判官の裁量権限の維持を念頭に設けられた）「304条自体と同視されるコミティ」がある。そして第3に、「304条とは全く別枠での、いわば一般法理としてのコミティ」がある。それらが渾然一体となって機能し、かつ、それら3つと連動して、「米国型裁量」が、「コミティ」と分かち難い存在として、いわば表裏一体となる。

　その「コミティ」とは、それでは一体何なのか（??）。石黒・同前書208頁以下で詳論したように（とくに、J.R. Paul, Comity in International Law, 32 Harvard International Law Journal [1991], at 5, 7f, 28, 44, 48, 70, 79 を引用した216頁注25を見よ）、それを最も正確に"表現"するならば、何と（!!）――

　「法と政治の間、そして、国際法と国内法との間の何処かに、プカプカと浮遊する或る物」

――としか言えない代物、となる（それ自体については、概括的にのみ、本書のこれまでの個所においても言及しておいた。なお、石黒・前掲国際民訴法16頁参照[*]）。

*　同・前掲通商摩擦216頁注25から、Paul 自身の言葉を引用しておくならば、「コミティ」は、"neither law nor policy"であり、かつ、"Neither purely domestic law nor quite international law, comity exists in some intermediary category." といった存在となる。これしか、定義のしようがないほどに、曖昧な概念なのである。すべてが米国裁判官の司法的伝統としての「裁量権限」の中にあるから、なおさらそうなるのである。

　そもそも、「コミティ」は、（いわゆる「フェアネス」概念と同じく――石黒・前掲法と経済49頁注88）、英米共通のものとは言っても、所詮は米国において特有の発展を遂げた概念である（Paul, supra, at 5, 7, 28, 79）。にもかかわらず、それが米国の法制度にあまりにも深く根差し、いわば彼らの"骨身に染み付いた"ものであるためか、本格的な分析の対象とはなっていないという、奇妙な状況の中にある。
　その中で、英国からはF.A. Mann[(*)]等によって、もはや「コミティを捨て去るべきだ」との声が挙がり、他方、米国ではPaulの貴重な本格的分析が公表される、といった状況下で、私が、石黒・前掲通商摩擦と日本の進路207－240頁の、「コミティ批判」（初出は、法曹時報44巻8号［1992年!!］の巻頭論文）という、日本でも初の本格的・総合的論文（誰も言ってくれないから、自分で言う!!）を、公表したのである（石黒・同前書212頁以下が、真に安易な伊藤眞教授の、解釈論によるコミティの日本への導入論［法の規定と関係なく、裸のコミティで外国の判決や倒産手続の承認・執行をなし得るとの暴論］

への、批判である!!)。

* 石黒・前掲通商摩擦222頁でも、F.A. マンの「コミティ廃棄論」については論じてあるが、私は、それを、2001年秋(「9・11」直後!!)の、フランス司法省＝パリ第1大学共催の「インターネット法国際コロキウム」での報告において、強調した(石黒・国境を越える知的財産[2005年・信山社]462頁の注25)。

　ちなみに、そこで引用したのは、F.A. Mann, Foreign Affairs in English Courts, at 137 (1986 Oxford Univ. Press) の――

　"[I]t is time to forget *comitas gentium* [i.e. "comity"] and recognize the term as meaningless and misleading."

　――との、実に重みのある言葉、である。

それでは、かかる「コミティ」が、米国連邦破産法304条の制定前・制定後において、実際上、いかなる機能を果たしていたのかについて、以下において若干見ておくこととする(以上の執筆は、2007年9月30日午後8時17分まで。明日は開講日ゆえ、この程度の執筆とする。――とか言いながら、Jean Marc Luisada のショパンを聴きつつ、何だか楽しい気分なので、同日夜9時17分まで、点検・加筆を行なった。執筆再開は、10月7日午後1時54分)。

(3) 米国連邦破産法304条制定前・制定後の「コミティ」の実際の機能、そして「米国型裁量の実像」

まず、既述のヘルシュタット事件を契機とする1978年の米国連邦破産法改正(304条等の制定)に至るまでの段階における「コミティ」の機能を再確認すべく、貝瀬・前掲序説251頁以下を見ておく。ちなみに、私の分析は、石黒・前掲通商摩擦と日本の進路210頁以下にある。

貝瀬・同前254頁以下が、1809年の米国における「外国破産の承認に対し敵対的な(hostile) 初期の判例の典型」(同前・252頁)の、次に掲げるのは、石黒・前掲国際民訴法92頁注229(同・前掲日本の進路では、211頁)で言及した、<u>1883年の「カナダ南部鉄道事件」(109 U.S. 527 [1883])</u>である。貿易と関税2006年1月号67頁以下で、「米国の司法制度の特異性に対する適切な理解のための"必要な横道"」として言及した、「アライド・バンク(Allied Bank)事件」米国控訴審判決(「再審理[rehearing]」前のそれ)において、唯一の先例として引用されていた事例、である。そこに示された「コミティ」の伝統的な機能について、ここで再度見ておく必要がある。

ただ、貿易と関税2006年1月号の連載では、「アライド・バンク事件」自体よりも、<u>米国裁判官の有する「真実驚くべき『裁量権限』の広さ」</u>を知って頂くべく、いわゆる「AT&Tの"分割"」(但し、"divestiture"を「分割」と翻訳するのは、実は誤解で、企業財務用語としての「不要[不採算]部門の切り捨て」が正しいこと等、同前1月号68頁で示した通り)に関する、いわゆる「修正同意判決」(MFJ)以後の展開に、焦点を当てていた。だが、ここまで、かくて論じ進めた段階で、AT&T関連の後者の事例の有する意味を、再確認する意義は、実は大きい(!!)。

たまたま米国司法省と巨人 AT&T との間の反トラスト訴訟を担当していたグリーン判事が、レーガン政権の意向を受けた両当事者の和解案に対して、種々の条件を（『積極介入型の裁量』で!!）つけたところから、すべては始まる。その細かしい条件を両当事者が呑んで MFJ に至ったのだが、1980年代半ば以降の技術革新や米国型競争の進展の中で、かくて誕生した巨大な米国地域電話会社（Baby Bells）や、長距離電話会社として再出発した AT&T が、種々の状況の変化の中で何が出来て何が出来ないかの逐一が、グリーン判事の判断に委ねられた。それが、1996年の連邦通信法大改正で、同判事の判断の根拠となっていた法規範を"除去"するまで、延々と続いた。もとより米国連邦通信委員会（FCC）は別に規制当局として存在するが、世界のテレコムの動向をも左右し得る米国通信秩序の根幹は、かくて、たまたま当該事件を担当した１判事の手に、MFJ と関係する限りは、すべて委ねられた、否、委ねられざるを得なかった（!!）のである。
　貿易と関税2006年１月号69頁に、私は、次のように記していた。即ち──

　「こうした［我々の目から見れば］異常とも思われる、あるいは通常人の常識に大きく反するとも思われる事態を、単なる従来からの"惰性"でもたらしてしまうのが、『米国の司法制度の実像』なのである。単純に米国の法制度・司法制度の真似をするべきだと考えている人々に対して、私は言いたい。『この日本で、こんなことが考えられますか？』、また、『こんな方向に、果たして日本をもって行くべきなのですか？』、と。
　米国の国情は、既述（同前１月号66頁）の藤倉教授による、米国流の『フェアネス』に対する静かな指摘にもあったように、日本とは、もとより大きく異なる。その『基盤部分』を無視して、皮相的な『米国のコピー』が氾濫する今の日本は、根本的に間違っている。故田中英夫教授の代わりに、私は強く、そう断言する。」

──と。
　1980年代半ばから1996年、つまりインターネットの世界的爆発（1995年）の翌年までのテレコム規制の根幹を、連邦地裁の１判事がすべて牛耳ることなど、どうして出来るのか。理由は、米国司法省と AT&T との和解案（同意判決案）に対して、"米国の伝統的な裁量権限（!!）"の下で、グリーン判事が、（にわか勉強を猛烈にした結果として）種々の「条件」を付けた、との一事「のみ」にあった（当時の切迫した状況下では、両当事者とも、ともかくそれを呑む以外になかった）。それでこんなことになってしまうのが、「米国の司法制度の、また、米国裁判官の伝統的な裁量権限の本質」なのである（!!）。米国や世界のテレコム関係者は、それを所与の事実として行動するのみ。他の諸分野の人々は、単純にそれを知らないのみ。だから、私がそれを"架橋"した。──本書のこの文脈において、「コミティ」の更にその裏にある「米国型裁量の実像」をよく示す、この"歴史的事実"に思いを馳せることの意味合いは、実に大きい（!!）と言えよう。

さて、「米国連邦倒産法1978年改正前の"コミティ"の機能」だが、「カナダ南部鉄道事件」の方を、先に片付けておこう。この事例は、「鉄道建設の目的」でカナダの「オンタリオ州議会により設立され」た被告会社につき、その和議計画が同議会で立法によって認められた、という背景事情を有する（貝瀬・前掲序説254－255頁）。米国側から見た場合の、かかる外国倒産手続が、何ら具体的なその承認に関する法規定が米国にはない状況下で、「国際礼譲の真の精神（true spirit of international comity）からして、本国［カナダ］で立法化された（legalized at home）この種の計画は、他国において承認さるべきである」（貝瀬・同前255頁）、とされた。ともかくも、「国際礼譲によって外国倒産手続を承認する余地を認めつつも、あくまでも内国差押債権者の保護を重視する、という基本的立場」が、右事例に続く208 U.S. 570 (1906) の「連邦最高裁によって、明らかに確認され」、かつ、「国際礼譲が裁量事項であること」も、「強調」された（同前・256頁。なお、一沢・後掲38－39頁の同事件の紹介と、対比せよ）、ということが、この時期の米国判例の基本として、紹介されている。

かくて、「カナダ南部鉄道事件」は、それだけを示しても、あまりインパクトがないであろう事例である。だが、この事例が一躍（「終始ぼけーっとしている日本」は別として）世界の国際金融界から注目されたのが、既述の（リヒアリング前の）「アライド・バンク事件」控訴審判決（Allied Bank Intern. v. Banco Credito Agricola, 733 F 2d 23 [1984]）においてであった。そして、むしろそこにおいて、米国における「コミティ」の機能の本質が、いわば側面から示される形となる。

既述のごとく、「アライド・バンク」事件については、貿易と関税2006年1月号67頁以下で言及しておいたが、コスタリカの金融危機に際し、同国の措置で停止された支払いを求め、融資をした銀行団の取りまとめ役だったアライド・バンクが米国裁判所に提訴した事例である。この種の事例の場合、米国にのみ特異な法理としての「アクト・オヴ・ステート・ドクトリン」（それについては、貿易と関税2007年3月号72－74頁で略述した）が問題となる。米国に提訴したから、それが問題となるのである。

基本的な"相場感"としては、この「ドクトリン」（「米国流」の統治行為論に基づく、裁判官の勝手な司法抑制）があっても、（米国流の）「債務の所在地」の決定において、それが規制国たるコスタリカの「外」にあるなら、通常どおりに米国での裁判が続く。国際金融界もそれを期待した。

だが、この事件の1審判決は、何ら「債務の所在地」を問うことなく、「行政府の困惑（embarrassment）」を理由に、この「ドクトリン」で訴えを門前払いした。それ自体、「金融界をはじめとする大方の予想を裏切るものであり、驚きの目で受け止められた」（澤木敬郎＝石黒＝三井銀行海外管理部・前掲国際金融取引2［法務編］34頁［一沢宏良］）。

当然、控訴すれば、「債務の所在地」が問題とされ、結論が逆転するものと思われていたが、当てが外れた。「1984年4月23日」に下された控訴審判決は、前記の「ドクトリン」にすら言及せず、「国際礼譲（comity）の原則が本件に適用されること、およびその前提としてコスタリカ政府のとった措置（為替管理を通じた対外支払の停止）が米国の法と政策に反しないと解釈されることの2点［のみ!!］を柱と」して、やはり訴えを門前払いした（一沢・同前35頁）。米国の金融界と「米国政府（国務省）」はそ

れに「驚愕」(!!)し、「即座に同事件の再審理の申請手続をとった」(同前・36頁[*])。この(再審査前の)控訴審判決は、論拠として、既述の「1883年のカナダ南部鉄道事件」と、コスタリカ支援の米国政府方針、等を挙げていた(一沢・前掲35-36頁)"のみ"だったのである。

* 米国政府の立場を裁判所(裁判官)が慮って「勝手な司法抑制」(既述)をし、それに「米国政府」が「驚愕」するというところが、いかにも米国らしい。そこに、注意すべきである。
  なお、石黒・前掲国際民訴法57頁、及び、同・貿易と関税2007年3月号73頁に示したように、この「ドクトリン」に基づく「勝手な司法抑制」が「私人の権利保護上も大きな問題」だとして、「行政府の反対の言明のある場合」にはこの「ドクトリン」による司法抑制をするべからず、として米国議会が制定した1964年の立法(サバチーノ・アメンドメント、あるいは Hickenlooper Amendment と言う)についてすら、米国裁判所がそれ「に従うことに抵抗を示していた」程である(同・前掲現代国際私法[上]242頁)。ちなみに、石黒・貿易と関税19「92年」8月号68頁に引用しておいた点を頼りに、改めて、「米国議会の抵抗」としての前記の「アメンドメント」の文言を見てみると、"[N]o court in the U.S. shall decline on the ground of the federal act of state doctrine to make a determination …… ."、と、明確に書いてある。それなのに、裁判所側がその厳格な適用に抵抗を示すあたりに、米国型裁量の"根の深さ"(Paul を引用しつつ次に述べるところ参照)を、思うべきでもあろう。

この "act of state doctrine" の本質を理解する上で最も重要なことは、それが、米国において「コミティのレトリック(the rhetoric of comity)を用いて一定の帰結が導かれる場合」の「一例」だとされていること、である(石黒・前掲通商摩擦と日本の進路211頁。J.R. Paul, supra, at 25, 66ff を引用)。即ち、「コミティ」という言葉は用いなくとも、その「レトリック」が用いられる場合は「実は少なくない」(石黒・同前頁)。思えば、「アライド・バンク事件」の1審判決が、何ら「債務の所在地」に言及せずに門前払いの結論に至ったのも、そのためであろう。つまり、(再審理前の)控訴審判決との、その意味での連続性に、むしろここでは、注目すべきであろう(*)。

* なお、R.J. Weintraub, Commentary on the Conflict of Laws, 5th ed., at 773 (2006) には、「再審理」後の同事件控訴審判決(757 F 2d 516)が引用されているのみである。当時の事件のマグニチュードを思えば、釈然としない論じ方ではある。

かくて、「アライド・バンク事件」において、既述の「カナダ南部鉄道事件」が、事件のコンテクストを度外視して、"裸のコミティ"の重要な先例としてリファーされ、「再審理」であっさりと消えた。それだけのことではあるが、「コミティ」の有する「強度の政治性」(但し、"歪んだ"それ!!)は、そこから十二分に垣間見ることが出来るし、その「コミティ」が「強大な米国裁判官の裁量権限」と分かち難く一体をなす、との点も、以上の一連の論述から一層明らかとなった、はずである。

ともかく、こうした本質を有する「国際礼譲理論に依拠して[!!]外国破産管財人

の権限が問われたケースが1970年代半ばから続発してい」た（貝瀬・前掲序説276頁）中で、前記の304条を軸とする法改正が、米国でなされた。その後の流れを、「コミティ」（言葉としてそれが使われているか否かにかかわらず、既述のその「レトリック」[!!]に着目する）との関係で、以下に若干見ておこう。

なお、304条を軸に検討を進める貝瀬・前掲序説288頁は、「外国裁判の承認に有利な推定……が働く、というのが、今日における『礼譲』理論であろう」と、楽観的な見方を示していた。だが、「コミティ概念の（場合によってはレシプロシティ概念とも結び付き得る）不安定性と強度の政治的色彩……」をどう考えるかが、さらに問題となるはずである（石黒・前掲日本の進路217－218頁の注35[*]）。

　　＊　現に、後の石黒他・前掲国際金融倒産204頁（貝瀬）では、「304条を運用するにあたっての……［外国手続承認に好意的な］普及主義的アプローチは、必ずしも順調な発展を遂げているわけではなく、アメリカ債権者を保護するための最小限の基準……を定立しようとする動きがみられる」と、この点で若干トーン・ダウンした記述となっている。

貝瀬・前掲序説283頁以下で、304条成立後の最初の重要な事例として紹介されているのは、「ニカラグア」の管財人が同条に基づく申立てを行なった1981年の事例である。同国管財人は「債務者の財産の引渡しは求めるけれども、アメリカ国内にある債務者の財産は、国外に持ち出さずまず第1に債務者がアメリカの債権者に対して負担している債務の弁済にあてる、と譲歩［??］し」ていた。米国裁判官の「積極介入型裁量権限の発動」との関係の"譲歩"（!!）である（後述）。米国裁判所は、あくまでそれを前提に、そして更なる条件（1カ月毎に一定の書類を米国裁判所に提出すること、等。――要は、"継続的な監視"である!!）まで付して、304条によるニカラグア手続の承認を行なった（貝瀬・同前284頁）。

結果は「承認肯定」だが、貝瀬・同前序説323頁注71に"紹介"されているように、この事件については、「アメリカ債権者の債権額がアメリカ国内にある［債務者の］財産の価値を超過している……から……まずアメリカ債権者への弁済に右の財産を当てるという条件……が付されている以上、このように外国代表者［管財人］の地位を承認し、引渡命令を発しても」、それは単なる「ジェスチャー」（"gestures of deference"）に過ぎない、との見方もなされている。その通りであろう。

ちなみに、高木新二郎・前掲アメリカ連邦倒産法462頁でも、この事例につき、次の指摘がある。即ち――

「コモン・ロー国の特徴として、きわめて広汎な裁量権が裁判所に付与されている。また、［外国倒産手続への］補助を与えるとともに、米国債権者を保護するための条件を付することもできるとされており、ニカラグア航空の破産管財人の申立てに対して、［米国内での］個別的強制執行は禁止したものの、在米財産によってまず米国債権者に対して優先的に配当することを命ずることにより、補助を骨抜きにした例もある……。」

──との指摘である（そこでは続いて、既述の「アエロメヒコ事件」への言及もなされている）。要するに、米国債権者の保護を第一に考え、外国手続への補助を"実質否定"するに近いことを行なったのが、この事例である。「積極介入型の裁量」により前記の「譲歩」を外国管財人から引き出すプロセスの詳細はともかく、結構きつい条件を提示「させた」米国裁判官の営為の中に、「ニカラグア」と米国政府の微妙な関係が、ひょっとしてあったのかも、と思いたくなる事例、でもある（「アライド・バンク事件」における前記の「コスタリカ」──中南米での米国の最大のお友達──の、"裏返し"として考えよ）。既述の「コミティの"レトリック"」（言葉には必ずしも表れないそれ!!）の問題として、である。

　貝瀬・前掲序説292頁以下で、「ニカラグア」の事例の2つ後に紹介されている「Toga事件」（1983年）も、「コミティのネガティヴな面」（石黒・前掲日本の進路217頁注35）を示した事例である。米国にとっての友好国たる「カナダ」の破産管財人が304条の申立てをしたが、米国裁判所は、拒否した。理由は、米国債権者がカナダの手続において、米国における扱いよりも劣後的立場に立つから、である。その際、貝瀬・同前293頁以下を引用すれば、米国裁判所は、304条との関係でカナダの管財人は、「礼譲を理由に、本裁判所が［在米］財産の引渡しを命ずべし、と主張する。……［だが］アメリカ裁判所における……［米国債権者側］の請求は礼譲からして［!!］維持され、完全に追行さるべきである……」とした上で──

「本裁判所は、アメリカにおいて明らかに認められたpolicyと両立しない外国の裁判に対し、アメリカ国民の請求を保護しなければならない。……［米国］議会は、破産法第304条にコモン・ローの礼譲の原則を法典化し［!!］、外国破産管財人の請求を考慮するための多数の柔軟なファクター……を本裁判所に与えた。以上から［カナダ管財人］……の請求は否定される。」

──と述べた（以上、貝瀬・前掲序説294頁）。前記の、『「コミティ」の重層構造的性格』に関する本書の論述とも、十分に対比すべき説示である。

　ちなみに、石黒他・前掲国際金融倒産203頁（貝瀬）では、この「Toga事件」につき、「コモン・ロー諸国間であっても304条の付帯手続の開始が認められない、とした」点に注目しつつ、これを紹介している。同前（石黒他）・204頁以下（貝瀬）で続いて紹介されるのも、「スペイン倒産手続」についての「否定」例（1988年）である。判旨は、「304条」の「c項5号」の「コミティ」につき、「立法の経緯からして、礼譲を最高順位に置くのではなく、304条c項のすべての変数（variables）を平等に考慮して、適切な救済を与えるかどうか決すべきである」（同前・206頁）とするが、その当たり前の指摘の先に、既述の「米国における"コミティ"の重層構造的性格」の問題がある、と言うべきである。

　貝瀬・同前（石黒他）207頁以下が論ずる次の事例も、「Toga事件」と同様、「やはりアメリカ債権者の利益保護を強調した救済否定例」たる、「オーストラリア」の事例（1988年）である。米国でなら認められる内部的債権者の地位の劣後化がオーストラリアでなされ得ないこと等を理由とするものである。判旨は、「礼譲［コミティ］

はしばしば破産法304条の最も重要なファクターであると考えられている」（貝瀬・同前208頁）というところから下降して、結論を導いている。

もとより、「スペイン」との関係での承認事例もあるし（貝瀬・同前207頁）「国際礼譲の原理を指針とし、外国法を尊重すべきである」云々として、メキシコ破産手続を承認した事例（同じく1988年──貝瀬・同前210頁以下）も挙がっているが、そこでも、「外国倒産の大部分（債務者の管理処分権や破産債権に対するコントロールなど）を承認する一方で、労働協約とアメリカ労働法から生ずる組合員の請求のみは、［承認と切り離して］アメリカ裁判所において審理されるべきである」（同前・210頁）との、"local creditors" の保護の視点が、別途裏付られている。

但し、以上のごときネガティヴな事例は「例外として位置づけるのが妥当であろう」とするのが、貝瀬・同前212頁である。それに私は、必ずしも反対しているわけ「ではない」（「アメリカ国際倒産法が、真の意味でヘルシュタット・ショックを脱したとき、歴史の針［!!］がコミティ概念の明暗いずれの方向を示すかが、大いに注目される」とする石黒・前掲通商摩擦と日本の進路217－218頁参照）。

だが、例えば貝瀬・同前頁以下が紹介する「ホンコン」（救済肯定）の事例でも、「ホンコン」が「コモン・ローの姉妹法域」であることが、「礼譲は与えられるべきである」との判旨（同前・214頁）と、直接結び付いている。また、在米資産の外国管財人への引渡を肯定する判例の流れの前提として、304条の下で米国裁判官が「外国倒産手続に適度の圧力を加える」ことが可能であること（!!）を明示的に挙げる米国学説のあること（貝瀬・同前221頁）にも、注意を要しよう。

更に、こうした流れの中で、既に本書で示した示したBCCI事件関連の事例（貝瀬・同前224頁以下）や、「ルクセンブルグvs.IRS」の事例（貝瀬・同前225頁以下）が、登場することとなる。後者の、米国の「公序」と「礼譲」に関するきつい説示なども、以上の論述を通した具体的イメージ作りにとって、有益であろうことを、ここで付言しておく(*)。

 * なお、石黒他・前掲国際金融倒産217頁以下（貝瀬）のIn re Koreag 事件（1992年）は、「通貨スワップ契約では、金銭は……物品」、即ち「モノ」だとする判旨を、含むものである（同前・219頁）。この１事例のみが切り取られてか（そもそもそこすら、はっきりしない）、日本で、旧大蔵省の某研究会と神田秀樹教授とが、インターバンクでやり取りされる通貨は「モノ」だとする議論を展開し、当時の大学院の石黒ゼミの面々（森下哲朗・森下国彦の両氏を含む）と私とが、「おかしい」と米国の文献等も引用しつつ批判したのは、1994年のことである（石黒・前掲国際私法・国際金融法教材56頁。同頁２段目右の２行目に、In re Koreag 事件への言及がある）。それから16年、何のレスポンスも、「彼」からは無い……。

以上要するに、「コミティ」と「積極介入型の米国型裁量」が、304条のすべてのベースにあることを直視するとき、貝瀬・前掲の、単なる「"紹介に継ぐ紹介"の連続」の網では掬い切れない、「本当の米国の姿」（!!）が浮かび上がって来る。"其処"に

光を当て、振り返って「一橋案」から「平成12年法」への、「わが国際倒産法制の変革」という名の、米国"的"法制度の"単なる表面的"な日本への移入工作を、もう一度眺めたとき、「英米、特に米国で出来ることと日本でなし得ること」の、致命的な差が、大きくクローズ・アップされることになる。ここでの論述は、専らそのことの検証のために、なされて来たことになる（以上、点検を含め、2007年10月7日午後9時13分までの執筆［ここまでは、貿易と関税2007年12月号分］）。

(4) 「国家法の域外適用」と「コミティ」
a 「牴触法の理論枠組み」についての若干の確認

以上の(3)では、「一橋案」が大いに参考とし、実質的にはその日本への移入を意図していたところの、米国連邦破産法304条につき、同条の制定前・制定後の「コミティ」の実際の機能を分析した（『「コミティ」の重層構造的性格』[*]の解明が、その主眼となっていた）。そして、その「コミティ」の基底にもある「"積極介入型"の米国型裁量の実像」をも、まとめて示しておいた。かくて右の(3)では、この点での『米国法の深層』を探るとともに、「一橋案」では、その単なる「表層部分」のみの日本への移植が試みられていたに過ぎないことを、強く批判した。それのみならず、「一橋案」のこの致命的な問題点が、「平成12年法」にも（米国主導の「国連モデル法」の、ある種の外圧により——後述するが、さしあたり貿易と関税2007年8月号79頁以下参照）、ほぼそのまま（あるいは一層無批判に）受け継がれてしまっていることも、大きな問題として、併せて示しておいた（執筆再開は、2007年10月28日午後0時頃[**]）。

* 既に示したように、『「コミティ」の重層構造的性格』とは、ここでは、以下の3点を意味する。即ち、第1に、304条の承認要件の中に、明文で埋め込まれた「コミティ」、第2に、（広汎な米国裁判官の裁量権限の維持を念頭に置きつつ設けられた）「304条」自体と同視される「コミティ」、そして第3に、「304条とは全く別枠で機能する、いわば一般法理としてのコミティ」（同条制定後も外国倒産手続の承認執行の場面で引き続き独自に機能するとされるそれ）である。それらが渾然一体となって機能し、かつ、それら3つと連動して、「"積極介入型"の米国型裁量」が、本来的に「コミティ」と分かち難い存在として、常に、いわば表裏一体として作用・機能する形となる。

** 数日前以来、財務省関税局からの連絡があり、関税・外国為替等審議会の「知的財産水際取り締まりのためのワーキング・グループ」での「専門委員」としての仕事が、まだ残っていたとのこと。詳細はまだ分からぬが、公正貿易センターでのTRIPS研究会の委員は、思うところがあって平成19年度までとさせて頂いたものの、もとより関税行政のためならば、全力であたらせて頂く所存である。

ちなみに、右の「*」で示した第2・第3の「コミティ」の機能について想起されるのは、米国対外関係法第3リステートメント§403の「バランシング・テスト」と「コミティ」との関係である（石黒・前掲国際民訴法16頁。「コミティ批判」の文脈での詳細は、同・前掲通商摩擦と日本の進路229頁以下）。この条項は、§402の「規律管轄権（立法管轄権）」(*)の一般規定を受けて、米国の管轄行使上の種々のファクターを列挙したも

のである。だが、何とこの §403 に "再叙" されたルールについても、それが単に「コミティ」を表現したのみ、との理解が、米国では示されている（!!──石黒・前掲通商摩擦と日本の進路229頁以下）。

　だが、この点を論ずる "前提" として、以下の「*」・「**」とそれに続く長い "挿入部分" が、必要となる（論述の流れの中断を嫌う方は、是非、以下の「*」から「*****」の部分を飛ばして、読み進んで頂きたい!!）。

　*　平成19年度冬学期の、東大ロー・スクールでの「国際私法」講義において、痛感したことがある。これまでの学部やロー・スクールでの講義でも感じていたが、「立法管轄権」と「執行管轄権」との区別についての、私からすれば初歩的な誤解・混乱が、多すぎる（!!）のである。

　　そこで、2007年10月25日のロー・スクールでの講義で、私は次のような趣旨の解説をした。ここでは、講義時間の制約上、細かく語れなかった点も補充しつつ、その趣旨を "再叙" しておこう。即ち──

　　『管轄権という "固い言葉" を使うから分かりにくくなる。そもそも英語がまずいのだ（!!）。まず、「立法管轄権（legislative jurisdiction）」と言いつつ、それが単なる立法のみならず、その適用をも含むという用語法に、英語として考えても、問題が多い。無用な誤解を招く。

　　その「立法管轄権」と同視される言葉としての「域外適用（extraterritorial application）」についても、同様の問題がある。「域外適用」も英語の直訳だが、かつて「域外適用」を、"言葉" から逆算して、自国法を域外、即ち自国の「領域の外で」適用することだと述べて、ずっこけた日本の学者も居たほどだ（石黒・前掲現代国際私法［上］191頁注9）。これも、そもそも英語が悪いのだ。

　　「域外」での出来事について、「自国内」で自国法（但し非民事の法）を、どこまで「適用」し得るかが、「域外適用」問題である。要するに、一般国際法上の（非民事法領域についての──ちなみに、民事法領域での自国法、つまりは法廷地法の適用に限界を画する一般国際法上の規範は、存在しない［!!］。石黒・前掲国際民訴法67頁、95頁注271）、「自国法の "国際的" 適用に関する許容範囲の画定」の問題である。別に、「管轄権」という言葉を用いる必要はない。様々なパターンのある国際的な事案につき自国内で自国法（非民事のそれ）を「どこまで」適用し得るかの問題に、"純化" して、(「立法管轄権」・「域外適用」という "言葉" で表現される問題を) 考えて行けばよい。

　　これに対して、「執行管轄権」という言葉も、英語として既に、問題がある。言葉のニュアンスとしては、「自国内での執行」も一般国際法上の「執行管轄権」の問題と、常に関係するように、"誤解" される。

　　たしかに、自国領域内にたまたま執行対象（物や人、等）があることを奇貨とした執行行為が、一般国際法上の（いわゆる）管轄権原理との関係で、問題とされる局面はある。だがそれは、右にその意味を明確化したところの「立法管轄権」の行使（「域外適用」）が、一般国際法の設ける枠を超えた、「過度な」場合についてである。即ち、この場合の問題は、いわゆる「立法管轄権の行使（域外適用）」の問題に "吸収" される（石黒・前掲国際私法・国際金融法教材27頁4段目右の後半参照［!!］）。逆に、自国の「立法管轄権」の行使（「域外適用」）に、一般国際法との関係で問題がないならば、それに伴う「自国領域内」での執行行為は、一般国際法上、問題が「ない」。

その意味で、「執行管轄権」という"言葉"は、「国境を越えた公権力行使（の禁止）」の問題に"純化"して用いた方が混乱が少なくて much better だと、考えるべきである（貿易と関税2007年2月号54頁、58頁以下、そして同3月号以下の論述は、そのことを踏まえた上でのものである［!!］）。そうであるから（外国領域内での）「実力行使性の"程度"」が問題となる。

こうしたコンテクストの下で、貿易と関税2007年2月号58頁以下に示したように、私は、次の(1)から(4)の場合を比較したのである。即ち、(1)相手国領域内にミサイルを撃ち込むこと、(2)相手国領域内から人体や資産を持ち去ること（典型例が、この部分の連載論文執筆開始数日前に新事実の判明した「金大中事件」［!!］）、(3)相手国（接受国）内で自国（大使や領事の派遣国）の通商政策実現のために相手国企業に圧力や脅しをかけること（そこまでは、相手国の国家的同意なしにやったら、当該相手国の主権の侵害、となる）。そして、次の(4)となる、「文書の外国向け送達」。だが、この(4)については、二つの場合を区別した。まず、(4-a) として、「当該外国駐在の日本の領事」という、基本的には日本の公権力行使の担い手が、相手国（接受国）内で（接受国の同意なく）「勝手に動き回る」ことにより「送達」がなされる場合である。この場合は、右の(3)と同様であればクロだが、(4-b) の、日本から外国への「郵便による送達」の場合は別だ、としたのである（但し、基本的にノーティスとしての性格を有する、正当な自国立法管轄権の行使としての「送達」——つまり、自国と当該取引等との間の十分な密接関連性の存在を前提とする規制・課税等の管轄行使のための送達。石黒・前掲国際民訴法42頁参照）。』

——ということである。つくづく言葉というものは、恐ろしい。私はもう42年も「俳句」の世界に身を置いているから、そのことをそれなりに痛感出来る立場にあるのだが……（**）。

＊＊　［追記］　2007年11月4日午後1時少し前の執筆再開に際し、右の点の延長線上で、同年11月2日の東大ロー・スクール講義でM君から出た、更なる質問について、正面から答えておこう。石黒・前掲国際私法・国際金融法教材65頁以下の「社債管理会社（新会社法では何故か「社債管理者」）設置強制」との関係での質問である。背景事情や「前提」を含めて、以下、一から問題の所在を、示しておく。

同前教材・67頁には、同・前掲国際私法（第2版）60頁にも示してある、「国際民事紛争における基本的な法の適用関係」の図がある。社債管理会社（社債管理者）を適時に置かない場合についての、改正前商法314条1項（新会社法では714条2項）の"類推"による"強制的デフォルト"という法務省解釈（商法学者も追随）に関する、同前（第2版）・28頁7行目からの指摘（同・前掲教材では66頁「2段目右」以下）、との関係が問題となる。貿易と関税2007年9月号90頁以下の「＊＊」部分の要領で、"徹底"してM君の疑問に答えておくこととする。M君の質問は、右の「＊」で示した点の延長線上にあるし、また、ここでは米国の前記リステートメント§403の、「コミティ」との関係に集中せざるを得ないため、それを補う面もあるから、である。

のみならず、「一橋案」が誤解していた「準拠法の論理」の厳密な意味内容（非民事法領域たる課税権行使の局面では［「借用概念」の問題は別として——貿易と関税2005年10月号53頁以下!!］、準拠法の如何が問題とならないこと）、「国際税務否認の"歯型"」（貿易と関税同年9月号60頁以下、とくに65頁!!）を考える際の基本たる、"否認規範"の「絶対的強行法規性」の、「国際民事紛争における基本的な法の適用関係」との関係での厳密な意味、等を"再確認"し、一層深めて頂くと言う、重要な意義もある。そこ

で、以下、前記リステートメントと「コミティ」という、本来、ここでの論述がそれを"補う"ための論述から"派生"して、以下、徹底して問題点を洗い出しておく次第である。

M君は、細かな文脈は省略するとして、例えば前記の法務省見解に示された点を日本法上の"法規範"としてともかくも前提した場合（「規範A」とする）、その適用関係を論ずる際に、「絶対的強行法規」という"言葉"は必要ないのではないか、との発言をした。ちなみに、この部分を含めて法務省民事局側は「準拠法の論理」で問題を説明し、日本法が社債発行関係諸契約の準拠法となるなら、日本の"設置強制"の諸規定が適用されるが、外国法が準拠法なら不適用、としていた。江頭教授は、日本が起債地（社債募集地）なら適用、外国が起債地なら不適用とし、「属地的強行法規」に関する「規制の論理」で、考えていた。

私は、"設置強制"関連の規定を「絶対的強行法規」とし、「規制の論理」で考えつつ、"設置強制"が総社債権者の保護のために設けられたことを前提に、外国で起債された社債のその後の日本への"還流"等を考えれば、発行時点での"起債地"の如何で適用・不適用を考えるのでは不十分であろうこと、だがしかし、実際の「規制の仕方」（規定の作り方‼）が極めて下手であり（前掲教材・69頁2段目左以下）、実に扱いづらい規定を設けてしまったものだ、等の指摘をしていた。

その前提の下に、私は同前教材・69頁4段目右から3段目左にかけて、次のように論じていた。即ち——

「さて、自国の絶対的強行法規（公法・私法の枠にかかわらず存在し得るそれ！）の国際的適用範囲（域外適用という言葉がそれ自体ミスリーディングであることは、私が様々な機会に指摘して来たところである）を考える上で、本来それを適用し得るし、また一見したところ［では］適用すべきだと思われる場合」にも、「さらに法適用を抑制すべき場合がある」として、独禁法の（いわゆる）域外適用の場合に言及した。そして、「私契約に対する介入規範としての社債管理会社設置強制の規定の国際的適用に際しても同様の見地からの自己抑制をはかる道は、十分にあるのである。」

——と記しておいた。

M君の前記の質問は、こうした私の論述の仕方に関係してなされたものである。具体的には、右の前後1行あけの引用部分で、私が、「絶対的強行法規」が「公法・私法の枠」にかかわらず存在し得ることを示す際に、カッコを付して、その部分「だけ」を切り取れば、『公法・私法の枠にかかわらず存在し得る自国の「絶対的強行法規」の国際的適用』問題と、（非民事法領域についてのみ一般国際法が枠をはめるところの）『域外適用』問題とを、「イコール」としているかのごとく、たしかにそう"読まれてしまう可能性"のあることと、関係する（但し、厳密に"文脈"を辿れば、正確な理解は、可能なはずである。後述）。まずは、私の「弁明」から。

前記の「規範A」は、「民事」の「絶対的強行法規」だ、との前提である。その「規範A」を前提に、前記の「可能性」として示した部分を読むことによって、『「規範A」の国際的適用範囲は「域外適用」のなし得る限度（一般国際法上の「立法管轄権」）の問題となる［⁉］。だから、"説明概念"としての、「絶対的強行法規」の概念（更に言えば「強行法規」の［当該問題の準拠法に対する］「相対的」・「絶対的」の区別）は「必要ないのではないか」［⁉］、つまり、すべては「域外適用」問題のみで説明出来るのではないか［⁉］』、とするM君の質問が、出たのであろう。

だが、石黒・前掲教材69頁4段目右の、前記の前後1行あけの引用部分の冒頭には、場面転換の接続詞たる「さて」がある。「さて」の直前部分には、「社債管理会社設置強制」につき、「あまり賢明な立法とは言えない、というのが私の評価である」とある。問題の次のパラグラフは、場面転換をし、法務省サイドが江頭説に対して「属地的な私法上の強行法規という概念が確立したものといえるかどうか疑問である」（前掲教材67頁1段目左）などという、非常識な対応をしていたこと（石黒・前掲国際私法［第2版］28頁注9の最後のパラグラフ参照）との関係を含め、絶対的強行法規は、「公法・私法の枠」と関係せずに、公法・私法の双方で存在し得ることを、まず示している。
　なお、1980年のEC契約準拠法条約7条の「2項」は、「法廷地国の法によって契約準拠法の如何にかかわらず当該の事実関係に対して強行的に適用される諸規定の適用に、本条約は影響するものではない」として、法廷地国の強行法規の（私の言う）「絶対的強行法規」性に着目しつつ、その適用を別枠で認めている（同・前掲国際私法［第2版］62頁を見よ!!）。そこでも「公法・私法の枠」は関係しないことに、注意せよ（!!）。
　ここで、前記の、前後1行あけの引用部分に戻る。そこでは、「自国の絶対的強行法規（公法・私法の枠にかかわらず存在し得るそれ！）の国際的適用範囲」と「域外適用」とが、あたかも"同視"されているかのごとくである。だが、接続詞の「さて」で、問題は「社債管理会社設置強制」から、既に離れている。この「さて」のパラグラフは、「独禁法の域外適用」の場合を例に、それと同じように「社債管理会社設置強制」の場合「も」考え、（「民事」たる前記の規範Aを含めて!!）関係規定の国際的適用範囲の「自己抑制」をはかる道のあることを、示すためのものである。そのために、前記引用部分の冒頭で、「自国の絶対的強行法規」は、「公法・私法の枠にかかわらず存在し得る」ことを、冒頭で確認して置いたので「も」ある。
　その「絶対的強行法規」の「国際的な適用範囲」につき、カッコを付して「域外適用」という"言葉"の曖昧さについて言及したのは、前記の「＊」部分で詳述した点と関係する。同一パラグラフの第2センテンスで、すぐに「独禁法」という「非民事」領域の問題が、すぐ出て来るから、である。
　即ち、石黒・前掲教材20頁以下の私の「公取委」での基調報告を受けて、日本に拠点のない外国法人に対しても（「送達」が当時はネックとなっていたが──貿易と関税2007年2月号60頁以下と対比せよ!!）わが独禁法を国際的に適用し得ることにはなった。だが、一般国際法上の制約をクリアし、そのいわゆる「域外適用」には問題がない場合にも、自国として、まさに「非民事」法領域における（!!）"規制の趣旨"の問題として、その適用を「自己抑制」することも、場合によって必要となることが、このパラグラフでは示されている。
　そして、（前記の規範Aを含めた）「社債管理会社設置強制の規定の国際的適用」についても同様の配慮の必要たり得ることが、このパラグラフの最後で示されていることとなる。しかも、罰則規定を除き（「罰則」規定があるから「社債管理会社」関連の規定を「公法」だとする見解は、全くのナンセンス!!──石黒・前掲国際民訴法73頁以下の注29参照!!）、基本的に「民事」の、当該の商法（会社法）規定（群）につき、私はそこで、「私契約に対する介入規範」としての位置付しか与えていない。即ち、当該規定（群）の「域外適用」とは、一切言っていない。
　以上が、M君の質問に対する私の「弁明」である。実際の11月2日の東大ロー・スクール講義では、時間の関係もあり、また、ある種の"教育的配慮"もあり、以上のようなはっきりとした回答はしなかった（出来なかった!!）が、「コンテクスト」を厳格に把握することは、将来の法曹を目指す諸君にも必要なことと思い、（また既述のごとくそ

れを"越えた"意味もあろうから)以上の「弁明」を、活字で定着させて置く次第である。

ここで、「基本的な概念の再整理」を、行なっておこう。まず、いわゆる「域外適用」は、「非民事法」について「のみ」問題となる。国家の公権力行使の問題として、それについて「一般国際法」が一定の枠をはめているから、である(前記の＊部分でも「再確認」をしたところ)。たしかに、「民事法」の領域における「裁判」も国家の公権力行使だが、「国家法の"適用"」の局面については、一般国際法が枠をはめていない(米国各州の「懲罰賠償」制度の牴触法的取扱との関係でも、「民事・非民事」の区別が問題となる。石黒・前掲国際民訴法12頁の注20参照!!)。絶対的な法廷地法主義、即ち、全ての問題につき法廷地法を「準拠法」とする主義がとられたとしても、(「国際私法的正義」との関係でそれが問題であることは別として)、一般国際法と衝突するものではない(これも同様に、前記の「＊」部分で「再確認」済み)。

次に、「非民事」の独禁法の場合について、この「＊＊」の中で示したように、一般国際法の枠内での自国「非民事法規」の「国際的適用」(いわゆる「域外適用」)について、「規制の趣旨」からの「自己抑制」が、(いわば「第2段階」として)なされ得る。だが、「民事」の法領域でも、同じことがなされ得る。

この「民事法領域」での「自己抑制」の点は、(前記の日本の「社債管理会社設置強制」の場合よりも一層端的な)実例がある(!!)。石黒・前掲教材36頁以下の、ドイツ・スイスの「社債権者集会規定」である。いわば"一見さん適用お断り"の規定である(説明は、ここでは省略する)。

つまり、「非民事」については、「第1段階」としての「一般国際法の枠」に続き、前記の「第2段階の自己抑制」が「規制の趣旨」(当該の国内法の趣旨から、ということである)から問題となる。だが、「民事」についても、当該の(「規制」と言ってしまうと"誤解"が生じやすいが)「規定の趣旨」ないしは明文規定で、その国際的な射程が限定されることは、「あり得る」([＊＊＊])。

●　　　　●　　　　●

＊＊＊　右のドイツ・スイスの「社債権者集会」規定の場合がまさにそうだが、それにも言及しつつ、「準拠法上の地理的適用範囲に関する規範の取扱い」に関する一部のわが国際私法学者の"初歩的誤解"を批判した、石黒・前掲国境を越える知的財産(2005年・信山社)394頁以下、398頁以下を、ここで参照せよ(!!)。「知的財産権侵害の準拠法と(多国間条約上の)いわゆる属地主義」の問題、である。

但し、制度的前提が、多少複雑ではある(詳細は、石黒・同前126頁以下の同書第二部、とくに190頁以下、346頁以下の"私見の骨子"部分を、簡単には、同・前掲国際私法[第2版]206頁以下、364頁以下等を、参照せよ)。

「特許」の場合を例とすれば、多国間条約たるパリ条約(「一般国際法」ではなく、「条約」である!!)は、(同・前掲国境を越える知的財産346頁以下の、わが最高裁の「国際的孤立」の問題はともかく!!)実は、牴触法(国際私法)・実質法(わが特許法)の双方の適用に、一定の枠をはめている。即ち(最判平成14年9月26日民集56巻7号1551頁の"致命的問題"でもあるのだが)、「パリ条約4条の2」の「特許独立の原則」は、各国特許権がそれぞれ、国境で厳密にその射程を区切られる、相互に独立した存在たることを、強く要請する。この条項は、各国特許権の「属地性」(実質法上の要請)のみならず、準拠法選択の場面でも、(問題となる特許の)「保護国法」の決定につき、「特許独立の原則」が徹底されるように、法廷地の通常の国際私法(牴触法)的処理にも、一

4 「従来の米国連邦破産法」と『「コミティ」＆「米国型の"裁量権限"』』 117

定の枠をはめている。そして、そのように解するのが、日本以外の（韓国を含めた［!!］——金彦叔・知的財産権と国際私法［2006年・信山社］を見よ）諸国の、一般の理解である。

　石黒・同前396頁で、（海外での議論とのインターフェイスを欠く）日本での一部の議論を批判しつつ示したように、ドイツでも「場所的（地理的）適用範囲の限定された規範」の適用の例として、特許法等の適用（厳格に属地的なその適用）の場合が、明確に挙げられている。「国際私法というものは……」などと、誤った見解を堂々と示す同前・395頁以下の"恥ずかしい見解"と、対比すべきである。

　　　　　　●　　　　　●　　　　　●

　<u>重要なこととして一言すれば、自国民事法をベースに考えた場合、法廷地国際私法によって準拠法が外国法とされるときに、自国の関係民事法規（「絶対的強行法規」ではないそれ!!）が適用「されない」との、牴触法的には一般的な処理もまた、これと同様の"法現象"として把握され得る。要するに、自国「民事法」の国際的な適用の「限定」は、牴触法（「準拠法」問題を担当する、最狭義の牴触法——「国際私法」）・実質法（民商法）の双方によって、なされ得るのである（!!）。</u>

　「自国法（法廷地法）が当該問題の準拠法として適用される場合」にも、自国法にかかる適用限定があれば、その国際的射程の限定が当該民事法規自体にあることを前提として、その「適用」がなされる。なお、法廷地国の当該法規が「絶対的強行法規」とされる場合の当該規定の適用関係は、もとより「準拠法の論理」とは別だが、実際のその適用関係は、自国法が準拠法となる場合ゆえ、結論的に、右と同じになる。

　それでは、「外国法が当該問題の準拠法として日本で適用される場合」にはどうか。石黒・前掲国際私法（第2版）264頁以下の<u>「外国法の適用と裁判所」</u>の論点をもインプットした上で、この「＊＊＊」の文脈で、基本的な点を"再叙"して置こう。

　まず、当該外国の法規範のうち、課税や刑事処罰（あるいは資産凍結措置のうち、違反したら処罰・行政処分を行なう）等の、「赤裸々な公権力行使」の「部分」は、初めから適用されない（その「部分」に「懲罰賠償」・「三倍賠償」等が含まれるかが、米国法との関係での、いわば出発点での問題であった。石黒・前掲教材1頁以下）。ここで「再確認」すれば、なぜそうなるかの"基本"は、「一般国際法」上のいわゆる「執行管轄権」問題（「国境を越えた公権力禁止」）と、自国憲法上の「基本的人権保障」とを、<u>「国境に落ちたコインの両側」</u>（貿易と関税2007年5月号54頁以下）とする、その双方からの要請、にある。

　だが、ここで、既述のM君の（そして、別のE君の）質問を意識して、<u>「民事・非民事の牴触法上の区分」</u>を、インプットして考えよう。右の「赤裸々な公権力行使」の「部分」は、もとより「非民事」である。だが、米・イラン、米・リビアの金融紛争（石黒・前掲教材8頁以下）での米国の「資産凍結措置」には、<u>「民事」</u>の部分（米銀側が適時に支払いをせずとも免責される、との「部分」）がある。その「部分」（行論上の理由で、これを前記の「規範A」と対比すべく、「規範B」とする）は、米国の某州法が契約準拠法となるならば、法廷地でもワン・セットで適用される。

　ここで、（E君の関心事項だが）米国の資産凍結措置のいわゆる域外適用が、一般国際法の許容限度を超えていた、と「仮定」しよう。その場合、右の「規範B」は、法廷地国（例えば日本）で、準拠法所属国の法規範の一部として、適用され得るのか（!?）。「非民事」の（過度な!!）「公権力行使」の「部分」に引きずられて、この「民事」部分の「規範B」も法廷地で「不適用」と、なるか否かの問題である。<u>実に悩ましい問題が、ここ</u>

にある。

　実は、これに"近い"問題については、貿易と関税2007年7月号55頁下段の最後の傍線部分で示したように、その前月の同6月号64頁（下段）以下で論じておいた。但しそれは、「非民事」領域における、「刑事執行共助」の場合について、であった。

　つまり、従来の「刑事執行共助」の、とくに（「日米刑事共助条約」におけるその相対化はともかくとした場合の）「双方可罰性」の要件においては、当該の共助要請国たる外国で、「一般国際法」の枠を超えた（刑事の）管轄権の行使がなされていたとしても、当該行為の日本の「国内犯」への"置き換え"が即座になされてしまうことにより、この点のチェックを共助実施国（例えば日本）において行なうことが、出来ない。その他に"共助拒絶事由"がなければ、後者の国における「公権力行使」がなされてしまうが、それはおかしかろうということを、私は指摘していた。

　それから数カ月、私の「脳」は、「氣」の進展のせいで、更に進化したの「かもしれない」。そこで、前記の点について、一言する。

　問題は、日本で当該問題（取引等）の準拠法とされる外国の「資産凍結措置」等の、本質的には「非民事」たる規制の中に、"埋め込まれていた"「民事」の「部分」たる前記「規範B」の、法廷地国たる日本での取扱いである。私の結論は、以下のとおりとなる。

　石黒・前掲国際私法（第2版）383頁に示しておいた点が、ここでの問題処理の基本となる。即ち、商法（会社法）と証券取引法（現在の金融商品取引法）との"鵺（ぬえ）"的な規定を素材として、私はそこで、「どの法律の中におさめられていようと、要は個々の規定の性格と趣旨が決め手となる」として、商法旧211条の2（新会社法135条）の、自社株買いの規制についての規定の適用関係を、「準拠法の論理」と「規制の論理」（既述のM君の質問との関係では、前記のEC契約準拠法条約7条「2項」の、「法廷地絶対的強行法規の適用」の論理、と言い換えてもよい）との、いずれで決すべきかを論じていた。

　この考え方を、準拠外国法上の「資産凍結措置」の「民事」の部分（前記の「規範B」）の法廷地国たる日本での取扱いの問題に、"照射"して見るべきである。要するに、「規範B」の「部分」は「民事」として"性格づけ"されるのだから、その「部分」は、日本で準拠法とされる当該外国法の中の、措置自体（「非民事」のそれ）とは"切り離し"、（当該措置の「非民事部分」のいわゆる「域外適用」が「一般国際法の枠」を越える場合であったとしても）法廷地で適用される「外国法」、即ち外国の「民事」の法規範に「含まれる」、と解すべきである（「民事」の領域について、「一般国際法の枠」が存在しないことを、想起せよ）。

　本体たる措置のいわゆる域外適用が「一般国際法の枠」から否定されるのに、それと"連動"するはずの「民事」の規範の「適用」が肯定されるのはおかしかろう、との見方にも一理はあろうが、まず「ロジックの問題」として「は」、こうなる。他方、実際に、米国の「資産凍結措置」の存在にもかかわらず、払戻請求の訴えが「米国」で提起された場合には、それが確実に棄却されるであろうことを「も」、考える必要がある。

　後者の視点は、「外国法の適用」の基本とも関係する。準拠法たる外国法を、その外国での扱いどおりに法廷地国で適用するという、「外国法の適用と裁判所」の問題の"一般論"と、その基礎にある基本的な考え方（石黒・前掲国際私法［第2版］264頁以下）とも、整合的な処理であろう（更に言えば、「国際私法上の公序」［同前・274頁以下］との関係で説かれる、同前・286頁の、「公序で排斥される外国法規範の範囲を極力狭くすべきだとの、一般論としてはもとより正当な立場」とも、整合的な結論のはずである。

ちなみに、同頁で私は、「事案の分断の側面」から、公序適用後の処理に関する右の「一般論」から離れるべき場合のあることについて言及している。だが、「資産凍結措置」を例に論じたここでの場合には、たしかに、当該規制の〔「当該紛争事実関係の」ではなく!!〕「核心的部分」について〔「国際私法上の公序」ではなく!!〕「一般国際法」による"排除"がなされたが、「非民事」部分と「民事」部分との「争点相互のつながり」は、個別の民事紛争を考えれば決定的ではなく、同前頁最後のパラグラフでの論述と、ここでの論述とを、distinguishすることは、十分に可能である。<u>但し、以上の「公序」への言及はかえって誤解を生じさせる可能性もあるが、あくまでそれは、念のためのものである</u>）。――以上が、E君の問題提起に対する、私の回答である。

　ここで、M君の、「絶対的強行法規という概念はそもそも不要ではないか」との、既述の疑問に立ち戻って考えよう。整理すれば、「絶対的強行法規」とは、①「当該問題の準拠法が外国法となる場合」には、その「準拠法の論理」とは別枠の「規制の論理」で、法廷地国の一定の強行法規が、まさに「準拠法の論理」を"押しのけて"適用されること（前記のEC契約準拠法条約7条の「2項」に示された、もともとはサヴィニーにまで遡る、いわば伝統的な国際私法学の大前提!!――同前〔第2版〕62頁）を説明するための概念となる。これに対して、②「自国法が当該問題の準拠法となる場合」には、法廷地の絶対的強行法規も、纏めてワン・セットで適用されるため、もとよりこの概念を使う必要は、ない。

　他方、前記の①の場合について、当該の準拠法所属国の法規は、任意法規・強行法規がワン・セットで、「外国法の適用」の本旨にのっとって適用されるため（不適用とされる『「非民事」＝「公権力行使」の部分』は除く）、その限りで「絶対的強行法規」という概念を持ち出す必要はない(****)。

　　　　　●　　　　　●　　　　　●

**** 　但し、各国の「国際契約法」を中心に、（私は明確に反対だが）従来から大きな論議の的となっているのは、いわば前記の①②の中間の問題である。即ち、前記の<u>1980年EC契約準拠法条約7条の「1項」</u>で明文化されたものの、その適用に対する当該条約上の留保が認められ、英国・ドイツ等がその留保を明確に行なっていたところの、「第三国の絶対的強行法規の適用ないし考慮」の問題である（同前〔第2版〕62頁）。米・イラン、米・リビアの場合のような深刻な国際紛争において（とくに対立する双方の国が相矛盾する規制措置を発出した場合等を考えよ）、「法廷地裁判官の裁量」（!!）でそれを「適用ないし考慮」することが、裁判官を政治的にも困難な場に置くことをも問題として認められた「留保」、である（<u>本書のこの文脈では、「英国」がこの留保を行なっていることが、「米国型裁量」についてのこれまでの論述との関係で、誠に興味深い、と言えよう!!</u>）。いずれにしても、この「①②の中間の問題」との関係でも、「絶対的強行法規」という概念は、必須のものとなる。

　　　　　●　　　　　●　　　　　●

　だが、「社債管理会社設置強制」の場合の前記の「規範A」（違反した場合に即時全額デフォルトとする規範）が、当該問題の準拠法（lex causae）たる外国法の中にあったと「仮定」する。その日本での適用は、一体どうなるのか（!!）。
　E君も私の講義で主張していたように、『「規制の論理」イコール「非民事」か?』という<u>極めて重要な問題</u>（!!）が、ここで提起されることになる。私の答は、否である（!!）。つまり、「規制の論理」だから直ちに「非民事」とは言えず、右の「規範A」（外

国法上のそれと仮定）は、日本で適用され得る。

　「規制の論理」から（従って「準拠法の論理」とは別枠で）法廷地国で適用される自国法規、即ち「絶対的強行法規」（!!）には、これまでの論述でもそのことを前提としていたように、「民事」・「非民事」の"双方"がある（商法［新会社法］中の前記の「規範A」と、一般の課税や刑法の規定との"双方"、と言えば分かりやすいであろうか）。準拠外国法上の規範の構造もそれと同様だが、但し、日本でのその適用については、「非民事」部分のみがカットされることになる。

　注意すべきは、米国の「資産凍結措置」の中の「イラン・リビア側への支払遅延正当化」の部分の「規範」、即ち前記の「規範B」と、（外国法上のものと仮定された）この「規範A」とが、ともに「規制の論理」に立つものだ、ということ（!!）である。だが、「規範A」の「規制の論理」は「総社債権者の保護」という「民事」の論理に立脚するのに対して、「規範B」のそれは、「米国の対イラン・リビア戦略」という、紛れもない「国家公権力の行使」、つまりは「非民事」の論理にあった。"其処"が違うけれども、当該の「規範A」・「規範B」"それ自体"については、ともに法廷地国で適用され得るのである。

　其処までご理解いただければ、私の講義でのM君とE君との、理論的にも極めて重要な"論争"にも、カタがつく「はず」である。「民事・非民事」を問わずに問題となるところの、「絶対的強行法規」という概念を用いて説明される場面と、「非民事」法についての（いわゆる）「域外適用」という概念を用いて説明される場面との"相互関係"に関する一般の理解が、以上の私の説明で従来以上に確固たるものとなるよう、祈るばかりである（以上、2007年11月４日午後９時51分までの追記［＊＊＊＊＊］）。

＊＊＊＊＊　実は、11月４日夜、ここまで書いたところで「事件」が起こった（執筆中からいろいろあったが、ここで決定的となった）。パソコンから、「ギーコ、ギーコ」という妙な機械音が出て、細かくは言えぬが、実に複雑な形でフリーズ。

　その前の予兆としては、BGMのステレオが、何もしないのに急に電源オフとなったり。後者はよくあるし、パソコンの"自然な"フリーズは、慣れている。いらついたり、何かで急に不安になると、私の「氣」が悪戯をするのだ。

　地デジは、むかっとするとすぐに受信不能になる。面白いので、NTT武蔵野研究所の面々に解析して貰おうと、私が「氣」で地デジの画面を受信不能にする場面を妻にビデオに撮ってもらって送ったが、「解析不能」とのことだった。

　だが、最近、NTTの湯本潤司物性科学基礎研究所長と会い、「地デジの画面の乱れはこうだったはずですが……」と、見事に言い当てられ、自分のパワーの源泉が、己の内にある「強烈な「磁場」」にあることが、パワーを得てから３年弱で、ようやく判明した（そういえば、北京の劉先生も、「アナタ、磁場ツヨイ。癒ス、壊ス、両方デキルネ」と言っていた）。私の磁場で、受像機が"磁性化"するのだそうである。湯本所長いわく、「でも、数時間で直るでしょう？」——その通り。時間の長短は、私の心理状態に依存するが、そうなのである（10年前以上の時点で、ヒューレット・パッカード社が客先に配った名刺大の「？カード」がある。その上に水や酒を置くとマイルドに、花も長持ち云々と、日本語で書いてある。「氣」「電磁波」の"初歩"段階の科学的解析である。だが、その先は、西洋の"要素還元法"では、解析不能であろう）。

　なぜ、こんなことを書いたのか。実を言えば、ここまでの「＊＊」以下の部分の執筆は、結構脳みその先端部分を酷使して、行なったものなのである。そのことを書きたくて……。

　湯本所長の前記の言葉を信じ、４日夜は作業を中断し、いずれ"磁性"が弱まるはず

だと、翌5日夜6時半頃から、パソコンを起動したところ、こうして（今までのところ）スムーズに作業が出来ている。ほっとした。だが、昨晩の"複雑系のフリーズ"は、実に面白かった。まるで、パソコンの中で善と悪とが闘っているようで、それをゲームのように観察している自分が居た。不思議にデータが飛ぶとかの心配はなかった。己の「氣」がそんな事をもたらすはずはない、と信じていた。
　こうしたことを書く（打ち込む）ことで、パソコン君の昨晩の苦闘も浄化されるのではと思い、有り体にすべて書いた次第である（以上、2007年11月5日午後7時47分までの追記。──同年12月1日の初校で、けっこう悩みつつ、更に加筆した。今日の地デジ録画画面の乱れは、そんなにはないはず。自己統御術は更に進展したはずゆえ）。

b　米国対外関係法第3リステートメント §403における「裁量とコミティ」

　さて、(右の「＊」部分・「＊＊」部分以下で大きな回り道をしてしまったが) 前記リステートメントの当該部分は、(既述の §483などとは異なり!!) 米国内での (数少ない?) 良識派と言うべきA・ローエンフェルド教授 (なお、石黒・前掲現代国際私法［上］197頁、同・前掲国際民訴法21頁) が責任を持って起草したものである (ご本人の来日時の会合での知見。以下の嘆きは、このリステートメントの Associate Reporters の一人であった、同教授の嘆きでもある!!)。米国法の (いわゆる) 域外適用を控えるべき場合のための、様々なファクターを列記したこの条項 (§403は、"Limitations on Jurisdiction to Prescribe" との見出しを有する規定である) は、本来、一般国際法上のルールを再叙するもののはずであり、そのコメントにも、その旨の明確な記載がある (後述するが、石黒・前掲通商摩擦と日本の進路229頁参照)。にもかかわらず、それが「コミティ」のレベルまで"落とし込まれて"しまうあたりが、米国特有の現象なのである。
　石黒・同前229頁以下で論じた点を、更に一層この §403に即しつつ、示しておこう。§403の(1)には、"[A] state may not exercise jurisdiction ..... when the exercise of such jurisdiction is unreasonable." とある。「国家としてなし得ないこと」についてのルールであることは、そこからだけで「も」、明確な「はず」である。
　だが、それに続く(2)では、早速「米国の苦悩」(ローエンフェルド教授の苦悩、と言った方がよいかもしれない) が、明らかとなる。即ちそこには、"Whether exercise of jurisdiction ..... is unreasonable is determined by evaluating all relevant factors, including, where appropriate: ....." とあり、(a)から(h)までのファクターが列記されている。見落としてしまいがちだが、"where appropriate" と、既にしてそこにあることに、まずもって注意すべきである。
　「適切な場合には」とは、誰にとっての「適切」さなのか。それは要するに、「裁判官が適切と考える場合ならば」ということであり、つまりは、そこで (非限定的に) 列挙されたファクターについて、それらが担当裁判官の「裁量」によって考慮されざるを得ない「米国の現実」が、こうした言葉遣いからも滲み出ている。そして、この"「裁量」的契機"が、この §403自体を「コミティ」で理解しようとする後述の根強い見方と、結び付く (!!) のである。
　そうした"夾雑物"を除去しようと、この条項への「コメント a」の冒頭 (The American Law Institute, Restatement, Third, Foreign Relations Law of the U.S., supra, Vol. 1, at 245) は、"Reasonableness in international law and practice" との見出し

で論じ始める。だが、その本文の冒頭には、ここで設定された原則につき、"The principle ..... is established in United States law, and has emerged as a principle of international law as well." とある。

この微妙な言い回しにも、「米国（ローエンフェルド教授）の苦悩」を読み取れる。米国で確立している§403の「バランシング・テスト」が、（一般）国際法上の原則に「も」なった、との言い方である。たしかに、米国の「ティンバレン事件」や「マニングトン・ミルズ事件」（石黒・前掲国際民訴法75頁注38）以来の流れはあるが、このテストが本来一般国際法上のものであることに、疑いはない。だが、「米国が先で、国際社会がそれに追い付いて来た」というニュアンスでの言い方が、ともかくもこのルールの米国での（更なる？）定着のためには、必要だった、ということである。

Id. at 246の、このコメントaの第2パラグラフにおいて、「米国（ローエンフェルド教授）の苦悩」は、鮮明なものとなる。即ちそこには——

"Some United States courts have applied the principle of reasonableness as a requirement of comity [!!], that term being understood not merely as an act of discretion and courtesy but as reflecting a sense of obligation among states. This section states the principle of reasonableness as a rule of international law [!!]. ..... While the term "comity" is sometimes understood to include a requirement of reciprocity, the rule of this section is not conditional ...... Some elements of reciprocity may be relevant in considering the factors listed in Subsection (2). ....."

——とある（第2・第3センテンスは毅然としているが、第4センテンスが、なぜか繋がりが悪い［!!］ことに、注意せよ。後述する）。

この部分を、何度も何度も読み返す必要がある。それだけで、「本当の米国の姿」が浮かび上がって来るはずである（!!）。「密接関連性」や「他国の規制との衝突」等々の点に関する「バランシング・テスト」（§403）を、「コミティ」上の要請とした「若干の」判例がある（のみの!!）米国での状況。しかもそれらの判例における「コミティ」は、「裁量」と「（諸外国に対する）"礼儀"」のみではなく、"a sense of obligation among states"（という漠然たるもの）を反映したもの、とある。

そうした状況に対し、§403では、このルールを正面から「国際法」上のものとして提示する。そして、「コミティ」とは截然と袂を別って、「コミティ」はときに「レシプロシティ」を要求するが、ここで提示されるルールは、（相手国の行動等の）条件には、かからしめられない、とは言う。だが、そう言いつつもすぐに、前記の種々のファクターの考慮に際して、「レシプロ」の要素が関係し得る、と来る（右の引用部分の最後の省略部分でリファーされた Id. at 251の Reporters' Note 5を見ても、さしたることはない）。

「論理」としては、「裁量プラス・アルファ」の存在たる「コミティ」が、「レシプロ」をも含むものとして措定され、それと「（一般）国際法」とを切り離して示したのが§403だとした上で、「レシプロ」を中間項として、再度§403に「コミティ」の一部を"滲

み込ませる"構図となる。所詮、「米国型裁量」と分かち難いのが「コミティ」ゆえ、"一部"でもそれが混入すれば、その"部分"はアメーバのごとく、いつでも"自己増殖"する。要するに、一般国際法上のルールたることを強く志向した§403自体が、「米国型裁量＆コミティの"しがらみ"」から、抜け切れて「いない」のである（!!）。

なお、以上の論述においては、§403の(3)のルールを示していなかったが、この(3)では、米国と相手国の管轄行使がともに unreasonable とは言えない場合について、両国の規制が衝突する際に、前記の(2)の諸要素を総合的に勘案し、相手国の利益（interest）が明らかに大きい場合には、管轄行使を控える「べき (should)」だとする。この点を含め、かの F.A. Mann が、「バランシング」さるべきは、「コンタクト（密接関連性）」であって、政府の利益ではないとの、正当（!!）な批判をしていることについては、石黒・前掲通商摩擦と日本の進路237頁注115で示したとおりである。

だが、この点の「バランシング」が「米国型裁量」に依存せざるを得ない実情からも、とくにこの(3)のルールを軸に、§403自体を「国際法ではなくコミティによって把握」するのが、その審議に際しての American Law Institute の「大多数」の見解であった、とされている（石黒・同前230頁）。そこから"逆算"すると、前記の英文引用部分の「第2・第3センテンス」と「第4センテンス」との、前記の"繋がりの悪さ"の理由も、おのずから明らかとなろう（それが、既述の「米国［ローエンフェルド教授］の苦悩」のコアとなる）。

●　　　●　　　●

ここまで論じ進めたところで、議論の本線に復帰することとなる。即ち、前記リステートメント§403と「コミティ」との関係に関する右の"構図"は、既に論じたところの、"連邦破産法304条自体が「コミティ」の再叙"だとする米国での見方（石黒・同前212頁以下）を、想起させる。そのはずである。『「コミティ」≒「裁量」』の基本図式からは、連邦破産法上の具体的規定（「304」条）も、かくて「コミティ（≒裁量）」の網で、その全体が捉えられてしまう。もともとそれ自体が法の規定ではない前記リステートメント§「403」については、なおさらそうだ、ということになる[*]。

*　ここまで書き進めて、なぜ私が、連邦破産法の「304」条を、「"403"だったっけかな……」と、とくに喋るときにしばしば迷うのかが分かった。今後は、そんなことがなくなるであろう、と期待する。

ところで、前記の§403を「コミティ」に過ぎないとする米国で根強い見方は、「一般国際法」との緊張関係での問題だった（!?――米国の「コミティ」論者に、この種の"緊張関係"への認識が、どこまであるかが問題なのだが……）。だが、問題は、「一般国際法」との関係には、実はとどまらない。「条約」との関係でも、同じようなことが起こる。"That's America!!" ということを、更に執拗に示すべく、以下、若干この点について言及する。

石黒・同前226頁の「条約とコミティ？」の項で私は、「コミティ」を国家間での"the systemic value of reciprocal goodwill"と、ありがちなこととしていかにも漠然と定義する米国の"或る論者"の、「3つの米国連邦最高裁判決におけるコミティへのス

タンスが矛盾しているとの批判」に即して（それを一つのサンプルとして）、問題点を指摘していた。3つの判決とは、「三菱自動車事件」（石黒・前掲国際民訴法302頁以下）・「Aérospatial事件」（同前・95頁注264）・「Volkswagen事件」（同前・140頁）、である。「条約とコミティ」が直接関係するのは、とくに、その第2の事件である。

その「Aérospatial事件」だが、米国裁判所の一方的なpre-trial discoveryを抑え込もうとして作成され、なぜか米国も批准してしまった1970年のハーグ海外証拠調べ条約につき、米国連邦最高裁は、条約ルートを排他的なものとする正当な見方を、まず「否定」する。それを「否定」（!!）した上で、わざわざ、"Two other interpretations assume that international comity [!!] rather than the obligations created by treaty, should [!!] guide judicial resort to the Hague convention."（482 U.S. at 533.）などと、連邦最高裁（多数意見）は述べる（この英文を何度も読めば、「エッ??」となるはずなのだが……）。そして更に、条約ルートでは時間がかかる等の理由で、条約ルートでの処理を結局否定したのが、この「Aérospatial事件」である（石黒・前掲通商摩擦と日本の進路227頁以下）。

世界的に悪評高い米国判決ではあるが（その後の展開を含め、石黒・前掲国境を越える知的財産461頁注24）、ここで注目すべきは、その「非常に屈折した論理プロセス」である（!!）。当該条約が前記の趣旨で作成されていたのに、一旦は条約ルートでの処理を明確に「否定」し、（条約上の義務として「ではない」とした上で!!）わざわざ「コミティ」で、当該条約のルートを再度指し示し、その上でやっぱり「否定」する。どうして「条約」との関係を、もっと直視しないのか、と思うであろう。だが、それが「米国流」なのである。その「米国流」の論じ方の象徴として、この事件がある。

たしかに一般論としては、米国で正式に批准された条約は、連邦法と同順位となる（石黒・国際私法［第2版］186頁注327。但し、自動執行的［self-executing］な条約の場合である）。だが、そのような「条約」の適用が、「コミティ」との関係で、更に（!!）非常に不安定な立場に置かれていること、その実例のあることに、本書のこの文脈では、注目すべきなのである。「米国での条約の取扱い」については、前記の一般論に加え（!!）、かくて、「コミティ」（つまりは「米国型裁量」!!）との関係を、直視せざるを得ない"現実"があるのである（条約よりも米国での取扱い上のランクが低い「一般国際法」については、なおさらそうだ、ということになる）。

ところで、この判決を批判する、米国の"或る論者"は、「三菱自動車事件」米国連邦最高裁判決の場合のように、この事件でも「コミティ」を機能させるべきだった、とする。後者の事件では、米国反トラスト法違反事件について、「日本での仲裁を合意する契約条項」の存在が問題となった。日本での仲裁に問題処理を委ねる多数意見は、明示的に"conserns of international comity"をその理由として掲げていた（石黒・前掲通商摩擦と日本の進路227頁）。それと同様に「Aérospatial事件」も処理されるべきだったと、当該の論者は、説くのである。

そしてこの論者は、ここではもはや紹介を省略する「Volkswagen事件」（製造物責任の事案）において、ドイツ親会社宛の送達が在米子会社宛のそれで代替された点につき、1965年のハーグ送達条約との関係で、「三菱自動車事件」同様の"rational comity reasoning"が必要だ、とするのである（石黒・同前228頁）。

所詮大したことのない論者ゆえ、"或る論者"とした訳だが、"comity"と"reciprocal goodwill"とを同視し、「条約」自体よりは「コミティ」に着目するあたりは、かえって米国での平均的な論じ方を象徴するようで、参考にはなろう。
　だが、この論者は、「三菱自動車事件」米国連邦最高裁判決の、恐るべき一面には、着目して「いない」。即ち、契約の両当事者間の合意からして、日本でスイス法を準拠法として仲裁がなされるのが筋のところ、米国の法廷で三菱側代理人が、日本での仲裁手続において「米国反トラスト法が適用される」旨述べた。そして、あくまでそれを前提として、日本での仲裁がＯＫとされたのである。同判決で最も重要なのは、その「脚注19」であり、もし右の前提が狂った場合につき、そうなれば"[W]e would have little hesitation in condemning the agreement as against public policy [!!]."だ、といった点が、明確に示されていた（石黒・前掲国際民訴法303頁に、同種事例との対比も含めて、この点を示しておいた）。この脚注も、「積極介入型の米国型裁量」を、如実に示すものである。しかもそれが、ここで「も」、既述のごとく、「コミティ」と一体となって示されている（!!）。
　それが「米国の司法の現実の姿を象徴する一つの"事実"」（!!）、なのである。──以上、『米国型「コミティ」（≒「裁量」）の重層構造的性格』（!!）への適切な理解のための、"補足"を、行なった次第である（以上の執筆は、2007年10月28日午後8時19分まで。学期中は土日にしか執筆出来ず、しかも、次の土曜日は大切な元ゼミ生の結婚式ゆえ……）。

　ここまでの論述は、「一橋案」（及び「平成12年法」）が日本への導入をともかくも試みたところの、「米国型裁量（≒コミティ）」が、如何に中身の空虚な「カラ箱」だったのかを、（「米国司法の現実」を抉り取ることを通して!!）裏から示すためのものであった。その私は、「米国」へは、ワシントンD.C.（そして、1993年5月には、そこから「アイオワ」!!）に、各数日ずつ、しかもテレコムや日米半導体摩擦・日米航空問題等の関係で"短期出張"をして来たに過ぎない（全部合わせても、1－2カ月）。「一橋グループ」の諸氏をはじめとして、わが国際倒産法の変革についての、関係者の多くは、フツーに米国に2年「も」留学した立場なのに、どうしてこんな「比較法学の基本」を一切無視したような"愚挙"がなされ得るのか、私には信じられない。
　それでは、私が1981－82年の「10カ月」留学したスイスにおいて、当時の私にとってはone of themのテーマに過ぎなかった「国際倒産法」について、私が何をスイス側に提案したのか、等の点を含め、「米国の従来」と対比すべく、スイスの国際倒産法制について、以下に述べておこう（以上、思い立って、2007年10月28日午後9時29分まで、夕食の途中で机に戻り、加筆した。──その後、前記(4)aの「＊＊」以下の部分の追記を、2007年11月4日の午後9時56分まで行なった。──ともかくも無事に、2007年11月5日午後8時15分、点検終了［以上は、貿易と関税2008年1月号分］）。

第 2 章　スイスの選択と「ミニ破産」

> 1　これまでの論述のまとめと今後の展開──「手書きの一枚紙」からの出発

　本書第 2 章は、スイス国際倒産法について、である。それは、全欧州におけるスイスの国土の大きさと同じく、分量的にはささやかなものではあるが、その「ミニ破産」構想から発する光は、今や全 EU に及び、その「EU の戦略」(1997年「国連モデル法」制定過程でのそれ) を経て、実質的に「国連 (国際倒産) モデル法」にも及ぶものとなっている (後述)。そして、その「スイスの選択」との関係で、実は「私」が、若干介在することとなる ([*]・[**])。

　　＊　2007年12月 1 日午後 5 時15分、ようやく久々の執筆となる。ここまでの論述で、米国連邦破産法304条関連の論述には一応の区切りをつけ、これからスイス、EU の国際倒産法、そして (二つの面から) 英国の状況 (もともと「承認」と「共助」との交錯するそれ!!──本書第 4 章で後述する) を検討した上で、「国連モデル法と米国の思惑」へと、順次論じ進める。かくて、本書はいまだ道半ばの状況にあるが、いずれその骨子を手短かに纏める機会は別にあるようゆえ、気長に書いて行こう。「凍て蝶となりて机に筆を執る　一憲」の気持ちで。
　　　だが、その前に、とくに「米国」との関係での、ここまでに至る本書の議論の流れを、以下において、再度纏めておこう。

　　＊＊　本書第 2 ─第 5 章は、「スイス」・「EU」・「ドイツ」・「英国」・「米国」(そして「国連モデル法」) をめぐる世界一周の旅となる。何故それが必要なのかは、「国連モデル法」を採用した結果としての日本の「平成12年法 (承認援助法)」の制定によって、従来の日本の学説・判例がすべて反故になったとする、既述の"暴論"と関係する。各国とも、「自国の従来の法文化の継承」を第 1 に考えて国際倒産法制の整備をしていることを詳細に示し、何故日本だけが、かかる"暴論"による「法文化の断絶」を志向するのかを、糾弾するのである。そして、その過程で、『「米国」(但し、その実、ウエストブルック教授) に脅された日本』の構図が鮮明となるのである。

　そもそも「民事・非民事の混淆」の甚だしい米国での議論において、外国倒産手続の米国内での取扱いに限らず (!!)、「承認」(民訴118条のような、「外国判決承認・執行」の理論枠組でのそれ) と「共助」とがグチャグチャになりがちであることは、既に本書において示した通りである ([*][**])。それが「国連モデル法」に反映し、日本の「平成12年法」にも、「承認援助法」というその法律名からも既にして知られるであろう"混沌"を、もたらしてしまった。他方、米国がその国際的孤立を恐れて (貿易と関税2007年 9 月号96-97頁、同10月号55頁)「国連モデル法」作成へと走ったところの、当の「米国連邦破産法304条」それ自体が、「承認と共助との"鵺"的な存在」である

ことは、同条関連の一連の論述との関係で、同2007年11月号67頁でも、一言しておいた。

* 米国対外関係法第3リステートメント§483絡みの問題（外国の租税・刑事判決の承認・執行を、一般民事の場合と同様に行なってもかまわないとするそれ）については貿易と関税2007年4月号56頁以下、同5月号54頁以下で徹底批判した（本書序章3参照）。だが、同前［5月号］62－63頁、66－67頁、同6月号の58－61頁、67頁で示したように、その「民事・非民事の混淆」による混乱した"論理"が、何と2003年版の「OECDモデル租税条約27条」（「徴収共助」）の「6項」や、その3項・5項（同5月号62頁参照‼）に、"埋め込まれて"しまっている（‼）。国税関係者として、この点に十分に（とくに今後において‼）注意すべきことも、其処に示したとおりである（この点は、本書において、更に後述する）。

** 但し、「承認」と「共助」との関係は、右に一言しておいたように、英国において、まさに外国租税債権の処遇との関係で、交錯状態にある。その点への頭出し的な言及は、既に同2007年8月号80頁でなされている。

そこに更に、この「304条」をモデルとした「一橋案」における、（同2007年11月号64頁に纏めて示したような）「国家管轄権論＝非民事法領域での問題への無理解」、及び、内外租税債権の"処遇"が「準拠法」（何についてのそれかが終始不明‼）次第で決まるなどとする、「牴触法の基本構造に対する無理解」（詳細は、同9月号88頁以下、同11月号64頁以下）が、暗い影を落とす（本書第1章3）。

しかも、それのみではなく、「一橋案」でも「平成12年法」でも（後者は「国連モデル法」を通して）、「米国型裁量≒コミティ」のほんの表層部分のみの日本への移入（「比較法学の基本」に明確に反するそれ‼）が、意図されてしまった。同2007年11月号67頁以下、及び同12月号分の全体と、同2008年1月号分冒頭で強調した、「米国型コミティの重層構造的性格」の問題と、同1月号分で引き続き検討した、「米国型コミティ≒裁量」の更なる根深さ（それとの対比）の問題である（本書第1章4）。

それゆえに、本書では、「米国法の深層」を多面的に示すことに、とくに意を用いた訳である（なお、そうした分析の前提として、つまりは本書への布石として、「コミティ」に特に焦点を当てた同2006年1月号65頁以下、同2月号54頁以下の論述があることにも、ここで言及しておこう）。

しかるに、これだけの問題（もとより本書による"追及"は、更に続行される）がありながら、「平成12年法」によって従来のわが国際倒産法上の判例・学説が、すべて否定されたのだとする"暴論"（同2007年8月号81頁以下）までが示されているという、悲しい日本の現状がある（本書第1章2(2)参照）。それについて、本章以下の論述を踏まえて再度改めて批判をし、かつ、「平成12年法」の下での租税債権の扱いについても、正面から論じて行くこととなる。本当に長い道程となるが、致し方ない（以上、2007年12月1日［土曜］午後7時4分までの執筆。5時間半位は机に向かっていたことになる。もともと今日は休むつもりだったが、来週も思うように執筆時間の取れないことが判明したため、ともかくも、凍てつく思いで[*]机に向かってみたのである）。

1　これまでの論述のまとめと今後の展開──「手書きの一枚紙」からの出発　129

＊　何故ここで「凍てつく思い」を私が抱いたかは、後述の「何かがある」との直感と結び付く（2007年「12月8日」［!!］午後1時39分の追記）。

さて、国税関係者の前で「国際倒産と租税」について論ずる際、数年前から私は、手書きの一枚の資料を用意し、それに基づいて、まずは問題の全体像を示すことにしていた。そこに、これから論ずる「スイスの行き方」の概略が、示されている(＊)。

＊　種々の講義・講演のたびに拡充してきたそれは、今ではＡ3版フル・カラーで、詳細を極めるものとなっている。色調の調整が難しく、自前で人数分コピーし、会場に持ち込むのが常、となっている。いわば2年数カ月の、本書に至る私の全軌跡・全ノウハウを盛り込んだ一枚、である。ここでは、その「少し前のヴァージョン」に基づき、概要を説明することとなる。

但しそれは、米国の304条や「平成12年法」（「外国倒産処理手続の承認援助に関する法律」）、そして「一橋案に対する私の第1・第2のアタック」、更には、「全ての混乱の元凶」となった米国対外関係法第3リステートメント§483における、外国租税判決の承認執行も可なりとする、「民事・非民事の混淆の極」・「執行管轄権問題の矮小化＆人権的配慮の無視」、等の点と対比すべく、意図された上でのものである。

多少、このところの論述の仕方が"固く"なっているような印象を、私自身抱くものだから（遂に貿易と関税における連載が「200回」に至ったことについて、意識下の自分が何かを感じているため、とも思われる）、まずはその一枚紙に基づき「喋るように書く」ことを通して、己の内面の凝りを、もみほぐしてみようかと思う（この図をまだ持っている国税関係者は、少なくとも7－800人以上は居るはずゆえ、彼らに"再確認"をしていただく意味もあろうから。また、本書における"来し方行方"の議論の流れを、別な角度から分かりやすく示す意味もあろうから）。

まず、この手書きの一枚紙の、上段の真ん中には、「基本的問題状況」の図がある。そこには、「外国」と「日本」とのそれぞれに「課税当局」があり、両者を結ぶ「ルート」が二つ示されている。一つは、二国間租税条約上の「徴収共助」のルート（貿易と関税2007年5－7月号で詳論。そのエッセンスについて、本書序章参照）、もう一つが「平成12年法」の「承認援助」のルートである。後者のルートは、「外国判決承認・執行」のルート（民訴118条「的」なそれ）と言いたいところだが、「平成12年法」で妙な"共助もどき"のルート（主権国家間で相互の利害を具体的に調整しつつ、対等な立場で互いに主権を譲り合う、というのが「共助［執行共助］」の基本だが、ここでのそれは、闇雲に外国手続を援助するべしとの"刷り込み"がなされた上での、何でもいいから外国側に"協力"しましょう的なそれ!!──そこでの「裁量」は、「米国的裁量」とは似ても似つかぬ、極端にinnocent［無邪気］過ぎるものとなりがち!!）が、設定されてしまった。前者は、「非民事」分野での正規の「執行共助」ルートだが、後者は（米国「的」な国連モデル法を更に屈折させた）、いわば「民事的外装」の下での共助ルートとなる。

この「基本的問題状況」の図の要点は、次の点にある。即ち、「外国」の倒産者Ａに在日資産があり、日本の国税がそれにかかってゆく状況下で、当該外国の管財人Ｚ

が「平成12年法」(「承認援助法」)17条に基づく「承認の申立て」を行なった局面が、問題とされている。管財人Zを実質的な「藁人形」として、当該外国の課税当局が、Aの当該在日資産のZへの引き渡しと自国へのその到着を待ち、それにかかって行こうとする構図、である。

「平成12年法」の下で、この問題状況の調整が如何になされるのかについては、一連の検討が済んだ後に、本書第6章2において、再度正面から扱う。だが、この図の要点は、別にある。即ち、もし外国課税当局が、かくて「平成12年法」のルートで在日資産を手にしてしまったとして、そのことが、租税条約上の「徴収共助」ルートでの処理（それがワークする状況だったとして）とのバランス上、如何に評価さるべきかが、この図で問われている。

つまり、外国課税当局には、ダイレクトに日本の国税に対して「執行共助」を求める"非民事"のルートと、管財人Zを間に立てて、日本の裁判所が"民事"の手法でZに在日資産を渡してくれるのを当該外国内で待つというルートとの、二つがあることになる。だが、何かしら不自然なものをそこに感じないか、との私からの問いかけが、其処にある。

この「基本的問題状況」の図の下には、石黒・前掲国際私法・国際金融法教材70頁以下の「国際倒産と租税——再論」がメンションされ、私の「一橋案」に対する「二つのアタック」の要点が、示されている。即ち、「第1のアタック」とは、「内国租税債権（者）」の存在を考えれば、石黒他・前掲国際金融倒産401頁以下（石黒）にも示しておいたように、「一橋案」の外国倒産手続の「承認要件」の書き方からして、そもそもそれが承認される場合が有り得るのか（!!）、が問題となる。ちなみに、石黒・同前403頁では、「わが租税債権が当該外国手続における倒産者に対して存在する限り、わが租税債権者［国］の、当該外国手続における「権利の順位」については、「重大な差異」のあることが、むしろ原則となる。差異というより、それは端的な無視である。また、……「内国債権者の利益が不当に害されるおそれのあること」という承認拒絶事由も、この点からして、同様に原則として［常に!!］存在する、ということにもなりうる」と論じておいた。

「一橋案への私の第2のアタック」には、悲しい事情が介在する。「国税庁徴収課」の某氏が"一本釣り"され、右のように論ずる私を批判し、石黒・前掲教材70頁以下のように、私がこのテーマを「再論」せざるを得なくなったのである（同前・70頁3段目左に記したように、「NBL559号16頁注15からして、法務省と国税庁との間で何らかの連絡があって公表された論稿のように、"それ"が思われてなら」ない。某［K］氏は、"使われてしまった"のである。ちなみに、こうしたことがあるので、私は若手の優秀な国税職員達に対して、彼らがこうした局面で、単なる都合のよい"駒"として使われることのないよう、強く注意喚起している。いくら個人的見解だと書いても、社会的には何らそうは受け取られないし、第一、敵と一緒になって味方を攻撃するようなことは、自分で自分の首を絞めるに等しいことなのだから。そして、それと同時に、自分の眼でしっかりと対象を見据え、一歩一歩検討を進めるべきことの重要さについても、この"実例"を下に、訴えて来ている）。

ともかく、こうした文脈で問題となるのが、英国（等）の判例で（但し、すべて"英国系"の諸国!![*]）、外国租税債権が待ち受けて居る状況下でも、外国管財人に自国

1　これまでの論述のまとめと今後の展開──「手書きの一枚紙」からの出発　　131

領域内の倒産者の資産を引き渡した事例が複数あること、であった。それをも踏まえての、K氏の私への批判であった（但し、K氏が自力で外国の文献にあたった形跡は、一切ない!!）。だから、前記の「再論」で私は、後述するような、「承認」と「共助」との"交錯"する(**)「英国の悲しい現実」を示し、かつ、問題の"英国系"の若干の判例が、「承認（recognition）」ではなく（!!）、「共助（assistance!!）」としてのものであることを、冷静に説いたのであった。

　*　忘れないうちに、書いておく。石黒・前掲教材72頁の、問題となる7つの判例のうち、同頁3段目右の②は、「スコットランドでスウェーデンの管財人の請求が認められたケース」であり、「スウェーデン」という、非英国系の国が唯一登場する。何故そうなのかの詳細はいずれ調べるが、講義等をしながらハッと思いついたのは、同頁4段目右の⑦の、「ノルウェー・タックス事件」（貿易と関税2007年3月号62頁以下、同4月号68頁参照）との関係である。
　　旧英連邦諸国の枠内での「共助＆コミティ」の世界を越えてスウェーデンの管財人の請求がスコットランドで認められたこのケースにおいても、ひょっとして（その先は、ポコッと暇が出来たときにゆっくり調べるための、小さな楽しみとして今はとっておくが）、英米特有の、本来曖昧な「民事・非民事の区分」（手続が民事なら当該問題の基本的性格を民事と見てしまうそれ）がスピルオーヴァーしてこうした結論になったのではないか。──そんなことを考えると、なんだかわくわくする。

　**　と言うか、もっと高次元の「英国」固有の事情からの、と言うべきであろう。「大英帝国の残映・残照」への強い思い入れの問題、である。さしあたりは、前記の貿易と関税2007年8月号80頁を見よ。

　要するに、「一橋案」の諸氏を含めて、恐らくは、ややこしい「課税問題」を回避したいとの思いから、"英国系"の判例の中に、外国租税債権が待ち受けて居る状況下でも外国管財人に自国内の倒産者の資産を引き渡したものがあるから、租税なんて一々気にせずに、また、前記の「インド課税事件」など気にせずに、「民事オンリー」の発想で突き進んでよいのだ、と考えたのであろう。それが、石黒・前掲教材71頁1段目右の、既述のK氏の「旧弊な主権概念」云々の論（但し、この言葉は、其処にも示したように、貝瀬幸雄君のもの。要するに、すべて"借り着"で、「一橋案」の狙いにも無頓着なのが、K氏の論である）に、つながるのである。つくづく悲しい展開であった（更に後述する[*]）。

　*　「英国」の基本的な状況について、ここで纏めて示しておこう。まず、「執行管轄権」問題について、（米国と異なり）英国では、既述の「インド課税事件」に象徴されるように、一般国際法の基本が、正しく踏まえられている。だが、英国の司法制度に最も深く根差すところの、我々から見れば"夾雑物"に過ぎない、様々なファクターが、其処に影を落とす。「米国型コミティ＆裁量」の原型となった英国プロパーのそれ（例えば石黒・前掲国際民訴法47頁の、「スペインのシェリー酒事件」におけるコミティの機能、等を参照）を別としても、次の諸点がある。
　　まず、使用される「手続」が民事手続なら、当該問題の性格を民事としてしまう悲しい伝統があり、その典型が、既述の「ノルウェー・タックス事件」となる。次に、旧英

132　第2章　スイスの選択と「ミニ破産」

連邦所属各国が再び英国王室（つまりはイングランド）の下に結集するように、との"悲しい呼びかけ"として、とくにイングランドからは、そうした法域（スコットランド等も含む!!）の諸国での倒産手続に対して、「共助（アシスタンス!!）」が義務化される。だが、そうした諸国がイングランド側からのこの呼びかけに応じてくれるか否か（それら諸国［の裁判所］が、現時点において自己をイングランドと一体のものと認識するか否か）は、専ら、それら諸国（諸法域）の側に決定権限があり、かつ、それら諸国の裁判官の"comity & discretion"の問題となる（「UK」の定義等を含めて、詳しくは本書において後述するが、さしあたり、石黒・前掲教材72－73頁を見よ）。

　更に、イングランド側からのこの悲しい呼びかけに応ずるか否かとは別に、旧英連邦諸国の司法制度にいまだに深く根差す（残存する）"comity & discretion"の伝統が、別にある。オーストラリア・ニュージーランド間での「倒産共助」（同前・72頁3段目右）等も、こうしたコンテクストで把握さるべきことになる（南アフリカの事例の取扱に関する同前・73頁1段目左の指摘をも参照せよ）。

さて、この手書きの一枚紙の右サイドには、上に「米国連邦破産法304条の基本構図」が示され、そこにおける「米国型コミティ」の"三重構造的性格"と、同条において、"local creditors"の保護(*)が重視されていることとを示した上で、その下に「平成12年法」の基本が示されている。即ち、同法においては、「一橋案」に比しても「ローカルな債権者の保護」の視点が大きく後退し（貿易と関税2007年11月号76頁を見よ!!）、「承認」と「共助」との理論的区別にも無頓着な、但し後者に大きく傾き、「内容空疎な"空き箱"としての裁量」ばかりの目立つ、"歪んだ鵺"としての制度整備（!!）のなされてしまったことが、其処で示されている。

　　*　「民事・非民事の米国的混淆」の中で、米国の租税債権者の保護も、民間債権者のそれとないまぜに、其処に埋め込まれていることに注意。但し、この点が浮き立つ既述の「ルクセンブルグ対IRS事件」（本書第1章3(5)参照。なお、貿易と関税2007年11月号69頁以下）などでは、「礼譲は、ある国が他国［米国］租税債権に影響を与えることまでも許すものではない」（同前・71頁上段）との、毅然たる米国裁判官の姿勢が示されることになる。
　　　なお、米国連邦破産法上の租税債権の優先性につき、高木新二郎・前掲アメリカ連邦倒産法（1996年）199頁以下（とくに201－202頁）、350頁、356－357頁、380－381頁、等。ちなみに、基本規定（優先順位）たる同法507条の条文の邦訳は、同前・553－554頁。
　　　右の「ルクセンブルグ対IRS事件」は、ドイツのシャックの議論との関係で、後に再度顔を出すこことなる。

そして残るのが、この手書きの一枚紙の左上の部分となる。そこで私は、これから論ずる「スイスの行き方」を示し、「スイスはやはり賢明なり!!」と、其処に書き込んである通りの視角からの、説明をするのである。

　ちなみに、外国管財人が倒産者のスイス所在の財産を狙って外国倒産手続の「承認」を申立てた場合、略述すれば、以下のようなことになる。即ち、まず、(1)「承認要件」のチェックがなされる。後述のごとく、これは外国判決の承認執行の場合と同様の承認要件（プラスα）のチェックである（!!）。そこが既にして「平成12年法」（21条）のほとんどフリーパスの「承認の条件」（貿易と関税2007年11月号75頁。なお、米国の

1 これまでの論述のまとめと今後の展開——「手書きの一枚紙」からの出発

304条の承認要件については、同12月号57頁以下）と異なる。

(1)の「承認要件」をパスすると、次に、(2)として、スイスでいわゆる「ミニ破産」（これが私の貢献による条項。後述する）が開始される。そして其処では、(3)として"スイスの"一定の優先的債権者への配当が、まずなされる（後述するが、スイスの租税債権の"主たる部分"［詳細は本章3で後述する］については、そこで配当がなされる!!）。その次の(4)では、「ミニ破産」の"残余"を外国管財人に引き渡す前提として、当該外国の配当計画への、スイスの側からのチェックがなされる。前記の(3)では、スイスの全ての債権者への配当がなされているわけ「ではない」から、である。即ち、この(4)の「外国の配当計画のチェック」は、残されたスイスの債権者の保護のためになされる。そして最後に、この(4)をクリアすれば、其処で初めて外国管財人にスイス所在の残余財産が引き渡される。

実にエレガントな処理定式ではないか（!!）。私は、今でもそう思っている。そこまで慎重にことを運ぶべき問題なのではないか、との思いは、今も変わらない（なお、貿易と関税2007年12月号54頁以降の、「一橋案」に対する高木判事の懸念をも、ここで想起すべきである）。自国租税債権者を含めた（!!）ローカルな債権者の保護を優先させ、外国の配当計画にも、自国所在財産を引き渡すのだからと、前記の趣旨からの、自国の側からのチェックを入れる、のである。

本書が問題としている諸点も、こうした処理の中に、実にうまく包み込まれる。そして、「基本線としては、この方がいいんじゃないですか？」と述べ、かくて私は、この手書きの一枚紙での説明を締めくくり、そこから個別問題へと論じ進めるのである。

たしかに、EUの側から「も」、「ミニ破産」で配当にあずかることの出来るのが「スイスに住所を有する債権者」のみであることへの、批判はある（詳細は後述）。そして、スイス国際私法の重要な前提として、「住所単一の原則」というものもある（スイス国際私法典第2草案段階での規定につき、石黒・前掲現代国際私法［上］95頁。なお、同・前掲国際的相剋の中の国家と企業［1988年・木鐸社］214頁、231頁注8。同法典［IPRG］の20条「2項」である。――「企業の住所」については、21条。H. Honsell/N.P. Vogt/A.K. Schnyder [Hrsg.], Kommentar zum Schweizerischen Privatrecht: IPR [1996], at 190ff [C. Christen-Westenberg], 199ff [A. von Planta]。なお、石黒・後掲国境を越える環境汚染179頁以下の注319参照）。

だが、後述のごとく（一般の場合――即ち、はじめからスイスで倒産手続が開始される場合――と異なり）スイス所在の財産に限定して行われるのが、この「ミニ破産」の手続であり、これは、一つの国家的選択の姿ではあろう（但し、石黒・前掲金融取引と国際訴訟302頁の最後のパラグラフから303頁にかけての私の指摘には、注意せよ）。

以上を踏まえ、スイス国際私法典中の国際倒産規定について、後述のEUの行き方との対比において、論じ進めることとしよう（[*]）。

---

　* 今日は（昨日に引き続き）執筆に気乗りがしないから（全く己の「氣」が乗らない!!）、冒頭部分を書いただけで、来週末の執筆に後は委ねよう。――と思ったが、思い切ってそれもやめ、ここで筆を擱く。やはり、「何かがある」のであろう……（以上、2007年

12月2日午後5時24分までの執筆)。――執筆再開は、2007年12月7日午後2時過ぎ。2日の日曜夜、右の執筆終了後、猛烈に、ほとんど再起不能なまでに、私は落ち込んだ。「スイスと私との研究上の関係」、とくにスイス国際私法が出来てから後の、この20年もの"空白"に、私は愕然とした。詳細は語らぬが、かくて一念発起して翌12月3日の講義後に、博士課程の蔡寧君に導かれて久々に、随分と手狭になった法研書庫に入り、スイス関連の文献を漁った。若い助教授や更には助手の頃のように猛然と、である。そして同日と翌12月4日、夜9時近くまで研究室に残り、珍しく自室で、それらを読みまくった。スイスの租税法の文献まで含めて、である。

9月6日の引っ越しのために自宅での文献の"段ボール捜索"には限界がある（あった）のだが、そんなことよりも、私は、1981-82年のバーゼル留学の"美しすぎる記憶"のゆえに、何と研究上の「スイス」を、石黒・国境を越える環境汚染――シュヴァイツァーハレ事件とライン川（1991年・木鐸社）以降、実質上殆ど"封印"してしまっていた。この事件と"わが心の町バーゼル"との、悲しい（悲しすぎる!!）関係のゆえかとも、今は思う。

前記の「何かがある」との私の直感は、石黒・超高速通信ネットワーク――その構築への夢と戦略（1994年・NTT出版）55頁以下の見出しの副題（映画「フィールド・オブ・ドリームズ」の"台詞"からの引用）のように、"If you build it, they will come. ..... Go the distance [!!]."と私を促し、前記の"封印"を解くべき時期だと教える、天の声（実は己の内なる声？）だったように思う。既に天に召された Dr. Theo Keppler und Rev. Dr. Felix Trösch SJ にも届くように、以下を、但し、決して深刻にはならず、あくまで楽しみながら、これまで書いていなかった事をも含めて、書くこととする。もはや「封印は解かれた!!」のだから。

2 スイス国際私法典における国際倒産規定について――草案段階からの展開と「ミニ破産」

1987年12月18日のスイス国際私法典（IPRG）166-175条が、同法典第11章の国際倒産関連規定である。私は、1978年公表の同法典第1草案(*)と、（私の帰国後の）1983年に"公表"された第2草案(**)の、「原案」([***]――「1982年2月9日に読了」とのメモ書き付きのコピーが、無事わが家で発掘されている。当時は"秘密扱い"のそれに基づいて、法制定のための専門家委員会の委員長でもあったF・フィッシャー教授との、毎週1回の集中的・逐条的討議が、数カ月間なされていたのである）に基づいて、1981年8月31日-1982年6月30日のスイス留学中の研究（最もベーシックな部分でのそれ）を行なった。そして、石黒「スイス国際私法第2草案（1982年）について(1)-(3・完)」法学協会雑誌100巻10号（1983年）1898頁以下（第2草案全体の邦訳）、同101巻2号320頁以下、同6号932頁以下（第2草案の解説――以上、1984年）に、その直接の成果を纏めた。

国際倒産関係では、第2草案の条文（159-168条）について、同100巻10号1928-1930頁でその邦訳を試み、その解説を、同101巻6号961-965頁で行なっている。他方、「スイス国際私法第2草案における外国破産手続の承認――その効果論」については、留学から帰国後、マイナスのカルチャー・ショックに日々悩まされつつも執筆・刊行

2 スイス国際私法典における国際倒産規定について——草案段階からの展開と「ミニ破産」 135

した同・前掲金融取引と国際訴訟（1983年・有斐閣）301－303頁で、その概要を示しておいた。

* F. Vischer/P. Volken, Bundesgesetz über das internationale Privatrecht (IPR-Gesetz): Gesetzesentwurf der Expertenkommission und Begleitbericht (1978); Bundesgesetz über das internationale Privatrecht (IPR-Gesetz): Schlussbericht der Expertenkommission zum Gesetzesentwurf (1979).

** Botschaft zum Bundesgesetz über das internationale Privatrecht (IPR-Gesetz) vom 10. November 1982.

*** この第2草案の「原案」は、Bundesamt für Justiz, Bundesgesetz über das internationale Privatrecht: Darstellung der Stellungnahmen auf Grund des Gesetzesentwurfs der Expertenkommission und des entsprechenden Begleitberichts (G. 54/Nu/ha: Mai 1980) という、全657頁の、前記第1草案に対する各界意見表明を、踏まえて作成された。この連邦司法省の大部の資料（フィッシャー教授から第2草案の「原案」とともにいただいたもの）も、引っ越し後の新居で、幸い発掘された。いずれ私が研究上の筆を折った段階で、東大法研書庫に寄贈するつもりである。

　前記の「ミニ破産」との関係では、第2草案の「原案」との間で、私の進言に基づく重要な条文案の文言変更がなされたのだが、それを措くとすれば、大筋で第2草案の条文がそのまま、1987年の同法典にそのまま盛り込まれることとなった（後述）。ここではまず、この第2草案の国際倒産関連の諸規定の基本を、石黒・同前（金融取引と国際訴訟）301頁以下から、追体験的に、抜き書きし、次にそれを、同法典（IPRG）と対比しておこう。

　『スイス国際私法第2草案159条－167条は外国でなされた破産宣告（Konkursdekret）の承認につきかなり詳細な規定を置いている。そこで最も注目すべきは、承認の法的効果（Rechtsfolgen）であり、承認された外国破産宣告は——但し一般の外国判決と同様の承認要件の具備が必要とされる［!!］——スイス法上認められた破産法的効果を有するとされる（163条1項）。具体的には、この場合の"承認"［!!］により、スイスにおいてスイス所在の財産（das in der Schweiz gelegene Vermögen）だけを対象として、しかもスイスに住所を有する債権者（Gläubiger mit Wohnsitz in der Schweiz）に対してのみスイス債務取立・破産法（SchKG）に基づく配当がなされる形での、いわゆるミニ破産（Mini-Konkurs）がなされることになる［165条］。そして、かかるスイス法に基づくスイス債権者に対する配当の、残余（Überschuss）のみが外国管財人等に引き渡される（166条1項）というのである。しかも、この残余財産の引渡に際して、さらに外国の配当計画（Kollokationsplan）自体に対するスイス裁判官のチェックがなされる。つまり、外国配当計画の承認は外国破産宣告の承認と別個になされるのであり、とくにそこではスイスに住所を有する債権者の債権がそこで適切に考慮されているかが審査（überprüfen）されるのである（166条2項・3項——因みに一言すれば、筆者が外国清算［倒産］手続の承認なる用語を用いるのも外

国での清算手続上種々の［個別の!!］国家行為がなされ、それぞれの承認が［別途］問題となるからである［!!］)。
……

　なお、ここでスイスにおける承認の対象となる外国破産宣告は債務者の住所地(Wohnsitz)でなされたそれに限られるが（［第２草案］159条１項)、企業についてはその本拠地（Sitz）でなされたものの承認のみが考えられており、債務者（Gemeinschuldner）が住所ないし本拠をスイスに有する場合の外国営業所地における破産（Niederlassungskonkurs）の承認は一応度外視されているが（ただ、Ａ国に住所ないし本拠を有する債務者につきＢ国でなされた営業所地破産はＡ国での扱いに従った処理――但しそれがいかなる内容のものとなるかについての言及はない[*]――がなされねばならない旨の解説がこの草案には付されている（Botschaft, supra, at 188.))。……』

　＊　この点は、「国際私法と国際民事訴訟法（国際民事手続法）との交錯」の問題となる。それについては、石黒・前掲国際民訴法99頁以下を見よ（なお、本書第４章５(4)ｃと対比せよ）。

　一応、以上が第２草案の関連規定の概観である。右に波線の傍線を付した部分につき、1987年のスイス国際私法典（IPRG）自体との対比を、ここで行なっておこう。細かな対比が必要となるが、致し方ない。だが、それが、「スイスにおける外国破産（倒産）手続の承認とスイスの租税債権の処遇」という、後述の重要な論点とも、かかわって来る。そのための詳密な"点検作業"なのである。そのことを、あらかじめ断っておきたい。
　まず、既述のごとく、第２草案159条－167条は、IPRG（AS 1988, 1776)の166－175条（第11章）となった（以下の条文対比は、スイスの六法全書的な、Schweizerische Gesetze の "Juli 2007段階" でのものによる）。
　冒頭規定たる第２草案159条（条文は、石黒・前掲法協100巻10号1928頁。但し、以下において、第２草案の邦訳の頁数は、煩雑ゆえ省略する）と IPRG166条とで、内容的変更はなく、ただ、外国裁判の承認拒絶事由を示した第２草案の「25条」（同前法協1903頁以下）が、IPRG の「27条」と、条文番号がずれたのみ。ちなみに、第２草案23条－25条（IPRG25－27条）が外国裁判の承認要件の規定だが、細かな文言の差はあれ、IPRG にその内容が、そのまま引き継がれている。
　かくて、外見上は、IPRG25－27条の「承認要件」の"一部"のみが、同法166条（第２草案では159条）でリファーされる形にはなる。だが、実際にはそうではない。
　注意すべきは、IPRG166条１項（第２草案159条１項）で、承認対象が「債務者の住所地でなされたもの」に、限定されていることである。即ち、国際裁判管轄（承認管轄）の規定は、IPRG25条 a 号、26条（第２草案23条 a 号、24条）の特則として、既にそこにある。また、IPRG166条１項 a 号（第２草案159条１項 a 号）の、外国破産宣告の当該外国における執行可能性（vollstreckbar であること）の要件の中に、外国裁判の承認要件としての IPRG25条 b 号（第２草案23条 b 号）は、置き換えられている。残りは IPRG25条 c 号（第２草案23条 c 号）の承認「拒絶事由」のみとなるが、それが

IPRG166条（第2草案では159条）1項b号でリファーされ、その上、IPRG（第2草案159条）1項c号で「相互の保証（Gegenrecht）のあること」が、外国破産宣告の場合の特則として、承認要件に付加されている。それゆえ、既述のごとく、一般の外国裁判の承認要件の"全体プラスα"が、スイスにおける外国破産宣告の承認要件となるのである（!!）。この点は、スイスのかかる国際倒産法制を、「承認」と「共助」とのいずれに寄せて考えるのかに関する、後述（本章5）の論議との関係で、重要な論点となる。

次に、外国破産宣告の承認の「効果」に関する前記引用部分の第2草案163条1項だが、IPRG170条1項に、文言の変更もなく引き継がれている。「ミニ破産」関連での最も重要な文言の変更は、かくて後述のごとく、「第2草案の原案」以降、第2草案の公表までの間において（私とフィッシャー教授、そして連邦司法省のフォルケン氏との間での議論を踏まえ）、なされていたことになる（!!）。

さて、「ミニ破産」後の残余財産があった場合について、それを外国管財人「または権限を有する破産債権者に（den berechtigen Konkursgläubigern）」引き渡すことを定める、前記の第2草案166条1項、及び、その前提としての、「外国の配当計画の承認の「審査」（そこにおいては、スイスに住所を有する債権者の債権への適切な保護があるか否かが、重点を置いて審査されねばならない）を定めた第2草案166条2・3項は、IPRG173条1－3項に、そのまま引き継がれた。そうした立場のスイスの債権者への「審尋」の規定たる同条3項第3文（本書との関係では、後述のごとく、結構重要な規定となる!!）も、同様である。

だが、「ミニ破産」に際してのスイスでの「配当計画」に関する第2草案165条自体と、それ以降の展開については、論ずべき種々の点がある。まず、この「ミニ破産」での配当にあずかれる者を列記した第2草案165条1項だが、IPRGの「制定段階でのその172条1項」に引き継がれた条文の文言には、変更はない。但し、その後にSchKGの改正があり（後述）、現在では、IPRG172条1項b号の内容が、変更されている（Fassung gemäss Anhang Ziff. 22 des BG vom 16. Dez. 1994, in Kraft seit 1. Jan. 1997 [AS 1995, 1227].）。

ところが、ここまで書いたところで、「第2草案165条1項」の私の邦訳が、ひょっとして間違っていたのか（??）、との重大な疑念が生じた。だが、（バーゼルのライン川の流れを見詰めつつ、留学中いつもそうしていたように、シューマンの「交響曲第3番 „Rheinische"」を聴いていた成果か、私の内面は至ってstableであり）その疑念自体はすぐに"氷解"した。それは、以下のようなことである。

24年前の私は、法協100巻10号1929頁（1983年10月公表分）で、この第2草案165条1項のa・bを、以下の通りに邦訳した。即ち――

「第165条　1　配当計画にはスイスに住所を有する債権者の債権であって以下のもののみを取り込む（aufnehmen）ものとする――
　　a　債務取立及び破産に関する連邦法［SchKG］第219条の担保付債権（die pfandversicherten Forderungen）、及び、

138　第2章　スイスの選択と「ミニ破産」

　　b　同法第219条第4項（第1－第4順位）の無担保債権。」

——と。
　だが、（前記の SchKG のその後の改正による文言の変更はともかくとして）この部分のドイツ語は、第2草案以来変わらず「2007年の今日」（正確には同年7月——既述）に至るまで——

　„(1) In den Kollotionsplan werden nur aufgenommen:
　　a) die pfandversicherten Forderungen nach Artikel 219 des Bundesgesetzes über Schudbetreibung und Konkurs, und
　　b) die nichtpfandversicherten [..... Forderungen] von Gläubigern mit Wohnsitz in der Schweiz."

——となっている。つまり、文言上は、「スイスに住所を有する債権者の」の部分は、直接には b 号のみにかかる、ようにも読める。だが、その解説たる Botschaft, supra, at 192には、この第1項について——

　„Nach Absatz 1 werden nur die pfandversicherten Forderungen gemäss Artikel 219 SchKG und die privilegierten Forderungen nach Artikel 219 Absatz 4 SchKG in das schweizerische Verfahren. Teilnahmeberechtigt sind die Gläubiger, die ihren Wohnsitz bzw. Sitz in der Schweiz haben."

——とある。即ち、問題の部分は a・b 号の双方にかかるものとされている。更に、「ミニ破産」の場合の「配当異議の訴え」の提起を「スイスに住所を有する債権者のみ」に限定する同条2項の正当化に際しても、Ibid が——

　„Da zur Kollokation nur Gläubiger mit Wohnsitz bzw. Sitz in der Schweiz zugelassen sind, ist die Legitimation zur Kollokationsklage folgerichtig auf diese Gläubiger zu beschränken (Abs. 2)."

——と明確に（!!）述べている。要するに、「ミニ破産」で配当にあずかれるのが「スイスに住所を有する債権者」に限られるのだから、配当異議の訴えも「スイスに住所を有する債権者」のみに許すのが一貫した処理だ、ということである。かくて、文言上は前記の第1項 b 号のみにかかるとも思われる「スイスに住所を有する債権者の」の部分を、24年前の私は、a・b 号に、共にかかる文言として、訳出したのである（正確には、次に示す文献との関係で「エッ!?」となり、しかしながら結構［パニックには全くならずに］平静を保ちつつ調べたところ、以上の理由で、前記のごとく邦訳したの「であろう」と、20数年前の自分の作業の、この点での周到さを再確認した次第。——2007年12月8日午前4時29分、再度思い立ってパソコンに向かい、石黒・前掲法協101巻6号964頁、972頁注229を見たら、やはりこの点につき、［頁だけの引用だが］前記の Botschaft, supra, at

2　スイス国際私法典における国際倒産規定について——草案段階からの展開と「ミニ破産」　139

192が、ちゃんとリファーされていた）。

ところが、前記の"書庫漁り"の結果コピーした文献の一つたる、Honsell/Vogt/Schnyder (Hrsg.), supra, at 1276 (S. V. Berti/U. Bürgi——前者はチューリヒ大学の博士号を持つ弁護士、後者はチューリヒの弁護士で公証人資格保有者。——そんな人達、私は知らない‼）には、わざわざ以下の傍線部をイタリック表示にしつつ、その後の改正の前の「IPRG172条の第1項」につき——

「Zur Befriedigung ihrer Forderungen aus der IPRG-Konkursmasse werden nur Gläubiger pfandversicherter Forderungen, aber dies ohne Rücksicht auf ihren Wohnsitz [??], einerseits, sowie die Gläubiger nicht pfandversicherter Forderungen gemäss Art. 219 Abs. 4 (1.-4. Klasse) SchKG mit Wohnsitz in der Schweiz, andererseits, zugelassen."

——とある。たしかに、その方が文言には忠実のようでもある。この文献をコピーで読んだものだから、「私の邦訳ミスか??」と、一瞬（ちょっと長いそれ）、既述のごとく身構えた次第である。

だが、このIPRG172条の解説をするA.K. Schnyder, Das neue IPR-Gesetz (1988), at 123も、この点についての本文中の明示の指摘はないものの、Botschaft, supraの、既述のS. 192を含むZiff. 210.5を、専ら引用している。また、K. Siehr, Das Internationales Privatrecht der Schweiz (2002), at 705にも——

「Aus der inländischen Konkursmasse sollen nur bevorrechtigte Gläubiger mit Wohnsitz/Sitz im Inland befriedigt werden."

——と、前記のa号・b号を合わせた形で、サラッと私の理解と同じことが書かれている。

もっとも、スイスの「ミニ破産」方式を批判する立場のH. Schack, Internationales Zivilverfahrensrecht (4. Aufl. 2006), at 380は、"ausser den pfandgesicherten Gläubiger nur Gläubiger mit Wohnsitz in der Schweiz ....."との書き方をしている。ちなみに、この個所のシャックの批判は、スイスが自国債権者（特に租税債権者‼）を優遇している点に向けられている。詳細は後述するが、IPRG172条1項の意味内容の解明（明確化）は、「外国破産（倒産）手続の承認とスイスの租税債権の処遇」という、後述の重要な論点とも、一応は関係するのである。だから、事細かに論じているので「も」ある。ともかく、このシャックの書き方は、Honsell et al. (Hrsg.), supra, at 1276 (S. V. Berti/U. Bürgi) と同旨かと思われる。

その先は、数日前に一括発注したその他のスイスの文献の到着を待って、つまりは自分の自宅に「スイスそれ自体」を"取り戻して"から、ゆっくりと考えたい。あるいは、スイスの行き方に対する隣国ドイツ（等）からの批判をかわそうと、右の最後に再度引用したような見方が示されるに至ったのかもしれない（わざわざイタリックで書いてあるという、既述の書き方からしても。——つまり、こう解すれば、IPRG172条1

項「a号」の担保付債権については、スイスに住所を有しない外国の債権者も、スイスの「ミニ破産」からの配当を得られることになる。Botschaft, supraの明確な書き振りには反するが、いかにも"スイスらしい"批判のかわし方——ニュアンスは若干異なるが、石黒・前掲国境を越える環境汚染191頁の［追記］参照——と、言えなくもない[*]）。

* なお、IPRGと（私が全訳した）第2草案との間での文言の変化等について、ここで、その他の点をざっと見ておく。細かな文言の差はともかく、IPRG166－174条の国際倒産規定（IPRG175条は、第2草案168条に相当し、いわゆる「遺産契約」に関する規定ゆえ、ここでは省略）は、第2草案の規定を、そのまま受け継いでいる。<u>従って、法協に掲載された第2草案についての私の解説は、基本的に今でも使えるものとなっている（!!）</u>。但し、後述のSchKGのその後の改正で、172条の「1項」の文言が変わり、外国配当計画の"不承認"の場合の規定たる第2草案167条の文言も同様に変わり、かつ、そこに新たな第2項を加えて、今日のIPRG174条となっている（こう見て来ると、「ミニ破産」に関する私のスイスへの貢献は、結構大きかったのかも、とも思われて来る）。

以上で、石黒・前掲金融取引と国際訴訟からの、第2草案についての前記引用部分に関する、制定当初のIPRGとの対比を、一応終えたことになる。あとは、SchKGの前記改正による、IPRG172条1項の「b号」の、その後の改正である。だが、併せてここで、スイス留学中は思いもよらなかった<u>「私と国際課税との出会い」</u>（本書のもととなった連載論文冒頭の、貿易と関税2005年9月号53頁以下に記した、故上本修君の、天からのお導きによるそれ!!）を踏まえ、前記の2007年12月3・4日の"書庫漁り"の成果としての、<u>「スイスにおける租税債権の優先性」</u>について、重要な補足をしておきたい。——「私は先生の傘になって、お守りしますよ」と言って、その後間もなく死んで行った<u>上本君</u>。1986年1月15日夕刻、東大病院北病棟に、彼の訃報を聞き飛んで行ったとき、病室には、彼の実のお母さんが居た。そして、泣きながら、「何にもここにはないけれど、修の傘がありますから、どうかこれを、形見として持って行ってください」とおっしゃった。動転していた私は言われるままその傘を手にし、自宅に戻っていた。そして暫くして、はっと気づいた。「上本、まさかお前!?」、ということである。——ちょうど今、私のスイスでの生活を支えてくれていた「アルプス交響曲」が終わり、また、シューマンの „Rheinische" になった(*)。

* さっき、「上本君の傘」を、久々に、「頼んだぞ!!」というつもりで、しっかりと握り締めた。引っ越しのときも、それだけは最優先で自分で運んだ彼の傘、である。この先は、明日に回そう。以上、2007年12月7日午後10時53分までの執筆。——その後の夕食で、妻の作った最高の "蟹御飯"［産地直送3回分の、松葉蟹3杯、セイコ蟹9杯の殻をとことん煮詰めてダシにしたそれ——何処の料亭でもこんなのは食したことがない!!］でハイになり、8日午前2時ちょうどまで、若干の点検・加筆を行なった。更に、同日午前4時41分まで、楽しいので何となく再度、加筆した。そろそろ寝ようかと思う。「第200回目」の連載論文執筆終了に、かくて王手となり、嬉しくて仕方がないもう一人の自分が、多分そうさせているのであろう。——執筆再開は、12月8日午後1時33分。同日午後2時40分に、ここまでの点検を終了。いよいよだが、肩の力は抜いて行こう!!）。

3　スイスにおける外国破産宣告承認と「自国租税債権の処遇」――連邦と州（カントン）の権限配分との関係において

　私は、前記の「手書きの一枚紙」に即した説明の個所で、「ミニ破産」手続の(3)として"スイスの"一定の優先的債権者への配当が、まずなされる際、「スイスの租税債権の主たる部分については、そこで配当がなされる(!!)」、と述べていた。だが、この点の詳細は後述する、とも記しておいた。問題が、そう簡単ではないからである。それを、以下において論ずることとする。

　さて、第2草案165条1項の、スイスでの「ミニ破産」における「配当計画」の規定では、既述のごとく、同条1項のa号で、SchKG219条の「担保付債権」が、そして同項b号で、SchKG219条4項の、「第1－第4順位の無担保債権」が、そしてそれら「のみ」が、スイスでの配当にあずかれる、とされていた。そして、それがそのままIPRG172条1項となった。

　その双方を、「スイスに住所を有する債権者の債権」に限定するか否か（既述の論点）は、"スイスの租税の処遇"を考えるという以下の論点とは、関係しない。即ち、前記のどちらの理解でも、"スイスの租税債権"が頭から除外される訳ではない。問題は、スイス租税債権の優先性の"内実"にこそ存する。

　さて、前記のSchKGのその後の改正との関係で、現在のIPRG172条1項のa号はそのままだが、b号の方が、「担保付きではないが優先的な債権」（原文は、„die nicht pfandgesicherten, aber privilegierten Forderungen von Gläubigern mit Wohnsitz in der Schweiz"）、となった。スイスの租税債権が、その何処に位置付けられるのかが、問題となる(*)。

> *　ちなみに、1981－82年の私のスイス（バーゼル）留学時に、こんな問題関心など、あるはずもなかった。だが、2007年12月3－4日の"書庫漁り"のついでに、自分の研究個室の中のスイス関連の書籍を、椅子の上に乗って脚が吊りそうになりながら引っこ抜き、調べたところ、バーゼルで買ったK. Amonn, Grundriss des Schuldbetreibungs- und Konkursrechts (2. Aufl. 1981), at 320ff の、SchKG219条4項のあたりに、ちゃんとアンダーラインなど、いくつか引いてある。25年（四半世紀!!）以上も前の自分とのこうした対話（再発見としてのそれ）は、なかなかに楽しいものであった。「おぬし、ちゃんとやっているではないか」、ということである。

　まず、第2草案やIPRG制定当初のSchKG219条の4項（第1－第4順位の無担保債権）との関係だが、1981年刊行のAmonn, supra, at 321には、SchKG219条4項の、「第2順位」の債権の中に、（家族法上の一定の債権等とともに）「連邦の国庫（Bundesfiskus）」の一定の「租税債権（[S]teueransprüche）」が含まれる、とされ「ていた」（過去形!!――後述する）。

　Ibidから、この部分を抜き書きしておこう。但し、私は租税法自体の専門家ではなく、以下の個所の正確な翻訳は控える。金子宏・租税法（11版・2006年・弘文堂）13頁の「転嫁（Überwältzung）」までは辿り着けるが、„Verrechnung"をどう訳すべき

かが、分からない。

　そこで、思い切って12月10日午後6時頃、増井良啓教授に書面で助けを求めたところ、翌朝10時に、„Verrechnungssteuer" は "予納税" と訳すべきことにつき、即座にご教示頂いた。堀いっ子＝荒木和夫＝野村滋「スイス連邦共和国における税制の概要（上）（下）」月刊国際税務2006年9月号56頁以下、同10月号65頁以下のコピーも頂き、同（下）71頁以下に「予納税」とあり、とのメッセージつきでの、有り難い御返事である。

　この情報付きで Amonn, supra, at 321を引用すれば、そこには、前記の第2順位の債権として、社会保険（Sozialversicherung）関係等のほかに其処に含まれるものとして——

　„..... und schliesslich hat noch der Bundesfiskus seine Verrechnungssteueransprüche hier [der zweiten Klasse] untergebracht, soweit der Schuldner die Steuer bereits überwältz hat."

——とある。だが、Ibid は、こうしたものが「第2順位」の優先権を有するに至る流れに対して、少なくとも一部には「社会的正当性」の疑われるものもあるように思われる、との、微妙な評価を、既に加え「ていた」。

　ただ、どう見ても右の例示は、「連邦の租税」の全体像からは、限定的である。「其処がなんとも気になるんだよなあ」と思いつつ数日悩んだ私の、意識の流れの"プチ軌跡"に沿って、論述を進めよう。

　Amonn, supra と同様、研究室の天井近くから引っこ抜いて（引っこ抜けた）ものに、U. Häfelin/Haller, Schweizerisches Bundesstaatsrecht: Ein Grundriss (2. Aufl. 1988) がある。1848年のスイス連邦憲法（1970年頃まで、そこに「イエズス会禁止条項」があったりもしたし、「スイス連邦憲法59条とスモン訴訟」［石黒・前掲国境を越える環境汚染168頁注228、179頁注316、等参照］の切り口もある、等々）への関心のゆえに入手していた書籍、であろう。

　この Häfelin/Haller, supra, at 99に、スイスの租税制度を理解する上での最重要事項が、以下のごとく示されていた。即ち、連邦憲法（BV）上の、連邦についての「包括的（umfassend）」な法の定立権限（Rechtsetzungskompetenzen des Bundes）に続く、「断片的な（fragmentarisch）」な連邦の法定立権限の例として、まさに「課税」の場合が挙がっている（!!）。そこには、スイスの場合——

　「連邦は、州（カントン）やゲマインデの必要性を考慮して、何ら包括的な課税権限を有しておらず、単に個別の、厳密に限定された租税を徴収する権限しか有しない (So hat der Bund — mit Rücksicht auf die Bedürfnisse der Kantonen und Gemeinden — keine umfassende Steuerkompetenz, sondern lediglich die Befugnis, einzelne, genau umschriebene Steuern zu erheben.).」

——との、重要な指摘が「ある」（「あったのを見つけた」）。

3 スイスにおける外国破産宣告承認と「自国租税債権の処遇」
——連邦と州（カントン）の権限配分との関係において 143

　Amonn, supra の連邦租税債権の優先性についての、極めて限定的な書き振りも、この点から解すべきなのだな、と思った矢先、次の二つの矢が飛んで来た。まずは、ショッキングな方から。
　前記の SchKG の改正後の、E. Blumenstein/P. Locher, System des schweizerischen Steuerrechts (6. Aufl. 2002), at 498 に、私は次のショッキングな指摘を見いだした。即ち——

„Insbesondere geniesst die Steuerforderung kein Vorzugsrecht (Konkursprivileg) ge-genüber anderen Gläubigeransprüchen [!!]. Sie ist als sog. Kurrentforderung (in 3. Klasse) anzuweisen, vorbehältlich der Befriedigung aus einem eventuellen Steuerpfand (SchKG 219). ……"

——との指摘である。ちなみに、改正後の SchKG219条4項の「第3順位」とは、「その他の全ての債権（alle übrigen Forderungen）」、つまりは「最劣後債権(!!)」のことである。「スイスの租税債権の全体が、まさか其処に位置付けられるなんてことは……!?」との、内的ストレスを一応は抱えつつ、そんなことはないはずだ、との思いとともに、私は検討を進めて行った。
　前記の引用個所は、要するに、スイスの倒産手続において「租税債権は、他の債権者の請求権に対して、何らの優先権をも有せず(!!)、SchKG219条4項の第3順位(最下位!!)となる。租税担保（権）があれば別だが……」、ということになる。さあ、大変だ(!?)。
　実は、ここから先の"第2の矢"が面白い。ＳＦ映画の主人公が殺されかけて、もう駄目だというところから如何に這い上がるかを観る思い、である。しかも、其処にまさに「スイスのスイスたる所以」があったりもするから、研究というものはつくづく面白い。
　ともかく、Amonn, supra の前記の指摘が正しいとすれば、Blumenstein/ Locher, supra の断定的な書き振りからして、連邦の租税債権について「は」、その後に何らかの制度改正があったのかもしれない[*]。だが、この点は、いずれゆっくりと調べることとする。IPRG との関係での"落とし前"は、一応本書においてもつけられるので。

*　実は、Schack, supra, at 380 に、„Staaten, die wie Deutschland 1999 jegliche Fiskusvorrechte abgeschafft haben, ……." とある。スイスの「ミニ破産」を批判する文脈においてである。ドイツは、本当に1999年に租税債権のいかなる優先性をも廃棄したのか。そうだとして、その狙いは、単純な民間債権者への圧迫のゆえ「のみ」か、等々。実に興味を引く問題が、其処にある（なお、Id. at 350 をも参照せよ）。但し、右のとおりとしても、それはドイツの勝手であり、日本の場合には直結しない（シャックも、そうしたドイツが、一方的に他の諸国との関係で不利になることを、問題視している）。

　ここで、SchKG の前記改正後の C. Jaeger/H.U. Walder/Th.M. Kull/M. Kottmann, Bundesgesetz über Schuldbetreibung und Konkurs (4. Aufl. 1997/99), Bd. Ⅱが登場する。Id. at 307（Art. 219: Anmerkung 2）には、本書でこれまで注目して来なかったIPRG172条1項の「a号」の「担保付債権」につき、連邦法又は州（カントン）の法による、「法定の担保権又は優先権」がそれにあたるとあり、スイス民法典（ZGB）836－841条が、リファーされている。

そこで、もしやと思って見てみたら、「ヤッター‼」となった。バーゼルで買って研究室に置いてあった P. Tuor/B. Schnyder, ZGB (10. Aufl. 1986), at 747 (Id. [11. Aulf. 1995], at 825) が「ビンゴ」であった。何と、スイス民法典（ZGB）836条に、かなり広汎に、「公法的（öffentlichrechtlich）その他の諸関係から、カントンの法によって設定される法定担保権」については登録を要せずにこれを有効とする、との条文があり、実際にもカントンの立法によって、カントン（州）の各種の租税債権が「担保付債権」とされていることが、前記のものに、明確に示されていた（更なる情報については、H. Honsell/N.P. Vogt/Th. Geiser [Hrsg.], Schweizerisches ZGB Ⅱ [1998], at 1845[J. Hofstetter] 参照）。

Häfelin/Haller, supra, at 99にあったように、スイスの場合、課税について、少なくとも制度上のメインは各州（カントン）の課税のようであり（堀他・前掲に詳しい）、そのかなりの部分は、かくて意外にも「スイス民法典（ZGB）」の規定を介して、法定担保権を有する債権（租税債権）として、IPRG172条1項の「a号」により、スイスの「ミニ破産」での、優先配当を受けることとなる（ZGB836条との関係を含め、Blumenstein/Locher, supra, at 326f. なお、動産関連の税務上の担保権の唯一の例とされる、連邦の（‼）関税法（ZG）上のそれにつき、Id. at 327.[*]）。

＊ Schack, supra, at 380が、IPRG173条1項の「残余財産の外国管財人等への引渡し」規定につき論じつつ、„Etwas versteckter ist die Selbstbedienung durch weitreichende Vorrechte des inländischen Fiskus, ……."と（即ち、要するに、内国租税債権の広汎な優先権で「ミニ破産」の対象財産を、スイスが自国の国庫のために使う意図が、其処に隠されている、ということを）指摘するのは、こうしたことを踏まえてのものであろう（なお、Id. at 350, 383をも参照）。

なお、スイスに10カ月滞在してつくづく思ったことは、スイスが「ゲマインデ（村落共同体）社会」である、ということであった。連邦よりもカントンが、そして本当はゲマインデの方が優先する社会だ、ということである。ちなみに、戦前の穂積重遠博士の「親族法」という分厚い体系書の末尾には、"スイスの家族制度"が参考として挙げられているはずである。スイスから戻ってそれを手にしたとき、ひょっとして日本の戦前の家制度（それについては、石黒・前掲国際私法［第2版］113頁以下）の模範はスイスだったのか、と思ったりもした。

但し、其処から漏れた連邦・カントンの租税については、Blumenstein/ Locher, supraを前提とすれば、何らの優先権もないことになる。そして、改正後のIPRG172条1項の「b号」では、「担保付きではないが優先権を有する（privilegiertな）債権」のみが、「ミニ破産」での配当を受け得ることとなり、それらの租税債権は、配当を「否定」される。

だから「やはり大変だ」ということになるかといえば、必ずしもそうも言えない。IPRG173条の「外国の配当計画の承認の審査」においては、とくに（insbesondere）、スイスに住所を有する債権者の外国配当計画における処遇が問題とされ、かかる債権者は「審尋」を受けることになる。そこに、前記の「ZGB836条(*) ＋ IPRG172条1項a号」のルートから漏れた連邦・カントンの租税債権者の立場をインプットすると、自然に（!!）IPRG174条の、「外国配当計画の不承認」に移行し、「ミニ破産」の残余は、かくて改正後のSchKG219条4項の「第3順位」（その他の全ての債権）の債権者であって「スイスに住所を有する者」（租税債権者を含む）に、分与されることにもなり得る（そこから先は、海外一括発注文献の到着を待ち、ゆっくりと考えることとしよう）。

  ＊ つくづく面白い規定がスイス民法典にはあるものだと、感心する。面白いと言えば、ZGB719条3項等には、「蜜蜂（die Bienen）」の所有権に関する規定がある。だが、日本の国税徴収法90条には、「蚕」の換価制限の規定がある。「スイスの蜜蜂」と「日本の蚕」。何だか面白いではないか(**)。

 ＊＊ スイスの「ミニ破産」規定の変遷や、その基本的性格付け（「承認」か「共助」か）等の論点を次に残しつつ、まずは「第200回目」の連載のための執筆を、ここで終えることとする（以上、2007年12月8日午後7時24分。点検終了、同日午後8時47分［ここまでは、貿易と関税2008年2月号分］）。

4　「スイスのミニ破産」と「私」──Hotchpot Rule との関係を含めて

　2008年1月7日午後5時29分、かくて本年初の連載執筆をする。同日2時半頃より、技術雑誌OHMで本年1月号から1年間担当することとなった「コラム」の3・4月号分（「『国境を越える環境汚染』から地球環境問題へ？──その1・その2」）を先に仕上げてから、となった。そのコラムでも、私の留学先「バーゼル」との関係（いわゆるSchweizerhalle事件）から説き起こしたが、この4は、「スイス」関連の論述の、後半部分から、となる。

　スイスの国際倒産法制を特徴付ける言葉としての「ミニ破産」については、既にその概要は示して置いた。だが、この「ミニ破産」という言葉が、ほかならぬスイスにおいて用いられるに至る、誰も知らないであろう経緯について、ここで論じて置く。何故それを論ずるかと言えば、其処で「私」が登場するから、である(*)。

 ＊ 但し、私の「名前」は、もとより出て来ない。実質的な私のスイスへの貢献の内実を、ここで「全部ありのまま」書いておく、との趣旨である。すぐ次に示すところの、私のスイス国際私法第2草案（1982年）についての解説の中でも、この点はサラッと言及するにとどめていたが、それでは本当のことがわからないであろうから、でもある（常に「影」の存在たることを好むのが私であり、この点では、学部の国際私法講義の第1回目に必ずその視聴を行なって来た、1988年のNHK西日本スペシャル「海を渡る赤ちゃ

ん」の40分番組も、同じである。即ち、当該番組の構成、取材の際の留意点、等々については、殆ど全てにわたって私の指示があり、担当の広島局中村ディレクター〔当時〕との密接な連携の中で、この国宝級の、但し極めて悲しい映像＆音声が纏められた。だが、当初からの約束に従い、私の「名前」は、一切出ていない。出して欲しくはなかったのだ。なお、2007年度冬学期の東大ロー・スクールでの国際私法講義に際し、参加学生達から是非それを視聴したいとの要望があった。そしてそれを実現したところ、そこから猛然たる議論が沸き起こり、私としてはとても嬉しかった。更に、学生達が他の講義でもその内容の重要性について強調してくれたようで、年末の教授会の際に、民法の大村敦志教授に、ビデオを貸して欲しいと言われた。そこで、講義で同時に流した「インターネットでのブラジルの養子斡旋とフランス国民議会の反応」についての、これまた私が深く関係した（出演した）、ＮＨＫ衛星ＴＶの番組の、安易な米国ＣＮＮ報道などをカットして編集し直した、短い別なビデオと、講義で配っていた前者の番組に対する私の詳細なコメントのＡ４一枚紙と共に、当該のビデオを、彼のメール・ボックスに入れた。年明けにどんな反応が返って来るか、楽しみである。憲法・民法その他の法領域に跨がる当該問題〔赤ちゃんの人権を、この国では誰も守ろうとはしていない、という重大問題〕について、この20年余り、私は注意喚起をし続けていたが、専門家の反応は、ゼロに等しかった。大村教授からのお申し出は初めてのことであり、学生達に、感謝せねばならない）。

　ところで、外国に留学するのは、明治以来の日本の法学者の宿命的営為ではあるが、その外国で何を摑み取るかの問題とともに、いわばその前提として、その社会の中に何処まで深く食い込むか、食い込めるかが、問題となる。既に一言したこととして、スイスの家族制度が、穂積重遠博士の手による戦前の代表的な親族法の体系書の末尾に、参考として纏めて紹介されている（但し、版によっては、本文中の「家」制度の解説の直後に、「家長権」や「家産」等々についての、「付録　スイス民法の家制」の部分がある）。それは戦前の日本の家制度との関係であるが、実際にスイスに10カ月滞在した経験からは、村落共同体的な「ゲマインデ社会」こそがスイスを最も特徴付けることが、鮮明なものとなる。スイス的な相互監視システムとしての、「向う三軒両隣」の感覚や「村八分」的なことは、少なくとも私がバーゼルに滞在していた頃、種々の場面で、肌で感じざるを得なかったことではある（そのあたりのことも含め、1982年6月の帰国直後の私は、「スイスの大学で感じたこと――バーゼル留学日記抄」とのエッセーを公表した。引越しの際にそれを発掘していたのだが、再度どこかに紛れてしまった［のちに再発掘。「大学世界」7巻2号（1984年・全国大学人協会刊）52-59頁である］。いずれにしても、そのもととなった詳細な、10センチ近い厚さになる私の「バーゼル留学日記」は、引越し前に既に妻が発掘してくれていた。いずれ、何かの形で纏めたくは思っているのだが……。――ともかく、日本の戦前の社会制度の基盤たる「家」制度が、スイスの家族制度との一定の内容的リンケージを有していたことは、それ自体として注目すべきことである。しかしながら、戦前の日本は、スイスのゲマインデ社会「的」なものを、「家」を基盤として構築しつつ、その社会基盤の上に、スイスとは全く対照的な、強固な中央集権システムを構想しようとしていたことになる。面白い現象であり、本気で暇が出来たら、じっくりと考えてみたい点ではある）。

　バーゼルとチューリッヒとでは、ドイツ語の"r"の発音が微妙に違うこと、等のことも、単なるディアレクト（方言）の差というよりは、緊急時を含めた咄嗟の、（この者は何者か、仲間か否か、についての）暗黙の相互認識の手段、との観がある。少なくとも私が留学した当時、言語学の大きなものはともかく、「エグエッテ（Guten Appetit

!)」等のスイスドイツ語のハンディーな辞書など存在しなかったが、それにも、ある種の安全保障上の理由があるのでは、とさえ疑いたくなる程であった。国民皆兵のスイスにおいて、町角の至るところに、真っ白な長四角の看板で、右上から左下に向けてオレンジ色の太い帯のある、何も書かれていないものが出されると、「国中が騒然とし、1時間以内に何かが起こる」（石黒・日本経済再生への法的警鐘［1998年・木鐸社］の表紙カヴァー参照）のも、そうした一連の事柄と、深く関係する（「総員、直ちに［1時間以内に］任地に赴け」の、軍事緊急命令の、静かな布告である）。

　ともかく私は、2年ではなく10カ月のみと、最初から短く在学研究期間を設定していた。その間になるべく多くのことを吸収するには、汽車に3時間も乗れば国境を突き抜けてしまうスイスのような小さな国が最適だし、第1、日本人がほとんど居ないところ、というのが必須条件でもあった。

　ただ、私の場合、幸いにして、1848年のスイス連邦憲法によって1970年代の初めまで禁止されていたイエズス会（連邦形成の直前の宗教戦争の原因がイエズス会にあり、との理由による禁止）の、新教の町バーゼルでの活動拠点だった「カトリック学生寮」に、（留学前に毎週土曜日、憲法・国法学の日比野勤教授らとドイツ語を教えてもらっていた、スイス出身の、上智大学故 H. Breitenstein 教授［イエズス会の修道院長］の紹介で）、住むことが出来た。其処で既述のトレッシュ神父さんにとことん信頼されたことが、実に大きく機能した。どこでどう情報が伝わるのかはわからないが、ともかくも私は、異教徒であるにもかかわらず（！）、「灰の水曜日」に、どのバーゼル市民よりも先に、トレッシュ神父さんに額に灰を付けてもらったりもした（私は、ミサがあるから来て御覧とトレッシュさんに言われただけだったので、さすがにどぎまぎした）。そうしたこと（人と人とのとことんの信頼関係）が、以下に述べる「ミニ破産」に関するスムーズな展開にも関係するし、そもそも当時はいまだスイスで秘密扱いだったスイス国際私法第2草案の「原案」に基づく、F. Vischer 教授との、2人だけでの毎週の討議（既述）がなされ得た理由ともなっていることを、当時の私は、これまた肌で感じていた（82年6月の帰国直前になって私は、フィッシャー教授に、「どうして貴方は、ここまで私を信用してくれたのか」と、尋ねた。直接の答えはなかったが、「パーター・トレッシュには感謝していいよ」とのニュアンスのことを、彼は私に告げた。ちなみに、2007年5月31日に逝去された Rev. Dr. Felix Trösch SJ が、1979－90年の間、即ち私のバーゼル留学中を含めて、Dekan der Röm-Kath. Kirche Basel-Stadt であったこと［Dekan は、地区主席司祭］を、後任の神父さんからの、ご逝去の正式の報とともに、昨秋私は、初めて知った）。

　別な例を挙げれば、つい先程それを書き終えてから執筆に臨んだところの、OHM 誌のコラムは、バーゼルに本社を置く某製薬会社のライン川汚染事件に関するものであったが、それについても、同様の思いがある。そのコラムには、「バーゼル訛りのドイツ語を駆使して、本来極秘のバーゼル州議会の一件記録を入手し得た」と記したのみだが（そのことによって、石黒・国境を越える環境汚染［1991年・木鐸社］の執筆が可能となり、この事件に関する欧州の各文献にも一切示されていない「真実」を、其処に記し得た）、普通は、そんなことはあり得ない。あり得ないのがスイスなのだ。だが、日本で公私ともに四面楚歌だった私の心を、魂を、救ってくれたバーゼルのライン川に対する、私の切々たる思いが、「わかった。暫く待て」と言って、大量の秘密資料のコピー一式をすべて私に託した初対面の“あの人”に、通じたのであろう（恐らく彼も、スイス特有の秘密主義と「真実」との狭間で、そして、バーゼルのライン川について、私と同じことを思い、嘆いていたのだろう）。

さて、「ミニ破産」について、私は前掲の法協101巻6号（1984年）963頁以下に、次のごとく記していた。即ち——

「[外国破産宣告の]承認の効果一般に関する第2草案163条について注意されるのは、第1草案166条1項から第2草案の原案（その160条1項）に至るまで、単に承認の効果はスイス法によるとの内容が規定されるにとどまっていたことである。この場合、スイス破産宣告が普及主義的効力を有するものであるため、スイス以外の第三国にある債務者の財産までが、本条以下の規定に基づく［外国破産宣告の］承認に際してなされるスイスでの破産手続に包含されるのかという疑問が生ずる。そうしてしまっては事柄を複雑にするだけであり、第1草案以来のスイス草案の趣旨も、右の場合にはスイス所在の財産についてのみ破産手続を進めることにあったと見るべきであろう。この点は筆者自身、在欧中、連邦司法省のフォルケン氏に注意を喚起したところだが、幸いにして、公表された第2草案163条1項では、「外国破産宣告の承認は、……スイスに所在する債務者の財産について（für das in der Schweiz gelegene Vermögen des Schuldners）スイス法の定める破産法上の効果を有する」と規定されるに至ると同時に、第2草案の解説中にも、この場合のスイスでの破産手続を示す言葉として Mini-Konkurs なる言葉が多用されるに至った。」

——と。

その間の事情を、以下において若干詳細に辿っておくこととする。まず、Vischer/Volken, supra (Bundesgesetz über das IPR [IPR-Gesetz]: Gesetzesentwurf der Expertenkommission und Begleitbericht [1978]), at 41の第1草案166条1項は——

„Der Vollstreckungsentscheid zieht für die Vermögenswerte des Schuldners und die Rechtsansprüche der Gläubiger die konkursrechtlichen Folgen des schweizerischen Rechtes nach sich."

——とするのみであった。そして、Id. at 172のこの部分の解説でも、かくてSchKGによる手続が進められる際に、「それは同時に外国主手続に宛てた共助を意味する。[即ち] スイスに所在する財産は、スイスの破産所轄官庁により簡略化した手続で換価され（167条）、外国の破産財団の用に供される（169条）」とされるのみであった（原文では、„Gleichzeitig bedeutet der Vollstreckungsentscheid eine Rechtshilfe zuhanden des ausländischen Hauptverfahrens. Die in der Schweiz gelegenen Vermögenswerte werden in vereinfachtem Verfahren durch eine schweizerische Konkursbehörde realisiert [Art. 167] und der ausländischen Konkursmasse zur Verfügung gestellt [Art. 169]."）。即ち、右に邦訳と共に示した部分の第2文に「スイスに所在する財産は」とあるが、その意味合いと位置付けは、曖昧であった(*)。

　　* 但し、後述の論点との関係で、もう一つここで注意して置くべき点がある。既に論じ

4 「スイスのミニ破産」と「私」——Hotchpot Rule との関係を含めて　149

たように、第1草案以来のスイスの一貫した処理は、外国倒産（破産）手続のスイスでの取扱を、あくまで一般の外国判決の承認・執行とパラレルに扱いつつ、その承認の効果において特則としての処理をする、というものであった。前記の邦訳と原文の引用部分でも、この点は明確である。他方、こうした処理については、「同時に（gleichzeitig）外国側への共助（Rechtshilfe）を意味する」との位置付けが、別途なされていたのである。

だが、Vischer/Volken, supra の1年後に刊行されていた、同じく第1草案についての Bundesgesetz über das IPR (IPR-Gesetz): Schlussbericht der Expertenkommission zum Gesetzesentwurf, supra (1979), at 284には、この部分の解説（即ち、承認の「効果［Wirkungen］」の項の冒頭）において——

„Der Vollstreckungsentscheid zugunsten der ausländischen Konkurserklärung zieht für die schweizerischen Vermögenswerte des Schuldners sowie für die Rechtsansprüche der Gläubiger alle konkursrechtlichen Folgen im Sinne des SchKG nach sich (Art. 166 Abs. 1). Gleichzeitig bedeutet er in dem Sinne eine Rechtshilfe[*] zuhanden des ausländischen Hauptverfahrens, als die in der Schweiz gelegenen Vermögen durch ..... realisiert und der ausländischen Konkursmasse ausgehändigt werden."

* 右の第2文（Sinne と als とが同格的に対応する）を直前の「*」部分と対比し、そこで示した趣旨と変わっていないことを、確認せよ。

——とあった。「承認」がなされた場合、「スイス所在の破産者の財産」について、スイス倒産法(SchKG)上の「全ての(alle)」効力が発生する、とある。Vischer/Volken, supra では „die" だったのが、1年後の第1草案の最終報告では、„alle" となっているのであり、ここで問題が一層はっきりする。

実は、貿易と関税2007年8月号75頁に、私の学説が直接的に影響した初めての事例として、また、日本において外国倒産手続の効力が、（当事者適格の問題止まりにせよ）初めて認められた画期的事例として紹介した東京高決昭和56年1月30日判例時報994号53頁は、其処にも示しておいたように、スイスの倒産手続の場合であった。既述のごとく、従来よりスイスの倒産手続には、他国所在の倒産者の資産をもカヴァーするという、いわゆる普及主義的効力が認められていた（なお、貝瀬・前掲国際倒産法序説157頁以下。但し、外国倒産手続の承認の局面では、別であった。そのことが、まさに後者の局面にウエイトを置く、スイス国際私法典における規定の整備へと、繋がるのである）。ちなみに当該の事例は、日本に所在するスイス倒産者の商標権についての、日本の債権者の仮差押えに対し、「スイス管財人の名で」解放金を積んで執行取消を求め、それが認められたものであった（石黒・前掲国際民訴法296頁以下）。

そうなると、外国倒産手続の承認によってスイスで開始される、スイス法に基づく当該の手続（SchKG によるそれ）においても、「外国所在の財産」を含め、スイスに

住所を有する債権者「のみ」に対する配当（既述）がなされることに、なってしまいそうである。だが、そうしてしまっては（出来上がったスイス国際私法典の関係規定について、ただでさえ自国債権者保護の色彩が強すぎると批判されていることをも勘案すればなおさら）、徒に問題を複雑化する。こうした前提で在外資産に個別にスイス側が手を伸ばそうとすることに対する外国側の抵抗感も、増大するであろうし、そもそもそんなことまで、このスイス草案が考えているのかが、問題となる。

ともかく、「スイス所在の倒産者の資産」は別として「外国所在の倒産者の資産」の取扱については、以上の1978・79年の「専門家委員会報告」でも、不明確なままであった。そして、かかる重大問題について条文案に明示のないことは、それ自体大きな問題であった。

ところが、既に本章4冒頭に記した経緯で、フィッシャー教授と私との秘密討議の対象となった「第2草案の原案」の160条の1項でも、相変わらず、„Die Anerkennung(*)des ausländischen Konkursdekrets zieht, soweit dieses Gesetz nichts anders vorsieht, die konkursrechtlichen Folgen des schweizerischen Rechts nach sich."との、以上の点について曖昧な規定案があるのみだった。

  * 同じく直前の「*」部分と対比せよ。スイスの行き方は、あくまで一般の外国判決承認・執行の理論枠組の中でのもの（とくに承認要件論においては、ズバリそう）なのであることを、後述の論点との関係で、再確認せよ。

だから私は、猛然とフィッシャー教授に食いついた。全183条の「第2草案原案」について、毎週2時間位ずつ、細かな言葉の適否に至るまで、二人だけで徹底的に議論する際に、である(*)。

  * 秘密を要するので、議論の場所も、私の机のあるバーゼル大学の国際法・国際私法・比較法の研究所ではなく、別のところであった。ライン川沿いの、二つの尖塔のミュンスターやバーゼル大学法学部の刑事法関連等の図書館にも程近い、フィッシャー教授の個人としての事務所の、一室であった。ちなみに、当時フィッシャー教授は同大学の学長であったが、兼職は自由。弁護士でも議員でも何でもOKで、事実、同教授は、チバ・ガイギー社の法務担当取締役であり（いわゆる「スモン訴訟」に関する、石黒・前掲国際私法（第2版）4頁下から4行目の「当のスイス法人の法務担当者」とは、フィッシャー教授のことである）、かつ、有名なバーゼル美術館の館長でもあった（"V"の「フィッシャー」は、"F"のそれと異なり、スイスでは貴族を意味する）。フィッシャー教授のお誘いを断らずに、私が帰国せずにあのままバーゼル大学にとどまっていたら、私は今頃、とんでもないお金持ちに、なっていたであろう。だが、妻との出会いはなく、「氣」のパワーを得ることもなかったであろう。俳句への思い等もあったが、ともかく私の選択は、正しかったことになる。

よくあることだが、この議論のときも、フィッシャー教授のトレードマークのパイプの煙はいつしか消え、彼はほとんど息すらせず、じっと「第2草案原案」と、既に引用した2冊の第1草案の解説の、私が開いていたページとを行ったり来たり。15分毎の教会のキンコンの鐘ではっとする、といった真剣な議論が続いた。

もより私は、前記の昭和56年の事例のこともフィッシャー教授に伝えた。要するに、この場合のスイスでの手続は、前記の、78・79年の「第1草案の解説」の中に"半ば"示されているように、「スイス所在の倒産者の資産」に明確に限定してなされるべきで、その点を条文でも、一層自覚的に明示しておくべきだと、私は、強く主張した。そして、フィッシャー教授は、時間延長の末、全面的に私の言うことに、賛同してくれた。

　その過程で、前記の二つの解説の中で「スイス所在の倒産者の資産については」とある趣旨は、私のような理解の「はず」だが、実際はどうだったのかと、私は問いただした。このときである。後にも先にもなかったことだが、フィッシャー教授は、咥えていたパイプを、落っことした。幸い火はとっくに消えていたが……。

　フィッシャー教授からは、「どうもはっきりしない。そのあたりの詳細は、私よりも詳しい人物がいるので、ベルンに行って早急に確認してくれ。もともと国際倒産法は実務家の発言権が強い分野だし、彼の方にはすぐ私から連絡をしておくから」、と言われた。

　そこで紹介されたのが、連邦司法省の P. Volken 氏だった。スイス国際私法改正のための専門家委員会の長は、フィッシャー教授だが、実務家サイドの取りまとめ役は、フォルケン氏だったのである。

　ベルンは無意味に"石の町"のイメージが強く、好きな町ではなかったが（但し、たしかベルン大学法学部の建物の上の方の階には、一段高い教卓から右手に、ベルナー・オーバーラントのアルプスの山並みが一望できる、素晴らしい教室がある。確かにいい眺めであった。だが、法学部の私の関係の研究所は、スーパーの2階にあったりする）、数日後、私はベルンに飛び、昼食を兼ねて、初めてフォルケン氏と会った。だが、フィッシャー教授からは、「第2草案原案」について、その存在を私が知っていることすら（まして、それについての私との毎週の討議のことなど）、フォルケン氏には「厳秘」、との下命があった。幸い、第1草案とその解説だけでも議論が出来るところゆえ、もとより私はそれに従った。

　昼食を兼ねてのフォルケン氏との会合となったが、それどころではない。その昼食で私が彼から教わったのは、スイスでは、チーズの外側の黴の部分はナイフで切って食べない、ということである。

　話の中身は、前記のものと同様。フィッシャー教授からフォルケン氏への内容的連絡も既にあったためスムーズだったが、フォルケン氏も私の主張を完全に理解し、それに全面的に賛同してくれた。また、第1草案の解説中に「スイス所在の倒産者の資産については」とあった既述の点については、専門家委員会の中でもさほど自覚的な議論がなされていなかったことを、そこで確認し得た。「それじゃあ駄目です。かえって議論が混乱するだけです」と、私は更にクギを刺した。

　そうして私がバーゼルに戻って数日、フォルケン氏からの手紙が届いた。そこに、私の主張通りに第2草案が出来上がるであろうとあり、かつ、その手紙で私は、初めて „Mini-Konkurs" という言葉を眼にしたのである。スイスの一般の普及主義的倒産

手続と区別するための言葉である。

　かくて、私がバーゼル（スイス）から帰国して数カ月後の1982年11月10日に公表されたスイス国際私法第2草案163条1項の条文は——

„Die Anerkennung des ausländischen Konkursdekrets zieht, soweit dieses Gesetz nichts anders vorsieht, <u>für das in der Schweiz gelegene Vermögen des Schuldners</u> die konkursrechtlichen Folgen des schweizerischen Rechts nach sich."

——と、右の下線部を挿入したものとなり、その解説たる Botschaft zum Bundesgesetz über das IPR (IPR-Gesetz), supra, at 191f の解説には、私にとって以上の意味において思い出深い、„Mini-Konkurs" という言葉が、多用されるに至っていたのである(*)。ともかくも、こうして外国倒産手続が「承認」の要件を満たす場合にスイスで開始される手続における「清算対象の属地性」が、それなりに明確化されることとなった（2008年1月8日の今、改めて条文を見ると、もうちょっとはっきり書けたのでは、とも思うが、従来の草案・解説の文言との関係もあり、致し方ないところであろう）。

　　*　但し、Id. at 191には、これまで数回「*」の個所で注意を喚起して来た点との関係で、どうかなと思われる指摘がなされるに至っている。即ち、„Das Verfahren nach Artikel 159ff. ist im Grunde eine Art Rechtshilfeverfahren zu Handen eines ausländischen Hauptverfahrens. Deshalb soll es möglichst einfach und rationell gestaltet sein." とある。第2草案159条以下とは、国際倒産規定の全体を指す。それら全体の性格付けとして、根本においては（im Grunde）、ある種の（eine Art）「共助」だ、とされているのである。だが、すぐ続いて「それがゆえに、その手続は極力簡略に……」（具体的には、債権者集会や債権者委員会は設置されない、ということ。石黒・前掲法協101巻6号964頁）とする文脈における指摘である。
　　　最終的に外国側に残余資産を渡すとしても、その前段階に「ミニ破産」があるのであり、その実際のメカニズムについては、既に見た通りである。「ミニ破産」の"発想"の明確化は、私（とフィッシャー教授と）の議論から生まれたものだが、"言葉"は、フォルケン氏のもの。右の指摘も、そのフォルケン氏の性格から出たリップ・サービス的な用語法として、私はこれを善解する。

　その後、前記条文は、文言の変更なく1987年12月18日のスイス国際私法典170条1項となり、同法制定後すぐに刊行された A.K. Schnyder, Das neue IPR-Gesetz (1988), at 123でも、„Mini-Konkurs" という言葉が、Botschaft, supra を引用する形で示されるに至っている（同法典の条文が Id. at 131ff にあり、便利である。ちなみに、もとよりこの点につき、その後の改正は、2007年7月時点までのところ、なされていない）。

　以上が、「ミニ破産と私」との関係についての補充、である。ここで、これまでいくつかの「*」の個所で示した点が、問題となる。スイス国際倒産法の以上の主義に

ついて、不用意にこれを「米国連邦破産法304条」と同視する見解が、意外なことに、少なくないのである。

　本書における論述の一つの柱は、「承認」と「共助」との明確な理論的区分にあった。その区分を曖昧にする点で、かかる把握は問題である。そこで（これまでの論述の中に滲ませておいた点ではあるが）、この点をここで、はっきりさせておく必要がある（以上、2008年1月7日午後11時19分までの執筆。実は、年末29日夜の、私のゼミのOB・OG会以来、珍しくまずは妻が、続いて私も風邪を引き込み、昨日まで二人してガハゲホ状態で寝込んでいた。丸1カ月ぶりの執筆再開が、かくて予定よりも数日遅れてしまった次第である。私の「氣」のパワーも、ウイルスにはいまだ無力なのかと嘆きつつも、6月28日の引越し決意・行動開始以来の、粉塵・黴その他もろもろが激しく舞う中での、急ピッチでの膨大な書類の整理と、清掃局と何度もケンカしつつの、その週数回の大量廃棄、そして引越し後の、12月29日までの自転車操業の日々の中で、よくぞ体がもったものだと、二人で互いに慰めあった寝正月、であった。——執筆再開は、大事を取って1日明け、同年1月9日午後4時ちょうど）。

　以上、半ば生き証人の一人として、スイス国際倒産法の内容についての論述を、行なって来た(*)。

* 　なお、いわゆる hotchpot rule との関係について、ここで一言しておこう。「ホッチポット・ルール」とは、自国倒産手続に参加しつつ外国での執行等で、事実として弁済を得た債権者に対し、信義則的観点からもたらされるものとしての、外国で得た利得を吐き出させる、等の調整のための制度である。その後、新破産法201条4項で、配当段階での調整としての、その1つの形態が導入されたことについては、伊藤眞・破産法（第4版補訂版・2006年・有斐閣）178頁、179頁注24参照。なお、前掲金融法研究・資料編(4)15頁以下（竹内康二）、47頁（伊藤眞）等、貝瀬・前掲国際倒産法序説29頁（石黒・国際私法［プリマシリーズ双書・初版・1984年・有斐閣］の趣旨として、「スイス国際私法第2草案やイギリス法上のホッチポット・ルールの示唆を受けつつ」、かかる考え方の日本への導入を主張するものとして、これを紹介）、66頁、212頁以下（英国法の紹介）、301頁（米国破産法におけるこのルールの「採用」）、等も見よ。一般的説明としては、石黒・前掲国際民訴法316頁以下の注861、863参照。

　　私とこの hotchpot rule との関係については、石黒・前掲金融取引と国際訴訟295、297頁及び同書巻末の「注320」を、スイス国際私法第2草案に関する同・前掲法協101巻6号964頁と、まずは対比して頂きたい（その他、貝瀬・前掲29頁との関係では、石黒・国際私法［プリマシリーズ双書・新版・1990年］275頁）。前者の「注320」にあるように、英国起源のこの hotchpot rule について私が初めて言及したのは、画期的な前掲東京高決昭和56年1月30日への評釈たる、同・ジュリスト748号（1981年）125頁以下、128頁において、であった。また、前記の「注320」にもあるように、W. Nussbaum, Das internationale Konkursrecht der Schweiz, at 91f (1980) 等は、スイスでのこのルールの採用を提案してもいた。

　　だが、石黒・前掲法協101巻6号964頁に示しておいたように、この制度は第1草案にはなく、第2草案165条3項で、初めて条文化された。同項は、「ある債権者が外国の手

続において部分的に満足を受けていたとき、その部分はスイスの手続における破産的配当において控除されるべきものとする」と規定していた（同・法協100巻10号1929頁。なお、この点は、既に「第2草案原案」の162条3項に、規定が新設されていた）。第2草案の解説たる Botschaft, supra, at 192 は、この規定はスイスの従来の判例を踏まえつつ、ハーニッシュの1980年の論文［等］に沿って、更に一歩を進めた（Der Entwurf geht einen Schritt weiter …….）ものだ、としている。

なお、1987年のスイス国際私法典172条3項となった当該規定では、第2草案で単に「外国の手続で」とあったところを、「破産と関係を有する外国の手続で（Verfahren, das mit dem Konkurs in Zusammenhang steht, ……）」と若干の限定付けをし、かつ、スイスでの配当からの控除（anzurechnen）に際して、「当該債権者に生じていたコストを差し引き（nach Abzug der ihm entstandenen Kosten）」それを行なう旨が、付加された（この部分のその後の改正も、2007年7月段階では、ない）。

5　「従来の米国」と「スイス」の国際倒産法制との比較——スイスの行き方は「承認」ではなく「共助」だと、果たして言えるのか？

ところで、その第2草案の発出を待って「ミニ破産」の性格が明確化されたところの、このスイス国際倒産法のユニークな制度は、Botschaft, supra, at 188 の公式解説からも、あくまでスイスの判例・学説を踏まえつつ、（外国倒産手続の承認の局面での）完全な普及主義への移行は、時期尚早だ（Für die vollständige Hinwendung zur Universalität des Konkurses erscheint die Zeit noch nicht reif.）、とした上でのものである。それは、主義の革命的な変更（eine revolutionäre Änderung）を志向したものではなく、スイスにとってのビジネス・パートナーたる「オーストリア、リヒテンシュタイン、ベルギー、ルクセンブルグ、そしてアングロサクソン諸国（die angelsächsischen Staaten——複数形であることに注意!!）」が既に厳格な属地主義から離れていること（Ibid.）を勘案しての、中間的な道の模索、としてのものである。そしてそれは、あくまでも"スイス独自の道"、のはずである。

既述のごとく、この場合の承認要件は、一般の外国判決の承認要件と、基本的に同じものである。即ち、1987年のスイス国際私法166条の、外国破産宣告の「承認（Anerkennung）」の規定は、1項で承認対象（ないし承認管轄）を債務者の住所地でなされたものに限定しつつ、2項のaで当該外国での執行力のあること、bで同法典27条の一般の外国「判決」（正確には「裁判」——Entscheidungen）の承認拒絶事由（Verweigerungsgründe）のないこと（具体的には、公序［27条1項］、正当なる召喚［同条2項a］、スイス手続法の本質的な諸原則、とりわけ当該の者の審問請求権［同項b］、国際訴訟競合の際の調整規定［同項c］、との関係が問題となる）が要求され、更に、166条1項c号で、一般の外国判決承認・執行にはない要件として、相互の保証（Gegenrecht）の要件が、付加されている。また、国際倒産法上の、即ち、牴触法上の「属地主義」と「普及主義」との通常の対立軸の下での問題把握が、終始なされて来たことも、これまで見て来た通りである。その理論枠組の中での「ミニ破産」なのである。

5 「従来の米国」と「スイス」の国際倒産法制との比較
——スイスの行き方は「承認」ではなく「共助」だと、果たして言えるのか？ 155

ところが(!!)、安易にスイスのこの行き方と、本書で既に詳細に批判的検討を行なったところの、かの米国連邦破産法304条のアプローチとを、同視ないし同一線上に置く見解が、少なくない。「承認アプローチ」、即ち、あくまで私人間紛争処理に軸足を置く、またそのためのものとしての、一般の外国判決承認・執行の理論枠組と、「共助アプローチ」、即ち、国家対国家の相互的な主権の譲り合いによる国家間協力の枠組との、"理論的混同"は、本書でこれまで再三強調して来たように、許されるところではない。"民事・非民事混淆型"の米国の制度（それをダイレクトに反映した、「承認」と「共助」との鵺的性格の304条）と、スイス国際私法典の中に置かれたその国際倒産法規定とを、同視するかのごときことは、断じて許されないことである。

しかるに、「一橋案」の説明たる竹内康二・前掲金融法研究・資料編(4)24頁には——

「スイス国際私法に関する連邦法草案（第2草案）が1983年に公刊［Botschaft, supra の公刊時期が1983年なのであることに注意・石黒註記］されてのち、これに関してすでに詳細な解説［石黒の法協論文がリファーされている］がなされているところであり、特に筆者において付け加うべき能力を有しない。ただ、ここではアメリカ連邦破産法304条を十分に意識して積極的に、しかし独自に対応をした国内立法であること［??］を指摘する必要がある。その基本構造は……」

——などとある。だが、前記引用の第1・第2草案の各解説にも、右の下線部のようなことは、一切書かれていない。Botschaft, supra, at 188でも、既述のごとく、「オーストリア、リヒテンシュタイン、ベルギー、ルクセンブルグ、そしてアングロサクソン諸国（die angelsächsischen Staaten——複数形であることに、再度十分注意せよ）」が既に厳格な属地主義から離れていること（Ibid.）を勘案しての、中間的な道の模索、とあったに過ぎない。

試みに、第1草案に対する各カントン、各大学、各種団体（法曹界、銀行界を含む）、研究者らの個別の意見表明を1冊に纏めたBundesamt für Justiz, Bundesgesetz über das IPR: Darstellung der Stellungnahmen auf Grund des Gesetzesentwurfs der Expertenkommission und des entsprechenden Begleitberichts (G.54/Nu/ha: Mai 1980), at 529-582の、国際倒産法関連の部分を見ても、すべて"スイスの内発的・内在的な提言"であり、どこにも、スイス国際倒産法の諸規定が「アメリカ連邦破産法304条を十分に意識して積極的に……対応をした」ものだ、などと言える証拠は、見つからない。いずれにしても、竹内・前掲頁には何の引用もなく、一体何を根拠にこんなことを言えるのかが、問題となる(*)。

* 竹内・前掲24頁のスイス関連の部分の最後の注46、47（同前・31頁）に、それぞれ、「(46) Arnold, Questionnaire on Creditors' Rights Against Business Debtors (Switzerland), in ABA Section of Corporation, banking and Business Law, International Loan, Workouts, and Bankruptcies 787 (1987).」、「(47)［註］(46) の Arnold 報告（1988年7月29日 Letter［??］）.」とある。前者は、スイスの制度の概要についての、そして後

者は、新国際私法の発効予定についての注だが、いずれにしても、後述のABA（American Bar Association）での、「国連モデル法」制定に向けた（私の側から言えば、米国法のグローバル化への不純な）動きの中でのものである。それがスイス独自の立法の"プロセス"とは無縁のものであることに、注意すべきである。あるいは、ＡＢＡ等の議論の場で、米国サイドからのあり得べき攻撃をかわすために、スイス側参加者がこうした理解をあえて、その場しのぎに示したのかもしれないが（そのこと自体は、私の知る限りでのスイスの人々の行動パターンを考えれば、あり得ない展開ではない）、スイスの立法のプロセスは、本書に示して来た通りのものである。

ちなみに、「一橋案」の報告書の本体たる、竹下編・前掲国際倒産法323頁以下（1991年）では、当時の西ドイツの場合と併せて、野村秀敏教授の「スイス新国際私法における国際倒産処理規定」の紹介があるが、あくまでもドイツとの類比に、重点が置かれており、竹内・前掲のような指摘はない。

また、「一橋グループ」の正規メンバーではないが、その報告書に「寄稿」した立場の（竹下編・前掲「はしがき」2頁［竹下］）高木新二郎判事は、同前・119頁以下（高木）にスイス国際私法典の関係規定の邦訳を掲げつつ、明確に、スイスでは「アメリカ合衆国改正破産法304条とは対照的な国際倒産処理法が制定されたことになる」、と述べておられる。正当である。

すべて世界を「米国製の眼鏡」で見ようとするから、竹内・前掲のような指摘に至るのであろう。少なくとも、何の論拠も示さずに前記のごとき論断をすることには、問題が大きい(*)。

*　重要な点ゆえ、以上において引用した以外のものについても、ほとんど無益な作業だとは知りつつも、虱潰しに、若干調べて見た。まず、1996年刊のHonsell/Vogt/Schnyder (Hrsg.), supra, at 1232-1234 (Berti) の „Vorbemerkungen zu Art. 166ff" にも、専らBotschaft, supraの指摘やスイスの判例展開についての指摘があるのみであり、米国の行き方（連邦破産法304条）との類比を示すものは、何もない。

　米国の制度との関係では、スイスの実体的公序との関係で、Id. at 1243 (Berti) に、punitive damagesへの言及があり、また、「相互の保証」との関係で英国・米国等との関係についての論及はある（Id. at 1244f [Berti]）。だが、それだけである。

　各条項の „Normzweck und Entstehung" の項を含めて、Id. at 1232-1282 (Berti) を丹念に見てみたが、すべてスイスの「内発的な法的発展」において、論述がなされていることを、確認し得た。殆ど無意味な作業とは思えても、はっきりさせねばならないから、調べたまでである。

　次に、この人ならあるいは、余計なことを書いているかも知れないと思って、Siehr, Das IPR der Schweiz, supra (2002), at 686ffを、念のためにチェックしてみた。まず、「法源」としての「条約」の項（Id. at 689）で、「国連モデル法（UNCITRAL-Modell Gesetz über grenzüberschreitende Insolvenz von 1997）」への言及が、併せてそこでなされてはいる。他に、Id. at 693で、準拠法に関する「不文の法理」として倒産開始国法（lex fori concursus）によるとのルールがスイスにもあることを示す際に、再度「国連モデル法」が、（EU規則と共に）そのような主義を明示する例として挙げられている。

　だが、ジーアの書いたものゆえ、ドイツやEU規則との対比は、随所にちりばめられてはいるが、同じような意味での米国304条への言及は、ない（Id. at 701で、米国連邦

5 「従来の米国」と「スイス」の国際倒産法制との比較
——スイスの行き方は「承認」ではなく「共助」だと、果たして言えるのか？ 157

破産法「チャプター11」に基づく手続が、Id. at 700f のフランスやイタリアの手続と共に、「執行可能な外国での宣告（Vollstreckbares Dekret）」の例として、掲げられてはいる）。倒産者の処分権限（Verfügungsbefugnis）に関する Id. at 703の例も、米国ではなく、英国である。Id. at 686-706の国際倒産法関連の論述において、かくて、米国の304条との関連は、一切ない。

　もう、この位で、よいはずである。

ところが、それだけで済めばまだしも、何と貝瀬幸雄・国際倒産法と比較法（2003年・有斐閣）159頁には——

「外国倒産の自国内での効力について、コントロールされた（制限的）普及主義を採用する諸国は、<u>権利形成的国家行為</u>^(*)個別承認型と司法共助型とに大別できる……。司法共助型は、必ずしも外国破産の対外効を要求せず、外国管財人に対する救済の方法＝協力手段のカタログが豊富である［？］ところに特色がある……。［日本の］2000年承認援助法は<u>スイス法やアメリカ法に代表される司法共助型</u>（E. Habscheid, Grenzüberschreitendes [internationales] Insolvenzrecht der Vereinigten Staaten von Amerika und der Bundesrepublik Deutschland [1998], S.14, S. 17は、スイスを司法共助モデル Rechtshilfemodell と位置付けるし、Schlosser, Jurisdiction and International Judicial and Administrative Cooperation, 284 Rec. d. c. 225, 234 [2001] は、司法共助の各論として国際倒産の分野を詳論し、<u>スイスとコモン・ロー諸国をこの分野で積極的司法共助を行ってきた例としてあげている</u>）に大胆に転換したものであり……」

——とある。

* なお、「権利形成的国家行為」とは、元を辿れば、Rechtsgestaltende Staatsakte についての、私が付した邦訳であり、"Recht"を「権利」と訳するのが一般ゆえ、こうしたが、"Recht"は、「（私人の）法的地位」と訳した方がしっくりする場合が、私の専門領域では多い。「私人の法的地位を形成する国家行為」ということである。また、あえて「国家行為」というのは、裁判と行政、といった区分にこだわらない問題把握のゆえである（米国特有の「国家行為理論」との混同が生じないように、注意すべきである）。すべては、石黒・国際私法と国際民事訴訟法との交錯（1988年・有信堂）で論じたところであり、そのエッセンスについては、同・前掲国際民訴法99頁以下を参照せよ。貝瀬君は、ここで、私のかかる用語法に、従ってくれているのである。なお、私の言う「承認アプローチ」も、正確に言えば、「権利形成的国家行為」についてのそれだ、ということになる。

　貝瀬・前掲の右の引用個所の本文第2文は、明らかに米国法に引きずられているし、「スイス」の行き方を米国と同列とするのは、徒な理論的混乱を招くのみである。前記引用部分からも、彼は Habscheid; Schlosser の"分類"に、単純に従って書いている訳だが[*]、問題である（本章3でスイスの連邦租税債権との関係について論じたところ、等参照。なお、<u>Habscheid の議論のラフさを私が感じた例として</u>、連想されるのは、石黒・国際民事紛争処理の深層［1992年・日本評論社］125頁注38に記した、スイス・米国

の両国に跨がる国際二重起訴事例における、法系を全く異にする両国間での訴訟物の同一性に関する、彼の強引な議論である。Schlosser とて、そもそも論理に強い人とは思えぬのだが……)。

* 貝瀬・同前頁は、日本の平成12年法［承認援助法］を「立法者の英断にもとづく」ものだ、などとするが、この種の中途半端なリップ・サービスも、彼特有の議論の仕方として、私には疑問である。
　ここでの貝瀬説は、同前・160頁の、「本法が新設されたことによって、従来から解釈論として説かれてきた外国倒産承認論はその意義を失ったのであろうか」との重要な問題提起につき、同前・161頁で、同法1条の「目的に反しない限り、承認援助法は自動承認［外国倒産承認論］を排除していない、と解する」として、貿易と関税2007年8月号82-83頁（本書第1章2(2)参照）にあらかじめ示しておいた私見と、"基本的"には同じ方向での解釈論を採るものである（但し、詳細は、後述する）。そして、同前・147頁には、「これまでのわが国における判例・学説の発展も権利形成的国家行為の承認という枠組みになじみやすいものであり、［平成12年法のもととなった国連］モデル法のように一挙に「司法共助型」に傾くのは内発性を欠くのではないか［!!］と考える」との、極めて重要な、そして至当な指摘がある。そうであるのに、平成12年法を、同前・159頁のように「立法者の英断」だなどとしてしまっては、議論の本筋が曇ってしまう（「内発性を欠く……英断」［??］)、はずである。「内発」という、漱石を想起させる大事な言葉（石黒・前掲国際私法［第2版］1頁）をせっかく用いるならば、私だったら「内発性を欠く暴挙」と、はっきりと書くところである。
　しかも、Habscheid; Schlosser の"分類"にそのまま乗って、「司法共助型」にスイスも一緒くたに入れ込むから、更に議論が混乱する。それが彼の性格であることは分かっているが、だから彼の主義主張自体が分かりにくくなる、のでもあろう（余りにも残念だ、何とかならぬのか……、と思い続けてのこの数十年、である）。

たしかに、Botschaft, supra, at 191には、既述のごとく、それまでの慎重な書き振りに対し、„Das Verfahren nach Artikel 159ff. ist im Grunde eine Art Rechtshilfeverfahren zu Handen eines ausländischen Hauptverfahrens." とある。即ち、第2草案159条以下の国際倒産規定の全体の性格付けとして、根本においては (im Grunde)、「ある種の (eine Art) 共助」だ、とはされている。だがそれも、スイス国内での手続の簡略化の理由を示すものに、文脈上は限定されているし（既述)、何よりも「"ある種の"共助だ」とされているにとどまる(*)。

* 前記の高木新二郎判事の正当な把握と、対比すべきである。

他方、一連の規定の核となる「ミニ破産」は、共助とは無縁である。「ミニ破産」後にスイス所在の残余財産が実際にあった場合の、既述の外国配当計画のチェックも、同法典173条3項第2文の明文において、とりわけスイスに住所を有する債権者の債権が、外国配当計画において適切に考慮されているかを考慮する („Es [Das schweizerische Gericht] überprüft insbesondere, ob die Forderungen von Gläubigern mit Wohnsitz in der Schweiz im ausländischen Kollokationsplan angemessen berücksichtigt worden

5 「従来の米国」と「スイス」の国際倒産法制との比較
　　──スイスの行き方は「承認」ではなく「共助」だと、果たして言えるのか？　　159

ist.") ものとして、考えられている。

　米国の304条の場合には、いわば野放図に外国側に門戸を開放するスタンスのようでありながら、それを頭から信じて無防備にそこに飛び込むと、「何言ってんだ。コミティと裁量だ」と、とっちめられる「場合がある」、との構図となる。スイスの場合は、徹底して自国債権者の保護を行ない、余りがあったら外国にも、とのスタンスである。彼我の差は、大きいと言うべきである（日本の承認援助法は、野放図かつ無防備に、「協力しましょう。お手伝い致します。何か御用は……」、である）。

　この点で、Schack, supra (IZVR, 4. Aufl. 2006), at 380には、スイスと米国とを並べて論ずるようでありながら、その文脈は、右に批判したものとは全く異なる、という面白い指摘がある。そこでは、ほとんど世界中どこの国でも、「承認」の法的効果を普及主義の原則から導くことは困難であり、全ての債権者の平等取扱の目標に向けての国境を越えた協力は、内国債権者優遇のために、しばしば妨げられる。それを全く無遠慮に（ganz ungeniert）行なうのがスイスだ、と指弾されているのである。そして、「ミニ破産」の概要がそこで示された後に、興味深い次の指摘がある（Ibid.）。即ち──

　„…… (Art. 173 I IPRG [der Schweiz]). Etwas versteckter ist die Selbstbedienung durch weitreichende Vorrechte des inländischen Fiskus, auf deren Anerkennung auch durch das Ausland die USA pochen[3]. Die Chancen hierfür stehen in Staaten, die wie Deutschland 1999 jegliche Fiskusvorrechte abgeschafft haben, besonders schlecht.

　[3] Vgl. §507(a)(8) Bankruptcy Code von 1978; Overseas Inns S.A. v. U.S., 911 F. 2d 1146 (5th Cir. 1990; lux. Reorganisationsplan Anerkennung verweigert); ……."

──と、そこにある。

　この部分については、スイス国際倒産法における「自国租税債権」の取扱に即して、既に本章3で言及しておいた。だが、注の3まで含めて改めて Schack, supra, at 380 を右に引用したのには、別の理由がある。
　注3の冒頭には、米国連邦破産法上の租税債権の優先性（第8順位の優先権──高木新二郎・前掲アメリカ連邦倒産法553頁以下に邦訳がある）を定めた規定が引用され、しかも（!!）、貿易と税関2007年11月号69頁以下、同12月号65頁で扱った「ルクセンブルグ対IRS事件」（!!──本書第1章3(5)参照）が、引用されている。そして、本文では、スイスの「ミニ破産」方式の裏に、（既に示したように）自国国庫（租税債権）の広汎な優先権を通して清算対象財産を自国の用に（まずもって）供するという意図が見え隠れしていると言い、そのままセンテンスを繋げて、自国租税債権の優先性を外国に

160　第2章　スイスの選択と「ミニ破産」

も承認させようと米国が固執（pochen）している実例として、この「ルクセンブルグ対IRS事件」が、注の中で引用されているのである。そうして、かかる米国やスイスに比して、1999年に自国租税債権の優先性を全否定してしまったドイツのような国々の立場が、こうした局面で特に悪い（不利である）ことを、彼は嘆くのである。

　これまで本書で論じて来たことの一つのコアが、ある種の「偶然的必然」として、右の引用部分に凝縮されていることは、実に興味深いが、それを示した上でSchack, supra, at 381は、諸国の法のうち、「国境を越えた協力（Kooperation）」の方へ大きく傾く国として、米国を挙げている。但し、それは「原則として」そうだとするにとどめ、わざわざId. at 380の前記引用部分を、まさにそこで（例外として）リファーしている。

　「スイス」と「米国」とを、制度の本質において安易に繋げて理解するようなことは、シャックも、して「いない」のである。正当である(*)

*　以上、2008年1月9日から10日にかけての執筆。執筆終了は、10日の午前0時13分になっていた。──いけない。突っ走り過ぎてしまった。数分前に、妻が、「思い出のミニ・ハンバーグ」を3つ、持って来てくれたのは、「カボチャの馬車がもう出ちゃいましたよ」という、無言の連絡だったのだ。これから夕食に、なるのだろう。──夕食後、同日午前2時54分から4時4分まで、ここまでの個所の点検。漱石ではないが、「これから風呂に入ります。」──明らかにやり過ぎたため、執筆再開は、二日置いて1月12日、ファクスで送られて来た院生の判例評釈の原稿を直した後、午後4時頃から午後8時まで、心身のダメージがいまだ深く残っていることを感じつつ、これまでの部分の拡充に全てを費やした。実は昨日、1月11日に、実に数年振りに、バーゼルのFrau Yvonne Keppler から転居後の新居に、"K + Y Ishiguro"宛で、つまり私と妻に宛てて、しっかりとした手書きで、クリスマス・カードの御返事が届いた。天文学のケプラーの直系たる、Herr Dr. Theo Kepplerの奥様であり、おじさんは既に逝去され、その悲しい報に接した2001年2月15日に描いた、悲しいイラストがある。2003年11月の、妻とのバーゼル行きは、当時85歳のトレッシュ神父さんと、既に88歳だったケプラーおばさんとに、会うためであった。それから4年ちょっと。だから、とても嬉しかった。そして、だからこそ、「スイスの封印」を解いた結果としてのこの部分の原稿を、何が何でも今日中に、仕上げておきたかったのである。ちなみに、トレッシュ神父さんとともに、ケプラー夫妻もまた、私のことをとことん信頼してくれた。その「2方向からの信頼」が、「フィッシャー教授と私」の、既に記した信頼関係を、決定的に強固なものと、してくれたのである。「スイスのミニ破産」とも深く関係することとして、この点に一言して置く次第である。ちなみに、本日未明、„Wirklich liebe ich, nun mit meiner Frau, Yumiko, die Stadt Basel, über die Sie mit Ihrem Mann, Herrn Dr. Theo Keppler, alles in uns geprägt haben."等と記した速達を、譬えようもない深い思いと共に、私は投函していた。

　さて、本書は、ここから、スイスの国際倒産法とEUの行き方との対比へと、進むことになる。とくに、2000年のEU規則（EuInsVO──それについては、貝瀬・前掲国際倒産法と比較法163頁以下）とそれを補充するドイツの法改正には、スイスの「ミニ破産」方式との類似点もあるし、EU規則39条には、「租税債権」の取扱について、

5 「従来の米国」と「スイス」の国際倒産法制との比較
——スイスの行き方は「承認」ではなく「共助」だと、果たして言えるのか？

重要な規定もある。また、それらには、本章でも再度言及したところの、日本の「平成12年法」とそれ以前の学説・判例との関係の問題についての、重要な示唆がある。更には、かくて既に法整備を済ませたEU側において、日本が（米国の圧力で!?）丸呑みしようとした「国連モデル法」が、とくに（英米法系の英国はともかくとして）大陸法諸国の一つたる、スイスの隣国ドイツにおいて、如何なるものとして扱われているかを垣間見ることも、これからの本書の論述にとって、有益なはずである。

私にとっての「スイスの封印」の解除は、年明け以来、とくにここ数日、まるで自分が自分で造ったブラックホールに呑み込まれるような、予想外の（？）内的副作用をも、もたらしつつある。危ない。この辺で、「スイス」には、一旦区切りをつけねばならない。従って、ここでともかくも、筆を擱くこととする（2008年1月12日午後8時58分［以上は、貿易と関税2008年3月号分］）。

第3章 「2000年 EU 規則」とドイツの対応

1 はじめに

　さて、「EU の国際倒産法制」だが、以下においては、倒産手続に関する2000年5月29日の EU 規則 (Verordnung [EG] Nr. 1346/2000 des Rates über Insolvenzverfahren vom 29. Mai 2000, ABl. EG Nr. L 160, S. 1――その条文につき、E. Jayme/R. Hausmann [Hrsg.], Internationales Privat- und Verfahrensrecht: Textausgabe [12. Aufl. 2004], at 702ff 参照）につき、とくにその27条以下の「2次的倒産手続（Sekundärinsolvenzverfahren）」(Id. [Jayme/Hausmann], at 718ff) の、スイスの「ミニ破産」方式との類似点・親近性に着目しつつ、本書第2章（貿易と関税2008年2・3月号分）に続く論述を行なう（[*]――2008年2月1日午後4時28分、OHM 誌の2008年3・4月号分のコラム［環境関連のもの］の校正を済ませた後、かくて執筆を開始する。冬学期の講義・ゼミが終了した後、長引く風邪を追い払うべく十分に休養した後〔と言っても、「氣」の evolution が更に加速化する中で、それを支える心身の調整が、日々実に大変ではあるが〕、昨日、6時間ほど資料の（再）読み込みをした上で、である）。

　　＊　この EU 規則には、各国租税債権（者）の取扱い（!!）についての、非常に興味深い規定（EU 規則39条!!）があることにも、注意すべきである。本書序章以来再三既述の「インド課税事件」（貿易と関税2007年2月号55頁、同4月号63頁、同8月号78頁、同9月号89頁、同11月号70頁）、本書第1章3の「一橋案と国際課税」（同2007年9月号87頁以下、同94頁以下、同10月号55頁以下、同11月号64頁以下）、等の論点や、更には、(「執行管轄権」の問題を扱った）同2007年2月号以下（なお、本書序章2）の全ての論述との関係で、この規定に着目する必要がある（後述）。

　EU 規則それ自体についても注目すべき点は多々あるが、それを "受容" した（スイスの隣国たる）ドイツが、従来の自国国際倒産法制の発展との関係において、如何なる対応をしているかが、まずもって私の関心の的となる。他方、本書の論述との関係で、国際倒産に関する「国連モデル法」に対して、"大陸法系"（「英米法」と「大陸法」との対比に関する貿易と関税2006年2月号61頁に注意せよ!!）のドイツが如何なるスタンスをとっているかについても、一言する。
　更にその先で、ドイツ同様、EU 規則の直接的拘束を受ける立場の、"英米法系" の歴史的盟主たる「英国」が、同じく従来の自国国際倒産法制の発展との関係において、如何なる対応をしているかを、ドイツの場合と同じ "分析のプリズム" の下で見ておく。但し、その際には、とかく「承認」と「共助」との交錯しがちな「英国」の基本的な問題状況（その概観は、貿易と関税2008年2月号66～67頁の「＊」部分において、頭出し的に示しておいたが、同2007年8月号80頁をも見よ）の、最も深い部分に存在する

「裁量」の問題（!!）に強い光を当て、「従来の英国の国際倒産法制の本質」について、一層立ち入った分析を行なう（「英国」とは何かに関する、ここでの論述は、更にその基底を深く探るためのものでもある!!）。そして、「国連モデル法」の採用をも宣言している英国が、「EU規則」・「英国の従来の国際倒産法制」・「国連モデル法」の"三つ巴"の状況において、如何なる制度運営をしようとしているかについて、論及する(*)。

* 以上略述した、本書のこれからの論述は、「国連モデル法」をほとんど丸呑みしつつ、従来の日本の国際倒産法関連の学説・判例との接合のさせ方の曖昧な（更には、それらは「平成12年法」の制定によって、すべて無に帰したとの極論［貿易と関税2007年8月号81頁］さえある）日本の悲惨な状況への、更なる批判の為に行なわれる。そしてその後本書は、「米国の思惑」と「国連モデル法」策定のプロセス、等々の論点を経て、「平成12年法と租税債権」の問題（等）へと、至ることになる。

以下の論述の「核」となるのは、<u>ドイツ・英国とも、本書第2章で論じたスイスの場合と同様に、「内発的」な自国の法発展との連続性（!!）を、最大限に尊重・重視しようとしていることの"検証"</u>である。この一連の検討の末に、かの「304条」を捨てた米国が、それではどこまで従来の自国独自の法発展と"訣別"したと言えるのかについて、同様の作業を継続し、そこまで論じ尽くした上で、一気に、返す刀で（もはや根無し草と成り果てた）「日本を斬る」ことになる。斬るのは一瞬かも知れぬが、"其処"に辿り着くまでには、なお数カ月（ないし数年）の"苦闘"（!!）を要するのである。

2 「2000年EU規則」とそこに至るまでの道程・その1──「英国」という"悲しい言葉遣い"についての再確認を含めて

実は、2000年EU規則に先行するものとして、<u>1995年11月23日の「倒産手続に関するEU条約」</u>（EU-Übereinkommen über Insolvenzverfahren v. 23. 11. 1995── Jayme/Hausmann, supra, at 702）がある(*)。だが、この条約は、英国が期限内に「署名」をせず、発効しないままで終わった(**)。

* それについては、貝瀬幸雄・前掲国際倒産法と比較法（2003年・有斐閣）8頁以下の「注解」があるが、その部分のもととなった同・ヨーロッパ連合倒産条約の研究（2001年・商事法務研究会［別冊NBL57号］）の167頁以下に、英文で全条文が掲載されている。

** 貝瀬・前掲国際倒産法と比較法8頁。同条約案49条に定められた「1996年5月23日」の期限までに「署名」しなかったEU加盟国は、英国のみである（Dicey/Morris/Collins, The Conflict of Laws [14th ed. 2006], at 1411）。ちなみに、H. Schack, IZVR (4. Aufl. 2006), supra, at 354は、この英国の行動につき、„…… [EuInsÜ], das wegen des britischen Rinderwahnsinns nicht in Kraft treten konnte." と記している。右の2格の下線部分を素直に訳せば、「のろま（＝牛）の狂気」となる（"狂牛病"のもじり、であろうか……）。そして、Ibidの注3には、この英国の行動は、「<u>ジブラルタルに関する紛</u>

2 「2000年EU規則」とそこに至るまでの道程・その1
――「英国」という"悲しい言葉遣い"についての再確認を含めて

争のゆえ（wegen des Streits um Gibraltar）」だ、とも記されている。

ちなみに、2000年EU規則との関係ではあるが、Dicey/Morris/Collins, supra (14th ed.), at 1414f は、このEU規則は「UK内の事件（Intra-United Kingdom cases」）」には不適用だとする際、わざわざ、"The Regulation also applies to Gibraltar [EU Treaty, Art.299(4)], but not to the Channel Islands or the Isle of Man [EC Treaty, Art.299(6)]." などと記している（Id. at 1415）。その不自然さが、何とも興味深い（念のため一言して置けば、Id. at 1414f には、このEU規則は「UK内」では直接的に適用され、従って「スコットランド」や「北アイルランド」でももとより適用されるが、但し同規則はEU域内での "cross-border" ないし "international" なケースのためのものゆえ [この点で、Schack, supra, at 354参照]、UKという規制国 [Regulation State] 内のケースには不適用だ、とある。EU内部における "UKの対外関係" はそう整理されるが、以下に示すのは、そのUKの内部、そしてその外部にも微妙に "滲み出る" [!!]、いわゆる「英国」の特殊事情[＊＊＊]について、である）。

＊＊＊　[「英国とは何か」についての必要な寄り道]

興味深いついでに、本書でも（イギリスという曖昧な用語法 [!!] と同様）用いて来た「英国」という言葉について、再度確認しておく。「ロンドン中心に見たイギリスが、"米国" と対比される "英国" じゃあ！」といった曖昧な用語法を今後も続けるが、「ドイツ」の次にその「英国」を見るので、最も厳密な言葉の定義を、（再度）しておく。石黒・前掲国際私法・国際金融法教材72頁4段目左（貿易と関税1995年3月号67頁）にも記したことである（だが、そこに「ウェールズ」が脱落していたこともあり、再度示すこととする）。そこでは Dicey/Morris/Collins, supra の12版を引用しておいたが、Id. (14th ed. 2006), supra, at 32f の "Geographical expressions" の項目で、正確に以下を記す。

まず、①「イングランド」という言葉は、「ウェールズ」（等）を含む（"England includes Wales and ……."）、最も狭い地域を指す。次に②「グレート・ブリトゥン（Great Britain）」は、右に定義された「イングランド」と、「スコットランド」とを意味する。そして、ジブラルタル問題との関係で右に一言した③「UK」は、「イングランド」・「ウェールズ」・「スコットランド」に、「北アイルランド」を含めたものとなる（Ibid は、わざわざ "It [UK] does not include the Republic of Ireland." などとする。そうしたことを「英国」側が "書きたがる" 理由は、次の「コモンウェルス」の定義と関係し、かつ、後述の「英国と共助」の論点とも直結する。石黒・前掲教材73頁、及び貿易と関税2007年8月号80頁参照）。だが、歴史的理由から、"the Channel Islands" と "the Isle of Man" はUKには含まれず、④として "British Islands" という言葉があり、それがUKと "the Channel Islands and the Isle of Man" から構成される、とある。

最後に出て来るのが、⑤の「コモンウェルス」である。だが、Dicey/Morris/Collins, supra (14th ed.), at 33の注99が別文献を引用しつつ、"The definition there suggested (p. 14) seems too complicated for the purposes of this book." とするように、概念自体に不明確な部分が残る。石黒・前掲教材72頁において、私はまさに（「国際倒産と租税」に関する）「英国」での「『承認』と『共助』との交錯」について論ずる際に――

『「イングランド」・「グレート・ブリトゥン」・「UK」に「対し、『コモンウェルス』になると、ずっと滅茶苦茶広がるが、グチャグチャで面倒臭い。但し、南アフリカなどは "今は" [執筆の基準時点は、「1995年1月」] 含まれない。Id. (12th ed.), at 29の脚注を見ても、本家本元たるこのイギリスの代表的体系書が、厳密な定義を半分ギ

ブアップしている面もあり、面白い。そんなに複雑な国（々）なのだ。だが、司法制度上の"基本"（裁量、コミティ等）は、共通する面が多い。そこがポイントである［!!］。』

——との、極めて重要な指摘をしておいた。

それでは、Dicey/Morris/Collins, supra (14th ed.), at 33における「コモンウェルス」の定義を、原文で辿っておこう。そこには——

"The Commonwealth is used in its widest sense to include all territories which form part of the dominions of the Crown or which acknowledge the Queen as Head of the Commonwealth .... It includes not only the older Dominions but also the Republics and other independent States which, for one reason or another [!!], have ceased to be part of Her Majesty's dominions. It also includes the remaining British Dependent territories. But it does not include the Republic of Ireland. The United Kingdom is of course part of the Commonwealth as above defined. But sometimes it is necessary to distinguish between the United Kingdom and the rest of the Commonwealth. ...."

——とある。文体も、何処か物悲しい（右の波線アンダーライン部分）。ともかく、「英国女王」に忠誠を誓うことを「やめた（ceased to be）」国々も「コモンウェルス」には含まれる、とされる。こうした「コモンウェルス」の定義自体に、私は、明確に、「かつての大英帝国の残照ないし残映」を、見るのである。

ちなみに、右の「アイルランド」の個所に脚注が付いており、そこには——

"Ireland Act 1949, s.1(1). Pakistan and South Africa have rejoined the Commonwealth: Pakistan Act 1990; South Africa Act 1995[＊＊＊＊]."

——とある。「アイルランド」がもはや「英国」とは別の存在たることを、（悲しげに？）示しつつ、「パキスタン」と「南アフリカ」は戻って来たと、すぐ続けるあたりの"心情"を、推し量るべきでもあろう。だが、そうでありつつ、壮大な「コモンウェルス」の中で、「UK」と「その他のコモンウェルス」とを区別する必要が、ときには（sometimes）ある、とするあたりの"本家意識"も、面白いというか、悲しい。ともかく、曖昧な用語法であることを知りつつここで「も」用いる「英国」とは、こうした国なのである。

＊＊＊＊　なお、「南アフリカ」が1995年に「コモンウェルス」に復帰したこととの関係で、「国際倒産と租税」に関し、更に論ずべき点がある。石黒・前掲教材72頁3段目右の、「南アフリカでイングランドの管財人に対する……assistance(!)が認められた事例（94％が租税債権［!!］）」の理論的取扱いについてである。

便宜、同前・73頁から引用するが、そこには、「英国って、一体何なの？」との素朴な疑問に対する、重要なメッセージが示されている。そのこともあっての言及である。

Dicey/Morris/Collins, supra (14th ed.) では、論述の重点が、後述の1986年法制定の後の法状態に移ってしまっているようゆえ (Id. at 1505 fn. 18等参照)、Id. 11th ed. (1987) を引用した同前・教材73頁2段目右から、"抜き書き"をしておこう。後述の「1986年法で廃棄された［英国の］1914年法［1914 Bankruptcy Act］122条……［の］当時はイングランド［等］……の裁判所は、すべての"British courts"の破産手続を［共助で］助けねばならなかった（must act in aid of ....）。だが、その見返り……としてイングランド側が在外資産をそれらの法域から受け取るためには、第1に［それらの法域での］"裁量"のハードル、そして第2に、相手方のCommonwealth courtが自らを"British court として 認めない可能性……によるハードルがあった、とされる。そして、南アフリカが1962年の法律でこの122条の妥当を何ら明示していないことから、右法域が同条の射程をもはや外れたことが、そこで示されているのである（Id. [11th ed.], at 1106.)」。だが、貝瀬・前掲国際倒産法序説247頁以下で紹介されている「1985年」の南アフリカの事例においては、同国側からイングランド側への倒産共助が、実際になされていたことになる（!!）。

この点に関して貝瀬・前掲序説246頁は、「いかなる場合においても外国租税債権の直接・間接の執行が禁じられるとするのは困難である」とする "Smart" 氏の、承認と共助とをごっちゃにする、誠に "鈍臭い"（石黒・前掲教材73頁2段目左）「論稿」を "紹介" しつつ、次の頁（貝瀬・前掲序説247頁）で、南アフリカは「コモンウェルスから脱退しており、イギリスの枢密院司法委員会（Judicial Committee of the Privy Council）への上訴も禁じられている」ことをことさらに示し、私の考え方とは異なる、即ち「『共助』・『裁量』（そして『コミティ』!!)の世界とは全く切り離された」判断が、そこで下されたかのごとく、論じている（この点につき、石黒・前掲教材73頁1段目左を見よ。但し、「租税その他の公法上の債権は、債権が存在する締約国内の財産からのみ優先的満足を得られると解すべきであろう。……」とする、後述の、貝瀬・前掲序説557頁と、この点を更に対比せよ)。

だが、既述のごとく、この事例の10年後の「1995年」に、南アフリカは「コモンウェルス」に復帰した。（所詮は政治的動機等に支配される）その復帰の如何を問わず、こうした立場の国の法制度・司法制度に深く根差すのが、更に後述する「コモン・ローの伝統」である。その伝統が「1985年」段階の南アフリカにも、英国型の "裁量" や "コミティ" とともに（!!）残っていたと考えるのは、何ら不自然なことではないはずである。前記の貝瀬教授の指摘（但し、当該個所［貝瀬・前掲序説246－247頁］について言えば、そうはっきりした主張とは言えない。いつもの如く、紹介に継ぐ紹介で、もやあっとしているからである）は、若干皮相的に過ぎる。既述のごとく、ここでの問題は、南アフリカという一つの国の、司法制度の最も根深い部分にかかわる。「コモンウェルス」から脱退したという一事で、その "根っこの部分" までを即座に捨て得るか、ということである。

この点での具体的なイメージを膨らませるためには、例えば第2次大戦後の状況下にもかかわらず、韓国において「1960年1月1日の韓国民法施行」まで、「朝鮮民事令や日本の旧民法等」の、日本支配下での「現行法令」が「有効なまま存置されていたこと」（石黒・前掲国際私法［第2版］147頁）や、同じく戦後の深刻な東西対立の中で、1961年8月の「ベルリンの壁」構築後も、何と「旧東ドイツにおいて、1975年末まで……少なくとも私法的領域に関して」は、従前の「ドイツ民法典（BGB）等が妥当してきた」こと（同前・148頁）などを、想起すべきであろう。即ち、こうした "歴史的事実" との対比において、「英国」と「南アフリカ」との関係を考え、以上の私の指摘の "背景" にある事柄を、考えて頂きたいものである。

なお、ここで前記の Dicey/Morris/Collins, supra (11th ed. 1987), at 1106f に戻れば、そこには、前記の①から⑤の "言葉" の交錯する、「英国」の本音が、（若干悲しい）「歴史的重み」（石黒・前掲教材73頁2段目右）とともに、以下のごとく示されている。即ち――

"In general, it may be assumed that, so far as English law is concerned, all bankruptcy courts throughout the Commonwealth are "British courts" [!!], though there may be some exceptions. This is true even though some of the independent countries have assumed republican forms of government: for it is commonly provided that the existing law of the United Kingdom shall continue to apply in relation to them as if [!!] they had not become republics. But it is of course of no avail [!!] for the English court to seek the aid of a bankruptcy court in the Commonwealth overseas if that court does not admit that it is British. The Insolvency Act 1985 retained section 122 in relation to the duty of cooperation between United Kingdom courts and British courts elsewhere ……. But it is repealed by the Insolvency Act 1986 ……."

——とある。

　以下、かなり細かな言及を、この英文について行なう。右の冒頭に、「イングランド法」から見れば、「コモンウェルス」諸国の破産裁判所は、原則的にすべて「ブリティッシュ」の裁判所だと見得る、とある。まずは、この冒頭の「第1文」に"違和感"を抱くのが、正しく「英国」を理解するための、出発点である（!!）。

　つまり、「イングランド」という言葉（前記の①）は、「ウェールズ」（等）を含むが、前記⑤の「コモンウェルス」は、もはや英国女王の"領地"（ドミニオン）ではなくなってしまった共和国その他の独立国家を含む（It includes …… the Republics and other independent States which …… have ceased to be part of Her Majesty's dominions.）。それら諸国（の裁判所）も、「イングランド」側から見れば、すべて「ブリティッシュ」だとされるのである。だが、「ブリティッシュ」とは前記④の、"British Islands"に相当し、UKと"the Channel Islands and the Isle of Man"を含めた用語法である。その前記③の「UK」は、「イングランド」・「ウェールズ」・「スコットランド」に、「北アイルランド」を含めたものとなる（同書全体の、言葉の　厳密な定義との関係である。既述）。

　ところが、前記の「冒頭の第1文」では、「国際倒産」との関係で具体的に言えば、右の「スコットランド」等は、「イングランド」側に"倒産共助"を与えるか否かの「判断権限」を有している。即ち、そこに"so far as English law is concerned"とあるように、「スコットランド」等は、"[A]ll bankruptcy courts throughout the Commonwelth are "British courts"."と、果たして「イングランド」側と同じに考えるか否かにつき、独自の判断権限を、既にして有している（厳密に言えば、そこに更に、「スコットランド」等の裁判官の個別の「裁量権限」[「コミティ」と一体となったそれ]が、いわば国家的判断とないまぜに[!!——まさにそこが、英米法系の英米法系たる所以でもある、と言える]、微妙に機能する形となる!!）。

　石黒・前掲教材73頁1段目右に記したように、こうした文脈でDicey/Morris/Collins, supra（12th ed. 1993), at 1165は、"It should be noted, however, that a Scottish or Northern Irish court is not required [!!] to enforce an order of the English court in relation to property situated in Scotland or Northern Ireland."と述べている（*****）。その点と対比しつつ、右に示したところを、考えるべきである。

*****　正直に言えば、2008年2月8日午後4時45分頃、Id. の「11版」と「12版」とを"共に"引用する石黒・前掲教材72–73頁に、"11th ed."と"12th ed."との混同があるのではないかと、少々慌てた。だが、前記の「1914年法122条」については、Dicey/Morris/Collinsの「11版」の叙述がその後の版でもリファーされており（例えばId. [14th ed.] at 1505 fn. 18)、石黒・同前では「12版」をベースとしつつ、「1914年法122条」の関係のみ「11版」がリファーされていること、即ち、「1995年1月の自分」の

2 「2000年EU規則」とそこに至るまでの道程・その1
── 「英国」という"悲しい言葉遣い"についての再確認を含めて

文献引用に何ら問題のなかったことを、確認し得た。

貿易と関税2008年2月号71頁以降の個所でも、「24年前の私」の、スイス国際私法第2草案の翻訳の仕方が果たして正しかったのかどうか、多少焦ったが、本書執筆に関する明確な"天の声"の一つは、こうした「過去の自分への検証作業」にあることを、このところ強く感ずる。それ故、「英国」に関する「＊＊＊＊」での論述を中断し、ここで一言した次第である。まるで、過去の自分と一緒になって、一体の像を協力しつつ彫り出してゆくような、実に不思議な、彫刻のような詳密な作業の連続である、と感ずる（ここで、この「＊＊＊＊」の直前の個所へと、ここで戻る）。

あくまで前記の「冒頭の第1文」に集中して言えば、「英国」の中の最も狭い領域を指す「イングランド」側として、(1995年までの)「南アフリカ」等を含む) 既に英国女王の君臨を否定した「"旧"コモンウェルス」諸国を含む、いわゆる「コモンウェルス」諸国の裁判所はすべて「UK」の裁判所だと、本当は言いたいのであろう。だが、そうしてしまっては（既述の「UKの対外関係」等との関係を含めて！！）さすがに角が立つと思ってか、そこを"言葉のオブラート"で包み、とくに"Islands"という非国家的"感覚"の語を"見え隠れ"させつつ（！！）、それら諸国の裁判所は、「ブリティッシュ」(British Islands──即ち「UK」以外の"the Channel Islands and the Isle of Man"を含む) の裁判所だと、まず言う（そうした微妙な"言葉遣いの心理"に対する「感性」が、強く求められる！！──私の心の安定のための、妻の勧めもあって、駒場生の時代に、バスの行き帰りで辞書もなしに結局全巻読破した岩波文庫の「源氏物語」を、2月8日に再度冒頭から数頁、読み出して見たが、気分爽快。あんな厳密な文章は他にない[！！]。読み続けよう。──1日10分程度で、2月10日には「桐壺」を終わった。弾みがついて来た）。

だが、当の"British Islands"の仲間たる「スコットランド」・「北アイルランド」が、それに同意してくれるかどうかは、「イングランド側」として「分からない」（！！）。分からないが、それを強く希望（切望）する構図、なのである。

次に、右英文引用部分の「第2文」では、既に英国女王の君臨を否定して、共和国形態の独立国家等となった「"旧"コモンウェルス」の諸国（それらをも含めての「コモンウェルス」の定義であること[既述]に注意せよ）に対しても、「UK」の法が、あたかもそれら諸国が共和国形態（等）に「ならなかったかのごとく」適用され続ける旨（仮定法過去[叙想法過去──日比谷高校の恩師の森一郎先生は、「叙想法」と呼んでおられた。まさに、その名称に相応しい、何とも悲しげな想いの込められた文脈である！！]）、「UK」の法に一般に規定されているからそうなるのだ、とある。

この「第2文」冒頭に"This"とあるように、そこでも、「第1文」の前提、即ち、「イングランド」の側から見れば、との前提が生きている。その証拠に、"But"で始まる「第3文」は、あくまで「イングランド」側の問題に回帰している。即ちそこでは、「イングランド」側が「海外のコモンウェルス」の諸国（実はそこに、「スコットランド」・「北アイルランド」も含まれている[！！──既述]のだが、何だかそうではないような"印象"が、この種の"言葉遣い"から、感じられてしまう。まさに其処を狙って球は投げられている！！）に"共助"を求めたとしても、それら諸国の裁判所が、自己を「ブリティッシュ」と認識せねば、「イングランド」側からのこの"呼びかけ"は、無となる、とある。

だが、ここで「ブリティッシュ」(British Islands) という言葉を使うことは、おかしい。この言葉は、既述のごとく「スコットランド」・「北アイルランド」という、「イングランド」の思い通りには必ずしもならない地域を含んでいる。従って、「イングランドの」とすべきところである。そうではあるけれども、それらの地域も「イングランド」

といつも一緒なんだよね（「今日は喧嘩別れしちゃったけれど、明日も一緒に遊んでくれるよね。きっとそうだよね……」）といった物悲しい"想い"が、其処に込められているのである（「第4文」についても、以上の視角からの"精察"が必要だが、もはや、くどいから省略する）。

　そうした微妙な"言い回し"の中に、「冬の藻」の如く（「冬」である!!）揺蕩（たゆた）う「英国」の「威信」と「喪失感」（つまりは既述の「大英帝国の残映ないし残照」!!）を鋭く感じ取り、そして前記の①から⑤の"言葉"の厳密な（？）定義へと再度回帰してゆくことが、これから「ドイツ」を経て「英国」に至る論述の前提として、必要なことのように、私には思われる（******）。――ここで、本線に復帰する。

　******　しかも、更に言えば、こうした悩ましい問題を自らの内に秘めた「英国」が、"EU法との更なる葛藤"（!!）の中に、身を投じざるを得ない状況に、あるのである。例えば、「英国」固有の「外国訴訟差止命令」それ自体を否定した欧州裁判所（ECJ）の裁判に関する、貿易と関税2006年2月号56頁参照。

　但し、以上「英国」について述べた点を、「東西ドイツの統合」との関係で「ドイツ」が抱え込み、そこで"噴出"したところの、一層生々しく痛々しい"想い"と、更に対比すべきである。石黒・ボーダーレス・エコノミーへの法的視座（1992年・中央経済社）201－319頁。そのエッセンスは同・前掲国際私法（第2版）147頁以下、とくに同前（第2版）・150頁6行目の"怨念"という言葉の、裏側にあるものに注意せよ。

　ちなみに、私なりのヨーロッパ観は、こうした諸点と、そして、貿易と関税2008年2・3月号（本書第2章）で"封印"を解いて再度示した「スイス」への思いから、徐々に形造られて行ったものである。――と、ここまで書いたところで、マーラーの交響曲第6番「悲劇的」となった。BGMも、私の思いと、なぜか連動しているようである。

> ## 3　「2000年EU規則」とそこに至るまでの道程・その2――「租税債権の取扱い」に重点を置いて

　さて、その「英国」が署名しなかったことによって葬られた、前記の1995年EU条約（案）だが、その内容は、殆どそのまま2000年のEU規則に受け継がれている（"almost identical to that of the 1995 Convention"とする Dicey/Morris/Collins, supra [14th ed.], at 1411、及び Schack, supra [4. Aufl.], at 354参照）。けれども、そこに至るまでには、EU（EC）域内での、実に「1963年以来」（貝瀬・前掲序説390頁）の作業があった。

　ここでは、「租税債権の取扱い」に関する、後述の2000年EU規則39条の前史的意味合いを有する、「1980年EC倒産条約案」（貝瀬・同前390頁以下。なお、同・前掲国際倒産法と比較法9頁）の中の規定について、手短かに一言しておこう。80年条約案の44条である。

　要するに、極力「業務の中心」（同・前掲序説393頁）の所在地での倒産手続への処理の集中を図るのが、この条約案においても基本となるのだが、域内各国の「租税債権」については、国境を越えた（!!）「無担保債権者」としての請求（配当）を認める規定が、既にして存在したのである（同前・421頁）。

　貝瀬・同前序説422頁は、この44条の「3項は、租税官庁および社会保障官庁に無担保債権者として外国において届出を行なう権限を認めたことで新たな改革をこころ

3 「2000年EU規則」とそこに至るまでの道程・その2――「租税債権の取扱い」に重点を置いて　171

みていると評価できる。しかしながら、かかる提案は、外国の刑事上または租税上の債権のイギリス国内での執行を公序を理由に［??］拒絶してきたイギリスの確定的な判例法理に反するため、若干の議論が予想されよう（さらに、租税官庁等の権限をかくもラディカルに強化すると、通常の債権者の利益をはなはだしく侵害する、という反論も考えられる）」と、例によって微妙な評価を下す（この「条約案から学ぶべき［!!］こと」［同前・438頁］の一つとして、同前・439頁には、「租税債権についての第44条第3項も重要な規定である」とある）。

　ともかく、同前・422頁に付された注92（同前・464頁）には、「1984年修正案では、80年案の第44条第1項」に、次の規定の「追加」されたことが、示されている。即ち、「破産開始後に成立し、かつ、当該締約国法により一定の優先順位が認められている租税債権およびこれと同等の債権については、かかる優先順位は、債権が存在する締約国内の財産の換価に関してのみ実現される。この財団債権が当該財産から完全な満足を得られない限りで、その残部は、その支払いのために利用できる財産に比例して、他の締約国に存在する財産から、その締約国法上最低の順位で満足を受けるべきものとされている他の財団債権と同一の順位においてのみ、満足を受けることができる」との規定（案）である。

　全ての出発点は、80年条約案の23条にあるように、「破産の一般的効果」（同前・403頁）としての個別執行の禁止（21・22条）にもかかわらず、「第21条及び第22条は、自国の領域内において国庫の債権および租税事項として徴収されるべき債権を徴収する行政庁および組織の権限を妨げない」（23条）との、正当かつ毅然たる姿勢にある（同前・404頁）。これが、2000年EU規則39条の"前史"として、ここで言及すべき事柄である(*)。

　＊　ちなみに、石黒・前掲ボーダーレス社会への法的警鐘（1991年・中央経済社）165－166頁の注19では、88年条約案の44条につき、「1970年準備草案42条」にまで遡って言及しつつ、「いずれにしても条約があってはじめてかかることが可能となるのだ、との点に注意すべきである」として、貝瀬・前掲序説557頁を引用しておいた。ついでに一言すれば、そこで貝瀬教授（当時は「貝瀬君」）は、「租税その他の公法上の債権は、債権が存在する締約国内の財産からのみ優先的満足を得られると解すべきであろう。その残債権については、他の締約国でも非優先破産債権として満足を得られる旨を明示した条約（案）が存在する（条約中にかかる明示規定を置かなければ、国境を越えた公権力行使として国際法違反となる）」と、私の「現代国際私法（上）」の472頁以下、491頁以下、等を引用しつつ、至極まっとうな指摘を行なっている（先程時計をみて、びっくりした。2008年2月2日の午前0時を、とっくに回っていたのだ。「2月2日」は、我々の結婚記念日。丸19年経ったことになる。その2月2日の午前0時55分、アイドリングのつもりで始めた第1日目の執筆を、終えることとする。あっと言う間の8時間半、であった。しかも、いつもの背中の痛みもない。爆発的に激しい「氣」のevolutionに対して、ともかくも内面を安定させねばとの、ここ数日の内的営為の成果か、とも思われるが、執筆中のTVの録画の状態を見れば、一層はっきりする。このところ、一定の心理状態になると、いつもの8チャンネルのみならず、3チャンネルまでもが「受信不能」で「録画出来ず」、だったりもしていたから、である。――2月2日午前2時30分、執筆後の妻との「ちゃんぱ［乾杯］」の後、いまだ1日夜の食事中ではあるが、"異変"があった

ので、再度パソコンに向かう。パソコンは快調ではあるが、"録画"で3チャンネルが全滅。しかも6チャンネルも「受信不能」で、たった5分で録画停止となっていた。それなのに、一番私の「氣」の影響を受け易い8チャンネルは無事。一体、どういうことなのか。「氣」の周波数帯に変動があったのは、事実である［最近の現象］。だが、TV受像機自体は"磁性化"［貿易と関税2008年1月号82頁］して「いない」。明らかに、作業中の私の出す"電磁波"それ自体の問題である。一体全体、どういうことなのか……──執筆再開は、中国春節の翌日、2月8日午後3時半、3月号分の初校を済ませてから、「英国」関連の加筆をして午後8時34分に至った。込み入った問題の加筆ゆえ、執筆枚数はあまり増えなかったが、徒にそれを嘆くことはせずに、今日は、この程度でやめておくこととする）。

4 「EU金融機関倒産指令」と証券・マネーの「ペーパーレス化問題」

　さて、ここでいよいよ前記の「2000年EU規則（EuInsVO）」に入る（そのつもりであったが、実際にはそれを先送りせねばならない事情が、以下の通り、生じてしまった……）。このEU規則については、既に、貝瀬幸雄「EU規則（regulation）との比較」山本克己＝山本和彦＝坂井秀行編・国際倒産法制の新展開──理論と実務（金融・商事判例増刊号［1112号・2001年］）65頁以下に、条文の邦訳を含めた"紹介"があり、それが、貝瀬・前掲国際倒産法と比較法165頁以下に転載されている(*)。

* 但し、金融機関の倒産（その厳密な定義は後述）については、このEU規則1条2項によって、同規則は不適用となる。不適用の理由としては、それらについては個別のEUの規制が既にあるからだ、ともされるが（Dicey/Morris/Collins, supra [14th ed.], at 1419.）、それらの除外は、法的（juristisch）というよりは政治的（politisch）なものだ、との見方もある（Schack, supra [IZVR 4. Aufl.], at 354.）。もっとも、このEU規則前文の(9)には、（域内各国当局の介入権限を含めて）前者に近い理由付けがなされている（この前文［9］の最後の1文は、„Diese Unternehmen sollten von dieser Verordnung nicht erfasst werden, da für sie besondere Vorschriften gelten und die nationalen Aufsichtsbehörden teilweise sehr weitgehende Eingriffsbefugnisse haben."というもの。Jayme/Hausmann [Hrsg.], supra [12. Aufl.], at 703参照。また、貝瀬・後掲（IMES Discussion Paper）2頁参照）。

　便宜、貝瀬・前掲国際倒産法と比較法186頁の邦訳をベースとして借りれば、EU規則1条2項の、この適用除外規定は、「本規則は、第三者の資金もしくは［有価］証券の保管（Haltung）を含む役務を提供する保険会社、金融機関（Kreditinstituten）又は有価証券会社（Wertpapierfirmen）の財産、ならびに集団的投資企業（Organismen für gemainsame Anlagen）の財産に関する倒産手続には、適用されない」と規定する。ちなみにDicey/Morris/Collins, supra (14th ed.), at 1419では、サラッと、"insurance undertakings, credit institutions, investment undertakings ..... and collective investment undertakings are excluded ....."とある。
　この点につき貝瀬・前掲164頁では、この1条2項との関係で、別に、「2001年3月19日の保険会社の再建および清算に関するディレクティヴ（directive 2001/17/EC, OJ L 110, 28）、同年4月4日の金融機関の再建および清算に関するディレクティヴ（directive 2001/24/EC, OJ L 125, 15）が規律する」、とされる。そして、後者については、更に、

4 「EU金融機関倒産指令」と証券・マネーの「ペーパーレス化問題」　173

貝瀬幸雄「EUの金融機関国際倒産法制――比較法学の観点から」日銀金融研究所（IMES）ディスカッション・ペーパー・シリーズNo. 2006-J-22（2006年）１－42頁の紹介がある。

　ちなみに、この最後のものの１－２頁では、金融機関の国際倒産に関する先行業績として、森下哲朗「国際的銀行倒産に関する法的一考察(1)－(19)」国際商事法務23巻12号－26巻４号（1995－1998年）、とくにこのEU銀行倒産指令の1996年６月段階での草案に関する、森下・前掲(19)国際商事法務26巻４号407頁の「要約」を示すとともに、石黒他・前掲国際金融倒産53頁以下（弥永真生）、とくに125頁以下（同）の、同指令の1998年段階での修正草案に関する検討が、先駆的なものとして、紹介されている。後２者は、いずれも私が多少なりとも関係したものであるが（前者は、「元」指導教官として、後者は、出版のための研究会の座長兼実質上の編者として）、ここでは、2000年EU規則の本体の方に、ひとまずは集中する（＊＊）。

●　　　●　　　●

＊＊　そう（「ひとまずは集中する」と）思ったのだが、そうも行かない事情が生じてしまった。随分前にコピーしておいた貝瀬・前掲（IMES）10－11頁に、EU金融機関倒産指令」の、「ペーパーレス化された証券（dematerialised instruments）上の権利は、それが登録されている構成国の法によるとする24条」についての言及、そしてEUのいわゆる「PRIMA原則」（!!）についての指摘を、見つけてしまったからである。見つけてしまった以上は、書かねばならぬ。だから、当初の予定を変更して、書くこととする。

　［注意］　この「＊＊」の最終的な行き先は、石黒・前掲国際私法（第２版）156頁注54、292頁注456―a（他に、同前・142頁の注360―aの本文、190頁注360―a、432頁注827―bをも参照せよ!!）で批判的に論じたところの、そして、更に同・前掲教材81頁三段目右以下の「ユーロクリア・システムを超えて？」の項、とくに同頁4段目左の英文引用部分にまで遡る（!!）ところの、無謀極まりない「ハーグ間接保有証券準拠法条約案」作成に関する、「米（＆日［？］）vs. EU」の対立図式、となる。

　要するに、（日本をも抱き込んだ）「米国の思惑」が欧州中銀の抵抗によって、正当に"粉砕"された事例である。そうはならなかった国際倒産法の場合、即ち「米国の思惑」に起因する後述の「国連モデル法」、そして日本の「平成12年法」の制定、といった悲惨な事態の展開との関係で、この点について論じておくことは、"世界の在るべき姿"との関係でも、実に有意義なことと考える。

　貝瀬・前掲（IMES）11頁には、EU金融機関倒産指令（Directive 2001/24/EC of the European Parliament and of the Council of 4 April 2001 on the reorganisation and winding up of credit institutions, OJ L 125 [5.5.2001], at 15-23）24条につき、「複数国に所在する仲介機関（すなわち証券上の利益を登録している登録簿等が帰属する機関）がペーパーレス化された証券を何段階にも階層構造［!!］をなして保有していること（held through several levels of intermediaries）……を考慮して、本指令24条は……決済ファイナリティ指令９条２項［!!］が採用していた最も密接な仲介機関の所在地国の法を適用する、というアプローチを導入した……（PRIMA原則すなわちplace of the relevant intermediary approachと呼ばれる）」、とある。ちなみに、貝瀬・同前（IMES）38頁の、この24条の邦訳には、「第24条　物の所在地法（lex rei sitae）　証券上の権利で、その存在または移転の要件として構成国の登録簿、口座または中央寄託システム

(centralised deposit system; zentrale Verwahrstelle) への登録を要する財産的権利またはその他の権利の実行は、当該権利が登録されている登録簿、口座または中央寄託システムが所在する構成国の法によるものとする」、とある。この文言の中に、前記の点が埋め込まれているのである（ちなみに、こうした点については、日銀金融研究所や日銀内の他の担当セクションの、金融に特化した適切なサポートもなされた上での、貝瀬・前掲の公表であることも、考慮すべきである[*]）。

　　＊　ちなみに、私も、「電子マネー問題」への"その後の"（石黒・前掲世界情報通信基盤の構築――国家・暗号・電子マネー275頁の指摘、"以降"の、という意味である）日銀側の不見識な対応、即ち、あえて具体的に言えば、せっかく私が日銀金融研究所と世界最先端のNTT横須賀研究所との「共同研究」の場をセットしたというのに、こともあろうにその共同研究開発の成果たる新技術につき、単に先例がないからというだけで、「海外への特許出願はまかりならぬ」と日銀側が言ったこと（その至急連絡を横須賀研究所から受けた私は、「申し訳ないです。日銀との関係を、これ以後は本気でお考えにならなくて結構です」と答え、今日に至る）に腹を立て、日銀との関係を自ら切るまでは、石黒・前掲国際的相剋の中の国家と企業61頁以下（「金融のグローバル化への法的視座」）や、「ペーパーレス化」と直接関係する同「世銀グローバル円債（1992年）回顧」（貿易と関税2005年7月号52頁以下）等々、彼らと多くの共同作業をして来た。貝瀬・前掲（IMES）を読んでいて、その当時と同じだなと感じたものだから、一言したまでである。

　さて、ここで重要な文献が登場する。嶋拓哉「資金決済におけるファイナリティ概念について――ファイナリティ概念の多義性を巡る法的検証」金融庁金融研究研修センター『FSAリサーチ・レビュー2006』221頁以下、である。貝瀬・前掲（IMES）11頁にも引用されていた1998年6月のEUの「ファイナリティ指令」、即ち Directive 98/26/EC of the European Parliament and of the Council of 19 May 1998 on settlement finality in payment and securities system, OJ L 166 [11 6. 1998], at 45-50）につき、嶋・同前235－236頁には、「カストディアンやグローバル・カストディアンを通じて間接保有される証券（以下、「間接保有証券」という）については、有価証券の物理的な所在を想定することが困難であり」、かつ、この点の「準拠法決定ルールを如何に設定すべきかという点は……延いてはシステミック・リスク［!!］の発生原因になる可能性があった。そのため、ファイナリティ指令9条2項では、間接保有証券にかかる担保権の法的有効性や対第三者効力を、カストディアン等が当該担保権を記帳している帳簿の所在地国の法に基づき判断するという、いわゆるPRIMA（Place of the Relevant Intermediary Approach）を採用し、牴触法上のルールの統一を図ることとなった」、とある。

　ところが、私が石黒・前掲教材81頁三段目右以下の「ユーロクリア・システムを超えて？」の項、とくに同頁4段目左の英文引用部分と直結するものとして（要するに、「ユーロクリア」を運営する「金融のMS」――これは、某K氏への暗号である――の思惑を引き摺るものとして）把握するところの、2002年12月13日採択の前記ハーグ条約案（「ハーグ間接保有証券を巡る権利の準拠法に関する条約案」）では、「間接保有証券にかか

る権利の移転や権利の発生等の一切について、PRIMAを原則としつつも、口座管理契約で契約準拠法が明示的に合意されている場合には、当該契約準拠法を優先的に適用することが認められた」(嶋・前掲238頁)。かかる「PRIMAとは異なる処理」の「大幅」な「容認」については、米国の「UCC Article 8の影響」だとする「指摘」も「欧州の学者を中心に」なされているところである(同前頁)。

そこには、「英米の論理に傾斜し過ぎたゴリ押し」(石黒・前掲国際私法[第2版]156頁注54)等もあり、経済産業省商務情報政策局豊田正和局長(当時。その後、通商産業審議官)や私の参加した「電子商取引から見た『法例』のあり方検討会」(鈴木五十三座長)報告書(2004年・公正貿易センター)・13頁以下(執筆担当は森下哲朗教授)でも、石黒・同前(第2版)292頁に具体的に記した、かなり深刻な理論的・実務的問題が、かかるハーグ条約案の主義からもたらされることに対する、警鐘が鳴らされることとなった。全銀協サイドの懸念をも踏まえて、である。

嶋・前掲238-239頁も、この「ハーグ条約[案]については、当事者自治を導入したことに伴い、証券の口座振替に伴う権利の得喪や、複数当事者間における証券の帰属を巡る問題」として、「実際に、準拠法如何によっては、証券の移転や担保権設定の要件が異なることとなり、延いては、ある間接保有証券の帰属主体や処分を巡り最終的な判断が異なる可能性は大いにある」、と指摘する。私も同意見であり、こんな条約案を日本が「署名」すること自体、問題が大き過ぎる、と考えている(石黒・前掲国際私法[第2版]156頁注54に記したように、この条約を日本が批准すれば、日本にとって準拠法に関する4番目の条約となるが、遺言の方式・扶養に関する、先行する3つの条約の批准にあたって、いずれも日本サイドの"大ポカ"[深刻な"法的ずっこけ"]があったことも、考え合わせるべきであろう)。

だが、嶋・前掲(『FSAリサーチ・レビュー2006』)239頁が、その先で指摘するのは、一層重大な問題である。即ちそこには、「元を辿れば、PRIMAが、資金決済システムにおいて対第三者完了性としてのファイナリティを確保し、システミック・リスク[!!]を回避するという強い要請の下に、間接保有証券の担保権設定にかかる準拠法ルールとして生み出されたことにも十分な考慮が払われてしかるべきである」、とある。ハーグ条約案の作成過程において、この点への配慮が十分でなかったことへの、正当な批判である。

更にそこには、「ハーグ条約[案]が採択された後も、欧州中央銀行[!!]は同条約[案]に反対する論陣を張ってきたとされ、2005年3月17日には、主として資金決済におけるリスク管理の厳格化を図る観点から、ハーグ条約[案]の規定内容の問題点を指摘したうえで、これに反対する姿勢を明確に表明している。すなわち……」として、3点にわたる欧州中銀の(決定的な!!)反対主張が、同前頁に紹介されている(詳細は、同前頁に引用されているEuropean Central Bank, Opinion of the European Central Bank of 17 March 2005, at the request of the Council of the European Union on a proposal for a council decision concerning the signing of the Hague Convention on the Law applicable to certain rights in respect of securities held with an intermediary [COM (2003) 783 final][CON/2005/7], OJ 2005/C81/08参照)。

かかる欧州中銀の"正当なる抵抗"については、日本の金融当局でも、その抵抗の

基底にある"金融政策の在るべき健全な姿"との関係において、一層真剣に検討する必要がある（!!）、と言うべきである。嶋・前掲の訴えるのも、まさに其処である。

この「ハーグ条約（案）」は、米国（＆日本？）主導の、そもそもは「準拠法問題を"なんでもよいから"統一したい」という、石黒・前掲教材81頁4段目左に英文で引用しておいたような、ユーロクリアのオペレーターたるMGTブリュッセル事務所が1993年6月に出したところの或る文書から発する"願望"を、極めて拙劣な形で条文化した「だけ」のものである。「署名会議」すらいまだに開かれないのには、十分な理由があるのである。

ここで、問題の出発点に戻れば、2005年に最も鮮明に示されたところの、前記ハーグ条約案に対するかかる欧州中銀の強い抵抗（PRIMAという『客観的連結』[!!]への正当なるこだわり）が、2001年のEU金融機関倒産指令24条にも埋め込まれていたものであることが、貝瀬教授（＋日銀金融研究所）の検討から明らかとなり、そして、貝瀬・嶋両氏、更には森下氏という、私がそれぞれの分野で後のことを託す「べき」人々の分析が、ここで一つに纏まることになる。

そのこと自体、石黒他・国際金融倒産（1995年刊──なお、その370-397頁の、「集中的証券振替決済システムと国際倒産──無証券化（ペーパーレス）化に重点を置いて」［石黒］の存在に注意せよ）の"その後"を示し、いわばそれを「2008年2月」の"現在"に繋げる上で、必須の事柄である。それが、本来ここでその規定内容について論ずる予定だった、前記の「2000年EU規則」の中身に入る前に、こうした問題について言及した趣旨である。本書第1章3(4)（貿易と関税2007年10月号59頁以下）の、「国際金融の全体像から見た"国際倒産現象"」の項目と、以上の論述とを、是非対比して頂きたい。

だが、ここでここまで論じた以上は、更に一言せねばならない問題が、実はある。即ち、「ペーパーレス化」は、「証券」と「マネー」との、双方について進行中だが、それをサポートするはずの「私法理論」が十分に発展していない（!!）、という重大な事態についてである。見切り発車的な効率重視で、すべてが動いているのである（中里実＝石黒共編著・電子社会と法システム［2002年・新世社］10頁以下［石黒］）。この点については、前記3氏のうち、森下哲朗教授が、頑張ってくれている。そのことについて、ここで一言しておこう。

脱稿後約半年で2008年2月2日にようやく初校を行なえたところの、「住友信託銀行vs.UFJ事件」に関する近刊の私の論稿（その後、［財］トラスト60・国際商取引に伴う法的諸問題［15］［2008年］103頁以下として公表。以下の部分は、同前・167頁以下。なお、同論文は、若干の補充［とくに「契約を破る自由」についてのそれ］を伴いつつ、貿易と関税2010年4-7月号において、再度公表される）で、私は、以下のごとく記していた。即ち──

『なお、［石黒・前掲］教材・55頁以下（何と、貿易と関税1994年4月号110頁以下が初出。もう13年［以上］も経つ!!）の、……「外貨とは一体何なのか？」と題した論文のコ

ピーを、最近、岩原紳作教授に、お礼状とともに、お渡しした。13年も前のものを、なぜ2007年の夏に、あえてお渡ししたのか。理由は、以下のとおり。

　私は、ごく最近になって、岩原＝森下哲朗「預金の帰属をめぐる諸問題」金法1746号（2005年）論文の先が知りたくて、岩原教授に、教授会のときに尋ねた。そしたら、すぐに、岩原紳作「預金の帰属――預金者の認定と誤振込・振り込め詐欺等」江頭先生還暦記念・企業法の理論下巻（2007年・商事法務）423頁以下の抜刷を頂戴したのである。

　私が何故そう尋ねたのかと言えば、中里実＝石黒共編著・電子社会の法システム（2002年・新世社）9－11頁（石黒）の、「階層構造の振替決済システム」と、証券・マネー双方での「ペーパーレス化」に関する、私の従来からの問題関心があり（なお、石黒・前掲国際私法［第2版］156頁注54、292頁注456―a、432頁注827―b参照。その他、例えば石黒他・国際金融倒産［トラスト60研究叢書・1995年・経済法令研究会］370頁以下の「集中的証券決済システムと国際倒産――無証券化［ペーパーレス化］に重点を置いて」［石黒］をも参照せよ）、とくに、昭和59年の「株券等の保管及び振替に関する法律」24条（「共有持分」）、27条（「占有」）の"物権的構成"、正確には、石黒・前掲教材75頁（ユーロクリア関連）の"「混蔵寄託＋共有権」的構成"が、平成13年の「社債、株式等の振替に関する法律」66条で曖昧になり、「権利……の帰属は……」としつつ、その権利の内容を何ら明示しないまま、67条で券面不発行を強制している、等の根源的問題（!!）があったから、である。

　ところで、岩原・前掲（江頭記念）425頁注9には、石黒・前掲教材55頁以下の「外貨はカネかモノかの論をめぐって」の項の冒頭で批判した「神田教授の所説」が、四宮教授の所説（なお、石黒・同前56頁の、「神田説と四宮説との接点？」の項参照）とともに引用され、岩原・同前469頁以下に――

　「以上のような物権法的な資金の移転行為という概念は従来論じられたことがなく、物権行為概念を採らないわが国において［??］受け入れられるか分からないが、物権法的アプローチを採る以上は想定せざるをえないように思われ、……詳細は、今後の研究の課題としたい。」

――とあり、その最後に付された注81で、「四宮・前掲……の物権的価値返還請求権の考察が参考になる」、とされていた。私は、13年［以上］も前に、ドイツの「価値権理論」との関係で、いわば"その先""も"夙に論じていたのであり、末端投資家等の保護のために物権的構成を堅持して、但し「証券・マネーの両面」で頑張って欲しいと思うがゆえに、岩原教授に、古い論文のコピーを渡したのである。ちなみに、同教授は、私のこの論文の存在を知らなかったようで、ご丁寧なお手紙を、更に頂いたりもした（私は、自分が書けば其処で完結するタイプゆえ、人々が知らない、等のことには、慣れっこになっている）。……』

――と。

さあて、困ってしまった。本書のこの個所では、明確に「承認」アプローチに立ち、その上で域内各国の「協力」を説く「2000年EU規則」の概要、特にそれが認めた「2次的倒産手続」の、スイスの「ミニ破産」方式との親近性を示し、これまでの本書の論述との"連続性"に留意しつつ、「ドイツ」での同規則の受容のされ方、等を示し、その上で、「英国」の国際倒産法制へと、進むつもりであった。

　だが、その思いが強すぎてか、"「英国」とは何か?" に深入りし、かつ、さっと飛ばす位に考えていた「EU国際銀行（金融機関）倒産指令」について、ここで論じておくべき重大問題までが出て来てしまった。

　「EUの国際倒産法」を書くなら、それ「だけ」を書けばよい、というのが「普通」の考え方であろう。だが、残念なことに、私は「普通」ではない。

　妻と一緒に、幸い「9.11」の前に、休暇を取ってハワイというところに行ったときに見た「この樹何の樹……」の現物も、たしかに1本の樹ではあったが、数多くの太い枝・細い枝と、そして無数の葉と花が、ほとんどその幹のありようを隠しつつ、それでいて、厳然たる一本の樹となっていた（潮の香る強い風が颯と吹き、我々はそのことを"認識"した……）。

　微視的には、殆ど仏師が御仏の表情の最後の襞を削り出すが如き作業の連続であったが、もともとは貿易と関税2007年8月号以来の執筆たる本書も、全部仕上がれば、あのハワイ（ホノルル）の大樹のように、（何処からかはともかく、一陣の風さえ吹けば!!）揺らいで己の存在を示す、1つの強靱な"システム"となるはずだと信じつつ、ひとまず筆を擱くこととする（以上、2008年2月10日午後10時33分。結局9時間ぶっ続けの執筆と、なってしまった。──点検終了、同日午後11時38分［ここまでは、貿易と関税2008年4月号分］）。

5　「2000年EU規則」の基本構造への正しい理解──スイスの「ミニ破産」との親近性に留意しつつ

　ここまでの（雑誌掲載用1号分の）初校を終え、2008年3月2日午後4時25分、いよいよ「2000年EU規則」の"基本構造"についての執筆を、開始する（岩波文庫の「源氏」再読は、「須磨」から「明石」に入っている。実に劇的で、美しい世界である）。

　まず、本書第3章のこの5で、何をどう明らかにしようとしているかについて、再確認をしておく。本章冒頭でも示しておいたように、「2000年EU規則」、即ち倒産手続に関する2000年5月29日のEU規則（Verordnung [EG] Nr. 1346/2000 des Rates über Insolvenzverfahren vom 29. Mai 2000, ABl. EG Nr. L 160, S. 1）につき、とくにその27条以下の「2次的倒産手続（Sekundärinsolvenzverfahren）」の、スイスの「ミニ破産」方式との類似点・親近性に着目しつつ検討することが、まずもって必要となる（以下、このEU規則の条文については、Jayme/Hausmann [Hrsg.], supra [12. Aufl.], at 702ff を参照する）。

5 「2000年EU規則」の基本構造への正しい理解
―― スイスの「ミニ破産」との親近性に留意しつつ

つまり、これから見てゆくように、この EU 規則は、EU 域内のある国での倒産手続にすべてを一本化する主義を、とって「いない」。即ち、後述の「主要な倒産手続」（本規則 3 条 1 項）と、属地的効力（当該国内に所在する倒産者の「財産」に限定された効力!![＊]）のみを有する「2 次的倒産手続」（本規則 3 条 2 項）との、ある種の（悩ましい）"緊張関係"において問題を処理しようというのが、この EU 規則の基本スタンスである。

* それが、日本の場合の旧破産法 3 条 1 項、旧会社更生法 4 条 1 項の、"文言に忠実な"私なりの"属地主義の再構成"（貿易と関税 2007 年 8 月号 75－76 頁）を連想させるものであること（!!）に留意しつつ、以下の、これに続く指摘（スイスの場合との対比）を見よ。

この「2 次的倒産手続」についての属地的限定が、既にして、本書第 2 章 4（貿易と関税 2008 年 3 月号分）で、その成立の経緯につき詳述したところの、1987 年のスイス国際私法典における「ミニ破産」方式と、類似する。そのことに、まずもって十分注意すべきである。

なお、重要なこと（!!）としてここで一言すれば、Schack, supra (IZVR 4. Aufl.), at 382 は、EU 規則 3 条 2 項（以下）で認められる「2 次的倒産手続」を、後述のごとく（纏めて）「特別倒産手続（Sonderinsolvenzverfahren）」と表記しつつ、それと「並行［倒産］手続」とは区別せねばならない、とする。理由は、（内外）並行倒産にあっては、折りに触れて主張される普及主義的な効力が追加的な（各国制度間の）衝突を引き起こす（..... Parallelverfahren, deren jeweils universaler Geltungsanspruch zusätzliche Kollisionen heraufbeschwört.）、との点にあるとされている。この点は、まさに私が、スイス国際私法典の制定過程で、フィッシャー教授と連邦司法省のフォルケン氏とに力説し、主義の明確化を進言した点である（貿易と関税 2008 年 3 月号 73 頁以下［本書第 2 章 4］参照。――スイスの「ミニ破産」方式の、まさに成立経緯の問題である!!）。同様の考え方が、今や 2000 年の EU 規則において、しかも、その核心部分において（!!）、実質的に採り入れられていることは、これから更に、本規則 3 条 2 項を軸として、示してゆく通りである（[＊][＊＊]）。

* なお、既に本章 2 で示したように、2000 年 EU 規則の内容は、「英国」の一定の行動（期限内に英国のみが署名しなかったこと）で頓挫した 1995 年の条約案と、文言に至るまで、殆ど全く同じである。ちなみにこの点につき、貝瀬・前掲国際倒産法と比較法 165 頁以下は、「規則全般および主要条文の立法趣旨を宣言した 33 項目にわたる詳細な前文を設けた点と、［1995 年］EU 倒産条約［案］の第 5 章「司法裁判所による解釈」（43 条－46 条）を削除して、新たな内容の第 5 章を加えた点」が大きな差だとする。

そして、同前・166 頁注 6 には、「全 47 条」のこの EU 規則の「1 条－42 条は、EU 倒産条約に逐条的に対応しており、同条約中の「本条約」を「本規則」に、「締約国」を［EU の］「構成国」……に改めれば、EU 規則とほぼ同一内容となる」旨が示されている（但し、「5 条と 42 条」については「変更」がある）。他方、後述する本規則の前文については、「本規則が詳細な「前文」を設けたのは、各構成国および共同体司法裁判所［欧州裁判所］の解釈に資するためである」と、そこにある。

**　＊＊　但し、本規則においては、後述のごとく、この「2次的倒産手続」について、細かしい"概念区分"が、なされてはいる。

　前記の方針で以下の検討を進める際、いわばその前提として、本書の"全体構造"からして重要となるのは、このEU規則の行き方が、明確に「承認」、即ち（民訴118条的な）牴触法上の「外国判決承認・執行」の場合のアプローチに立って問題を処理していることである（[＊][＊＊]）。

　＊　即ち、本規則3条は、既述の2種（細かくは3種だが、今は無視する）の「倒産手続」につき「国際管轄（internationale Zuständigkeit）」の規定をまず置き、次に、「準拠法（anwendbares Recht）」に関する4条で、別段の規定のない限り、各倒産手続及びその効力は、手続開始国法によるとの、原則規定を置く。そして、5－15条の個別規定を経て、16－26条が、本規則第2章の「倒産手続の承認（Anerkennung der Insolvenzverfahren）」となる。
　　本規則16条1項は、3条の管轄を有する加盟国裁判所での、有効な倒産手続の開始につき、他のすべての締約国での、いわゆる"自動承認"（automatic recognition――石黒・前掲国際民訴法221頁。なお、この16条に即してこの点を論ずるDicey/Morris/Collins, supra [14th ed.], at 1472及び貝瀬・前掲国際倒産法と比較法56頁参照）を規定する。ちなみに、この自動承認（即ち、何らの方式等を必要とせずに、直ちに「承認」がなされること）については、「承認の効果（Wirkungen der Anerkennung）」に関する17条1項によっても、明確化されている（本規則前文22項にも、「自動承認」の語がある）。
　　もっとも、本規則26条は、公序による承認・執行の拒否を、認めてはいる（そこに、民事執行法24条2項と同様の、「実質的再審査」の禁止［なお、石黒・前掲国際民訴法211頁、236頁以下］が埋め込まれている、と指摘するのは、貝瀬・同前77頁）。だが、そこでむしろ重要なのは、他の域内国で開始された倒産手続のみならず、かかる手続の中で下された［個別の］裁判（eine in einem solchen Verfahren ergangene Entscheidung）の執行が、倒産手続自体とは別枠で捉えられていること、即ち、そのことを前提として、それら双方と公序との関係が規定されていること、である。
　　この点は、「平成12年法」の制定で従来の判例・学説がすべて無に帰したとする既述の暴論（貿易と関税2007年8月号81頁）との関係で、極めて重要な論点となる。そのため、後に改めて言及するが、一層端的に（!!）、本規則25条は、（倒産手続以外の）「その他の裁判の承認及び執行可能性（Anerkennung und Vollstreckbarkeit sonstiger Entscheidungen）」に関する明文規定を置いている。「多様な倒産関係の裁判」を広く取り込むのがこの25条の趣旨とされる（貝瀬・同前73頁。同前74－76頁に、その具体例が示されている）。これは、全体としての倒産手続とは別個の、いわば「支分的裁判」の承認・執行の問題である（石黒・前掲国際民訴法314、315頁参照!!）。「承認援助」一本槍で、後は「協力」オンリーとするかのごとき「平成12年法」の制定だけでは済まない諸問題の存在（!!）を、こうしたEU規則の規定振りからも、日本側として再認識する必要が、あるのである。

　＊＊　なお、便宜ここで一言しておけば、本規則20条の「返還義務と算入（Herausgabepflicht und Anrechnung）」の規定は、「共同体規模での全債権者平等取扱を保障するため」に（同旨の規定たる1995年条約案20条についての、貝瀬・前掲国際倒産法と比較法66頁）、3条1項の「主要な倒産手続」開始後に、他の域内国に所在する倒産者

5 「2000年EU規則」の基本構造への正しい理解
——スイスの「ミニ破産」との親近性に留意しつつ

の資産から満足を受けた債権者に対し、得られた利得の原則的返還を求め、配当参加においても一定の制約を課す規定である。要するにそれは、本書第2章4（貿易と関税2007年8月号76頁、2008年3月号76頁）でも言及した、いわゆる「ホッチポット・ルール」の、一つの発現形態である（このルールへの明示の言及はないが、Dicey/Morris/Collins, supra [14th ed.], at 1482f 参照。なお、貝瀬・同前66、167頁）。ちなみに、後述の、ドイツの1994年倒産法に、2003年に新設された同法342条にも、同様の規定がある。

本書第2章5（貿易と関税2008年3月号分の半ば近く）において、私は、『「従来の米国」と「スイス」の国際倒産法制との比較——スイスの行き方は「承認」ではなく「共助」だと、果たして言えるのか？』との項目を設け、スイス国際倒産法が牴触法上の「承認アプローチ」に立つことを、明確化しておいた。EU規則もまた、同様の「承認アプローチ」によるものなのであることを、ここで再確認しておく必要性は、大きいと言うべきである。

だが、スイスの「ミニ破産」方式との更なる接点が、実は、EU域内での「主要」・「2次的」の二つの倒産手続相互間の、既述の"緊張関係"において示されている。即ち、まず、「倒産手続の承認」の原則規定たる16条において、既述の1項を受けた同条（16条）2項は、3条1項の手続（「主要な倒産手続」）の承認は、他の域内国裁判所が3条2項の手続（既述の、属地的なそれ）を開始することを、妨げない（steht ..... nicht entgegen）とし、この場合の3条2項の手続は、本規則第3章の「2次的倒産手続」である旨を、規定する。

しかも、「承認の効果（Wirkungen der Anerkennung）」に関する17条でも、3条1項の「主要な手続」が当該手続国で有する効力の、他のすべての域内国への自動的拡張という、この17条1項の基本原則に対する例外として、（単一の文からなる）同項の中に、次の規定が置かれている。即ち、この1項の原則規定について、それが、当該の他の域内国において3条2項の属地的倒産手続が開始されて「いない」限りにおいてのものであること（..... entfaltet ..... die Wirkungen, ... solange in diesem Mitgliedstaat kein Verfahren nach Artikel 3 Absatz 2 eröffnet ist.）が示されている。のみならず、続く17条2項で、3条2項の（属地的）手続の効果は、他の域内国において争うことが出来ない（dürfen ..... nicht in Frage gestellt werden）とされ、その意味で、かかる属地的手続は、本規則上、別途固くガードされている。

要するに、これから再度手順を踏んで一から示して行くように、普及効を有する「主要な倒産手続」と属地効のみを有する「2次的倒産手続」（EU域内で一つとは、限らない!!）とが併存する局面では、前者にとって、いわば基本的にアンタッチャブルな領域として、各域内国の「2次的手続」が存在する。もとより本規則は、かかる「2次的手続」の開始につき、後述の一定の要件（Niederlassungの所在を軸とするそれ）を課してはいるが、各域内国が様々な理由によってかかる手続をとることを、本規則は、むしろ正面から認めているのである。それがEUなりのバランスのとり方である、とも言える。

そして、かかる2種の（これを相互に"主従の関係"に立つ、と言うことも若干憚られる）手続の間の、調整をはかるための本規則第3章「2次的倒産手続」（27条－38条）の性

格を、最も象徴的に示すのが、35条の、「２次的倒産手続の残余（Überschuss im Sekundärinsolvenzverfahren）」の規定である。ここにおいて、スイスの「ミニ破産」方式とこのEU規則の処理定式との類似性・親近性は、殆ど決定的なものとなる（!!）。

この35条は、次のように規定する。即ち、("属地的"な——27条でも、この点が確認されている）「２次的倒産手続」において、そこに集結する全ての債権が満足を受けた場合には（Können ..... alle ..... befriedigt werden, so ..... .）、当該手続で選任された管財人が、遅滞なく残余を（den verbleibenden Überschuss）、「主要な倒産手続」の管財人に引き渡すものとする、との規定である(*)。

* 但し、逆に、「主要な手続」において残余が生じた場合に、その残余を「２次的手続」では満足を受けられない債権者の側に回す規定のないことから生じるunfairさを、とくに域内他国の「主要な手続」に実際上参加出来ない債権者の立場から指摘するのは、Dicey/Morris/Collins, supra (14th ed.), at 1490f.

ちなみに、重要ゆえあらかじめ一言しておけば、３条２項は、時点を限定せずに（後述）、一般的に、所定の要件を満たせば当該国内の財産に射程を限定された属地的倒産手続の開始を認めるが、３条３項は、３条１項の「主要な倒産手続」（なお、27条参照）の開始の後に開始された３条２項の手続は「２次的倒産手続」になるとし、かつ、この（２次的）手続は、「清算手続」でなければならない（muss）、とする。

かくて、「主要」・「２次的」の両手続きの併存状況では、後者の属地的手続は清算型に限定され、換価・配当は、原則的に専らこの「２次的手続」を行なう国の法による（28条）。そして、その残余が生じた場合に、「主要な手続」の管財人に、初めて引き渡されることになる(*)。これはまさに、スイスの「ミニ破産」方式を彷彿とさせる手続である。

* 本規則18条１項には、３条１項の「主要な手続」で選任された管財人が、当該国で認められるすべての権限を、他の域内国において有する、との規定がある。だが、それにも重要な限定が、同項の中で付されている。即ち、右のことは、当該の他の域内国において更なる（属地的な）倒産手続が開始されて「いない」場合（, solange in dem anderen Staat nicht [!!] ein weiteres Insolvenzverfahren eröffnet ist .....）に限る、との"限定"（等）である。

ちなみに、この18条（第２章の「倒産手続の承認」の中の規定である）１項の最後の１文には、３条１項の「主要な手続」で選任された管財人が、他の域内国でなし得ることとして、とくに（insbesondere）、一定の制約の下に、他の域内国の領域内に所在する財産を持ち出す（aus dem Gebiet ..... entfernen）ことが出来る、との規定もある（1995年条約案18条に関する貝瀬・前掲国際倒産法と比較法61頁以下を、念のために参照せよ）。

だが、(多少規定内容が右に行ったり左に行ったりしているものの）そこにも前記の"限定"（solange .....）が及ぶことは、条文上明らかである。しかも、更に畳み掛けるように、18条の２項は、３条２項の「２次的（属地的）手続」で選任された管財人は、当該倒産手続開始後において（nach der Eröffnung）当該手続国の領域から他の域内国の領域へと動産が持ち出されたことについて、当該の他の域内国において、裁判上または裁判外での主張が出来る（darf ..... geltend machen, dass .....）、と規定する（同項 [18

条2項〕では、当該管財人が、債権者の利益に資する否認訴訟を提起出来る、とも規定されている）。かくして、域内各国に留保された「2次的（属地的）手続」は、幾重にもガードされているのが、このEU規則の実際の姿なのである。

スイスの行き方とEU規則との違いは、(1)スイスの場合、「外国倒産手続の承認」という"論理"を経て「ミニ破産」が開始される点(*)、そして、(2)スイスの「ミニ破産」において配当にあずかることの出来るのが、スイスに住所を有する債権者に限定される点（貿易と関税2008年2月号71頁以下）、そして、(3)残余財産の外国側への引き渡しに際して、スイスの劣後的債権者の保護のために、外国配当計画の承認の手続が別にあること（優先権を有しないスイスの連邦の租税債権が、この最後の手続で保護されるであろうことについては、同前・77頁）、などである。

* EUの場合、「主要」・「2次的」の二種の手続の併存時には、「承認」の"論理"は、たしかにいわば休眠し、「ミニ破産」的な「2次手続」の進行に、基本を委ねる形にはなる。なお、EU規則31条は、双方の手続の管財人間での「協力及び情報伝達の義務（Kooperations- und Unterrichtungspflicht）」を規定する。だが、基本は既に示したところとなる。
　他方において、Schack, supra (IZVR 4. Aufl.), at 383は、「主要」・「2次的」の両手続間の、管財人相互の協力における実際上の困難を、過小評価すべきではない（……, darf man ….. nicht unterschätzen）、とする。まさにこの認識が、あまりにも無邪気に「協力」に凭れ掛かる日本の「平成12年法」、そして新破産法245条－247条には、基本的に欠落しているのである（‼──後者についての課税当局者への注意喚起につき、貿易と関税2007年8月号78頁以下）。

だが、（本書の主要な関心たる「国際倒産と国際課税」の切り口からも）実質的に大きなスイスとEUとの差、とも見得る右の(2)(3)の点については、このEU規則に特有の、イノヴェイティヴな別途の前提があることを、インプットして考えねばならない。即ち、本規則32条（債権者の権利行使）の1項は、すべての債権者（[j]eder Gläubiger）は「主要な倒産手続」及びすべての「2次的倒産手続」において（in jedem …..）、債権届出をなし得るとし、かつ、39条（債権届出の権利）では、更に明確に、手続開始国外の「課税当局（Steuerbehörde）」等を含めたすべての債権者（[j]eder Gläubiger, ……, einschliesslich …..）の債権届出の「権利」（‼）を認める。

つまり、本規則上認められた利益（後述）の"一環"として、「2次的手続」をとる国にとっての、当該国の課税当局の利益（自国租税債権の、自国内の資産からの満足）が、本規則の中に"埋め込まれて"いる。しかも、同時に本規則を通して、EU域内各国間で、各国租税債権の"国境を越えた"実現が、明文をもって認められているのである(*)。

* なお、Id. [Schack], at 383は、Id. at 380の租税債権に関する既述の論述との関係で、右に見た本規則32条1項と39条とに言及する。他に、貝瀬・前掲国際倒産法と比較法90頁、102頁、等参照。ちなみに、同前・102頁は、全く同旨の1995年条約案39条についてではあるが、外国文献を引用しつつ、この規定では「外国租税債権の届出資格を肯定す

るにとどまり、プライオリティの問題にまで」踏み込んでいないため、「結局各［域内］国は自国租税債権にのみプライオリティ（fiscal privilege）を付与することになろう」、とする。

　右の諸点をインプットして考えれば、Schack, supra (IZVR 4. Aufl.), at 380が既述（貿易と関税2008年2月号77頁）の如く指摘するところの、スイスの「ミニ破産」における（あり得べき）隠された意図、即ち自国租税債権の実現に向けた意図も含めて、前記(1)－(3)のEUとスイスとの表面的な差は、それだけ縮減し、制度の全体像における、相互の親近性・類似性が、一層くっきりとしたものとして浮かび上がるはず、である。

　さて、以上の2000年EU規則の概観を経て、貝瀬・前掲国際倒産法と比較法179頁以下に、全条文の邦訳が示されているところの本規則の、前文（その邦訳は、同前・179－186頁）にまで立ち返り、基本的事項に関する制度の、若干詳細にわたる論述を、試みて置こう（以下においても、Jayme/Hausmann, supra [12. Aufl.], at 702ffを、主として参照する）。

　このEU規則には、既述のごとく、33項目にわたる細かな前文があり、そこに本規則の基本構造が、既にして示されている。即ち、前文11項では、域内各国の実質法（materielles Recht）における大きな差からして、単一の倒産手続がEU全域に遍く（普及主義的な）効力を及ぼすことは、実現し難い（nicht realisierbar）との、本規則の基本認識が示されている。かかる背景の下では、倒産開始地国法の例外なき適用は、しばしば困難をもたらすであろう（würde）、とされる際に、その具体例とされるのは、「担保権（Sicherungsrechte）」と「優先権（Vorrechte[!!]）」に関する域内各国の法制の差、である(*)。

　　*　ちなみに、この認識は、従来からのEU（EC）域内での国際倒産法の統一作業の流れをも踏まえたものである。其処における基本的な困難への認識においても、右の2点が大きかった。なお、「租税債権」の取扱に着目したものではあるが、石黒・前掲ボーダーレス社会への法的警鐘165－166頁の注19参照。

　この前文11項では、以上の基本認識を受けて（物権や労働契約等々につき［倒産開始国法による以外の］別途の連結"ある種の"準拠法ルール──後述］を定めるとともに）、EU全域に広く普及主義的効力を及ぼす「主要な倒産手続」と並んで（neben）、本規則において、国内的な倒産手続であって、当該手続開始国内の財産のみをカヴァーするものが許容される旨を、示している([*]・[**])。ともかく、このEU規則は、前記の意味での「主要な倒産手続」を軸とし、かつ、既述のごとく、その域内各国での「承認（Anerkennung）」（同規則16条以下）を、"一応の"基本とする。

　　*　2000年EU規則3条は、その1項で、債務者（倒産者）の「主要な利益の中心（der Mittelpunkt seiner hauptsächlichen Interessen）」の所在するEU加盟国の国際管轄を、まずは（主要なものとして）規定する。同項において、「会社及び法人の場合（[b]ei

Gesellschaften und juristischen Personen)」には、その「主要な利益の中心」は、反証の挙がるまでは「定款上のその本拠地」と推定する、とある（1995年条約の3条1項の、全く同旨の条文に関する邦訳と解説たる、貝瀬・前掲国際倒産法と比較法26頁以下と対比せよ）。

　全ての出発点たる、この「主要な利益の中心」の定義が、（右の推定を除き）本規則中にないことは、「不幸」なこととされるが（Dicey/Morris/Collins, supra [14th ed.], at 1425）、当該の会社ないし法人につき "where the true administration of its interests on regular basis really lies" であるのは何処かを精査するのが「イングランド」の裁判所の行き方とされる（Id. at 1426.）。かかるアプローチについては、Ibid によれば、他の域内国（複数）の裁判所も同様のアプローチを採っているものの、それが維持され得るか否かは、Eurofoods IFSC Ltd, Case C-341/04 に関する欧州裁判所の判断待ちだ、とされる（ちなみに、Id. at 1418f においては、デラウェア州で設立された会社が、「イングランド」に「主要な利益の中心」を有するものとして本規則に服すべきものとされた実際の「イングランド」の事例 [Re BRAC Rent-a-Car International Inc (2003) EWHC 128 (Ch.), (2003) 1 W.L.R. 1421] が、挙げられている）。

　なお、この点につき、本規則前文13項は、「主要な利益の中心」とは、„...... der Ort ......, an dem der Schuldner gewöhnlich der Verwaltung seiner Interessen nachgeht und damit für Dritte feststellbar ist." であるとしている。つまり、「債務者が、通常その利益の管理に従事する地であって、それに伴って第三者にとって確定し得る地」、ということである。その線で考えれば、「イングランド」の行き方は自然だと思われるが、既に出ているかもしれない欧州裁判所の判断が如何なるものかは、いずれ調べることとする（本書の中で後述。——第4章3の、最初の《追記》の後の「＊＊」部分。なお、第5章3(2)cの冒頭と対比せよ）。本規則の曖昧な言葉の意義に、そこまで付き合う暇は今はないし、本稿の問題関心は別にあるから、である。

＊＊　既述のごとく、「EU版の『ミニ破産』」（!!）とも言うべきが、同規則3条2項の、この「2次的倒産手続」である。本書第2章（貿易と関税2008年2・3月号分）の「スイスの『ミニ破産』」に関する既述の問題意識を持続させつつ、以下、EUの場合のこの手続について、若干の点を更に論ずるが、細かいことは、一応、この「＊＊」の中で済ませておこう。

　本規則3条2項は、債務者（倒産者）が「主要な利益の中心」を域内国に有する場合、他の域内国の裁判所は、以下の場合に「のみ」、倒産手続を開始し得る、とする。即ち、債務者（倒産者）が当該の他の域内国に Niederlassung（英文では establishment）を有する場合、である。国際課税の PE（Permanent Establishment）の邦訳に倣えば、右の原文は、（「恒久的施設」の）「施設」となる。だが、Niederlassung; establishment の定義は本規則2条hにある。

　そこで便宜、1995年条約案2条hの、同一の条文案に対する貝瀬・前掲国際倒産法と比較法23頁の邦訳を引用して済ませようとしたが、その冒頭に「(h)『営業所』（Niederlassung; establishment）とは……」とある。「営業所」との訳は、明らかにおかしい（にもかかわらず、貝瀬・同前224頁は、この「営業所」の訳語を引き摺り、2000年の「EU規則3条2項のようなアプローチをとると、債務者がドイツに相当な価値の財産を有していても、従たる営業所を欠くときは管轄が否定されてしまう結果となる」、とする。同前・23頁の95年条約案2条hに対する邦訳の正確な"ニュアンス"を同前・224頁にも示しておかないと、不必要な誤解が生じ得るであろう）。

　この言葉の邦訳としては、「施設」の方がましだが、石黒・前掲国際民訴法36頁の、

いわゆる「1号PE」の場合と同様に（!!）、「施設」のイメージは、限りなく希釈化され、事業拠点たる「一定の場所」に収斂する（同前頁）のが、本EU規則2条hの場合である。即ちそこには、Niederlassung; establishment とは、「債務者が、人員（人的資源）及び財産価値の投入を前提とする、一時的ではない（von nicht vorübergehender Art）経済活動を行なうところの、すべての行動地（jede[r] Tätigkeitsort）」を意味する、とされる（ちなみに、右の最後の「すべての行動地」は、英語では、any place of operations となる。Dicey/Morris/Collins, supra [14th ed.], at 1433. なお、1995年条約案2条hの、同一内容の英文文言につき、貝瀬・前掲別冊NBL57号171頁）。

　貝瀬・前掲国際倒産法と比較法224頁への前記の言及との関係で一言すれば、本規則2条hの、かかる広い定義（very open definition）は、当該国内での単なる財産の所在を（国際）管轄の根拠としようとすることの放棄（abandonment）、に関するコンセンサス作りのためのものだ、とされている（Dicey/Morris/Collins, supra [14th ed.], at 1433.）。但し、Ibid は、前記の2条hの「財産価値」は（ドイツ語では Vermögenswerte だが）、英文では goods であり、フランス語での biens と対比しても、この語を巡ってややこしい問題が生じ得ることを、示唆している。これは、本規則の用いる基本的な概念（言葉!!）を巡る困難の、ほんの一端を示したものである（なお、Id. at 1415は、"Many of the difficulties generated by the Regulation concern the correct interpretation to be given to its terminology, ……."とする）。

　前記の本規則前文11項の、各センテンスの論理の繋がりは、今の私にとって必ずしも十分なものには映らない。だが、それはともかく、その次の前文12項において、前文11項の最後の個所で属地的なものとして別途許容されたところの国内的手続が、「主要な倒産手続（Hauptinsolvenzverfahren）」と区別して、「2次的倒産手続（Sekundärinsolvenzverfahren）」と命名されることになる。そして、後者が「様々な利益の保護（Schutz der unterschiedlichen Interessen）」の為に本規則において認められるものであることが、まずは示される（直前の「＊＊」と関係するが、原文では、„Zum Schutz der unterschiedlichen Interessen gestattet diese Verordnung die Eröffnung von Sekundärinsolvenzverfahren parallel zum Hauptinsolvenzverfahren. ……"とある）。

　その「様々な利益」の内実について、前文19項は、「内国の利益の保護」と並んで（neben dem Schutz der inländischen Interessen）、関係国の法システム間に大きな差のあることからもたらされる困難等をも挙げるが、既述の前文11・12項（右傍線を付して、既に本文中に示した部分）をあわせ考えれば、「優先権」についての「内国の利益の保護」（!!）が（もとよりそれだけではないにせよ）、かかる「2次的倒産手続」容認上の、理由の一つとして、明確に浮かび上がる。ほかならぬ域内各国の「租税債権」の取扱いの問題、が、ここで大きくクローズアップされることになるのである（Schack, supra [IZVR, 4. Aufl], at 350, 380, 383が、ドイツにおける租税債権の優先性の否定により、ドイツが一方的に不利となるを嘆くところの、貿易と関税2008年2月号76頁で既述の問題、である）。かくて、既に本章3の、『「2000年EU規則」とそこに至るまでの道程・その2――「租税債権の取扱い」に重点を置いて』の項目で論じた流れが、ここに直接関係して来ることになる。

　但し、右には本規則前文12項の文言に忠実に、かかる属地的手続を「2次的倒産手

続」と呼んだが、本規則においては、細かな言葉の使い分けが、実はなされている。

　この点での言葉の使い分けは、本規則の前文17項と18項において、既にしてなされている。即ち、「主要な倒産手続」の開始「後 (nach)」の、前記の (Niederlassungの所在を根拠として許容された) 属地的効力のみを有する手続が、「二次的手続 (Sekundärverfahren)」と呼ばれる。これに対して、「主要な倒産手続」開始の「前 (vor)」のかかる手続は、「個別的手続 (Partikularverfahren)」と呼ばれる (域内各国で個別になされ得るそれ、といったニュアンスの「個別的」、である)。そして、「主要な倒産手続」開始後は、「個別的手続」は「2次的手続」となる (前文17項の最後の1文)、とされている (既述のごとく、本規則3条3項に、この最後の点に関する条文がある[*])。

　　* なお、貝瀬・前掲国際倒産法と比較法26頁の、95年条約案3条3項の「二次的[倒産]手続」の邦訳は、「後発的付随倒産手続」である。「付随」の語は、若干、米国連邦破産法304条の"ancillary"の語を想起させる訳し方だが、かえって本規則の基本構造への理解を曇らせる恐れがある。「主要な手続」とは別の、3条2項の属地的手続は、何ら前者に従属する立場のものではないからである (既述)。

　　また、「後発的」の語は、3条3項の文言に"zu einem späteren Zeitpunkt"云々とあるから付したものでもあろうが、「主要な手続」の前 (vor) に、3条4項a)・b) の要件 (細かしいので、略す) の下で開始される「個別的手続」(貝瀬・同前27頁は、これを「属地的手続」と訳すが、これもウームである) は、前文17項の最後の1文において、既述のごとく、「主要な手続」の開始後は「2次的手続」になる、とされる。その意味で、「2次的手続」が常に「後発的」とは言えない。試みに貝瀬・同前182頁の、本規則前文17項の最後の1文の邦訳を見てみたところ、「主倒産手続が開始されると、先行属地手続 (territorial proceeding; Partikularverfahren) は付随手続 (secondary [proceeding]; Sekundärverfahren) になる」、とあった。多少困って訳したものであろうが、訳語の統一がとれていない。もっと、素直に訳せばよかったのではないか (なお、本規則33条に関する後述の私の指摘を参照せよ)。

　もっとも、本規則におけるこの「二次的手続 (Sekundärverfahren)」・「個別的手続 (Partikularverfahren)」の概念区分は、あまり必然性が感じられない。全ての基本の3条2項には、こんな区別はそもそもない。"昔の学者の概念操作"のような印象さえある。ちなみに、Dicey/Morris/Collins, supra (14th ed.), at 1421は、若干ラフに、3条2項・3項を合わせて、ともにsecondary proceedingsと表記し、3条4項のそれは、territorial insolvency proceedingsと表記する。だが、その関心は、「主要な手続」の開始の「前」か「後」かの、本規則2条fの「手続開始時点」の決め方を巡る問題へと、シフトしている (Id. at 1423ff.)。

　要するに、本規則が3条2項で、(既述のNiederlassungの所在を根拠に開始される) 属地的手続を、「主要な倒産手続」の開始の前と後で概念区分する点は、芸が細かい、というか細かすぎる。この点で、Schack, supra (IZVR 4. Aufl.), at 358, 382ff は、(territorial beschränktes) Sonderinsolvenzverfahren ([属地的に限定された] 特別倒産手続) の語ですべてを通して説明しており、それでよいと思われる。不必要に、本規則 (同じことの繰り返しも多く、EUの規則として、もっと美しく造れなかったのか、との印象さえある) の細かな用語法に振り回される必要は、ないように思われる。

そんなことよりも、本規則前文18項の中の、「主要な倒産手続」の開始の「後」に、かかる「(二次的)倒産手続」を申し立てる権利は本規則によって制約されない（Das Recht ..... wird durch diese Verordnung nicht beschränkt.)、との文言によっても確認されてもいるところの、域内各国の属地的手続の開始と遂行の自由（!!）こそが、本規則の基調をなしていること(*)への、より強い"眼差し"が、既述の「スイスのミニ破産方式」との対比（両者の親近性・類似性への認識）において、注がれるべきであろう（以上、2008年3月2日午後10時27分までの執筆。危ない。またやり過ぎてしまったので、急遽、ここで筆を擱く）。

* 但し、EU規則33条には、別途注意すべきである。「主要な倒産手続」の管財人の申立で、「2次的倒産手続」における清算ないし換価（Verwertung; liquidation）の全部または一部の「中止」が、「3カ月を上限」としてなされる、との規定である。この申立を「2次的倒産手続」の側が「拒絶」出来るのは、当該申立による「中止」が明らかに（offensichtlich）、「主要な倒産手続」の債権者の利益とならない場合（..... für die Gläubiger des Hauptinsolvenzverfahrens nicht von Interesse ist）に限られる（nur）。

たしかに、その点のみを切り取れば、本規則における「主要な倒産手続」の「優先性（primacy）」（Dicey/Morris/Collins, supra [14th ed.], at 1489）を定めた規定、とは言える。だが、「中止」止まりであって、「2次的倒産手続」の"排除"、ではない（!!）。つまり、本当にこのEU規則が「主要な倒産手続」の優先性を志向するものであるならば、「主要な倒産手続」の管財人が求めれば「2次的倒産手続」（それ自体が複数の域内国で開始され得ることについては既述）を完全にストップさせ、「主要な倒産手続」に域内的処理への一本化することを考えるはずだが、そうなっては「いない」のである（!!）。

貝瀬・前掲国際倒産法と比較法92頁は、同旨の1995年条約33条につき、「本条は、後発的付随手続［既述のごとく、「2次的倒産手続」と自然に訳すべきところ。95年条約案の同条にも"the secondary proceedings"とあることにつき、貝瀬・前掲別冊NBL57号188頁］の補助的性格（ancillary character[??]）を表す諸規定の中でも最も重要なもの」だ、とある。だが、そう見るのは、実際の規定の構造からして、即ち、当該条文の文言の中に示された"EUの苦悩"との関係では、若干皮相的に過ぎるように思われる。

この点では、（貝瀬・前掲国際倒産法と比較法92頁以下の論じ方とは別に）むしろ、33条に対して「2次的倒産手続」の側から付されている様々な条件の方に、注目すべきである。つまり、いわば"表向き"の「主要な倒産手続」の優先性（その印象!!）にもかかわらず、「2次的倒産手続」との間での、様々な"調整"のなされるべきことが、同条の中に、別途深く埋め込まれているのである。本規則の"基本構造"を適切に理解するためには、（2点にわたる）"其処"にまずもって注視することが、必須なはずである。

つまり、まず33条1項の中で、かかる「中止」に際して、（「2次的倒産手続」の）管轄裁判所は、「2次的倒産手続の債権者及び債権者の個別グループ（Gruppe）の利益」の保護のために「全ての適切な措置」がとられるように、「主要な倒産手続」の管財人に対して要求する「権利」がある、とされる。ちなみに、同旨の規定たる1995年条約案33条1項につき、貝瀬・前掲国際倒産法と比較法93頁は、この場合に（「2次的倒産手続」の）「管轄裁判所は、適切な保証の要求のみならず、……債権者が本来なら自動的に受領されるはずの配当が、清算の中止によって遅延する場合には、その時価（time value）を債務者が支払うべきことを、要求できる」とか、同様に「中止」によって「担保物の管財人による換価が遅れるので、担保権者に対する契約上の利息の継続的支払及び担保物件の価値の低下に対する補償を、[「2次的倒産手続」を行なう立場の]ドイツの裁判官は主［要な倒産］手続の管財人に要求できる」といった点を、その旨述べる外国文献を引きつつ、示している（ちなみに、33条に関するここでの検討において「も」、貝瀬・同前の筆は、"米国からの風"に、不必要に流されている、というのが、以下に示す諸点を含めた私の、率直な印象である）。

　他方、本規則33条「2項」は、「中止」の「解除」（hebt……auf）との"レトリック"の下に、以下の点を、一層ダイレクトに示す。即ち、「2次的倒産手続」の管轄裁判所は、職権により、または債権者もしくは「2次的倒産手続」の管財人の申立に基づき、次の場合には、「中止」を「解除」する、とある。即ち、「中止」措置が、とりわけ（insbesondere）、「主要な倒産手続」または（oder!!）「2次的倒産手続」の債権者の利益からしてもはや正当化され得ないことが判明した場合（, wenn sich herausstellt, dass……nicht mehr mit dem Interesse……zu rechtfertigen ist.）には、中止が解除されるのである。

　この2項においては、「中止」の「解除」に際して、「中止」が「2次的倒産手続」の債権者の利益からしてもはや正当化され得ないと言う場合に、同条1項において「中止」を「拒絶」する場合の要件としての、"明らかに（offensichtlich）"にあたる文言は、ない（1995年条約案33条2項についての、貝瀬・前掲国際倒産法と比較法92頁の邦訳においては、sich herausstellt が「……が明らかになった」と訳されているため、この点のニュアンスが伝わらない）。本当に「主要な手続」の優先性を志向するならば、「2次的倒産手続」の側からの「中止」の「解除」についても、「明らかに」これこれであるときにのみそれをなし得る、といった限定があってしかるべきであろうが、それが「ない」のである。

　要するに、原則的に「中止」はするが、そのあとで「2次的倒産手続」の債権者の利益にそれが反するとなったら、「2次的倒産手続」の側の"拒否権"（!!）が発動し、「中止」は「解除」されるのである。そのような"弱い"意味での、「主要な倒産手続」の primacy しか定め得なかったところに、「2次的倒産手続」の"自主性"を重んずる、本EU規則の"基本構造"が、やはり端的に示されている（!!）、と言うべきなのである（貝瀬・同前94頁も、33条2項の「または」の部分に傍点を付し、「したがって、[2次的]手続の債権者の利益のみを考慮することも許される」と、してはいる）。なお、もはや言うまでもないことだが、「2次的倒産手続」の側からの、「主要な倒産手続」の管財人に対する「権利」としての、33条1項による既述の（「全ての適切な措置」がとられるべきことに対する）「要求」にもかかわらず、「2次的倒産手続」の債権者の利益が十分に守られていない旨、「2次的倒産手続」の側が判断するときにも、この"拒否権"が発動することに、条文構成上は、なる。

　ちなみに、この33条は、本規則第3章（「2次的倒産手続」）の中において、「主要」・「2次的」それぞれの倒産手続の管財人間の「協力」等を定めた31条、それぞれの手続における「債権者の権利行使」を定めた32条に、続くものとして置かれている（1ケ条[**]おいて35条は、既述の「2次的倒産手続」における「残余」の引き渡しの規定である）。この33条の1項においても、双方の手続の管財人間の"「協力」的対応"が求められるべきところではあろうが、Schack, supra (IZVR 4. Aufl.), at 383は、かかる場面での問題をも含めて、既述のごとく、「主要」・「2次的」の両手続間の、管財人相互の協力における実際上の困難を、「過小評価すべきではない」（!!）、としていたことに

なる（例えば、右の「中止」の「解除」後の状況を考えよ。実にどろどろとしたものと、なるはずである）。

＊＊　ちなみに、本規則34条は、（「２次的倒産手続」の）「手続を終結させる措置」についての規定であり、それを「主要な倒産手続」の管財人が提案できる、とある。だが、そこで直前の＊部分の論述との関係で"色めき立つ"のは、しばし待って頂きたい。

　この規定の冒頭（同条１項）には、「２次的倒産手続が、この手続の準拠法［即ち、当該手続開始国法──本規則28条］によって……清算を伴わずに（ohne Liquidation）終結され得る場合には」、とある。即ち、かかる場合について、「主要な倒産手続」の管財人にも、その終結の提案権を認め、「主要な倒産手続」にとっての、なにがしかのメリット（1995年条約案34条の同旨の規定についての貝瀬・前掲国際倒産法と比較法95頁を見よ）を追求させる、というにとどまる規定である。

　換言すれば、この34条は、「主要な倒産手続」の側から、有無を言わせず「２次的倒産手続」を終結させる、といった規定「ではない」。「２次的倒産手続」の「補助的［??］性格」を示す「最も重要なもの」として貝瀬・同前92頁の挙げる規定が、34条ではなく33条であること（既述）を、ここで想起すべきであろう。

6　ドイツの側から見た「2000年EU規則」と「国連モデル法」──「牴触法」・「比較法」に関する若干の重要な注記とともに

(1)　概　観

　それでは、かかるEU規則の直接的な拘束を受けるドイツの側から見て、従来の同国国際倒産法の流れとの関係で、如何なる認識が示されているのか。また、「国連モデル法」が、ドイツにおいて、如何なる評価を受けているのか。次に、これらの点を見ておくこととしよう。但し、まさにドイツ法に軸足を置く貝瀬教授の既述の分析もあることゆえ、ここでは、同教授のもののほかに、手短かにシャックのもの(＊)を若干見るに、とどめておこう。本書の目的のためには、それで十分と思われるからである（執筆再開は、翌３月３日の午前９時半頃。ここまでの部分の加筆と整序にすべてを費やし、同日午後５時10分、一応筆を擱く。執筆再開は、数日後の見込み。せっかくの学年末ゆえ、纏めて心身を休め、養っておく必要があるからである。──ここまでの点検終了、３月３日午後７時５分。今日も、結構やってしまったな、という感じである。トントンと、私の後ろから、妻の"御雛様御飯"を作る音が、さっきから聞こえている。本気で数日休むこととしよう。──執筆再開は、３月８日の午後８時半過ぎ。珍しく14時間も、妻とともに熟睡・爆睡してしまったため、ここまでの部分の再度の点検「等」に、とどめる。──その方針で加筆等を進め、ふと気づいたら、いつの間にか３月９日の午前１時になってしまっていた。従って、今日はここで筆を擱く）。

　　＊　シャックのもの（H. Schack, Internationales Zivilverfahrensrecht [4. Aufl. 2006]）に着目する理由は、それが最近のものであることと、少なくとも国際倒産の部分については、（租税債権絡みでの問題についての、既述の若干の怨念めいたものもあってか）比較的よく書かれているから、である。そして、それにとどまる。ちなみに、外国判決が自国で「不承認」となったあとの、国際民事手続法上の最も重要な問題処理（自国で

既に「不承認」となった外国判決につき、当該外国で執行がなされてしまった場合に、それに対して自国内で提起される不当利得返還請求の訴えの処遇、等。外国の［非民事の!!］収用手続などの場合にも同様の問題が生じ得る）において、シャックは、無意味に「法的平和の利益」などというものを持ち出したりもする。この点への批判は、石黒・前掲国際民訴法90頁注213でも行なっているが（同前・279頁注781の「日立対IBM事件」に関する、牴触法の最も深い部分での論述、等と対比せよ!!）、ともかく、そのように学問的には位置付けられる文献であることを留保した上で、ただ便利だから（標準的なものとして）それをここで引用する、という趣旨であることに、注意して頂きたい（執筆再開は、2008年3月9日午後7時頃）。

　まず、前記EU規則を受けたドイツ国内での法の整備について、一言しておく。EU域内国を直接的に拘束するところの、前記の2000年EU規則（Jayme/Hausmann [Hrsg.], supra [Internationales Privat- und Verfahrensrecht, 12. Aufl.], at 702ff）を受けて、ドイツでは、1994年10月5日の同国倒産法（Insolvenzordnung [BGBl. I, S. 2866]）に、「国際倒産法（Internationales Insolvenzrecht）」と題する同法第11編（BGBl. I, S. 345）を2003年に設け、335条－358条の規定を新設するに至った（Jayme/Hausmann, supra [12. Aufl.]. at 730ff.）。

　その制定過程については、貝瀬・前掲国際倒産法と比較法207頁以下に、また、右の335条以下についての、草案段階での逐条的解説は、同前・214頁以下にあるのだが、草案をそのまま引き継ぐところの、出来上がったドイツの諸規定の基本は、EU規則を踏まえつつ、それにドイツの関心事項たる若干の点を付加する、という形のものである。これまでの論述との関係で、あるいはそれを若干補う意味で、念のために最低限のことに、ここで言及しておこう。

　まず、「準拠法」の問題であるが、冒頭の335条が倒産開始国法の原則的適用の規定である（EU規則4条に対応する）。だが、例えば337条は、「労働関係に及ぼす倒産手続の効力は、民法施行法（EGBGB［ドイツ国際私法——その30条］）によって労働関係に適用される法による」として、335条に対する特則を定める。前記の2000年EU規則10条も、「労働契約及び労働関係に及ぼす倒産手続の効力は、専ら（ausschliesslich）労働契約に適用される域内国の法による」と、同旨を定めている（貝瀬・同前46頁以下、215頁以下を対比せよ）。

　同様に、例えば「相殺（Aufrechnung）」についても、EU規則6条が、相殺は「受働債権の準拠法」によるとの国際私法上の主義を踏まえつつ（なお、石黒・前掲国際私法［第2版］375頁以下）、倒産債務者の債権準拠法（受働債権の準拠法）によって相殺が認められる場合には、その「相殺の権限は倒産手続の開始によって影響を受けない」、と規定する。それを受けたドイツ倒産法338条は、多少時点を明確化しつつ、同旨を定めている(*)。

　＊　こうした「準拠法」に関する諸規定のEU規則自体、そしてそれを受けた一域内国たるドイツにおける規定の整備の有する実際上の意義を、日本の「平成12年法」の制定以降の状況と対比しつつ、若干踏みとどまって考える必要が、実は大きい（!!）。それが、ここで最も注意すべき点である。以下、頭出し的に、ここで一言しておく。

192　第 3 章　「2000 年 EU 規則」とドイツの対応

　　EU 規則の基本は、前記のごとく「主要な倒産手続」の他の域内国での「自動承認」にある（同規則10条）。そして、「承認の効果」の基本は、同規則17条1項からして、「主要な倒産手続」の開始国法上の効果が、他の域内国（例えばドイツ）でも直ちに生ずることにある。

　　だが、既述のごとく、第1に、例えばドイツで「2次的倒産手続」があれば、ドイツ国内では（他国たる）「主要な倒産手続」の効力は、基本的に排除される（同規則17条1項）。それに加えて（!!）、この17条1項の「承認の効果」の原則規定には、第2に（条文上は、順番が逆にはなるが）、「本規則に格別の定めのない限りにおいて（, solange diese Verordnung nichts anders bestimmt .....）」との限定がある。

　　その「格別の定め」の一つとして、前記の「相殺」の規定を、"パズルの一枚" として嵌め込んで考えて見よう。EU 規則 6 条（ドイツ倒産法338条）である。

　　「倒産手続開始国法上は元来禁止されている相殺であっても、倒産債務者が有する受働債権準拠法上の条件に従って相殺できる」（ドイツの338条の草案段階での趣旨に関する、貝瀬・同前216頁）というのがその趣旨だが、「主要な倒産手続」がドイツで承認され、いまだドイツで「2次的倒産手続」が開始されて「いない」状況下で、考えて見よう。

　　他国たる「主要な倒産手続」の管財人Xが、ドイツ国内に居るところの、倒産者に対して債務を負っているYに対して、EU 規則17条1項の「承認の効果」の原則規定を盾に、「主要な倒産手続」の開始国法上Yの相殺は禁止されるとして、倒産者のYに対して有する債権の回収をしようと、かかって行ったとする。ちなみに、同規則4条2項dには、「相殺の有効性についての要件（die Voraussetzungen für die Wirksamkeit einer Aufrechnung）」は倒産手続開始国法による、との明文規定がある。

　　だが、そうなったとしても、「相殺」に関する前記の6条は、4条2項dの「特則」であり（なお、貝瀬・前掲国際倒産法と比較法34頁及び Schack, supra [4. Aufl.], at 369）、EU 規則上は、「倒産法上の相殺制限の点を含めて（einschließlich dessen insolvenzrechtlicher Einschränkungen!）」6条1項の定める準拠法によることになる（Ibid.）。かくてYは、倒産債務者が有する受働債権準拠法上の条件に従って、相殺で対抗できることになる（なお、相殺の可否に関する "場合分け" を示した、貝瀬・同前39頁の表をも見よ）。

　　このような処理は、貝瀬・同前216頁にあるように、「相殺の担保的機能を債権者が期待している場合に倒産手続開始国法を無制限に適用すると酷な結果が生ずる」ことを、明確に考慮したものである。そこには、『承認国側の利害』と『外国たる「主要な倒産手続」開始国側の利害』との "調整" の必要性についての強い自覚（!!）と、それを踏まえた具体的で明確な制度的決断（!!）とが、ともかくもある(＊＊)。

＊＊　なお、Schack, supra [4. Aufl.], at 369f は、かかる EU 規則（及びそれを受けたドイツ倒産法338条）の処理につき、相殺の担保的性格（Sicherungscharakter）を強調し過ぎた（überbetont）ものと、評価している。

　　実は、EU 規則5条にも、担保権者の権利、即ち5条2項で慎重に "例示" された「第三者の物的権利（Dingliche Rechte Dritter）」は、倒産手続の開始によって制限を受けない」とし、簡単に言えば「目的物の所在地法」を倒産開始国法に対して優先させる規定がある（牴触法との関係での同条の微妙な位置付けにつき、Schack, supra [4. Aufl.], at 368参照）。この点なども、「優先権」とともに「担保権」の取扱を巡って揉めて来た本規則制定の経緯（若干既述）を踏まえてのものと言える（Ibid も、EU 規則におけるかかる処理を、ラディカルなものと評している）。その延長線上での、相殺に

6　ドイツの側から見た「2000年EU規則」と「国連モデル法」
——「牴触法」・「比較法」に関する若干の重要な注記とともに

関する6条でもあろう。

　だが、牴触法的な処理は、それが唯一、という訳ではない。石黒・前掲国際民訴法298頁以下に「基本的アプローチ」として示した点を、参照せよ。

　いずれにしても、ここで注目すべきは、EU規則が、「主要な倒産手続」における「倒産開始国法」の規律に（「承認」の場面での問題を含めて）全てを委ねる、といった単純な処理では立ち行かない、複雑な利害調整を要する諸問題の存在を、明確に自覚し、「担保権」や「相殺」（等）といった個別的事項につき、一定の"牴触法「的」処理"を別途行なっているという、"地に足がしっかりと着いた"その制度設計上の、強い"眼差し"である。

　これに対して、日本の「平成12年法（承認援助法）」の場合には、このような自覚的対応の規定は存在しない。すべてが漠としている。『それで済むはずはない（!!）』、ということを我々に如実に示しているのが、"一例"としてここに示した「相殺」（等）の場合である。

　「平成12年法（承認援助法）」の場合について言えば、「承認決定」（22条）が出た後の、同法25条の"他の手続の中止命令等"の規定、26条の"処分の禁止等"の規定、「強制執行等禁止命令」に関する28条、等の規定では、「承認援助手続の目的を達成するために必要があると認められるときは」かかる中止や禁止をする、とあるのみであり、一方的で野放図な"対外援助"の姿勢が示されているだけである。他方、例えば28条に対応する30条の「強制執行等禁止命令の解除」の規定を見ても、「債権者に不当な損害を及ぼすおそれがあると認めるときは」といった漠たる要件しか、示されていない。同法1条の目的規定には、「この法律は……当該外国倒産処理手続の効力を日本国内において適切に実現し、もって当該債務者について国際的に整合のとれた財産の清算又は経済的再生を図ることを目的とする」とあるが、闇雲に「外国主手続」への承認援助をすればこの目的が達成されるかの如くであり、問題があり過ぎる。

　本書第1章4で執拗に辿った"米国型裁量"（貿易と関税2008年1月号73頁のまとめを見よ）とは異質な、単なる「空っぽの箱」としての、日本の裁判官の裁量が、一体どのような方向で制度的に、そして、錯綜する関係者の深刻な利害対立の"現場"において、機能する「べき」なのかを、以上の観点から、最低限、再度考え直して見る必要が、あるはずである（EU関連の論述等がすべて終わってから、後に本書第6章で、改めて一から論ずる）。

　こうした「準拠法」規定を有しつつ、ドイツ倒産法の国際倒産法関連規定は、倒産関連の個別の裁判の承認・執行に関するEU規則25条（既述）を踏まえた、かかる外国裁判（既述の、"支分的裁判"）の執行に関する353条を経て、「内国所在の財産に関する個別的手続（Partikularverfahren）」に関する354条－358条の規定で終わる。

　とくに注意すべきは354条の2項である。EU規則3条2項が、Niederlassungの所在をかかる（個別的・属地的）手続の必須の要件としている（nur dann ...... befugt, wenn ......）のに対して、この354条では、債務者が内国にNiederlassungを有していなくとも、債権者が「個別的手続」の開始につき「特別の利益（ein besonderes Interesse）を有しているとき、とりわけ、彼が外国の手続において内国手続におけるよりも大きく不利な立場に立つ公算が大きいとき（voraussichtlich erheblich schlechter stehen wird als ......）に限って」、この「個別的手続」の申し立てが許される、とする。

194　第3章　「2000年EU規則」とドイツの対応

　貝瀬・前掲国際倒産法と比較法224頁の解説からははっきりしないが、Schack, supra (4. Aufl.), at 3589にあるように、もとよりこれは、上位規範たるEU規則によって在来のドイツ法が排除されない場合についての規定、である（……, wo das autonome Recht nicht ohnehin von der EuInsVO verdrängt wird ……）。これは、外国手続に参加することを債権者に期待出来ない場合等の、拒絶し難い必要性（ein unabweisbares Bedürfnis）が、実務的に存在することを、踏まえた規定である（Id. at 359.）。
　そして、最後の358条が、EU規則35条に対応する、「2次的倒産手続」で残余が出た場合の、スイスの「ミニ破産」の場合と同様の、外国管財人（「主要な倒産手続」のそれ）へのその引き渡しの規定である。

　それでは、以上の前提的論述を踏まえ、既述の意味でドイツの標準的な見方を示したシャックが、果たしてどのような論じ方をしているのかについて、次に見ておこう。まず問題となるのは、以上のEU（及びドイツ）に関する論述において、直接的には何の姿を見せていなかったところの、「国連モデル法」（!!）について、である（以上、2008年3月9日分の執筆だが、時計を見たら、3月10日の午前0時26分に、なってしまっていた。せっかくの学年末ゆえ、たまには少しずつ、楽しみながら書きたい、とは思う。残りは明日に譲る。毎日欠かさず10〜20分読んでいる岩波文庫の「源氏」は、2冊目の後半の、「朝顔」まで来た。何だか紫の上と明石の姫君のイメージが、妻のそれとダブって想えて来るような……。──夕食・仮眠後、3月10日午前6時10分、執筆再開。今月分の執筆は、計5日にもわたる、いつもの私にとっては"贅沢"なもの。だが、そろそろ"決着"をつける［!!］。潮時と感じたのか、スッキリと目が醒めたので、書き終わってから再度休むこととする）。

　面白いのは、シャックが、「国連モデル法」を、次のごとく"一刀両断"（と言うか、"門前払"!!）していることである。実に面白いから、原文で示しておく。即ち──

„Das vom Common law gaprägte [!!] Modellgesetz [das 1997 beschlossene UNCITRAL Model Law on Cross-Border Insolvency] ist in Japan, Mexiko und Südafrika übernommen worden und hat auch die jüngste Reform des Internationales Insolvenzrechts in den USA massgeblich beeinflusst, stösst in Europa allerdings nach der EuInsVO auf wenig Gegenliebe[!!]."（Schack, supra [IZVR 4. Aufl. 2006], at 356.）

──とある。あんまり面白いから、全部邦訳しておく。だが──

「コモン・ローによって"刻印"された［国連］モデル法は、日本［!!］・メキシコ・南アフリカによって受容され、最近の米国における国際倒産法改正に、基準を与えるものとして影響を及ぼした。だが、欧州においては、いずれにせよ［2000年］EU倒産規則［の存在］により、殆ど受け入れられない。」

──と、まじめに訳すと、面白くない。

6 ドイツの側から見た「2000年EU規則」と「国連モデル法」
―― 「牴触法」・「比較法」に関する若干の重要な注記とともに

Gegenliebe は「愛に応えること」であり、keine Gegenliebe finden なら、「片思いである」、となる。また、„stossen …… auf" は「……に突き当たる・出くわす」（更には「襲いかかる」）である。冒頭の „von …… geprägt" の prägen は、「作り出す・形を与える」だが、「型を与える」とか「押印・刻印・鋳造」といったことで、鋳型に嵌めて貨幣等を"鋳造"するイメージが、私には強く、個人的には好きな言葉である。

要するに、「国連モデル法」は所詮コモン・ロー（英米法）の鋳型で鋳造された代物であり、そんな（異質な）もので欧州（大陸法）諸国に（米国型の）"愛"を告白して（？）、突っ込んで来ようとしても、そんなものは"片思い"（と言うか、単なる"思い込み"）であって、殆ど受け入れられない、ということである。私は、シャックのこの若干凝った表現については、大いに気に入っている。

ここで再度思うのは、そんな代物を、なぜ「日本」が率先して、殆ど"丸呑み"する必要があったのか、である。「南アフリカ」には、本章2（貿易と関税2008年4月号57頁以下）で示したように、1995年の「コモンウェルス」への復帰、という事情があろう。また、「英国」が、後に第4章で示すように、EU規則の直接的拘束を受けつつ、この「国連モデル法」をも採用する、との方針を示している事も、そこには関係しよう。メキシコは、NAFTA（北米自由貿易協定）との関係もあろうし、「米国」との近すぎる地理的関係もあろう（だが、「カナダ」はどうなのか!?）。

それに相当する"日本固有の事情"が、「国連モデル法」の採用につき、あったのか否か。かかる"事情"と言えば、"米国からの風"に心地よく吹かれたいとの、強い想い、ないしは「愛（Liebe!?）」を告白しているというのに、その「愛」が「米国からの Gegenliebe」を受けられないどころか、国際会議で名指しで「お前は駄目な奴だ」と指弾され、報われぬ愛の証しとして"それ"（モデル法）を率先して受け入れた、ということ（本書第1章2［貿易と関税2007年8月号79頁以下］）しか、考えられない。だが、愛する人の忘れ形見的に、それまでのすべてを捨てて抱き締める"それ"は、実は、「米国型の裁量やコミティ」という、"その人"の本質を、全く度外視した、"似て非なるもの"となり果てている、という展開である（詳細は、本書第6章）。「甚だをこなり」（岩波文庫「源氏物語(二)」285頁3行目。「乙女」の冒頭あたりである）、と言いたくなる（以上、2008年3月10日午前9時7分までの執筆。点検終了、同日午前10時31分［ここまでは、貿易と関税2008年5月号分］[*]）。

* 以下、「若干の重要な注記」とともに、一気に論じ進めることとする。「ドイツの視点」から前記EU規則を、若干"角度を変えて"見詰めることで、本書におけるEU規則についての論述への、ある種の"肉付け"が、なされることにもなる。それを「も」意図しての論述である。なお、日本の場合との対比における重要な点についても、適宜言及をすることとする（更に、この機会に、「牴触法」ないし「国際私法」、あるいは更に「比較法」に関する、若干の最重要事項についても、議論の中に織り込んで行くこととしよう）。

196　第 3 章　「2000 年 EU 規則」とドイツの対応

(2)　ドイツの従来の国際倒産法制との連続性――米国型の「フェアネス」と「コミティ」との関係等についての、重要な注記とともに

　以下、まずは既に一言した趣旨で、"標準的"なシャック（Schack, IZVR, supra [4. Aufl. 2006]）の論述をもとに、ドイツが、従来の牴触法（国際倒産法）上の理論枠組との"連続性"を十分に保ちつつ、EU 規則を受容していることを、明らかにする（執筆開始は、2008年 4 月 1 日午後 1 時50分頃。岩波文庫の「源氏物語」は、4 冊目の後半の「夕霧」。もうすぐ紫の上が死んでしまう……）。それが、コモン・ローによって"刻印"された「国連モデル法」を、一蹴した上でのものであることは、既に示した通りである。
　もっとも、従来の牴触法（国際倒産法）上のドイツの論議との"連続性"を維持すべきことについては、それが、ほかならぬ2000年の EU 規則の基本構造から、自然にもたらされるものでもあることに、注意すべきである。即ち、既に示したとおり、この EU 規則自体が、「主要な倒産手続」の（牴触法上の、即ち、一般の外国判決承認・執行の場合と同様の、従って「共助」とは別枠での）「承認」を軸としつつも、（同じく既に論じ、かつ、強調したように）「スイスの『ミニ破産』方式」的な意味での、域内各国での「 2 次的倒産手続」に、多くを譲る構造になっているから、である。
　さて、まず、Schack, supra, at 349－385（§23－§27）の、同書第 5 部「倒産法」の構造について一言。冒頭の §23（Id. at 349ff）は、「諸原則（Grundlagen）」、§24（Id. at 356ff）は「ドイツ［国際］倒産法」、§25（Id. at 365ff）は「準拠法」、§26（Id. at 373ff）は「外国倒産手続の承認」、§27（Id. at 382ff）は、「内国における特別倒産手続（Sonderinsolvenzverfahren）」（既に示したように、EU 規則の「 2 次的」・「個別的」の細かい区別を"統合"して示されるのが、彼におけるこの「特別倒産手続」の語である）、となっている。これから示してゆくように、こうした構造の中に、EU 規則の制約を受けつつ、従来のドイツ国際倒産法の（牴触法的）理論枠組が、脈々と（!!）"維持"されていることになる(*)。

　　＊　[「"各国法統一作業"の全体像」の中の「国連モデル法」及び「平成12年法」の理論的位置付け等に関する、重要な注記!!]

　　　「国連モデル法」を殆ど"丸呑み"した日本の「平成12年法」（"丸呑み"でない部分と、それがどうしてそうなったかの詳細は、一連の検討が終わった後、具体的に示す）について、私は、本書第 1 章 2 （貿易と関税2007年 8 月号82頁）において、「要するに、同法［平成12年法］に基づく手続が実際に動き出した場合に、その限りで（!!）、従来の一般的な処理定式（牴触法上の、通常の取り扱い――石黒・前掲国際民訴法の前記個所[同前・289頁以下]に示したそれ）が修正を受けるものと、解さねばおかしいことだけは、ここで強調しておく」旨、指摘しておいた。EU 規則との関係で、これから若干見るところの、ドイツにおける従来の国際倒産法との"接合"のさせ方と、その趣旨は、基本的に同じである（「英国」も、後述のごとく同じである。更には［表向きにはともかく］米国も同様であるという、「米国法の深層」との関係での問題［!!］については、本書第 5 章で後述する）。
　　　「国連モデル法」を受容した結果としての「平成12年法」は、一定の外国倒産処理手続が存在して、その「承認援助」が日本において求められた場面での、漠然たる"共助"の在り方を扱う。本書第 1 章 4 （貿易と関税2008年 1 月号73頁）に纏めて示した「"積

6　ドイツの側から見た「2000年EU規則」と「国連モデル法」
　　──「牴触法」・「比較法」に関する若干の重要な注記とともに　　197

極介入型"の米国型裁量」との関係での問題（とくに、「米国型裁量」とニアリー・イコールの関係に立つところの、『「コミティ」の重層構造的性格』を執拗に辿った、貿易と関税2007年12月号57頁以下［本書第1章4(2)］に、注意せよ）は措くとしても、こうした「平成12年法」だけでは、とても国際倒産現象の複雑な問題の全体像を処理し切れない「はず」であることの一端は、実は、既述のEU規則の実際の規定振り（例えば、そこで一言したところの、外国の倒産手続［包括執行手続］開始決定とは別の、「支分的裁判」の承認・執行問題［EU規則25条］、等）からも、匂わせておいた（「平成12年法」に即して、随分と先にはなるが、更に後述する）。

　「国連モデル法」が（少なくとも外見上!!──後述）共助・協力一辺倒のものとなったのは、米国の関心がそこに閉じたものだったこととも関係する（後述）。だが、EU規則は、ともかくも国際倒産現象の全体像と、数十年にわたる準備作業を経て、正面から対峙した。「主要な倒産手続」と域内各国での属地的な「2次的倒産手続」との"棲み分け"を常に意識し、相互のぶつかりあいが深刻たり得る場面では、後者をむしろ明確に優先させるという、（域内法統一の理念からすれば）苦渋に満ちた、しかしながら極めて現実的な（!!）対応を、行なったのである。

　その違いはある。だが、国際倒産に関する「国連モデル法」であれ「EU規則」であれ、はたまた、一般の実質法統一条約であれ、自国の伝来的な（在来の）法構造に対して"埋め込まれた異物"（「統一法と国際私法」に関する石黒・前掲国際私法［第2版］132頁14行目参照!!）としての"国際ルール"は、「その国の在来の国内法［国際私法・国際民事手続法を含む］とのその後の交渉の中で自然にそれと『同化』し、その国の国内法の一部として定着する」（同前頁、及びそこに所掲のもの参照）。

　ちなみにそこ（同前頁）で私は、1930年の「手形・小切手統一条約」（昭和8年条約4号・7号）と、条約の文言をそのまま（!!）国内法化しただけの、日本の手形法・小切手法（昭和7年法律20号・57号）の、それから70年以上（!!）を経た現在の姿との関係（なお、同前・125頁参照）を例に、この点を説いていた。「手形法・小切手法」の大学での講義に際して、それが「条約の逐語的日本語化」であることは殆ど意識されずに、単に「商法」の一環としての講義が、しかも専ら日本の民法の意思表示理論等との"内在的関係"においてなされて来た現実を、我々が一体どう見るべきかの問題、である。私が昭和48年度に受けた鴻常夫教授の学部講義も、既にして完璧に、そうしたものであった（鈴木竹雄教授の手形理論を考えれば、なおさらであろう）。

　その意味で、「法統一は、一つの"過程"として捉えられるべきもの」（!!）なのである（同前頁）。にもかかわらず、"「国連モデル法」の受容"という日本の国際倒産法制の場合には、"現在・過去、そして将来を見据えたしっかりとした「時間軸」"（!!）の下で考えるべき、こうした基本問題をじっくりと検討することなく、"すべてがある種のムード（ないしは「米国から吹く風」）に流されている"現状が、明確にあるのである。問題である（なお、「条約」による法統一と「モデル・アクト」方式によるそれとの関係については、同前［第2版］・142頁）。

　国際倒産に関する「国連モデル法」の場合には、シャックが一蹴したように、コモン・ロー的（更に言えば米国的）に過ぎるため、前記の『同化』につき多々困難のあることは、否めない。ちなみにそこでは、既に再三述べた、"カラッポの箱"として移入されてしまった「裁量」の問題が、とくに大きい。

　米国型の「積極介入型の裁量≒コミティ」の"法的土壌"の上ではそれは機能し得るが、それとは異質な（もっとも、この点で"異質"であるのは、実は米国の方であるが）"大陸法系"（貿易と関税2006年2月号61頁参照!!）に属する日本の法的・司法的土壌で

は、単純な"接ぎ木"すら難しい。結果として、右から左への機械的処理（何でもよいから、「承認・援助」へと傾くそれ）と、なりがちになる。既にその傾向が、実際に出て来ていることについては、貿易と関税2007年8月号81頁以下、とくに83頁以下で、示しておいた。「承認援助」に関する裁判官の判断の内実が、水面下に深く潜り、その"プロセス"への学問的批判すら困難になっていることについての"警鐘"が、そこで鳴らされてもいることにも、再度注意すべきである（!!）。これは、米国法の影響が突出していたことによるものだが、「在来の国内法」、即ち、ここでは従来のわが国際倒産法の学説・判例との、相互の"交渉"によって、困難はあっても、右に示した健全な「同化への過程」が、ここでも辿られるべきことになる。

　ところが、米国に一喝され、怯え切った子供のごとく無意味にホールド・アップ状態となり（既述）、従来の日本の"持ち物"（学説・判例）をすべて捨て去ることによって"忠誠"を誓うがごとき暴論（くどいから、もはや引用はしない）がある一方、それ以外の部分では、「平成12年法」制定以後、殆ど"思考停止"状態にあるのが、この日本である（なお、本書第5章3(2)jの最後の「*」以下の個所と対比せよ）。

　この"法現象"を、石黒・前掲世界貿易体制の法と経済223頁以下の、『「新会社法制定」・「貸金業法関連の最近の動き」の"底流"にあるもの』に関する論述（「思考停止」の前記の語と関係するのは、同前・229頁の後ろから6行目までのパラグラフである）と対比すべきである。それが、『日本の法律の世界で今起きていることについての、最もベーシックなメッセージ（!!）』となるから、である。

　ともかく、こうした基本的問題関心の下に、以下のドイツ、そして（EU規則とともに「国連モデル法」を「も」受容しようとする）「英国」の状況を、これから順次、見てゆくことになる。

　　　　　　　●　　　●　　　●

　以下、詰まらない原書講読のようにならぬよう留意しつつ（また、これまでの論述を、意識的にそこに取り込むことをも若干意識しつつ）、Schack, supra, at 349ff の"構造"を、見てゆこう。まず、「諸原則」の冒頭（Id. at 350f）には、若干不自然な「私法としての包括執行（Gesamtvollstreckung als Privatrecht）」との項目がある。

　これは、貿易と関税2008年2月号77頁、同3月号81頁でシャックの所説に言及しつつ論じた点と、関係する。"租税債権等の「優先権（Vorrechte）」の問題が、とくにそこで扱われているのである（Id. at 350. なお、Id. at 380, 383等の、本書において既述の、スイス・米国と現在のドイツとの対比の点が、これと関係する。優先権否定のドイツのような国のみが一方的に不利になるとの、シャックの嘆き、ないしはある種の怨念が、こうした若干不自然とも言える項目立てと、なっているのである[*]）。

＊　だが、「包括執行＝倒産」という法現象が、基本的に「私法」（民事法）に根差すものであることは確かだが、双方を同視する（als …..）のは、明らかにおかしい。EU規則39条の域内各国の租税債権の取扱に関する規定の存在については、既に論じたが、国際倒産については、「民事・非民事」の"双方"を論じないと、その全体像を掴み切れない（石黒他・前掲国際金融倒産1頁以下［石黒］、及び、同書の全体構成を、参照せよ）。また、それを踏まえて、貿易と関税2007年10月号分の論述［同前・55頁以下］を見よ）。

　実はここに、同じく「国際民事訴訟法」ないし「国際民事手続法」（シャックの場合には後者）との名称の著書でありつつ、シャックのそれと石黒・前掲国際民訴法との、

6　ドイツの側から見た「2000年EU規則」と「国連モデル法」
　　――「牴触法」・「比較法」に関する若干の重要な注記とともに　　199

大きな違いがある。私のものの場合には、（種々の「共助」を含めた）国家管轄権論への体系的論及が、大きな位置付けを占めるが、シャックのもの（のような標準的な体系書）では、かかる「非民事領域」への"眼差し"が、概して、著しく希薄である。

　シャックには、かの「一橋案」におけるがごとき"初歩的・致命的誤謬"（貿易と関税2007年9月号87頁以下、同・11月号64頁以下［本書第1章3(1)］）はないものの、やはり（自分の弱点たる？）「非民事法」分野の介在なしに国際倒産を論じ尽くしたいとの、漠然たる欲求は、あるのであろう。ところが、EU規則にも既述の租税債権等の規定があり、また、スイス・米国のような、それ（自国租税債権の優先的取扱――シャックも挙げる米国の「ルクセンブルグ対IRS事件」の詳細については、貿易と関税2007年11月号69頁以下［本書第1章3(5)］。この点は更に後述する）を暗に、あるいは赤裸々に志向する行き方もあり、それらへのシャックの、ある種の抵抗感が、Gesamtvollstreckung als Privatrecht との"表現"を、ここでもたらしたものと、考えるべきであろう。

　さて、Schack, supra, at 351ff は、右の、多少問題ある冒頭項目の後、「普及主義（Universalitätsprinzip）」、そして「単一又は複数の手続（Einheit oder Mehrheit von Verfahren）」の項目を立てる(*)。単純な普及主義の理想では現実を語れないというのが、そこでの彼の主張である。

　*　["翻訳の適否"から出発しての重要な注記]

　　本書でも既に何処かで一言してあるかもしれないが、国際倒産の場合に、英語のuniversalにあたる言葉を、「普遍」ではなく「普及」と訳するのは、あまり必然性のない惰性である。たしかに国際倒産の場合には、ある国の手続の効力が他の国々にも「あまねく"及ぶ"」という、地理的広がりのイメージが、より適切かもしれないが、国際的な、また、他分野での議論との、インタフェイスをとる上では、かえって分かりにくい（例えば、サヴィニーの「普遍主義」との関係、等々）。

　　右のことは、明治期の日本で、西欧列強の属国化を避けるべくなされた、一連の営為と、深く関係する。即ちそれは、法の各分野で、（当時の状況下ではやむを得ないこととして）いわば"手分け"をして西欧の最先端の法制度の移入を試み、若干バラバラに外来語の翻訳作業等を行なったことの、若干悲しい結果ではある。

　　なお、この点で、石黒・前掲国際私法（第2版）18頁以下の、「不平等条約改正問題と"法例"の制定」の個所との、対比をせよ。各法分野における、準備段階（各法分野での個別的検討）ではかかる"手分け"をしつつも、明治期の法典編纂作業では、同前・18頁に示したように、立法の"縦割り"はせず、殆ど全員参加で当たる、ということで基幹部分の"統合"を図ったというのが、明治期の先人達の営為の、実際の姿である。「普及」・「普遍」の言葉の差は、そこから漏れたものと、考えるべきである。

　　ちなみに、同前（第2版）・378頁の、現在の民法35条（旧36条）の外国法人の認許における「認許」とは、ドイツ語ではAnerkennungであり、外国判決承認・執行の場合の「承認」と、ドイツ語では同じとなる（石黒・前掲金融取引と国際訴訟258頁）。外国で設定された法人格の、日本における「承認」を、「認許」という別な言葉で表現（邦訳）してしまったのである（但し、この場合は作業を行なった人が違っていたという、既述のごとき意味での"手分け"の結果とは言えないが。なお、そこから先における、よく読めば分かるはずの私見［同前・257頁以下］の不当な拡大解釈［？］に対しては、石黒・

国際私法の危機［2004年・信山社］216頁以下を参照せよ。そして、その上で、同・前掲国際私法［第2版］379頁以下に、回帰せよ。明治期の法典編纂作業における、「外国法人」の取扱に関する、民法・商法・法例［国際私法］にわたる、いまだ一般に十分理解されているとは到底言えない、当時の基本的立法方針の問題である）。

　ここで、ついでに、学生が民事訴訟法を勉強する最初の段階で、相当に違和感を覚えるであろう言葉遣いについて、一言しておこう。私も非常に抵抗感を抱いたことではあるが（刑事訴訟法の「訴因の……」の場合には、もっとひどいが）、いわゆる「既判力」の及ぶ範囲に関する、「客観的範囲」・「主観的範囲」の区別についてである。ドイツ語では、「客観的」は objectiv、「主観的」は subjektiv である。素直に、それぞれ「客体的」・「主体的」と訳せばよいものを、なぜ「客観的」・「主観的」などと訳するのか。翻訳のセンスがおかしい（おかしかった）、としか言えない。「訴訟物（Streitgegenstand）」も同じで、Gegenstand は「対象」なのに（「訴訟の対象」）、なぜ「物（ブツ）」などと訳するのか（なお、石黒・前掲国際民訴法229頁）。だから、不必要に分かりにくくなるのだ（慣れろ、と言うだけでよいかの問題である）。

　ちなみに、平成8年法律109号による改正前の民訴法では、本書のこの個所とも深く関係する、外国判決の承認に関する民訴200条（現在の118条）は、何と「既判力」の及ぶ「主観的」（「主体的」）・「客観的」（「客体的」）な範囲に関する二つの条文の間に、"サンドウィッチ"されていた（なお、石黒・前掲現代国際私法［上］433頁）。実に、座りの悪い位置に、それ（旧200条）が置かれていたことになる。

　そして、それには、それなりに理由があった。牴触法の基本を示したこの規定を、「民事訴訟法」の中に置くことには、理論的必然性がない（!!）から、である。前記の条文配置も、適切な置き場所がなかったからこうなっていた、としか考えられない。

　即ち、外国の「判決」を、それ以外の「裁判」（「非訟事件」）等のそれ。──なお、当事者が自由意思で裁判所に行き、裁判所［国家］の"お墨付き"を得て一定の法律行為を行なうこと、といった意味であるところの freiwillige Gerichtsbarkeit を、「非訟事件」と訳したのには、「訴訟」があくまで中心だ、との日本側の思い込みが深く作用している。この点の根は深いが、同・前掲国際私法［第2版］334頁、同・前掲国際民訴法99頁以下参照）や、更には「行政行為」と区別して、その「承認」を論ずる理由は、実はない（同前［国際民訴法］・215頁。同前・216頁の「表1」を見よ）。実際にも、わが国際倒産法の従来の議論においては、外国倒産手続の承認問題は、「倒産」が基本的に「非訟」の世界での問題であるのに、民訴学者達も、「民訴」旧200条の類推、等によって、これを処理していた（石黒・前掲国際民訴法295頁及びそこに所掲のもの参照）。──この最後の点（「訴訟」と「非訟」等々の点）は、行論上は"寄り道"のようでありながら、実は、本書の重要な前提ともなる点である。そこで、「翻訳の適否」という軽い問題から出発してここまで、以上の点を意図的に、ここで"挿入"した次第である。

　　　　　●　　　　●　　　　●

ここで、行論上の"本線"に復帰する。

　注目すべきは、Schack, supra, at 352が、とくに「ローカルな少額債権者の法的保護の利益（Rechtsschutzinteresse lokaler Kleingläubiger）」を持ち出して、普及主義の理想との衝突を説いていることである。即ち、こうした立場の者達には、通常は、遠く離れた（weit entfernt）外国での手続での権利主張を期待出来ず、また、そもそも外国での手続開始を適時に（rechtzeitig）知らないでいるとの危険も、こうした人々

には大きいと、そこにある。

　ちなみに、シャックのかかる問題関心は、実は、1981－82年のスイス留学から帰国後の、「マイナスのカルチャー・ショック」と戦いながら、「1983年」に出版した石黒・前掲金融取引と国際訴訟（右の個所は、同書はしがきiv頁）の299頁の、以下の論述と、殆ど同じ（!!）である。即ち、私はそこで──

　「［従来の］破産法3条2項、会社更生法4条2項……の規定の趣旨としても内国債権者の保護という重要な考慮があったのであり、例えば外国の破産者に対するわが国内の零細な［!!］債権者が、まさに目前のわが国所在の破産者の財産に対して手をつけることも出来ず、遠い外国［!!］の清算手続にすべてを委ね、場合によっては外国清算手続の開始を確知し得なかった［!!］ために失権させられるが如き結果にもなりうるわけであって、かかる帰結は、やはり問題ではないか。民訴［旧］200条2号に示された"手続的保障"の考え方は右の如き内国債権者との関係でも問題とすべきなのである。……」

──と述べ、この点を出発点として、旧法下での「解釈論」を展開していた（その纏めについては、石黒・前掲国際民訴法289頁以下と、同・貿易と関税2007年8月号75頁以下参照）。シャックには、「手続的保障」への自覚的論及はないが、十分に前記の彼の指摘の中に、それは埋め込まれている、と言うべきであろう。まさに"其処"が問題である。そして、「平成12年法」の曖昧模糊たる「承認援助」の手続（更には、同前［2007年8月号］・78頁でも一言しておいた新破産法245条以下の規定）において、かかる観点からの取り組みを、果たして何処まで、日本の裁判官に期待し得るのかが、大きな問題となる(*)。

　　＊　この点で、多分に米国での扱いを気にしつつ、「一橋案」において伊藤眞教授が、「少額の債権などがある場合」には（米国的な積極介入型の裁量を前提としつつ？）「条件つきの承認」もできる（前掲金融法研究5号22頁［伊藤］）と、一方ではしつつ（石黒・貿易と関税2007年11月号77頁以下、同・12月号52頁以下。実際の「一橋案」には、かかる「条件つきの承認」を行なう条文上の裏付けが何らないこと、等を含めた論述である）、他方において、「ローカルな債権者を外国の債権者より保護するという理由は、なにひとつない［!?］わけでございます」とも述べていたこと（伊藤・同前46頁）に、様々な意味（!!）において、注意すべきである（米国における実際の取扱との関係を含めて、という意味である）。

　Schack, supra, at 353ff は、右に続き「法源」の項目を立て、まずは従来のドイツ法（ドイツ国際倒産法）の流れを、既に言及した2003年の改正法（BGBl. I, S.345.──Jayme/Hausmann, supra [12. Aufl.], at 730ff. その草案段階での状況につき、貝瀬・前掲国際倒産法と比較法207頁以下参照）に至るまで、概観する。そして、「いつもそうであるように、EU法が優先する」ことを確認した上で、2000年EU規則を、同じく概観する。そこにおいて（Id. at 354）、1995年EU倒産条約案を葬った「英国の、のろまの（牛の）狂気」（貿易と関税2008年4月号55頁参照）への言及が、あったりもする。

202　第3章　「2000年EU規則」とドイツの対応

　2000年EU規則には「欠缺（Lücke）」があるとするId. at 354fでは、まず、同2008年4月号63頁以下（本書第3章4）で言及したところの、「金融機関の倒産」関連の適用除外規定（EU規則1条2項）への言及がある。そして、Id. at 355で、同規則前文14項に、「本規則は、債務者［倒産者］の主要な利益の中心（Mittelpunkt）が共同体内に存在する手続についてのみ適用される」とあること(*)を挙げ、かかる本規則の適用領域の外においては、それが域内各国の牴触法を排除「しない」（..... präjudiziert ausserhalb ..... das Kollisionsrecht der Mitgliedstaaten nicht.）と、明言する（既述のごとく、「平成12年法」との関係でも、同様のスタンスの明確化が、急務となる）。

　　＊　もっと早く、このことを書くべきだったのではと、若干反省している。

　ちなみに、Ibidでは、本規則前文23項の、若干過剰な、次のような文言にもかかわらず、右の通りとなることが、示されている。即ち、この前文23項は、「本規則は、倒産の領域において、統一的な牴触規範（Kollisionsnormen）を形作るものであって、個々の国の国際私法（internationales Privatrecht）を置き換える（ersetzen）」云々とある。だが、そこにも、すぐ続いて「別段の規定がない限り」云々とあるように、また、シャックも言う通り（Entgegen dem von Erwgr. 23 gesetzten Anschein .....）、この前文23項の文言は、既述の、このEU規則の実際の姿とは、若干遊離するものである。
　なお、以上の点を受けてIbidには、「債務者の主要な利益の中心が、例えば米国にある場合には、［当該債務者の］多くの（umfangreichな）財産が、EU各国に存在している場合にも、本規則は不適用となる」、とある（本規則のかかる取り扱いには、そこに示されているように、その当否につき批判がある）。但し、「債務者の利益の中心」の認定次第では、既に「イングランド」で実例があるように、「デラウエア州で設立された会社」も、本規則に取り込まれ得る、等のことにはなる（欧州裁判所との関係を含め、貿易と関税2008年5月号52頁以下［本書5］で、Dicey/Morris/Collins, supra [14th ed.], at 1418fを引用しつつ、言及したところ参照。——今、2008年4月1日午後7時40分。今日の執筆は、アイドリング程度のつもりゆえ、ここで筆を擱く。以上の点検は、同日午後8時17分に終了。ここまで、全くのストレスレスで執筆出来たことは、今の私にとって、それ自体が重要な成果である。4月7日の学部「国際私法」講義開始までに、この部分の原稿は、出来るだけ書いておかないと、新学期は何かといろいろあるから、と思っての執筆前倒しである。——執筆再開は、翌4月2日午後4時半。手帳を見たら、2008年度夏学期は、前学期よりは多少は楽か、と再認識したので、のんびりと執筆を続ける。それにしても、病中の御息所そっちのけでの夕霧と落葉の密会は、柏木と女三の宮とのそれと、全く同じじゃないか、と嘆いたところで、御息所が「絶へ入り給ひぬ」と来た。やれやれである。時が経つにつれ、確実に「世の中」は劣化しているようである。それにしても、「落葉といい女三の宮といい、父親たる朱雀の育て方が悪い」、としか言いようがない。プンプン、である）。

　ともかく、この「法源（Rechtsquellen）」の項目の最後で（Schack, supra, at 356.）、既に若干執拗に原文のニュアンスを辿ったところの、1997年の「国連モデル法」に対する彼の評価が下され、かくて、Id. at 356ffの、「ドイツの［国際］倒産手続」（§24）

となる。

　その冒頭は「国際管轄」であり（なお、本書第5章3(2)aの最初の「＊＊＊＊」部分で若干の補充をしておいたので、参照されたい）、EU規則に合わせて、「主要な倒産手続」(Id. at 356ff) と「特別倒産手続」(Id. at 358f.——彼のこの用語法については既述）とに分けて、論述がなされている。そこに示されているドイツ自身の行き方は、EU規則のドイツ国内法に対する優先性を常に意識しつつも、ドイツなりに自国法で微調整をする、といった内容のものとなっている（例えば「主要な倒産手続」の国際管轄に関する、EU規則3条1項第1文と、「ドイツ倒産法[InsO]3条1項第1文」プラス「ZPO13条」による処理との関係に関するId. at 356の論述が、分かりやすい）。

　むしろ興味を引くのは、「特別倒産手続」の「国際管轄」に関するId. at 358fである。EU規則上「属地的に制限された（territorial beschränkt）」ものたる、この「特別倒産手続」の開始要件たるNiederlassungの概念（既述）が、意図的に（bewusst）広く設定されているのは、とかく「過剰管轄」として指弾されるところの、まさにドイツの、ZPO23条の「財産所在地管轄」の規定（石黒・前掲国際民訴法136頁）の如きもの（そうした管轄規定が域内各国にけっこう見られること）との、妥協を意図したものだとされる（とくに、債務者の住所地を財産所在地と擬制するZPO23条の第2文が、メンションされている）。

　そして、批判はあるにせよ、「自国の在来の法（das autonome Recht）」がEU規則によって排除されない（nicht ..... verdrängt wird）限りにおいて、実務的には、それをベースとした「特別倒産手続」を行なう"必要"があると、次のごとく力説する。即ち、ドイツの側が、外国倒産手続を承認しない場合（wenn wir ..... das ausländische Insolvenzverfahren nicht anerkennen）、または、内国債権者に対して外国倒産手続への参加を期待出来ないと考える場合（wenn wir ..... nicht zumuten wollen, ...）には、実務上、内国所在の（債務者の）全財産をかくて把握するための、「拒絶し得ない必要性（ein unabweisbares Bedürfnis）」があるのだ、とされる。そして、ドイツが他国側の）「執行のための"飛び領土"（Vollstreckungsexklaven）」になることを、我々は耐え忍ぶことが出来ない（..... können wir nicht hinnehmen）、とまで言う。それがゆえにドイツ倒産法354条2項が、一定の要件の下に「特別倒産手続」の（開始要件としての）「財産所在地管轄」を認め、「普及主義」が不条理な（ad absurdum）ところにまで及ばぬよう配意しているのだ、とされている（以上、Id. at 359.）。

　こうしたシャックの指摘の中に、既に論じたEU規則の、ほかならぬその内部構造にも端的に示されていた"EUの本質的な苦悩"の内実を、我々は、これまでの論述を更に"肉付け"するものとして、一層深く知ることとなる「はず」である。

　ドイツの「在来の法（国際倒産法）」に関する、この§24の、「国際管轄」に続く次の項目は、「手続の開始」(Id. at 359f.)、そして、「手続開始の外国関連での効果」(Id. at 360ff.)、等々である。その一々を辿ることは、もとより本書の目的ではない。ただ、Id. at 361に（「差押[Beschlagnahme]」との関係で）、ドイツの在来の（国際）倒産法上の扱いとして、「内国の倒産[手続]は外国所在の債務者の財産をも包摂する」とあることには、当然のことではあるにせよ、注意を要する。

かかる"在来のドイツの法（das autonome Recht）"がまずあり、それを自覚的にしっかりと"維持"したところに、EU規則の網が上からかぶさる、という形となるのが、ここで「も」（!!）、ドイツの場合となる。当たり前のことではある(*)。

* だが、日本の場合にはどうか。「米国型の積極介入型の裁量」及び（それとニアリー・イコールの関係に立つところの）"重層構造的性格"を有する米国型コミティ」を、全面的にインプットすることによって初めて機能するはずの「国連モデル法」（更に後述する）を、その"機能前提"をすべて脱落させて受容し、かくて、春の朧のごとき妖しい薄絹を己に被せ、手品のように、本来の己を隠して見せる。これが手品なら、本体は、（まばらな）拍手の後に登場するはずだが、「平成12年法」で、従来の己は、己自体が消滅した「らしい」（それすら、はっきりしない）。そうした日本の姿とドイツのしたたかさ（それは、本来の国家としての在り方、もっと言えば、自国法文化の脈々たる継承への、本来そうあるべき自覚的対応［!!］を、自然に示しただけではあるのだが）とを、深い"喪失感"（なぜ日本が、メキシコ、及び［コモンウェルスへの復帰を決めた後の］南アフリカと並んで、しかも率先して［!!］、「国連モデル法」を丸呑みせねばならなかったのかという、既に示した点と関係するそれ）とともに、我々は対比すべきなのである。そのために、"標準的"なシャックのものを、かくく辿っているのである。

「準拠法」の§25は飛ばして(*)、§26の「外国倒産手続の承認」（Schack, supra, at 373ff）に移る。日本の「平成12年法」の曖昧な「承認援助」概念（再三述べたように、そこでの「援助」は、理論上は、［一般の外国判決承認・執行の場合の、即ち牴触法上の］「承認」とは、明確に区別さるべき、国家間の「共助」を意味する）によって不当に希釈化された「承認」概念との、厳格な意味での対比が、必要である（なお、貿易と関税2007年8月号78頁上段の最初の＊部分を見よ!!）。

* ［「準拠法問題」に関する最重要事項（!!）、及び、「私が民訴学者達に十数年前から投げかけている球の"球筋"」についての、極めて重要な注記］

  EU規則上の、そしてそれを踏まえたドイツ国際倒産法上の「準拠法」の規定の整備について、それらが重要でないと言うつもりは更々ないが、それとの格闘は、欧州サイドに委ねればよい（但し、「相殺」等に即して、若干の点は、本書においても既に書いておいた）。日本には日本の行き方があるからである。
  なお、あえてここで一言すれば、最も多い「準拠法」問題に対する誤解は、紛争事実関係の機微に関係なく、杓子定規に、一義的に「準拠法」が決まる「べき」だ、と考えてしまうこと、にある。石黒・前掲国際私法（第2版）は、そうしたものの考え方自体に対する、体系的反論でもある（「国際倒産現象」との接点においても、以下の点を踏まえた個別的対応が不可欠であることに、注意せよ。全ての場合につき、準拠法は本来、一義的に定まるのだと豪語する人々は、個別事案の深みに降りて物事の本質を掴み取るという、本来なすべき営為を、［面倒ゆえ？］拒絶して、"我は権威なり、人皆我に従え"と居丈高に悲しく振る舞っているに過ぎない。そんなところに、「法の本質」があると思い込むのは、"裸の王様"のようで、そもそもおかしい、と私は感ずる）。
  具体的には、例えば同前・207－208頁に、国際訴訟における「訴訟物」に関する論述がある（直接には、最判平成14年9月26日民集56巻7号1551頁［米国特許権に基づく日

本国内での行為の差止等の請求の事例」を素材とする、具体的な準拠法の定め方、即ち、そのプロセス［!!］を問題としたもの）。この点は、同・前掲国境を越える知的財産358頁以下（とくに371頁の大字部分を見よ!!）を踏まえたものであるが、実際の事案との関係での、「準拠法」選択のプロセスに関する最重要事項が、そこに示されているので、是非参照されたい（なお、「国際倒産と準拠法」についての基本的アプローチについては、同・前掲国際民訴法298頁以下、石黒他・前掲国際金融倒産382頁以下［石黒］、等参照）。

　この点に関して、非常に大きな収穫のあった2007年度冬学期の東大ロー・スクールでの「国際私法」講義（完全双方向講義!!）に際して、右に示した点につき、優秀な参加学生達の中からは、「実際の訴訟運営に関する、裁判官の行動パターンを一から変えなければ、準拠法問題についての（石黒の考える）適切な判断は期待出来ないのではないか」との意見が出た。その通りである。

　だから私は、"分かりやすい例"として、石黒・前掲国際私法（第2版）207－208頁、及び、そこに引用した同・前掲国際民訴法230頁において、以下のような問題を、一例として、提起しておいた。即ち——

『訴訟物論争の狭間にあって、確認訴訟の訴訟物のみは、［新旧の両訴訟物理論ともに!!］「実体法上の権利として［初めから］一義的に定まっているものでなければならない」とされるが、日本の場合、準拠法の決定は裁判官の専権事項であり、原告がA国法に基づく一定の権利の確認を求め、これに対して、例えば裁判官が当該紛争に関する準拠法はB国法だと考えた場合、一体どうなるのか？』

——といった問題である。要するに、国際性を有する紛争が裁判所に持ち込まれてから準拠法が決まるまでの"プロセス"を、冷静に辿った場合、いわゆる「確認訴訟」の類型では、新旧両訴訟物理論ともに（!!）、従来の（国内事件からの単なる類推としての）"惰性的対応"では済まされない根本問題が、あるのである。法曹実務家や民訴学者等が、こうした問題に一体いつ気づいてくれるかは、もはや今となっては、専ら彼らの問題である。

　ちなみに、前掲最判平成14年の判旨の、この点での問題は、原告側が「米国特許権」に基づき損害賠償・差止等の請求をしたこのケースにおいて、原告の請求そのままに、「準拠法」は「米国法」だと、してしまっていることにある。その請求が、本件の実際の結論のように「棄却」されたとする（1審以来、この結論は、一致していた）。同じ原告が、別なM国・N国……に同一技術に関する特許権を有していたとして、順次、それらに基づき、本件と同様に「日本国内での差止等」を求めて訴えたとして、一々それらの訴訟の準拠法もまた、原告の請求に引き摺られて順次決定されるのか。また、最初の訴訟の「後訴遮断効」（既判力）は、一体、どうなるのか。そうした芋蔓式に生ずる諸問題を、場当たり的に処理することは出来るかもしれないが、ギリギリ理論的に詰めた場合には、一体どうなるのか。——そこに、「国際私法（牴触法）」の側から民訴法の理論・実務に対して私が十数年前から投げかけて来ている問題の、本質があるのである（なお、同・前掲国際私法［第2版］16頁以下の、「判決の反射的効果と準拠法」の個所をも参照せよ。ほんの入り口での問題である）。ここで本線に復帰する。

● ● ●

Schack, supra, at 373が、「承認」についてまず説くのは、次のようなことである。即ち、（EU規則上）「外国の主要な手続」の原則的な承認にもかかわらず、承認国（承認する側の、例えばドイツ）では、一定の要件の下に、独自の「特別倒産手続」を開始

し得る。後者の手続が属地的に制約されたものではあれ、それが、外国の主要な手続の「承認の効力（Wirkungen einer Anerkennung）」を大きく狭める（schmälern ..... wesentlich）ことにはなる。かくて、通常の外国裁判の承認・執行の場合よりも、かかる国際倒産の場合の「承認」問題は、多層構造の（vielschichtiger als .....）ものとなる、とされている。

　右は、別段どうと言うこともない記述ではある。だが、しっかりとここで「も」確認すべきは、牴触法上の、一般の外国判決（裁判）承認・執行の理論枠組の延長線上において、いわばその特則たる、外国倒産手続の「承認」の問題が、明確に位置付けられていること、である。

　右のことは、更に、Schack, supra, at 374の、「承認」の「効力」についての取扱いにおいて、一層明らかとなる。即ち、この場合の（外国倒産手続の）「承認」の意味するところは、「ZPO328条……及びFGG16条aの場合と同様に（wie bei .....）」（!!)、まずもって当該（倒産）宣告国（Entscheidungsstaat）で定められている効力の、承認国への「拡張（Erstreckung）」である、とされる。ドイツ民訴法（ZPO）328条は、わが民訴118条と連動する、一般の外国「判決」承認の規定である。ドイツ非訟法（FGG）16条aとは、1986年に新設された、「非訟事件」についてもZPO328条と基本的に同様の承認要件で臨むことを、定めた規定である（石黒・前掲国際民訴法103頁の、若干苦心して作った「図6」を、まずもって見よ）。それらと同様の理論枠組で、この場合の「承認」が、考えられているのである[*]。

　　* 貿易と関税2008年3月号76頁以下（本書第2章5）において、私は、一部に誤解のある点を排し、スイス国際倒産法が、明確に（「共助」ではなく）牴触法上の「承認」の理論枠組に立脚することを、確認しておいた。EU規則の場合には、既に強調したように、スイスの「ミニ破産」方式との親近性の高い制度を導入してもいるが、その点をも含め、EU規則下のドイツでの「承認」論の、右に見た取扱いを考えれば、今度はそれが、「スイス」の場合について、この「*」部分の冒頭に示した点を支持すべく、"反響"するであろうことにも、注意すべきである（ヴェルヘルミナの、「……なのであります」の科白の後なら、"相互共鳴"、とでも聞こえるところであろう）。

　「承認要件」に関するSchack, supra, at 375fで注意すべきは、倒産手続の「開始決定（Eröffnungsbeschluss）」と、「その他の倒産法上のもろもろの裁判（sonstige insolvenzrechtliche Entscheidungen）」とで、分けた記述となっている点である。既に言及しておいた、EU規則25条の関係である。

　基本的な事柄（「平成12年法」をめぐる議論との極めて重要な対比。即ち、本体たる外国倒産処理手続の「承認援助」のみに没頭し、そこから派生する各種の「支分的裁判」の、牴触法上の「承認・執行」を等閑視する、その信じ難い"のどかさ"!!）については、既に示してある。そこでここでは、あえて、このEU規則の条文構成について（即ち、ある種の"魔窟"[?]のごときそれについて[*]）、一言しておこう。

　　* 既に本書においてもそれなりには示しておいたことが、このEU規則の条文構成や

6　ドイツの側から見た「2000年EU規則」と「国連モデル法」
　　――「牴触法」・「比較法」に関する若干の重要な注記とともに　　207

個々の文言には、「もうちょっとエレガントなやり方は、なかったのか」との思いを、強く抱く。後述の、国際裁判管轄・承認執行に関する1968年条約とその後の（倒産関連とは別の）EU 規則についても、同様の思いを抱く（一例として、この条約・規則の名称につき、後述の個所で、多少のマークを付しておく）。倒産関連の前記 EU 規則の「準拠法」の個所にも、もっと詰めればよいのに、等の思いがあり、そこで、ここでの論述を省略したので「も」ある。ご苦労様な話、ではある。今の日本は、所詮つまらぬ国ではあるが、こうしてこの日本に身を置く立場で、本当によかったと、私は思う（「源氏物語」も「俳句」もあるし。）。

　EU 規則25条の 1 項では、「直接的に倒産手続に基づいて下され、かつ、それ［倒産手続］と密接な関係に立つもろもろの裁判（Entscheidungen, die unmittelbar aufgrund des Insolvenzverfahrens ergehen und in engem Zusammenhang damit stehen）」について「も」規定され、それらについては、他の裁判所によって（von einem anderen Gericht）下された裁判であっても、「『民商事における裁判管轄及び裁判の執行に関するブリュッセル条約』の31－51条［*］（34条 2 項を除く）によって執行される」、と規定されている。そして、同条 2 項は、「第 1 項（Absatz 1［**］）に掲げる以外の裁判の承認・執行（Anerkennung und Vollstreckung）は、第 1 項（Absatz 1）に示すところの条約が適用される限りにおいて、それによる」、と規定されている。

　　*　外国裁判の「執行」の規定である。もともとの、1968年 9 月27日の「民商事における裁判管轄及び裁判の執行に関するブリュッセル条約（EuGVÜ）」31－51条は、今は、2000年12月22日の「民商事における裁判管轄及び裁判の承認・執行に関する EU 規則（EuGVO: Verordnung（EG）Nr.44/2001 des Rates über die gerichtliche Zuständigkeit und die Anerkennung und Vollstreckung von Entscheidungen in Zivil- und Handelssachen vom 22. Dezember 2000）の38－58条に、置き換えられている。両者の条文対比の一覧表は、Schack, supra, at 39-41に、（規定内容の変更の有無を示した＝や＋のマークとともに）示されている。前記条文については、殆どが「イコール」であり、大きな内容的変更はない（なお、Jan Kropholler, Europäisches Zivilprozessrecht: Kommentar [8. Aufl. 2005], at 664-666にも、同様の条文番号の対比表がある［EuGVO の38条以下の解説は、Id. at 445ff.］）。それを踏まえて、石黒・前掲国際民訴法135頁以下等の、前記1968年条約に関する論述へと、回帰していただきたい。

　　なお、ブリュッセル条約31－51条（EuGVO の38－58条）には、その（31条の）前に「承認」の規定が、ちゃんとある（ブリュッセル条約26－30条［EuGVO の33－37条］。なお、Kropholler, supra, at 394ff, 665; Schack, supra, at 272ff, 282ff, 40）。それなのに、ブリュッセル条約の名称には、前記のごとく、「承認」の語はなく、「執行」のみであった。その不自然さが、EuGVO で除去されたことにはなるが、この種の事柄は、EU の立法において、私の経験だけからも、随所に見出せる（既述の点である）。

　**　実に細かいことだが、貝瀬・前掲国際倒産法と比較法73頁の1995年条約案の邦訳では、この個所を「第 1 文」と訳してあるけれども、ここは Unterabsatz ではなく Absatz であるから、「第 1 項」である。もっとも、この個所はとくに、条文構成がゴチャッとしているのではあるけれども。

実は、右の1968年条約1条2項では、「倒産手続（Konkurse, Vergleiche und ähnliche Verfahren）」が、もともと適用除外になっていた（Schack, supra, 376）。それを受け継ぐEuGVOの1条2項についても、同じである（Kropholler, supra, 65, 81ff.）。
　2000年の国際倒産に関する前記EU規則25条の、前記の回りくどい文言は、前記の１項・2項の微妙すぎる関係（なお、Schack, supra, at 376も、„Etwas [um wievieles?] weniger eng ……" 云々と、この点を皮肉っている）は別として、かくてトータルで考えれば、1968年条約以来の、「倒産手続の除外」という"欠缺（Lücke）"を、シームレスな形で（nahtlos）、なくすものとして、それが、ともかくも機能していることになる（Ibid. なお、2000年のEU倒産規則 [EuInsVO]25条と、同年 [!!] のEU管轄・承認執行規則 [EuGVO] 1条との、ややこしい関係の詳細については、Kropholler, supra, at 81ff 参照。――もう、4月2日の夜11時10分になってしまっていた。だから、ここで筆を擱く。――執筆再開は、二日おいて、2008年4月5日午後3時50分頃。脳の再活性化［というよりも、若い頃よりもはるかに深いところにまで、己の意識・無意識が到達するのを、強く感ずる］ゆえに、私にとってはごく普通の執筆のはずの、そして何より基本的にストレスレスであったはずの、ここでのそれについても、2日休んでみて初めて、けっこう見えないところでの心身への負担があることを、実感した。ともかく、「源氏」は、いよいよ「御法」である……。淋しい）。

　右においては、若干マニアックなところにまで踏み込んでしまったが、先に行く。Schack, supra, 373ff の「外国倒産手続の承認」（§26）の部分には、Id. at 379ff に、「比較法（Rechtsvergleichung）」の項が、いわば孤島のごとく、ポツンと(*)置かれている。そこの冒頭（Id. at 379f）に、シャックが既にバサッと斬り捨てていた「国連モデル法」関連の文献や、日本の「平成12年法」に関する欧文での紹介論文の類い等をも含めた、文献リストがある。

> 　＊　ここだけ「比較法」の項がある不自然さは、彼における既述の、「私法としての包括執行」という、同じく若干不自然な（国際倒産法に関する、彼の論述の冒頭の）項目立てと、（著者たるシャックの心理において）おそらく関係する。双方とも、租税債権を例とした「国家」の「優先権」についての論述に、ウエイトがある。シャックにおけるこの点への、若干突出した関心が、こうした項目立てとなっているように、（同じ"書き手"の一人としての）私には、思われる。

　だが、ここで彼の論調が変化するのかと言えば、まったくそう「ではない」。Id. at 380の、この個所の冒頭の二つの文は、以下のごとし。即ち、「世界中殆どどこでも、［外国倒産手続の］承認の法的結果を普及主義の原則から［直ちに］導くことは、困難である（…… tut man sich schwer, ……）。すべての債権者の平等取扱という目的のための国境を越えた協力は、内国の者に対して［内国所在の倒産者の財産に］最初に手を出させることを留保すべく（um Inländern den ersten Zugriff vorzubehalten）、しばしば（nicht selten）、妨げられる」、とある。「平成12年法」やその後の新破産法における、「協力」一本槍の楽観的な見方（米国法の『表層部分』のみに着目して、その『深層部分』を度外視するから、そうなるのである。最も力点を置いて既述!![*]）と、十二分に対比

すべき、冷静な現実認識、と言うべきである。

* ルクセンブルグで、諸外国の国家実行上、全くの異例、かつ、苦肉の策として米国IRSの租税債権に「一般債権者」としての配当を認めたのに、当てが外れ（そんなことを当てにする方がおかしい）、残債権につきIRSが米国で差押を行なったことにつき、ルクセンブルグ側がクレイムを付けたという、既述のケース（貿易と関税2007年11月号69頁以下。以下の引用は、同前・71頁）において、米国裁判所が次のごとく述べていたことに、ごく一例として（!!）、再度、注意せよ。即ち、米国裁判所はそこで──

「礼譲は、ある国［ルクセンブルグ］が他国［米国］租税債権に影響を与えることまでも許すものではない。ルクセンブルグでの再建計画においてはIRSは非担保債権者とされているのに対し、アメリカ破産法によればIRSは担保権者としての優先的地位を有するのである。したがってルクセンブルグの裁判はアメリカを不当に侵害し（unfairly prejudices）、アメリカの法とポリシーに反する。」

──との、断固たる姿勢を示していた。米国型の「裁量≒コミティ」が外国に対して強く牙を剥いた、"一場面"である。

「国境を越えた協力（Kooperation）」への、かかるネガティヴな現実認識の下で、前記部分（Schack, supra, at 380）の第3文以降に示されるのが、次の点である。即ち、貿易と関税2008年2月号76-77頁、そして、（「これまで本書で論じて来たことの［一つの］コアが、ある種の"偶然的必然"として、［そこ］に凝縮されている」との重要な［!!］指摘とともに）同3月号81頁において、既に論及しておいた点である。

シャックはそこにおいて（Schack, supra, at 380）、スイスの「ミニ破産（Mini-Konkurs）」の隠された（versteckt）意図として、自国の国庫（Fiskus）への優先的配当ということがあったのではないかとし、こうしたことに外国との関係でも固執する（auf …… pochen）のが米国だとして、既述のごとくIbidの注3で、直前の「*部分」で示した1990年のルクセンブルグ関連の米国の事例を、まさに掲げているのである（!!）。

そして、Id. at 381において、「国境を越えた協力に対して極めて開放的（sehr aufgeschlossen）なのが米国だ」とする際にも、シャックは注意深く、「原則的（grundsätzlich）には」との限定を付け、Id. at 380の既述の部分（注3を含めたRn 1130）を、リファーしているのである。「米国」を理解する上での、こうした慎重さ（「米国法の深層」ないし、「米国法の重層的構造」への適切な理解）が、日本の場合の「一橋案」から「平成12年法」に至る過程で、どんどん矮小化され、雲散霧消状態になったのは、誠に憂慮すべきことである。

なお、ここでSchack, supra, at 380fに戻れば、そこには、（2000年のEU［倒産］規則の制約の下であれ）管轄規則の面での内・外国人の不平等取扱（Ungleichbehandlung）は、例えばフランス民法典14条における、（内国のNiederlassung［既述］または財産の所在の如何にかかわらず［広汎に］倒産手続が開始されるという）フランス人の優先規定にも見られる、とまずある。そして、これと同様に、極めて広汎に倒産［開始の］管轄が認められる国として、「英国」及び「米国」が挙げられてもいる。

その「米国」の国際倒産法制に関する、Schack, supra, at 381の全体評価について、一言しておこう。彼は――

> 「米国において外国倒産手続は、相互の保証への考慮なしに、米国側から見てそれがfair[*]であれば承認される（anerkannt）。その手続は、フレキシビリティと裁判官の裁量において傑出する（zeichnet sich durch …… aus）。但し、それは、実務的には、相当な法的不安定性［!!］を伴う承認手続に、帰着する（läuft es auf ein Anerkennungsverfahren mit beträchtlicher Rechtsunsicherheit hinaus, ……）」、

――とする。正当である。だが、続いてそこには、それ[そうした「不安定性」]を減ずる為に、米国での2005年の国際倒産法改正（11 USC §1501）は、努力している（sich bemüht）」、とある。この最後の点が、（表向きにはともかく!!）実際にはどうなのか。それはまさに、本書第5章において後に正面から検討するところの、極めて重要なポイントとなる。

* ［米国型の「フェアネス」と「コミティ」との関係についての、重要な注記］

米国における「フェアネス」概念については、「『アメリカ的公正概念のゆらめき』と公正貿易論」について論じた石黒・前掲世界貿易体制の法と経済（2007年・慈学社）77頁以下、及び、同・前掲法と経済（1998年・岩波）49頁注88で論じてある。ちなみに、後者においては、英米法の藤倉教授（藤倉皓一郎「米国における『公正さ』の観念」国際問題1989年10月号26頁）の――

> 「『フェアネス』はアメリカ社会、アメリカ法の特性［!!］を抜きにしては理解のむずかしい複合概念である。それらの文脈を抜きにして、他の国に理解される一般性、普遍性をもつ概念になるかは疑問である。」

――との、極めて重要な指摘を、引用しておいた。

実は、私の「コミティ批判」の論文（石黒・前掲通商摩擦と日本の進路[1996年・木鐸社]207頁以下）の末尾（同前・239頁）にも、私は藤倉教授の右の言葉を引用しつつ、同教授における「フェアネス」を「コミティ」に「置き換えるならば、それが、本稿を通してコミティ概念とそれなりに格闘して来た筆者の、率直な感想となる。フェアネスと同様、コミティも、とりわけアメリカ人の法感覚において、いわば骨身にしみついた存在なのだろう。そのつもりでコミティとつきあう必要が、あるように思われる」、と述べていた（多用される言葉なのに、本格的な学問的分析が、ほかならぬ米国でも乏しい、との重要なメッセージとともに示した点、である）。

事実、同前頁にも記したように、「コミティ」についても、"the peculiar view of comity in the U.S."とか、あるいは、"Both the classical and broader [ie. rhetorical!!] senses of comity are idiosyncracies [!!!] of U.S. law …… ."といった表現が、珍しく「コミティ」概念を詳細に論じたPaul, Comity in International Law, 32 Harvard International Law Journal, at 5, 7 (1991)にも、用いられている（石黒・同前頁では、右のidiosyncraciesのスペリングにミスがあったのを、今発見したが、この語の辞書的な意味は、「[個人や集団の好み・動作・意見などの]特異性、性癖、特有の表現法」、

あるいは「特異体質」となる。その後者の意味に近い、米国特有の行動原理が、「コミティ」であり、「フェアネス」なのだ、ということである)。

本書では、再三該当箇所を示して来たように、「コミティ」については、米国裁判官の「積極介入型"裁量"権限」との関係で、随分と更なる深堀りをして来たつもりだが、シャックが軽い気持ちで用いるところの、既述の fair の語についても、そこに『米国法の深層』が、しかも、"米国に特異な暗闇"として、ポッカリと口を開けていることに、十分注意すべきである(**)。

** "言葉"は「言霊（ことだま）」とも言うが、「比較法」の本質は、こうした（通常の実定法研究よりもずっと深い）洞察を、丹念に積み重ねてゆくことにこそある。私は、「助教授」時代の私の、最も辛い（学界から不当に"気違い呼ばわり"された）時期に、きちんと御自身の眼で私を見据えて下さった田中英夫・村上淳一の両教授から、そのことを、徹底的に教えて頂いた。その私があと2年余りで、従来だったら「退官」の年齢となる（65歳まで、定年は5年延びたが）。従って、こうしたことも、活字に残しておく価値は、（誰も読まないであろうけれども!!）十分にあるものと考える（以上、2008年4月5日午後9時35分までの執筆。無理して講義開始前にここでの執筆を終えようとする気持ちは、"殺す"こととする［岩波文庫の「源氏」の3冊目までだと思うが、一回だけ、「殺す」という言葉が出て来て、ギクッとした。大した文脈ではなかったのだが……］。いずれにしても、連載一号分の執筆には、これで王手をかけたことになる。以上の点検終了は、同日午後10時59分。後は、4月7日の講義開始後に、書くこととする。──執筆再開は2008年4月11日午後4時8分。ともかくも週2回の学部「国際私法」講義をスタートさせ、新年度教授会も済んでから、こうして今月分を仕上げようと、思い立った。それにしても、教授会の一番上の席［いわゆる「崖」］から、6番目となった。2列あることはあるが、「昭和44年組」が居なくなったら、本当に"崖近"となる。あと7年くらいで"崖落ち"、となる。ちなみに「源氏」は、源氏死後の慌ただしい数帖を経て、すべてが元のしみじみとした美しい世界に戻る「橋姫」を経て、その次の帖。もう、文庫5冊目半ばに近い)。

さて、ここで Schack, supra, at 382-385 の、最後の項目たる、「内国における特別倒産手続」となる。Id. at 382 の冒頭の一文は、「［［原則としての!!］普及効を有する倒産手続と並んで (neben)、常に［いつものこととして (immer wieder)］、その効力を自国所在の財産に限定したものとしての特別倒産手続が問題となる」と、"当然のことのように"述べる。だが、スイス国際私法上の「ミニ破産」についての、私が大きく貢献した"主義の明確化"（既述）がなかったら、との思いが、私にはある。

ともかく、Ibid においては、外国の主要な倒産手続の承認は、内国でのかかる手続の遂行を何ら排除しない旨、再度述べた後、既に本書で示した点、即ち、「内外並行倒産 (Parallelverfahren)」は、余計な（追加的 [zusätzlich] な）内外の衝突をもたらすが、ここでの内国の手続は、それと区別すべきだとの点が、示されている。まさに、スイス国際私法草案について、私が進言して、主義の明確化を必死に訴えた点が、ここでもサラッと、"当然のことのように"述べられているのである。

「特別倒産手続の機能」についての Id. at 382-384 では、冒頭で、既述の「ローカルな少額債権者」保護のゆえの、かかる内国手続の必要性が、再度明確に示される。Id. at 383 で、それと対比されるのが、「内国債権者の優先権」の問題である。ここで

再度「スイス」の（租税債権等の）「優先権」の問題が扱われつつ、だがしかし、租税債権者の取扱を明文で示した「EU 倒産規則」39条が現実にあるという、本規則自体の構造が同時に Ibid で示されるという、若干屈折した、彼特有の悩ましい論じ方が、なされているのである。全て既述の点ゆえ、先に行く。

　Id. at 384f は、「手続上の協力」の項である。「協力」のために EU 規則31条とドイツ倒産法（InsO）357条は、「主要」・「二次的（特別）」両手続の管財人間の「協力」（等）を規定するが、むしろ Id. at 384では、EU 規則35条（及びドイツ倒産法358条）の、「2次的（特別）倒産手続」における「残余財産の引渡」（スイスの場合との類比につき既述）に、光が当たっているような印象がある。かかる「協力」に相当悲観的な彼の、そうあって然るべき立場については、既に示した通りである（最後の、Id. at 385の、わずか4行半の項目については、もはや省略する）。

●　　　●　　　●

　以上、"標準的" なシャックのものを素材としつつ、EU 倒産規則と、従来の自国国際倒産法制との "連続性" を重んずるドイツの "自覚的対応" について、論じて来た（この点で全然 "自覚的" ではない）日本の場合との、対比上の重要ポイントも、意識的に、種々「注記」して来たところである。

　次は、いよいよ「英国」である（「英国」という、この曖昧な用語法については、貿易と関税2008年4月号56頁以下［本書第3章2］を参照せよ!!──以上、2008年4月11日午後8時6分。ペンデレツキの "Seven Gates of Jerusalem" と共に。古典に回帰した彼の、"悲しみの極致" としての「現代の典型［Paradigma］」が、そこにある。点検終了は、同日午後9時8分。ドイツ語との、数カ月に及ぶ久々の格闘が、かくて終わった。しばし、「源氏」の世界に戻ろう。八宮死後の、宇治の雪景色［「椎本（しひがもと）」の後半］、である［以上は、貿易と関税2008年6月号分］)。

第4章 「英国」の選択——「国連モデル法」のその後の採用状況と、その制定過程での「租税の取扱い」を含めて

1 「英国」についての再確認事項

　いよいよ「英国」、である。2008年5月3日の、今後いつまでそうあり続けるかが心配な「憲法記念日」の、午後3時50分、ともかくも執筆を開始する(*)。

　　*　この半年間、私にとって20年近く"封印"（貿易と関税2008年2月号69頁）されていた「スイス」を含め、殆ど専ら"ドイツ語の世界"にどっぷりと漬かっての執筆だったことになる。それが一応終わり、これから、"英語の世界"となる。その間、2008年2月8日に39年ぶりの"再読"を決意した岩波文庫「源氏物語」も4月30日午前2時5分には全巻読破を達成し、所在無いので「枕草子」を読み始めたが、やっぱり「源氏」の方がよいと、「桐壺」に戻ったりもした。こんなことをしていたら、いつまでも「絵」を描き始められない、との焦りは若干あるが、「スイス」は20年近く、「源氏」は実に39年も"封印"してしまっていた「私」の"内なるもの"に、ともかくも忠実に、自然体ですべて臨もう、とは思う（2004年12月2日の［カンフー・ハッスル的な］"氣"の覚醒」とその急速な進展を経た上での"封印の解除"、であった。ちなみに、「氣」のあまりに激しい進展のため、もはや私は自分を完全な"無"として、最近はひたすらその安定を求めてはいるが、何らかの天命のゆえか、定期的なエヴォリューションは、不可避となっている。——「封印」と言えば、石黒・前掲ボーダーレス・エコノミーへの法的視座201－321頁の「ドイツ統一の法的構造」を今から16年前の平成4［1992］年2月9日に脱稿して以来、私は「ドイツ」をも、全体としては「封印」し、「統一後のドイツ」には、トランジットは別として、いまだに足を踏み入れていない。恐らくは、そのサマリーとしての同・前掲国際私法［第2版］150頁にも示したところの、「旧西ドイツ側研究者［達］の"怨念"」を、右の論文執筆の過程で見出したがゆえの「封印」、で「も」あったのだろう）。

　　とは言え、「ドイツ語の世界」から「英語」のそれへのギア・チェンジは、今の私の内面において、若干の苦痛を伴う。そこで、本日分の執筆（憲法記念日のそれ）は、全くのアイドリングに徹する必要がある。——と、ここまで書いたところで、森下哲朗教授（否、森下君）から、論文の抜刷と米国関係の最新資料が届いた。「英国」の次は、（「国連モデル法」を経て）「米国」であり、有り難い限りである。

　さて、これから論ずる「英国」の状況について、私は、既に本書第2章1において、若干の"伏線"を敷いていた。即ち、そこ（なお、貿易と関税2008年2月号66－67頁参照）において、「『英国』の基本的な状況」につき、私は以下に再叙する指摘を行なっていた(*)。即ち——

　　*　ちなみにこれは、本書序章2・3（貿易と関税2007年3月号62頁以下、そしてとくに

第4章　「英国」の選択──「国連モデル法」のその後の採用状況と、
その制定過程での「租税の取扱い」を含めて

同4月号54頁以下（「「外国租税判決・刑事判決の承認??──"米国流"の考え方の問題性と欠落する"執行管轄権＆基本的人権"からの視点」］）の、米国対外関係法第3リステートメント§483への徹底批判を中軸とする論述、との関係でのものである。

『「執行管轄権」問題について、（米国と異なり）英国では、既述の「インド課税事件」に象徴されるように、一般国際法の基本が、正しく踏まえられている。だが、英国の司法制度に最も深く根差すところの、我々から見れば"夾雑物"に過ぎない、様々なファクターが、其処に影を落とす。「米国型コミティ＆裁量」の原型となった英国プロパーのそれ（例えば石黒・前掲国際民訴法47頁の、「スペインのシェリー酒事件」におけるコミティの機能、等を参照）を別としても、次の諸点がある。

まず、使用される「手続」が民事手続なら、当該問題の性格を民事としてしまう悲しい伝統があり、その典型が、既述の「ノルウェー・タックス事件」となる。次に、旧英連邦所属各国が再び英国王室（つまりはイングランド）の下に結集するように、との"悲しい呼びかけ"として、とくにイングランドからは、そうした法域（スコットランド等も含む!!）の諸国での倒産手続に対して、「共助（アシスタンス!!）」が義務化される。だが、そうした諸国がイングランド側からのこの呼びかけに応じてくれるか否か（それら諸国［の裁判所］が、現時点において自己をイングランドと一体のものと認識するか否か）は、専ら、それら諸国（諸法域）の側に決定権限があり、かつ、それら諸国の裁判官の"comity & discretion"の問題となる（「UK」の定義等を含めて、石黒・前掲国際私法・国際金融法教材72－73頁を見よ）。

更に、イングランド側からのこの悲しい呼びかけに応ずるか否かとは別に、旧英連邦諸国の司法制度にいまだに深く根差す（残存する）"comity & discretion"の伝統が、別にある。オーストラリア・ニュージーランド間での「倒産共助」（同前・72頁3段目右）等も、こうしたコンテクストで把握さるべきことになる（南アフリカの事例の取扱に関する同前・73頁1段目左の指摘をも参照せよ[*]）。』

　*　ちなみに、この「南アフリカ」の事例との関係については、貿易と関税2008年4月号57－58頁（本書第3章2の「****」部分）において、右の「教材」における指摘を更に敷衍して、極めて重要な指摘を行なっている。それは、「国家体制の変更と（それにもかかわらぬ!!）法制度の"連続性"」についてのものであり（1995年の「南アフリカ」のコモンウェルスへの"復帰"との関係）、ドイツ統一前の「東ドイツ」、及び戦後の「韓国」（いずれも、"歴史的事実"である!!）と比較した上での、極めて重要な点が、（「国際倒産」の文脈を越えた基本的事項として）そこで示されているので、参照されたい。

──との指摘である。

次に、貿易と関税2008年4月号56－61頁（従って、右の直前の「*」部分を含む）において、私は、「『英国とは何か』についての必要な寄り道」という、重要な項目を立てていた（本書第3章2）。本書の全体の文脈としては、「EUの国際倒産法制」に立ち入る前提としてのもの、である。

そこでは、次の①－⑤の「言葉」の厳密な定義が、かつての「大英帝国」の"残照（残映）"を空しく追うところの、イングランド側の意図的かつ"（微妙ないし隠微な）

心理的歪曲効果"を伴う用語法の実例（同前［４月号］59−61頁の、執拗な追及を参照せよ!!──最低限のことについては、以下においても再度、若干別な角度から示しておく）とともに、示されていた（本書第３章２の「＊＊＊＊」部分）。

　ともかく、ここで再度この①−⑤を纏めて、基本（のみ!!）を示しておけば──

① 「イングランド」という言葉は、「ウェールズ」（等）を含む（"England includes Wales and ..... ."）、最も狭い地域を指す。
② 「グレート・ブリトゥン（Great Britain）」は、右に定義された「イングランド」と「スコットランド」とを意味する。
③ 「UK」は、「イングランド」・「ウェールズ」・「スコットランド」に、「北アイルランド」を含めたものとなる。
④ "British Islands" という言葉は、UK と "the Channel Islands and the Isle of Man" を意味する。そして──
⑤の「コモンウェルス」となる。「コモンウェルス」について最も注意すべきは、それが、もはや英国女王の"領地"（ドミニオン）ではなくなってしまった共和国その他の独立国家を含むこと、である（It includes ..... the Republics and other independent States which ..... have ceased to be part of Her Majesty's dominions.）。

そして、同前（2008年４月号）・59頁において、批判的に示したように──

『「イングランド法」（①）から見れば、「コモンウェルス」（⑤）諸国の破産裁判所は、原則的にすべて「ブリティッシュ」（④）の裁判所だと見得る。』

──といったような指摘が、意図的に、平然となされている。これは、Dicey/Morris/Collins, supra における指摘である（但し、そこに示した理由の下に、その「11版」を引用して置いた）。

　だが、石黒・同前頁にも示したように、そこに "so far as English law is concerned" とあるように、最も注意すべきこと（!!）として、「スコットランド」等は、"[A]ll bankruptcy courts throughout the Commonwealth are "British courts"." と、果たして「イングランド」側と同じに考えるか否かにつき、独自の判断権限を、既にして有している。しかも、厳密に言えば、そこに更に、「スコットランド」等の裁判官の個別の「裁量権限」（「コミティ」と一体となったそれ）が、いわば国家的判断とないまぜに、微妙に機能する形となる（!!）。そして、まさに"其処"（国家的判断と個別裁判官の裁量権限との微妙すぎる交錯個所!!）こそが、英米法系の英米法系たる所以でもあるが、但し、EU 等との対外関係では、③の「UK」が基本となる。

　ここで頭が多少くらくらしたら OK。それが「正しい『英国』認識」への一歩となる。「英国」とは、そうした「国」なのだから。

　なお、かかる「英国」について、Dicey/Morris/Collins, supra (The Conflict of Laws [14th ed. 2006]), at 3の同書冒頭個所（ここには前記のごときゴマカシめいた指摘

は、事柄の性質からして、存在しない）から更に若干引用すれば、同書は、「イングランド」（前記の①）の牴触法の体系書なのであるが——

"In the conflict of laws, a foreign element and a foreign country[3] mean a non-English element and a country other than England. From the point of view of the conflict of laws, Scotland and Northern Ireland are for most but not all purposes [!!] as much foreign countries as France or Germany[4]."

——とある。右の引用部分の中の注「3」（"country"の定義）は次に示すが、右引用部分の直前の個所に付されたIbidの注「2」には——

"There is no such thing as English nationality."

——とある。「英国」（文脈上は前記の①）には、実は、「国籍」の概念は存在しない[*]。

* 英国政府発給のパスポートに"UK and Colonies"（後述）とあることを発見して嬉しかったのは、助教授になり立ての頃だったか、と思う。
　ついでに言えば、返還前の「香港」と「ロンドン」との間の"航空運送"は、「英国」の"国内線［いわゆるカボタージュ］"扱いの路線として扱われていた。それを発見したのは、石黒・日米航空摩擦の構造と展望［1997年・木鐸社］の元となった論文執筆中のことである。同前・76頁参照。
　ちなみに、国際航空運送に関するいわゆる「シカゴ条約」における「二重の国籍主義」については、同前・36頁以下。但しそこにおける「二重の国籍主義」とは、「航空機」の「登録」、及び、「航空企業」の「実質的な所有及び実効的な支配」に関する、同条約の「締約国」の権限ないし義務に関するものであり、個人の国籍問題とは、直接には関係しない。同前・37-38頁参照。

そして、前記英文引用個所の注の「4」には、そこにアンダーラインを便宜付した部分との関係で、（"for most but not all purposes"との）限定を付した趣旨として——

"The qualification has to be made because ..... many [!! —— i.e. not all (!!)] statutes (especially those implementing an international convention[*]) apply to all three parts of the United Kingdom; ..... Scotland and Northern Ireland are in a special position as regards ..... jurisdiction in actions in personam .....; ..... the reciprocal recognition of ..... orders in bankruptcy .....; ..... the reciprocal enforcement of ..... the effect of bankruptcy as an assignment of the debtor's property ..... and as a discharge of his contracts ..... ."

* 「英国」における「条約」の取扱いについては、後述する。

——との、極めて微妙な指摘が、しかしながら、まさに以下で論ずる「倒産」との関係で、なされている。（ウェールズを含む）「イングランド」（前記①）と、「スコットランド」・「北アイルランド」（以上をすべて含めて、前記③の「UK」となる）との間の、誠に微妙な関係を、この巨大な体系書（Dicey/Morris/Collins——第14版は全2023頁）の冒頭部分で示す際に、「倒産」の場合が挙げられているのである。

次に、前記引用部分の注の「3」の"country"だが、そこでリファーされたId. at 30f には、（続いて見る Id. at 31の"State"と区別して）——

"England, Scotland, Northern Ireland, the Isle of Man, Jersey, Guernsey[*], ……, each British colony, each of the Australian States and each of the Canadian provinces is a separate country in the sense of the conflict of laws, though not one of them is a State known to public international law. However, for some purposes larger units than these may constitute countries. Thus, the United Kingdom is one country for the purposes of the law of negotiable instruments [Bills of Exchange Act 1882], Great Britain is one country for most purposes of the law of companies [Companies Act 1985]. …… On the other hand, Wales is not a country, because its system of law is the same as that of England. …… ."

* 「ガーンジー（島）の税制」をめぐる日本の国際課税事件については、貿易と関税2007年3月号63－64頁参照。――〔追記〕　なお、当該の事例については、最判平成21年12月3日裁判所時報1500号19頁（同1498号参照。民集63巻10号に登載）において、同島の特殊な税制が法人税法69条1項等にいう「外国法人税に該当しないとはいえない」との判断が、ともかくも下された。

——とある。ちなみに、右の"country"の語は、牴触法（国際私法）的には「法域」（単一の法秩序を有する地域）と訳すべきものである(*)。

* なお、石黒・前掲国際私法［第2版］146－147頁の、「準拠法指定が、果たして国家法秩序単位のものなのか否か」という、極めて重要な問題に関する指摘を参照せよ。同前・147頁下から7行目の「社会」の語を、本書のここでの文脈において「は」、「法域」と置き換えてもよい。だが、同前・146頁以下では、その「法域」にその後の領土変更が伴っていたという、一段階"難度"が増す場合を扱っているため、「社会」という、一層ニュートラルな言葉を用いたのである。

右の英文引用部分には、「イングランド」（前記の①――「ウェールズ」がなぜそこに含まれるかについても、右の引用部分の最後にあり！）、「UK」（前記の③）、そして前記②の「グレート・ブリテン（Great Britain）」（①で定義された「イングランド」と「スコットランド」とを意味する）までが登場する。個別の法規ごとに、その適用領域が異なったりもするのが、「英国」なのである。慣れないとすぐに混乱するであろうところの、「英国」独特のかかる用語法の機微には、十分に注意する必要がある（但し、私がなぜ、あえて曖昧の極たる「英国」の語を用いるのかについては、貿易と関税2008年4

第4章 「英国」の選択——「国連モデル法」のその後の採用状況と、その制定過程での「租税の取扱い」を含めて

月号56頁。単に、不要に面倒だから、というのがその理由ではあるのだが……)。

さて、Dicey/Morris/Collins, supra (14th ed.), at 31の"State"（及び"foreign"）の定義を、「英国」に関する以下の論述の導入部分の最後に、見ておこう。まず——

"The word State ..... in this book ..... means the whole of a territory subject to one sovereign power. Thus, the United Kingdom and Colonies[*], France, the United States, and each of the independent members of the Commonwealth[**], whether it does or does not form part of Her Majesty's dominions, is a State. But England, Scotland, New York [State], Ontario, and New South Wales are not States nor is any British colony or dependent (or overseas) territory [??]."

　＊　「英国」に「国籍」概念の無いことを示した、いくつか前の「＊」部分参照。

　＊＊　前記の「コモンウェルス」の定義（⑤）に注意。

——とある。右は、内容的には、別にどうという指摘ではないが、面白いのは波線アンダーラインを付した最後の個所である。「イングランド」・「スコットランド」（それらは「UK」の中）と並べて（!!）、「ニューヨーク（州）」・「オンタリオ州」・「ニューサウスウエールズ州」と他国の州を並べ、(nor以下で) それらは「英国」（但し「ブリティッシュ」とある。その意味は、前記④の「UKプラスアルファ」となる）の「植民地」(等) ではないと、一見馬鹿馬鹿しいことを、サラッと言ってのける。そのあたりの「英国」（その実「イングランド」）ならではの屈折した言葉遣いの、裏にあるものに、十分に注意すべきである（[*][**]）。

　＊　この最後の一文に、「イングランド」の語がなかったらどうなるかを、まずは考えよ。次に、「スコットランド」以下を消し、"England ..... [is] not State ..... nor is any British colony or dependent (or overseas) territory."として見よ。この一文は、"構造"がそもそもおかしいはずである（!!）。貿易と関税2008年4月号59頁以下［本書第3章2の「＊＊＊＊」部分］と、この点で再度対比をせよ（!!）。右の英文引用部分に「も」示された「イングランド」側の極めて屈折した思いを、鋭く感じ取るべきである。一番"身内"に近い「スコットランド」を"人質"にして「イングランド」と共に掲げ、「米加豪」を「コロニー」云々の言葉と（否定語はあれども）"心理的"に近寄せ、そうした"心理操作"の中で、「スコットランド」を、同時に「米加豪」と同列に置く。だが、所詮「何を言いたいのですか？」といったことだから、今度は（「スコットランド」以下を全部消して）「イングランド」のみとして繋げてみると、珍妙な一文となる、ということである。その機微が、お分かりいただけるであろうか。

　＊＊　"foreign"については、簡単に済ませておこう。"[T]he expression "foreign country" means any country except England, and applies as much to Scotland or Northern Ireland as to France or Italy; ..... ."と、そこにある（Ibid.）。国際私法をやっている者にとっては、この点は自明だが、念のために一言しておく次第である。

さて、これから「英国の国際倒産法制」について論じて行く際の基本スタンスにつ

いて、貿易と関税2008年4月号54－55頁（本書第3章1）において、私は、以下の通りに示していた。即ち——

『ドイツ同様、EU規則の直接的拘束を受ける立場の、"英米法系"の歴史的盟主たる「英国」が、同じく従来の自国国際倒産法制の発展との関係において、如何なる対応をしているかを、ドイツの場合と同じ"分析のプリズム"の下で見ておく。但し、その際には、とかく「承認」と「共助」との交錯しがちな「英国」の基本的な問題状況（その概観は、同・2008年2月号66－67頁の「*」部分において、頭出し的に示しておいたが、同2007年8月号80頁をも見よ）の、最も深い部分に存在する「裁量」の問題（!!）に強い光を当て、「従来の英国の国際倒産法制の本質」について、一層立ち入った分析を行なう（「英国」とは何かに関する、ここでの論述は、更にその基底を深く探るためのものでもある!!）。そして、「国連モデル法」の採用をも宣言している英国が、「EU規則」・「英国の従来の国際倒産法制」・「国連モデル法」の"三つ巴"の状況において、如何なる制度運営をしようとしているかについて、論及する。』

——と（以上、全くのアイドリングのための執筆だったが、導入部で随分と紙数を使ってしまった。2008年5月3日の執筆はここまでとする。同日午後10時1分。約6時間の執筆、であった。——執筆再開、翌5月4日午後4時48分）。

● ● ●

2 「英国」の「2006年国際倒産規則」による「国連モデル法」の採用——「国連モデル法」のその後の採用状況を含めて

　もとより「英国」も既述の「2000年EU（倒産）規則」の直接的拘束を受ける。だが、あらかじめ一言しておけば、「英国」は2006年4月3日（翌日発効）の The Cross-Border Insolvency Regulations 2006によって、「国連モデル法」（The UNCITRAL Model Law）を採用し、2006年規則2条1項によって、（若干の修正を付した上で）「グレート・ブリトゥン（Great Britain）」（前記の②——「イングランド」・「ウェールズ」及び「スコットランド」）における「法としての効力（the force of law）」を与えた（[*]・[**]）。しかも、同「規則」3条2項では、1986年倒産「法」（等）と本「規則」との牴触（conflict）があった場合には、後者、つまりは本「規則」の方が（「法」よりも!!）優先する、とある（***）。

　　* なお、「スコットランド」との関係について、本書でこれまで論じて来たこととの関係で、一言しておく。
　　　この「英国」の「2006年国際倒産規則」の冒頭に記されているように、同規則は、2000年倒産法（The Insolvency Act 2000）14条によって与えられていた権限（the powers conferred by .....）によって制定された。その2000年法14条は、"Model law on cross-border insolvency"との見出しを有し、とくにその6項において、議会審議を経

第４章 「英国」の選択──「国連モデル法」のその後の採用状況と、
その制定過程での「租税の取扱い」を含めて

た「規則」が「イングランド及びウェールズ」で妥当するためには Lord Chancellor の同意が、同じくそれが「スコットランド」で妥当するためには the Scottish Ministers の同意が、それぞれ必要だと、定められていた。そして、全８カ条の本規則のあとに（詳細な SCHEDULE の前に）──

"I agree to the making of these Regulations
29th March 2006
Falconer of Thoroton,
C ［Lord Chancellor］

The Scottish Ministers agree to the making of these Regulations
Allan Wilson
A member of the Scottish Executive
30th March 2006"

──とあり、これによって本規則は、「スコットランド」でも妥当するものとなったのである。但し、本規則が「法としての効力」を有するのは、"Great Britain"内にとどまるから、本規則の適用については、「北アイルランド」は、除外されていることになる。

《追記》 その後到着した Dicey/Morris/Collins, supra (14th ed.), First Supplement (Dec. 2007), at 122 fn. 22によれば、「北アイルランド」は、「国連モデル法」の採用に当たって、独自の規則を制定した（Cross-Border Insolvency Regulations [Northern Ireland] 2007, SR 2007/115.──2007年４月12日に発効）。「イングランド」・「スコットランド」の前記規則との間に、若干の差があるが（Id. at 128 fn. 96をも見よ）、とくに Id. at 129には、その差ゆえに、以下のごとき"ちぐはぐな事態"になったことが示されている。即ち、「英国」の「2006年国際倒産規則」によって"Great Britain"（「イングランド」＆「スコットランド」）内の裁判所間の「協力」については規定されたが（但し、更に後述す「べき」点がある‼）、それが「北アイルランド」については妥当せず、かつ、「北アイルランド」独自の規則において、「UK」（「北アイルランド」を含む）内の裁判所間での同等の「協力」についての規定が、置かれなかったことにより、以下の事態となった、とある。即ち──

"Perhaps somewhat surprisingly [!!], there is no equivalent provision in the Regulations which implement the Model Law in that jurisdiction [i.e. in Northern Ireland]. Thus, it would appear that as between England and Scotland on the one hand and Northern Ireland on the other cooperation between courts exercising jurisdiction in relation to matters which are the subject of the Regulations appears to depend on the Model Law, as implemented in the respective jurisdictions."

──といったことになる、とされているのである。何とも興味深い現象である。

＊＊ なお、右に"force of law"とあることにつき、2008年５月５日未明からの、妻との久々の"段ボール捜索"の結果を踏まえて、一言しておく。本規則は「条約」ではなく「モデル法」の採用に関するものだが、それが「条約」だとした場合の、若干の確認事項についての補充である（「条約」も「モデル法」も一緒、また、「法」と「規則」との関係が［ここにおいては］極めて大雑把、というあたりが、如何にも「英国」らしい取扱いのように、私には思われる）。

2 「英国」の「2006年国際倒産規則」による「国連モデル法」の採用
   ——「国連モデル法」のその後の採用状況を含めて

「国際法」のイロハの問題として、「英国」では、「条約」を政府が批准しても、それだけでは「英国」内における「法としての効力」を有しない。厳密には、「私人の権利義務との関係では」との限定を、右に付して考えるべきところではあるが（"In England, unlike some continental European countries and the United States, international treaties and conventions do not have the force of law by reason of having been ratified by the Government, at least in so far as the rights and duties of private persons are concerned." —— Dicey/Morris/Collins, supra [14th ed.], at 12. —— なお、右は「14版」の本体の引用である。以下において、《追記》で言及する同書14版のFirst Supplementの引用頁には、その旨明記する。そう「ではない」、その本体の引用と、混同しないように願いたい）。

そして、Id. at 12f に、"In the United Kingdom, a treaty provision does not become law until it has been implemented by statute or statutory instrument. There are several legislative techniques for giving the force of law to international conventions." とあるテクニックの一つが、「2006年英国国際倒産規則」のように、（条約であれ、モデル法であれ）国際ルールの本体をScheduleとしてそこ（この場合は「規則」）に嵌め込む方式である（Id. at 13.）。

そこまでで、この「＊＊」部分の直接的な役割は終わるが、そこから先に、"段ボール捜索"の意義があるし、記述の（貿易と関税2008年6月号分冒頭の）、『「各国法統一作業"の全体像」の中の「国連モデル法」及び「平成12年法」の理論的位置付け等に関する、重要な注記!!』の部分における論述（本章第3章6(2)冒頭の「＊」部分）を補充する理論的に重要な点ゆえ、一言しておく。

懐かしいF.A. Mann, Foreign Affairs in English Courts (1986) が見つかったからである。ちなみに、Id. at 134ff には、"Comity" と題した、英米では珍しくまとまった論述があり、「コミティ批判」の文脈で、私はそれを「も」引用していた（石黒・前掲通商摩擦と日本の進路207頁以下、とくに216頁注26、同・前掲国境を越える知的財産462頁注25、等参照）。

Mann, supra, at 101は、前記のSchedule方式が、「英国」におけるノーマル・プラクティスだとしつつも、次のように述べる。即ち——

"The convention thus incorporated into English law, however, has no higher or other status or authority than an English statute. ..... The fact that it has the force of law does not mean that it is higher or has "overriding" powers."

——と（なお、右に「インコーポレーテッド」とある点については、石黒・前掲国際私法［第2版］320頁との対比をせよ）。そして、そこ（Mann, supra, at 101）に付された注68において、これとは異なる見解として、Morris（Dicey/Morrisを含む）が引用されている。問題は、（実質法）統一条約の批准と「国際私法」（!!）との関係に関する、それ自体として重要なもの、である。

このマンとモリスの論争については、石黒・前掲現代国際私法［上］32頁以下、及び、同・前掲国際私法（第2版）189頁注339でも論じたが、マンが法統一後も残存する各国法の内容的なズレ（最も端的なものとして、同前［第2版］・188頁注335—a、340頁の、IMF協定8条2項b。また、両者の論争の的となった船荷証券統一条約の場合については、同前・134頁、189頁注345を見よ）を直視するものであるのに対して、モリスの論は、「英国」内の扱いに（殆ど）閉じている、といった差がある。そこで、かかる「英国」内での論争（1983年のThe Hollandia事件までの状況につき、石黒・前掲現代国際

第 4 章 「英国」の選択——「国連モデル法」のその後の採用状況と、
その制定過程での「租税の取扱い」を含めて

私法〔上〕32-34頁）との関係を「も」含めて、同・前掲（第2版）131頁以下では「見解の対立と論点のズレ」、との項目立てをした経緯がある（なお、同前・189頁注339を「も」見よ。そして、Dicey/Morris/Collins, supra [14th ed.], at 24-29と、それらを対比して考えよ）。ここで「英国」における問題状況に戻って一言して置けば、この「＊＊」の個所の冒頭に一言した「英国」における条約批准の特異な取扱からして、モリス等における"その先の議論"が、（今日に至るまで）多少混迷を深めているとの印象を、私としては禁じ得ない。在来の「国際私法」（!!——次の「＊＊＊」の個所との"混同"なきよう、注意せよ）との関係について、もとより私は、マンの現実直視型の論を支持する。各国法統一に関するヨーロッパ大陸の「比較法学の苦悩（と挫折!!）」（石黒・同前〔第2版〕139頁下から6行目の一文参照）とのインタフェイスをしっかり有しているのは、「英国」と「ドイツ」とにしっかりと軸足を置くマンだから、でもある。

＊＊＊ 「英国」のこの「2006年国際倒産規則」の 3 条（Modification of British insolvency law）の、2項の文言を、掲げておこう。そこには——

"In the case of any conflict between any provision of British insolvency law or of Part 3 of the Insolvency Act 1986 and the provisions of these Regulations, the latter shall prevail."

——とある（直前の「＊＊」の個所との関係で言えば、この条項によって、「英国」で「法としての効力 [the force of law]」を既に与えられたところの、国際ルールとしての「国連モデル法」と「英国」の在来の「国内法」[!!] との関係につき、ともかくも明文規定による処理の明確化が、なされたことになる）。

本章2冒頭の「＊」の個所で一言したことだが、右の引用部分では「ブリティッシュ」とある。前記の②「グレート・ブリトゥン（Great Britain）」は、「イングランド＆ウェールズ」と「スコットランド」だけだが、前記④の "British Islands" という言葉における "British" とは、UK と "the Channel Islands and the Isle of Man" を意味し、その「UK」（前記③）は、「イングランド」・「ウェールズ」・「スコットランド」に、「北アイルランド」を含めたものとなる。

だが、本規則は、既述のごとく、"Great Britain" 止まりのものである。何とややこしいことか……。その先は、もはや「英国紳士」達の、もはや慣れっこになっているはずの日常的苦悶に、委ねよう。

《追記》 その後到着した Dicey/Morris/Collins, supra (14th ed.), First Supplement (Dec. 2007) に、たまたま書いてあったので、あとで書こうと思っていたことを、ここで書いておこう。「英国」の「2006年国際倒産規則」3条2項についての、「国連モデル法」の優先を示した条文の、"本当の意味" についてである。

たしかに、「英国」の「2006年国際倒産規則」3条2項では、在来の国内法よりも「国連モデル法」の方が優先（優越）する。だが、当の「国連モデル法」3条（International obligations of this State [「このモデル法を採用する国の国際的義務」との関係]）には

"To the extent that this Law conflicts with an obligation of this State arising out of any treaty or other form of agreement to which it is a party with one or more other States, the requirements of the treaty or agreement prevail."

——とある。そして、「英国」の前記規則の SCHEDULE 1として置かれた UNCI-

TRAL MODEL LAW ON CROSS-BORDER INSOLVENCY の 3 条（International obligations of the Great Britain under the EC Insolvency Regulation）には——

> "To the extent that this Law conflicts with an obligation of the United Kingdom under the EC Insolvency Regulation, the requirements of the EC Insolvency Regulation prevail."

——とある。こうして、(1) EU（EC）規則(＊＊＊＊)、(2)国連モデル法(＊＊＊＊＊)、(3)「英国」法という、(1)から(3)までの順での優先順位が、これによって定められていることに、なるのである（なお、右の個所にも「UK」と「Great Britain」とが"混在"するが、「英国」の対外関係は「UK」単位ゆえ［既述］、こうなっているのである）。

＊＊＊＊ 「EU と EC との区別」について

正確に言えば、ここ数カ月間論じて来た「2000年 EU 倒産規則」も、「EU」ではなく、「EC」のそれである。但し、Schack, supra (IZVR 4. Aufl.), at 354 でも、EG-Verordnung Nr. 1346/2000 vom 29. 5. 2000 über Insolvenzverfahren (EuInsVO) との表記があり、「EC (EG)」と「EU」とが"混用"されている。従って、あまりこの点を気にする必要はないのだが（貝瀬・前掲国際倒産法と比較法 8 頁以下、159 頁以下、163 頁以下でも、「EU 規則」とある）、厳密には、以下の通りとなる（中村民雄「法的基盤」植田隆子編・EU スタディーズ 1・対外関係［2007年・勁草書房］ 1 頁以下）。

つまり、「EC は EU の構成部分であり、EU の第 1 の柱」である（中村・同前 4 頁）。但し、「法的には、EC は EC の名で……行動する」（同前・5 頁）。その「EC 法」の一部が「EC『規則』」となる。他方、本書でも（面倒ゆえ）「欧州裁判所」などと記して来たものも、正確には『「欧州司法裁判所」（EC 裁判所)』（同前・7 頁）となる。以上は、あくまで念のための記述であり、以下においても、あえて（ドイツ型の）ラフな表記を、本書でも維持する。

ちなみに、J. Kropholler, supra (Europäisches Zivilprozessrecht [8. Aufl. 2005]), at 29 などでも、Verordnung (EG) Nr. 44/2001 des Rates ..... (EuGVO) といった、「EG (EC)」と「EU」との"混用"が、当たり前のようになされている。私としては、慣れ親しんで来たところの、かかる表記方法に、従っているまでである。——〔追記〕2010年 2 月18日の教授会の日に知ったことだが、「EU 法」（旧称「ヨーロッパ共同体法」。法学部・大学院で、名称変更がなされた）の伊藤洋一教授によれば、2009年12月 1 日のリスボン条約の発効により、EU の公式文書からは EC の語がすべて消え、EU の語に統合された、とのこと。「欧州（ヨーロッパ）裁判所」（ECJ）も、正式には「EU 裁判所」となったようである。だが、既に出されている規則等の名称はそのままゆえ、かえって面倒との、同教授の言であった。本書では、最初から「EU 規則」と表示してあるので、この点での問題はないのだが、一応、以上を付言しておく。

＊＊＊＊＊ 《追記》——「国連モデル法」のその後の採用状況について

Dicey/Morris/Collins, supra (14th ed.), First Supplement (Dec. 2007), at 125 fn. 55 によれば、「国連モデル法」を採用して国内立法をした国として、"Colombia (2006); Eritrea (1998); Japan (2000); Mexico (2000); New Zealand (2006); Poland (2003): Romania (2003); Montenegro (2005); Serbia (2004); South Africa (2000); British Virgin Islands (2005); United States (2005) が挙げられている。その他に、Great Britain (2006); Northern Ireland (2007) が、加えられることになる。

更に、2008年5月10日の午前0時15分に、右の「脚注55」に示されている http://www.uncitral.org/uncitral/en/uncitral_texts/insolvency/1997Model_status. html. に、妻にアクセスしてもらったところ、既述の「北アイルランド（2007年）」はないが、隣国たる「韓国」、即ち"Republic of Korea（2006）"が、別途挙がっていた。

本書第3章6(1)の末尾（貿易と関税2008年5月号62頁）において、私は、Schack, supra（4. Aufl. 2006）, at 356を引用しつつ、「国連モデル法」の「日本」・「メキシコ」・「南アフリカ」、そして遅れて（!!）「米国」、というその受容状況に関して、批判的に述べていた。「2000年」の「日本・メキシコ・南アフリカ」に先行する「エリトリア」（イタリアの旧植民地）の「1998年」を勘案しても、英米に先んじて（!!）までして、なぜ「日本」が率先してこのモデル法を採用したのかという、そこで示した疑念は、全く変わらない。

なお、右の「ポーランド（2003年）」については、前記のDicey/Morris/Collins, supra（14th ed.）, First Supplement の到着の前日、「カナダ」の状況に関する、ワン・フェイジュさんのご教示により、Michael Veck, "The legal responses of Canada and Poland to international bankruptcy and insolvency with a focus on cross-border insolvency law", 15 International Insolvency Review (Issue 2: Summer 2006), at 71-89の存在を知り、昨5月9日に、東大法研受付の方にそのコピーをお願いしてあった。前記の First Supplement を読んだのは今日だが、先程、コピー完了のファクス連絡が受付から入ったので、有り難いことに12日の月曜には、それを読めることになる。

ちなみに、カナダは、右のワンさん宛の、トロント大学 Prof. Jacob Ziegel の「返信」によれば、2005年12月に "Stat of Can 2005 c 47" として「国連モデル法」採用の立法をしているが、その「公布（proclamation）」が2008年5月8日現在でも、いまだなされていない、とのことである。その理由は、「賃金労働者保護計画（the Wage Earner Protection Program）」との関係での規則づくりにある、とされてもいる。

カナダでは、「国連モデル法」の採否につき議論があるようで、カナダ産業省（Industry Canada）の、このモデル法に関するネット上の記載（ic.gc.ca）には、"Some were of the view that the Model Law looks like a made in America law." とするものもある。本書第3章6(1)（貿易と関税2008年5月号分）の末尾部分に引用したところの、Schack, supra（IZVR 4. Aufl. 2006）, at 356の、「コモン・ローによって"刻印"された［国連モデル法］」との表現とそれとを対比すると、非常に興味深い、と言えよう。

● ● ●

3 従来の「英国」の国際倒産法制の基本と「裁量」——その淵源をめぐって

ところで、この「英国」の「2006年国際倒産規則」の7条には、"Co-operation between courts exercising jurisdiction in relation to cross-border insolvency" と題した、「裁判所間の協力」、つまりは「倒産"共助（!!）"」の規定がある。そこに既に、『「英国」の「国際倒産法制」の基本』（後述）をよく示した文言があるので、それを見ておこう。あらかじめ一言しておけば、第1項の "shall" の文言と、それを"微妙に（!!）"打ち消す第2項との関係が、鍵となる。

3 従来の「英国」の国際倒産法制の基本と「裁量」——その淵源をめぐって 225

"7.---(1) An order made by a court in either part of Great Britain in the exercise of jurisdiction in relation to the subject matter of these Regulations shall be enforced in the other part of Great Britain as if it were made by a court exercising the corresponding jurisdiction in that other part.
(2) However, nothing in paragraph (1) requires a court in either part of Great Britain to enforce, in relation to property situated in that part, any order made by a court in the other part of Great Britain.
(3) The courts having jurisdiction in relation to the subject matter of these Regulations in either part of Great Britain shall assist the courts having the corresponding jurisdiction in the other part of Great Britain."

既述のごとく本規則は前記②の「グレート・ブリトゥン（Great Britain）」止まりゆえ、「イングランド」・「ウェールズ」と「スコットランド」だけを考えればよい。しかも、既にここで引用した Dicey/Morris/Collins, supra (14th ed.), at 31 に、"Wales is not a country, because its system of law is the same as that of England." とあることからして、「法域」（既述）としては、「イングランド（＝ウェールズ）」と「スコットランド」とを考えればよい（[*]・[**]）。

＊　ちなみに、「英国」と「2000年 EU 規則」との関係については後述するが、Dicey/Morris/Collins, supra (14th ed.), at 1414 にあるように、この EU 規則は、域内各国（Nations）に跨がる「国際的（cross-border）」な事案にのみ適用されるものであり、従って「UK」（前記の③）内のケースには不適用となる（The [EU] Regulation is not, therefore, concerned with the regulation of insolvency proceedings within the United Kingdom.――Ibid.）。この点については、貿易と関税2008年４月号56頁を見よ。

＊＊　「英国」の「2006年国際倒産規則」制定の前提となった同国の「2000年倒産法」（既述）は、「1986年倒産法（The Insolvency Act 1986）」の一部改正（等）を行なうものである。だが、当の「1986年倒産法」については、一般的には「イングランド」（「ウェールズ」を含む）のみに適用され、「スコットランド」や「北アイルランド」には、その旨の明示規定のない限り、適用されない（"The [Insolvency] Act [1986] applies in general to England only and does not extend to Scotland or Northern Ireland except so far as is expressly provided."―― Dicey/Morris/Collins, supra [14th ed.], at 1504.）。他方、「スコットランド」には、「1985年破産法（The Bankruptcy [Scotland] Act 1985）」が妥当して来た（例えば Id. at 1514参照）。なお、「英国」の前記「2006年国際倒産規則」に付された注４や注24においては、"The Bankruptcy (Scotland) Act 1993" が、更にリファーされている。

前記の７条の１項によれば、例えば「イングランド」の倒産手続は、あたかもそれが「スコットランド」の倒産手続であったかのごとく（as if）、「スコットランド」で（承認・）執行され「ねばならない（shall）」、とされる。普通 "shall" と条文にあったら、その限りで、絶対にそうせねばならないこと、のはずである（同規則に "the force of law" としての効力が与えられていること既述）。だが、この７条全体としては、何らそ

うなってはいない。同条2項で、「スコットランド」所在の財産との関係では、「スコットランド」側に「イングランド」の倒産手続を執行する義務は、何ら「ない」、とされる（「スコットランド」・「イングランド」を、相互に置き換えても同じ）。それを前提とした上での、同条3項の「イングランド」・「スコットランド」双方の裁判所間の「共助（!!）」の義務（shall assist ……）、となる。

この「2006年英国国際倒産規則」7条には、"However"で始まる第2項が、明文規定として存在する。だから、右に述べたところは、「条文にそうあるから、そうなるのだ。何が問題なのか？」との常識的リアクションを、招くのみであろう。だが、もし、この第2項の"明文規定"がなく、第1項と第3項のみだったら、「英国」ではどうなるのか（??）。――実はまさに"其処"に、『「英国」ならではの問題処理の基本』が存在する（!!）。

ここでの問題は、『「裁量」と「共助」との関係』という、本書における最重要の指摘事項（の一つ）と、深く関係する。ここで、Id. (14th ed.), at 1393を見てみよう。後述の「1986年倒産法」426条（共助の義務についての規定。前記規則7条の、3項に相当）に関する論述である。

そこで問題とされている「426条4項」の条文が、Id. at 1389に掲げられているから、誠に都合がよい。同項は――

"(4)　The courts having jurisdiction in relation to insolvency law in any part of the United Kingdom shall assist the courts having the corresponding jurisdiction in any other part of the United Kingdom or any relevant country or territory."

――と規定する(*)。そこには、「2006年英国国際倒産規則」7条の前記の第2項（Howeverで始まるそれ）にあたる"打ち消し条項"は、「ない」。だが、それがなくとも"同じこと"（!!）になる、との指摘がなされている。それが、Id. at 1393fである（!!）。該当部分を、"証拠"として提示しておこう。

*　前記の条文の最後の波線アンダーライン部分については、後述する。

そこには――

"Section 426(4) requires that English court "shall assist" the foreign court which issues the request for assistance. Despite the mandatory nature of this language [!!], the court is not bound to accede to the assistance requested. Rather, the court must consider whether the requested assistance or comparable assistance can properly be granted, so that assistance is ultimately a matter for the discretion [!!] of the court. In exercising this discretion, the court will naturally lean in favour of granting the request. The philosophy of this section is clearly to favour cooperation with the foreign court: the English court "should exercise its discretion in favour of giving the assistance requested …… unless there is some good reason for not [!!] doing so." [88] ……."

――とある。

　要するに、条文に明確に"shall assist"と「のみ」あっても、それによって直ちに「裁判官の裁量権限」は排除されず、（条文のフィロソフィーに導かれつつも）十分な裁量権限の行使を行使すべきだ（should）、とされている。ちなみに、右の引用部分末尾の、更なる（原文における）引用は、かの BCCI 事件(*) の実際の判決からのものであり、そこに付された注88には、共助要請を「拒絶（refused）」・「認容（acceded）」した、それぞれ複数の事例が挙げられている。

* 「BCCI 事件」については、貿易と関税2007年10月号57頁、59頁以下（本書第1章3(3)）を見よ。

　前記の「2006年英国国際倒産規則」7条に、ここで戻ろう。同条の前記の「第2項」は、こうした「英国の伝統」としての「裁量」を、条文に「も」素直に反映させたもの、と見るべきなのである（!!――[*]）。

* 《追記》「国連モデル法」の25条1項には、"[T]he courts shall cooperate to the maximum extent possible with courts or foreign representatives, either directly or through ……."との「協力条項」がある。そして、そこには、ともかくも"shall"とある。
　だが、「2006年英国国際倒産規則」25条（Cooperation and direct communication between a court of Great Britain and foreign courts or foreign representatives）に取り入れられた同条には、重要な変更がなされている。右の"shall"が"may"となっているのである。しかも、この点を説明した（最近入手の）Dicey/Morris/Collins, supra (14th ed.), First Supplement (Dec. 2007), at 145には、次のごとくある。即ち、「英国」の同規則の SCHEDULE 1に、修正の上埋め込まれた（インコーポレートされた）「国連モデル法」の25条につき（イタリックは原文）――

"Article 25(1) provides that in relation to the matters referred to in Art.1(1) [Scope of Application] ……, "the court *may* cooperate to the maximum extent with foreign courts or foreign representatives either directly or through a British insolvency officeholders." The emphasised word in this provision, "*may*", indicates that ultimately such cooperation is discretionary [!!]. This is a departure from the text of the provision in the original Model Law where the word used is the mandatory "*shall*". This change was introduced in the Model Law, as implemented in Great Britain, because it was believed that some discretion [!!] as to whether to cooperate was preferable, although it is also believed that the court will only refuse cooperation in response to an actual request where it has good reason for doing so. ……"

――とされている。

　そこにおける"shall"と"may"との関係、そして"discretion"の位置付けは、Id.

第 4 章　「英国」の選択――「国連モデル法」のその後の採用状況と、
その制定過程での「租税の取扱い」を含めて

(supra [14th ed.]), at 1393（14版の本体の方）における、この「＊」部分の直前に示した "Section 426(4) 関連の前記引用部分と、文章のトーンまで一緒である。そこに、注意すべきである。

● ● ●

　それでは、かかる「英国の伝統」は、果たして何処からもたらされるものなのか（!!）。この点が、まさに「英国の国際倒産法制の基本」と、最も深くかかわることになる(＊)。

＊　そこから先は、日を改めて書くこととしよう（以上、2008年5月4日午後9時46分までの執筆）。"実験"として、自ら開発した"無の呼吸法"と"片足太極拳［？］"とが、執筆による心身の疲労を、何処まで解消してくれるのかを確かめるべく、3日連続の執筆を試みる予定である。とくに今日は、「ノー・ストレス」でここまで執筆出来た。――"実験中止"。子供の日には心身を休めることとした。実験は、脳の異常な活性化を支える身体的基盤が、もう少し向上してからとする。Mannの著書とか若干の資料の"段ボール捜索"を妻とともに5日未明から朝まで行なったので、執筆再開は、5月6日午後4時49分だが、今日は、右の"捜索"との関係で、"force of law"関連の補充とここまでの点検に軽くとどめ、7日の東大・早稲田［ファイナンス研究科］の講義、8日の産構審の「2008年版不公正貿易報告書」作成作業完了のための委員会を経て、週末に先を書くこととする。執筆終了、5月6日午後7時11分。――2008年5月9日［金曜］夜8時4分、ようやく執筆を再開するが、"その間"に、ずっとその到着を待っていたDicey/Morris/Collins, supra [14th ed.], First Supplement [Dec. 2007] が、ようやく到着。9日の右の執筆開始前の2時間ほど、倒産関係の部分を読み、まずはこれまでの論述部分にそれを鏤［ちりば］める作業に、徹することとする[＊＊]。「ちりばめる」と言えば、「鳥の巣に鏤められし空の青　一憲」の一句を最近ものしたが、ともかく今日は、スタートが遅れたので、その先は、土日の執筆に委ねざるを得ない。他方、やはり"その間"に、カナダの情報につき、東大・院［法学政治学研究科・総合法制専攻］・修士課程のワン・フェイジュさんに2度にわたるご教示を得た。それに基づき、「カナダ」についての補足を、若干行なった次第である。なお、「イタリア」については、クリスティーナ・イオリ・ウチカワさん［同・博士課程］に照会中である。――結局、右の「鏤め作業」をしたところ、既にして、1号分の枚数となってしまった。まさにこの次が、音楽で言えば"主旋律"の提示部分なのであり、極めて残念ではあるが、明日あることを信じ、ここで筆を擱くこととする。以上、2008年5月9日午後11時30分までの執筆。その後、引き続き5月10日午前1時21分まで加筆。点検作業に入る。点検終了、同日午前2時28分。かくて土日は、基本的にゆっくりと休むこととする。これからやっと、6月号分の初校をしてくれていた妻との、夕食となる）。

＊＊　忘れないうちに書いておくと、「2000年EU倒産規則」の「主要な利益の中心」概念を巡り、貿易と関税2008年5月号52－53頁（本書第3章5の、後から3つ目の「＊」部分）に書いたEurofood事件についての、欧州裁判所の判断（Case C-341/04 Eurofood IFSC Ltd [2006] E.C.R. I-3813, [2006] Ch. 508）においては、右に示しておいた「英国」の判断が、もとより全否定はされなかったが、多少の付加的事情が必要とされ、それに沿った「英国」裁判所の判断が、新たに蓄積されつつある。それについては、Dicey/Morris/Collins, supra (14th ed.), First Supplement, at 115-117, 132参照［以上は、貿易と関税2008年7月号分］。

3　従来の「英国」の国際倒産法制の基本と「裁量」——その淵源をめぐって　　229

　ここまで、「英国」の「2006年国際倒産規則」7条1項における "shall enforce" の語と、それを打ち消す第2項との関係について、まず論じた（執筆再開は、2008年6月1日午前10時24分。峨眉山の霊芝酒で前夜じっくりと寝てから。5月後半は、実にいろいろあったが、たまには己の影をすべて消して、淡々と執筆を続けよう）。そして次に、同じく「英国」の「1986年倒産法」426条4項における、"shall assist" の語に着目した（同項は、前記規則7条3項に相当する）。そこ（426条4項）には、前記「規則」7条の場合のような、（断定的な "shall" に対する）"打ち消し条項" は、ない。だが、そうであっても（つまり、条文に "shall assist" とのみあっても）、「英国」の「裁判官の裁量権限」は何ら排除されず、むしろ十分な裁量権限を行使すべきだとされ、「BCCI事件」をはじめとした「裁量」による「共助」の、「拒絶」・「認容」の、それぞれの実例の挙げられていることを、Dicey/Morris/Collins, supra (14th ed. 2006), at 1393f の原文を示しつつ論じた(*)。

　　＊　以上の検討の纏めについて、ここで書いておこう。「2006年国際倒産規則」7条2項は、いわば "確認的" な規定なのであって（この点は、これからの論述によって、更に補強する）、この文脈において条文に "shall" とあっても、「英国」では、それがすべて「裁量」の下にある、ということなのである。
　　　ちなみに、この点で、Id. (14th ed.) First Supplement (2007), at 129の、「2006年規則」7条に関する論述を見ておこう。そこにはまず、同規則7条が、「国連モデル法」に由来するものではない特別な規定であること（special provision ..... which does not originate in the Model Law）であることが、示されている。だが、重要なのは、前記の「2006年規則」7条の1－3項が、実は「1986年倒産法」426条の、それぞれ1項、2項、4項に対応すること、である（Ibid.の注1－注3参照）。
　　　そして、同規則7条1項（従って、1986年法426条1項）に関してそこでリファーされている Id. (14th ed.), at 1393 (para. 30-093: "Judicial assistance") を見ると、そこには——

　　　　"[C]ourts in other parts of the United Kingdom are under an obligation to enforce orders of the English court and although such courts are not required to enforce[**] the English order in relation to property situated within their respective jurisdictions, they clearly have a discretion to do so. More generally, United Kingdom courts have a duty to assist each other in matters of winding up ..... .
　　　　In relation to countries outside the United Kingdom, ... the courts of the Channel Islands, the Isle of Man and any other relevant country or territory designated by the Secretary of State[***] may request assistance in matters of winding up from the English court. ..... Further it seems likely that in designating other relevant countries or territories the Secretary of State will have regard to the extent to which the courts of those countries are prepared to supply the English courts with reciprocal [!!] assistance[****] in rendering English orders effective in relation to, for example, property situated within the designated country."

　　　——とある。（「イングランド」、「UK」等の定義は、貿易と関税2008年4月号56頁以下、等参照）。

第4章 「英国」の選択――「国連モデル法」のその後の採用状況と、
その制定過程での「租税の取扱い」を含めて

　ここで、いくつかの重要な問題が、派生する。以下、順次それらを潰してから先に行く。

＊＊　まず、右の"not required to enforce"の語について。実は、Id. (12th ed.), at 1165にも、「1986年英国倒産法」426条について、It should be noted, however, that a Scottish or Northern Irish court is not required to enforce an order of the English court in relation to property situated in Scotland or Northern Ireland."として、同様の指摘があるのだが、私は、この"not required to enforce"の語について、石黒・前掲国際私法・国際金融法教材73頁1段目右（もともとは、貿易と関税1995年3月号68頁）で、この言葉を「どこかで聞いたことはないですか？」と、問うていた。

　それは（同前頁に示しておいたように）、貿易と関税2007年4月号57頁で原文を示しておいたところの、「米国対外関係法第3リステートメント§483」の、"Courts in the United States are not required to ..... enforce judgments for the collection of taxes [!!], fines, or penalties rendered by the courts of other [foreign] states."との文言のことである（"not required but permitted"として、裁判官の「裁量」でこの点を処理する考え方）。

　もとより、既述のごとく（また、更に後述もするが）、「英国」では、外国の租税・刑事判決の（承認・）執行も可なりとする「米国」の「§483」的な行き方（再度ここで後述するごとく「米国」の判例もそれに従って「いない」ところのそれ!!）は明確に否定されている。だが、その致命的な差はあれ、ここに、ともかくも「英米共通の"裁量"」をベースとする処理が、"同じ言葉（表現）"を介して顔を覗かせていることには、若干注意を要する。

＊＊＊　「UK」に the Channel Islands, the Isle of Man を足せば、貿易と関税2008年4月号56頁に記したように、"British Islands"となるが、前記の英文における"any other relevant country or territory designated by the Secretary of State"の具体的国名は、Dicey/Morris/Collins, supra (14th ed.), at 1390にある。それによると、"Designated countries which are Commonwealth countries are Australia, The Bahamas, Botswana, Brunei, Darussalam, Canada, Malaysia, New Zealand, South Africa and Tuvalu."とあって、「米国」は入っていない（!!）。この点は、「英国」が国際倒産の関連で、「米国」を一体どう見ているのか、との点に関して、極めて興味深いものと言えよう（なお、この「国名指定」につき、Id. First Supplement [2007] には、追記がない）。

＊＊＊＊　直前の「＊＊＊」部分との関係で、前記英文引用部分には、"reciprocal assistance"とある。「イングランド」側に対して相手国側に、どれだけ「共助」する用意があるかを、「レシプロシティ」の観点から考慮する（であろう）、ということである。

　この点で、直前の「＊＊＊」部分における「南アフリカ」などは、貿易と関税2008年4月号57－58頁に記したように、同国の「コモンウェルス復帰（1995年）」前の、「1985年」の事例によって、「イングランド」側への倒産共助が認められた点が評価されたもの、とも考えられる。だが、「レシプロシティ」の要請には、常にと言ってよいほど、"政治的な考慮"が伴う。そのことにも、注意が向けられるべきである。

　この点で、通商摩擦の文脈においてではあるが、「レシプロシティ」概念の問題性については、石黒・［研究展望］GATT ウルグアイ・ラウンド（NIRA 研究叢書 No. 890035・1989年）17頁以下。また、一層重要な点として、「コミティとレシプロシティとの関係」（!!）については、同・前掲通商摩擦と日本の進路225頁（「米国の牴触法革命」

3　従来の「英国」の国際倒産法制の基本と「裁量」——その淵源をめぐって　231

との関係）、及び229頁（「米国法の域外適用」との関係）参照。この最後のもの（229頁）では、「しばしばレシプロシティの要請とも結びつき得るコミティ」との指摘をしておいたが、そこで引用しておいた Restatement, Third, Foreign Relations Law of the U.S., supra, Vol. 1, at 246には、"[T]he term "comity" is sometimes understood to include a requirement of reciprocity ..... ."との指摘（!!）がある。

　　　　　●　　　　　●　　　　　●

　さて、以下の論述は、右の点からも垣間見られるところの、「英国」の国際倒産法制の基本としての「裁量」の問題を、正面から論ずるところから、スタートする。その上で、英国の従来の国際倒産法制と一般の牴触法的処理、「2000年 EU（倒産）規則」との関係等につき、既に論じた「国連モデル法」をも含めた"三つ巴"の状況下での、「英国」の選択のありようにつき、順次論じ進めるのである(*)。

　　＊　なお、「英国」の従来の倒産法制の概要については、石黒他・前掲国際金融倒産31頁以下（佐藤鉄男）、その国際倒産法制については、佐藤・同前35頁（そこには、「1986年のイギリス倒産法は、イングランドおよびウェールズで適用になるものである。ただし、会社の部は、スコットランドでも適用される[＊＊]。したがって、個人の破産に関しては、スコットランドでは、別建て [the Bankruptcy (Scotland) Act 1985] である」、ともある）、貝瀬・前掲国際倒産法序説201頁以下（ちなみに、石黒他・前掲147頁以下［貝瀬］の「比較国際倒産法」の個所は、日本・ドイツ・アメリカのみとなっている）、長谷部由起子「イギリスにおける国際倒産処理手続」竹下編・前掲国際倒産法205頁以下、等参照。

　　　長谷部・同前205頁以下は、イギリスの倒産法制の概観から出発するが、佐藤・前掲35頁を補う意味で一言すれば、「1985年までは、イギリス倒産法の主要な法源は、自然人の破産に関する1914年破産法（Bankruptcy Act 1914 .....）と法人の清算（winding-up）に関する1948年会社法（Companies Act 1948 .....）第5編であった。すなわち、債務者が自然人であるか法人であるかによって別個の法規が適用される」状況にあった（長谷部・同前205頁）。だが、前記の「破産法に代わって成立した1985年倒産法（Insolvency Act 1985 .....）は、自然人の破産および法人の清算に関する規定のみならず、自然人、法人それぞれについての和議（voluntary arrangements）及び法人の清算を目的としない財産管理命令（administration order）に関する規定、さらには自然人、法人のいずれにも適用される、管財人など倒産処理手続に関与する者の資格に関する規定をも含んでおり、……法人の清算に関してこそ依然会社法（1985年会社法 Companies Act 1985 .....）の規制を受けるものの、自然人、法人のいずれにも同一の法規を適用することが可能になった。さらに翌1986年には、会社法のなかの清算に関する規定と1985年倒産法とを合わせた1986年倒産法（Insolvency Act 1986 .....）が成立し、永年続いた二系列の倒産法制が一本化されるに至った」（長谷部・同前206頁。以上を、佐藤・前掲31頁以下と対比せよ）。その「1986年倒産法」の426条について、私は、本書において言及していたことになる。

　　＊＊　右の「＊」部分の第1パラに付した「＊＊」への注記として、Dicey/Morris/Collins, supra (14th ed.), at 1370から、引用をしておく。そこには、"Jurisdiction to wind up a company registered in Scotland is given by the Insolvency Act 1986 to the Scottish courts."とある。既に再度論じた「英国」ならではの、やっかいな事情の一端である。なお、Id. at 1370f には、北アイルランド企業に対する1986年法の適用について

第 4 章　「英国」の選択──「国連モデル法」のその後の採用状況と、
その制定過程での「租税の取扱い」を含めて

の同様の既述があり、"[A] company registered in Northern Ireland could be wound up under s.221 of the Insolvency Act 1986 as an unregistered company." とした判例をめぐる、ややこしい論述がなされてもいる（以上の点につき、Id. [14th ed.] First Supplement [2007], at 105に、追記はない）。

　さて、本書において私は、「英国」の「1986年倒産法」の「426条4項」の条文を、Dicey/Morris/Collins, supra (14th ed.), at 1389から引用しておいた。正確を期すべく再度それを示せば──

"(4)　The courts having jurisdiction in relation to insolvency law in any part of the United Kingdom shall assist the courts having the corresponding jurisdiction in any other part of the United Kingdom or any relevant country or territory."

──との条文である（「右の条文の最後の波線アンダーライン部分については、後述する」とも、そこに示しておいたが、この点については、既に直前の「＊＊＊」部分で論じた）。右に "shall assist" とあっても、それが「裁量」の問題であることを、Id. at 1393ffに即して、示しておいたのである。
　実は、Id. at 1390には、右の「4項」に続く「426条5項」の条文も掲げられている。それをも示した上で、「英国の従来の国際倒産法制の基本と "裁量"」という、最重要事項について、論じておこう(*)。

＊　なお、Id. (14th ed.) First Supplement (2007), at 108には、この部分への重要な追記として、"The Cross-Border Insolvency Regulations 2006 do not [!!] amend the Insolvency Act 1986, s.426." との重要な点が示されている。Id. (First Supplement), at 122及びそこに付された注14をも参照せよ。「英国」の「2006年国際倒産規則」は、「1986年倒産法」の「426条」を何ら修正するもの「ではない」のである。

"(5)　For the purposes of subsection (4) a request made to a court in any part of the United Kingdom by a court in any other part of the United Kingdom or in a relevant country or territory is authority for the court to which the request is made to apply, in relation to any matters specified in the request, the insolvency law which is applicable by either court in relation to comparable matters falling within its jurisdiction.
　In exercising its discretion under this subsection, a court shall have regard in particular to the rules of private international law."

──というのが、「426条5項」の文言である。文言は若干くどいが、本書のこのコンテクストでは、4項を受けた5項で、後段に「裁量」とあり、かつ、その「裁量」を行使する際に、とくに「国際私法」のルール（!!）に留意せよ、とあることに注目するのみで、十分であろう。

● 　　　● 　　　●

　ここでようやく本書は、「英国」における "事柄の本質" に触れることになる。「果

3　従来の「英国」の国際倒産法制の基本と「裁量」──その淵源をめぐって　　233

たしてかかる"裁量"が、何処からもたらされたものなのか？」、の問題である。
　右の「4項」・「5項」の条文に先立ち、「司法共助（Judicial assistance）」との項を立てる Id. (14th ed.), at 1389の全9行の本文と、それを補う注が、全てを教えてくれる（!!）。最重要のその指摘を、以下に掲げておく。即ちそこには──

"A prominent and distinct feature of the [English] private international law of insolvency has been the development of procedures whereby English courts have a discretion to provide assistance in aid of foreign proceedings.[51] Although here were no statutory procedures in the context of corporate insolvencies until the Insolvency Act 1986, it was clear that the principles of co-operation was recognised at common law [!!].[52] The statutory regime is to be found in the Insolvency Act 1986, s.426, though there is no reason to doubt that the existence of this section does not prejudice the continued operation of the common law [!!].[53]"

──とある（!!──そこに付された「注51・注52・注53」については、後述する）。
　要するに、「英国」の「倒産」に関する「国際私法」の大きな特徴として、「裁量」を基軸とする外国倒産手続への「共助」としての"協力"がある。だが、それは「コモン・ロー」からもたらされるもの（!!）であって、「426条」という明文規定があっても、かかる「コモン・ロー」上の諸原則が（それとは別に）引き続いて機能することは、疑い得ないことである、とされている。
　ここで、これまでの本書の論述を、執筆者たる私同様の緊張感をもって必死に辿って来た人が、この世に一人でも居たと仮定する。右に二重傍線を付した部分について、思い出すことがある「はず」である（!!）。
　それは、貿易と関税2007年12月号57頁以下の、[「従来の米国連邦破産法」と「コミティ」＆「米国型"裁量権限"」・その2──米国連邦破産法304条と『「コミティ」の重層構造的性格』（!!）]との項目（本書第1章4(2)）と、関係する。同・2008年1月号73頁で、そこでの論述を纏めて示しておいたように、（米国における）『「コミティ」の重層構造的性格』とは、そこでは、以下の3点を意味する。即ち──

『第1に、304条の承認要件の中に、明文で埋め込まれた「コミティ」、第2に、（広汎な米国裁判官の裁量権限の維持を念頭に置きつつ設けられた）「304条」自体と同視される「コミティ」、そして第3に、「304条とは全く別枠で [引き続き!!] 機能する、いわば一般法理としてのコミティ」（同条制定後も外国倒産手続の承認執行の場面で引き続き独自に機能するとされるそれ）である。それらが渾然一体となって機能し、かつ、それら3つと連動して、「"積極介入型"の米国型裁量」が、本来的に「コミティ」と分かち難い存在として、常に、いわば表裏一体として作用・機能する形となる。』

──の3点である。

第4章 「英国」の選択——「国連モデル法」のその後の採用状況と、
その制定過程での「租税の取扱い」を含めて

とくに、「米国」について見た右の「第3」の、やはり二重傍線を付した部分を、「英国」に関する Dicey/Morris/Collins, supra (14th ed.), at 1389の、前記引用部分と対比せよ。そこに更に、「コミティ≒裁量」という、同じく本書で強調して論じて来た点を、インプットし、適宜、"変換"を試みよ。構図は、全く同じ（!!）である。全てのルーツは、かくて、「コモン・ロー」にあることになる（!![*]）。

* 但し、ここでの「コモン・ロー」とは、貿易と関税2006年2月号61頁で、「コモン・ロー諸国」と「大陸法系諸国」とを対比した場合のそれではなく、石黒・前掲国際私法（第2版）229-230頁（及び268-269頁）等で論じたところの、「エクィティ（衡平法）」の対立概念としてのそれ、である（とくに、同前・230頁の、「保険代位」に関する論述を参照せよ）。

念のために、若干整理をしておこう。「英国」の倒産に関する「国際私法」の一大特徴をなすところの、他の法域の裁判所との"協力"（「共助」!!）の伝統（更に後述する）は、「コモン・ロー」からもたらされるものであって、「1986年倒産法426条」は、それを明文化したものだが、「コモン・ロー」上の伝統たる「裁量」は、それを越えて生き続ける。そして、例えば「426条」の「4項」に "shall assist" との断定的文言があっても、それは、かかる「コモン・ロー」起源の「裁量」を何ら否定するものではなく、あくまで「裁量」が上に立つ。そして、ここで「英国」を「米国」に、そして、「裁量」を「コミティ」に"変換"すれば、「米国連邦破産法304条」とは別枠でなおも存続する、一般法理としての（米国型）「コミティ」の本質と、全く同質的な"或るもの"が、ここで再度浮かび上がる、ということになる(*)。

* 後述のごとく、「国連モデル法」を受容したとの"ポーズ"の下に、「コミティ」の明文の要件を含むこの「304条」は、その後の米国において削除されている。だが、右のことは、その一事によって「コミティ≒裁量」という基本図式を前提とする、従来の米国における "積極介入型" の米国型裁量」が、何処まで"変質"したと言えるのかという、極めて重大な論点と、深く関係することになる（!!——以上を、本書第5章3(2) f の、2つ目の「*」の直前の、二重下線による重要な指摘と、十分に対比せよ）。
なお、そこでの論点を若干先取りして一言すれば、Dicey/Morris/Collins, supra (14th ed.), at 1394f（426条の共助は「裁量」マターだとする個所）には、「裁量」と「公序 (public policy)」（!!）、そして「租税」（!!）との関係で、以下の論述がある。即ち

"Thus, for example, if a request for assistance were received from a court administering an insolvency and the effect of acceding to the request would be to enforce that country's revenue law in England, the English court might refuse to accede to the request having regard to the rule of private international law that an English court will not enforce a foreign revenue law[**]. A similar view might be taken if acting pursuant to the request infringe English public policy. …… ."

——との論述である（ちなみに、右の「**」部分でリファーされる、同旨をルールとして示したところの、Id. at 100ff の同書第14版の Rule 3には、かの「インド課税事件」

3　従来の「英国」の国際倒産法制の基本と「裁量」——その淵源をめぐって　　235

等々の多数の判例が、引用されている。Id. at 100.）。

　ここで、「裁量」・「コミティ」、そして「公序」（!!）という、3つのキイ・ワードが出て来ることになる（そこに更に、前記の「レシプロシティとコミティ」との関係が、重ね合わされるべきことになる!!）。そして、同じく極めて重要なこと（!!）について、ここで一言しておけば、既に本書でも引用したところのF.A. Mann, Foreign Affairs in English Courts (1986), at 148ffの"Public Policy"に関する論述は、実は、"COMITY AND PUBLIC POLICY" (Id. at 148f)との項目から、始まっている（!!）。

　即ち、「コミティ批判」の文脈で、そこには、"Comity ..... is no less inappropriate when it is used as an equivalent to an explanation of public policy [!!] ...."と、まずある。そして、「英国」の判例上、実際にも"public policy based on international comity"という指摘や、"[P]ublic policy demands that deference to international comity."といった説示がなされていることから、その批判的論述を始めている（Id. at 148.）。

　要するに、「コミティ」と「公序」とは、殆ど同義語的に用いられているとの実態（!!）が、そこにはある。まさに、そのことを踏まえて、『明文の「コミティ」要件を含む「米国連邦破産法304条」』の、削除後の「米国」について、後に論じて行くつもりである。

　　　　●　　　　　●　　　　　●

　ここで、「英国」の国際倒産法の基本たる「裁量」と「コモン・ロー」との関係に関する、Dicey/Morris/Collins, supra (14th ed.), at 1389に、戻ることとする。「司法共助（judicial assistance）」の本質について論じた前記の英文引用部分には、三つの注が付されていた。

　そのうち、本書で注目すべきは「注52」である（「注53」は、それに付加されたものたるにとどまる[*]）。

* 　念のため、「注51」について、先に一言のみしておこう。「英国」の倒産に関する国際私法の一大特徴が、外国手続への「共助」に関する「裁量」だ、とされた部分に付された注である。
　この「注51」では、「英国」の前記「1986年倒産法426条」以外の関係規定が列挙された後、同様の（!!）他国の「協力手続（cooperative procedures）」につき、「オーストラリア」のAustralian Corporations Act 2001, s.581が、まず挙げられている。本章2で、「国連モデル法のその後の採用状況」について言及したところからも、（カナダ同様）オーストラリアは、ニュージーランドと異なり、いまだ「国連モデル法」を正式採用していない。従って（!!）、右のオーストラリアの規定は、「英国」についてここで論じている「コモン・ロー」の伝統と深く関係する規定であろうことが、推測される（同国は、私と無関係な国ではなく、むしろオーストラリアには、種々の意味で助けられた経験があるゆえ［石黒・前掲法と経済143頁以下、195頁以下参照］、いずれ暇が出来たら、その先を調べたいと思う）。
　そして、「米国」の「連邦破産法第15章」（11 U.S.C. Chapter 15——「国連モデル法」採用後の改正条文である）、同じく「国連モデル法」を採用した「南アフリカ」のCross-Border insolvency Act 2000が挙げられ、次に、同様の立場の「日本」につき、Yamamoto,（2001）Jap. Ann. Int. L. 83を見よ、とのみある。「平成12年法」の解説の類いであろう。淋しい引用である。

この「注52」には、重要なことが書かれている。「英国」の「1986年倒産法426条」で明文化された「協力（共助）」が「コモン・ロー」に由来することを示した既述の個所に付されたこの注には、"Provision for cooperation in the field of individual insolvency was to be found in <u>s.122 of the now repealed Bankruptcy Act 1914, the predecessors of which were Bankruptcy Act 1869, s.74 and Bankruptcy Act 1883, s.118.</u>"とある。

かくて、（「コモン・ロー」に由来する）「1986年倒産法426条」の、前身としての規定は、<u>「1914年破産法122条」</u>や、更には1869年、1883年の規定にまで"遡る"ものだ、とされている（「遡り遡りして瀧落つる　一憲」の一句を、最近得た。瀧とは何か、なぜ人がそこに尽きせぬ思いを抱くのかを、何十年も考えた結果、である）。しかも、それらの"基底"に、すべて「コモン・ロー」由来の、<u>「英国」の伝統としての「裁量」がある（!!）</u>、ということになる(*)。それはもはや、<u>英国司法の最も深いところに根差す存在</u>、と<u>言うべきものなのである（!!）</u>。

　　＊　ちなみに、この点に関して、「1914年破産法122条」については貿易と関税2008年4月号57頁以下で、「英国」の"悲しい性"と関連づけて論じておいたので、参照されたい。もともとは、石黒・前掲国際私法・国際金融法教材73頁（貿易と関税1995年3月号68頁以下）に書いておいたことではあるのだが。

右のことをどこまでも強調し、再確認した上で、淡々と先に行く（ただ、今日は、いろいろあった、否、あり過ぎたこの「5月」を経た上での、執筆再開初日ゆえ、ストレスレスの執筆のまま、ここで筆を擱くこととする。以上、2008年6月1日午後4時14分までの執筆）。

● 　　　 ● 　　　 ●

だが、ここで、「課税」との関係で、重要な論点を"追記"せざるを得なくなる。
Dicey/Morris/Collins, supra (14th ed.), First Supplement (2007), at 134 (S30-381)に、"Foreign tax, etc. claims."の項目による追記があることとの関係で、いわばその前提を、整理しておく必要があるからである。

4　『「国連モデル法13条2項」vs.「米国対外関係法第3リステートメント§483の不当な論理」』、そして「英国」の対応

(1)　はじめに

「米国流の民事・非民事の混淆」そのままに、外国租税判決の承認・執行も可なりとする（「外国刑事判決」も同様〔!!〕。それらを「民事」同様に扱う）「米国対外関係法第3リステートメント§483」の不当性については、貿易と関税2007年4月号56－69頁、同5月号54－57頁（本書序章3）で徹底的に批判し、かつ、同前（5月号）66－67頁で、2003年版のOECDモデル租税条約27条（徴収共助）との関係でも論じた。

とくに、右の最後の個所では、前記のOECDモデル租税条約27条について——

4 『「国連モデル法13条2項」 vs.「米国対外関係法第3リステートメント
§483の不当な論理」』、そして「英国」の対応　　　　　　　　　　237

『悼ましいことに、そこまで書いて私が想起するのは、「米国」(!!)の、前号［2007年4月号］分で論破した Restatement, Third, Foreign Relations Law of the U.S., § 483, Reporters' Note 2 (Id. Vol. 1, at 613) が、従来の "revenue rule" を批判する文脈で、"The normal rule that once an obligation has been reduced to judgment a second court does not look behind the judgment ..... has not been applied to revenue ..... judgments." としていたことである。
　「民事」の「実質再審査禁止原則」を、なぜ「外国租税判決の承認」に当てはめないのかと、不満げに語る"それ"を、OECDモデル租税条約27条6項に、当てはめて見よ(!!!)。まさにそれ［同項］は、その線で書かれているではないか(!!)。しかも、このReporters' Notesが、「民事」の場合の「手続的保障」につき、§483関連では、何ら言及して「いない」ことまで、同じである(!!)。──一体、現在のOECDモデル租税条約は、誰が中心になって、条文をドラフトしたのか(??)と、私はここで、ほとんど絶望的な叫びをあげる。ひょっとして、本書で論ずる国際倒産のUNCITRALモデル法と同じ展開だったのか、との絶望的な叫びである(!!)。』

──と記しておいただ（なお、本書第5章2(2)cと対比せよ)。
　右に示した点についての"意識"を明確に維持しつつ、次の1文を見て頂きたい。それは──

"The alternative provision in the footnote differs from the provision in the text only in that it provides wording for States that refuse to recognize foreign tax [!!] and social security claims to continue to discriminate against such claims."

──との1文である。その書き振りは、あたかも、「諸国の中には、外国の租税債権（等）をいまだに差別している国もあるが、そのような国々（困った国々？）がかかる差別を続けるために、代替的な規定を設けたのだ」と、言いたげである。
　右のアンダーライン部分に注目しつつ、「米国対外関係法第3リステートメント§483」の構造に示された"米国の論理"を、想起せよ。"それ"がここに、染み出していることを、感じられるはずである。

　実は右は、「国連モデル法」(UNCITRAL, UNCITRAL Model Law on Cross-Border Insolvency with Guide to Enactment) の "Part two: GUIDE TO ENACTMENT OF THE UNCITRAL MODEL LAW ON CROSS-BORDER INSOLVENCY" の中の、パラ105の、全文である。そしてそれは、「国連モデル法13条」(Access of foreign creditors to a[n insolvency] proceeding .....) についての、解説中の1文である。
　間違ってもらっては困る。「2000年EU（倒産）規則」だって、その39条で、外国租税債権の届出を認めていたではないか、と言う人が居るかもしれないが、それは話が違う（この39条については、その前史を含めて、貿易と関税2008年4月号61−62頁、同5月号51頁［本書第3章3］、等で論じた）。同条で本規則上、国境を越えた執行をなし得る

のは、„Steuerbehörden ..... der Mitgliedstaaten"、即ち、「EU加盟国の課税当局」の有する租税債権に、初めから限定されている。米国のIRSも同様「ではない」（!!）のである。

　かくて、本書の前記の個所で、この「2000年EU規則」39条の"前史"を含めて論じたところからして、EU諸国がUNCITRALにおける前記の一文の審議にあたり、一体何を考えてそれに臨んでいたかは、若干興味を引くところである。

(2) 「国連モデル法」13条のUNCITRALにおける審議過程と米国の「林檎と手錠」戦略

　妻が数時間をかけて、（わが家のパソコン＆ネットの救世主たる山神清和先生のご教示に助けられつつ、と思っていたが、そうではなく、私がギブアップして執筆に戻った後の、妻の全くの自力での検索で!!）打ち出してくれたところをベースに、「国連モデル法」13条のUNCITRALにおける審議過程を、若干点検しておく。関係するのは、A/52/17, paras.190-192; A/CN.9/422, paras. 179-187; A/CN.9/433, paras. 77-85; A/CN.9/435, paras. 151-156であり、それらをすべて打ち出してもらった。

　ちなみに、A/52/17は、「1997年5月12-30日」のUNCITRALの作業報告であり、フルネームは、"General Assembly Official Records: Fifty-second Session, Supplement No.17"である。以下は、そこに至るまでのUNCITRALのワーキング・グループの報告書であり、A/CN.9/422の日付は「1996年4月25日」、A/CN.9/433の日付は「1996年10月24日」、A/CN.9/435のそれは「1997年2月19日」、となっている（日付だけ、別途また妻に打ち出してもらった）。かくて、以下の検討は、ワーキング・グループでの議論を、時間軸に沿って行なうものとなる。

　A/52/17は、出来上がった本体とさして変わりのないコメントゆえ、A/CN.9/422を見てみる。まず、「パラ180」で、この条項の論議に際しての中心的な問題は、「外国課税当局（等）の債権の［?］承認問題に、思い切って踏み込むべきか否かだった」（A central question in the discussion was whether ..... should venture into the question of recognition of claims of foreign tax ..... authorities.）とされ、そこまでこの条項の射程を広げることに対する困難として、外国の租税（等）に自国の租税と同等のステータスを与えることを望まない国々の抵抗（resistance）が挙げられ、この領域にあえて踏み込むことで、このモデル法の採用が縮減することも示唆された、とある。続く「パラ181」では、「課税当局」（や「社会保障当局」）をルール上明示した場合、それら以外の「公的機関（当局）」（other types of public authorities）をどうするのかといった問題が生じるとされ（ルール自体に示す文言の問題）、若干興味深い「パラ182」となる。

　そこ（パラ182）には、「課税当局（等）」以外の「公的機関（当局）」の債権に対する差別をもなくすように勧告することへの若干の支持もあったが、ワーキング・グループ内ではそれをルール化することへの、一般的な躊躇[!!]があった（While some support was expressed for recommending elimination of discrimination against claims of such public authorities, there was a general hesitation ..... .)、とある。その「若干の支持」とは、前記の「米国対外関係法第3リステートメント§483」の支持派、つまりは「米国」であろう。そんなことを言い出すのは、「米国」以外に考えられないからである。

4 『「国連モデル法13条2項」vs.「米国対外関係法第3リステートメント
§483の不当な論理」』、そして「英国」の対応

結局、この「パラ182」では、どのタイプの外国債権者を認める（admitする）か
は各国に委ね、ガイダンスの中でそれについて書こうか、ということになった、とある。「パラ183」と「パラ184」は一緒に見ておこう。まず前者においては、「外国租税債権（等）」を除外する代案について、以下の意見が表明された、とある。即ち――

"However, it was suggested that such an express exclusion might be too broad
and unnecessarily <u>handcuff a court that might in one or the other case wish to
admit, perhaps on public policy grounds, a public claim deemed essential for the
administration of an insolvency</u>."

――との見解である。この見解も、米国サイドからのものであろう。そのはずである。
なぜ私がそう感ずるのか。右のアンダーライン部分で、この見解は、外国の「公的請求」を認めることが自国の倒産手続を進める上で必須と考える裁判所に「手錠をかける（handcuff）」ようなことはするな、とする。だが、「パラ180」に示唆されていた諸国の予想される「抵抗（resistance）」と、「パラ182」に示されていた「一般的な躊躇（a general hesitation）」とを勘案した場合、どう見ても、この見解は、諸国の中での少数派である。そして、そのことを確認した上で、本書第1章3(5)で既述の、「<u>ルクセンブルグ対IRS事件</u>」（!!）を想起せよ。そしてそれを、右のアンダーライン部分と、重ね合わせて見よ。<u>パズルの一枚が、ピタリと嵌まるはずである</u>（!!）。
つまり、貿易と関税2007年11月号69－71頁において論じたように、米国のOverseas Inns S.A.P.A. v. U.S., 685 F. Supp. 968 (N.D. Tex. 1988), 911 F. 2d 1146 (5th Cir. 1990) の"前提"となるのが、ここで言う「<u>ルクセンブルグ対IRS事件</u>」である。即ち、再度ここでこの事例の概要を示しておけば――

「ルクセンブルグ法人Overseasは米国IRSから納税申告を怠ったと指摘され、米国で不服申立てを行なっていたが、その過程で、1976年12月にルクセンブルグで倒産した。1978年1月に同社とIRSとの間での、同社の納税額に関する和解が成立し、それに基づき同社の納税額を定める米国判決が、下されていた。
　ルクセンブルグの管財人（同国裁判所の選任したcommissaires）は、同年3月に、担保権者に全額、一般債権者に23％の弁済を、とする同社の再建案を提出した。だが、そこでは、<u>極めて異例なこととして、米国IRSが「一般債権者」に分類されていた</u>（!!）。つまり、ルクセンブルグの倒産手続において、<u>米国（外国）租税債権への配当が、認められたのである</u>。<u>これが全くの異例の取り扱いであることについ</u>ては、貿易と関税2007年4月号63頁にも引用した英国の「インド課税事件」へのオーソドックスな指摘（等）と、再度十分に対比されたい（Dicey, Morris & Collins, The Conflict of Laws [14th ed. 2006], at 101参照）。」

――となる。
　重要なのは、ルクセンブルグ側がここまで（英米系の諸国における「コミティ＆共助」

の伝統は別として）大陸法系の主権国家として極めて異例の譲歩をしても、米国（IRS）側は、かまわず倒産者の在米資産に手を伸ばし、それを米国裁判所が追認したことである。しかも、貿易と関税2007年11月号70-71頁に記しておいたように、米国裁判所は、「アメリカ裁判所は、アメリカ国民の利益やアメリカの立法政策（policies）を害するような外国破産宣告に対しては、礼譲の付与を拒んできた[!!]。アメリカにおいては、適法に課された連邦所得税の支払を確保すべきであるという強い公序[public policy(!!)]が明らかに存在し、破産における納税者についてもこの公序が妥当する」、あるいは、「礼譲は、ある国が他国租税債権に影響を与えることまでも許すものではない。ルクセンブルグでの再建計画においてはIRSは非担保債権者とされているのに対し、アメリカ破産法によればIRSは担保権者としての優先的地位を有するのである。したがってルクセンブルグの裁判はアメリカを不当に侵害し（unfairly prejudices[??]）、アメリカの法とポリシーに反する」云々と述べ、ルクセンブルグ側は、いわば踏んだり蹴ったりの状況に陥った。

　ちなみに、貿易と関税2008年3月号81頁にも示したように、ドイツのSchack, supra (IZVR, 4. Aufl. 2006), at 380は、まさに米国のこの事例を挙げつつ、「米国が自国租税債権の優先性を外国にも承認させようと固執（pochen）している」ことを、批判的に論じていた。そのことをも、このコンテクストで想起するべきである。

　ここでUNCITRAL, supra (A/CN.9/422), para. 183に戻り、「裁判所に手錠をかける（handcuff）ようなことはするな」云々の、前記の英文引用部分に、改めて注目して頂きたい。たしかに、極めて異例にせよ、この事例におけるルクセンブルグの対応は、「米国」にとっては貴重なものだったのであろう。そこに示された「見解」は、『もう一度落ちて来る「かも知れない」美味しい林檎を、私から奪うな！』と言っているに等しい（以上、A/CN.9/422, para. 183.）。

　ここで、「パラ184」に移ると、前記の「見解」（「米国」？）に妙に気をつかったような文言の第1文が現れる。文脈としては、「パラ180」以来の、「中心的問題」としての「外国租税債権（等）」の取扱いが、引き続き扱われているはずなのだが（ちなみに、「パラ186」に至って、初めて"Another question was whether ……."となっている）、そこには——

"Hesitation was also widely felt …… to the extent that it might be read as attempting to override traditional forms of discrimination [??] found in some [??] national legislation as to the recognition, or lack thereof, of privileges or priorities of foreign [tax, etc. ??] creditors."

——とある。「パラ182」には「一般的な躊躇」とあり、右は、それを受けたもののはずだが、右の個所には「外国租税債権（等）」の語はなく（私が[　]でそれを付しておいた）、しかも、"some"などどある。明らかに「米国」に遠慮したものの言い方、である（!!）。

　そもそも（ここで言及しておくならば）、一般の外国民事債権なら「差別」の語は適切たり得るが、「外国租税債権」の執行を国境で"遮断"することをも「差別」と

言うのは、その発想自体が、既にして歪んでいる。かの「インド課税事件」をベースとして Dicey, Morris & Collins, The Conflict of Laws (14th ed. 2006), at 101 が述べるように、かかる国境における"遮断"は、(諸国の)"a well-established and almost universal principle"としてのものなのであり、それを"遮断""しない"こと、つまりは"enforcement of such claims"を認めることは、"an extension of sovereign power which imposed the taxes, and "assertion of sovereign authority by one State within the territory of another, ..., is (treaty or convention apart) contrary to all concepts of independent sovereignties.""ということを意味する。それなのに、"some"とは何事か（!!）、ということである。実におかしい。

ともかく、「パラ184」の基調としては、こうした問題（「パラ180」以来の、「外国租税債権［等］」の取扱いの問題、ということになるはずである）についての各国の制度ハーモナイゼーションは、ここでの作業を踏み越えるものとして、ルールの「本文（the text)」ではそこまで踏み込む（venture [into]）べきではない、とされている。

要するに、こうした事情があったので、出来上がった「国連モデル法」の13条と「課税」との関係については、第2項に付された注2の中の代替案において、ようやくtaxの語が出て来るという、ややこしい構造に、なっているのである。

次に、A/CN.9/433, paras. 77-85 を見ておこう。「パラ82・83」が、"Foreign tax and social security claims"と題した部分である。「パラ82」には——

"[I]t was observed that including reference to those [foreign tax and social security] claims might elicit objections [!!] to the Model [Law] in those States that traditionally did not accord to foreign tax and other authorities status equal to that accorded to local tax and other fiscal authorities. It was suggested that venturing into that area would diminish acceptability [!!] of the Model [Law] ..... . However, the view was also expressed that ..... admitting claims by foreign tax and social security was an option offered to States."

——とある。前記の（不当な）"some"が、ニュートラルな"those"になっているが、ここでようやく、「米国の§483」的に突っ走ると、「国連モデル法」自体への拒絶反応が出ることへの懸念が、大きく示されるに至る（"elicit objections; diminish acceptability"と、二度も畳み掛けて、この点が示されている）。Dicey, Morris & Collins, supra (The Conflict of Laws [14th ed. 2006]), at 101 を引用して示したところの、「米国」以外の国々における普遍的国家実行のゆえである。だが、それとは「別な見解」は、いまだに前記の「ルクセンブルグ対IRS事件」の"美味しい林檎"を奪うな、である（この「米国の執拗さ」から、日本の民訴・倒産法学者は、一体何を学んだというのか!!）。

続く「パラ83」の全文は——

"In view of the possible different [!?] approaches that enacting States might wish to take in respect of foreign tax and social security claims, the Working Group

第 4 章 「英国」の選択——「国連モデル法」のその後の採用状況と、
その制定過程での「租税の取扱い」を含めて

found it preferable to offer options to States reflecting the two positions [??] expressed in the Working Group. That matter, too, was referred to the drafting group."

——である。

一体、「米国」以外に何処の国が、前記の§483に示された、"contrary to all concepts of independent sovereignties" と言うべき、かかる立場を、主張したというのか（!!）。「米国」が1国でも、大国ゆえ、堂々と「二つの立場」になった、というだけのこと、のはずである。

この点で、念のために、もう一度書いておくべきことがある。貿易と関税2007年5月号55頁（!!）に記しておいたように（以下については、本書序章3を見よ）、少なくとも米国連邦最高裁の最近の判決（544 U.S. 349, 125 S. Ct. 1766 [2005]）でも、§483の考え方は、採用されて「いない」（!!）。また、同2007年4月号の65－66頁に記したように、「米国」の Scoles/Hay/Borchers/Symeonides, Conflict of Laws (4th ed. 2004), at 1296-1298の、"Tax and Penal Judgments and Claims"（§24.23）についての論述を見ても、1963年にカナダ最高裁が、""It is perfectly elementary [!!] that a foreign government cannot come here [ie. to Canada]" to enforce a judgment for tax." と述べたことが示されている（従って、2004年段階でも、"米加関係"では、この事例が生きている、ということになる!!）。それとともに "The courts ..... continue to deny [!!] recognition to foreign-nation tax claims and judgments although the policy considerations reviewed above support a broad view in favor of enforcement of both interstate and international claims." とされ、かくて、米国の判例は、前記リステートメント§483でサジェストされた方向には、何ら向かっていない（!!）。そのことの再度の確認が、まずもって重要である。

この§483関連では、そこ（対外関係法第3リステートメント）に書いてあることは、何ら米国法の「再叙（リステートメント）」なの「ではない」（!!）。まさにそれは、"Illstatement" なのである。そして、英国側からF.A. Mann は、§483は「州際」のみ（only）に妥当するものと考えねばならない（must）、としてもいる（石黒・前掲国際私法・国際金融法教材71頁［第3段目左］）。

そうでありながら、諸国が十分な『対米「ミラー・アタック」』（石黒・前掲世界貿易体制の法と経済84頁!!）をしなかったためか、「米国」側が自国の判例ですら認めていない「見解」で突っ走り、UNCITRAL の審議全体としては、最後の一線で、辛うじて踏みとどまり得た、という構図なのである。

さて、「国連モデル法」13条の起草過程の最後として、A/CN.9/435の「パラ151-156」を見ておこう。「パラ151」でワーキング・グループの規定案が示され、その2項のオプションとして、脚注に、tax（等）の語を含む規定案が示されている。そこには何と——

"The provision in paragraph (1) of this article does not affect ..... the exclusion [!!] of foreign tax and social security claims from such a proceeding [of the enacting State relating to insolvency]. ……"

——とある (!!)。そして、二重アンダーラインを付した右の文言が、出来上がった「国連モデル法」の13条の2項に付された「注2」で、同項のオプションとして示されるに至っているのである。

この点につき、A/CN.9/435の「パラ155」では——

"It was noted that foreign tax and social security claims were not expressly excluded [!!] from the ambit of paragraph (2). Thus, strong support [!!] was expressed for retaining the option contained in the footnotes, since a number of jurisdictions [!!] would have difficulties in enacting the Model [Law] if they did not expressly reserve the possibility for the enacting State to exclude [!!] foreign tax and social security claims."

——との趣旨説明が、なされている。「アンチ米国§483」の国々の数は、かくて、前記の不当な"some"からニュートラルな"those"を経て、ようやく、辛うじて常識的な、"a number of jurisdictions"となった。そして、"米国の野望 (!?)"通りには、事は運ばなかった、のである (!![*])。

* 「国税関係者」は、「2003年版のOECDモデル租税条約27条」が、なぜこうした展開にならなかったのか、つまり、なぜそこで「米国 (§438) の論理」に沿った規定が「出来てしまった」のかを、猛省すべきである (!!)。

● ● ●

(3) 「外国の租税」に関する「英国」の選択・その1 ────────

さて、ここでようやく、Dicey/Morris/Collins, supra (14th ed.), First Supplement (2007), at 134 (S30-381: "Foreign tax, etc. claims.") を見ることとなる。

「国連モデル法」の13条は、前記の代替案を含めて、2項からなるが、それを採用した「英国」の「2006年国際倒産規則」のSCHEDULE 1に示されたUNCITRAL MODEL LAWの13条には、3項まである。そしてそこに、従来の「英国」の「国際私法」の伝統と、「2000年EU (倒産) 規則」との、実に"巧妙"な (!!) 接合が、なされている。

即ち、この「英国」の「規則」においては──

"Article 13. Access of foreign creditors to a proceeding under British insolvency law

1. Subject to paragraph 2 of this article, foreign creditors have the same rights regarding the commencement of, and participation in, a proceeding under British insolvency law as creditors in Great Britain.

244　第4章　「英国」の選択——「国連モデル法」のその後の採用状況と、その制定過程での「租税の取扱い」を含めて

2. Paragraph 1 of this article does not affect the ranking of claims in a proceeding under British insolvency law, except that the claim of a foreign creditor shall not be given a lower priority than that of general unsecured claims solely because the holder of such a claim is a foreign creditor.

3. A claim may not be challenged solely on the grounds that it is a claim by a foreign tax or social security authority but such a claim may be challenged

　(a)　on the ground that it is in whole or in part a penalty, or

　(b)　on any other ground that a claim might be rejected in a proceeding under British insolvency law."

——と規定されている。実に巧妙な"構造"が、そこにある。そのことを、これから"解明"して行こう(*)。

　*　以上、(基本的には!!) 2008年6月5日午後11時30分までの執筆。今日は、一体いつから執筆を始めたのだったか、忘れてしまった。OHM誌の2008年7－9月号分のコラムの校正をした後、すぐに執筆開始となったのだが……。ともかく、結構ややこしい部分だったのに、再度基本的にノー・ストレスで、ここまで来れた。明日は、7月号分の、今日妻が先にやってくれていた初校のチェックは別として、本気で休みにしよう。——夕食終了、6月6日午前1時45分。UNCITRALでの審議過程に関する前記文書群の検索についての、数時間にわたる妻の苦闘に感謝しつつ、久々に、バーゼル仕込みのトマト・ベースのパスタ・ソースを、日本橋の島根館の小烏賊と熊本のベーコン入りで、作ってあげた。2年前にパリで二人で買って来たエルブ・ド・プロバンス、等々を使って……。妻が、「美味しかったっ！」と言ってくれた。これから、ようやく風呂である[**])。

　**　実は、ここまでの部分の補充を、6月8日の日曜日午前11時過ぎから行なったのだが、そこで「事件」が起きた。「氣」の過剰な進展ゆえの、例の複雑系のフリーズである。だが、貿易と関税2008年1月号82頁に記したのとは、「マグニチュード」が違った。己の「氣」の上昇を何とか自力で抑え、フリーズが解除になったが、今回は、この日曜日に補充したところの、2008年8月号分の冒頭近くの部分のデータが、飛んでしまっていた。仕方なく、それを全部"復元"し、その上でその分全体の調整をしようと試みたが、その作業の終盤で、再度同様のフリーズ。疲れ果てて、遂にrtfファイルのメモリー・スティックで、別のパソコン(これも、結構"磁性化"していて難渋したが)で作業をして、やっとここまで来た。さすがに、猛烈に疲れた。この「5月下旬の様々な出来事」の300倍位は、疲れた。こんなところでバランスをとらねば、「それ」は到底無事で済むはずもない事柄であったと、今更ながら思う(以上、2008年6月9日午前1時3分まで。打ち出し・送信等が済んだのは、午前2時25分。今日、即ち9日の月曜日は、「落雷と突風」に注意、だそうである[以上は、貿易と関税2008年8月号分])。

2008年7月4日午後4時31分、本章4(3)までの分の連載論文初校の前に、その原稿

を再度点検し、若干の修正をした後、ようやく執筆に向かう。フリーズに次ぐフリーズで悩まされたそこでの執筆だったが、その脱稿後、6月中に更なる大波が我が身に押し寄せ、妻の絶大なるサポートがあったからこそそれらを乗り越えられたものの、大変な思いをした。記述のパソコン君の、過去最大級のトラブルも、下手に「己を消して淡々と書く……」などと、慣れぬことをしたが故のものであったようにも思う。「昭和・平成の言文一致体」を目指すという、即ち、執筆を進める己自身の内面の声と原稿とを完全に"同期"させるという、本来の私の執筆スタイルに、戻ることとする。

だが、右のトラブルは、"大きな予知・予告"の類いであったようだ。東大と早大（ファイナンス研究科）の講義を、それぞれ2回ずつ休講にしたが、ともあれ、もろもろを、妻の私への"24時間ケア"（×n日）に支えられて、乗り越えることが出来た。真の"社会復帰"には、まだ時間がかかるであろうけれども。

ともかく、6月後半のもろもろの中で、本稿執筆は、意識の連続を一度ほぼ完璧に断ち切られ、"断線"状態となった。意識を元に戻す意味でも、ここで本書第4章4(3)までの分の論述の纏めを、まずは行なっておこうと思う。「氣」の進展は際限なく、更に加速化し、北京の劉宝崑先生に、遂に「氣」の"後継者"として実質指名され、そのための、いわばガンダムのモビル・スーツへのわが肉体の改造計画も始動した。この世界を知らぬ人には、馬鹿言うんじゃないよと言われそうだが、事実である。"予知・予告"をしてくれたパソコン君も、こうして今のところ快調。それとて、妻の「氣」による激励（？）の御蔭で、"彼"が再度奮起してくれたからだろう。

(4) これまでの議論の再整理と若干の展開──「裁量」・「コミティ」、「レシプロシティ」、そして「公序」？

さて、右にも若干記した事情の下に、"複雑な光のプリズム"が若干交錯する傾向になってしまった観の否めないのが、本書第4章4のここまでの論述であった。それを、それなりの悔恨（＆「ゴメンナサイ」という気持ち）とともに、纏め直しておこう。

まず、それに先立つ本書第4章3では、それまでの持ち越し案件として、「英国」の「2006年国際倒産規則」（「国連モデル法」採用に際して作成されたそれ）の7条にも反映されているところの、「英国裁判官」の誠に強い「裁量」権限の、"淵源"を辿る作業がなされた。即ち、この「規則」の7条1－3項が、「英国」の「1986年倒産法」の、「426条」の1・2項と4項に対応することを明らかにした上で、両者に共通する「英国」内での各法域間での「共助の義務（duty to assist each other）」が、すべて「裁量」に服する性格のものであることを示し、かつ、この「426条」の核心部分についての考え方が、（別途、石黒・前掲国際私法・国際金融法教材でも論じてあった）「英国」の「1914年破産法122条」や、更には「1883年」・「1869年」の法規定にまで遡るものであることが、まずはそこで示されている。

だが、そうした「英国」における制定法の流れの中で、ここでの焦点たる「裁量」の問題は、実は、「コモン・ロー由来」（!!）のものであること、そして、それゆえに、「1986年法」の「426条」があっても、かかる「コモン・ロー」上の「裁量」が（それとは別に!!）引き続いて機能することは疑い得ないことである、とされていること（Dicey/Morris/Collins, supra [14th ed.], at 1389）を、重要な点として示した（前記の「2006

第 4 章　「英国」の選択──「国連モデル法」のその後の採用状況と、
その制定過程での「租税の取扱い」を含めて

年国際倒産規則」が「1986年法」の「426条」を、何ら修正するものではないことも、そこで合わせて示しておいた)。つまり、この文脈における「裁量」は、実は、『英国司法の最も深いところに根差す存在』(!!) だったのである。これが、『従来の「英国」の「国際倒産法制の基本と「裁量」』という、"一つの議論の筋"である(*)。

>   *　但しそこでは、『426条に内在する「裁量」』と『426条を越えた(コモン・ロー由来の、いわば「英国」に固有の)「裁量」』という、『英国型「裁量」の重層構造』を、『「米国」における「コミティ」の重層構造的性格』と対比させ、「コミティ≒裁量」という、同じく本書で既述の点を想起しつつ、適宜"変換"を試みよ、とも述べておいた。「構図が全く同じであること」を"感じ取って"頂くために、である。

だが、"其処"から、『様々な"光の放射"』がある。そして、それらのプリズムに沿った論述を行なうのが、そこにおける"もう一つの議論の筋"、であった。但し、"それ"は、いくつかに"分岐"する性格のものであった。

即ち、まず"第1の光の分岐"は、Id. at 1383の"Judicial assistance"の項目の中に、以上の点の説明として、前記の「共助の義務」にもかかわらず、「UK」内の(「イングランド」以外の法域の) 裁判所は、自国(自らの法域)所在の財産につき、「イングランド」裁判所の命令に従う必要はない (あくまでそれは、「スコットランド」等の裁判所の「裁量」の問題である)ことが示される際に、『"not required to enforce"とのキイ・ワード』があったことと関係する。その"光の筋"を辿る際に重要なのは、外国の租税・刑事判決の承認・執行も可とする、不当な「米国対外関係法第3リステートメント §483」(諸悪の根源としてのそれ!!) に、"全く同じ言葉"が用いられていること(!!)、である(§483の原文については、貿易と関税2007年4月号57頁参照)。かくて、「英米型の裁量」という大きな括りの中で、英米に共通な「裁量」という、同質的な"光の筋"が、そこから看取される。そして、そこで"想起"された「米国対外関係法第3リステートメント §483」が、本章4(2)へと、繋がって行くことになる。「国連モデル法」の制定過程での、「国際課税」とも深く関係する、極めて重要な論点との関係、である。

次に、(小さな)"第2の光の分岐"として、「英国」の、「1986年法」の「426条(4項)」において、「英国」のSecretary of Stateが「共助」との関係で「指定」する「UK」外の諸国(オーストラリア・カナダ・南アフリカ・マレーシア・ニュージーランド、等々の国々)の中に、「米国」が含まれて「いない」ことが示されている。このことは、「英国」が、本書のこの文脈で、「米国」をどう見ているのか、との点につき、重要なポイントとなる。他方、「英国」が、「米国対外関係法第3リステートメント §483」の不当な考え方(「米国」の判例もいまだにそれを採用せず、かつ、例えば隣国のカナダからも明確に蹴っ飛ばされているそれ!!──本章4において、再度確認済み)に与していないことも、この点で、再度想起すべきである。

その次に、(右の"第2の光の分岐"と直接関係することだが)"第3の光の分岐"(これは、理論的に極めて重要な論点となる!!)として、「英国」では、前記のSecretary of Stateの「(国名)指定」の際に、相手国がどこまで「イングランド」側に対して「共

4 『「国連モデル法13条２項」vs.「米国対外関係法第３リステートメント§483の不当な論理」』、そして「英国」の対応

助」する用意があるかを、「レシプロシティ」の観点から考慮するであろうと、されていた。そこで、本章３の「＊＊＊＊」部分では、「レシプロシティ」判断に伴う"政治性"、そして、「コミティとレシプロシティとの結び付き」につき、まずは注意喚起をした（英米における「コミティ」の最も厳密な定義が、本書において再度、再三示したように、「法と政治の間、そして国内法と国際法の間に漂う或るもの［something］」というものであることを、想起せよ。なお、石黒・前掲国際民訴法17頁参照）。

だが、本章４では、あわせて、前記の「英国」の「426条」関連の、Dicey/Morris/Collins, supra [14th ed.], at 1394f の論述において、「イングランド」側に対する他国からの共助要請が、「インド課税事件」の場合のように、他国の域外的公権力（例えば課税権!!）行使に当たる場合には、「イングランド」側の「裁量」権限の行使に際して、「公序（English public policy）」を理由にそれを拒絶することになろう、とあることから派生して、更に重要な事柄への言及を、行なっておいた。即ち、『「コミティと公序」とがほとんど同義語的に用いられる「英国」の実情』を、F.A. Mann のものを引用しつつ、示したのである（本章３の、最後から３つ目の「＊」部分）。

かくて、以上の"第３の光の分岐"からは、（直前の「＊」部分をも勘案すればなおさら）「コモン・ロー」由来の「裁量」、「コミティ」、「レシプロシティ」、「公序」という４つのキイ・ワード（基本概念!!）が、『熱帯雨林の樹木のごとく、"相互に分かち難く捩り合わされた存在"（!!）』として併存する「英国」、そして、その流れを受け継ぎつつも、特異的にそれらの"一部"を（「英米における民事・非民事の混淆」の悲しい伝統とともに）肥大化させ、前記の§483にまで至らしめた「米国」の姿が、くっきりと浮かび上がって来るはずである（!!）。――以上の点が、これまでの論述によって、解明されたことになる（なお、右に二重傍線を付した点との関係で、［米国型の「フェアネス」と「コミティ」との関係］について注記した本書第３章６(2)［貿易と関税2008年６月号66頁以下］にも注意せよ）。

さて、以上の"二つの議論の筋"（その第２の筋は、３つの"光の分岐"を伴う）の中で、再度、『不当な「米国対外関係法第３リステートメント§483」と「課税」という"切り口"』が、半ば浮上していたわけだが、本書において「英国」を扱う基本的な趣旨は、「英国の在来の国際私法（国際倒産法）」・「2000年EU（倒産）規則」・「国連モデル法」（その採用）の"三つ巴"状況の中で、「英国」が如何なる選択をしたか、にある。その関係で、本章４(3)においては、「2006年国際倒産規則」で「英国」なりの"変容"を経た上で採用された、この点で象徴的な「国連モデル法」13条（モデル法にはない３項も、付加されている）について、言及しかけていた。

だが、この「英国」の規定の"構造"に言及する"前提"として、本章４(2)では、前記の『不当な「米国対外関係法第３リステートメント§483」と「課税」という"切り口"』から発する光を、一気に"増幅"させて、『「国連モデル法13条２項」の作成過程』における「§483的な米国」対「それ以外の国々」の基本構図の下に、その"葛藤"を、浮き彫りにすべく、論述がなされた。貿易と関税2007年11月号69－71頁（本書第１章３(5)）で論じた、「ルクセンブルグ対IRS事件」を、其処に自覚的にインプットし、「"もう一度落ちて来るかもしれない美味しい林檎"（!!）を私から奪うな」的な「米国」（但し、覆面の中、ではある）の§483的極論と、国境を越えた公権力行使

の禁止（更には基本的人権保障——この二つを「国境に落ちたコインの両側」として、共に重視すべきことについては、貿易と関税2007年5月号54頁以下［本書序章3(4)］）に関する一般国際法の基本前提を、米国に遠慮しつつも（!?）死守しようとする諸国（この点では、「英国」も含む!!——「かつての大英帝国の残照・残映」の問題から生ずる"悲しい屈折"の問題は別として、既に再三詳述）との"葛藤"を、一次資料に基づき、私なりに解明したのである（ここでの問題を、EU「域内」での国境を越えた［域内各国の!!］租税債権の実現を明文で認めた「2000年EU［倒産］規則」39条の場合と、"混同"すべきではないことも、そこに注記しておいた）。辛うじて、「外国租税債権の執行を国境で遮断するという"差別"（??）をなくせ」との明文規定を入れろとする、§483的な極論は、ミニマイズされ、「国連モデル法」13条2項に付された注2の中の代替案において「課税（tax）」の語が出て来る程度に押し込まれたという、その経緯の解明である(*)。

* 但し、その関係で私は、「2003年OECDモデル租税条約27条」（徴収共助）について、なぜ米国の§483の論理を、右と同様に実質封じ込めることが出来なかったのかと、国税関係者に"猛省"を促してもいた（本書序章2の注17参照。なお、2008年版の同モデル条約については、本書第5章2(2)cを見よ）。

大体、以上が、これまでの本章における議論の"流れ"と要点である。それでは、以上を踏まえ、「英国」の「2006年国際倒産規則」において若干の重要な変容の上で採用されたところの、「国連モデル法」13条における、『従来の「英国」の「国際私法（国際倒産法）の伝統と、「2000年EU（倒産）規則」との、実に"巧妙"な（!!）接合』について、論じよう。

(5) 「外国の租税」に関する「英国」の選択・その2——巧妙な規律構造（カラクリ）の解明

念のために（即ち、本書の頁をあちこち移動するために意識が薄れることを防ぐべく）、再度、当該の条文を、以下に示しておく。即ち——

"Article 13. Access of foreign creditors to a proceeding under British insolvency law

1. Subject to paragraph 2 of this article, foreign creditors have the same rights regarding the commencement of, and participation in, a proceeding under British insolvency law as creditors in Great Britain.

2. Paragraph 1 of this article does not affect the ranking[*] of claims in a proceeding under British insolvency law, except that the claim of a foreign creditor shall not be given a lower priority than that of general unsecured claims solely because the holder of such a claim is a foreign creditor.

3. A claim may not be challenged solely on the grounds that it is a claim by a

foreign tax [!!] or social security authority but such a claim may be challenged

  (a) on the ground that it is in whole or in part a penalty, or

  (b) on any other ground that a claim might be rejected in a proceeding under British insolvency law."

  * この"ranking"の点については、貿易と関税2008年5月号51頁下段の「＊」部分参照（後に、再度言及する）。

──との条文である。その理論的構造について、以下、まずは論ずることとする（以上、2008年7月4日午後8時24分までの執筆。けっこう辛いことの多かった5・6月への"鎮魂"のための、そして、執筆上のギアを完全に元に戻すための、アイドリングとしての執筆。今日のところは、ノー・ストレスで、ここまで来れた。パソコン君も、妻の激励の成果として、よく働いてくれた。──執筆再開は、翌7月5日午後5時42分）。

　まず、この条文についての、Dicey/Morris/Collins, supra (14th ed. First Supplement 2007), at 134の解説（S30-381）を、見ておこう。そこには、"Foreign tax, etc. claims"と題して、冒頭の第1文に、"There is a long-standing rule whereby foreign claims which are characterised as revenue [i.e. tax] or penal claims are denied enforcement in Great Britain.[41]"とあり、その注[41]で、既述の「インド課税事件」判決（貿易と関税2007年2月号55頁、同4月号63頁、同8月号78頁、同9月号89頁、同11月号70頁、同2008年4月号54頁、等）が、その点を示した同書第14版のRule 3とともに、直接引用されている。

　それに続くこの解説冒頭の第2文は、（「英国」で修正の上採用されたところの）"Article 13(3) of the Model Law, in part, overturns this rule in proceedings to which the Model Law applies."とし(＊)、以下、右の第3項の条文内容を再叙する。そして

  * 但し、右には、「国連モデル法の採用」によって「インド課税事件」的な「英国」の牴触法上の"基本ルール"（厳密には、一般国際法上の執行管轄権の問題）が、一部覆された、とある。だが、そこに"トリック"がある。"それ"を一部覆したのは、「2000年EU（倒産）規則」の方なのであって、その"種明かし"は、これからすぐに行なう。
　　右は、単に、「米国」主導の「国連モデル法」への、非常に屈折したリップ・サービスの類い、と考えるべきである。

"Sub-rule (a) makes it clear that a foreign revenue or social security claim can be challenged on the grounds that it is penal in character.[42] This brings proceedings under the Model Law into line with the position under the EC Insolvency Regulation.[43] Sub-rule (b), however [!!], makes it clear that a foreign revenue or social security claim may be challenged on any [!!] general grounds which may be available under British insolvency law."

——とする。以上が、ここでの問題に対する解説である。ちなみに、右の注 [42] では同書第14版の Rule 3（「インド課税事件」を含む!!）が、注 [43] では、同じく第14版の "para. 30-213" が、それぞれ引用されている(*)。

* この "para. 30-213" (Id. [14th ed.], at 1448f) は「2000年 EU（倒産）規則」の解説中のものであり、とくにそこで、域内諸国の租税債権についての（EU 域内での）国境を越えた執行を認めたところの、既述の同規則「39条」(!!) がメンションされ——

"Article 39 specifically provides, however, that any creditor who has his habitual residence, domicile or registered office in a Regulation State [i.e. a Member State of the EU] other than the State of the opening of proceedings, including the tax authorities and social security authorities of Regulation States, shall have the right to lodge claims in the insolvency proceedings in writing. The most significant aspect of this provision is that it excludes the normal rule that the forum will not enforce foreign tax claims from cases falling within the Regulations."

——とあることに、注意する必要がある。ちなみに、右に「ノーマル・ルール」とある点については、同書第14版の Rule 3（「インド課税事件」を含むそれ）が引用されている(**)。

** 但し、右の引用部分の末尾には、「課税」との関係で重要なことが、実は、別途書かれている。即ち、（右の39条が「租税債権の優先性 [priority; preference]」については語っていないこと［貿易と関税2008年5月号51頁参照］との関係で）「英国」が租税債権の優先性を2002年に否定したこと (!!) が、記されている。そこには——

"The claims of taxation authorities are often accorded a considerable preference ...... For the abolition [!!] of Crown preference in England, see Enterprise Act 2002, s. 251."

——とあるのである。スイス（連邦の租税債権）の場合についての貿易と関税2008年2月号74頁以下（本書第2章3）、ドイツの場合についての同3月号81頁の指摘（同章5の末尾近く、参照）と、対比すべきである。「英国」も同じことに、なってしまったようである。だが、日本は日本、のはずである。

まず、この「英国」のルール (13条) の全体的構造についてだが、その第1・2項は、「国連モデル法」それ自体の13条1・2項と同じである。だが、それに第3項を独自に付加し、そこにおいて、「国連モデル法」13条2項に付された注2の中の、代替案 ("the ..... alternative wording to replace paragraph 2 of article 13(2)")、即ち——

"2. Paragraph 1 of this article does not affect the ranking of claims in a proceed-

4 『「国連モデル法13条2項」vs.「米国対外関係法第3リステートメント §483の不当な論理」』、そして「英国」の対応

ing under ...... or the exclusion of foreign tax and social security claims from such a proceeding. Nevertheless, claims of foreign creditor other than those concerning tax and social security obligations shall not be ranked lower than ...."

――の内容を、かなり屈折させた形で入れ込んである。

即ち、オリジナルの「国連モデル法」13条2項の代替案では、既に本章4(2)で詳細にその審議プロセスを辿ったように、このモデル法が,「外国租税債権」(等)の排除 (exclusion) という（米国以外の）諸国の伝統的立場に影響しない (does not affect) ことを明確化することに、その主眼があった。けれども、「英国」ヴァージョンの13条の第3項は、"A claim may not be challenged solely on the grounds that it is a claim by a foreign tax ...."として、一見したところでは、逆方向での規定振りとなっている。その限りでは、「§483的米国」へのある種の友好的配慮、のようでもある。

事実、前記のDicey/Morris/Collins, supra (14th ed. First Supplement), at 134の解説冒頭の第1・第2文も、「インド課税事件」で示されたような、同書第14版のRule 3の、"a well-established and almost universal principle" (Id. [14th ed.], at 101) を、この13条3項が「一部ひっくり返すもの（in part, overturns this rule)」だ、としていた。だが、これから見てゆくように、この部分の解説の書き振りをも含めて（!!）、これは、「§483的米国」への"単なるリップ・サービス"の類いだと、考えるべきである（同じ「英米法系」の「米国」への、如何にも「英国紳士」らしい、屈折した配慮⁉）。

この点で注目すべきは、「英国」のこのルールの13条3項の、"but such a [foreign tax] claim may be challenged ......"以下の規定である。とくに、"may be challenged" とあるところが、ミソである（後述）。

前記のDicey/Morris/Collins, supra (14th ed. First Supplement 2007), at 134の解説でも、外国租税債権の性格が"刑事"なら (penal in character)、それを排除出来るとして、そこに付された注[42]で、同書第14版のRule 3が、引用されていた。Rule 3は、既述のごとく、「インド課税事件」を中軸とするものである。念のために、同書の示すこのRule 3 (Id. 14th ed., at 100f) をここで再度示しておくならば、それは――

"Rule 3 ―― English courts have no jurisdiction to entertain an action:
(1) for the enforcement, either directly or indirectly, of a penal, revenue or other public law of a foreign State; or ...."

――というものである[*]。「インド課税事件」は、もとより右の revenue の語との関係で、リファーされている（penal の方、「ではない」!!）。

* Id. at 101の解説には、このRule 3が "the law of nations"（即ち、「一般国際法」）に基づくものであることが示された上で、"Whether a foreign law falls within the cat-

第4章 「英国」の選択——「国連モデル法」のその後の採用状況と、その制定過程での「租税の取扱い」を含めて

egories of those laws which the English court will not enforce is a matter for English law. Thus whether the foreign law regards the law in question as a penal law or a revenue law or a public law is irrelevant."との、当然ではあるが重要なことが示されている。石黒・前掲国際私法・国際金融法教材1頁以下、同・前掲国際民訴法41頁以下、等の基本的分析スタンスと、対比すべきである。

　Dicey/Morris/Collins, supra (14th ed. First Supplement 2007), at 134の、既に原文を引用しておいた解説では、前記の13条3項について、同項が「国連モデル法」と「2000年EU（倒産）規則」（前記の39条）との架橋を意識したものだ、とある。それはその通りなのだが、それだけ「ではない」（!!）。そのことを、順次、明らかにしておこう。

　まず、これまでの論述からして、多少の違和感を抱くべきは、「英国」のこのルール13条3項の(a)に、何故か"penalty"とあること、である。Ibid の前記解説では、この(a)によって、外国の"revenue [i.e. tax]"の債権を"penal"だとして、同書第14版の前記 Rule 3で排除出来る、とある。だが、これまた前記のごとく、Rule 3では、"penal, revenue or other public law"とあり、そこにおける判例の整理上も、"penal"と"revenue"は別である。
　だったら"(other) public law"の方に引っかけて13条3項(a)を作ったら、Rule 3とのスムーズな接合のために、その方がよかったのでは、とも思われる。だが、そうなってはいない（!!）。
　しかも、「2000年EU（倒産）規則」39条に明示のあるのは「課税及び社会保障の当局の債権」であり、本章4(2)で詳細に辿った「国連モデル法」13条の審議過程でも、この点では同様であった。後者について、そこで引用した A/CN.9/422の「パラ181・182」においては、右の2種以外の"other types of public authorities"の扱いが問題となってはいたが、後はすべて、「課税」（等）の前記の二種の公的債権の取扱に、論議は終始していた。つまり、"penal"の語は、「2000年EU（倒産）規則」から「も」、また、「国連モデル法」の審議過程から「も」、直接出ては来ない（!!）。
　だがしかし、「英国」の前記13条3項(a)には、"penal"とある。「どうしてなんでしょうかね？」と、これがクラス・ルームの中だったら、問いたいところである。
　そもそも判例の厳格な整理を重んずる「英国」の気風からは、この(a)だけで（即ち、"penalty; penal"の語を介して）、前記の Rule 3（「課税」と「刑事」とを並べて示すそれ）と、1対1でダイレクトに結び付けるのは、多少"危険"なことの「はず」である。それに、「2000年EU（倒産）規則」39条・「国連モデル法」13条の審議過程からして、ここで"penal"とのみ規定するのは、そもそも不自然でもある。でも、"penal"とある（!!）。

　要するに、その辺が、「英国紳士」らしい、"勿体振ったレトリック（トリック）"（!!）だと、考えるべきところ、なのである。つまり、13条3項冒頭で「§483的米国」に（シニカルな？）リップ・サービスをし、「英国」は他の諸国とは違って（？）「あなた（Mr.

§483）と同様に感じていますよ……」とのポーズをとり、「外国の租税だというだけで蹴っ飛ばすなんてことは、我々"も"考えていませんよ」とした上で、この(a)については、「課税」それ自体ではなくて「刑事」だったら、「さすがに駄目でしょう？」（もっとも、§483では「課税」も「刑事」も一緒くただが）と、実際の議論の最前線だったところとは外れたところに、あえて球を投げる。

だが、すべては同項の(b)で決着を付ける（帳尻を合わせる）"魂胆"である。それが見え見えであるところがまた、いわゆる「英国紳士」の、いかにもスノビッシュ（snobbish）な行動パターンそのものである、とも言える。

Dicey/Morris/Collins, supra (14th ed. First Supplement 2007), at 134の解説（S30-381）を原文で引用した部分に、ここで回帰して頂きたい。前記の"penal"云々の個所で注[42]を付して（同じく前記の）同書第14版のRule 3を引用し、「EU規則」と「国連モデル法」との架橋につき注[43]で、EU規則39条の関係個所を引用する。しかしながらこの(b)について示した前記の解説の、"Sub-rule (b), however [!!], makes it clear that a foreign revenue or social security claim may be challenged on any [!!] general grounds which may be available under British insolvency law."の部分には、何の注も、付いて「いない」（!!）。

Dicey/Morris/Collinsの書き手もまた「英国紳士」だったのだということを、私はここで痛感するのだが、前記のRule 3（「インド課税事件」を含む）をリファーする注[42]は、右の英文引用部分の最後に、本来ならば、付すべきものであったのに、同じく（良心的な？）書き手の一人たる私は思う。

右の英文引用部分に"any"とあることが、ミソとなる。同書第14版のRule 3は、"available under British insolvency law"であるところの、基本的・中核的なルールである。それによって、外国租税債権の国境を越えた（§483的な）執行は、遮断出来ることになる。だが、そのことを、"其処"では書かない。そのあたりが、「英国紳士」らしいと、私は思うのである。要するに、いわゆる「英国紳士」流の"アッカンベー"のやり方、である。

他方、同じく重要なこと（!!）として、「英国」オリジナルのこの13条3項に、"such a claim may be [!!] challenged"とあることに、注目すべきである。Ibidの言う『「EU規則」と「国連モデル法」との架橋』とは、まさにこの"may be"と、関係する（!!）。「2000年EU（倒産）規則」39条の優位性（貿易と関税2008年7月号64頁以下の、「英国」の「2006年国際倒産規則」3条2項に関する、「＊＊＊」部分参照）からして、例えば「フランス」の課税当局が同国租税債権の「英国」倒産手続における実現を要求してきた場合には、「英国」側として、それを拒絶「出来ない」。だが、例えば「米国（IRS）」が同じことを求めて来た場合には、それを拒絶「出来る」、ということになる。それが、この13条3項に"may be challenged"とあることの、本当の意味（!!）である。このこともまた、Ibidの若干いやらしい、屈折した論述と「注」の付し方からは、うまく（？）"隠されて"いることだが、前後をきちんと読めば、明確となる（!!）ところである(＊)。

＊　その意味では、Dicey/Morris/Collins, supra (14th ed. First Supplement), at 134に、"Article 13(3) of the Model Law, in part, overturns this rule [Rule 3] in proceedings to which the Model Law applies."とあることも、エレガントなプリテンダーならではの書き振り、と言える（一応、既述）。「英国」のこの伝統的なルールを一部覆したのは、「国連モデル法」ではなく、「2000年 EU（倒産）規則」（39条）の方だからである（!!）。ちなみに、この点は、既に引用した同書の、"para. 30-213"（Id. [14th ed.], at 1448f）に、別途、明確に示されているところでもある。そのあたりも、老練というか、あまりに狡猾というか、所詮私には真似の出来ない（否、絶対に真似したくない!!）こと、である。

かくて、纏めれば、以下のとおりとなる。即ち――

『「英国」ヴァージョンの「国連モデル法」13条3項は、「§483的米国」の"隠れサポーター"のようにプリテンドしつつも、全くそうなってはいず、巧妙な条文構成の中で、(1)「2000年 EU（倒産）規則」、(2)「国連モデル法」、(3)「英国」の在来の国際私法（国際倒産法）」の、(1)から(3)までの優先順位において、「インド課税事件」に象徴される諸国の、そして「英国」自身の、（一般国際法上の「執行管轄権」、即ち"国境を越えた公権力行使の禁止"という基本的要請、に基づく!!）明確な国家実行を、「EU規則」に抵触しない範囲で"温存"する構造と、なっている。』

――ということになる（以上、2008年7月5日午後10時23分までの執筆。パソコン君は快調。文字を打ち込んでいるところに、ちょっとずつマウス君のIマークが寄って来て、時々いたずらするのはこの頃の彼の流行だが、それも、かわゆい事である。明日も、ヨロピクね！――同日午後11時6分まで、以上につき点検・加筆を行なった。――「ゴー・サイン」のごとき短時間の雷鳴があった後、執筆再開は、2008年7月12日土曜日の午後3時44分）。

5　「2000年 EU 規則」と「国連モデル法」――従来の「英国」国際倒産法（牴触法）との関係において

　以上においては、「英国」ヴァージョンの「国連モデル法」13条3項を、「英国」における前記の"三つ巴"状態（即ち、在来の牴触法的処理定式・「2000年 EU（倒産）規則」・「国連モデル法」の、三者の併存状況）の処理における、一つの象徴的存在として、また、他国の租税債権の取扱いとの関係において、その"構造"を、（山口誓子の俳論たる"二物衝撃"的に）解明した。その前提として、本章4(2)における、「租税債権」（等）の取扱いに関する「国連モデル法」13条2項（その代替案を含む）の審議過程への分析が、必要だったことになる。

　分かりやすさを最優先に、右の"三つ巴"状態に対する「英国」の基本的対処方針について、あらかじめ簡略に示しておけば、以下のごとくなる。即ち――

『貿易と関税2008年7月号65頁にも記しておいたように、「英国」の「2006年国際倒産規則」3条2項における在来の「英国」の（国際）倒産法に対する「国連モデル法」

の優先の規定にもかかわらず、「国連モデル法」3条自体が、モデル法採用国の負う条約上の義務との関係では、当該条約上の義務を優先させている。

それを踏まえた「英国」ヴァージョンの「国連モデル法」の3条は、「本法（this Law ― [国連モデル法]）」が「2000年EU（倒産）規則」に牴触する限りで、後者が優先する、と定めている。

この一般的な優先劣後関係の規定を受けつつも、「英国」ヴァージョンの「国連モデル法」は、その規定の中に、「2000年EU（倒産）規則」を、別途うまく"埋め込む"形のものになっており、他方、前記の13条2・3項のように、クリティカルな部分では「英国」の在来の牴触法的処理との接合をも意識した規定作りが、周到になされている。そうした営為の下に、「英国」では、前記の"三つ巴"状態の止揚ないし調整が、それなりにうまくなされている。

だが、その前提として実は（!!)、当の「国連モデル法」（1997年）の中に、数十年の作成経緯を有していた「2000年EU（倒産）規則」の基本が、別途深く埋め込まれ「ていた」という極めて重要な事実に、我々は気づく（!!）のである。』

――ということになる。そのあたりを、以下において、多少具体的に見てゆくこととしよう。

まず、「英国」ヴァージョンの「国連モデル法」の中における「2000年EU（倒産）規則」との"接合"だが、ここでも"分かりやすさ"を最優先に、いくつかの点を見ておくこととする(*)。

* 面倒ゆえ、オリジナルの「国連モデル法」に対し、「英国」ヴァージョンのそれを、「国連モデル法（英国）」として、以下に示す。

(1) 「国連モデル法」(1997年)と「国連モデル法（英国）」(2006年)との差異について――「2000年EU規則」の"成立過程"の、「国連モデル法」への「直接的反映」!!

まず、「国連モデル法」自体の「前文」が、「国連モデル法（英国）」では、バッサリと落ちている。前者の「前文」は、このモデル法の「目的」について、本法が、(a)関係国間の「協力」、(b)貿易・投資（trade and investment）のための一層の「法的安定性」、(c)国際倒産のフェアで効率的（[f]air and efficient [!!]）な処理、等々の促進のために実効的（effective）なメカニズムを提供するものだ、とある。

本書でも、「米国的なフェアネス」の特殊性については、貿易と関税2008年6月号66頁以下の［米国型の「フェアネス」と「コミティ」との関係についての、重要な注記］において、再度、注意を喚起しておいた（本書第3章6(2)参照）。また、(市場原理主義的な)「効率（efficiency）」偏重の考え方の問題性については、石黒・前掲法と経済（1998年・岩波）の全体で、更に、同・世界貿易体制の法と経済（2007年・慈学社）では、それをWTO設立後の世界における「貿易・投資（trade and investment）」の更なる自由化との関係に特化させつつ、随所で示して来たところである。

改めてここで注意すべきは、「世界貿易体制と国内規制改革」（まさに、2008年度ま

での、私の毎年冬学期のゼミのテーマ、であった!!)の主要なキイ・ワードが、「国連モデル法」の「前文」の目的規定に、"再叙"(リステート)されていることである。そう思うと、前記(b)の「法的安定性」(「協力」によってもたらされるそれ)とて、「米国」の国益に資する意味でのそれのことか、とさえ疑われる。貿易と関税2008年7月号66頁(本章2の末尾部分)に示したことだが、カナダ産業省のネット上の記載に、一部のカナダでの見解として、この「国連モデル法」を"made in America law"とするものもあることなどを、ここで想起すべきでもあろう。また、そもそも「国連モデル法」作成への動きが、「アメリカ側では……アメリカの[連邦破産法]304条が孤立をしないことが彼らのメリットであるというふうに把握をしていると思います」(貿易と関税2007年9月号96頁に引用の、竹内・前掲金融法研究5号12頁)というところから出発していたこと(!!)なども、ここであわせ考えるべきであろう。

　ともかく、「国連モデル法(英国)」において、単なる立法技術上の問題とも思われかねない点だが、それ(「前文」)がバッサリと落とされている点は、それ自体として興味を引くことである。前記の、「外国租税債権(等)の取扱い」に関する「国連モデル法(英国)」の13条2・3項の構造解明を経た今、なおさら、そのように思われるのだが、どうであろうか。

　さて、「国連モデル法」の「前文」に続く1条は、Scope of applicationだが、この部分は、「国連モデル法(英国)」の1条では、「英国」独自の問題状況(「2000年EU(倒産)規則」との関係を含む)に即して、全面的に書き換えられており、かつ、例えば1条4項では、"The court shall not [!!] grant any relief …… or provide any cooperation …… under …… any of the provisions of this Law if …… such relief …… or cooperation …… would …… be prohibited under …… Part 7 of the Companies Act 1989 …… in the case of a proceeding under British insolvency law …… ."といった、「協力」等の禁止条項まである(「国連モデル法」1条1項は、一定の手続への本法の不適用を規定するが、それを越えた規定振りである)。

　こうした細かな点よりもはるかに重要なのが、ほかならぬ「国連モデル法」2条(Definitions)の規定振りである。この2条の「定義」は、(a)「外国手続」、(b)「外国の主手続(Foreign main proceeding)」、(c)「主手続ではない外国の手続(Foreign non-main proceeding)」、そして最後の(f)の"Establishment"(!!)に至るまでの"定義"をするのだが、そこで"思い当たる節"が、即ち、「ピーンと来る(!!)もの」が、ある「はず」である。

　その「ピーンと来るはずのもの」をもうちょっと親切に示そう。2条(b)の"Foreign main proceeding"とは——

"a foreign proceeding taking place in the State where the debtor has the centre of its main interests"(①：後述)

——とされる。それでも「ピーン」と来なければ、同条(c)の、"Foreign non-main proceedings"の、次の定義を見よ。即ち——

"a foreign proceeding, other than a foreign main proceeding, taking place in a State where the debtor has an establishment [!!] within the meaning of subparagraph (f) of this article"（②：後述）

──と、そこにある。それでもまだ「ピーン」と来なければ、同条(f)の、次の規定を見よ（これが最後の機会、である!!）。そこには──

""Establishment" means any place of operations where the debtor carries out a non-transitory economic activity with human means and goods[*] or services."（③：後述）

* 細かな点だが、「国連モデル法（英国）」2条(e)では、この goods が、assets に変更されている。この点については、貿易と関税2008年5月号53頁下段末尾で一言した点が関係する。なお、右の最後に service の語が付されていることとの関係で、「2000年EU（倒産）規則」と「国連モデル法」との関係に言及するところの、Dicey/Morris/Collins, supra (14th ed.), at 1433を、再度参照せよ。

要するに、1997年の「国連モデル法」2条の(b)「外国の主手続」、(c)「主手続ではない外国の手続」、そして最後の(f)の"Establishment"の定義は、「2000年EU（倒産）規則」のそれに、完全に合わせたものと、なっているのである（!!）。それが、ここで「ピーン」と来る「べき」点、である。ここで、『おいおい、待ってくれ。1997年の「国連モデル法」の方が先で、「EU規則」の方は、2000年だから、後じゃないか』といった、いかにも常識的な声が、本書の読者「ではない」（!!）人から、出て来そうである。

だが、貿易と関税2008年5月号48頁で書いておいたように、「2000年EU（倒産）規則」の内容は、（「英国」が署名しなかったことによって頓挫したところの）「1995年[!!] EU倒産条約案」の内容と、「文言に至るまで、ほとんど全く同じ」（同前頁）である。同前・52-53頁では、「2000年EU（倒産）規則」3条1・2項につき、「ドイツ語」をメインとして示しておいたが、ここで、貝瀬・前掲ヨーロッパ連合倒産条約の研究（別冊NBL57号）167頁以下に、「英語」で掲げられている「1995年条約案」3条（International Jurisdiction[!!]）の1・2項、そして2条（定義）の(h)の、関係する文言を、掲げておこう。そこには──

"The courts of the Contracting State within the territory of which the centre of a debtor's main interests is situated shall have jurisdiction to open insolvency proceedings. ……."（3条1項：前記の①と対比せよ!!）

"Where the centre of a debtor's main interest is situated within the territory of a Contracting State, the courts of another Contracting State shall have jurisdiction to open insolvency proceedings against that debtor only if he possesses an establishment within the territory of that other Contracting State. The effects of those proceedings shall be restricted to the assets of the debtor situated in the territory of the latter Contracting State."（3条2項：前記の②と対比せよ!!）

""[E]stablishment" shall mean any place of operations where the debtor carries out a non-transitory economic activity with human means and goods."（2条(h)：前記の③と対比せよ!!）

——となって、「国連モデル法」自体についての前記の①②③と、見事に一致する規定振りが、既に「1995年 EU（倒産）条約案」においてなされていたこと（!!）が、ここで判明する（"services" の語については、直前の「＊」部分を参照せよ）。

　要するに（!!）、「2000年」の「国連モデル法」作成過程においては、本書で既述のごとく「1963年以来」（貿易と関税2008年4月号61頁）作業が続けられ、「1995年条約案」で内容的にはほぼすべてフィックスされていたところの、EU 域内での法統一（「2000年 EU〔倒産〕規則」に結実するそれ）における「主要な倒産手続」・「2次的倒産手続」、そして後者の開始要件たる "establishment"（施設）概念（それについては、国際課税の場合の PE 概念との関係を含めて、同5月号53頁）が、全くそのまま "埋め込まれている"（!!）のである（"center" を "centre" と表記するところまで、一緒である）。
　この点は、「英国」ヴァージョンの「国連モデル法」13条「3項」の制定経緯との関係で、既に言及した点、即ち、「外国租税債権」の取扱いとの関係で、「§483的米国」の意図通りには「国連モデル法」が作成され得なかったこととともに、本書における "極めて重要な指摘事項" となる。これらの点は、明らかに（「英国」を含めた!!）EU 諸国の、"作戦勝ち" と、言うべきであろう。

　ここで再度指摘しておくならば、「2000年 EU（倒産）規則」の基本構造は、域内での「主要な倒産手続」の「承認」（民訴118条的な、即ち牴触法上「共助」とは明確に区別されるところの、明確な「承認」アプローチ）を表向きには軸としつつも、「スイスの "ミニ破産"」同様のスタンスから、域内各国での「2次的倒産手続」（前記の "establishment" を要件とするそれ）の開始の自由を、当該国内のローカルな債権者の保護等のために認め、後者を基本的にアンタッチャブルとする、すぐれて現実的な解決を志向するものであった。そして、それと同時に、域内各国の「租税債権」（等）については、自国の「2次的倒産手続」におけるその満足の他に、国境を越えた域内での債権の実現をも認めるとの、一般の国家実行の変更を、域内限りで認めるものでもあった（以上につき、貿易と関税2008年5月号47－57頁、同4月号61－63頁、等参照［本書第3章5］）。
　そうした「2000年 EU（倒産）規則」の基本枠組が、「1997年」の「国連モデル法」の中に、明確に "事前インプット" されていたのである(＊)。

　＊　このEU サイドの "したたかさ" と対比した場合、「平成12年法」制定に至り、そこ

ですべてを意味なく投げ捨ててしまったかのごとき、「はなはだをこなり」（同5月号62頁末尾参照）と言うべき日本側関係者の"無策"を、再度、断固"糾弾"すべきである（!!）。

　ちなみに、以上を前提に、「国連モデル法（英国）」の2条（定義）を見ると、そこには(a)–(q)の詳細な定義規定があり、本書で既に述べた「英国」特有の事情（「イングランド＆ウェールズ」と「スコットランド」との関係）や、かくて「国連モデル法」自体に全て埋め込まれていたところの、「2000年EU（倒産）規則」における"establishment"の定義(e)、「外国の主要な手続」(g)、「主要ではない外国の手続」(h)等の定義が続き、そして、"International obligations of Great Britain under the EC Insolvency Regulation"と題した3条の、「2000年EU（倒産）規則」の優位を定めた規定となる。
　こうして、「英国」サイドにおける「2000年EU（倒産）規則」と「国連モデル法」との、この点での"接合"は、ほかならぬ「国連モデル法」作成過程でのEUサイドの巧みな営為により、ごく自然なものと、なっているのである。

(2)　「ジュリスディクション問題」と「従来の英国国際倒産法」——「国連モデル法」における「国際管轄規定の不存在」との関係において
　ところで、「1995年EU条約案」3条は、既述の個所で条文を示す際に、マークを付しておいたように、"International Jurisdiction"（国際管轄）と題していた（同条1・2項の、前記の波線アンダーライン部分をも参照）。「2000年EU（倒産）規則」3条も、もとより同じである。だが実は、「国連モデル法」には、その10条に"Limited jurisdiction"と題した、若干屈折した規定（内容は省略する）はあるものの、「国際管轄」に関する正面からの規定は、存在しない。

　極めて重要な重要な点として、ここで一言しておくべきこと（!!）がある。それは、こうした「国連モデル法」の基本構造上の、理論的には奇異な点（「英国」との関係について、すぐ続いて述べる点参照）もまた、「米国」の連邦破産法「304条」を"引き摺る"ものである（!!）、ということである。即ち、便宜、高木新二郎・前掲アメリカ連邦倒産法507頁以下の同条の邦訳を借りれば、同条は——

「(a)　外国手続を補助する手続は、外国手続の管財人等が、本条により［米国］破産裁判所に対して、申立書を提出することによって開始される。……
　(b)　本条(c)項の規定に従い、裁判所は……次の決定をすることができる。
　　　……
　(c)　裁判所は、本条(b)に基づく救済をなすべきかどうかを決定するにあたっては、次に掲げる要求を満たしつつ……を配慮しなければならない。
　　　……
　　　(5)　礼譲（comity）。
　　　……」

第 4 章　「英国」の選択——「国連モデル法」のその後の採用状況と、
その制定過程での「租税の取扱い」を含めて

——と規定するにとどまっている。つまり、「米国連邦破産法304条」は、冒頭の「外国手続」が、如何なる外国のものであるか、また、あるべきかについての、「国際管轄」的な規定が欠如したまま、いわば闇雲に「外国手続」の「補助」（この「米国連邦破産法304条」それ自体が「承認と共助との鵺［ぬえ］的存在」であることについては、貿易と関税2007年11月号67頁でも、一言しておいた）に向けて、突っ走るものとなっている。だが、規定上はそうだが、すべては「米国裁判官の『裁量≒コミティ』」に委ねられ、そこに、同2008年1月号73頁に纏めて示した「米国型『コミティの重層構造的性格』」や、""積極介入型""の米国型裁量の実像」（本書第1章4参照）が、全面的にインプットされる構図と、なっているのである(*)。

　　＊　かかる「米国裁判官の営為」が、「304条削除後の米国」においても、ほぼそのまま残存する性格のものであることは、本書において後に示す。ここでは、本章4(4)で示した重要な点、即ち、『「コモン・ロー」由来の「裁量」、「コミティ」、「レシプロシティ」、「公序」という4つのキイ・ワード（基本概念!!）が、熱帯雨林の樹木のごとく、""相互に分かち難く捩り合わされた存在""（!!）として併存する「英国」、そして、その流れを受け継ぎつつも、特異的にそれらの""一部""を肥大化させた「米国」の姿』との指摘を、まずは想起して頂きたい。

　　　　但し、漠然たる印象レベルにはとどまるが、「英国」の「裁量」が「米国」ほどには過激ではないようにも、私には思われる（若干の点は、すぐ後述する）。「英国」以外の英米法系の国々でも「米国」ほどには過激ではない「とすれば」、「国連モデル法」を同じく採用したとしても、「米国」においてのみ実際の処理が突出する、ということにもなる。「国連モデル法」を採用した、英米法系""以外""の諸国には、右に傍線を付した「コモン・ロー由来」の道具立てはない訳で、一層、それに基づくアグレッシヴな処理は、期待出来ない。仮にそうだ「とすれば」、同じく「国連モデル法」を採用した国々の中での、イコール・フッティングないしレベル・プレイングフィールドは、期待出来ず、なおさら「米国のみの突出」という事態となる。

　　　　右に""想定""した事態は、実は、「インターネット法」の「国際的ハーモナイゼーション」の場合と、同じものである。「9・11」の同時多発テロの起きた年たる2001年の11月に、フランス司法省＝パリ第1大学共催でパリ（フランス国民議会内の会議場）で開催された「インターネット法国際コロキウム報告」において、私は、次のごとく述べていた。即ち——

　　　　　「私は、あえて言う。皮相的なハーモナイゼーションは、様々な誤解の原因となり、harmful でさえある、と。……我々は、現実的であらねばならない。例えばアメリカの法制度において、懲罰賠償、数倍賠償、証券取引規制上の……disgorgement……、パレンス・パトリエ、等々の独特の救済手段がある。それらは、……裁判所侮辱の制度同様、アメリカの法制度に極めて深く根付いたものであるがゆえに、諸国家間の法的ルールの調和のための、いかなる試みに対しても、確実に生き残るであろう。……」

　　　　——と。

　　　　「国連モデル法」（国際倒産）の場合にも、こうした現実的視座からの考察が、必要な

はずである。所詮は、各国司法制度の深みにまで降りなければ真の各国法の統一はあり得ないという、当たり前のこととの関係でのものではあるのだが、ここでは、「国連モデル法」の「前文」の書き振りからも推察されるように（既述）、「貿易・投資」・「効率重視」等の観点からの"米国の国益"が、例えば1980年の国連統一売買法の場合（石黒・前掲国際私法［第２版］139頁以下）よりも一層赤裸々に、先に立っている形にはなる。旧ソ連圏崩壊後の、一層アグレッシヴになった米国の姿が、そこに裏打ちされていると、見るべきでもあろう。

　ただ、EUサイドは、こうした展開になることを予期してか、「2000年EU（倒産）規則」の基本枠組を、いち早く「国連モデル法」の中に深く埋め込み（既述）、"実害"のない形にしてから、おもむろに「規則」を制定し、"現実直視型処理"（域内各国での「２次的倒産手続」を、スイスの「ミニ破産」的な意味で、基本的にアンタッチャブルとする等）に徹した。そして、EUと「英米法系」という二つの軸足を持つ「英国」もまた、まさに今論じているような、賢明な選択を行なった、ということになる。再度、"日本の無策"（本書終章参照）が、浮き彫りとなる構図である。

(3)　「従来の英国の国際倒産法」の基本構造──「2000年EU規則」及び「国連モデル法（英国）」との関係において

　さて、以上の論述を踏まえ、「ジュリスディクション問題」を出発点とする「従来の英国の国際倒産法」の基本スタンスについて、以下に論ずる。Dicey/Morris/Collins, supra (14th ed.), at 1409の指摘を、まずは見ておくことにしよう（以上、2008年７月12日午後９時７分までの執筆。執筆再開は、翌13日の日曜日午後４時10分）。

　Ibidは、"Scope of the model law"との見出しの下に、以下のように記している。即ち、まず、「国連モデル法」は、（決して）包括的なもの「ではない」(The model law does not purport to provide a comprehensive legal regime for the regulation of cross-border insolvency.)、とある。そして、「例えば」として、既述の「ジュリスディクション」のルールの欠如を、まず挙げる。次に、「準拠法」に関するルールもそこには欠如しているとし、それらについては、在来の牴触法のルールが引き続いて妥当する(Such rules will continue to be found in national law.)、とする。Ibidの注35には、"Contrast the EC Insolvency Regulation ..... which purports to provide a comprehensive regime."ともある。なお、そこには書かれていない点として、「2000年EU（倒産）規則」25条の、（包括的）倒産手続とは別の、「支分的裁判の承認・執行」に関する明文規定の存在などにも、注意すべきであろう（貿易と関税2008年５月号48頁以下）。

　「国連モデル法」が決して包括的なものではなく、それを採用したところで、残存する問題群に対しては（準拠法問題に限らず!!）、在来の牴触法的処理がそれらを処理するとの、そこで示された強烈な認識（但し、当然のことを示したのみ）は、しかしながら、「平成12年法」（「国連モデル法」）が全てだとし、従来の判例・学説はすべて意味を失ったとするがごとき我が国の論者（貿易と関税2007年８月号81頁以下では松下説のみに言及したが、後述するように、彼だけではない!!）には、何ら共有されて「いない」(!!)。「スイス」・「EU」・「ドイツ」・「英国」、そして「米国」を経て「日本」に再度戻って、この点を徹底糾弾する日が、今から猛烈に、楽しみである。

　ちなみに、Dicey/Morris/Collins, supra (14th ed.), at 1409では、「国連モデル法」

第 4 章　「英国」の選択――「国連モデル法」のその後の採用状況と、
その制定過程での「租税の取扱い」を含めて

が次の 5 つの主要な問題に関する（のみの）ものであることが、示されている。即ち、(1)外国倒産手続の承認とその効果、(2)外国の管財人（等）・債権者のモデル法採用国裁判所への直接のアクセス権、(3)裁判所や管財人（等）が他国裁判所に承認（recognition）や共助（assistance）・救済（relief）等を求めること、(4)国際的な協力（cooperation）、(5)国際的に競合する手続間の調整（coordination）の 5 点である。<u>それらが、到底「国際倒産法」の全て「ではない」との含意が、そこにある</u>(*)。

＊　どうしても、ここで書いておきたいことがある。本章 3 以来、ここまでの、論述の展開についてである。こうして執筆を終わってしまえば、我ながら実に良くできた"構成"と、議論のダイナミックな流れだと、感心する。それは、むしろ、感動的でさえある。だが、最初から明確な詳細シナリオがあって、それを小出しにしつつ、ここに至ったの「ではない」。すべては、日々書きながら生起し、発見した事柄を、書き綴って来たに過ぎない。

　　ただ、それを、この時点で振り返って見れば、あたかも最初から綿密に計画を立てて、それに沿って書いて来た「ように」見えてしまう。実に不思議な現象、なのである。それが何故なのか。私は、それが知りたい。

　　2004年12月 2 日に「氣」の覚醒を受けるよりもずっと前から、必死に、夜を徹して書いていると、自然に筆先が割れてゆく（当時は万年筆だった）ような不思議な感覚、即ち、「自分ではなく誰か別な存在が書いている！」という感覚を抱くことが、非常にしばしばあった。だが最近は、そうではない。もちろん、同様の感覚は今もあるが、それよりも、もっと長いスパンで、過去に書いていた様々なパーツが、まるで寄せ木細工のように、バラバラだったパズルの一枚一枚が、書いていた当時は思いもしない形で、突然ぴたりと嵌まり、何倍ものパワーを、光を、発するようなことが、何度となく生起しているのだ。あたかも、「過去」が組み替えられていた（!!）かのように。

　　もとより、こう書いてしまうと、もう、そうしたことが起きなくなる可能性はある。だが、「苦渋の 6 月」を、妻も驚く平常心で何とか乗り切り、7 月分まで書ければ、後は少しは楽になると、この数カ月思っていたここでの執筆が、ともかくも予定枚数となった今、そのことを書いておいて一つの区切りとし、これから先の展開を静かに待つことも、必要かと思い、以上を記した。本当に、本章のここまでの展開は、（妻が数時間かけて「国連モデル法」の審議過程に関する文書を打ち出してくれて、それについて一気に書いた頃には）到底、私自身何ら予想できない劇的なもの、だったのである（!!）。つくづく、有り難いことだと、天に感謝する次第である（点検を含めて、執筆終了、2008年 7 月13日の日曜日、午後 8 時11分［以上は、貿易と関税2008年 9 月号分］。――［＊＊］）。

＊＊　執筆再開は、2008年 8 月 4 日午後 3 時19分。約20日ぶりの執筆である。直近の部分では、「国連モデル法」は（決して）包括的なもの「ではない」とする Dicey/Morris/Collins, supra (14th ed.), at 1409を引用しつつ、「ジュリスディクション」や「準拠法」に関するルールもそこには欠如しており、それらについては、在来の牴触法のルールが引き続いて妥当するとする Ibid の指摘を示しつつ、他方、Ibid には書かれていない点として、（例えば）「2000年 EU（倒産）規則」25条の、（包括的）倒産手続とは別の、「支分的裁判の承認・執行」（国際倒産現象をトータルに処理する上では不可欠の問題関心となるそれ）に関する明文規定の存在などにも、注意すべきであろう（貿易と関税2008年 5 月号48頁以下）、としておいた。その先を、書くことになる。「ジュリスディクショ

5 「2000年EU規則」と「国連モデル法」
──従来の「英国」国際倒産法（牴触法）との関係において

ン問題」を出発点とする「従来の英国の国際倒産法（牴触法）」の基本的な構造ないしスタンスの解明、である。

さて、「英国」の従来の「国際倒産法」の基本を詳細に紹介した貝瀬・前掲国際倒産法序説201－250頁は、「イギリス法は……裁量主義（discretionary theory）を採用している、と評価される」というところから出発する（同前・201頁）。長谷部由起子・前掲（竹下編・国際倒産法）208頁以下もまた、19「86年倒産法」においても「管轄権の裁量的性格は……引き継がれている」との指摘をしている（なお、貝瀬・同前201頁に付された同前・240頁の注1には、「破産裁判所はエクイティ裁判所であるから……［破産］申立てを拒絶する裁量権を常に有してきた」との指摘が、ともかくも引用されている。但し、「企業清算」の場合に即して、若干後述する）。

だが、本書では、一般の倒産管轄の場合に限らず、より大きな視点から、他の法域の裁判所との「共助」の基本との関係を重視しつつ、「英国」裁判官の広汎な「裁量」権限の淵源が、コモン・ロー由来のものであることを別途解明する点に力点を置いた検討を、行なって来たことになる（貿易と関税2008年7月号67頁以下、及び、同8月号56－63頁［本章3］）。

さて、「英国」の従来の「国際倒産法制」の基本であるが、企業倒産（corporate insolvency──具体的には、「2000年EU［倒産］規則」の射程外の清算［winding up］手続）をまずは論ずる Dicey/Morris/Collins, supra (14th ed.), at 1353ff は、「英国裁判所の国際管轄（jurisdiction）」（Id. at 1353）との項目から、始まっている（ちなみに、この個所の構成は、この「管轄」に続き、「英国清算命令の効力」、「外国清算命令の効力」等を経て、「国連モデル法」、となっている）。

実際にも、「英国の従来の国際倒産法」の基本において、この「管轄（ジュリスディクション）」問題の比重には、これから具体的に見てゆくように、極めて大きなものがある。要件面は、外国倒産手続の承認の局面を含めて、「ジュリスディクション」のみ（!!）とも言える状況にある（更に後述する）。しかるに、「国連モデル法」には、既に言及したように（米国の連邦破産法304条を引き摺る形で）「ジュリスディクション」のルールがない。それゆえ、「国連モデル法」の不完全さ・非包括性が、「英国」サイドからは一層浮き彫りとなるのである。

試みに、「英国」の1986年倒産法成立前の状況下での（即ち、自然人の「破産」と企業ないし法人の「清算」との二本立ての倒産手続だった頃の──既述。例えば長谷部・前掲205－206頁参照）問題処理の概要を示す J.H.C. Morris, The Conflict of Laws (2nd ed. 1980), at 381ff の「破産」の部分を見ても、「英国の破産」についての「ジュリスディクション」、「効果」（assignment of property; discharge of debts の二つに分かれる）の項目立てが、「外国の破産」（Id. at 388ff）にも、そのまま受け継がれている（但し、「英国の破産」については、別に「準拠法」［Id. at 387］の項目がある）。Id. at 395ff の、企業の「清算」についても、「英国の清算」手続について、右と同様。但しそこでは、「外国の清算」についての項目立てはない。

なお、右の最後の点と関係する点として、Id. at 388には、"Courts in other foreign countries" と題し、「スコットランド・北アイルランド」以外の外国裁判所での

「破産手続」につき、"It is uncertain when English courts will recognise the jurisdiction of courts outside the United Kingdom to adjudicate a debtor bankrupt, because they have had few opportunities of considering the matter. It was at one time supposed that English courts would recognise the bankruptcy jurisdiction of foreign courts only if the debtor was domiciled in the foreign country. But ……." とある(*)。即ち、従来はかかる事案が乏しかったとされているのであり、この指摘にはそれ自体として注意を要する。

* なお、右引用個所の最後に、既に否定された考え方ではあるものの、当該の破産者のドミサイル（英国で言う住所）所属国のみの管轄を認める考え方（Dicey/Morris/Collins, supra [14th ed], at 1514にも、それが紹介されている）が示されているが、その"背後に在るもの（!!）"については、本章5(4)cで後述する。

ちなみに、Id. (Dicey/Morris/Collins), at 1386においても、"The effect of a foreign winding-up order in England has seldom been before the courts." との指摘がある。そして、（自然人の）「破産」に関するId. at 1514でも、この（承認の）問題につき、"the question …… which English courts have had few opportunities of considering" との表現が、やはり用いられている（再度後述する）。

かくて、「英国」（この場合は「イングランド」）では、法人（会社＝企業）・自然人を問わず、外国倒産手続の承認についての事例は、意外なことに（!!）少なく、それだけ、既述の「共助」の局面がクローズ・アップされる構図と、なっていたのである（!!）（この点で、Id. [14th ed. First Supplement], at 106fに言及する後述の個所をも参照せよ。「承認」と「共助」とが、交錯する事例についての論述、である）。

なお、『「英国」の従来の「国際倒産法（牴触法）」における「管轄」中心の要件構成』という既述の点に関して、Morris, supra (2nd ed. 1980), at 389には、"English courts recognise that bankruptcy …… in any country outside the United Kingdom whose courts are recognised by English law as having jurisdiction over a debtor operates as an assignment to the foreign trustee …… in bankruptcy of all the debtor's movables situate in England, if that is its effect under the foreign law." とある。要するに、「英国」側として「債務者（倒産者）に対する管轄」（英米では、一般の民事訴訟でも、「被告に対する管轄」の有無を問うこと［既述］に注意）を肯定出来るところの外国でなされた破産手続において、被告財産のassignment（包括的な法的地位の移転ないし承継）――長谷部・前掲215頁はassignmentを「権原移転」と訳している――がその国の法によってもたらされるならば、その効力を、英国所在の「動産」について（「は」――後述!!）認める、ということである。こうして、外国「破産」の承認面でも、「管轄（国際管轄）」がすべてを取り仕切るという基本構図と、なっているのである。

右に見たように、従来の「英国」の「国際倒産法（牴触法）」の基本は「ジュリスディクション」にあるが、1986年倒産法制定直後のものたるCheshire/North/Fawcett, Private International Law (11th ed. 1987), at 910には、貝瀬・長谷部両教授のもの

を引用しつつ既に示した点が、端的に示されている。「英国裁判官」が有する、倒産管轄決定についての「裁量」の問題である。即ち、そこには──

"There seems little doubt that the jurisdiction of the courts under the Insolvency Act is discretionary, as it was under the Bankruptcy Act 1914."

──とある。その「裁量」は、（少なくとも）1914年法上のそれを引き継ぐものでも、あるのである。

(4)　「英国の従来（在来）の国際倒産法（牴触法）」の詳細と留意点──「2000年EU規則」の果たした役割

さて、以上を踏まえて、ここで主として参照するところの Dicey/Morris/Collins, supra (14th ed.), at 1353ff (Winding up proceedings not falling within Council Regulation [EC] 1346/2000 on Insolvency Proceedings) の「個所」（[*]・[**]）の"構造"を、まず、若干見ておこう。その冒頭には、「イングランド裁判所の国際管轄」を論ずる、以下に示す［A］の部分がある。

* 既述のごとく、1986年法において、従来の自然人・企業（法人）の2系統の倒産法制は既に一本化されているのだが、Id. (14th ed.) においても、「企業倒産（Corporate Insolvency）」と、（一般の）「破産（Bankruptcy）」（Id. at 1492ff）とは、項目として分けられつつ、「英国の在来の国際倒産法（牴触法）」・「2000年EU（倒産）規則」・「国連モデル法」の"三つ巴"の「英国」の状況につき、若干重複する論述が、いまだになされている（Id. 14th ed. が、「2006年英国国際倒産規則」制定の前のものであること［既述］に、注意せよ。但し、Id. First Supplement においても、この第14版の構成が、もとより維持されている）。

** この個所には、この［A］につき Rule 163 と Rule 164 があり、［B］として、「イングランドの清算命令の効力」（Id. at 1374ff）、［C］として、「外国の清算命令の効力」（Id. at 1385ff）、と続く（［D］の"Receivers"の部分［Id. at 1397ff］は省略）。以下、これまでの論述を再整理すべく、その全体構成を概観しつつ、若干の留意点を示す。

a　企業倒産（Corporate Insolvency）
［A］「イングランド裁判所の国際管轄」

Id. at 1353 の「英国裁判所の国際管轄」の、最初に掲げられている同書第14版の Rule 163 冒頭には、"Subject to Council Regulation (EC) 1346/2000 ....." とある。この点は、国際倒産関連の他の個所でも、すべて同じことが繰り返されている。常に「2000年EU（倒産）規則」が優位することを、明確化するためである。ちなみに、Id. at 1355 のこのルールへのコメントの冒頭にも、"The most important aspect of Rule 163, in many aspects, is that ....."として、この点が念押しされている。

そして、実際にも重要な「イングランドで登録されていない会社（unregistered company）」（UKの外で設立された会社を含む──Id. at 1354 [fn. 45]）に関する倒産管

第 4 章 「英国」の選択——「国連モデル法」のその後の採用状況と、
その制定過程での「租税の取扱い」を含めて

轄については、当該会社（企業）と「イングランド」との十分な関連（a sufficient connection）が、要求される（Ibid.——なお、同書が「イングランド」の牴触法の解説書たること［既述］に注意せよ）。その詳細については、ここでは省略するが、一般の牴触法的処理に忠実な、その意味でごく自然な"密接関連性テスト"が、その基本にある。

この点についての core principles の発展は、「1951年以来」のものとされるが（Id. at 1359. なお、貝瀬・前掲序説203頁）、かかる密接関連性テストに基づきつつ、1951年以来の状況下では、当該会社が「イングランド」に "a place of business" を有していなくとも、winding-up order を出す上での（国際）管轄を有し得ることが、明確化されている（Dicey/Morris/Collins, supra [14th ed.], at 1359.[*]）。

* 但し、「2000年 EU（倒産）規則」が適用される場面たる、Id. at 1420f の Rule 169 (International Jurisdiction) は変更を受け、同規則上の "the centre of a debtor's main interest; establishment" を基軸とするもの（貿易と関税2008年5月号52頁以下参照）に、もとより置き換えられている。

「英国裁判所の国際管轄」に関する第2のルールは、「イングランド・スコットランド・北アイルランド」間の管轄配分に関する Rule 164 (Id. at 1370ff) である。その中で、例えば貿易と関税2008年8月号59頁の「＊＊」部分で一言したところの、北アイルランドの企業（会社）を「イングランド」側としてどう扱うかについての、「ややこしい論述」が、なされていたりもする。だが、より重要なのは、この Rule 164 の解説の中で、Id. at 1373f において "Judicial assistance" の項目が置かれ、既述の1986年倒産法426条関連での『「共助」と「裁量」』の問題が、示されていること、である（貿易と関税2008年7月号67頁以下、同8月号56－63頁［本章3］で、とくに力点を置いて論じた問題、である）。

［B］ 「イングランドの清算命令の効力」——外国主手続側への自国資産引き渡しの可否と「裁量」!!

ここで次の、「イングランドの清算命令の効力」(Id. at 1374ff)、となる。Rule 165 のみが、そこで示されている。この Rule 165の(2)の、1986年倒産法における企業（会社）の清算（の効力［効果］）はイングランド法による、との準拠法に関するルール（a choice of law rule——Id. at 1374）が、とくに重要である（それについても、「2000年 EU［倒産］規則」の優位が、Rule 165(3)で一々明記されている）。

実は、ここにおいて、「従来の英国の国際倒産法（牴触法）」における、外国側への"協力"一辺倒「ではない」(!!)重要な局面が、示されることになる(*)。それは、以下のようなことである。

* 以下に示す点を、日本の「平成12年法」、及び、貿易と関税2007年8月号78－79頁（本書第1章2）で一言したところの(!!)、新破産法（平成16年法律75号）第11章（245－247条）、民事再生法（平成11年法律225号）第11章（207条－210条）、会社更生法（平成14年法律154号）第10章242－245条の、いずれも「外国倒産処理手続がある場合の特則」

5 「2000年EU規則」と「国連モデル法」
——従来の「英国」国際倒産法（牴触法）との関係において

と題した、それぞれ同じような、但し、内容空疎な"協力"の規定と、十分に対比すべきである（!!）。

より具体的には、貿易と関税2007年11月号76頁で、「平成12年法」と「一橋案」とを対比しつつ（頭出し的に）示した以下の点（等）との対比である（本書第1章3(6)）。即ち、そこで私は——

『[[平成12年法]の]"内外並行倒産"の57条1項だが、「一橋案」の前記(6)の、「(イ) 債務者に対するすべての利害関係人の権利が公平に取り扱われないおそれがあること」、「(ロ) 内国債権者の利益が不当に侵害されるおそれがあること」、「(ハ) 利害関係人の権利の順位について、当該外国法と日本法との間に重大な差異があること」の3点が、「平成12年法」の57条1項の2号（「債権者の一般の利益」）、3号（「日本国内において債権者の利益が不当に侵害されるおそれ」）の中に、すべて"押し込まれて"いる。

要するに、「一橋案」は、「すべての利害関係人」・「内国債権者」・「利害関係人の権利の順位」につき、つまりは、外国手続におけるそれら"一人一人の扱い（!!）"につき、ともかくも（正当に!!）注目していた。だからこそ、「(8) 承認の効果」の③で「租税債権あるいは労働債権など」の処遇が、問題となったのである。

だが、「平成12年法」においては、かかる"個別債権者への眼差し"が、「債権者の一般の利益」の中に、いわば半ば"埋没"し（57条1項2号）、3号で、辛うじて「日本国内において債権者の利益が不当に侵害されるおそれがないこと」とあるので、そこで半ば"再浮上"する、不安定な存在となっている。この3号が2号に引っ張られれば、「一般の利益」の中に、個別債権者（租税債権者を、とくにここでは考えている）の利益は再度"沈み込み"がちとなろうし、「日本国内」での「不当」な「侵害」という曖昧な文言（これは、「一橋案」の(6)の(ロ)に相当する）の中に、(6)の(ハ)の「権利の順位」の問題なども、解消されてしまう（!!）。この57条1項の2・3号の構造の中で、3号の「不当に侵害されるおそれ」との文言を見直すと、「国連モデル法」の（つまりは、"米国の思惑"からする）"大義"の前に、日本の租税債権などがひれ伏すのは、本来致し方なく、従って「不当」ではないといった、それこそ不当なリアクションも、あり得るように見えて来るところが、怖い。……』

——と述べていた。

右のRule 165(2)についての、Dicey/Morris/Collins, supra (14th ed.), at 1378の解説には、次のごとくある。即ち、1997年の「BCCI事件（No. 10）」関連の判決（[1997] Ch. 213, 238-246）の判旨が引用されつつ、そこには——

"Sir Richard Scott V.-C. held that although where a foreign company was in liquidation in the country of its incorporation, a winding-up order made in England would normally be regarded as ancillary [!!], that did not relieve the English court of the obligation to apply English law to the resolution of any issue arising in the winding up which was brought before the English court. The court had power in an ancillary liquidation of this nature to direct liquidators to transmit funds to the principal liquidators in the country of incorporation in order to enable a *parri passu* distribution to worldwide creditors to be achieved, but will not

第4章 「英国」の選択——「国連モデル法」のその後の採用状況と、
その制定過程での「租税の取扱い」を含めて

[!!] exercise this power if under the law of the country of incorporation the distribution will not be substantially in accordance with English principles [!!——①[*]].”

　＊　これ以降の①②③の波線アンダーライン部分は、かかる「英国」裁判所の「裁量」に基づく判断を、続いて述べる「米国」裁判所の「コミティ」に基づく判断と、対比するためのものである。

——とある。会社の設立国（the place of incorporation）での清算命令は、「外国の清算命令の効力」（Id. at 1385ff）に関する部分の、冒頭の Rule 166（Id. at 1385）においても、まずもって明記されているところの、基本ルールである。だが、右は要するに、それ（いわば外国の主手続）に付随する（ancillary な）英国の清算手続においても、英国法を準拠法とするとの、既述のルールは厳守さるべきであり、当該会社の設立国での配当手続が（つまりはそこでの債権者間の優先順位が）英国のルールと本質的に一致しない場合には、当該外国管財人に英国所在の財産を引き渡し得るという英国裁判所（裁判官）の権限は、行使されないであろう、ということである。

そして、Id.（14th ed. First Supplement）, at 106f には、右を補足して、更に以下の論述がある。つまり、ごく最近の"英豪並行倒産"の事例（Re HIH Casualty and General Insurance Ltd [2005] EWHC 125 (Ch.), [2006] 2 All E. R. 671）において、1986年倒産法426条に基づくオーストラリアのニュー・サウス・ウェールズ州最高裁からの「共助要請（request for assistance [!!]）」につき、当該の事例はオーストラリアが右に見た意味で主手続、英国のそれが従（ancillary）であった場合だが、前記の「BCCI事件（No.10）」の判旨に従いつつ、以下のごとく判示された、とある。即ち——

"[T]he court had no power to direct the English liquidator to transfer funds for distribution in the principal liquidation, if the scheme for *parri passu* distribution in the principal liquidation is not [!!] substantially the same as under English law [②].”

——と。
まずもって明確化しておくべきことがある。それは、一つ前の英文引用個所では"the [English] court will not[!!] exercise this power if ……"とあったが、右の直前の個所では、"[T]he court had no power ……, if"とあることの意味について、である。とくに後者においては、「権限」の有無についてのカテゴリカルな問題のような書き振りであるが、要するに、双方とも、裁判官の「裁量（!!）」の問題であることは、文脈上、明らかである（すぐ次の「＊」部分をも参照せよ）。

そして、そのことを裏付けるかのように、右事件の控訴審判決（[2006] EWCA Civ 732, [2007] 1 All E. R. 177）は、原判決の結論を支持しつつ、更に端的に、以下のごとく述べた。即ち、Dicey/Morris/Collins, supra (14th ed. First Supplement), at 107 にあるように、同判決のパラ [42] は——

5 「2000年EU規則」と「国連モデル法」
――従来の「英国」国際倒産法（牴触法）との関係において

"[A]ll the cases and all the academic commentators demonstrate clearly that the [English] court will not order the transfer of assets by liquidators in an ancillary winding up in England to the liquidators in the principal liquidation abroad if rights of creditors would be prejudiced and they would obtain no countervailing advantage in the principal liquidation ［③］. ……"

――と述べた(*)。

* 要するに、「外国主手続」の側に自国内の倒産者の資産を引き渡す際には、内外並行倒産時の英国手続の「準拠法」が「英国（イングランド）法」とされることからして、（前記の①②と同様に）「英国（イングランド）手続」における債権者の権利が「外国主手続」において害されることがあってはならないこと（この点についての「英国［イングランド］法上の扱いとの実質的同等性のあること）が要求される。ただ、③においては、更にワン・クッションとして、右のことをオフ・セットする外国主手続における（それら債権者の）利益の有無が問題とされている、「かのごとく」である。

　だが、この後者の点について、右の控訴審判決は、従来の判例・学説において、実際にかかる countervailing advantage（の存在）が問題となるケースがなかったために（because the situation has not arisen, ……）、かかるアドヴァンテージが存在した場合について（も）、自国法上の前記の要請が害されることを理由に（because it would disturb the implementation of the statutory scheme arising under English law in consequence of the order or resolution ……）1986年法426条に基づく（外国主手続側への）自国資産の引渡を「命じない」（will not order a transfer ……）かどうかについては、判断が示されていない（They do not show …… .）、とするにとどまる（Id. [First Supplement], at 107）。いずれにしても、（この③を含めて）この点の判断が「英国（イングランド）」裁判官の高度な「裁量」に委ねられていることは、疑いがない。この「*」の後段は、細かな点だが、誤解を避けるべく、以上、注記した。

かくて、貝瀬・長谷部両教授のものを引用しつつ既に示した点、即ち、英国裁判所の管轄行使における「裁量」的性格は、倒産事件処理の全体（あるいは大枠）についての「国際管轄」の有無「のみ」について、機能する訳「ではない」。こうした個別の問題処理においても、それ（「コモン・ロー」由来の「裁量」）は、明確に生きているのである。そのことを、ここで「も」再確認する必要がある（かかる「裁量」の及ぶ、いわば"裾野"の広がりについての、一つの留意点である）。

ところで、前記の①②を受けた③の、"英豪"間の事例について私が想起するのは、既述のごとく「国際管轄」を正面から問題と「しない」ものではあれ、「外国手続に対する補助的・付随的（ancillary [!!]）な手続」であるところの、「米国連邦破産法304条」に関する、一つの事例である。即ち、（石黒・前掲国際民訴法299頁でも一言しておいた「劣後化」の問題と関係するのだが）石黒他・前掲国際金融倒産207頁以下（貝瀬幸雄）に紹介されている Interpool, Ltd. v. Certain Freights of M/V Venture Star, 102 B. R. 373（D.N.J. 1988）である。

右の③の「英国」の事例と同様、オーストラリアで同国法人について清算手続があ

り、同国管財人（清算人）が、米国で、304条に基づく ancillary proceeding を申立てたが、救済が"否定"された。「アメリカ債権者の利益保護を強調した救済否定例」（貝瀬・同前207頁）だが、「アメリカでは利用可能な、実体法的な衡平による劣後化」が「オーストラリアでは利用できない」ことも、救済否定の理由とされた（同前・208－209頁）。

だが、ここで注目すべきは、米国裁判所が、本件の処理において、「コミティ」（!!）に頼り、「礼譲はしばしば破産法304条の最も重要なファクター」だとした上で、「オーストラリア裁判所の活動に対し礼譲が与えられるべきか否か」については、「オーストラリアの破産法の本質が米国法と十分等価であって、そのために米国債権者が双方の法域において類似した保護を受けるかどうか」（同前・208頁）が問題だ、としていたことである。

右の波線での傍線を付した部分と、同じく波線でアンダーラインを付しておいた、前記の英国控訴審判決までに至る、英文引用部分（計3ヵ所——前記の①②③）とを対比せよ。そしてそこに、「コミティ≒裁量」という本書で再三既述の点を、インプットせよ。

要するに、用いる言葉（レトリック!!）は違うが、ここに、英米共通のものとしての、"自国債権者保護（自国法の定める配当秩序の保護）"の要請の存在が、顕在化する。しかもそれは、既に本書で論じたスイスの国際倒産法（「ミニ破産」におけるそれ。貿易と関税2008年3月号69頁以下）や、域内各国での「2次的手続」を重視する「2000年EU（倒産）規則」（同2008年5月号49頁以下。ドイツの視点からは、とくに同6月号61頁に注意）にも共通するものである。

かくてそれは、英米・スイス・EUに共通の基本的な要請である（!!）。かかる視点が、海外との曖昧な"協力"一辺倒の、日本の「平成12年法」や前記の関係諸法の内外並行倒産の場合の諸規定において、何処に雲散霧消してしまったのかの問題へと、我々の関心は、再度"其処"に、向けられるべきことになる（!!——以上、2008年8月4日午後10時43分までの執筆。——執筆再開は、夏休み中ゆえ2日十分に休んで、8月7日午後5時38分）。

さて、Id. (14th ed.), at 1374-1385の、この［B］の「イングランドの清算命令の効力」の個所については、以上の点が目立つものの、その最後の Id. at 1383f には、「司法共助（Judicial assistance）」の項がある。1986年倒産法426条に関する論述であり、「共助」関連の、本書で既に力点を置いて論じた諸点が、そこで「も」示されている(*)。こうして、「イングランドの清算命令の効力」の項の中における「共助」関連の論述の比重が実際にも極めて大きい、との事実が、判明する。

* ちなみに、「司法共助（Judicial assistance）」と題した項目は、前記の［A］の Id. at 1373f の他に、次に扱う［C］の「外国の清算命令の効力」（Id. at 1385ff）の中の Id. at 1389-1396に、最も詳細な論述がある。また、（「自然人」の）「破産」に関する Id. at 1504-1506において、"Provisions in aid of the assignment"の項目の下に、やはり右の426条に即した論述がある。

[C]「外国の清算命令の効力」——「準拠法の論理」の混入⁉

　Id. at 1385-1397である（[D] の "Receivers" の部分 [Id. at 1397ff] は、既述のごとく省略する）。この個所の冒頭（Id. at 1386）に、前記の "The effect of a foreign winding-up order in England has seldom been before the courts." との指摘がある。

　そこで示された同書14版のルールは、ただ一つ。"Rule 166—— Subject to the [EC(EU)] Insolvency Regulation, the authority of a liquidator appointed under the law of the place of incorporation is recognised in England." というものである。

　そうでありつつ、前記の [B] で論じたように、この基本ルールの根幹を override するものとして、内外並行倒産時の（しかも、「英国［イングランド］」側が付随的 [ancillary] な場合についての‼）、「英国（イングランド）」法上の債権者の順位との同等性（その欠如）が、挙げられていることになる。

　他方、法人（企業＝会社）設立国での手続（における清算人の権限）は承認されるとの、この単純極まりないルールには、重要な限定が付されている。とくに重要なのは、Id. at 1386にあるように——

"First, and generally, in determining whether to exercise its jurisdiction to wind up a foreign corporation, we have seen that the English court will consider whether there is any other jurisdiction which is more appropriate for the winding up and it is possible that a more appropriate jurisdiction might be in a country other than the place of incorporation. ……"

——とされていることである。

　この点で、貝瀬・前掲序説201頁の、「イギリス国際倒産法の探究」冒頭の、「平成12年法」制定前の「日本法の現状と対比した場合」の、「特に興味深い論点」の「第1」には、「イギリスでは、債権者保護の見地から自国の倒産管轄を広く肯定する現象が顕著であるけれども、その反面として、並行倒産の場合には適切な法廷地を決定しようとする志向がある」、とある。だが、「英国（イングランド）」の倒産に関する「国際管轄」の基本（その詳細は、省略する）との関係で、右の貝瀬教授の指摘に若干のコメントをすれば、この場合の「管轄」決定の基本は "[A] sufficiently close connection must be established between the company and England ……." との点（Dicey/Morris/Collins, supra [14th ed.], at 1361）、つまりは、既述の"密接関連性"テストにある（それとの関係で、イングランド内の当該企業の資産の所在が、どこまで要件とされるべきかが、論じられる。Id. at 1360f.）。それを踏まえての、「第2の要件（[t]he second requirement）」が、「債権者保護の見地」からの要請たる、"a reasonable possibility of benefit accruing to creditors" なのである。また、「適切な法廷地を決定しようとする傾向」が必ずしも「並行倒産」の場合に、限られるものでないことは、Id. at 1386の前記英文引用部分からも、十分に推測出来るはずである（[*]・[**]）。

　　＊　ちなみに、Id. at 1386の前記英文引用部分の「より適切な法廷地（訴訟地）」という判断基準は、いわゆる「国際二重起訴（国際的訴訟競合）」問題における私見（proper forumの所在を重視するそれ）と、同一のものである。石黒・前掲国際民訴法261－262頁、271頁。

＊＊　そこまではよいのだが、Dicey/Morris/Collins, supra (14th ed.), at 1386には、前記の英文引用部分の後、ワン・センテンスおいて——

"[I]t has been suggested that an appointment made in a country other than the place of incorporation may be recognised in England if it is recognised under the law of the place of incorporation of the company."

——とある。第三国でなされたものであって、当該企業（法人＝会社）の設立国で"承認"される「清算人（管財人）」の選任は、「英国（イングランド）」において"承認"され得る、ということである。
　　かかる論述の"背後に在るもの"については、本章5(4)cで、まとめて後述する。「英国」における「倒産管轄」ルールに伏在する、『不当な「準拠法の論理」の影』の問題である。

さて、「外国の清算命令の効力」についてのId. at 1385-1397の解説の大半は、既述のごとく、「司法共助（Judicial assistance）」と題したId. at 1389-1396に、当てられている。「英国」では、（「共助」と区別された）「承認」プロパーの事例の乏しいこと（既述）が、ここで再度、想起されるべきである。
　なお（ここでは省略する［D］の"Receivers"の部分［Id. at 1397ff］を経て）、Id. at 1407は、（既述の「英国」の「2006年国際倒産規則」制定前の状況下での）「国連モデル法」の概説部分となる。そして、Id. at 1410ffで、「2000年EU（倒産）規則」に即した論述（既述の、Id. at 1420ffの「国際管轄」についてのRule 169を含むそれ）へと続く。
　だが、そこにおいて見落としがちなこと（!!）が在るので、一言する。「外国の清算命令の効力」についての、前記のRule 166についての、Id. at 1386冒頭の解説には、実は——

"Rule 166 is however justified because the law of the place of incorporation determines who is entitled to act on behalf of a corporation[23]."

——とある。そして、そこに付された「注23」には、同書の「パラ30-024」（Id. at 1347-1349）がリファーされている。だが、実はそこでリファーされた個所は、企業（法人＝会社）の「内部関係（Internal management）」に関する、『準拠法選択ルール』（!!）についてのものである。
　要するに、Corporate Insolvencyに関して、同書の示すところの、「外国の清算命令の効力」についてのRule 166は、『準拠法の論理』（!!）に基づいて正当化されている。これが、直前の「＊＊」部分で頭出し的に示した、理論的に極めて重要な問題、なのである(＊)。

＊　既に述べた点だが、J.H.C. Morris, The Conflict of Laws (2nd ed. 1980), at 388に、

"It was at one time supposed that English courts would recognise the bankruptcy jurisdiction of foreign courts only if the debtor was domiciled in the foreign country."
とある点につき、(既に否定された考え方ではあるものの)当該の自然人たる破産者のドミサイル(英国で言う住所)所属国のみの管轄(承認管轄)を認める考え方(Dicey/Morris/Collins, supra [14th ed], at 1514をも見よ)のあることに、着目していた。これも、同根の問題であり、一連の問題にカタがついた後で、本章の末尾において纏めて論ずる。

これに対して、Id. at 1472ffの、「2000年 EU(倒産)規則」に基づく「[外国]倒産手続の承認(Recognition of Insolvency Proceedings)」の項目では、Id. at 1472の冒頭の解説部分で、同規則の基本(外国倒産手続の取扱いを、明確な「承認」ルート[我が国の民訴118条的なそれ]で処理せよとするそれ――貿易と関税2008年5月号48頁以下[本書第3章5])に従い――

"Accordingly, recognition is automatic, subject only to the possibility of non-recognition on the grounds of public policy."

――として、(我が民訴118条と同様の)「自動承認」性が、明確に宣言されている(この部分を、石黒・同前48頁でも、引用しておいた)。
つまり、「英国」の従来の「国際倒産法(牴触法)」においては、『「外国倒産手続の"承認"」問題の理論的位置付け』が、「外国の清算命令の"効力"(Effects of Foreign Winding up Order)」(Id. at 1385)との曖昧な表記方法に象徴されるように、不明確な状況にあった(!!)。その状況が、「2000年 EU(倒産)規則」によって、大きく改善された(!!)、ということなのである。これが、前記の『見落としがちなこと(!!)』の内実である。
以上で、「企業倒産」に関する「英国」の従来の「国際倒産法(牴触法)」についての論述を終え、Dicey/Morris/Collins, supra (14th ed.), at 1492-1534の、(自然人の)「破産(Bankruptcy)」に関する論述に移る(同書の論述自体が重複しているので、若干工夫しながら論じ進めることとする)。

b (自然人の)「破産(Bankruptcy)」

Id. at 1492ffの基本構成は、"winding up"(右のa)の場合と、若干異なっている。即ち、『「英国」の従来の「国際倒産法(牴触法)」』に関するそこでの論述は、(前記「EU規則」の射程外の)「英国の破産」と、「外国の破産」とに、分けられている。以下、(a)の場合と同様に、[A]・[B]等に分けて論ずる。

[A-1] 「英国の破産」についての「国際管轄」

この点については、Id. at 1492fのRule 190と、Id. at 1500のRule 191が、提示されている。まずもって注意すべきは、Corporate Insolvencyに関する、既述の同書Rule 163では、"English courts have jurisdiction to wind up ……."とあったのに、(自然人の)「破産」に関する、この個所のRule 190には、"English courts may assume jurisdiction to adjudicate bankrupt any debtor who …… ."とあり、表現が異なっていることである(*)。

* この点は、前者の場合につき、管轄行使が「裁量」に服することについての、1986年倒産法（221条）をめぐる、従来存在した若干の論争（some debate）の故である（Id. at 1359）。だが、Ibidにもあるように、ここでこの点に深入りする必要はない、と判断する（なお、前記の貝瀬・前掲序説201頁、長谷部・前掲［竹下編・国際倒産法］208頁以下をも参照せよ）。

いずれにせよ、（自然人の）「破産」の場合の方が、「英国裁判所の国際管轄」の"裁量"的性格は、一層明確である。Dicey/Morris/Collins, supra (14th ed.), at 1496には、"Discretionary nature of the jurisdiction"の項目が立てられ、"The excercise of the court's jurisdiction has been regarded as discretionary. The existence of this discretion is enshrined in s.266(3) of the Insolvency Act 1986 which gives the court a general power to dismiss a bankruptcy petiton or to stay proceedings thereon."との、長谷部・前掲208頁以下と"符合"する指摘がなされている(*)。

* 長谷部・同前212頁の、この個所に付された注12には、Dicey/Morris, supra (11th ed. 1987), at 1098（と、Cheshire/Northの11th ed.[1987]）が引用されている。直前の「＊」部分と、一応対比せよ。

このRule 190に示されている管轄ルールの射程は、かなり広い。「イングランド」に当該債務者が「ドミサイル」（「英国」のドミサイル［住所］概念特有の問題につき、石黒・前掲国際民訴法160頁以下、同・前掲国際私法［第2版］167頁以下の注167、等）を有する場合のみならず、「英国」内での、その者の「所在（personally presentであること）」・「通常の居住（ordinarily residentであること）」・「事業活動（has carried on business ……)」、等々があれば、及び得る。だが、すべては、既述の裁量に、服することになる。

Dicey/Morris/Collins, supra (14th ed.), at 1500に示された、次のRule 191については、当然ではあるものの、重要な点が示されている。当該の者が外国で破産手続に入ったとの一事では「英国」の「管轄」は排除されないとのRule 191が、そこで示されており、このルールとて、上位規範たる前記の「EU規則」に服することが、ルール自体の中で明言されているのだが、そのこととの関係でIbidには、"[I]t must be emphasised that the common law principle expressed in Rule 191 is subject to the effects of the [EC = EU] Insolvency Regulation."とある。「コモン・ロー」と「2000年EU（倒産）規則」との、かかる優先劣後関係は、このRule 191には限らないものだが、重要な指摘である。

ここで、次の項目に移る（以上、2008年8月8日午前0時22分までの執筆。カボチャの馬車が、もう出てしまった……）。

[A－2] 「英国破産手続の効力」

この部分は、動産・不動産についての「包括的な法的地位の移転・承継（assignment

of property)」としての効力」(Id. at 1502-1508) と、(「準拠法」の項目を挟んでの)「債務の弁済 (discharge of debts)」(Id. at 1512-1513) とに分けられて、論じられている。まず前者 (assignment of property) だが、この点についての唯一のルールたる Rule 192 (Id. at 1502) では (もとより、すべてについて前記の「EU 規則」が優先するが)、「英国 (イングランド)」の「破産手続」による管財人 (trustee) への、かかる assignment は、「イングランド」に所在するか否かにかかわらず (whether situate in England or elsewhere)、破産者の不動産 (immovables [land])・動産 (movables) について生ずる、とある。1986年倒産法の283・306・436条に基づくものである (Id. at 1503f)。

だが、同法は、既述のごとく、一般には「イングランド」のみに適用され、「スコットランド」・「北アイルランド」には及ばない (Id. at 1504.)。それ以外の他国との関係でも、「イングランド」側のかかる意向を他国側が認めてくれるかは、もとより当該他国の判断にかかる (Ibid.)。そこにおいて、またしても (!!)、1986年法「426条」の「司法共助」条項にウエイトを置いた論述 (Id. at 1504-1506) がなされている。しかもそこ (Id. at 1505f) では、同条における "any country or territory designated for the purpose of s.426 by the Secretary of State" との関係で、『「共助」と「レシプロシティ」』という、貿易と関税2008年8月号57～58頁、及び同9月号56頁以下 (本章4(4)参照) で示した重要論点が、浮上している ("In deciding whether to designate such countries or territories, it is likely that the Secretary of State will have regard to the extent to which the courts of those countries are prepared to accord a corresponding assistance to the English courts in insolvency matters." —— Id. at 1505.)。

以上の Rule 192 に続くのは、1986年法に基づく破産者の財産管理 (the administration of the property of a bankrupt) は、完全に (entirely)「イングランド法」によるとする、「準拠法」に関する Rule 193 (Id. at 1509-1511) である。そして、その次の「債務の弁済 (discharge of debts)」についての Rule 194 (Id. at 1512-1513) も、当該債務の準拠法にかかわらず、「イングランド」の破産手続による discharge は、それとしての効力を有するとする、単純なものである。

[B-1]「外国破産」についての「外国裁判所の管轄」

ここで、Id. at 1513ff の、(「2000年 EU (倒産) 規則」の射程外の)「外国の破産」に移る。冒頭の Rule 195 (Id. 1513-1515) が、「外国裁判所の管轄」である。再度ここで注目すべきは、『「ジュリスディクションがすべて」といった、その要件構成』(!!) である。即ち、そこでは、"English courts will recognize that the courts of any other foreign country have jurisdiction over a debtor if ……." とあり、そこで「管轄」が肯定されれば、即座に Rule 196 以下の「外国破産のイングランドにおける効力」へと移る構成と、なっているのである。

なお、右に "any other foreign" とあるのは、Rule 195 の冒頭で、「イングランド」側として「スコットランド」・「北アイルランド」側の管轄を問題としない (will not question)、とあることと関係する。そしてそこでもまた (!!)、1986年倒産法「426条」関連の『「裁量」と「共助」』の論点が、まずもってとり上げられている (Id. at 1513.)。

他方、「それ以外の他国」との関係での「管轄」ルールは、当該外国における債務

者（破産者）のドミサイルの存在、又は、当該の者がともかくもその外国の管轄に服したこと（submitted to ......）、という単純なものである（Id. at 1513.）。だが、Id. at 1514には、この「管轄」のルール（Jurisdictional principles）につき、既にここで見たような事例の乏しさ（"the question ...... which English courts have had few opportunities of considering"）ゆえに、若干不確か（somewhat speculative）だ、としているのである。

[B-2]「外国破産手続の効力」

この部分も、動産・不動産についての「包括的な法的地位の移転・承継（assignment of property）としての効力」（Id. at 1515ff）と、「債務の弁済（discharge of debts）」（Id. at 1523ff）とに、分けて論じられている（「準拠法」の項目はない）。右の最後で再度示した"事例の乏しさ"には、引き続き注意を要するが、冒頭のRule 196（Id. at 1515f）は、「スコットランド」・「北アイルランド」関連のものである。それらの法域でなされた破産者の財産についての、当該の者の債権者達の代表者（the representative of his creditors）へのassignmentは、動産・不動産（土地）の所在地の如何を問わず（immovables [land] ...... movables ...... wherever situate）、assignmentとしての効力を（「イングランド」では）有する、とある（もとより、当該外国手続自体がそうした効力を有する場合についてのことである。Id. at 1518.）。そして、Id. at 1516で、またしても（!!）例の「426条」への言及がある。

「それ以外の国［法域］の」破産については、Rule 197（Id. at 1517-1520）とRule 198（Id. at 1520f）とが置かれている（複数の外国での破産についてのRule 199 [Id. at 1521f]は、省略する）。冒頭のId. at 1517では──

"The general principle of English law is that bankruptcy ...... in a foreign country whose courts have jurisdiction over a debtor operates as an assignment ...."

──とあり、『「管轄がすべて」、即ち、「管轄肯定＝外国破産の効力の肯定」』という、『従来の「英国」における「外国倒産手続の承認」問題に関する単純な構図ないし図式』が、端的に示されている（もとより、前記のRule 195による「英国」から見ての「管轄」の有無が問題とされる。Ibid.）。

だが、注意すべき点がある。IbidのRule 197には、「イングランド所在の動産（the movables of the bankrupt situate in England）」については、との限定があるのである。この点は、続くRule 198（Id. at 1520f）でも"念押し"されており、（「スコットランド」・「北アイルランド」のものを除き、また、前記の「EU規則」の制約の外において）外国破産手続は、「イングランド所在の不動産については、assignmentとしての効力を「有しない」（not operate as ...... an assignment of any immovables of the bankrupt situate in England）」、とある（なお、Id. [14th ed.] First Supplementにも、この点についての補足はない）。

「動産」と「不動産」とで扱いを異にするという、この点でのルールは、前記の「企業倒産（Corporate Insolvency）」の場合の［C］「外国の清算命令の効力」（Id. at 1385-

1397) には存在しない。これは、Id. at 1385の Rule 166が、"[T]he authority of a liquidator appointed under the law of the place of incorporation is recognised in England." との書き振りだったこととも関係するが、なぜ、ここ (Rule 197 & Rule 198) で「動産」と「不動産」とで分けた扱いをする「べき」なのかについて、同書第14版には、十分な説明はない。

ちなみに、Morris, supra (3rd ed. 1984), at 439f を見ても、説明の仕方はほぼ同じである。むしろ、Cheshire/North, supra (Private International Law [11th ed. 1987])、at 916に、"This doctrine is of an ancient origin." として、「1764年」(!!) の Solomons v Ross ([1764] 1 H. Bl 131n.) が引かれていること (Dicey/Morris/Collins, supra [14th ed.], at 1517にも、Rule 197関連の判例の冒頭に、それが引かれている) が、参考になる。

要するにここでも、前記の"事例の乏しさ"ゆえに、理論的な詰めの十分でない状況が、従来の「英国」の「国際倒産法（牴触法）」には残っていた、と言うべきであろう。そして、ここでも (!!)、「2000年EU（倒産）規則」によって、牴触法上の一般の外国判決の承認・執行の場合と同様の理論枠組によって「外国倒産手続の承認」問題を処理すべきことが、明確化された (!!) のである。即ち、同規則の適用される場合の「[外国] 倒産手続の"承認" (Recognition of Insolvency Proceedings)」に関する説明たる、Id. at 1532f には、この場合の「承認」の本質について──

"Especially important is the principle of automatic recognition of the judgment opening the proceedings under Art. 3 [of the EC (EU) Regulation] in other Regulation States and the rule that judgment shall produce the same effects in other Regulation States as it has in the State of opening without further formalities."

──とのクリア・カットな解説が、ようやくなされるに至っている。

次は、「債務の弁済 (discharge of debts)」としての「外国破産の効力」(Id. at 1523-1526) である。そしてこれが、前記「EU規則」の射程外の「破産」に関する、同書の最後の項目となる。内容は簡単であり、Rule 200で、「債務の弁済」については、（イングランド国際私法の定める）「契約準拠法 (the law applicable to the contract)」(!!) によって有効な限りにおいて (only if)、「弁済」の効力が生ずる、とされる。Rule 201 (Id. at 1525f) は、「スコットランド」・「北アイルランド」の倒産の効力としての「弁済」については、「契約準拠法」の如何を問わず (irrespective of .....)、「イングランド」において有効とするものである。

ここでも、「外国倒産手続の効力」としての「債務の弁済」が、端的な『準拠法の論理』(!!) によって把握されている。そして、それと対比すべきこととして、Id. at 1532f では、前記「EU規則」に服する場合の説明として、動産・不動産についての「包括的な法的地位の移転・承継 (assignment of property) としての効力」(Id. at 1515ff) と、「債務の弁済 (discharge of debts)」(Id. at 1523ff) とを分けずに (!!)、理論的にスッキリとした説明が、簡略ながらなされていたことになる。

以上が、Dicey/Morris/Collins, supra (14th ed.) から見た「英国」の従来の「国際

倒産法（牴触法）」の、理論状況の概観である（同書第14版の示すほぼ全てのルールを、以上において点検したことになる）。

c (4)の小括と『「準拠法の論理」の介在についての重要な補足』──「コモン・ロー・ルール」について

　以上のa・bの論述を、念のために纏めておこう。「英国」の従来の「国際倒産法」の基本において、まず、二つのことが注意されねばならない。

　第1は、文字通り随所に、1986年倒産法「426条」に象徴される「共助（assistance）」の問題がクローズ・アップされていること、である。そして第2は、「管轄（ジュリスディクション）」問題の比重が極めて大きく、要件面は、外国倒産手続の承認の局面を含めて、「ジュリスデイクション」のみと言える状況にあることである。

　そして、この第2の点が、「外国倒産手続」の「承認」面にも貫かれている。但しその際、従来、「承認」ではなく（外国倒産手続の）「効力（effects）」との"表現"が用いられて来たことの、理論的な"根"には、深いものがある。要するに、随所に『準拠法の論理』（!!）が顔を覗かせ、牴触法的な論理に、大きな混乱が見られた。そしてその混乱は、「2000年EU（倒産）規則」によって、ようやく（その限りで）解消され得た性格のものであった。

　だが、他面において、従来の「英国」では、『"自国債権者保護（自国法の定める配当秩序の保護）"的な要請の存在』が顕著であり、そしてこの点は、実は、英米・スイス・EUに共通の基本的な要請でもあった。この最後の点は、日本の「平成12年法」（等）との関係で、重要な意味合いを有することにもなる。

　ところで、ここでの論述の最後に、「共助」とともに大きな存在たる「国際管轄（ジュリスディクション）」問題について、これまでの論述においてあらかじめ注意喚起をしておいた点を、以下に論じておこう。まず想起すべきは、従来の「英国」において、次の①②の考え方（断片的なそれ!!）が示されていたことである。

　即ち、①破産者のドミサイル（英国で言う住所）所属国のみの管轄を認めるとする一時期の考え方（"It was at one time supposed that ...."──Id. [14th ed.], at 1514）や、Id., at 1386の、②第三国でなされたものであって、当該企業（法人＝会社）の設立国で"承認"される「清算人（管財人）」の選任は、「英国（イングランド）」において"承認"され得る、といった点（こちらの方は、"[I]t has been suggested that ...."であり、過去のもの、という訳「ではない」!!）が、示されていた。既にこの点については、「英国」における「倒産管轄」ルールに伏在する、『不当な「準拠法の論理」の影』の問題である、と指摘しておいた。だが、そのルーツを、ここで更に"深彫り"しておくことによって、「ジュリスディクション偏重」とも思われる従来の「英国」の「国際倒産法（牴触法）」の基本構造の有する根深い問題性が、一層明らかになるように、私には思われる。

　まず、「倒産」から「離婚」へと、"場面転換"をする。そして、従来の「英国」における、次の「牴触法」上のルールを見よ（なお、石黒・前掲国際私法［第2版］304頁注572参照!!）。それは──

"[A] foreign divorce was recognized in England if the parties were domiciled in the foreign country at the commencement of the proceedings." (③)

"[A] foreign divorce was recognised in England if it would be recognised by the courts of the country in which the parties were domiciled." (④)

——との、(かつての)「英国」のルールである (Morris, supra [3rd ed. 1984], at 194.)。「倒産」に関する前記①は右の③と、同じく「倒産」に関する前記の②は右の④と、それぞれ対応する。

どういうことなのか。「離婚」についての右の③④を一気に纏めれば、"a divorce obtained in or recognised by the law of the parties' domicile" は「英国」において「承認」される (Cheshire/North, Private International Law [10th ed. 1979], at 372f.)、ということになる。そして、まさにこの点を、右の文献を引用しつつ私が論じたのは、石黒・国際私法と国際民事訴訟法との交錯 (1988年・有信堂) 243頁注505において、であった。

その文脈は、「外国の権利 (＝法的地位 [Recht]) 形成的国家行為の承認問題と牴触規定」について論じた、同書第3章の、「狭義の国際私法 [準拠法] 的アプローチの諸相」(同前・198頁以下) の中である。同書では、後に石黒・前掲国際民訴法99頁以下の同書第3章 (「国際私法と国際民事訴訟法との交錯」) に纏めて示されるところの、「ドイツ型牴触規定観」との対決が、メイン・テーマであった。だが、「準拠法の論理」によって「国際管轄」や「外国判決承認」を処理しようとする、同前 (国際民訴法)・99頁の図5に示した考え方が、ドイツのみのものではなく、「英国」における foreign divorce の取扱いにおいても、同様の考え方があることを、同・前掲交錯199－201頁、及び、そこに付された注501－512 (同前・241－243頁) において、示しておいたのである。

ちなみに、「離婚」の場合の「英国」のこの (前記の③④の) ルールは、「コモン・ロー・ルール」と呼ばれるものであり (同前 [交錯]・199頁)、同前・243頁注512に示したように、1971年の The Recognition of Divorce and Legal Separation Act の6条の中に、「そのままとり入れられ、いわばそこにおける承認の枠の拡大……という意味あいにおいて、その後も維持されて来てい」た。それと同質的なものが、「英国」の「外国倒産の"効力"」に関する、一時期の前記①のルール、そして、現時点に至る存在たる前記②のルール (その提案) という形で、断片的 (!!) に、示されていたことになる。

だが、石黒・前掲国際民訴法103頁の、「準拠法的アプローチと手続法的アプローチ——ドイツにおける両者のせめぎあい」に関する図6の示すところと同様に、かかる「準拠法の論理」からの"夾雑物"は、理論的に、明確に捨て去るべきものである。実際にも、「英国」での、「離婚」に関する既述の「コモン・ロー・ルール」は、1986年の The Family Law Act によって、比較的あっさりと、そして正当に、"全否定"された。即ち、同法制定直後のものたる Cheshire/North, supra (11th ed. 1987), at 651にあるように——

"It is no longer possible for the recognition of a foreign dovorce ..... to be governed by common law recognition rules ..... ."

——ということになった。

　「英国」の場合、「ドイツ」の場合のような、「手続法的［国際民訴法的］アプローチと狭義の国際私法的［準拠法的］アプローチとの激しい葛藤」の見られないことは、既に今から「20年前」に（論文の法学協会雑誌への公表は、「1980年」［!!］までゆえ、実に「28年前」の自分が書いたこと、である!!）、石黒・前掲交錯243頁注512に記した通りである。かくて、「国際倒産」関連の前記①②は、（「共助」問題がクローズ・アップされる一方で!!）「英国」における「外国倒産手続」の「効果（effects）」に関する事例の乏しさゆえの、また、この場合の「承認」の理論的位置付け自体が、既述のごとく未熟であったがゆえの、"偶然的夾雑物"と見るべきものなのである。かくて、「英国」の従来の「国際倒産法（牴触法）」には、理論的に見たその"発展度合い"において、不十分な点が多々あった。それを"止揚"する上で「2000年EU（倒産）規則」の果たした意義には、大きなものがあった、と言えよう。

　私としては、「人間、精神的にどん底の状態のとき、何ができるのか。本書が、そのような問いに対する、私なりの、ひとつの答である。」——で始まる同・前掲交錯の「はしがき」を書いた頃の自分（月の表記にミスプリがあるが、その「はしがき」を書いたのは、「1987年10月18日　レーゲンスブルク」において、であった。そして、同月末、同地で「シュヴァイツァーハレ事件」を偶然知り、バーゼルに直行して、石黒・国境を越える環境汚染［1991年・木鐸社］の前提となる調査を行ない、帰国して、運命の人、妻裕美子と、お茶の水の某大学で、出会ったのである）を、ここで、想起しつつ、以上で、本書における「英国」関連の論述を、終えることとする（以上、2008年8月11日午前0時頃から、同日午前6時21分までの執筆。点検に入る。——点検終了、同日午前7時32分。同日深夜からの執筆を経て、かくて私は、明8月12日、「満58歳」となる!!　［以上、貿易と関税2008年10月号分］）。

第5章　「米国連邦破産法 Chapter 15」と「国連モデル法」
——背景をなす諸事情と逐条的検討

1　「米国と国連モデル法」を論ずる諸前提

(1) はじめに

　執筆開始は、2008年9月4・5日の両日の準備を経て、同年9月7日午後4時21分。いよいよ「米国」である。

　だが、その前に、「国際倒産」プロパーの分析たる本書第1章以下（貿易と関税2007年8月号以下）の全体的な論述の流れを、ここで振り返っておきたい（そのうち第4章までの論述については、青山善充教授古希祝賀論文集用に、「国際倒産と租税——わが国際倒産法制の変革と牴触法（国際私法）」と題して、先月末に200字で100枚程度のものを脱稿した。2009年春には有斐閣から刊行されたが、本書ではそれを、「終章」にあてることとする）。

　まず、本書第1章1・2（貿易と関税2007年8月号分）では、この第5章を含めて本書の辿り着くべき地点たる日本の「平成12年法（承認援助法）」の、制定前の状況（私見の展開過程を含む）と、その後の状況とを比較し、「国連モデル法」作成過程での「米国」の対日恫喝に怯えつつ、すべてが水面下に潜るかのごとき構造の「平成12年法」を制定してしまったことの無責任さを、まずは軽いジャブとして指摘した。だが、そう述べただけで、「米国」を論ずる本章との関係で、以下の重要な"補足"が必要となる。

(2)　「平成12年法」と「国連モデル法」との間の"亀裂"の一端についての"重要な事前補足"

　これからの論述との関係もあって、ここでやはり、一言しておこう。山本和彦・前掲国際倒産法制（2002年・商事法務）16頁は、「平成12年法」における「承認の効果」につき、それは「すべて裁判所の裁量に委ねられている」とし、「ここでの「承認」は……後述の［国連］モデル法に言う承認に近い」とする（①——以下の論述との関係で、この①以下⑦までのマークを、付することとする）。右の前段の指摘は、同前・94頁にもある。

　だが、右の後段の指摘につき、同前・104頁には、「［国連］モデル法とは異なり［!!］主手続の承認による自動的な効果を認めなかった日本法において……」とある（②）。同法の「承認」と「国連モデル法」の「承認」との"距離感"が、同前・16頁（①）と同前・104頁（②）とで、既にしてズレている。

　同前・348頁では、同法につき、「承認の効果については、原則としてすべて裁判所の裁量」だとして、再度、「ここでの「承認」は……［国連］モデル法の承認に近い」（③）と、同前・16頁の表現（①）に戻るが、同前・384頁では、「承認援助法［＝平成12年法］は、承認に基づくすべての効果を裁判所の裁量によるものとし……」、かつ、

282　第 5 章　「米国連邦破産法 Chapter 15」と「国連モデル法」——背景をなす諸事情と逐条的検討

「この点が、今回の日本の国際倒産法制の中で、モデル法ともっとも立場を異にするポイントである」、とある（④）。

　同同頁では、「今次改正」作業の「当初」では、「モデル法に近い考え方」として「一定の中核的な効果は承認の自動的な効果として位置づけられていた」が、「日本法が最終的にこのような立場を採用しなかった理由としては、何よりもそれにより承認の判断が慎重なものになることが懸念されたことがある」との、非常に屈折した経緯が示される。要するに、「一律に自動的効果を認めることとすると、裁判所は、結局承認の要件審査のところで、そのような効果まで見据えて判断をせざるを得なくなってしまう[*]。その結果、承認の手続に時間を要することとなり、また、承認要件の判断が厳しくなって、かえってモデル法の趣旨にそぐわない結果に陥りかねない」、とある（⑤——[**]）。

* それが、なぜ問題なのか。「スイス」・「ドイツ」・「英国」と、これまで論じ進めた本書の論述を踏まえ、声を大にして、この点を問いたい。

** だが、同法の「承認要件」[同法21条の「承認の条件」]の規定が、殆どフリーパスに近いものとなっていることに、右の⑤の指摘との関係で、別途注意すべきである。なお、この点は、念のために、再度後述する。

　山本・同前書の前掲個所は、終始、同法における「承認」がいわゆる「自動承認」（「EU[倒産]規則」に関する貿易と関税2008年 5 月号48頁参照）ではないとすることに、力点を置くものだが(*)、同前・275頁には、「国連モデル法」20条（Effects of recognition of a foreign main proceeding）の制定経緯について、以下の指摘がある。即ち、特にその 1 項において、個別の訴訟・執行等の中止（stay）を定める「国連モデル法」20条について、審議途中のドラフトでは、「主手続については手続開始国の効力をそのまま認めていた（効力輸出方式[端的に「自動承認」と言うべきところ・石黒]）。しかるに……このような強力な効果の承認には強い異論が出される一方で、裁量的な効果だけではモデル法立法の意義は大きく損なわれるとされた。詳細な議論の結果、主手続については、裁量的な効果[「国連モデル法」21条]を超えて、現状凍結を中心とした自動的な効果をも認めるアプローチを採用することに決したものである……。このような枠組み自体は……先進国や実務家サイドの強い支持を受けて、その後も一貫して維持されることになった」、とある（⑥）。

* 同前・22頁には、「承認の効果としていわゆる援助共助アプローチが採られた関係で……自動承認はそもそも採用の前提を欠くことになった」との、誠にナイーヴな指摘がある。

　山本・前掲書の（同書構成上の記述上のダブリの多さは別として）一つの特徴としての、論述の厳密さの欠如は、右の個所（「①③」vs.「②④」）にも如実に現れている。だが、前記の⑤と⑥との関係は、実に深刻である。「国連モデル法」の審議に際して、「承認の効果」について「裁量的な効果[を規定する]」だけではモデル法立法の意義は大き

く損なわれる」とされていた（⑥）のに、「平成12年法（承認援助法）」では、「国連モデル法」20条のように具体的に承認の自動的効果を規定しては「モデル法の趣旨にそぐわない結果」となる（⑤）からとの理由で、「承認の効果」について「すべて裁判所の裁量」とされた、とある。「国連モデル法」の「意義」ないし（基本的）「趣旨」との関係で、「モデル法制定過程」での諸国一般の認識と、殆どそれとは正反対の「日本側」の見方とが、そこにある。

そうでありながら、「ここでの「承認」は……［国連］モデル法の承認に近い」などと"表記"することの"危うさ"（論理の甘さ）は別としても、日本側が⑤のように考えたのなら、それを「国連モデル法」の審議に際して、まずは明確かつ断固として主張するのが、筋であろう。その点が実際どうであったのかについては、そこに何ら指摘がない。審議過程でのそのような日本側の主張もないまま（即ち、会議では沈黙したまま？）だったとしたなら、問題はもっと大きくなる（⑦）。

いずれにせよ、「国連モデル法」の中核たる「承認の効果」を、その審議過程で「モデル法立法の意義は大きく損なわれる」とされていたところの、"裁量オンリー"にしてしまったことは、「平成12年法」制定過程での、大きな問題である（日本の裁判所がいろいろ気にして承認の決定を迅速にしないことが懸念されるから「承認の効果」を曖昧にしたということ自体、基本的に発想がおかしいことにも、注意せよ。何でもよいから早く承認決定を出せばよいとする、「平成12年法」における安易な発想の、"問題の一端"が、そこに「も」示されている）。

ちなみに、以下で登場する米国のジェイ・ローレンス・ウエストブルック教授は、同（松下淳一訳）「日本の新しい国際倒産法」山本克己＝山本和彦＝坂井秀行編・国際倒産法制の新展開（2001年・金融・商事判例増刊号［1112号］）86頁以下で、「国連モデル法」の審議過程に触れ、「各国が国内法化する際には可能な限りモデル法に近いかたちで行う努力をすべきであるという点では一致をしていました」とし、「日本からの代表は、成功裡に終わった長い道のりにおいて非常に重要な役割を果たしました。……議論の過程では、山本和彦教授も松下淳一教授も優秀かつ有益な参加者でした」とする（以上ウエストブルック［松下訳］86頁。ならばなおさら、前記の⑦の問題が大きく浮上する［はず］である）。他方、同前・88頁は、「債務者に対するすべての回収行動の自動的な停止および債務者のすべての行為に対する自動的な制約を定めているモデル法20条を、日本は採用しないという決断を明示的にしています。モデル法においては、承認に基づいて自動的に停止の効果が発生します」とし、同前・89頁で、この点も踏まえつつ、「モデル法の条文で［日本の］新法にとり込まれなかったものもあるのは、私のような外国人には残念です」、とする。すべては米国サイドからのものの言いようだが、そして、それにもかかわらず、さすがにここでは非常に控え目な表現ではあるが、前記の点との関係で、十分に注意すべき指摘である⁽*⁾。

* 「平成12年法」制定の前年、金融法学会では、山本和彦「UNCITRAL 国際倒産モデル法について」の個別報告（金融法研究15号［1999年］91頁以下）がなされた。だが、山本教授は同前・100頁で、「モデル［法］の中核をなす国際協調の方法は、承認（recognition）であります」としながら、ウエストブルック（松下訳）・前掲88頁にも略述

第5章 「米国連邦破産法Chapter 15」と「国連モデル法」──背景をなす諸事情と逐条的検討

されたところの、「承認の効果」に関する「国連モデル法」20条の内容を、何故か（後の「平成12年法」を意識してか!!）正確に伝えていない。即ち、山本・同前（金融法研究15号）101頁では、モデル法における「承認の効果……の多くは裁判所の裁量に委ねられております。この点は……モデル法のアングロサクソン性と評されているところであります」とされ、また、「このモデル法でいうところの「承認」は……決して外国での手続の効力をそのまま受け入れるというところまでは意味しておりません」としつつ（その限りでは、その通りではあるが）、それは「むしろ裁量的な効果の事後的な付与、その意味では一種の共助の前提としてのその要件の審査といってよい程度のものであります」（??）、としている。

要するに、山本教授のこの最後の指摘は、「国連モデル法」20条の内容を、それとは主義の異なる「平成12年法」寄りに、歪めて（!!）伝えるものとなっているかのごとく、である。学会の場で、どうしてこのような営為がなされ得るのか、私には不思議である。

あるいは、山本和彦・前掲国際倒産法制の「はしがき」2頁の、モデル法の「審議の過程で……名指しで日本の態度が批判されたことを、苦い思いとともに記憶している」との、既に貿易と関税2007年8月号79頁以下（本書第1章2）で批判した"交渉態度"と関係する、同様の"心の傾き"のゆえ、であろうか。

ちなみに、右の最後の点については、山本・前掲金融法研究15号96頁に、「国連モデル法」制定のための「会議の中で、特に日本として気になりましたのは、やはり日本の現在の法制に対する不信感あるいは批判というものが、国際的に［米国側から??］相当根強いものがあるという点であります。……日本の実務の運用は、決して具体的な事件において、法律の条文のようには外国に迷惑［??］をかけているものではないとしますれば、このような批判は確かに誤解に基づくものでありまして、その点、会議で十分にその誤解を解くことができなかった私などにも責任があるわけですが……」との"弁明的自白"（!!）がなされている。

貿易と関税2007年8月号の前記個所に、ここで回帰して頂きたいが、同じく公開の場たる金融法学会での同教授の、「国連モデル法」20条の本旨を（あらかじめ!!）歪んで伝える営為も、或いは同様の"心の傾き"（ないしは、人としての"覚悟"の程）と関係するもののように、"国際会議歴戦錬磨"の私には、思われるのである。

だが、そのような込み入ったことよりも、ある法的制度につき、その法律効果を「すべて裁判官の裁量に委ねる」といったことの、"異常性（!!）"に、我々は注目すべきである。これから見て行くように、そんなことは、連邦破産法チャプター15で「国連モデル法」を採用した「米国」ですら、考えられていない（!!）。確かに、従来の同法「304条」の下では、これから再度見るように、「米国型の『積極介入型裁量≒コミティ』の図式において、「すべてが裁量」のごとき世界に、「米国」の現実があった、とは言える。だが、この点では「米国」も、前記の「国連モデル法」20条の、そのままの導入によって、多少なりとも変わったのである（後述）。「一橋案」以来、「米国の304条」への思い入れが非常に強かった日本ゆえの珍現象、としての側面はあるが、法制度として、非常に異常な事態であること（!!）に、変わりはない。

あなたが日本の（「米国」の、ではない!!）裁判官だったとして、「何をおやりになるにせよ、すべてあなたの裁量です。「平成12年法」の中に、メニューはいろいろとありますが、お使いになるかどうかは、すべてあなたの裁量です。但し、外国倒産手続の承認援助を極力迅速にやって下さいね」といった法律を、どう適用できるのか、ど

う適用すべきなのか。日本の「法律」で、一体こんなことが、普通に行なわれているのか。──そこを考えるべきである。
　なお、この点について私は、貿易と関税2007年8月号80頁（本書第1章2(2)）において、以上を前提に──

　『同法［平成12年法］21条の「承認の条件」……の規定は、殆どノー・ガードでの「承認」を規定する。それを前提として、例えば25条の、「外国倒産処理手続に対する援助［共助!!］」を与える関係での、「他の手続の中止命令」の規定を、見てみよう。
　　「裁判所は、承認援助手続の目的を達成するために必要があると認めるときは……中止を命ずることができる」（同条1項）、あるいは、「裁判所は、……中止の命令を変更し、又は取り消すことができる」（同条4項）、といった規定が、他の諸規定を含め、同法の基幹部分に、並んでいるのである。要するに、裁判所の"裁量"、しかも、よく考えれば"米国流の裁量"（但し、［それが"空っぽの箱"としてのものであることにつき］詳細は後述する）が、前記の国連のモデル・アクトを通して、過剰に"滲み出して"いるのが、同法の本質なのである（!!）。』

──と、述べておいた。右の最後の「過剰に"滲み出して"」とあるところが、ここでの追加的指摘事項と、関係する。そして、石黒・同前（2007年8月号）83頁以下で私は、次のようにも述べていた。即ち──

　『ここで問うべきは、次のことである（!!）。即ち、山本・前掲書の「はしがき」2頁には、既述のごとく、従来の判例・学説に支えられた「日本の姿勢は……経済的破綻の問題についてキチンとした法整備をしない無責任な国として、大げさに言えば国際信用にも関わるもの」であり、「日本の行政重視・司法軽視の体質を具現したものとする評価も可能であった」が、「その意味で、今般の法整備は……大きな前進を遂げたものと評価出来よう」、とあった。
　　だが、"米国流の裁量"［但し、空っぽの箱として導入されてしまったそれ!!］で、基本的にすべてが"水面下"に潜り、実際の訴訟（国際訴訟）という形で顕在化しにくい法制度作りをする方が、極めて「無責任」なこと、ではないのか（!!）。国際倒産事例は、多方面の関係者の利害調節を、「国境」を越えて、如何に行なうかという、極めて高度な法政策的判断を要する問題である。だが、だからこそ（!!）各ステップでの法的判断（牴触法的なそれ）の精緻さと、判例・学説による詳細な検証とその蓄積（!!）が、大いに求められる、と言うべきではないか。同法制定自体に対して、この点からの強い疑問が、呈せられてしかるべきである（後述）。それなのに、従来の判例・学説の蓄積（法文化の継承!!）を同法制定が全否定したとする、前記の暴論までがあるのは、一体どうしたことなのか（!!）。』

──と（*）。

　　*　ちなみに右に言う「前記の暴論」とは、松下淳一・国際私法判例百選（新法対応補正

版・2007年）211頁を引用した上でのものだが、伊藤眞・破産法・民事再生法（2007年・有斐閣）183頁、山本和彦・前掲国際倒産法制（2002年・商事法務）112頁も結論同旨である。反対説としては、山本克己「新しい国際倒産法制における「承認」概念とその周辺」河野正憲＝中島弘雅編・倒産法大系（2001年・弘文堂）153頁（なお、同前・146頁をも参照）、森下哲朗「国際倒産と銀行倒産」国際私法年報3号（2001年）243頁（なお、木川裕一郎「外国倒産処理手続の承認をめぐる考察」桜井孝一先生古希祝賀・倒産法学の軌跡と展望［2001年・成文堂］520頁以下をも参照せよ）がある。この点は、本書第6章において、「日本」に論述の焦点が戻った後で、更に詳述する。

(3) 本書のこれまでの論述の流れを振り返って

　さて、本書全体のプレヴューをかくて示した貿易と関税2007年8月号分（本書第1章1・2）を経て、私は、同9月号分（本書第1章3(1)(2)）において、「平成12年法」に至るそもそもの出発点たる「一橋案」における、「租税」の"牴触法"上の位置付けに、「インド課税事件」に象徴されるような諸国の一致した国家実行に対する基本的な無理解に基づく、致命的な混乱があること等を指摘した（この点は、同・2008年8月号63頁以下の、『「国連モデル法13条2項」の制定過程』に関する論述（本書第4章4(2)）と、深く関係する。「米国対外関係法第3リステートメント§483」との関係での問題である）。だが、同・10月号では、一転して、日本における国際倒産法研究の"フィーバー現象"のもととなった「BCCI事件」を含む、「国際金融の全体像から見た国際倒産現象」について、論述した（本書第1章3(3)(4)）。「租税」以外にも、「金融規制」という、同じく"非民事"の領域への適切な眼差しなくして、すべてを"民事"で語り尽くせる「かのごとき」謬見を、指弾するために、である。

　そして、貿易と関税2007年11月号分では、再度、「一橋案と租税」の論点に戻り、例えば同前・68頁において──

　『「一橋案」「第4」の(8)の③では、「禁止による不利益が著しい」との日本の裁判官の"認識"と、「権利行使の禁止」の「解除」をするか否かという"決定"、との間における"裁判官の営為の内実"が、問題である（!!）。不利益が「著し」くなければ外国の法による「禁止」のまま。「著しい」ならば「禁止」の「解除」。──その二者択一のようにも読めるが、そこでの"裁量"が、如何になされるのか。少なくとも、日本の裁判官が外国側（外国管財人等）に、「ちょっと、何とかしてよ！」と詰め寄る場面は、どうも想定されていないようである。』

　──と述べた（本書第1章3(5)）。そして、まさにそのこととの関係で──

　『これは実は、極めて重大な問題である（!!）。（2007年8月号分でも略述した）後述の「平成12年法」にも、そのまま引き継がれている「大問題」である。即ち、"米国型裁量"を範としつつ、実際には、米国裁判官の「裁量権行使」の"実像"、即ち、具体的な裁量権行使に至る"制度的な基盤・諸前提と実際のプロセス"（!!）……が、欠落したままで、単なる「空（カラ）箱」として、それが「平成12年法」にも導入されている。

再三本書で論じたように、そんなところまで日本に導入するのは、所詮無理だし、すべきことでもない。だが、かくて、いわば"箱"の中身が「？」のままの、裁判官の裁量制度が、導入されてしまった。こうした状況下で、日本の裁判官のメンタリティが、一体どっちに、どう転ぶのかの問題となる。「外国倒産手続の承認援助」は"善"との"刷り込み"があり、かつ、ほとんど「承認」（＝援助［共助］を与えること）へのバリアも設定されていない「平成12年法」のことゆえ、無限定に「承認援助」へと傾く。しかも、2007年8月号で実例も示しておいたように、「管理命令」にまで、ほとんど自動的に行ってしまう傾向さえ、看取される。裁判官の心理としては、それ以上踏み込むのが怖いから、自然にそうなってしまう、というところでもあろう。

　それでは、「国連モデル法」採用とともに従来の「304条」を削除した米国でも、外国に対してこんな"無防備"な状況が、生じてしまっているのか（!!）。この点の"検証"（現時点での日米比較!!）が、かくて、極めて重要となる。日本が、米国から一体何を学んだというのか、の問題でもある。』

――との、まさに本書第5章における「米国」についての論述のベースとなる指摘をしておいた。

　その一方で、そこ（2007年11月号分――本書第1章3(5)）で私は、後に「国連モデル法」13条2項の制定経緯（貿易と関税2008年8月号63頁以下［本書第4章4(2)]）との関係で、『ぴたりと嵌まる「パズルの一枚」』として重要となるところの「ルクセンブルグ対IRS事件」にも言及しつつ、従来の「米国連邦破産法304条」の条文の構造と"コミティ"との関係にも触れ、かつ、「承認要件に関する一橋案と平成12年法との対比」をも行なった。

　以上を受けた2007年12月号分（本書第1章4）では、これからの論述の、まさに前提をなすところの、「従来の米国連邦破産法とコミティ」、そして、「積極介入型の米国裁判官の裁量」の実像について、「一橋案」をめぐる伊藤眞教授と高木新二郎判事とのやり取り（金融法研究5号44頁以下）とも対比させつつ、両氏の間で問題となったところの、米国型の"条件付き承認・一部承認"を、入れるべき"箱"が日本にはないことを、示しておいた。とくに、同前（2007年12月号）54頁に引用の高木判事の以下の指摘が、重要である。即ち、同判事はそこ（金融法研究5号45頁）において、承認決定の効果は倒産手続開始国法によるとの「一橋案」「第4」の(8)の、③の第1文を受けた第2文に、「その内容は、承認決定の中で明らかにする」とあることとの関係で――

「倒産手続について裁判所等が相当な監督をしているかどうかについても、国により、制度により、さまざまなものがあり、安心できるものもあれば、そうでないものもあり、程度の差があると思います。そんなわけですから、外国倒産手続を承認するにしても、事案に応じてさまざまな柔軟な対応［!!]ができるようにすべきであると存じますが、いかがでしょうか。……あるいは大陸法がベースになっているわが国では難しいことなのかもしれませんが［!!]、この点について、伊藤教授のご見

解をお伺いしたいと存じます。」

──と指摘した（高木・前掲頁）。これに対して伊藤眞教授は、「承認の効果というものを柔軟に考える必要があるのではないか、というご指摘でございますが、そのとおりかと存じます。……一つの例として、条件つきの承認というようなことを考えてご説明をいたしました。その条件の内容としては、いろいろなもの［？？］が考えられるだろうと思います」との回答をしていた。

　私は、そこ（貿易と関税2007年12月号55頁）において、この高木判事と伊藤教授とのやり取りにつき、両者とも、『"積極介入型"の米国型裁量』に、猛烈なシンパシーを抱いていることに注目しつつも、高木判事が指摘するようなことを、「一橋案」のどの条項で行えるのかを冷静に考えると、『「はるか上空の風」と「条文案」とを繋ぐものは、何もない（!!）』ことに注意すべきだ、と論じておいた(*)。

*　その際、伊藤眞教授が、金融法研究・同前46−47頁において、米国の304条の条文とその運用実態とは異なり、「ローカルな債権者を外国の債権者より保護するという理由は、なにひとつない」（!?）との、（米国の従来の扱いとの関係で）意外とも思われる見方を示していたことに、再度注意すべきである。かかる見方は、「国連モデル法」や「米国連邦破産法チャプター15」とも、「2000年EU規則」（そして、その拘束を受ける「ドイツ」・「英国」）の基本的問題関心等とも、大きく乖離する（!!）ものである（なお、本章 3⑴ a［B］と対比せよ）。

　ここで、本章 1⑵の『「平成12年法」と「国連モデル法」との間の"亀裂"の一端についての"重要な事前補足"』の指摘に戻れば、ともかくも「承認の効果」について明示規定のあった「一橋案」に対して、「平成12年法」は、「承認の効果」は「すべて裁量」とする"立法上の暴挙"に出た。「条件付き」云々どころではない。「国連モデル法」の構造すら全く無視して、すべて裁量、である。貿易と関税2007年12月号56頁において私は、「一橋案」を巡る前記のやり取りとの関係で──

　『高木判事・伊藤教授が共に目指した「米国型裁量」は、米国の司法制度に深く根差したものであって、しかも、米国裁判官の示す種々の「命令」や「条件」には、仮にそれに対する「違反」があれば、『裁判所侮辱』等（!!──外国訴訟差止命令なども含む。なお、貿易と関税2006年2月号54頁以下参照）による、『強烈なサンクション』（!!）が、そこに断固たる形で、裏打ちされている。そこまで含めての「裁量」なのである（!!）。そうした『"積極介入型"の米国型の裁量』の"全体像"を、1個や2個の条文の文言を弄るのみで日本に"移植"することなど、出来るはずがない（!!）し、するべきでもない（これは、日本の司法制度の根幹にかかわる。そこまで「裁判官」に信頼をおくべきか等々、まさにこれは、国民的合意の有無を慎重に確かめるべき、重大問題であることに、注意すべきである!!）。……かくて、これから論ずるように米国連邦破産法304条の根底にある、右に示した「米国型裁量」の、単なる表層部分のみを日本に移植しようとする、あまりにも無謀な試みは、（日本が米国の五十何番目の州になれば格別）いずれにしても破綻する。既述のごとく一橋案（伊藤教授）とて、

その移植のために条文案の文言を、あれこれ苦労してみた結果が、以上示したところなのであろう。……だが、まだそこには、「米国のようにしたい」との、"願望"があった。それでは、平成12年の承認援助法では、この点、即ち、「承認援助」にあたっての外国側への「米国型の裁量」による"条件付け"が、どうなったのか。果たして使える条文があるのか否か。是非、お確かめ頂きたい。何もないはず（!!）である。』

──と指摘しておいた。

　以上を経て、貿易と関税2007年12月号分後半（本書第１章４(2)(3)）では、「米国連邦破産法304条」と『「コミティ」の重層構造的性格』、及び、『「コミティ≒裁量」という「米国型裁量の実像」』を深く抉る作業を行ない、その結果を、念のために2008年１月号分の冒頭で纏めて示した(＊)。そして、2008年１月号分の後半では、『すべての混乱の元凶たる「米国対外関係法第３リステートメント§483」』の徹底批判（それ自体は、既に貿易と関税2007年４月号分［本書序章３］で行なっている）を、「裁量とコミティ」の視点から補足する作業も、行なわれている。

　＊　だが、この2008年１月号分では、"非民事"領域での国家管轄権論（立法管轄権と執行管轄権との区別）の基本や、「絶対的強行法規」概念の一層の厳密性のために、牴触法の基本枠組みについての"一層分かりやすい説明"を、試みることにも、意を用いた（本書第１章４(4)ａ）。

　右の「＊」部分の続きは、2008年２月号分でも、その冒頭で示しているが、同号分から、いよいよ「欧州」となる（本書第２－４章）。その論述が、延々とここまでに及ぶことになるのだが、まず、2008年２・３月号分では、「2000年 EU 規則」にも大きな影響を与えた「ミニ破産」方式を含む、「スイスの行き方」について論じた（本書第２章）。そこでは、スイス国際私法典制定後の同法改正や、スイス国際倒産法における「租税債権」の取り扱いとともに、ほかならぬ「私」の「ミニ破産」方式の定着（明確化）への"貢献"についても、"ありのまま"にすべてを（初めて）示してある。但し、本書第５章と深くかかわる論点として、同2008年３月号75頁以下に、『「従来の米国」と「スイス」の国際倒産法制との比較・その３──スイスの行き方は「承認」ではなく「共助」だと、果たして言えるのか？』との項目のあることには、注意して頂きたい（本書第２章５）。

　かくて、貿易と関税2008年４月号分以降は、「EU の国際倒産法制」となる（本書第３章）。既述の意味から、「スイスとの比較」にも重点を置いた論述となっている。まず、導入部たる2008年４月号分では、とくにその前半において、『「英国」という"悲しい言葉遣い"』について再確認をし（本書第３章２）、後半では、「2000年 EU（倒産）規則」とは別枠の「EU 金融機関倒産指令」に言及し、その関係で、「証券・マネーのペーパーレス化問題」についても論じた（本書第３章４）。

　その前提的論述を経て、2008年５月号分（本書第３章５）で「2000年 EU 規則の基本構造」を明らかにし、その「２次的倒産手続」の取り扱いにおける、「スイス」の「ミ

ニ破産方式」との親近性等の解明に意を用いた論述を行なった。この2008年5月号分の後半と同6月号分は「ドイツの視点から」、である（本書第3章6）。Schackの、『コモン・ローによって"刻印"された「国連モデル法」は、……欧州においては、殆ど受け入れられない』との象徴的な言葉についての引用もある。だが、同6月号には、「国連モデル法」の「平成12年法」による採用、という事態との関係で、「各国法統一作業の全体像」についての注記や、「一橋案」以来のわが民訴・倒産法学者による"牴触法の基本構造"に対する無理解（既述）にも鑑み、私の側から民訴学者達に投げかけて久しい重要な問題の"球筋"等についての言及も、あわせて行なっている。また、「米国型のフェアネスとコミティとの関係」についての重要な注記も、同6月号（66頁以下）で行なっている（以上、本書第3章6(2)）。

そして、2008年7－10月号分が、「英国」となる（本書第4章）。だが、（「スイス」及び）「ドイツ」・「英国」についての以上の論述は、『「内発的な自国の法発展との連続性」を、それら諸国が、最大限に尊重・重視しようとしていることの検証』（例えば、貿易と関税2008年4月号55頁を見よ）を主眼とするものであった。「平成12年法」との関係での、本章冒頭でも再度示した"暴論"（松下淳一・山本和彦・伊藤眞の各教授のそれ）があるがゆえの、悲しき必然としての"分析視角"である。

この"分析視角"は、以下の「米国」についても、維持される。そして、「スイス」・「ドイツ」・「英国」と同様の結論が、「米国」についても得られることが、検証される。なのに日本は、どうしてこうまで"根無し草"として漂流するのみなのか。──以下の「米国」を経て、本書は、まさに"其処"（本書第6章）へと、向かうことになる（以上、アイドリングのつもりが、結構長くなってしまったが、2008年9月7日午後10時6分までの執筆。同日午後10時35分まで、以上の点検を行なった。──執筆再開、9月9日午後3時53分）。

以上が、本書のこれまでの論述の流れである。

(4) 従来の「連邦破産法304条」の制定過程と"想起すべき事柄"

「国連モデル法」の制定経緯について、9月9日に届いたばかりの貿易と関税2008年9月号64頁にも、『そもそも「国連モデル法」作成への動きに関して、「アメリカ側では……アメリカの［1978年に新設された連邦破産法］304条が孤立［!!］をしないことが彼らのメリットであるというふうに把握をしていると思います」（貿易と関税2007年9月号96頁に引用の、竹内・前掲金融法研究5号12頁）というところから、それが出発していたこと（!!）も、ここであわせ考えるべきであろう』と、述べておいた。竹内康二・同前頁には更に、「ABA[American Bar Association]その他が、1983年、87年と連続して、この国際倒産問題についての会を開きまして、同時に、ABAからIBA[International Bar Association]へ支援を求めるというような動きもありまして、［1989年］現在、ABA、IBAの二つの母体が中心となって、国際倒産について、304条の拡張という基本的な認識［!!］で作業を進めているのではないか」、ともある。

だが、なぜ「米国の304条」について「孤立」が懸念されたのか。その点について、ここで若干論じておくことが、『「米国と国連モデル法」を論ずる重要な前提』となる（!!）。以下、一つ一つ手順を踏みつつ、まさにこの点を論じて行くこととする。

なお、竹内・前掲10頁には、「ABAのビジネスセクションの破産小委員会の若手の有力メンバーの手になるもの」としての、或る報告書への言及がある。米国・カナダと、「他の9カ国」（英国、フランス、ドイツ、日本、等）が関与した"統計"である。竹内弁護士も同前頁で、「統計学的には問題もあるとは思いますが」としている通り、誠に胡散臭い"統計"（アンケート調査）なのだが、「米国」については、「あなたの国［米国］の倒産手続を外国が承認しないことあるいは協力的でないことによって、逆にあなたの国［米国］が外国の倒産手続を承認しないことあるいは協力的でないことによって、債権者が蒙る損害は毎年どの位の額にのぼると思いますか」、との問いに対する「回答」として、「年平均1億4,500万ドル」とある。前記の「他の9カ国」についての、同様の「債権者が蒙る損害額」は、「1000万ドルから1億ドル」などどされている（以上、竹内・同前頁）。

この杜撰極まりない調査（1986年に実施）の詳細情報は、竹内康二「在外資産からの回収をめぐる国際的動向」竹下編・前掲国際倒産法（1991年）153頁以下にあるが、「回答者」は米国38名、カナダ38名、「他の9カ国」9名、「回答率」も、右に具体的に示した問いについての「米国」は、「38分の14」と低く、そもそも「年平均1億4,500万ドル」などという数字は、端（はな）から当てにならない。要するに、『「米国」の「304条」のようにしないと債権者が困るのだ。だから他の諸国も「304条」を見習え』、と言わんがための歪んだ営為である。

ここで、山本和彦・前掲金融法研究15号94頁以下に戻れば、「国連モデル法」の制定経緯につき、以下の記述がある。即ち、「今回の作業の背景といたしまして……国際的な弁護士団体であるIBAは、1989年にUNCITRALの作業のさきがけとなる国際倒産協力モデル法をすでに提案されておりましたし、また、1996年には、個別事件における協調的処理のモデルとなる国際倒産モデル協定をつくられ、精力的に実務的方向からの協力措置に腐心されてきました。またやはり倒産実務家の国際組織であるInsol[*]は、1994年と95年にUNCITRALと共催のシンポジウムを開催し、直接今回のUNCITRALの作業のきっかけをつくりました」、とある（なお、以上につき、山本和彦・前掲国際倒産法制192頁以下をも見よ）。

* 私の手元には、Sheldon Lowe (ed.), INSOL INTERNATIONAL: INSOL '85 International Insolvency Conference（1985 Matthew Bender）の1冊がある。貝瀬幸雄教授が助手だった頃、後の彼の助手論文（貝瀬・前掲国際倒産法序説）の支援のために、大学院で「国際倒産法」の演習を行ない、そこで、これから論ずるRiesenfeld論文などを俎上に載せる一方で、同書を彼に貸与したりもした。彼の良き議論相手だった元永和彦君（筑波大学教授）が2008年6月に46歳で急逝したことは、実に残念であった。私の研究室で、助手論文執筆中の貝瀬君を間に挟み、（もとより「平成12年法」制定前の状況下で）外国倒産手続の承認に「執行判決」制度を用いるとして、それでは誰を被告としてその訴えを起こすのか（貿易と関税2007年9月号94頁上段の後半参照）と、二人して貝瀬君に詰め寄った記憶は、鮮明である。

ちなみに、後述の点との関係で言えば、Insol Internationalの本部「も」、「ロンドン」である。そして、竹内・前掲（竹下編）174頁は、「1978年アメリカ連邦破産法のなかの国際倒産処理条項［304条を中核とするそれ］を各国が注目する過程で、その過程自体を、

逆に注目してきたのがほかならないアメリカの法律家であるように思われる」とし、「まず、Insol International というイギリス実務家を中心とした団体が組織され」、そこでLowe (ed.), supra が纏められ（竹内・同前175頁）、他方で ABA・IBA が動き出した、とある。

　なぜ「米国」の「304条」が、他の諸国から注目されたのか。また、他の諸国からの「304条」への注目の過程を、「米国」側が「逆に注目してきた」のか。実は、そこに、性急に「304条」制定へと走ってしまった「米国」サイドの、"ボタンの掛け違い"がある（後述）。

　この経緯につき詳細に論ずるのは、高木新二郎「国際倒産協力についての各国の現状と『国際倒産協力モデル法』」竹下編・前掲国際倒産法89頁以下である。冒頭には、IBA が「ロンドン [!!] に本部を置く」団体であることが、まず示されている（同前・89頁）。そして、前記の IBA のモデル法（1989年）について、「アメリカの弁護士がかなり積極的役割を果たしており、このモデル法にもアメリカ合衆国連邦改正破産法304条で先鞭をつけた国際倒産協力立法を世界に拡げようという意図 [!!] がうかがわれることは否定できない」、とある（この点は、高木・同前132頁において、このモデル法の「起草委員の中心的なメンバーは米英のそれであることから、英米法的な内容と体裁となっているが、さらに加えてアメリカ合衆国連邦改正破産法304条の強い影響を受けていることは否定できない」として、同旨が重ねて示されている[*]）。

* 貿易と関税2008年9月号58頁以下（本書第4章4(3)&(5)）において私は、「英国」の「2006年国際倒産規則」によって受容された「国連モデル法（英国）」の13条（tax の取り扱いとの関係で言及）につき、とくに同前・61–62頁において、「英国紳士」らしい、"勿体振ったレトリック（トリック）"に言及していた。即ち、『13条3項冒頭で「§483的米国」に（シニカルな？）リップ・サービスをし、「英国」は他の諸国とは違って（？）「あなた（Mr. §483）と同様に感じていますよ……」とのポーズをとり、「外国の租税だというだけで蹴っ飛ばすなんてことは、我々"も"考えていませんよ」とした上で、同項(a)においては、「課税」それ自体ではなくて「刑事」だったら、「さすがに駄目でしょうか？」（もっとも、§483では「課税」も「刑事」も一緒くただが）と、実際の論議の最前線だったところとは外れたところに、あえて球を投げる。だが、すべては同項の(b)で決着を付ける（帳尻を合わせる）"魂胆"である。それが見え見えであるところがまた、いわゆる「英国紳士」の、いかにもスノビッシュ（snobbish）な行動パターンそのものである、とも言える』と述べ、纏めとして、『「英国」ヴァージョンの「国連モデル法」13条3項は、「§483的米国」の"隠れサポーター"のようにプリテンドしつつも、全くそうなってはいず』云々、と指摘しておいた。

　なぜ「英国」が「§483的米国」の"隠れサポーター"のようにプリテンド」する必要があったのかも、改めてここで略述したところの、「国連モデル法」の制定経緯（「米国」と「英国」との微妙な関係──全体的文脈としての、"英米法系の盟主"としての「英国」の、「米国」への協力姿勢）から、十分に推測できるところと言えよう。

　いまだ「国連モデル法と米国」を論ずる"前提"の段階だが、ここで、J. L. Westbrook, Chapter 15 at Last, 79 The American Bankruptcy Law Journal (2005), at 713ff に、眼を転ずる必要がある。Id. at 718f には、「国連モデル法」の制定経緯につき、

1 「米国と国連モデル法」を論ずる諸前提 293

本章で続いて行なう Riesenfeld の不十分極まりない比較法的研究（それが、「304条」の既述の国際的な「孤立」をもたらした原因である!!）との関係を含めて、以下の指摘がある。即ち——

"The United States courts have long been open to cooperation with foreign bankruptcy proceedings[*]. ….. Thus it was merely a next step [?] in American law when Professor Riesenfeld succeeded in persuading Congress to adopt § 304 in the 1978 Bankruptcy Code. That section for the first time codified United States notion of comity [!!] and cooperation with foreign courts in bankruptcy matters. ….. A substantial number of cases over the quarter-century since the adoption of § 304 have, on the whole, nurtured and expanded its central notion of deference and cooperation.

By the early Nineties, other countries had began to respond to this initiative, but progress was painfully slow [!!]. At the urging of the United States and several other countries [!?], the problem of cooperation ….. was taken up by the United Nations Commission on International Trade Law ("UNCITRAL"), based in Vienna. ….. The United States delegation was a major player in those negotiations. ….."

——との指摘である。

* 但し、右の「*」部分に付された注33には、"See Canadian S. Ry. v. Gebhard, 109 U.S. 527 (1883). See generally Hilton v. Guyot, 159 U.S. 113 (1895)." とある。前者は、石黒・前掲国際民訴法92頁注229で引用した、「1978年のアメリカ連邦破産法改正により304条を中心とする外国倒産手続の承認規定が導入される前の時期に、まさに「コミティ」による承認がなされた、初期の重要判決であった」ところの、「カナダ南部鉄道事件」である。それは、石黒・同前頁の注を付した「アライド・バンク事件」（それについては、貿易と関税2007年12月号61頁以下で論じた）と同様、いわば"裸のコミティ"の機能した場面であった。しかも、その種の事例は必ずしも多い訳ではなく（この点については、貝瀬・前掲序説251頁以下。「カナダ南部鉄道事件」は、「ヘルシュタット銀行事件」以前のものとしてそこで紹介されている、1809年のものを最初とする6つの事例の中の1つである。貝瀬・同前254頁以下）、従って、"Thus it was merely a next step ……" と言うことには、若干の抵抗がある「はず」のところ、である。

本章における議論の、ここでの流れとの関係では、右の最後のパラグラフ冒頭に、1990年代初頭には、他の諸国が「304条」的な「米国」に呼応し始めていたが、その進展は痛々しいほどに遅かった、とある点に注目することになる。そして、「米国」（等）が促して「国連モデル法」制定へと至る過程で、「米国」の代表が主要な役割を果たしたことも、そこで明確に指摘されている(*)。また、そこには、あたかも「304条」が「米国」の画期的な「イニシアティヴ」である（であった）かのごとき指摘がある。まさにそうなのだが、なぜ「米国」が「304条」の制定で、諸国の最先端のような位

置に自らを置くようなことに、なってしまったのか。換言すれば、それがどこまで自覚的なものであったか（十分自覚して世界の最先端を「米国」が走ることになったのか否か!!）。それが、後に論ずる重要なトピックとなる。

* ちなみに、Westbrook, supra, at 719 fn. 41には、同教授が「米国」の「Chapter 15」作成上、中心的な役割を果たしたことが、示されている。そして、Ibid. には、"The most important source of authoritative interpretation of Chapter 15 is the House Committee Report."とあり、Id. at 714の fn. 2が引用されているのだが、そこには、"H. R. Rep. No. 190-31（2005）"とある。この点は、ネット上の79 Am. Bankr. L. J. 713の fn. 2でも同様。だが、これは、No. 109-31のミスプリである（正式名称は、109th Congress 1st Session, House of Representatives, Rept. 109-31 [2005]: Bankruptcy Abuse Prevention And Consumer Protection Act of 2005: Report of the Committee on The Judiciary, House of Representatives である）。
　本章用の執筆準備をしつつ、妻にその検索を依頼したが、この「ミスプリ」ゆえに難渋し、私の指示の不十分さもあって、妻の時間を数時間も浪費させてしまった。許せない思いだが、東北大学の英米法の芹沢教授の努力による、米国法の検索システムに、大いに助けられた、とのことである。私もちらっと画面を見たが、実に充実しており、私のようなネット弱者には、有り難い限りである。英国留学後の芹沢君が、「国際金融取引と信託法理」に関する私の大学院演習に参加してくれたときのことを、思い出した。どうして東大にそうしたものがないのか。直近の情報で、東北大学とNTTとが、R&Dについて包括的な協定を結んだことを、NTT（持株）の研究企画部門（旧第3部門――石黒・IT戦略の法と技術［2003年・信山社］執筆に全面協力してくれた方々）からの連絡で知った。再度、東大は何をしているのか、との思いが募った。――但し、そのことを資料送付のお礼として先方にファクスしたら、早速レスポンスがあり、東大とNTTとの同種の協定は、2007年6月7日に既に締結されている、とのこと。危うく「"東大"もと暗し」になるところであった。

　だが、それだけではない（!!）。Westbrook, supra, at 718f の前記引用部分の第1パラには、「304条が米国の"コミティ"の観念を初めて法典化した」との見方が示されている。この点は、本書第1章4(2)において（貿易と関税2008年1月号73頁に、その前号分の纏めとして）示したところの、『米国型「コミティ」の重層構造的性格』の「第2」としての、『「304条」自体と同視されるコミティ』との指摘と、ピタリ符合する。
　そうでありつつ、Westbrook, supra, at 716は、"Chapter 15 ..... represents ..... a course already charted by most American court decisions[*] in multinational cases and anticipated by the adoption of § 304 of the Bankruptcy Code in 1978."として、「304条」からの自然な流れとして、新設された「Chapter 15」を見ている。

* Id. at 718fについての前記引用部分にも"on the whole"とあり、右の個所にも、"most American court decisions"との、微妙な限定がある。ここでは、貿易と関税2007年12月号57頁以下、とくに61頁以下で論じたところの、『「従来の米国連邦破産法」と「コミティ」＆「米国型の（積極介入型の）"裁量権限"」』（本書第1章4(3)）についての過激な実例などは、捨象されている。そして、「コミティ」と「国際協調」とを単純に同視するかのごとき楽観論が、展開されていることになる。そこに、あらかじめ注意してお

さて、ここで、「今から30年以上前」の時点に、一挙に遡ることとする。「304条」制定時に、「米国」が何をどう考えていたのか、の問題である。そこに、いかなる"ボタンの掛け違い"（既述）が、あったというのか。ここで、貝瀬幸雄君も参加した私の既述の大学院演習において、「何じゃあ、これは!!」と、こっぴどくやっつけたところの、S. A. Riesenfeld, The Status of Foreign Administrators of Insolvent Estates: A Comparative Survey, 24 The American Journal of Comparative Law (1976), at 288ffを、じっくりと再度、"点検"すべきことになる。なぜ「米国」が「304条」の国際的な「孤立」（!!）を恐れたのかの、そもそもの初めに関する論述、となる（以上、2008年9月9日午後9時50分までの執筆。少し早いが、今日はこの位にしておこう。ここまでの一応の点検終了、同日午後10時53分。──執筆再開は、3日あけて、9月13日午後3時10分頃）。

(5) 「米国連邦破産法304条の制定過程」と"ボタンの掛け違い"？

既に引用したWestbrook, supra (2005), at 718にも、Riesenfeldが「304条」制定の立役者であったことが、示されていた。リーゼンフェルドの米国議会への説得 (Ibid) の前提としての、彼の（当時の）諸外国における状況への理解の程を示したのが、Riesenfeld, supra (1976) だということになる(*)。

* なお、貝瀬・前掲国際倒産法序説（1989年）313頁注3にも、この論文が引用されている。また、同前・278頁に、「304条」（等）の制定について、「Riesenfeldの寄与が大きかった」ことへの言及がある。他方、「国際倒産法の権威者と目される」リーゼンフェルド（及びネーデルマン）の米国議会への報告書の提出が、まさに1976年に行なわれていることにつき、同前頁参照。従って、Riesenfeld, supra (1976) の記述内容は、米国サイドの、「304条」制定当時における諸外国の動向把握と、（少なくとも）極めて近いものとなっていることに、注意すべきである。

ところで、貝瀬・同前251頁以下の「アメリカ国際倒産法の形成」（同書第4章）は、<u>1974年のヘルシュタット（Herstatt）銀行事件</u>（同前・263頁。なお、同事件の「3方向での重要な意義」に言及する石黒・貿易と関税2007年10月号62頁に注意せよ）によってもたらされた「アメリカにおける混乱」（同前・262頁以下）を軸に、同事件から「1978年破産法改正まで」（同前・268頁以下）、「304条」を基軸とする同年の改正の内容（同前・280頁以下）、といった手順で「米国」を論じている。

この点は、Riesenfeld, supra (1976), at 288の、同論文冒頭もほぼ同じであり、Id. at 288fの注2で「ヘルシュタット銀行事件」の詳細が語られ、それがId. at 288-290の"The Need for A Fresh Look"の核に据えられている。リーゼンフェルドはId. at 290で、倒産法改正との関係での「比較法研究（comparative studies）」の必要性に言及し、それがこの論文の趣旨と繋がるのだが、そこでリーゼンフェルドは、早くも論敵ネーデルマン（貝瀬・前掲序説278頁以下参照）を意識し──

"A noted scholar [Nadelmann] recently again complained of the great variety of conflicts rules for bankruptcy followed in different countries. In his effort, however, ... some important nuances seem to be slighted. Moreover, his pessimistic views on the merits of legislative improvement should not remain uncontradicted. ....."

——と述べている（Riesenfeld, supra, at 290.）。ネーデルマンの悲観的な分析においては、若干の重要なニュアンスが軽視されている（slighted）ようだ、とする右の下線部が、以下の「比較法」と関係する。

だが、その前に再確認しておくべきことがある。1973年段階で出されていた「304条」（等）のドラフトたる Section 4-103（貝瀬・前掲序説277頁以下。その後の修正につき、同前・279頁以下）の(b)につき、外国倒産管財人に在米資産に関する救済を許容するこの条項の性格が、Riesenfeld, supra, at 296で、以下のように記述されている。即ち——

"Relief under Section 4-103(b), however, is totally discretionary and may not be granted if it would result in unequal treatment or inconvenience to local creditors or otherwise be inconsistent with the policies of the U.S. bankruptcy law or the standards of fairness [!!] and justice governing domestic proceedings."

——と。すべてを「裁量」の下に置きつつ、米国の「ローカルな債権者」の保護や米国型の「フェアネス」等を重視する「米国」の姿勢は、「304条」の草案段階からのものであることを、かくて我々は、再確認すべきである（本章で再度示した伊藤眞・金融法研究5号46－47頁の指摘との関係において「も」、である）。

そして、Riesenfeld, supra, at 296は、この流れにおいて、"Thus they [these provisions] should be an important step toward international harmony and greater reciprocity as a comparison with other legal systems should disclose." と述べて、右の制約の下ではあれ、外国管財人側に救済を認める「304条」（等）の母体となった前記ドラフトが、「他の国々の法システムとの［以下の］比較によって明らかになるように（??）、国際調和への重要な一歩」なのである、とする。

かくて、Riesenfeld, supra, at 296ffの「比較法」の部分の内容が、問題となる。そこ（Id. at 296-305）では、「他のコモン・ロー諸国」として「英国（UK）」と「カナダ」が、次に「フランス型の手続に従う諸国」として「フランス」、「イタリア」、「ベルギー＆ルクセンブルグ」、「ドイツ」が扱われ、Id. 305fの「結論」となっている。サマリー的なものだとしても、その論述は、簡単に過ぎるのである。

最も詳細な「英国」（と言っても、Id. at 296-299の、実質3頁足らずである）を、まず見ておこう。そのトピック・センテンスは、"In the United Kingdom a foreign trustee in bankruptcy or receiver has standing to collect assets ....., provided that ....." となっている。だが、「1764年」、「1769年」といった大昔の判例や20世紀前半の判例が大部分を占める紹介、である。

1 「米国と国連モデル法」を論ずる諸前提　297

　Riesenfeld, supra のタイトルからしても、"The Status of Foreign Administrators" が、つまりは「外国倒産手続」の「承認」が問題なのだが、そこには、貿易と関税2008年7－10月号分の全体（本書第4章）で概観したところの、「英国（イングランド）」における問題処理の細かなニュアンスについての配慮はなく、そもそも石黒・同前10月号分で強調した点としての、<u>「英国」では、法人（会社＝企業）・自然人を問わず、外国倒産手続の承認についての事例は、意外なことに（!!）少なく、それだけ、既述の「共助」の局面がクローズ・アップされる構図と、なっていた</u>ことへの配慮など、一切ない。極めて不十分かつミスリーディング（＆ミゼラブル）な「比較法」と、なっている（!!）。

　Riesenfeld, supra, at 299f の、実質的に半頁の「カナダ」は、"Canada follows English precedents as to the standing of a foreign trustee." との、その部分のトピック・センテンスが、すべてを物語る（Id. at 299に、重ねて "Apparently Canada would follow English precedent ..... ." とある）。

　次の大きな括りとされる「フランス型」は、Id. at 300の "exequatur"（「執行判決」——貝瀬・前掲序説340頁）に着目した分類と思われるが、Riesenfeld, supra, at 300f の、2頁弱の「フランス」では、冒頭のトピック・センテンスとしての、"France attributes to a foreign adjudication in bankruptcy very far-reaching effects ..... ." が、すべてを物語る。この部分の最後（Id. at 301）に、"While in the details the powers of a foreign trustee may be controversial, ..." との留保はあるが、1989年刊行の貝瀬・前掲序説340－366頁（「外国倒産手続のフランスにおける効力」については同前・345－359頁。「フランス」の要約は同前・359－366頁）の周到な「比較法」とは "比較" にならない、<u>"一方向に偏した紹介"</u> である。

　Riesenfeld, supra, at 301-303の「イタリア」も、Id. at 301の "The law of Italy with respect to the status of a foreign trustee resembles that of France to a large extent." とのトピック・センテンスが、やはりすべてを物語る。そして次の「ベルギー」(Id. at 303f) では、当該個所の第2文で、"..... the Belgian law is considerably more liberal than the laws of France and Italy." として、前記の <u>"偏した一方向"</u> を更に畳み掛けて印象づけようと、されている。Id. at 303f に、"Apparently the only exception to the principle ..... are cases in which a) the foreign trustee wishes to resort to measures of execution or b) ..... ." との指摘は辛うじてあるが、ベルギーでの強制執行につき執行判決手続が必要とされる際に、「実質再審査」（わが民事執行法24条2項で禁止されているそれ）が行なわれること（貝瀬・前掲序説367頁）等の、<u>ディテールへの言及はない</u>。わずか7行の「ルクセンブルグ」(Riesenfeld, supra, at 304) も、フランスと同様として扱われるだけ、である。

　そして、こうした "一方向に偏した紹介" の最後に扱われる<u>「(西) ドイツ」(Id. at 304f) のみが、トーンの異なるものとされている</u>。即ち、ドイツ破産法237条と238条の条文英訳が示された後、Id. at 305で、"German law denies [!!] a foreign adjudication any direct effects in Germany ..... with respect to ..... ." とある（貝瀬・前掲序説59－155頁の、詳細な「ドイツ」についての論述と、比較せよ!!）。

　以上の『<u>簡略に過ぎ、かつ、"一方向に偏した"比較法的考察</u>』の末に、Riesenfeld, supra, at 306の、この論文の最後に記されているのは、前記の草案の線で「米国」が一歩踏み出した場合のこととしての——

"In taking this step Congress will bring the law of the U.S. into greater harmony with that of its most important trading partners. Perhaps it may inspire similar ideas in the forthcoming reform of the German bankruptcy law."

——との点である。

かくて、本論文冒頭の、既に引用したRiesenfeld, supra, at 290において、ネーデルマンが軽視（slighted）していた"some important nuances"とは、彼（ネーデルマン）の指摘する（各国法のばらつきについての）悲観的見方（pessimistic views）にもかかわらず、「ドイツ」以外の諸国は外国倒産手続の承認に前向きなこと（??）であり、それらの「米国」の最重要な貿易の相手国との"調和"を図るために、（後の）「304条」が必要なのだと、リーゼンフェルドが、ともかくも力説していたことになる（そして、「米国」がこの諸国のラインに加われば、唯一後ろ向きな「ドイツ」も同様の流れとなろう、ともされていたことになる[*]）。

* 本書で力点を置いた「スイス」についての言及はそこにはなく、かつ、リーゼンフェルドの（米国における）論敵だったネーデルマンの、（前者に比すればはるかに）まっとうな比較法的考察から出発して貝瀬・前掲序説390頁が論じ始めるところの、「1963年以来」のEU（EC）の動向（同前・390頁）も、リーゼンフェルドのこの論文では、扱われていない。ちなみに、Riesenfeld, supra, at 290で、最も外国倒産手続承認に敵対的な国は、1972年法下の「アルゼンチン」とされている。「従来の日本」は、「スイス」・「EU（EC）」とともに、そもそもそこで、扱われていなかったのである。

ウエストブルックも認める通り、リーゼンフェルドは、「304条」作成の中心人物であった（既述）。そのリーゼンフェルドの「比較法的考察」が、以上の、悲惨（!!）と言うべき内容のものであった(*)。

* 実は、Westbrook, supra (2005), at 721にも、「2000年EU（倒産）規則」をEUサイドがEU非加盟国にも適用してくれるだろうといった甘い読みが「米国」サイドにあり、その期待が裏切られた後、EU全体として「国連モデル法」を採用してくれれば……、といった同様の甘い期待が（彼自身を含めて）あったこと等が、"自白"されている（「リーゼンフェルドの比較法」のサッカリン級の甘さと、同様である）。
なお、以上の"顛末"につき、故田中英夫教授の言葉を引用しつつ「米国における比較法研究」の手薄さについて言及した本書序章3(3)（貿易と関税2007年4月号69頁）を、是非参照せよ（!!）。

だが、この路線で「304条」が作られ、蓋を開けて「米国」は"愕然"とした。「米国」は、例えば「国際管轄」すら論じずに（貿易と関税2008年9月号67頁以下［本書第

4章5(2)]）闇雲に外国倒産手続の側に"補助"を与える点で、諸外国に比して"突出"する法制を、整備し「ていた」のである。だから「米国」は、「304条が孤立［!!］をしないこと」のために必死となり、強引に作業を進め、「国連モデル法」にまで至らしめたのである。それが、前記の"ボタンの掛け違い"の内実である。"ボタンの掛け違い"に気づいた後の「米国」のかかる行動は、いかにも「覇権国家米国」らしい、傲慢なものだが、その「米国」に恫喝されてホールド・アップの状態になったのが、既述の「日本」なのである（以上、2008年9月13日午後8時5分。点検に入る。点検終了、同日午後9時8分。──以上は、貿易と関税2008年11月号分）。

2 「国連モデル法」と「Chapter 15 の米国」・その1──これまでの論述との関係において

(1) はじめに

　執筆再開は、2008年9月29日午前11時25分。本章1における"前提的論述"（「米国連邦破産法304条の制定過程」と"ボタンの掛け違い"──比較法に弱い米国ならではのそれ──に重点を置くところの、その後半における指摘が、とくに重要となる）を受けて、いよいよ「Chapter 15の米国」について論ずる。だが、いきなりその"概観"をするよりも、『ピン・ポイントで明確化すべきいくつかの点』について、先に論じておこう。

　それらは、(1) 本書第4章4(2)（貿易と関税2008年8月号63頁以下）の、『「国連モデル法13条2項」作成過程での「§483的米国」の論理の"染み出し"問題（外国租税債権［等］の取り扱い）』と、(2) 本章1で再度（頭出し的に）言及した『「平成12年法」関連での"暴論"』（松下・山本和彦・伊藤眞の各教授のそれ）との関係（『「国連モデル法」は排他的なルートなのか？』の問題）、という2つの点である。

　以下の論述においては、「米国」の「Chapter 15」作成上、中心的な役割を果たした旨自負するウエストブルック教授の、本章1でも引用した J. L. Westbrook, Chapter 15 at Last, 79 The American Bankruptcy Law Journal (2005), at 713ff（右の自負の点については、Id. at 719 fn. 41）、及び、Ibid. において "[t]he most important source of authoritative interpretation of Chapter 15" とされるところの、"H. R. Rep. No. 109-31 (2005)"（正式名称は、"109th Congress 1st Session, House of Representatives, Rept. 109-31 [2005]: Bankruptcy Abuse Prevention And Consumer Protection Act of 2005: Report of the Committee on The Judiciary, House of Representatives"）を、軸とすることとする。

(2) 『「§483的米国」vs.「Chapter 15における実際の米国の選択」』──「国連モデル法」13条2項の制定過程との関係での、「米国流のダブル・スタンダード」論？

a 概観

　「国連モデル法」13条2項の制定過程で、（覆面の中ではあれ）『外国租税判決の承認・執行も、一般の民事判決のそれと同様に、（但し、裁量で）可とせよ』といった「米国対外関係法第3リステートメント §483」的主張が強くなされ、UNCITRALの審議

において、辛うじてそれを排除し得たことについては、本書第4章4(2)（貿易と関税2008年8月号63-69頁）で示した。また、この点についての「英国」の、いかにも「英国紳士」の営為らしい、誠に屈折した対応（「2006年英国国際倒産規則」13条2項、そして、もともとの「国連モデル法」にはない同条3項におけるそれ）については、本書第4章4(5)（同9月号58頁以下）で、それを"解明"（!!）したところである。それでは、「国連モデル法」の採用によって（従来の「304条」を削除して）新設された連邦破産法「Chapter 15」の米国は、即ち、実際の「米国の選択」は、この点について、いかなるものであったのか。この点を見ておくことが、まずもって重要であることであろう。だから、それを先に論じておく。

　11 U.S.C. §1501ff (2005) として（Bankruptcy Abuse and Consumer Protection Act of 2005の一部として）制定された米国連邦破産法の「Chapter 15」は、"ANCILLARY AND OTHER CROSS-BORDER CASES" と題する。そこに "Ancillary ....." とあるところに、従来の（削除された）「304条」との"連続性"（後述）が、既にして示されている。

　さて、「租税」関連で、問題の「国連モデル法」13条2項を受容した条項は、§1513 (Access of foreign creditors to a case under this title) の、(b)(2)である。結論を先に言えば、『あれだけ UNCITRAL における議論を掻き回しておきながら、何だこれは!!』、といった内容である。条文を示しておく。それは──

"§1513 (b)
(1) ..... .
(2)(A) Subsection (a) and paragraph (1) do not change or codify present law as to the allowability of foreign revenue [!!] claims or other foreign public law claims in a proceeding under this title.
　(B) Allowance and priority as to foreign tax [!!] claim or other foreign public law claim shall be governed by any applicable tax treaty of the United States, under the conditions and circumstances specified therein."

──との条項である(*)。

*　サラッと読むと見落としがちだが、右の(B)に（「租税」以外の）「その他の公法上の請求権」の許容性等は、「租税条約」によって規律さるべし（shall）とある点は、実は、不自然なことである。もとより「租税条約」は「租税」に関するものであり、そこに公権力行使にかかわる「租税」以外のものを盛り込む（右の(B)）とは、一体いかなる制度的前提に立ってのものなのか。右に "shall" とあるので、なおさらその点が、多少気になる。再度後述する「2003年版 OECD モデル租税条約」27条6項の問題（本書序章2の注(17)参照）が既にあるがゆえの、漠然たる"将来"への懸念ないし不安、である。

　ここで再確認をしておけば、「国連モデル法」13条2項は、外国債権者の（法廷地手続への）アクセス権を定めた同条1項を受けて、その「ランキング」（「プライオリティ」──優先順位）を規定するためのものである。だが、この2項に付された「注2」に

2 「国連モデル法」と「Chapter 15 の米国」・その1——これまでの論述との関係において　301

おいて、"The enacting State may wish to consider the following alternative wording to replace paragraph 2 of article 13(2): ……"として示された13条2項の"代替案"が——

"2. Paragraph 1 of this article does not affect …… the exclusion [!!] of foreign tax …… claims from such a proceeding. …… ."

——というものであった（この"代替案"で初めて"tax"の語が出て来ること等、既述）。
　本書第4章4(2)（貿易と関税2008年8月号69頁）にも、UNCITRAL での審議過程を示す文書（A/CN.9/435）の原文を示しつつ記しておいたように、この"代替案"は、「国連モデル法」13条が外国の租税（等）をそれ自体として排除して「いない」ことから、かかる"代替案"を置いておくことに対して、数多い国々からの強い支持が表明された上で、存置されたものである(*)。

　　* 重要ゆえ、石黒（貿易と関税）・同前頁に引用の原文（A/CN.9/435の「パラ155」）を、再度ここで示しておけば、そこには——

　　"It was noted that foreign tax and social security claims were not expressly excluded [!!] from the ambit of paragraph (2). Thus, strong support [!!] was expressed for retaining the option contained in the footnotes, since a number of jurisdictions [!!] would have difficulties in enacting the Model [Law] if they did not expressly reserve the possibility for the enacting State to exclude [!!] foreign tax and social security claims."

　　——との趣旨説明が、なされている。

そして、石黒・同前頁（貿易と関税2008年8月号69頁）において、私は——

『「アンチ米国§483」の国々の数は、かくて、前記［当初］の不当な"some"からニュートラルな"those"を経て、ようやく、辛うじて常識的な、"a number of jurisdictions"となった。そして、"米国の野望（!?）"通りには、事は運ばなかった、のである（!!——「国税関係者」は、「2003年版の OECD モデル租税条約27条」が、なぜこうした展開にならなかったのか、つまり、なぜそこで「米国（§438）の論理」に沿った規定が「出来てしまった」のかを、猛省すべきである（!!））。』

——と、述べていた(*)。

　　* OECD の租税委員会でも、UNCITRAL での「国連モデル法（倒産）」の審議と同様に、実際上は多くの米国系の弁護士達が、作業の下支えをしているとすれば、そして彼らが、後者（「国連モデル法」）作成のための前提作業を行なった ABA や IBA などを通して「も」、どこかで繋がっているとすれば、そして更に、米国政府部内にも、既にして多数の弁護士達がいることを前提とすれば、『「弁護士」業務と「米国（政府）の思惑」との、

無数の接点」が、浮かび上がる「はず」である。殆ど無目的的に（少なくとも、明確な国際戦略なしに）、ただ弁護士の数を増やせということにのみ執着する今の日本との差は、歴然である。

　以上を前提に、「米国」の前記§1513(b)の、前記の(2)(B)を、見詰め直してみる必要がある。第1に、「§483的米国」の"身勝手なゴロ寝"がなければ、あれほど"紛争"しなかったであろうところの、「国連モデル法」13条2項の制定過程（既述）にもかかわらず、当の「米国」が、(「§483的米国」の論理を"否定"する諸国にとって必要とされたところの) 同項の"代替案"を用いて、『従来の米国における"外国租税債権"（その排除!!）の取り扱いに、変更なし』との趣旨を、「Chapter 15」の§1513(b)(2)の(A)において、明確化していることが、注目される（「注目される」と言うか、「何なんだ、一体これは！」の世界である。──この(A)の、"not ..... codify"の部分については、後述する）。

　第2に、§1513(b)(2)の(B)において、「外国租税債権」の取り扱いについて、「租税条約」への言及がある (!!)。それについては、注意喚起のため、貿易と関税2008年8月号69頁での私の指摘につき、二重傍線を付して、右に再示した点との関係が、別途、要注意である（「c」として、後述）。

　だが、右の第1・第2の点については、再度"あちこちからの光"を、当て直しつつ論ずる必要がある。順次、それらを示して行こう。

b　「§1513(b)(2)の(A)」をめぐって──「日本側の米国理解の問題性」と「課税の取扱い」

　まず、前記の第1の点について。

　「英国」の「2006年国際倒産規則」13条の「3項」は、既に貿易と関税2008年9月号58頁以下（本書第4章4(5)）で"解明"したように、"A claim may not be challenged solely on the grounds that it is a claim by a foreign tax [!!] ..... authority ..... ."との、「§483的米国」への屈折したリップ・サービスを、伴うものであった（右に続く"but such a claim may be challenged ....."の文言で、巧妙にEU域内諸国の租税債権と、「米国」等のそれ以外の［域外国の］租税債権とを区別［差別？］して、後者を拒絶する構造）。だが、「米国」の前記規定（§1513(b)(2)の(A)）は、かかる「英国の選択」よりも一層端的に、きっぱりと、「§483的米国」の論理の「Chapter 15」における導入を、"拒絶"している。

　ここで想起すべきは、まず、貿易と関税2007年5月号55頁、そして再度2008年8月号68頁でも示したように、従来の「米国の判例」が、何ら「§483的論理」を採用していないこと、である。そして次に、「§483的米国」の論理が、「国連モデル法」の前記審議過程で、(同誌2008年8月号65頁で示したように、「外国租税債権（等）」を"除外"する13条2項の代替案に対して) 『外国の「公的請求」を認めることが自国の倒産手続を進める上で必須だと考える裁判所に「手錠をかける (handcuff)」ようなことはするな』という形で示されていたことも、ここで想起すべきである。そこに、「ルクセンブルグ対IRS事件」をパズルの一枚として嵌めれば、「もう一度落ちて来るかも知れない美味しい林檎を私から奪うな」的な「米国の思惑」が、クリア・カットに浮か

2 「国連モデル法」と「Chapter 15 の米国」・その1——これまでの論述との関係において　　303

び上がることを、前記個所では、ことさらに強調して示しておいた（本書第4章4(2)）。

　「米国の思惑」としては、右の事件のように他国が米国の租税債権の国境を越えた執行を、ともかくも認めてくれること（"in one or the other case wish to admit ....."——2008年8月号65頁参照）は歓迎しつつも、自国内では、そうしたことを拒絶するという、"ある種のダブル・スタンダード"（!!）が、そこに示されている、とも言える。

　ここで、§1513についての公的解説たる、前記の H. R. Rep. No. 109-31（2005）を見てみよう。同条に付された3つの [Footnote] の第2のものには——

"The Model Law allows for an exception to the policy of nondiscrimination [!!] as to foreign revenue and other public law claims."

——とある。「国連モデル法」作成過程での、「§483的米国」の論理からの"影"が、（実は米国を含めた!!）諸国の一致した国家実行としての、外国租税債権の国境を越えた執行の拒絶を、（それら公的債権の）「差別」だと指弾していたことの不当性については、貿易と関税2008年8月号67頁で、既に批判しておいた。右の§1513についての第2の [Footnote] は、その不当な用語法を、（右の "nondiscrimination" の語によって）半ば引き摺るものと言えよう⁽*⁾。

　　*　ちなみに、こうした言葉遣いから既にして私が"感ずる"のは、「国連モデル法」の作成過程における「§483的米国の論理」のゴリ押しが、「Chapter 15 の米国」と、決して切り離されたものなの「ではない」（!!）、ということである。それが、前記の「ダブル・スタンダード」論とも、繋がることになる。
　　　『「§483」的な"ゴリ押し"』が通れば、他国の側には米国租税債権の国境を越えた実現を、適宜個別の圧力をも加えつつ認めさせ、「米国」自体は従来路線で行く、といったシナリオが、「米国」側に、最初から（!!）あった可能性もある。なお、その限りで（!!——後述）、山本・前掲国際倒産法制332-334頁に引用の、まさに「国連モデル法」が出来た年たる1997年に出された「米国」の「全国倒産再検討委員会」の報告書が、既に「外国租税債権については……平等扱いからの除外のオプション（[国連モデル法]13条2項脚注……）を採用してい」たことなどにも、注意すべきである。

　ところで、前記§1513(b)(2)の(A)には、"not ..... codify" との文言もあった。そのことも含めて、H. R. Rep. No. 109-31（2005）の、同条に付された3つ目の [Footnote] を見てみると、そこには——

"Such claims (such as tax ..... claims) have been traditionally denied enforcement in the United States [!!], inside and outside of bankruptcy. The Bankruptcy Code is silent on this point, so the rule is purely a matter of traditional case law. It is not clear if this policy should be maintained or modified, so this section leaves this question to developing case law. It also allows the Department of the Treasury to negotiate reciprocal arrangements with our tax treaty partners in this regard, although it does not mandate any restriction of the evolution of case law pending such negotiations."

——とある。右の最後の1文は「租税条約」関連の、次の「c」の項とと関係するが、右の冒頭の第1文には、「倒産の場合であれ否であれ」、米国において「も」他国租税債権の国境を越えた執行が拒絶されて来たという、既述の（「英国」や「カナダ」等を含めた）他の諸国と同様の「米国の伝統」が、はっきりと示されている。だが、第2文で、「連邦破産法」はこの問題について"沈黙"している（それが、前記の"not .....codify"との文言の意味である）として、裁判実務にすべてを委ねる趣旨であることを、宣明する。

但し、この点で再度注意すべきは、「米国」における「一般国際法」の地位の低さ（!!）、である。「条約」なら「連邦法」と同順位たり得るが、「一般国際法」は、（「コミティ」に助けられれば"格上げ"もあり「得る」が）「連邦法」に劣後する、という「米国」ならではの事情（石黒・前掲国際私法［第2版］186頁注327［!!］）をしっかりと踏まえて、右の第2文以下を把握する必要がある（「執行管轄権」、即ち、「域外的公権力行使の禁止」の問題も、「一般国際法」上のものであることは、再三述べた）。本来「一般国際法」の問題なのに、すべてを裁判実務に任せるとする点に、既にして右の特殊米国的な事情が示されている、ということである。

そして、右に波線アンダーラインを付した第3文で、ようやく「§483的米国」が顔を覗かせる。だが、そこには、前記の従来の伝統的立場(*)を維持すべきか、修正すべきかが、「明らかではない」（!!）から、すべて判例実務に委ねる、とある。ここにも、（第2文におけると同様に）「米国における一般国際法の地位の低さ」が、もろに反映してしまっている。だが、それよりも、かくて「自国で not clear な存在」たる「§483」の論理を、前記のごとく（UNCITRAL における審議において）他国側に対して、『美味しい林檎」と「手錠」のレトリック』で押し付けようとした「米国の傲慢さ・身勝手さ」を、今更ながらではあるが、ここで「も」深く認識すべきである。

* 本来それは、一般国際法上の「執行管轄権」の問題であると同時に、自国内での「基本的人権保障からの要請」でもある「はず」であり、それら二つが、いわば"国境に落ちたコインの両側"をなす。この点につき、貿易と関税2007年4月号64頁以下、同5月号54頁以下（本書序章3(4)）参照(**)。

** かかる「国境に落ちたコインの両側」としての、執行管轄権・基本的人権保障のいずれについても、従来の米国における自覚的認識が不十分（!!）であったことは、前記個所において、既に示した。例えば、貿易と関税2007年5月号55頁に示した最近の米国連邦最高裁の判断（544 U.S. 349, 125 S. Ct. 1766 [2005]）にしても、従来の"the revenue rule"（但し、tax と penal とを、一緒くたに扱うそれ）を維持したのはよいが、そこに「幾重にも、妙な"靄"がかかったようであることに、気づかないか」と、私は同前頁で述べていた。これは、主として「執行管轄権」の面での問題についてのものである。だが他方、「§483」絡みで基本的人権保障関連での論点が、そもそも欠落していることは、貿易と関税2007年4月号64頁以下、とくに68頁（本書序章3(3)）で、いわば裏からそれを、示しておいた。

2 「国連モデル法」と「Chapter 15 の米国」・その 1 ――これまでの論述との関係において　305

　更に、「日米刑事共助条約」作成に際して、共助被要請国側の「双方可罰性」の要件（被要請国としての日本側の、憲法上の基本的人権保障との関係をクリアするための、必須の最低条件としてのそれ!!）の"骨抜き"を、「国連麻薬新条約」・「国連国際組織犯罪防止条約」に続く"第3の実績（!!）"として米国側が強く求め、日本側がそれに屈したが、その後の「日韓刑事共助条約」では、日本側は従来路線に戻って「双方可罰性」を堅持したこと等については、貿易と関税2007年7月号62頁以下で、別途論じておいた（そのエッセンスは、本書序章2(3)）。「米国」は相手国内の人権保障など、二の次だという政策スタンスを、明確にとっていたことになる。

　たしかに、条約を主権国家相互の主権拘束と、型通りに捉えれば、「米国」もまた、共助の被要請国側に立てば、そうした"基本的人権保障との相剋"の中に身を置くことになる。だが、それでも一向に構わないということで、右の"攻勢"に出たとする「ならば」、そこにも、「米国は人権の国」のはずだという我々の（戦後植え付けられた）「一般認識」とは大きくズレた、別な米国のイメージ（!!）が、浮かび上がることになる。

　但し、米国には、連邦憲法を頂点としつつ条約と連邦法とを同順位とする、法の位階構造面での既述の前提のほか、多々政治的にも機能し得る「裁量」・「コミティ」の問題等もあり、それらは、条約批准による諸国の真のレベル・プレイングフィールドの確立のために、実際上は無視し得ない数多くの問題を、別途提起し続けるであろう（この点につき、石黒・前掲国境を越える知的財産456頁以下の、フランス国民議会での私の国際コロキウム報告参照）。そして、この最後の点をも右の諸点に加味する「ならば」、実際に共助被要請国の側に立った場合の米国での処理が、人権保障の点をも含めてどうなるかは、なおさら分からない。だが、前記の最近の米国連邦最高裁の判断にも、人権保障の面からの問題は、正面に立てられては「いない」。貿易と関税2007年7月号63頁に長く原文引用をした判旨を、再度見詰め直して戴きたい（本書序章3(4)）。

　ここで、前記の H. R. Rep. No. 109-31 (2005) の、「米国連邦破産法 Chapter 15」の§1513(b)(2)の(A)に関する、同条に付された3つ目の [Footnote] に戻れば、"It is not clear if this policy should be maintained or modified, ……" とある。「人権保障」の観点も含めれば、なおさら "not clear" などとは到底言えないはずだが、「米国議会（下院）」においても、この「＊＊」部分で示した諸点が不明確なまま。――それが「米国」なのである（!![＊＊＊]）。

＊＊＊　一例として、Scoles/Hay/Borchers/Symeonides, Conflict of Laws, supra (4th ed. 2004), at 1289ff における "the revenue rule" の説明の仕方を再度見てみると、「州際」問題にウエイトを置き過ぎる点は別として（「州際」で可なら「国際」でも同様に、と思ってしまう彼らの、既に再三論じた"悲しい習性"、の問題である）、Id. at 1296にもあるように、右のルールの根拠は、"territorial sovereignty and local public policy" にある、とされている。「領域主権」を正面から認識するだけ「§483」よりはましだが、ここで再度問題としている「基本的人権保障」の観点は、「パブリック・ポリシー（公序）」という曖昧な言葉の中に、押し込まれてしまっている「かのごとく」である（Id. at 1289をも見よ）。だが、実際にはそう「すら」も言えない悲惨な状況がある。つまり、Id. at 1291-1293の "Public Policy" に関する部分においては、再度「州際」問題に主たる関心を示しつつ、連邦憲法上の "Full Faith and Credit" 条項にウエイトを置いた論述がなされている。すべて「人権」的配慮からはズレたところでの、論述なのである。

　外国で「可罰・課税」だが「米国内で不可罰・非課税」、との状況下で、米国内での執行を受ける立場の者についての「米国での基本的人権保障」をどうするのかという、日本側からすればごく自然な関心（罪刑法定主義・租税法律主義からのそれ――貿易と

関税2007年5月号54頁以下）は、米国側において、やはり、何ら共有されて「いない」のである。——以上を、貿易と関税2007年4月号65頁以下の同書第4版に基づく論述（本書序章3(3)）と、改めて対比して見よ（なお、この「＊＊」・「＊＊＊」部分の中で示したところの、「米国」が共助被要請国の側に立った場合の実際の取り扱いがどうなるかの問題は、後述の「ｃ」において、再度論ずる!!）。

●　　　●　　　●

　ところで（!!）、ここで問題となるのが、山本和彦・前掲国際倒産法制239頁以下の、「租税・社会保障債権者の排除オプション」の項における書き振り、である。「国連モデル法」の、ここで問題としている13条2項に関する論述だが、それが本章2(2)ｂの見出しにおける「日本側の米国理解の問題性」の部分と、関係する。

　山本・同前240頁には、この外国租税債権の処遇の問題が、「第1回ニューヨーク会議」（同前・194頁に、1996年4月の会議、とある）以来「活発に議論されていた点」だとある。この点について、貿易と関税2008年8月号64頁以下では、UNCITRAL のワーキング・グループの報告書たる A/CN.9/422（日付は「1996年4月25日」）、A/CN.9/433（日付は「1996年10月24日」）、A/CN.9/435（同じく日付は「1997年2月19日」）をベースに、「国連モデル法」の審議過程を検討したが（本書第4章4(2)）、その最初のものが、山本・前掲194頁に相当する。そこまではよいのだが、山本・前掲240頁には、何と（!!）

　「一部の国（EU 諸国を中心とする［??］）は、（租税債権等を含むより広い）公法上の外国債権（public law claims）の内国手続における行使を積極的に容認する主張を展開した。しかし、多くの国から、外国の公的債権の行使は各国の主権を害するおそれがあること、そのような債権行使の相互承認は条約によってハーモナイズを図るべきで、モデル法による対応は適当ではないこと、そのような規定は内国租税当局の反発[＊]を受け、モデル法の採択を事実上困難にすること等に基づき強い反対が相次いだ。……」

——とある。

＊　以下の批判を若干先取りして言えば、右の指摘の通りだったと仮定して、あらかじめ以下の点を考えよ。即ち、EU（域内諸国）側が、「2000年 EU（倒産）規則」の39条（「1995年条約案」でも同じ。再度後述する）にあるような、「条約」によることを別とすれば、諸国の一般の国家実行に正面から反するところの、諸外国の租税債権の域外執行を、EU の域内・域外いずれかを問わず、このモデル法でも一般に認めるように、本当に主張していたとする。
　右の39条には、実は、EU 域内の課税当局がスクラムを組んでの、若干ゴリ押し的な側面もあったのだが、右には、かかる EU「域内」での営為を「域外」にまで広げてしまっては「内国租税当局の反発を受け」る、とある。文脈上は、「EU 諸国を中心とする……一部の国」以外の国々の「租税当局」の反発、ということになるが、「EU 対その他の国々」の対立という、ここで仮定されたシチュエイションは、果たしていかなる場合に、実際に想定され得るか。——そこで少なくとも数分は悩んでから、以下の批判

に移行して戴きたい。

　これは、"実に妙な指摘"である。ちなみに私は、こうした山本・前掲書の指摘があるので、UNCITRALのワーキング・グループの報告書それ自体の詳細な検討（そこでは、具体的な主張をした国の名は、いわば「覆面」の中であって、示されていない）を行ない、前記の『「美味しい林檎」と「手錠」のレトリック』と、そこにピタリと嵌まる"パズルの一枚"としての「ルクセンブルグ対IRS事件」について、貿易と関税2008年8月号64頁以下で論じていたので「も」ある。どうか、そこで詳細に論じた諸点に、"回帰"して戴きたい。以下、山本・前掲頁の前記の指摘のおかしさについて、正面から論じておく。
　たしかに、EUは、「2000年EU（倒産）規則」39条（その前史を含めて貿易と関税2008年4月号61頁以下、同5月号51頁）で、域内限りでの（!!――「英国」との関係での、同9月号58頁以下、特に62頁の論述参照）国境を越えた租税債権の執行を、認めている。UNCITRALでの前記の審議段階でも、同一内容の「1995年条約案」39条はあった訳で（条文については、貝瀬・前掲別冊NBL57号152頁）、EU諸国が、そのような形での（域内限りでの!!）相互的主権拘束の余地について、そこで（例えば、参考までに、ということで）発言していた、というならば話は分かる。
　だが、山本・前掲の前記引用個所においては、「§483的論理」を「EU諸国」（等）が主張した（??）、とある。そして、そうであるにもかかわらず（!!）、「そのような規定」（＝「§483的論理」）を入れたら、「内国租税当局の反発を受け」る（??）、などとある。
　そもそも、EUが「39条」を域外国にまで及ぼすことなど、最初からあり得ない前提である[*]。頭をクールにして考えれば、すぐに分かることの「はず」である。

　＊　にもかかわらず、Westbrook, supra (79 American Bankruptcy Law Journal [2005], at 721は、"It is said that the EU countries will simply apply the provisions of the EU Regulation on Insolvency to non-EU countries ..... . However, the Regulation does not apply in terms to non-EU countries, so ..... ."などと、既に"サッカリン級の甘さ"だとして表現したところの、超甘い観測を示していた（そこで引用されているのは、即ち、"It is said that ....."というのは、2002年の彼自身の論文である）。しかも、Ibidの注53には、"Better still might have been amendment of the EU Regulation [??] to include those not members of the "club", but ..... ."などと、まだ記している（傲慢と言うか、無邪気と言うか、……）。

　要するに、山本・前掲240頁の前記引用部分冒頭の、「一部の国（EU諸国を中心とする）」の部分が、おかしいのである。「モデル法」でEU側がこんなことを主張することなど、「2000年EU（倒産）規則」39条の内容やその制定経緯からして、あり得ない「はず」である。先行する1997年の「国連モデル法」で「39条」の対象を域外国の租税債権まで広げてしまっては、明確に「域内限り」（!!）でのものたるその後の「2000年規則」39条（「1995年条約案」の39条で既にフィックスされていたところのそれ）の意味合いが、一体どうなるのか。そこを考えよ（!![*]）。「EU諸国」の一員たる「英国」

308　第 5 章　「米国連邦破産法 Chapter 15」と「国連モデル法」——背景をなす諸事情と逐条的検討

が、既述のごとく「§483的米国」の"隠れサポーター"のごとくプリテンドして（貿易と関税2008年9月号62頁［本書第4章4(5)］参照）、それらしい発言をした可能性はあるが、かくて、山本教授のこの指摘は、殆ど"論理的"に（!!）、「あり得ない」と言うべきである。

　＊　山本・同前240頁に、外国租税債権の処遇をめぐる論議が、"1996年4月"の「第1回ニューヨーク会議」以来のものだとある前記の点との関係で言えば、EU 側の前記「1995年条約案」の"署名期限"は、貿易と関税2008年4月号55頁に記したように、「1996年5月23日」であり、山本・前掲頁の言う「第1回ニューヨーク会議」よりも、それは後である。即ち、右の会議の段階では、「英国」の意向次第で（石黒・同前頁）、まだその「条約」化（!!）は、可能な段階であった。
　しかるに（!!）、「EU 諸国」（山本・同前頁）が、「モデル法」に盛り込むべき内容として（「1995年条約案」39条の、「域外国」への拡張を意図して??）「§483的米国」の「主張」をし、それら「EU 諸国」が他の「多くの国」から、「そのような」ことは「条約によって」(??) やるべきだと批判されることなど、あり得るのかどうか。頭がグチャグチャになるほどに、これは、「オカシイ」ことではないか（!!——「プラスとマイナスの配線を間違えてしまってショートしました……」、といった程度の問題ではないことに、注意せよ）。
　山本・前掲には、UNCITRAL での審議過程を示す具体的な文書やその個別の頁への言及が一切なく、すべてが漠とした中で、ここで批判している点も、示されている。「国連モデル法」の審議過程で EU サイドは、本書第4章5(1)（貿易と関税2008年9月号64頁以下）で論じたように、極めて戦略的に行動していた。「国連モデル法」の中に、「2000年 EU（倒産）規則」（1995年条約案で既にフィックスされていたそれ）の基本構造を、深く埋め込むために、である。山本・前掲頁の指摘には、こうした「国連モデル法」の審議過程に関する"基本的な事柄"との整合性、という点でも、大きな疑問符が付されるべきである。
　なお、ここで論じていることは、既に本章冒頭で再度批判した山本・前掲書の（と言うか、山本教授の、あるいは、審議に参加していた日本側代表者達の）基本的なスタンスへの疑問を、更に増幅させる意味合いをも、有している（ちなみに、同前・334頁には、米国が「モデル法をほぼ完全に受容する態度を示し」ていることとの関係で、「この姿勢が他国にモデル法の採用を促す意図に基づくものとすれば、モデル法の水準を大きく下回るような立法に対しては、アメリカからの厳しい批判が加えられることが予想されるところである。……日本においても、政治的・経済的にもっとも密接な関係を有するアメリカの動向は看過し得ないものと言えよう」との、既に再度批判した同書「はしがき」2頁と同様の、情けない"ビクついた指摘"［!!］がある）。
　「米国」の恫喝で（「304」型か「483」型かのどちらかはともかく、古臭い拳銃で脅されて）「ホールド・アップ」状態となりつつ、そうでありながら、本章1(2)で論じたように、「承認」概念をめぐっての「国連モデル法」の基本を無視（!!）した、日本独自の"基本的混線"が平然ともたらされる。——一体これは、どういうことなのか。すべては「平成12年法」について後に改めて示す諸点（本書第6章）への、伏線となってゆくのである。

　他方、山本・前掲332－334頁の（1997年に出された「米国」の「全国倒産再検討委員会」の報告書に関する）既に引用のサラッとした書き振り、即ち、米国が1997年の「国連

2 「国連モデル法」と「Chapter 15 の米国」・その 1 ―― これまでの論述との関係において　309

モデル法」の成立の年において、既に「外国租税債権については、条約等による相互承認が望ましいとして、平等扱いからの除外のオプション……を採用してい」たというその"書き振り"からは、UNCITRAL における審議過程で、あたかも「米国」は、山本・前掲240頁の言う「§483」的な「一部の国（EU諸国を中心とする［??］）」の主張に反対する「多くの国」の中に、最初から含まれていた"かのごとく"（??）である。だが、再度言うが、これまた「あり得ない」ことである。それを示すための"図太い五寸釘"として、『「美味しい林檎」と「手錠」のレトリック』と、そこにピタリと嵌まる"パズルの一枚"としての「ルクセンブルグ対 IRS 事件』』を明確に打ち込んだ上での、貿易と関税2008年8月号後半における私の論述だったことになる（本書第4章4(2)）。"其処"を、果たして突き崩せるのかどうかの問題、でもある。

　「国連モデル法」の審議過程を最も詳細に示したはずの著書において（但し、個別ドキュメントの引用等はすべて欠落しているので、厳密な"検証"が出来ない構造となっていること、既述）、何故こんな基本的な点についての"あり得ない誤解"が、示され得るのか。私は、そこを問いたい思いである（以上、2008年9月29日午後6時43分までの執筆。明後日から、冬学期の講義が始まる。翌週からはゼミも、である。またしても台湾に居座った上で日本に向けて進路の折れ曲がった台風を気にしながら、週末の執筆再開を、期することとする。――執筆再開は、冬学期に担当するテレコム・知財の特別講義とロー・スクールの国際私法の開講日、そして船橋の税大講義を経て、1日さすがに休んで、2008年10月5日［日曜］の午前9時30分。台風は、またしても「思い通り」［!!］に、大きく南に逸れた）。

c　「§1513(b)(2)(B)」をめぐって――「2003年版・2008年版 OECD モデル租税条約」の
　　徴収共助条項との関係を含めて
　さて、（「b」の項目に至る前に示した）前記の第2の点だが、「米国連邦破産法 Chapter 15」の §1513(b)(2)(B) については、既述のごとく、H. R. Rep. No. 109-31 (2005) の、同条に付された3つ目の [Footnote] の前記の最後の1文において、租税条約においてこの問題（外国租税債権の処遇）を扱うことを別途可とする議会の方針が、示されていた（但し、右の(B)の条文では、"shall be governed by any applicable tax treaty" とある）。この点について、以下、論じておく。
　そもそも、「§483的米国」の論理、即ち、米国対外関係法第3リステートメント §483 の如く、外国の租税（及び刑事）判決を一般民事のそれと同様に、つまりは『英米における「民事・非民事の混淆」』（!!）そのままに、（但し、裁判官の「裁量」によって）承認・執行してよい、とする考え方に対しては、夙に"対案"が示されていた。私が、1986年刊（!!）の石黒・前掲現代国際私法［上］493頁に書いておいたことである。
　つまり、石黒・同前頁を引用しつつ貿易と関税2007年4月号67頁以下で再叙しておいたように、右の私の著書の「493頁」では、Scoles/Hay, supra (1st ed.) を引用しつつ、§483 の Reporters と同じ考えの Scoles/Hay(*) が、二国間租税条約上の「徴収共助」（!!）の規定の存在により、§483のような議論が unnecessary なものとなり得ることを半ば認めていることや、その他にも、租税条約に基づく処理の方がいずれにしてもベターであるとの指摘のあること（Stoel のものを引用）を、23年も前の私は、しっかりと書いていた（!!）。

＊　但し、石黒・前掲現代国際私法［上］493頁注381で、「381) Scoles/Hay, supra note 15, at 977.」とあるのは、「supra note 147」のミスである（いずれにせよ、「1982年刊の同書初版」が、そこで引用されている）。この頁の前後でも、同書の引用をすべて同じ形でミスしており、申し訳ない限りである。「注は特に厳密に書け！」と院生諸君等に強く言っている自分が、こうしたことを「していた」のだから（但し、ミスではなかったことにつき、本章3(2)aの、最後から2つ目の「＊」の個所で後述）。

　だが、弁解がましいことを言えば、これも、「注が多過ぎる」と、こともあろうに東大出版会から言われ、弱い立場の若手助教授のこととて（この点を、入院中の田中英夫先生に直訴すべきだったのかもしれないが——石黒・前掲国際私法［初版］はしがき参照）、原文では1頁の半分近くの注がやたら多かったのを、泣く泣く大幅カットしたことで生じた、テクニカルなミスである（ちなみに、右のStoelの引用に、問題はない）。だから、私は、1つの注が何頁も続く原田央准教授の助手論文が、そのままの形で「東大出版会」から出版されることを、心から祈っている（「ていた」!!）のでもある。

　かくて、2005年の「Chapter 15」に関する前記下院報告書において、「租税条約」（「徴収共助」）ルートでの処理が、明確に、当面する問題の処理を考えるべき道（条文上はshall）として掲げられていることは、それ自体として「は」、私にとって"感慨"深いものである。だが、そんな"感傷"に浸っている場合ではない（!!）。

　日本が結んだ「二国間租税条約」上の「徴収共助」条項については、貿易と関税2007年5月号60頁以下、及び同6月号53頁以下において、昭和29年（!!）の第1次日米租税条約（同6月号55頁以下）以来の展開を詳細に辿り、併せて、「租税法律主義」との鋭い緊張関係（と言うか、このままでは違憲であること）についても、詳細に論じた（なお、本書序章2(2)参照）。刑事司法共助の場合の「双方可罰性」への本書序章2(3)における言及は、条約上の「徴収共助」の"合憲化"のための私なりの営為において、かくて必要となったものである。しかるにそこにおいて、既述の「日米刑事共助条約」における、米国のゴリ押しとしての「双方可罰性」要件の実質骨抜き（相対化）という、日本側にとって致命的な問題が、生じていたことになる。

　そして、それのみではなく、「徴収共助」の規定がOECDモデル租税条約に、初めて導入された「2003年版」のそれ（その27条）について、私は、その「作成過程における、（あるいはあったかも知れない）暗い意図（!?）」が、うっすらと浮かび上がる」（貿易と関税2007年5月号66頁）、あるいは、「一体、現在［2003年版］のOECDモデル租税条約は、誰が中心になって、条文をドラフトしたのか（??）と、私はここで、ほとんど絶望的な叫びをあげる。ひょっとして、［本書］で論ずる国際倒産のUNCITRALモデル法と同じ展開だったのか、との絶望的な叫びである（!!）」との指摘とともに、同前（2007年5月号）・62頁以下、66頁以下、同6月号58頁以下、同7月号55頁以下で、この「2003年版OECDモデル租税条約27条（徴収共助）」の6項を中心とする諸問題、つまりは、そこに如実に示された「§483的米国」の"濃密な影"（!!［＊］）について、批判的に論じていた（なお、本章序章2の注17参照。そして、それらを踏まえて、右の次の号たる貿易と関税2007年8月号以降、本書のテーマたる「国際倒産と租税」へと、移行したのである）。

2　「国連モデル法」と「Chapter 15の米国」・その1——これまでの論述との関係において　311

　　＊　幸い、第3次の「日米租税条約」（平成16［2004］年3月30日条約第2号）27条（徴収共助）には、「2003年版OECDモデル租税条約27条」の悪影響は、出ていない。"これから"が問題である。

　まさに「Chapter 15の米国」との関係で重要ゆえ、貿易と関税2007年5月号66-67頁の私の指摘を、トータルな形で、多少長くはなるが、ここで再叙しておこう。そこで私は——

　『「徴収共助」に関する現在［2003年版］のOECDモデル租税条約［27条6項］は、「一方の締約国における租税債権の存在、有効性又は金額に関する手続は、他方の締約国の裁判所又は行政機関によっては審理されないものとする」（??）、としてしまっている。
　このOECDモデル条約27条の3項・5項が、「共助要請に応ずる」程度のことを「承認する」と表現し、「承認」と「共助」との理論的区別においてミスリーディングであることへの批判は、既に……示した。だが、この6項との関係を見ると、このOECDモデル租税条約作成過程における、（あるいはあったのかも知れない）暗い意図（!?）が、うっすらと浮かび上がる。
　即ち、前記6項は、あたかも、「民事」の「外国判決の承認・執行」（民訴118条）における「実質再審査禁止原則」（民事執行法24条2項）を連想させるもののようである。通常の「民事」なら、それは、歴史的に培われた英知と言える大原則である（石黒・前掲国際民訴法211頁、236頁以下）。だが、「徴収共助」の局面では、問題が違うのではないか。……
　確かに、「承認」と「共助」とは、理論的に世界が違う。だが、日本という主権国家内部での国家公権力の発動を、発動対象たる私人の側から見た場合には、（それが外国民事判決に基づく「強制執行」であれ、条約上の「共助」規定による外国租税債権の「執行［徴収］」であれ!!）最低限のわが憲法上の保障（ここで……は「手続的保障」）が、なければおかしい。
　前記のOECDモデル租税条約27条は、こうした配慮を（国境を越えて!!）「バイパス」し、あたかも「民事」の「外国判決の承認・執行」と「同じですよ」とのポーズをとるべく、あえて必要もないのに、同条3・5項で「承認」の語を用い、そして、この6項と、繋げようとしたのではないか。
　悍ましいことに、そこまで書いて私が想起するのは、「米国」（!!）の、［本書序章3］で論破したRestatement, Third, Foreign Relations Law of the U.S., §483, Reporters' Note 2 (Id. Vol. 1, at 613) が、従来の"revenue rule"を批判する文脈で、"The normal rule that once an obligation has been reduced to judgment a second court does not look behind the judgment …… has not been applied to revenue …… judgments."としていたことである。
　「民事」の「実質再審査禁止原則」を、なぜ「外国租税判決の承認」に当てはめないのかと、不満げに語る"それ"を、OECDモデル租税条約27条6項に、当てはめて見よ（!!!）。まさにそれは、その線で書かれているではないか（!!）。しかも、

この Reporters' Notes が、「民事」の場合の「手続的保障」につき、§483関連では、何ら言及して「いない」ことまで、同じである（!!）。──一体、現在の OECD モデル租税条約は、誰が中心になって、条文をドラフトしたのか（??）と、私はここで、ほとんど絶望的な叫びをあげる。ひょっとして、本稿［本書］で論ずる国際倒産の UNCITRAL モデル法と同じ展開だったのか、との絶望的な叫びである（!!）。』

──と論じていたのである。

そこでの私の、いまだ漠たる疑念は、2008年7月17日の増井良啓教授の（財）トラスト60の我々の研究会での報告で、一層確固たるものとなった。即ち、同教授の『税大論叢40周年記念論文集』（2008年）に掲載予定の論文ドラフト（その後、同「国際課税ルールの安定と変動──租税条約締結によるロック・イン」前記論文集335頁以下として公表）による、（それを更にリファインするための）報告がなされたのだが、そのドラフトには──

「最近の［OECD モデル租税条約の］改訂では、徴収共助に関する27条や、仲裁に関する25条5のように、必ずしもすべての加盟国の意見が一致しない場合であっても、条約締結国が望めばそれを選択できるといったタイプの条項も増えている。注釈の中で複数の選択肢を示し、そもそもそれらを採択するか、あるいは選択肢のうちどれをとるかを各国の交渉に委ねる例も増加している。……」

──とあった（増井・同前355頁参照）。その場で私が発言したことでもあるが、2003年版 OECD モデル租税条約27条も25条も、米国の提案のはず、である（「租税条約」上の「相互協議」の局面における「仲裁」については、過去にその米国主導の導入について、好意的な増井論文もあったが、私は、石黒・前掲世界貿易体制の法と経済［2007年・慈学社］286頁以下の論述からして、反対）。「オプション」で「米国の思惑」を OECD モデル租税条約中に埋め込もうとする米国の戦略は、要警戒（!!）だ、との私の主張は、既に国税関係者には伝えてある（なお、石黒・貿易と関税2010年2月号61頁参照）。

だが、ここで再び、「米国連邦破産法 Chapter 15」における前記§1513(b)(2)の(A)についての、H. R. Rep. No. 109-31（2005）の、同条に付された3つ目の［Footnote］に戻ろう。そこには、既に示したように（一々頁を行ったり来たりで意識がぼんやりするのを避けるために、ここで再度示せば）、"It [The Bankruptcy Code] also allows the Department of the Treasury to negotiate reciprocal arrangements with our tax treaty partners [!!] in this regard, although it does not mandate any restriction of the evolution of case law pending such negotiations." とある。そしてここには、幾重にも防御された「米国の戦略」がある。即ち──

『① 既述のごとく「米国の国内」ではいまだ"否定"されている「§483的論理」を「国連モデル法」に埋め込もうとして"ゴロ寝"戦術をとり、相手国に米国租税債権の域外的執行を、個別に認めさせようと腐心する戦略（『「手錠と林檎」戦略』）、
② そうでありながら、米国自身は早々に（少なくとも1997年段階で既に）、判例が

2　「国連モデル法」と「Chapter 15 の米国」・その１──これまでの論述との関係において　　313

認めていないからとの理由で「§483的論理」を"否定"するスタンスをとり、裁判実務に下駄を預けつつも、外国租税債権の実現を国境で"当面"遮断する戦略（①&②）が、前記の「ダブル・スタンダード」の問題）、

③　一連の問題との関係で、まずは「2003年版 OECD モデル租税条約27条」（とくに6項）に、右の①と同様に（!!）、諸国の中には何らかの事情で他国（米国？）からの徴収共助要請を受けてくれるところもあり得るからと、「単なるオプションですよ」とのポーズの下に、「§483的米国」の論理を、そのまま埋め込む戦略、

④　そして、（実質的には、以上の①-③の集大成として!!）米国財務省に、③の線での他国との「租税条約」締結交渉を"許容"するという戦略。』

──ということになる。

　もとより、（同じく「米国の戦略」として、「国連麻薬新条約」・「国連国際組織犯罪防止条約」・「日米刑事共助条約」と、手順を踏んで既述のごとくなされた「双方可罰性の相対化」との関係と同様に!!）、ここで想定される場合とは逆に、米国が他国側からこうしたことを要請された場合に、とくに右の③④との関係で米国がどう対応するかは、実際にこうした事例が生じない限りは、一応グレーである。だが、「2003年版 OECD モデル租税条約27条」の「8項」の「共助拒絶事由」には(b)の「公序」もある。「条約」との関係で「は」、そのあたりが如何に運用されるかの問題となる。

　けれども、米国らしい（正当な）"逃げ口上"は、実は別にある（!!）。同条6項に共助要請国（米国にとっての相手国）における「手続」は、他方の締約国（米国）の「裁判所又は行政機関によっては審理されないものとする」とはあるが、例えば、米国基準での「デュー・プロセス」に反する租税賦課が他国でなされていた場合、再度そこで問題となるのは、米国における「条約」の法的地位の問題である。連邦法と「条約」は同順位だが、「連邦憲法」は、常にそれらの上に君臨する。そこにおける「デュー・プロセス」条項により、（少なくとも!!）かかる場合には、共助が拒絶されることとなる「はず」である。

　かくて、前記①②については赤裸々な「ダブル・スタンダード」で、そして前記③④については（右に示した限りでは、限定的にのみ、ということにはなるが）「連邦憲法の条約に対する優位性」という米国ならではの法的前提で、十分に米国は、自国の国益を守り「得る」状況にある。かくて、「米国の論理」としては、すべての局面で「他国を攻めて自国は守る」覇権国家の周到な"戦略"（!!）が、ここにある、と「も」言える(*)。そこまで考えて初めて、ここでの『「米国の戦略」の全体像』が、鮮明に浮かび上がるはずである（!!）。

　*　ちなみに、WTO（世界貿易機関）関連での問題となるが、ここで参考となり得る一つの事象がある。即ち、ウルグアイ・ラウンドにおいて AD（アンチ・ダンピング）協定の"改悪"を進めた米国が、逆に自国が WTO 提訴された場合を考えて、AD 協定17.6条を別途入れ込み、被提訴国（米国）の措置の当否につき、極力パネルが踏み込めないような"環境作り"に腐心し、あまつさえ、この規定の一般化を意図する閣僚決定まで、同ラウンドにおいて諸国に「させた」ことが、ここで想起されるのである（石黒・

前掲通商摩擦と日本の進路［1996年・木鐸社］254頁以下）。他国を攻めるだけ攻めて、自国が不利になる状況下では何でもよいから自国を守ろうとする、米国の本能的なリアクションが、そこに示されている。

　但しそこでも、トータルとして考えれば、そんなことをして本当に米国の利益になるのかが、問題となるはずである（すべての問題の局面で、こうした米国の営為が、米国の利益に直結するのかについての疑問）。だが、「攻めるのは米国」との前提で"彼ら"が考えて行動するのは、言ってみればいつものこと、である。

　前記③④についても、彼らがどこまで自覚的に「己を守る」ことを、現時点で考えているかは、実は「？」である。前記③④についての米国は、当面、攻めることしか考えていない段階のように、私には思われる。だが、ここでは、"論理"の問題として、「その先」を考えてみた次第である。そうしないと、一体これから何が起き「得る」のかの具体的イメージが、若干摑みにくいのではと思って、以上言及した次第である（［＊＊］・［＊＊＊］・［＊＊＊＊］）。米国に塩を送るつもりは、毛頭ないのだが。

＊＊　右の「＊」部分に至る本文では、前記③④の局面において「米国」が被要請国側に立った場合の「連邦憲法の（租税）条約に対する優位」の点のみに言及した。だが、条約ルートでの外国からの徴収共助要請について、米国政府が仮にそれに応ずるスタンスだったとしても、そこで納税者側の訴訟が起これば、米国裁判官の「裁量≒コミティ」の問題が、再度浮上する。例えば貿易と関税2008年9月号57頁（本書第4章4(4)）でも纏めて示しておいたような、「レシプロシティ」・「パブリック・ポリシー」といった概念と、「熱帯雨林の樹木のごとく、"相互に分かち難く振り合わされた"存在たる「裁量≒コミティ」、である。かくて、最後のところで、アメーバのようなそれらによっても、米国の国益は、適宜守られ「得る」ことになる。そこまで考えれば、前記①②についての「ダブル・スタンダード」は、③④の局面でも、いわば"粘性の強い司法的アメーバ"のドロドロによって、amorphouslyに貫かれ「得る」（!?）、とも言えることになる。

＊＊＊　ここで私の脳裏をよぎるのは、貿易と関税2008年8月号66頁でも再度示した、「ルクセンブルグ対IRS事件」（本書第1章3(5)及び第4章4(2)を見よ）における、「アメリカ裁判所は、アメリカ国民の利益［!!］やアメリカの立法政策を害するような外国破産宣告に対しては、礼譲（comity）の付与を拒んで来た」との判旨である。もとよりこれは、「304条」絡みでのものだが、「徴収共助」関連のここで"想定"する米国での訴訟において、右の「アメリカ国民の利益」についての説示と、（「コミティ」とニアリー・イコールの関係に立つところの!!）「裁量」とが、どう関係して来るか、が問題である（なお、連邦最高裁を含めて、米国裁判所で内外不平等の実態のあることについては、石黒・前掲国際民訴法141頁以下参照。米国流の「民事・非民事の混淆」を踏まえて、それを、「我々から見て非民事」のこの場合に推し及ぼして、一つのシミュレーションとして考えることが、ここでの"想定"においては、必要となる）。

＊＊＊＊　ここで、本書のこの個所の最後に、OECD, The 2008 Update to the OECD Model Tax Convention (18 July 2008) について、即ち「2008年版 OECDモデル租税条約」について、言及しておこう。――そう思ったのだが、案の定（!!）、問題の27条については、改訂がなされていない。「§483的米国」としては、既にとるべきものは「2003年版」の27条でとったがゆえのこと、であろう。改訂は「25条」（相互協議）についてのみであり、（他の条項についてはいろいろある）「コメンタリーの変更」も含めて、27条関連の改訂は、ない。

2 「国連モデル法」と「Chapter 15 の米国」・その1──これまでの論述との関係において 315

　　だが（!!）、「2003年版」の25条（4項まである）に「5項」を付加し、そこでは何と（!!）──

　　"[A]ny unresolved issues arising from the case shall [!!] be submitted to arbitration if the person [!!] so requests. ……"

──などとある。
　かかる条項の付加をも踏まえての増井良啓教授の『税大論叢40周年記念論文集』掲載予定論文（既述）だった訳である。もとより、右の引用以降の部分での限定もあるし、同項の末尾に付された注には、この点に関する「コメンタリー」をも引用しつつ、国ごとの事情の差（some States …… といった形でのそれ）への配慮らしきことは、示されている。だが、その基本的トーンは、私には「国連（倒産）モデル法」13条2項をめぐる既述の制定経緯と同じ周波数帯（!!）でのもののように、思われてならない。「仲裁」に持ち込んだとして、「その先」で待ち受けているのは、"一握りの国際仲裁マフィア"の、英米系の弁護士達（!!）である。そんな世界に「租税条約」を迷い込ませて、"彼ら"の飯の種にすることは、不健全極まりない、あってはならないことである（!!）。
　再度、石黒・前掲世界貿易体制の法と経済286頁以下を見よ、と私は言いたい。「二国間投資協定」上の「投資家対国家」の仲裁の直接的導入までには、「2008年版 OECD モデル租税条約」25条5項は、幸いに至って「いない」。だが、米国は、「二国間投資協定」における右の仲裁における自らの「"自業自得"的反省」（石黒・同前287頁以下）を、何ら踏まえていない「かのごとく」である。
　「エンロン・ワールドコムの破綻」で根本的反省をすべきところ（石黒・同前168頁以下、225頁以下を、是非見よ!!）、そのまま「サブ・プライム・ローン」（惰性としての「証券化」）で突っ走り、今日の世界的金融危機にまで至るという、「反省をしない米国」の姿が、どうしようもない形で、"其処"にもちらつく。私には、"其処"が「見えてしまう」のである（なお、この点で、旧大蔵省での「新しい金融の流れ」に関する某研究会での私の発言に言及する、貿易と関税2005年6月号56頁を、是非参照せよ [!!]。──以上、2008年10月5日午後4時32分までの執筆。点検に入る。点検終了、同日午後5時27分。──執筆再開は、同年10月11日午前10時30分頃）。

(3) 『「平成12年法」関連での"暴論"』との関係──「国連モデル法」は排他的なルートなのか？

a　はじめに

既に再三記したように、日本の「平成12年法」について、松下淳一・国際私法判例百選［新法対応補正版］（別冊ジュリスト185号・2007年）211頁は──

「管理命令が発令されて、承認管財人……が選任されてはじめて業務遂行権や財産管理処分権の所在が債務者［倒産者］から承認管財人に移るのである。管理命令の有無により財産管理処分権の帰属が一義的に明確になり、取引の安全に資し、裁判ごとに［外国倒産手続の］対内効の肯否の結論が分裂［!?］することも防ぐことができるのである。以上のような意味において、上述［従来］の判例法は先例としての価値を失う [!!] ことになる（ノルウェーの破産手続で選任された破産管財人は、破産者が有する権利を日本国内で行使することができる、と判示した東京地判平成3・9・

26判時1422号128頁も同様である)。」

——とする。
　これに対して、石黒・同前（貿易と関税2007年8月号）81頁以下（本書第1章2(2)）では、「平成12年法」と（同法制定前の）管財人実務との関係で、とくに外国管財人にとって、自分以外の第三者が承認管財人に選任されたときには、外国管財人は国内倒産処理手続に対する直接のコントロールを失うことになるとして、同法（「承認援助法」）ルートの選択には、それなりのリスクのあることの示されていることに、言及していた。つまり、「平成12年法」の「"承認援助"アプローチ」以外に、「並行倒産アプローチ」（即ち、日本でも倒産手続を開始させること）、そして、専ら事実上の「任意清算アプローチ」の3つを、適宜使い分けて行くべきことへの、管財人実務サイドの柔軟な対応が、示されていた。
　石黒・同前82頁では、それを踏まえ、例えば外国管財人側によって「任意清算アプローチ」が選択されていたとして、そこで東京高決昭和56年1月30日判時994号53頁（貿易と関税2007年8月号75頁）のような、日本国内での（倒産者の）債権者による個別執行への対応が、外国管財人側にとって必要となる場面を、想定した。その場合、松下・前掲の立場では、当該の事案でも、一々「承認援助法」の手続を踏まねば、日本の債権者の「仮差押え」に対する外国管財人側の対応も、ままならぬことになる。
　そこにおいて私が指摘した事柄は、以下の通りであった。即ち、右に想定したような事例に対する、いわば「ミクロ・レベルでの個別差押への外国管財人側の対応」と、前記の3つのアプローチの間での選択という、いわば「マクロ・レベルでの外国管財人側の対応」とは、別であり得る。ところが、すべて「承認援助法」のルートを通せ、ということ（松下説）になってしまっては、たまたま個別の紛争が顕在化していたということだけで、外国管財人の全体的な（既述の「マクロ・レベル」での）政策判断、つまりはその手足を、いわれなく縛る（!!）ことになってしまう。ともかく、前記の松下説のように解してしまっては、かえって「承認援助法」の制定によって、外国管財人の立場、延いては「外国倒産処理手続」の日本での取り扱いが、従来に比して"硬直化"、あるいは"後退"してしまい、問題が大きい、との批判を、私はそこにおいて、行なっておいた。
　かかる見方は松下教授のみのものではないが反対説もあること、等については、貿易と関税2008年11月号57頁の（本章1(2)の最後の）「＊」の個所でも示しておいた。だが、一層の問題は、そもそも「国連モデル法」自体が、こうした硬直的な処理を、規定しているものなのか否か、また、「Chapter 15の米国」における対応は、この点でいかなるものなのか、にある（以上、執筆＆点検終了、2008年10月11日午後4時31分［ここまでは、貿易と関税2008年11月号］）。

b 「国連モデル法」による外国倒産手続の「承認」は、果たして排他的なものだったのか？
　　——米国の「Chapter 15」との関係を含めて

[A] 日本の"暴論"のルーツは？——若干のシミュレーションとともに

　「国連モデル法」の基本をなす、その第3章（15条以下）の『外国手続の「承認」及

2 「国連モデル法」と「Chapter 15 の米国」・その1——これまでの論述との関係において

び救済』の枠組みは、本章1(2)（貿易と関税2008年11月号分）で示したような甚だ"不透明で屈折した事情"の下に、日本の「平成12年法」には、受け継がれて「いない」（!!——執筆再開、2008年10月26日「日曜」午後2時15分）。だが、ここでは、かかる"不必要な屈折"を度外視した上で、「平成12年法」のもととなった「国連モデル法」、及び、その米国的受容としての「米国連邦破産法 Chapter 15」に照らし、既述の、「平成12年法＝国連モデル法」ルートを"排他的"なものとする日本の"暴論"のルーツ（!?）を、探っておきたい。

　仮に「国連モデル法」における「承認」ルートが"排他的"なものとして初めから設定されていたとする「ならば」、前記の"暴論"にも、それなりの理由がある、と言い得るかもしれない。だが、これから順を追って示して行くように、そんなことは一切ない（!!）。

　これまでの論述においては、かかる"暴論"につき、貿易と関税2007年8月号分の、本書第1章2の論述を再叙し、「平成12年法」制定との関係で日本の管財人実務の側から説かれている事柄（同前［2007年8月号］・81-82頁）をベースに、一定の批判を（再度）行なった。より根本的な批判を、これから行なうことになる。

　だが、まっすぐ"其処"に行ってしまっては、面白くない。だから、「米国」に関する今後の論述との関係を含め、若干スリリングかも知れない（!?）"回り道"をすることとする。

　前記の"暴論"を説く山本和彦・松下淳一両教授は、「国連モデル法」の審議過程における「優秀かつ有益な参加者でした」、とされている。そう説くのは、貿易と関税2008年11月号54-55頁に示したように、米国の「Chapter 15」作成の立役者でもある、J.L. Westbrook 教授であった（ウエストブルック［松下淳一訳］「日本の新しい国際倒産法」山本克己＝山本和彦＝坂井秀行編・前掲国際倒産法の新展開［金融・商事判例1112号・2001年］86頁）。まずは、"周辺"から攻めることとする(*)。

* あまりにも"回り道"過ぎることもあり、この「*」の中で、本文における以下の論述とは区別して言及すべき点が、別にある。即ちそれは、「国連モデル法と米国の思惑」という切り口からも、まず注目すべき点として、ウエストブルック（松下訳）・前掲87頁に、国連「モデル法は、国際通貨基金も推奨をし、世界銀行が近く公表する予定である「倒産の諸原則」でも支持されることが見込まれています」、などどあることである。なんでこんなところでIMFや世銀が出て来るのか。その奇異さに、首を傾げて頂くのが、先決である。
　米国主導で作った「国連モデル法」の"箔付け"のための営為だが、私がここで想起するのは、貿易と関税2005年6月号62頁以下で、「アルゼンチン政府サムライ債デフォルト事件」（その全体像は同前・55頁以下）との関係で言及したIMFの行動の不純さ、そして、同前・61頁で言及したところの、「じり貧のIMFの生き残り戦略」としての、「アメリカ連邦破産法に倣った形」（!!）でのIMF提唱による世界破産法条約構想（債務危機に陥った途上国を破産させ、恒常的にIMF［管財人？］の監視下に置くという、虫のよすぎる提案）、である。
　他方、世銀側が、名指しで（サルコジ前の）フランスの法制度を指弾する報告書の類いがあり、フランス法の北村一郎教授（東大・法）が「国際機関が何でこんなものを出

318　第5章　「米国連邦破産法Chapter 15」と「国連モデル法」──背景をなす諸事情と逐条的検討

すか！」と、怒っていた（近々、東大法学部の機関誌の一つ［法学協会雑誌か国家学会雑誌］に、彼の寄稿がなされるはず。──その後、「国家学会雑誌」の2008年11・12号に北村教授の論稿が公表される旨、本人からの確認を得た。楽しみである）。IMFも世銀も、「米国」に都合のよい道具と成り果てているのは、今始まったことではない。一例として、「ニュージーランド」の徹底した「構造改革」の成果が"歪んで"世界に伝えられる際に、「世銀」も一枚噛んでいたことについては、石黒・前掲日本経済再生への法的警鐘164－165頁。また、外国投資家の利益の極大化のみを意図した、OECDの見苦しいMAI（多数国間投資協定）作成作業を、「欧州市民社会論」に支えられつつ、正当に、まさに「フランス」が率先して潰したことについては、石黒・前掲グローバル経済と法431頁以下、437頁以下（一連の流れの全体的位置付けにつき、同・前掲世界貿易体制の法と経済164－167頁）。北村教授が怒った前記の「世銀」の報告書の背後には、それらもろもろに対する「覇権国家米国」の"怨念"がある、と言えよう。だが、現下の「米国発の金融危機」の中で、サルコジとて、米国に正当な牙を向けつつある。さあ、どうなるか……。

さて、ウエストブルック（松下訳）・前掲88頁は、国連「モデル法においては、承認に基づいて自動的に停止の効果が発生」すると述べ、「債務者に対するすべての回収行動の自動的な停止［「停止」ではなく「中止（stay）」と訳すべきかと思われる──石黒注記］および債務者のすべての行為に対する自動的な制約［①］を定めている」のが国連「モデル法20条」だが、それを「日本は採用しないという決断を明示的にしています」とし、延々とそれを批判している。前記の（「平成12年法」における）"不必要な屈折"の問題である（以下、行論上の便宜のために、①－⑤のマークを付する）。

ウエストブルック（松下訳）・同前頁は更に、「モデル法のこの条文の趣旨は……裁判所が外国手続を承認したらただちに債務者と全債権者とに制約を課すということ［②］です。……日本法［平成12年法］は、そうではなくて裁判所が個々の事件においてそのような処分を行わなければならないとしています［③］……から、日本の裁判所が債務者および担保権者を含む［全］債権者に対して停止をきわめて迅速に課せるかどうかが非常に重要になります」、とする。そして、「連邦破産法304条」の下での「停止は承認に基づいて自動的にではなく、個々の事件において発令される必要があります。しかし、同条に基づく停止は通常は即時に発令されるべきであることは明らか［④］」だし、「連邦破産法304条についての私たち［米国］の経験から得られた……教訓は、承認に基づく停止は全債権者とその債権者による全手続をカバーすべき［⑤］であるということです」、ともする。

　　＊　実は、前記のウエストブルック教授による、右の「平成12年法」批判の中で、若干注意すべき点がある。とくに前記の④・⑤の波線の傍線部分を注意深く読めば、そこに彼特有の"願望"の混入していることが、判明する「はず」である。そこが、次のステップでの私の論述と、関係して来る（その関係で、この「＊」部分を、「★」マークで特定しておく）。

この論文邦訳の刊行年は、「平成12年法」制定の翌年たる「2001年」である。だが、「国連モデル法」の審議過程、及び、（その後の）「Chapter 15」の制定に向けて、既述の

2 「国連モデル法」と「Chapter 15 の米国」・その 1 ──これまでの論述との関係において

ごとく米国をリードして来たウエストブルック教授のかかる指摘に、「国連モデル法」のコアとも言える「承認」規定（このモデル法の20条を中軸とするそれ）の"不採用"を既に決していた"日本側関係者"（松下教授を含む）が、「困ったなあ……」と思うのは、山本和彦・前掲国際倒産法制の例の「はしがき」についての既述の点に回帰するまでもなく、当然の成り行きであろう。同じ立場の松下教授も、ウエストブルック論文の翻訳をしながら、出来てしまった「平成12年法」との関係で、「何とかしなきゃあ、やばいかも……」と、思ったであろう。まさにそうだったと"仮定"して、その上での"批判回避プラン"につき、ここで若干考えて見よう。

前記の「ウエストブルック教授の①−⑤の批判」は、要するに、「承認」をしたら、「ただちに」、「債務者と全債権者」そして「担保権者」を含めて、「すべての回収行動」等の「全手続」につき「自動停止」をすべきだ、ということを言っている。とくに、「個々の事件」に着目した（いわばバラバラの）「停止」では駄目なのだ、との強いメッセージが、ともかくもそこにはあった。だが、出来てしまった「平成12年法」には、そもそも「国連モデル法」のような"全手続の自動停止"は、ない。──そこで、「困った、どうしよう!?」と思った"関係者"が、「平成12年法」の中の、一体何に飛びつくか。「平成12年法」の実際の条文を前に、若干のシミュレーションを、まずはして見て頂きたい。

ここで、右のシミュレーションを実際に行なって頂いたとして、例えば以下のような"案"は、どんなものか。即ち──

『「承認決定」の段階での「自動停止」は、まず無理だな。だが、「承認要件」としてさしたるものは「平成12年法」にも規定されていないから、別途裁判官を「管理命令」まで一気に進むように、「平成12年法」の目的規定等によって強く促せば、「迅速性」への懸念はなくなる。ウエストブルック教授の批判の焦点は、「個々の差押等に着目することでは駄目なのだ」、との点にあるから、この「管理命令」の段階でバシッと決めれば、「全手続」との関係で一義的な、一括した処理が、ともかくも可能となる。「担保権」との関係を含め、これで個々の「裁判ごとに取り扱いがばらばらになること」を防止すれば、ウエストブルック教授の批判を、かなりの程度回避することが可能となる、と言えそうだな。だから、「管理命令」が出るまでは外国倒産手続の効力は日本では一切生じないとしてしまって、すべてを「管理命令」の時点で決めれば、どうだろうか……。』（[a]）

──との"批判回避案"である。

専ら「ウエストブルック」（=「日本側」にとっての「米国」!?──後述）からの批判の回避という、法政策的には狭隘な問題関心からのものではあるにせよ、なかなかのものではないか、と思う向きも、あるかもしれない。ここで、以下の指摘を、右に想定した"批判回避案"と、対比して頂きたい。即ちそれは──

「管理命令が発令されて、承認管財人...が選任されてはじめて業務遂行権や財産管理処分権の所在が債務者［倒産者］から承認管財人に移るのである。管理命令の

有無により財産管理処分権の帰属が一義的に明確になり、取引の安全に資し、裁判ごとに［外国倒産手続の］対内効の肯否の結論が分裂すること［!!］も防ぐことができるのである。以上のような意味において、上述［従来］の判例法は先例としての価値を失う［!!］ことになる（ノルウェーの破産手続で選任された破産管財人は、破産者が有する権利を日本国内で行使することができる、と判示した東京地判平成3・9・26判時1422号128頁も同様である）。」（［ｂ］）

——との指摘である。

右の［ｂ］は、日本の前記の"暴論"を説く、既述の松下淳一・国際私法判例百選［新法対応補正版］（別冊ジュリスト185号・2007年）211頁である（但し、右の所説のベースとなる「2001年」段階［!!］での同旨の松下説の存在については、後述する）。

右の［ａ］と［ｂ］との"親和性"を、まずは、肌で"じんわり"と、感じて頂きたい。そして、その上で（!!）、以下にお進み頂きたい。

[B] 「Chapter 15の米国」における「国連モデル法」ルートの排他性？

それでは次のステップとして、以下の英文を、じっくりとお読み頂きたい。即ち——

"Chapter 15 has a broader impact than the provision it replaces, §304 of the Bankruptcy Code. It centralizes every aspect of the international practice. For example, suppose that California client has sued the Mexican party in the United States and there are United States assets like bank accounts or inventory. If the Mexican company wants to suspend the United States suit in deference to the Mexican bankruptcy, it cannot just ask the California court for a stay on comity grounds, relief that has often been granted in the past. Instead, it must file a Chapter 15 recognition proceeding in the appropriate bankruptcy court and seek relief there."（［ｃ］）

——との、「米国連邦破産法 Chapter 15」に関する指摘である（この［ｃ］の出典は、若干行論上の理由があって、後に示す）。要するに、メキシコで破産手続があり、カリフォルニアで米国債権者がメキシコの破産者の在米資産を狙って（個別執行をなすべく）訴えている状況下で、従来の「304条」の下では、当該のメキシコ側の者にとって、まさに争いの現場たるカリフォルニアの裁判所に出向き、同条の要件で「も」ある「コミティ」等を主張して当該の個別手続の「中止（stay）」を求めることが出来た。だが、「Chapter 15」の下では、もはやそれは「出来ない（cannot）」。当該の者は、「Chapter 15」による「承認」の手続を申請することが、文字通り "must" となる、とある。

ここで、「ふーん、米国の Chapter 15 ではそうなっているんだ」と、普通は思う「はず」である。そして、この［ｃ］と、前記の［ａ］・［ｂ］とを繋げて考えると、更に、「なあるほど、米国［その実、ウエストブルック教授］と合わせるということで考えれば、［ｂ］（≒［ａ］）の行き方にも一理はあるな……」と、思ってしまうであろう。

2 「国連モデル法」と「Chapter 15 の米国」・その1──これまでの論述との関係において　　321

　だが、そうした"流れ"（自然な推論？）に待ったをかけるべく、同じく「Chapter 15」に関する次の英文を、じっくりと、まずは十分に味わって、お読み頂きたい（先を待っていられずに、私自身、純粋学問的な"涎［よだれ］"が出そうだ!!）。即ちそれは──

"Notwithstanding any other provision of this section, the failure of a foreign representative to commence a case or to obtain recognition under this chapter does not affect [!!] any right the foreign representative may have to sue in a court in the United States to collect or recover a claim which is the property of the debtor." ([d])

──との英文である。
　前記の［ c ］と、この［ d ］とは、果たして整合的なのか。まずは、ここでじっくりと、考えて頂きたい。
　前記の［ c ］で、「昔のやり方は、今はもう駄目だよ」と言われている「メキシコ企業（＝メキシコの破産者）」を、「メキシコの管財人」に置き換えれば、一層はっきりするであろう。前記の［ c ］では、この者は、米国で「Chapter 15」の「承認」手続をとらねば、もはや米国内での個別手続の「中止」を求められない、とあった。「Chapter 15」の、つまりは「国連モデル法」のルートは、もはや"排他的"だから、ということである。それ（［ c ］）を踏まえて、前記の［ a ］・［ b ］に戻れば、何だか似たようなことが書かれていた、ということになる「はず」である（既述）。
　だが、右の［ d ］では、それと反対のことが、書かれている。「外国の代表者（管財人等）」が「Chapter 15」の「承認」手続を始めていない、または「承認」の決定を得ていなかったとしても、その「外国の代表者」が（米国法上）有し得る権利、具体的には「債務者（＝倒産者）」の財産たる請求（権）の実現・取り立てや回復・取戻し（to collect or recover a claim）をする権利は、何ら影響を受けずに残存する、ということである。
　前記［ c ］の場面設定とピタリ一致する訳ではないものの、個別に一層場面を特定すれば、［ c ］の例における「メキシコ企業（＝メキシコの破産者）」側の、カリフォルニアでの訴えに対する行動は、［ d ］の"to collect or recover a claim which is the property of the debtor"に、十分含まれるものとなり得る（少なくとも、"to recover"の中には入り得る）。いずれにせよ、この［ d ］では、何ら「Chapter 15（「国連モデル法）」の「承認」ルートは、何ら排他的「ではない」ことが、雄弁に（？）語られている。
　もう我慢が出来ないので、"種明かし"をしておく。前記［ A ］の項目の真中あたりの「＊」部分に「★」マークを付しておいたところが、この［ c ］と［ d ］との"正面衝突"と、深く関係する。
　実は、前記［ c ］は、これまでにも引用して来た Westbrook, supra（79 Am. Bankr. L.J.［2005］）, at 714 の指摘である。「Chapter 15」の一番の権威者の「はず」の、彼のこの指摘が、ウエストブルック（松下訳）の前記の「2001年」公表の翻訳論文の、

前記の「★」マークを付しておいたところにも、"滲み出て"いたことになる。

　だが、これは実は、ウエストブルックの"願望"が表に出過ぎている指摘であり、実際の「Chapter 15」とは、全く整合していない(!!)。これは、いくつ「!」マークを付しても足りない位のことである(!![*])。

　　＊　困ったことに、前記の［ｃ］の個所は、議論の枝葉部分ではなく、「Chapter 15」を解説するWestbrook, supra, at 713ffの、殆ど論文冒頭部分の説示であり、いわば「これがChapter 15だ」と宣言する際の例示である。しかも、Id. at 713の同論文第２パラグラフのトピック・センテンスには、"Lawyers who do not imagine that the multinational rules will be important to them will be surprised over the next few years." などと、"したり顔"の指摘さえ、あった上でのことである。それが実際の条文と、ずれているのだから……（更に言えば、Id. at 715の"BASICS"の部分の書き振りからも知られるように、前記の［ｃ］の指摘が、同論文のコアとして実質的に機能している印象さえある!!）。

　そして、この［ｃ］と正面からぶつかる前記の［ｄ］の指摘は、実は誰かの指摘などではなく、何と(!!)、米国連邦破産法「Chapter 15」の中の、§1509 (Right of direct access) の(f)の、"条文(!!)"である。つまり、「Chapter 15」に関する米国最大の権威者と自負するウエストブルック自身による前記［ｃ］の指摘は、何と「Chapter 15」自体と、何ら整合「しない」代物だった、のである(!!)。

[C]　中間的取りまとめ
　ここで、念のために、以上をテンタティヴに纏めておこう。
　「2001年」段階で示された、「平成12年法」に対する「前記のウエストブルック教授の①－⑤の批判」には、（その後の「Chapter 15」の実際の姿と"乖離"する）同教授の、「2005年」に公表された論文における、前記［ｃ］の"願望"が、既にして混入していた。
　だが、「2001年」段階でのその「批判」を極力"回避"すべく、既に出来てしまっていた「平成12年(2000年)法」を前提に「仮想空間」の中で示された前記［ａ］の"処方箋"は、実は「2007年」段階で（いまだに??）示されている松下説における前記［ｂ］の"暴論"と、極めて親近性の高いものであった（もっともそれは、自然な推論をあくまで重視した上で、自然に考えればそうなるでしょうと導きつつ、松下説に近寄せる魂胆が別途あった上でのものであるから、当然のことではあるのだが）。
　米国の最大権威の基本的な論稿ゆえ、「2007年」の松下教授が、ウエストブルック教授の「2005年」論文における前記［ｃ］の部分を、直接参照された上で、（改めて!!）前記［ｂ］の指摘を行なった可能性さえある。だが、「2005年」の出来事としての、前記［ｄ］の「Chapter 15」の"条文"の方は、どうだったのか(??[*])。

　　＊　だが、実は、前記［ｂ］の松下説は、何と(!!)、ウエストブルック（松下訳）・前掲が公表されたのと同じ雑誌たる、金融・商事判例1112号（増刊号・「2001年」!!）137頁において、既に提示されていた（松下淳一「承認の効果」同前133頁以下の、「管理命令」の個所）。つまり、同じ雑誌の中で松下教授は、ウエストブルック論文の翻訳をしつつ、

他方で、「承認の効果」につき、前記［b］の所説を、既に提示していたことになる。そしてそれが、私が前記の「［a］→［b］」の"論じ方"をした理由の一つでもある。

　他方、山本和彦・前掲国際倒産法制112頁は、「管理命令」につき、その松下説と同旨を説きつつ、「この点で、外国管財人の国内財産管理に関する従来の判例法が先例としての意味を失ったことにつき、松下・前掲137頁参照」、としていた（なお、右の「松下・前掲」とは、山本・同前95頁に引用の「金判」、つまりは「金融・商事判例1112号」のことである。もうちょっと"厳格"に注を付けるべきだとは思うが［☆☆──本章2(3) b［E］の最後のパラグラフ参照］）。

　ところが、ウエストブルック教授の"願望"と実際の「Chapter 15における米国の選択」とは、真っ向から"衝突"するものであった（更に言えば、従来の「304条」をめぐる、同教授の「かくあるべし」論と実際の同条の運用との間にも、微妙なズレがあったと言える）。それは、「Chapter 15」の制定された「2005年」段階で、当然、察知出来るはずのもの、でもあった。

　果たして、こうした"全体的状況"を前に（と言っても、「国連モデル法」絡みの後述の論点は、別にあるが）、前記［b］の所説を「2007年」段階でも"維持"（!?）されている松下教授は、いかなる総合的判断を下していたのか。──要するに、そこでの或いはあったかもしれない"屈折した考慮"の対象は、『対「ウエストブルック」配慮』のみだったのか否か。私は、"其処"が知りたい（★★）。──ここで、［中間的取りまとめ］は、終了。

　ここで、念のために、前記の［d］の§1509の(f)についての、H.R. Rep. No. 109-31（2005）の書き振りを、見ておこう。まず、§1509自体について、［Footnote 119］では──

"This section ..... imposes recognition of the foreign proceeding as a [!!] condition to further rights and duties of the foreign representative. ..... Subsection (b) (2), (b) (3), and (c) makes it clear that chapter 15 is intended to be the exclusive [!!] door to ancillary assistance to foreign proceedings. The goal is to concentrate control of these questions in one court. That goal is important in a Federal system like that of the United States with many different courts, state and federal, that may have pending actions involving the debtor or the debtor's property. This section, therefore, completes for the United States the work of article 4 of the Model Law ("competent court") as well as article 9 [Right of direct access]."

──とある。右の冒頭の第1文に"the"（＝ one and only）ではなく"a"とあることに、まずもって注意すべきだが、右の［Footnote 119］では、アンダーラインを付したように、あたかも「Chapter 15」の「承認」ルートが"排他的"である「かのごとく」、記されている。その限りでは、既述のウエストブルックの"個人的願望"に、沿った指摘である。

324　第5章　「米国連邦破産法Chapter 15」と「国連モデル法」——背景をなす諸事情と逐条的検討

だが、それに続く [Footnote 121] の直後に付された [Footnote] では、前記の §1509 の(f)について——

"Subsection (f) provides a limited exception [!!] to the prior recognition requirement so that collection of a claim which is property of the debtor, for example an account receivable, by a foreign representative may proceed without commencement of a case or recognition under this chapter."

——と、この(f)項が「Chapter 15」の"排他性"に関する「例外」(!!) であることが、明確に示されている。それを踏まえた上で、前記 [c] の、Westbrook, supra (79 Am. Bankr. L.J. [2005]), at 714に戻って、若干の"点検"をしておこう。

実は Ibid で、まさにこの [c] の部分に付された fn. 6には、"11 U.S.C. §1509 (b) (2) (3), (c) (2005)."とあるのみである。「Chapter 15」の"排他性"を具体例と共に示すのが、彼のこの [c] の指摘であり、かつ、そこで示された例は、§1509 の(f)の想定する場合に、少なくとも限りなく近い（既述）。

にもかかわらず、"肝腎"の（中医学についての妻の猛勉強の成果を踏まえ、もはや私は、"肝心"を"肝腎"の表記に、変えて久しい）、この(f)の条項が、何らそこには引用されてもいない。どうしてなのか。

私はウエストブルックという人には会ったこともないが、彼が（不遜な仮定だが）私の指導する院生だったとしたなら、「何でここだけ、こんないい加減な引用をするの??」と、厳し目の"個別指導"をすること、必至である。実にオカシイ。"願望"と「現実」をごっちゃにするなんてことは、論文執筆上の"基本的心構え"の問題であって、厳に慎むべきことだから、である（[*]——「教授」だったら許される、というものではない。貿易と関税2007年2月号60頁以下を見よ!!）。

* 実は、Westbrook, supra (79 Am. Bankr. L.J. [2005]), at 726でも、ウエストブルックは、以下のごとき、同様の危うい指摘を行なっており、そこでも11 U.S.C. §1509 (c) (2005) しか引用していない（Ibid. fn. 84.）。即ち——

"In the past, any court in the United States might be moved by comity to stay its hand in a United States case when advised of a foreign proceeding in the home country of one of the parties, even if that party's foreign representative had not sought a §304 stay. Now the foreign representative must go through the Chapter 15 process to get the United States action stayed. Deferral for comity reasons in other courts is not authorized without the Chapter 15 process.[84] The goal is to have the Chapter 15 criteria applied uniformly and by courts with specialized knowledge of the bankruptcy process."

——とある (deferral は「延期」)。要するに、米国内の個別手続を従来は個々の裁判所が、「コミティ」を理由に、「304条」の手続の外でも適宜"中止"して"遅らせたり"していたが、もはや今ではそうしたことは許されず、「Chapter 15」の手続を経ることが必

2 「国連モデル法」と「Chapter 15 の米国」・その 1 ──これまでの論述との関係において 325

須（must）となったのだ、とある。そこで言う「Chapter 15」の手続の中に、前記の［d］の §1509の(f)をインプットして考えれば、たしかに誤りではないが、このコンテクストで引用されているのは §1509(c)のみだし、彼の言いたいことも、前記の［c］と同じことの「はず」である。

　要するに、ウエストブルックのかかる"願望"は、議会審議の過程で"否定"されたのであろう。だが、彼は、いまだにそれに固執して、無意識のうちに（!?）§1509の(f)を"否定"して書いてしまっている、のであろう。立法関係者に"ありがちな現象"、である（統一法条約の場合の石黒・前掲国際私法［第 2 版］139頁の指摘と対比せよ）。

かくて、前記の［c］は、正確には、例えば以下のごとく記すべき「だった」、と言えよう。即ち──

"Chapter 15 is the principal [!!] gate for a foreign representative to obtain access to a federal or state court in the United States. The foreign representative must [!!] obtain an order for recognition of the foreign proceeding before appearing in any case in the United States for any purpose [11 U.S.C. §1509], except [!!] "to sue in a court in the United States to collect or recover a claim which is property of the debtor [11 U.S.C. §1509 (f)]"."

──と。ちなみに、右の指摘は、Judge Samuel L. Bufford, "International Accord: Included in The New Bankruptcy Law Are Provisions Adopting The U.N. Model Law on International Insolvencies", 28 Los Angeles Lawyer (2006), at 32ff の、注 57・58 の本文、である(*)。

* この文献とて、森下哲朗教授が、「ネット弱者」を自称する私のために、一括送付して下さった文献の、一つである（遅くなったが、深謝する!!）。だが、頁の切れ目が [*36] から [*40] にいきなり飛んでおり、恐らく「37頁」であろうとの推測は出来るが、脚注から辿った方が無難と思い、右のごとく示した。それで十分、当該個所を特定出来るからである。

右の著者は、Central District of California の「破産裁判所判事」である。ウエストブルック教授も、前記［c］を、ごく"フツー"に、こう書く「べき」だったのである(*)。

* 私としては、ここで、この［C］の項の中の前記の「★★」部分へと、読者（if any）の"鋭い眼差し"が、自然に回帰することを、最も期待する（!!）。前記の①─⑤、そして［a］─［d］に分けた"構成"（論述の仕方）において、私が何を考え、また、そもそも前記の［b］について、私が何を感じていたかが、うっすらとであれ、お分かり頂けるはずである。

　以上、"論じ方"の種々の工夫を楽しみながら、2008年10月26日午後 8 時 4 分までの執筆。明日の月曜日には和光市の税務大学校での「国際租税セミナー実務コース」の 2 回目の講義があるし、火水木は本郷での講義とゼミ。従って、週末まで、執筆はお休み

となる。だが、まあこれで、よしとしよう（執筆再開は、案の定、1週間後の同年11月2日午後0時半頃。10月30日には、NTTの花澤研究企画部門長＆湯本物性科学基礎研究所長と、1年ぶりで妻と共にお目にかかり、種々意見交換をしたが、最近の私［＆妻］の"氣"の進展は、既に量子力学レヴェルを超え、神秘の領域に入っていることを、4人で実感した。西洋の"要素還元法"による将来の有り得べき［??］"科学的解明"の一助として、貿易と関税2008年1月号82頁、同・2008年8月号70頁を、ここでリファーしておく）。

[D] 「国連モデル法」自体において、「承認」ルートは"排他的"なものだったのか？・その1──「Chapter 15の米国」との関係において

さて、それでは、「米国」は、「国連モデル法」とは全く無関係に、前記［d］の§1509の(f)の条文を設けたのだろうか。この点を、以下において見ておこう。

まず、以下のWestbrook, supra (79 Am. Bankr. L.J. [2005]), at 719の指摘からも、そんなことは、なさそうである。即ち、そこには、"Chapter 15 was drafted to follow the Model Law as closely as possible, with the idea of encouraging other countries to do the same."とある(*)。

 * 「他国にも米国と同じことをするように促すために、国連モデル法に出来る限り近づけてChapter 15を作成した」との、右の指摘の"裏"には、後述のごとく、「国連モデル法」と「米国」の従来の「304条」との間の"強い親近性"がある。例えば、Id. at 716にも、"Chapter 15 ..... represents ..... a course already charted by most American court decisions ..... and anticipated by the adoption of §304 ..... in 1978."とあったりもする。要するに、この「*」部分冒頭の傍線部分は、「他国に"米国化"を促すために」、と言っているだけのこと、である。本章1(5)（貿易と関税2008年11月号64頁以下）の、「304条」策定過程での"ボタンの掛け違い"論に立ち戻って、この点を考えるべきである。

前記の［d］の、問題の(f)の条項があるのは、「Chapter 15」の§1509、即ち"Right of direct access"の中だが、これに相当する「国連モデル法」の規定は、直接には9条（Right of direct access）である。後者（「国連モデル法」9条）は、"A foreign representative is entitled to apply directly to a court in this State."とするのみの規定、である。

「国連モデル法」の条文の後に掲げられたUNCITRALの"Guide to Enactment"の、"V. Article-by-article Remarks"においても、この9条につき、その「パラ93」が、かかるダイレクト・アクセスの際のフォーマルな要件からの解放にウエイトを置き、モデル法4条をリファーしているのみ、である（これは、前記のH.R. Rep. No. 109-31 [2005]における、§1509自体についての［Footnote 119］の引用個所で、「国連モデル法」の4条と9条とが引用されていることと、対応する）。

実は、「Chapter 15」の§1509は、それに直接対応する「国連モデル法」の9条とは違い、その(b)(c)(d)において、"comity"との関係での、そして、一層正確に言えば、従来の「304条」との関係での、重要な"接合"のための規定を置く(*)。そして、そ

2 「国連モデル法」と「Chapter 15 の米国」・その 1 ──これまでの論述との関係において　327

れを受けて、従来の米国の裁判実務との更なる"接合"を意図したのが、前記［d］の§1509の(f)の規定だったのである（後述）。

　　＊　但し、この§1509の(b)以下の規定は、§1507の"Additional assistance"の規定を、受けたものである（後述する）。

　かくて、『「米国」は、「国連モデル法」とは全く無関係に、前記の［d］の§1509の(f)の条文を設けたのだろうか』との、この［D］の項の冒頭の問いに対して答えるためには、「国連モデル法」の別の条文を見る必要がある。
　そう思って、一から「国連モデル法」の条文を読んで行けば、「誰でも」（!!）次の条文に辿り着くであろう。即ち──

"Article 7. Additional assistance under other laws

Nothing in this Law limits the power of a court or a [insert the title of the person or body administering a reorganization or liquidation under the law of the enacting State] to provide additional assistance to a foreign representative under other laws of this States."

──との条文である。
　前記の UNCITRAL の "Guide to Enactment" の、"V. Article-by-article Remarks" における「パラ90」には、その趣旨について、以下の説明がある。即ち──

"90. The purpose of the Model Law is to increase and harmonize cross-border assistance available in the enacting State to foreign representatives. However [!!], since the law of the enacting State may, at the time of enacting the Law, already have in place various provisions under which a foreign representative could obtain cross-border assistance and since it is not [!!] the purpose of the [Model] Law to displace those provisions [!!] to the extent that they provide assistance that is additional [!!] to or different [!!] from the type of assistance dealt with in the Model Law, the enacting State may consider whether article 7 is needed to make that point clear."

──との説明である。
　要するに、「国連モデル法」の目的は、外国の管財人（等）に対する「アシスタンス」（この語の理論的に曖昧な用法は、今は問わない[＊]）を"高める"ことにあるのだから、それを採用する国において、「国連モデル法」における「アシスタンス」に対して"付加的"ないし"異種"の「それ」が別途（外国管財人等の保護レベルをアップさせるものとして）既にあるならば、「国連モデル法」はそれらを排除するものではなく（!!）、この 7 条によって、当該国はこの点を明確化し得る、ということである。つまり、「国

連モデル法」の「承認」ルートは、「国連モデル法」自体において、何ら"排他的"なものなのではなかった（!!）、のである。

* 『「承認」と「共助」との交錯』の問題性については、とくに貿易と関税2008年2月号63頁（本書第2章1の冒頭）に纏めて示しておいた点、及び、「米国」の「304条」に関する同2007年11月号67頁（本書第1章3(5)の3番目の「*」の個所）、等を見よ（!!）。

そして、「Chapter 15の米国」は、「国連モデル法」のこの7条に対応する規定として、まず、「承認」ルートでの外国管財人等への「アシスタンス」に"付加"するものたる、§1507の"Additional assistance"の規定を置いた。但し、この§1507の(a)では、"if recognition is granted"とあって、同条(b)の定める"additional assistance"(*)が与えられるためには、「承認」のあることが、前提とされている。

* 実は、そこ（§1507の(b)）に、従来の「304条」が"埋め込まれて"いる（!!）。但し、この点は、「Chapter 15」の全体構造に即して論じた方が分かりやすいと思われるので、後述するところに、譲る。

この、「承認が認められたならば」との前提は、二つ後の条文たる§1509の(b)でも受け継がれている。だが、前記［d］の、§1509の(f)では、明確にその前提が、"外されて"いる（!!）、ということなのである。
かくて、すべては、この「国連モデル法」7条から導かれたものだった、のである（!!［*］）。

* 直前の「*」部分にも記したように、この§1507と§1509との関係は、若干複雑ゆえ、本格的な論述は、次に回すこととしたい。そこで、この点を補う意味で、Westbrook, supra (79 Am. Bankr. L.J. [2005]), at 720を、さしあたりの説明として、引用しておこう。そこには——

 "Although Chapter 15 was meant to be generally consistent with existing United States law [!!], it does have provisions both more or less favorable to cooperation than the §304 case law. Its drafters were anxious to adopt those approaches in Chapter 15 that are more cooperation-friendly than existing United States law, but did not want to lose the benefits of §304 case law that might be more advanced in the cooperative direction. Section 1507 reflects that intent. It adds back to the Model Law some language that is a virtual copy of §304, while limiting its applicability to providing "additional assistance." Thus the §304 language and prior case law apply only where they enable the court to go beyond Chapter 15 in cooperating with the foreign court. Prior case law does not apply where it limits relief under Chapter 15. On the other hand, the additional assistance offered by §1507 is available only if the preexisting §304 (c) criteria are satisfied."

——とある。だが、既述の［c］の彼の論述との関係で言えば、この部分でも、前記の［D］、つまり、§1509の(f)への言及は、ないままである。

2 「国連モデル法」と「Chapter 15の米国」・その1——これまでの論述との関係において

[E] 「国連モデル法」自体において、「承認」ルートは"排他的"なものだったのか？・その2——日本側における"初歩的誤解"の問題性‼

ところが、ここで、再度"信じ難い事実"(‼)が、別途判明する。そしてそれが、この[E]の小見出しに、「日本側における"初歩的誤解"の問題性‼」と記してあることと、関係する。

前記の「国連モデル法」7条には、「付加的アシスタンス」の許容につき、何の限定もなかったはずである。そこにはただ、各国に既存のものとして、外国管財人側にフレンドリーなものがあったら、「国連モデル法」はそれによる処理を阻害しない、とあったのみのはずである。

しかるに(‼)、この「国連モデル法」の7条の邦訳とともに、その解説を行なったところの、山本和彦・前掲国際倒産法制(2002年刊——それが、「平成12年法」の立法の"後"のものであることに、注意せよ‼)223−224頁には、次の[1]−[3]の指摘が、(連続するものとして)なされている。即ち、まず——

「本条[7条]のような規定は、作業部会では全く議論にならず、総会において突然提案され、採択されたものである。ただ、その内容自体はある意味で当然のことがらである。けだし、……既に各国の内国法の中で本モデル法が定める以上の協力が認められているのであれば、本モデル法の立法化により、それが限定されるのはモデル法の右趣旨にそぐわないのは明らかだからである。……そのような意味で、[日本での]立法化に際しては、本条の存在意義を再検討する必要があろう(ただ、日本法上、このような別個の援助は存在しないように思われる[??])。」(山本・前掲223頁。——これを[1]とする。)

——と(*)。

* 右の「協力」ないし「援助」の語についての山本教授の"屈折した理解"については、後述する。それが、右の最後の「??」マークの個所と関係する。だが、日本に「存在しない」のなら、何故「再検討」を要するのか。その奇妙さに、まずは注意せよ(‼——後述)。

そして、すぐ右に続いて——

「本条と直接の関係はないが[??]、実質論として、モデル法と現行の国際倒産規律との整合性には常に配慮する必要があろう。従来、日本法は法規定上は属地主義をとりながら、その運用においては国際倒産に一定の配慮を加えてきたことは周知の事実であるが[*]、モデル法を立法することにより、従来の解釈・運用にいかなる影響が及ぶか、その影響は相当かといった点の検討が不可欠である。」(同前頁。——これを[2]とする。)

——とある。

＊　但し、貿易と関税2008年11月号55頁（本章１(2)の３番目の「＊」部分）に記しておいたように、山本・前掲金融法研究15号96頁では、日本法がこうした解釈論的努力を積み重ねていることについて、UNCITRAL の「会議で十分にその［米国側の］誤解を解くことができなかった私などにも責任があるわけですが……」との、"弁明的自白"が、なされていた。そのことにも、再度ここで、注意すべきである。

更に、すぐ右の［２］に続いて──

「例えば、外国管財人につき、承認手続を経ずに保全処分の取消申立（東京高決昭56・１・30下民32巻１－４号10頁）や株主総会決議取消訴訟の提起（東京地決平３・９・26判時1422号128頁）を認めた裁判例があるが、これらはモデル法によると［!?］承認決定を要すると考えられる（24条参照［??］）。そうだとすると、外国管財人のアクセスの手続要件が厳格化する結果となるが、その当否につき議論が必要であろう（もちろん承認決定を常に前置することにより、手続の透明性を高めるというモデル法の趣旨にも十分な配慮が必要である）。」（同前・223－224頁。──これを［３］とする。）

──とある(＊)。

＊　山本教授の「国連モデル法」７条へのかかる理解が、果たして正しいのか（答えは否）、また、前記の［１］・［２］との関係での、二転三転するその論理に、あらかじめ注意すべきである。
　なお、右に一定の結論を導く根拠であるかのごとく引用されている「国連モデル法」の「24条」は、"Intervention by a foreign representative in a proceedings in this State" についてのものであり、そこには──

"Upon recognition of a foreign proceeding, the foreign representative may, provided the requirements of the law of this State are met, intervene in any proceedings in which the debtor is a party."

──とある。だが、条文上既に、「承認」があればこれこれのことをなし「得る」とあるのみで、「承認」がなければそれをなし「得ない」とは、何処にも書かれていない（!!）。そのようなことは、UNCITRAL、"Guide to Enactment", supra, "V. Article-by-article Remarks", paras. 168-172にも、書かれていない。「国連モデル法」の全体構造からも、「24条」と「７条」とは、全く別個の存在であり、「24条」で「７条」を限定付けるのは、百歩譲っても、山本教授の独自の理解でしかない。そして現に、「Chapter 15の米国」が、前記の［d］、即ち§1509の(f)において、私と同じく、この「７条」への自然な理解に立っていることは、既述の通りである。
　あらかじめもう一点、示しておこう。山本・前掲書の、前記の［２］冒頭には、「本条と直接の関係はないが」、との部分があった。その前提で前記の［３］の"日本の判例"が示され、まさにそれ（ら）を指示しつつ、「これらはモデル法によると承認決定を要すると考えられる（24条参照［??］）」、とされていた。"論理"として厳密に考えると、この"日本の判例"は、「モデル法」（７条）と「直接の関係」が「ない」のに、それ（ら）

2 「国連モデル法」と「Chapter 15 の米国」・その 1──これまでの論述との関係において　　331

の取扱いが、「モデル法によ」って決められている"かのごとく"なっており、妙である。あちこち迷う性格ゆえこうなるのか、誰にも理解出来ない彼なりのかっちりとした"論理"(!?) があってこうなるのか。私には理解不能な世界での出来事、である。

　この"混乱"に満ちた山本・前掲書の指摘を、以下において、『徹底解剖』せざるを得ないのは、それ自体大きな苦痛である (!!〔*〕)。

　　＊　案の定、新しいパソコン君が、若干言うことを聞かなくなって来た。この頃の私の「氣」(＝電磁波) は、半端ではないから、致し方ないことだが、極力"平常心"で臨まねばならない。──と言っても、所詮無理な注文ゆえ、後々のことを考え、初歩的な"磁性化"の段階で、今日の執筆は止め、数日、「パソコン君」にクール・ダウンしてもらうこととする。不本意だが。──以上、執筆は、2008年11月2日の日曜日の午後6時23分まで。夕食の後、少し頭 (というよりは、「新年号」なのに、何でまたこんな、猛烈に情けなくなる内容の執筆をせねばならぬのかについての、爆発寸前の"怒り"!!) を鎮めてから、多少、次回の執筆のための整理・加筆を数十分、同日午後11時52分まで行なった。
　　　以下において、一気に『徹底解剖』を試みると、"対象"たる前記の〔1〕─〔3〕がフニャフニャしているので、かえって"細胞の組織"がグチャグチャになってしまうために、それぞれに「＊」部分を適宜付加し、これからの作業を少しでも楽にし、極力ストレスレスにすることが、その加筆・整理の主要な意図であった。──執筆再開は、三度目の「日曜日」を避け、2008年11月8日「土曜」の午後2時半頃。

　さて、山本・前掲の前記〔1〕だが、「国連モデル法」7条の趣旨としてこの〔1〕の冒頭に示されている点は、正当である。そして、「〔日本での〕立法化に際しては、本条〔7条〕の存在意義を再検討する必要があろう」とあるのも正しい。だが、「ただ、日本法上、このような別個の援助は存在しないように思われる」とあるのは、正しくない。
　「国連モデル法」7条には、"additional assistance to a foreign representative under other laws of this States" は、何ら排除されない、とあった。確かにそこでは "assistance" (「援助」ないし「共助」) という言葉が用いられてはいるが、それは15条以下の「承認 (recognition)」をメインに据える、いわば広義の「援助」である。この「国連モデル法」において、「承認」と「共助」とが言葉 (概念) としてグチャグチャに用いられているのは、既に本書で再三述べた「米国法の影響」のゆえ、であるに過ぎない。
　それを前提に、山本・前掲の前記〔3〕冒頭の、「例えば、外国管財人につき、承認手続を経ずに保全処分の取消申立……や株主総会決議取消訴訟の提起……を認めた裁判例がある」との点に移行すれば、それらはまさに、「国連モデル法」7条の言う "additional assistance to a foreign representative under other laws" にあたる。「承認」か「共助 (援助)」かの"言葉"に拘泥する必要は、ここで「は」、ないはずである。
　つまり、外国管財人側にとっては、「国連モデル法」の「承認」ルート以外に、かかる日本の従前の判例 (＆学説) の線で、日本での個別執行等に対応出来ることにな

れば、それだけ「助かる」(正確には、助かる場合のある)ことは、疑いない。外国管財人側にとって、「平成12年法」(≒「国連モデル法」の「承認」)のルート「だけ」しかない、ということになると、いろいろと不都合のあることは、管財人実務との関係で、貿易と関税2007年8月号81－82頁にこれを示し、さらにここまでの論述においても、これを再叙しておいた。従前の「日本法」(*)による外国管財人側への保護を、「国連モデル法」(の採用)は何ら排除しないというのが、「国連モデル法」7条の趣旨であることは、明らかである。

* 前記の7条には"laws"とあり、その解説には"provisions"とあったが、別段、判例(&学説)による"additional assistance"を排除する趣旨ではない。そんな趣旨だったら、判例法主体の米英などは、困っちゃうだろう(?!──前記の「米国」の条文をも参照せよ)。

にもかかわらず、山本・前掲の前記［1］には、「日本法上、このような［「国連モデル法」7条に言う］別個の援助は存在しないように思われる」、とある。実にオカシイ(!!)。

その"オカシサ"を引き摺りつつ、山本・前掲の前記［2］冒頭では、「実質論として、モデル法と現行［従来の日本］の国際倒産規律との整合性には常に配慮する必要があろう」とある。そこだけ切り取れば、正しい指摘ではある。<u>スイス・ドイツ・英国(そして、更に以下で示す米国)が、従来の自国の国際倒産法制との"連続性"を極めて重視していたことは、これまでの本書における、最も重要な指摘事項でもあった。</u>

だが、同じくこの［2］の冒頭に、「本条［「国連モデル法」7条］と直接の関係はないが」とあるのは、再度言うが、実にオカシイ(!![*])。現に、「Chapter 15の米国」は、まさにこの「国連モデル法」7条の"additional assistance"の規定に即して§1507を設け、「承認」のあることを前提に、同条(b)において、従来の「304条」の枠組みを、外国管財人側にフレンドリーな限りで、との限定つきで埋め込んだ(後に、一から再度論ずる)。そして、前記の§1509の(f)にも、この「国連モデル法」7条の趣旨を、(こちらは「承認」の有無等と無関係に)及ぼした。

* 山本・前掲の前記［2］冒頭の文章も、もし私が、いつも院生等にしているように、著者の思想には立ち入らずに"添削"をしてあげるなら、「実質論として、モデル法と現行の国際倒産規律との整合性には常に配慮する必要があろう。［なお、］本条と直接の関係はないが、従来、日本法は……」、となる。更にその後が、グチャグチャなのだが。

とくに、この§1509(f)は、山本・前掲の前記［3］冒頭に掲げられている前記の日本の二つの裁判例に、方向性として"近い"ものと言える。そして、それ(この(f))もまた、「国連モデル法」7条の"additional assistance"としての位置付けとなる。そうであるのに、なぜそれ(日本の従来の判例)を、前記［2］の冒頭で、「本条とは直接関係がないが」、などとするのか。オカシイではないか(!![*])。

2 「国連モデル法」と「Chapter 15 の米国」・その 1 ——これまでの論述との関係において　　333

* 本書第 1 章 2 ⑵（貿易と関税 2007 年 8 月号 82 頁）において、私は既に、「松下説のように解してしまっては、かえって……外国管財人の立場……が従来に比して……"後退"してしまい、今回の法制度の整備の基本……に逆行」する点で問題だ、と述べていた。この点を、「国連モデル法」7 条の趣旨をインプットした上で再度考えるべきだというのが、ここでの論述の基本、でもある。

　山本・前掲の前記［3］は、最近のイチジク浣腸のＴＶ宣伝よろしく、段々重くなる一連の「オカシサ」を引き摺りつつ、本来「国連モデル法」7 条でカヴァーされるはずの前記の日本の判例（の一部）につき、「これらはモデル法によると承認決定を要すると考えられる（24 条参照）。そうだとすると……」、と述べるに至る。だが、「国連モデル法」の 24 条が、その 7 条と無関係の存在であることは、既に前記［3］の部分を摘示した個所に付した「＊」において、24 条の原文等を示して、"事前爆破"しておいた通りである(＊)。

* 他方、ここで「も」山本・前掲（同書 223−224 頁）の"文章"がグチャッとしていることに、注意すべきである。即ち、「国連モデル法」7 条と「直接の関係はないが」として日本の判例を引き、それにもかかわらず、かくて「国連モデル法」7 条と「直接の関係はない」それらについて、「これらはモデル法によると承認決定を要すると考えられる」、と持って行く。"二つのこと"が、彼の頭の中でゴチャゴチャになっている、のである。

　この一連の"屈折"の末に、山本・前掲の前記［3］は、「そうだとすると、外国管財人のアクセスの手続要件が厳格化する結果となるが、その当否につき議論が必要であろう（もちろん<u>承認決定を常に前置することにより、手続の透明性を高めるというモデル法の趣旨にも十分な配慮が必要である</u>）」（便宜、この部分を、［3−Ⅰ］とする）という、またしても<u>右と左に、大きく両足別々に同時に踏み出すような、顔面強打必至の痛しい"書き振り"</u>となる(＊)。

* 右に「承認決定を常に前置することにより、手続の透明性を高めるというモデル法の趣旨」とあるのも、<u>「国連モデル法」7 条との関係で、"明確な誤り"（!!）</u>である。こうしたことを、同条の解説の中に書く無神経さにも、唖然とする私、である（次の＊部分をも参照せよ!!）。

　右の「そうだとすると」の「そう」は、前記の日本の判例は（国連）「モデル法によると<u>承認決定</u>[＊]<u>を要する</u>」（「承認決定」があった上でしか、それを維持出来ない）こと、を指す。その上で、その「当否」を問題としている形になる。

* "言葉"に関する感覚を、研ぎ澄ますべきである（!!）。実は、「国連モデル法」自体（英文条文）において、「承認」の語はもとよりあるが、「承認決定」という言葉は、ない（!!）。例えば山本・前掲 262 頁に、「国連モデル法」17 条との関係で「承認決定」の語はあるが、

同前・257頁の同条の邦訳中に、その語はない（それ自体が、若干ミスリーディングですらある）。例えば、山本・前掲の前記［3］の、前記部分で（不当に）リファーされている「国連モデル法」24条の邦訳と解説（同前・299頁以下）に「承認決定」の語があるかどうか等も、確認して頂きたい。

　要するに、ここでも（!!）山本・前掲は、「平成12年法」の「承認決定」（山本・前掲79頁以下）を半ば（!?）念頭に置き、論じているのである。

「ええい、面倒臭い!!」と叫ぶ"わが内なる声"に、もはや従おう。山本・前掲の前記［1］－［3］の論述においては、それが「国連モデル法」・「平成12年法」のいずれに関する論述なのかが、グチャグチャになっている、のである。もう阿呆らしいから、適宜纏めよう。

　日本の前記の判例の「国連モデル法」上の取り扱いに、前記［1］－［3］の論述が終始するものならば、なぜ前記［3－Ⅰ］のごとき指摘になるのか。実に不自然であろう（!!）。要するに、この［1］－［3］の部分は、「平成12年法」上の日本の前記判例の取り扱いを、「国連モデル法」7条と関係しないがと断りつつ、その実そうも言い切れない「カモ」との不十分な認識ないし漠とした直感（??）に半ば導かれつつ、更に、7条の本質を全く理解せずに（!!）強引に24条と結び付けたりしつつ、未整理な頭のまま、彼なりに論じている部分なのだ（!!）。

　だが、既に本章2(3)b［C］冒頭の「＊」部分に、「☆☆」マークを付して示しておいたように、山本・前掲112頁は、「2001年」段階での松下教授の"暴論"を、既に明確に、支持してしまっている（!!）。山本・同前223－224頁の前記［1］－［3］の、"打ち上げ失敗の村祭りの花火"のごときヒョロヒョロとした「僕、ガッカリ」の論述は、結局は、同前・112頁における明確な決断をするまでの、彼の中途半端な"迷い"を、示すものであった、と見るべきである（"論述の時点"に関する同書「はしがき」1頁参照）。ちなみに、山本・同前112頁では、松下説と同じく「管理命令」を問題とするが、同前・223－224頁では「承認決定」を問題としている、等々。1冊の著書に纏める際、最低限の自説の整理位は、しておくべきであろう。嗚呼［!!］。――以上、2008年11月8日午後7時52分までの執筆。同日午後9時14分まで、点検等を行なった。［以上は、貿易と関税2009年1月号分］）。

c　小括――これまでの論述への"若干角度を変えての纏め"を兼ねて

本章2(3)の「小括」のために、これまでの私の論述を、ここで纏めておこう(＊)。

＊　執筆再開は、2008年11月30日（日曜）の、午後4時50分。一昨日、殆ど信じ難いことが起き、その2週間前に"同じ場所"で、ひどく寒い思いをして引き込んだ風邪（咳）が、ぶり返す勢いともなり、執筆再開は無理か、とも思われたが、せめて「自分の世界」は自分で守らねば、の一念で、かくて机に向かう。心ない2名（とその背後に居たであろう、遂にその場ではdiscloseされなかった人々）の、詰まらない「事なかれ主義」（私の一連の仕事における打破対象たる、現下の日本の象徴!!）により、常に限界ギリギリで「本当のことを何処までも」追求する私の、それがゆえに薄いガラスの膜のように張り詰めた「心」が、パリンと割れて、猛烈なるデモーニッシュな怒りの火柱が、噴出し

2 「国連モデル法」と「Chapter 15 の米国」・その1——これまでの論述との関係において

た。

だが、あとのことは、敬虔なクリスチャンでありながら、その死に際して、彼が信頼を寄せていた多忙な某牧師の裏切り（モチ、電話でぶっ飛ばした!!）にあったところの、故上本修君（本書がその一部をなす連載論文の冒頭たる貿易と関税2005年9月号53頁以下）が、「先生、本当に怒ったときにはですねえ、逆に……」と教えてくれたように、すべて新約聖書「ローマ人への手紙」第12章末尾の通りに、神に委ねる（やってはいけないことをしてしまったH．T．氏等々と同じ扱いの、ダンテの「神曲」の世界となる。——もっとも、私はクリスチャンではないのだが）。

思えば、一昨日は、私の先祖の祐天上人（岩波文庫「利根川図志」の「成田山新勝寺」の項参照）の深くかかわった不動尊の日（二八日!!）であった。御蔭で、私の「氣」のエネルギーは、これまでの累次の更新を経て来た"臨界点"を更に大きく突き破り、またしても爆発的に増大・進展した。そういえば、（11月13日同様に誠心誠意全力で頑張った）20日の"船橋"でも、暗くなったばかりの空で、「二つデカ星」の出迎えを受けたが、28日も、そして昨日もそうであった（昨日は、初めて妻も、それを目撃した）。かくて、すべてを必然と受けとめ、星空との自然な"交信"の出来るようになったことの幸せを思いつつ、以下、淡々と執筆の世界、即ち、私だけの世界に、戻ることとする。

以上の(3)の項目では、「国連モデル法」の採用（＝「平成12年法」の制定）によって、それまでの日本の判例・学説はすべて無となったとの、松下淳一・山本和彦（そして伊藤眞）の各教授の"暴論"のルーツを探る作業がなされた。だが、(3)のbでは、あえて多少疑った書き方をしたので、論述の順番を普通に戻し、ここで纏め直しておく次第である。

まず、確認すべきことの第1として、「国連モデル法」において、「外国倒産手続」(*)の「承認」ルートでの処理は、何ら排他的なものではなかった、との点がある（[D]及び[E]の項目参照）。「国連モデル法」7条の、"Additional assistance under other laws"の規定である。そこにおける『「承認」と「共助」との"米国的交錯"』という夾雑物（すべて既述）を取り去って考えれば、要するに、「国連モデル法」の「承認」ルートとは別に、それを採用する国に、外国手続の側に有利な在来の法規定（ないし法理）があれば、「国連モデル法」作成の基本的趣旨からして、それ（ら）は排除されない、との規定である。

* それを「外国倒産処理手続」と、「処理」の2字を付加して日本語にするセンスは、そもそもおかしい。「国連モデル法」第3章は、"Recognition of a foreign [insolvency] proceeding and relief"であり、従来通りに「外国倒産手続」と訳せば足りる。なお、石黒・前掲国際私法（第2版）31頁注26冒頭参照（もし増刷の機会があれば、仕方ないので、問題ある「平成12年法」の名称に合わせるが）。

ところが、信じ難いこととして、本章2(3)bの[E]の項目で示したように、UNCITRALの会議にしっかり出て居て、ウエストブルック教授からも、（松下淳一教授と共に）よくやってくれたとの、お褒めの言葉を頂いていたところの、山本和彦・前掲国際倒産法制223－224頁の、「国連モデル法」7条の解説部分には、実に妙な指摘があった。即ち、（彼特有の、"ゴチャゴチャに絡まった論理的複雑骨折の糸"を丁寧に解

336　第5章 「米国連邦破産法Chapter 15」と「国連モデル法」——背景をなす諸事情と逐条的検討

きほぐしつつ）既に示したように、本来「7条」とは関係ないはずの「国連モデル法」24条を引用しつつ、この7条の適用には「承認」要件具備が必要である「かのごとき」、一体何処を見てものを言って（書いて）いるのか、と言いたくなる指摘が、そこにあった（但し、この点は、更に言及する）。

　山本・前掲書には、「この人は本当に会議に出て居たのか」と疑いたくなる点が他にもあった（例えば、「§483的米国」の論理をEU側が「国連モデル法」の審議過程で持ち出したというような、"論理的"に「も」あり得ない指摘。——本章2(2) b ［貿易と関税2008年12月号54頁以下］参照）。ここでの問題も、それと同じことである。

　次に、確認すべきことの第2として、「国連モデル法」を採用して2005年に設けられた「米国連邦破産法Chapter 15」において「も」、前記の「承認」ルートは、何ら排他的なものとはされていない、との点がある。この点のトータルな解明は一部、以下の論述に持ち越されているのだが、ともかく、「Chapter 15」の制定に伴って削除されたはずの、従来の「連邦破産法§304」を、外国倒産手続の側に有利な限りで、「国連モデル法」の「承認」ルートでの処理に付加するものとして"埋め込む"作業が、§1507と§1509(b)以下の規定において、なされている。それらの根拠も、「国連モデル法」の7条にある（後述）。

　だが、その際、とくに§1509の(f)においては、外国倒産手続側の代表者（a foreign representative）が「承認」申立をしなかったこと（the failure ..... to commence a case）、または「承認」を得ていないこと（the failure ..... to obtain recognition）は、かかる外国代表者が米国裁判所で有し得る以下のいかなる権利にも、影響しない（does not affect any right the foreign representative may have .....）、と規定されている。当該の権利とは、具体的には、"right ..... to sue in a court in the United States to collect or recover a claim which is the property of the debtor"との文言で示されている。

　この(f)の具体例として、例えば以下の場合を"想定"せよ。即ち、「米国」内で外国倒産者の債権者が、倒産者の「在米」資産に対して仮差押をしたとする。そのままだと当該の資産がその債権者のものになってしまうので、外国管財人が、正式の「承認」手続を踏むことなく、仮差押手続の進行中の当該裁判所に出向き、自己の名義で解放金を積み、仮差押手続を止めようとする場合である。前記の"to collect or recover a claim which is the property of the debtor"との文言に、少なくとも非常に近い（あるいは、ズバリそれにあてはまるとも思われる）場合、と言えるはずである。

　実は、右の"想定"事例は（右の「米国」ないし「在米」を、「日本」ないし「在日」に"変換"すれば）、石黒・前掲国際民訴法296頁にも記し、他方、その背景事情も含めて貿易と関税2007年8月号75頁（本書第1章1）において、日本での「属地主義緩和に向けた一連の判例展開の出発点」として示した、東京高決昭和56年1月30日判時994号53頁の事案そのもの、である。「国連モデル法」を採用した場合にも、こうした在来の法理が排除されるいわれはない、というのが「国連モデル法」7条の真意であった。そして、「Chapter 15の米国」にあっても、前記の§1509の(f)において、同様のことが、認められていたことになる。

　かくて、右の確認すべきことの第1・第2からして、「平成12年法」による「国連モデル法」の採用(*)の結果として、従来の判例・学説の蓄積がすべて無となった、

とする前記の暴論は、「国連モデル法」自体からもたらされるものではなく、また、その策定を強力（強引）に推進した『「米国」の論理』から導かれるものでもないことが、確認された。

　　＊　但し、「承認」の直接的効果として、一定の国内手続の自動的な中止ないし停止がもたらされるという、「国連モデル法」の基軸をなす「承認」枠組みは、そうしてしまっては日本の裁判官の承認決定が慎重になるからまずいという、理由にもならぬ理由で、「平成12年法」において、"排除"されてしまっ「ていた」。この点については、本章1(2)の論述（貿易と関税2008年11月号53頁以下）を見よ。

　それでは、かかる暴論の"ルーツ"は、一体、何処にあるのか。そこで私は、「シルバー精工事件」の場合の"推理劇"（貿易と関税2005年11月号59頁以下、60頁以下で、二つのステップに分けて示したそれ）と同様のアプローチで、この点を、「若干のシミュレーション」とともに、本章2(3)bの［A］・［B］で示した。
　もはや、そこで"種明かし済み"ゆえ、簡単に言ってしまえば、問題の核心は、恐らく（99%の精度で）、ウエストブルック教授の、"願望と現実"をゴッチャにした「Chapter 15」への屈折した理解にある。既にすべて示したように、殆ど信じ難いこととして、Westbrook, supra (79 Am. Bankr. L. J. [2005]), at 714における「Chapter 15」の紹介の仕方が、前記の§1509の(f)に全く言及して「いない」点で、大きな問題を孕むものだったのである。
　このウエストブルック教授の問題ある理解（自分はこうしたかったという、彼の、従来の§304の現実との関係でも若干歪んでいるところの願望）は、2001年公表の、ウエストブルック（松下淳一訳）・前掲金融・商事判例1112号88頁の、「日本（＝平成12年法）批判」にも、端的に示されていた。そこから先が、前記の「シミュレーション」ないし「推理劇」となる。
　まずは、「ウエストブルック＝米国」との、"歪んだ前提"を置く（彼が見たくない存在［？］としての、前記の§1509の(f)を"捨象"した場合の問題、である）。そして、「日本側関係者」が、右の「ウエストブルックの日本批判」を、出来てしまった「平成12年法」の枠内で、極力回避しようと「だけ」(!!)考えた、と"仮定"する。
　ウエストブルック（松下訳）・前掲の批判は（その後策定された§1509の(f)の存在にもかかわらず）、外国倒産手続の取り扱いを、個別裁判所のバラバラな判断によらしめることなく、「国連モデル法」上の「承認」手続で"一律に"行なうべきだ、とする点に、そのコアがあった。それに極力合わせた"批判回避策"を、まずは自然な推論として考えてみよう、との論じ方を、私はとった。
　その場合、「平成12年法」の枠内で考えると、「承認決定」(＊)の段階では対応不能だが、「管理命令」段階で一律に処理し、その前の段階では、前記の東京高決昭和56年のような"裁判所の個別的対応"（これを、ウエストブルックは、§1509の(f)の存在にもかかわらず、また「国連モデル法」7条の基本趣旨にも反して、非難する）を遮断すれば、ウエストブルックの「日本批判」はミニマイズできる「であろう」、と私は述べた。そして、その上で、かかる"批判回避策"を、ウエストブルック（松下訳）・前掲が

まさに公表されたところの、2001年刊の金融・商事判例1112号の、137頁の松下淳一教授の所説（それが同教授の前記暴論の、いわばルーツとなる）と対比せよ、との論じ方をした。ピタリ符合するはずだ、とも書いた。

  ＊ 「承認」の語を巡る山本和彦・前掲書の見苦しくグラついた"論理"については、本章1(2)（貿易と関税2008年11月号53頁以下）で、誰の目にも明らかになるように工夫しつつ、これを示した。

 要するに、この多少凝った「推理劇」（シミュレーション）で私が示したかったのは、日本側が「ウエストブルック＝米国」との、その後の「Chapter 15」（2005年）の§1509の(f)の存在を考えれば、大きな問題を孕む見方（但し、米国の最高権威者に対する"日本的恭順"という面では、悍ましいながらも理解出来る立場？）に立ち、そこ「だけ」とのインタフェイスを合わせようとした結果が、前記の暴論「なのではないか」、との点である。あくまで「推理劇」だが、そう考える以外に、かかる暴論の登場を説明出来る合理的な事柄が、一体あるのかどうかを、私は問いたかったのである（"後付けの、それらしい理屈"は、何とでも立つのであろうが……）。

 他方、本書の論述上の大きな柱として、「スイス」も「ドイツ」も、そして、「2000年EU（倒産）規則」・「国連モデル法」・「在来の自国牴触法（国際倒産法）」の三つ巴状況の中で、実に興味深い（!?）処理を行なった「英国」でも、更にこれから、再度一からの検証を試みる「米国」でも、この点での『自国法文化の伝統の継承』を最優先に考えて対応して来たことの確認、ということがある。

 それなのに、また、前記のごとく、日本の従来の牴触法の自発的展開（倒産属地主義の解釈論的緩和への地道な努力!!）を全部否定せよとの指令は、「国連モデル法」7条からして、少なくとも外国倒産手続の側に"有利"な形では(＊)、何ら存在しないにもかかわらず、どうしてかかる暴論が説かれ得るのかを、私は、問いかけていたのである。しつこいようだが、「米国」（＝ウエストブルック？）に、UNCITRALの会議で脅され（山本和彦・前掲書のはしがき）、更に、ウエストブルック教授の2001年刊の松下教授訳の論稿で「も」批判され、怯え切って、同教授への全面的な恭順の意を表したという以外に、"それ"を説明する事柄が、果たしてあるのかどうか。

  ＊ 「国連モデル法」は、「条約」ではなく、所詮は「モデル法」である（!!）。外国倒産手続の側に"不利"な形での在来の牴触法的処理の取り扱いについては、「モデル法」採用国側が、自国としての主体的な最終判断を、下してよいはずである。その点をも含め、私は、「平成12年法」に基づく手続が「実際に動き出した場合に、その限りで（!!）、従来の一般的な処理定式……が修正を受ける」にとどまる、との立場を示しておいた（貿易と関税2007年8月号82頁［本書第1章2(2)］）のである。
   更にここで一点付け加えれば、すべてが水面下に潜り、「官報」に結論のみが簡略に掲載され、しかも、その適用例が極めて乏しい「平成12年法」（同前・81頁参照）との関係で、従来の判例・学説に支えられた一般的な牴触法（国際倒産法）的処理の余地を残して置くことは、実務的にも必要なことのはず、である（再度、後述する）。

だが、前記の「ウエストブルック教授の日本批判」は、「国連モデル法」7条との関係でも、「米国」の「Chapter 15」の実際の条文構成との関係でも、不当なものであった。少なくとも、「Chapter 15」が出来た「2005年」の段階では、「ウエストブルック≠実際の米国」ということは、専門家が普通にウオッチしていれば、分かるはずである。にもかかわらず、「2007年」の段階でも、同前（2007年8月号）・81頁に示してあるように、松下教授の前記暴論は、そのまま"維持"されている。のみならず、山本和彦・前掲112頁は、「2001年」段階での松下説を支持し、そうでありながら（同一の著書の中なのに!!）、山本・同前223－224頁には、そこ（同前・112頁）に至る過程での山本教授なりの悶々が、悶々のままで、「国連モデル法」7条を論じているのか「平成12年法」との関係を論じているのかが未整理なままで語られる、ということになっていた。「一体、これはどういうことなのか!!」——これが、これまで論じた諸点の再確認と「小括」、である(*)。

* 以上、2008年11月30日（日曜）午後9時2分までの執筆。この先は、週末以降に書くこととなる。私の心の"後遺症"は、いまだ顕著である。——同日の夜中（12月1日午前2時半頃まで）、多少ここまでの部分の点検をした。執筆再開は、同年12月6日（土曜）午後4時10分。

3　「国連モデル法」と「Chapter 15の米国」・その2 ── 「Chapter 15」の概観と逐条的検討

さて、以上で、"前提的論述"、及び、「ピン・ポイントで明確化すべき二つの点」についての論述を終え、「Chapter 15の米国」の全体像を、一から検証する作業へと、移行することになる。

但し、「概観のための概観」は詰まらないから、論述の仕方を工夫しつつ、以下、いくつかに分けて論ずる。

(1)　「304条」と「国連モデル法」、そして「Chapter 15」の相互関係
  a　『「304条削除」イコール「304条の枠組の基本的な"温存"」』の「パラドキシカルな構図」
　　[A]　ポーズとしての「304条"削除"」!?
　まず、既に本書でも多々引用して来た Westbrook, supra (79 Am. Bankr. L. J. [2005]) の基本認識から、見ておこう。「Chapter 15」の制定(*)によって、従来の連邦破産法「304条」は、たしかに削除されたが、それによって米国が、従来とは全く異なる、別の道を選択したとは、何ら把握されて「いない」(!!)。そのことの確認が、まずもって重要である。

* 細かいことだが、かつて米国連邦破産法には、これとは別な、マイナーな問題についての「Chapter 15」があったが、1986年に削除されていた。この点は、新たな「Chapter 15」の目次と、冒頭の§1501の条文の間の"Prior Provisions"の個所に、若干示され

Westbrook, supra, at 716が、「Chapter 15」を「304条」からの自然な発展だと見ていることは、既に本章1でも示した（貿易と関税2008年11月号64頁上段）。まず、この点についての、「Chapter 15」制定の立役者たるウエストブルック教授の基本認識を、更にここで辿っておこう。そしてその上で、実際の「Chapter 15」の条文構成へと移行しよう。
　Id. at 720には、以下の3つの指摘が、並んでなされている。即ち──

[1]　"Chapter 15 so closely follows the Model Law ……."
[2]　"Chapter 15 was meant to be generally consistent with existing United States law [i.e. § 304] ……."
[3]　"Its drafters …… did not want to lose the benefits of § 304 case law that might be more advanced in the cooperative direction. Section 1507 reflects that intent. It adds back to the Model Law some language that is a virtual copy of § 304, while limiting its applicability to providing "additional assistance"."

──と（ちなみに、右の［3］冒頭の "Its" とは、「Chapter 15の」ということである）。
　右の［1］と［2］を合わせれば、『「Chaper 15」≒「国連モデル法」≒「304条」』となる。そして、右の［3］では、「Chapterb 15」の起草者達が、「304条」の良いところを失いたくないとして、本章でも言及しているところの「§1507 (Additional assistance)」（「国連モデル法」7条に対応!!）に、従来の「304条」のコピーと言える文言を、但し、外国手続の側に有利な局面でのみ機能するように "埋め込んだ" ことが、示されている。
　右の3つの指摘からだけでも、「米国」に関する本章1の論述の冒頭に掲げた点、即ち、貿易と関税2008年11月号60頁に示したところの、「スイス」・「ドイツ」・「英国」と同様に、「米国」もまた、『「内発的な自国の法発展との連続性」を最大限に尊重・重視しようとしていること』の検証のためには、十分とも言える。「平成12年法」関連での、かの "暴論"（もはや根無し草と化した「日本」？）への、"追加的パンチ" として、である。
　だが、Westbrook, supra, at 725には、更に畳み掛けて、"The most important thing to say about the changes in United States law wrought by Chapter 15 is that they are only in the details. The Commission report makes it clear that Chapter 15 was not intended to change the basic approach of United States law ……."、とある。従来の「304条」を中軸とする「米国」でのベーシックなアプローチの変更は、「Chapter 15」の制定に際して、何ら考えられておらず、変更はマイナーな点に限られている点が最も重要だと、明言されているのである。そしてそれは、これから具体的に条文を見て行くように、その通りなのである。
　Id. at 726には、「米国」の「国連モデル法」の採用（極力文言もモデル法に合わせた

形でのそれ）が、"in the hope that our example would encourage other countries to follow"との思いのゆえであった、とある。だが、以上の点からして、「304条削除」が、「米国」流のある種の『ポーズ』としてのものにとどまることは、もはや明らかである。前記［1］－［3］の点を含め、貿易と関税2008年11月号分の最後（同前・67頁下段の最後［本章1(5)の最後のパラグラフ］）に記した点へと、"回帰"して戴きたい。すべては、「米国的論理のグローバル化」のための営為、だったのである。

[B] 「米国型裁量≒コミティ」＆「自国債権者保護への強い要請」はどうなったのか？
　次に、貿易と関税2008年11月号58－59頁で再度示しておいた右の二つの点の"検証"を、まずは概括的に、Westbrook, supra (2005) に基づいて、行なっておく（なお、同2007年11月号68頁下段の波線傍線部分［本書第1章3(5)の4番目の「＊」部分。その第3パラグラフ参照］にも注意せよ）。
　便宜、右の後者からとするが、外国倒産手続の「承認」がなされた場合の、（後述の§1520における automatic stay を「越えた（beyond）」）救済について論ずる Id. at 723において、重要な点が示されている。即ち、"[A]t every point the court must be satisfied that the interests of United States creditors are sufficiently protected." とある。従来の「304条」におけると同様、「自国債権者保護への強い要請」は、「Chapter 15の米国」でも、維持されているのであり、石黒・同前（2008年11月号）58頁（本章1(3)の最初の「＊」の個所）にも再度示した、伊藤眞教授の問題ある見方との関係でも、この点は、どこまでも強調しておくべきポイントである(＊)。

　　＊　但し、米国での取り扱いとの"完全な一致"は、もとより求められていない、とある（Westbrook, supra, at 723.）。そこでは、かかるグローバルな見方が、「304条」を推進した Riesenfeld の考え方にも、また、「304条」に基づく大多数の米国の判例にも沿うものであることが示されている。だが、裏を返せば、米国での（優先権等の）取り扱いとの大筋の一致が、従来の「304条」においても、外国手続の側に強く求められていたという既述の点が、再度ここから「も」確認出来る。そのことの方が、重要である。

　次に、従来の「米国」における『「積極介入型裁量」≒「コミティ」』だが、この点について Westbrook, supra, at 726には、明確に（右の米国債権者保護の点を再度示しつつ）――

"[T]he United States court has considerable discretion to fashion and limit relief depending on the circumstances of the case, including the fair treatment of United States creditors in the foreign proceeding. ..... That commitment has only been reinforced [!!] by the adoption of the Model Law [i.e. by Chapter 15]."

――とある。この点は、§1507の条文に即しつつ後述するが、『「積極介入型裁量」≒「コミティ」』という既述の基本図式との関係で言えば、「強化」されたのは「裁量」のみではなく、実は「コミティ」の位置付けも、従来の「304条」に比して、一層高

次のものとされ、強調されているのが、「Chapter 15」の実像となる(*)。

* もっとも、§1507の中では、「国連モデル法」7条に基づき、外国手続の側に有利な局面でのみ、同条の（従って「コミティ」の）機能は"限定"されるのであるが、そこに更に、Id. at 723に即して既に原文を示しておいたように（かかる「付加的援助［＝共助］」を与えるべきか否かの判断との関係で）、「米国債権者の保護」の視点がクローズ・アップされることになる。この点で、Id. at 720に、"[T]he additional assistance offered by §1507 is available only if the preexisting §304 (c) criteria are satisfied." とあることに、注意せよ。
　ちなみに、「304条」の(c)の条文の邦訳は、貿易と関税2007年12月号57－58頁（本書第1章4(2)冒頭）に示してあるが、その(2)に「米国内の債権者」の保護の要件があり（(4)も、米国内での配分との実質的同等性を求める点で、(2)と一体をなす規定である）、その(5)に「コミティ」の要件がある。

b §1507と§1509との関係——「Chapter 15」で一層クローズ・アップされた「コミティ」!!

　以下、実際の「Chapter 15」の条文と、Id. at 719が最重要の公的解釈資料とするところの、H.R. Rep. 109-31, supraとを対比させる作業へと、移行する。だが、以上の本章3(1)aとの関係があり、また、ウエストブルック教授が終始言及「しない」点で大きな問題である旨、既に批判したところの§1509の(f)との関係もあり、ここで、「§1507と§1509との関係」について、一連の作業の出発点として、正面から論じておこう（既述の個所で、ややこしいからとの理由で、一時次に譲る、としていた点である）。
　「Chapter 15」の条文の順番は「国連モデル法」のそれと同じであり、前者の7番目の条文たる§1507は「国連モデル法」7条に対応する。だが、§1507の(a)の冒頭には、"Subject to the specific limitations stated elsewhere in this chapter the court, if recognition is granted, may provide additional assistance ……."とある。
　「国連モデル法」7条が、何ら「承認」を前提と「しない」(!!)ものであることは、既に細かく示した通りである。だが、§1507で「は」、これと異なる立場が示されている、ということになる(*)。だが、これから条文に即して見て行くように、「コミティ」を軸として§1507と§1509とは"繋がって"いる (!!) のであり、後者の(f)において、「国連モデル法」7条と同様に、何ら「承認」を条件と「しない」ところの、「米国」の従来の法理による外国手続への"付加的救済"が規定されている、との構図となる。

* 本章2(3)b［E］で、誰の目にも問題点が明らかになるように工夫しつつ示した山本和彦・前掲国際金融倒産223－224頁の、「国連モデル法」7条の解説部分を、再度ここで想起されたい。そこで示しておいたように、山本教授は、本来この7条の射程に入るべき日本の従来の（倒産属地主義の、外国手続の「承認」の局面での緩和を実践した）判例を示しつつ、「これはモデル法によると事前の承認決定を要すると考えられる（24条参照）」、としていた。24条が無関係であることもまた、既に示した。
　だが、ここで、「ミニ推理劇」の手法を用いて、再度考えてみよう。「Chapter 15」が出来たのは「2005年」だが、山本教授は、UNCITRALの会議（等）で、「米国」側（ウエストブルック教授？）から、「Chapter 15」では「国連モデル法」7条は「承認」を

条件とする旨（既に論じた §1509(f)を度外視して!!――そこまで、ウエストブルック教授の既述の"歪んだ理解"と同じである）、"聞き齧って"（!!）いたの「ではないか」。けれども、あくまでそれは、「米国の選択」でしかない。それなのに、「国連モデル法」7条自体がそうだと、山本教授は思い込んでしまい、「国連モデル法」の中にその旨示した別な条文があるはずだと、それなりに探した結果、無関係な24条がそれだと思ってしまい、前記の指摘に至ったの「ではないか」。それしか、私には考えられないのであるが、どうであろうか。――この「ミニ推理劇」から導かれる"含意"は、『ここで「も」（!!）山本教授は、「米国の真意」も「国連モデル法の真の構造」も、十分には理解して「いない」まま書いている』という、それ自体"悲惨"なものである。

　さて、§1507の(b)だが、(a)の"付加的な救済（援助＝共助）"を行なうか否かを判断する際に――

"[T]he court shall consider whether such additional assistance, consistent with the principles of comity [!!], will reasonably assure ――

　(1) just treatment of all holders of claims against or interests in the debtor's property;

　(2) protection of claim holders in the United States against prejudice and inconvenience in the proceeding of claims in such foreign proceeding;

　(3) prevention of preferential or fraudulent disposition of property of the debtor;

　(4) distribution of proceeds of the debtor's property substantially in accordance with the order prescribed by this title; and

　(5) …… ."

――との旨を規定する。右の直線によるアンダーライン部分は、ウエストブルック教授のものの引用で既に指摘したことだが、波線のアンダーライン部分が、「コミティ」との関係で、重要である。要するにここには、右の(1)以下で"再叙"されたところの、従来の「304条」の下での主要な考慮要因について、それらがすべて、「コミティ」に沿うものであることが、明確化されている。

　この点につき、§1507に付された H.R. Rep. 109-31, supra の最初の［Footnote］には――

"The additional assistance is made conditional upon the court's consideration of the factors set forth in the current subsection 304 (c) …… ."

――とあり、更に――

"Although the case law construing section 304 makes it clear that comity is the central consideration [!!], its physical placement as one of six factors in subsection (c) of section 304 is misleading [!?], since those factors are essentially elements of the grounds for granting comity. Therefore, in subsection (2) [i.e. (b)] of this section, comity is raised to the introductory language to make it clear that it is the central concept [!!] to be addressed."

――とある。

　要するに、従来の「304条」において、文言上は「コミティ」は6つのファクターのうちの一つに過ぎなかったが、「コミティ」はそこでの中心的な考慮事項であり、それらの（「コミティ」と共に同条に示されていた）ファクターは、本質的に「コミティ」の付与をする上での基礎をなす諸要素でしかなく、従来の「304条」における「コミティ」の条文上の位置付けは、かえって「ミスリーディング」であった、とされる。だから、「コミティ」の位置付けを引き上げて（!!）、それが（「304条」の下でもそうであったように!!）「中心的なコンセプト」であることを、この§1507の(b)において、明らかにしたのだ、ということである。

　もとより、既述のごとく、ここでの「コミティ」の機能は、「国連モデル法」7条の趣旨に照らし、外国手続側に有利な付加的救済を与える、という局面でのものに限られる。だが、それを与える「か否か」の判断に際しては、従来型の「コミティ」が全面的に機能する、ということになる（右の指摘の中に、「304条」自体を「コミティ」と同視する見方［貿易と関税2007年12月号58頁の下段参照!!］が、色濃く裏打ちされていることに、注意せよ!!）。

　本章3(1)a［B］において既に引用したWestbrook, supra, at 726の、"That commitment [i.e. discretion] has only been reinforced [!!] by the adoption of the Model Law [i.e. by Chapter 15]."との指摘を、ここに更に、重ね合わせるべきである。要するに、貿易と関税2007年12月号分の後半で論じ、同2008年1月号分の冒頭で纏めておいたような（本書第1章4(2)(3)参照）、従来の「米国連邦破産法304条」における『「コミティ」の重層構造的性格』、及び、『「コミティ≒裁量」という"積極介入型"の「米国的裁量の実像」』は、かくて、「コミティ」を一層強調しつつ、「Chapter 15の米国」において、"温存"されることになったのである（!!［*］）。

　　*　再度言うが、かかる"執拗"なまでの米国の、「自国法制度の"連続性"への強烈な自覚」（「国連モデル法」の策定に向けての一連の作業の中で、既に強烈に示されていたそれ）から、「平成12年法の日本」は、一体何を学んだというのか（!!）。次の次の「*」の個所で示す「裸のコミティ」関連の問題を含め、この点を、深く考えるべきである（!!）。

　さて、以上の構造の§1507に続き、1カ条おいた§1509（Right of direct access――「国連モデル法」9条に対応）では、「外国代表者」がダイレクトに「承認申立」をなし得るとする(a)を受けて、その(b)において、「承認」がなされた際の、その先のことが規定されている。だが、まずもって右に述べた点との関係で注目すべきは、この(b)の冒頭に――

　　"If the court grant recognition ....., and subject to any limitations [!!] that the court may impose consistent with the policy of this chapter ――」

――とあることである。右にも、『"積極介入型"の米国的裁量」≒「コミティ」』の基本図式が"堅持"されていることに、注意すべきである(*)。

* ちなみに、この§1509の(b)以下の文言は（§1507の(a)における「承認」のなされた場合という限定と同様に）、「国連モデル法」9条には存在しない。「国連モデル法」9条（Right of direct access）は、"A foreign representative is entitled to apply directly to a court in this State."と規定するのみである（確認のため、この点は再度後に示す）。

この(b)の最後の(3)には、"[A] court in the United States shall grant comity or cooperation to the foreign representative."とあり、続く(c)(d)にも、"comity"の語が出て来る。(c)は細かな規定だが、(d)では、「承認」が"否定"された場合について、それにもかかわらず「外国代表者」が（他の）米国裁判所から「コミティ」の付与を受けることを防ぐために必要な、適切な命令を発出し得る（If the court denies recognition ……, the court may issue any appropriate order necessary to prevent the foreign representative from obtaining comity or cooperation from courts in the United States.)、とする(*)。

* この(d)についてのH.R. Rep. 109-31, supraの[Footnote 121]（「フットノート」には、番号つきのものと、そうでないものとが、混在している）には、"Subsection (d) has been added to ensure that a foreign representative cannot seek relief in courts in the United States after being denied recognition by the court under this chapter."とある（[①]）。

だが、別途十分注意すべきこと（!!）として、「Chapter 15」の冒頭規定たる§1501に付された[Footnote 105]の直前の[Footnote]には――

"Foreign representatives of foreign proceedings which are excluded from the scope of chapter 15 may seek comity from courts other than the bankruptcy court since the limitations of section 1509 (b) (2) and (3) would not apply to them."

――とある（[②]）。

要するに、「Chapter 15」の射程外の外国倒産手続における「外国代表者」は、「破産裁判所」以外の米国裁判所において、「裸のコミティ」（!!――従来の「304条とは全く別枠での、いわば一般法理としてのコミティ」［貿易と関税2007年11月号59頁（本書第1章4(2)）参照］）による救済を受け得る、ということである。

多少、分けて説明しておこう。まず、「Chapter 15」の「承認」は、すべての外国倒産手続についてなされるもの「ではない」。（§1501(c)の適用除外規定もあるが）何よりも、そこでの「承認」は、後述の§1502において後述のごとく「定義」されたところの、外国の「主要な手続」・「非主要（nonmain）な手続」についてなされる（「国連モデル法」を通して、EUの「1995年条約案」及び「2000年EU規則」そのままの形で、それらが定義されている!!――貿易と関税2008年9月号64頁以下［本書第4章5(1)］参照）。

それらが「承認」されれば、その「承認」を行なった（破産）裁判所が（「裁量」で）

付し得る種々の「限定」(any limitation ―― §1509(b))の下で、(他の)米国裁判所は、「外国代表者」に「コミティ」を「付与せよ」(shall grant comity ―― §1509(b)(3))、ということになる。

　反対に、それらが「不承認」となれば、前記 [①] (§1509(d))のごとく、当該の「破産裁判所」以外の米国裁判所での「救済の否定」の確保のために、命令が出され得る。

　他方、そもそも「Chapter 15」の「承認」の枠外の外国倒産手続に対しては、前記の「裸のコミティ」が、従前通り機能するものと、されていることになる(前記 [②])。

　かくて、かつての「304条」についての『「コミティ」の重層構造的性格』は、「304条」と「コミティ」との一体性を§1507(b)において一層強調させつつ、「Chapter 15」の枠外での「裸のコミティ」の温存を含め、ほぼそのままに、"維持(堅持)"されていることになる(!!)。

　右の「*」部分には極めて重要なことを記した。だが、ここで「§1507と§1509との関係」に戻れば、あくまで「承認」を必要とするという(「国連モデル法」7条にはない)§1507の前提を、§1509の(d)まで維持しつつ(ここでは省略する同条(e)を一つ置いて)、ウエストブルック教授が終始"無視"する「§1509の(f)」が、一転して、「承認」の有無、更には「承認申立」の有無にかかわらず、従来の米国で認められていた個別の救済を外国代表者に認める旨、規定していることになる。

　かくて、「Chapter 15」において、§1507と§1509とは、「国連モデル法」7条との関係において、連続するひと纏まりの規定と、なっている(この点を前提とした、これまでの論述と、適宜対比されたい)。

(2)　「Chapter 15」の条文構成と主要な留意点――「国連モデル法」と対比させつつの逐条的検討

　以上の(1)で、本書の全体的文脈との関係での「Chapter 15」の重要ポイントを、先に扱ったことになる。そこで、ここで改めて冒頭の§1501から、極力かったるい「逐条解説」は避けるよう留意しつつ、「Chapter 15の米国」の全体像の把握に、努めることとする(以上、執筆は、2008年12月6日の土曜日、午後9時48分まで。――執筆再開、12月8日午後3時13分)。

a　目的・定義等(§1501 & §1502)――日本側の問題ある理解を含めて

　冒頭の§1501の見出しは、"Purpose and scope of application"とある。「国連モデル法」の「前文」と1条とを、合体させた規定である。そこには、「国連モデル法」の「前文」にあった"trade and investment"；"fair and efficient ……"といったキイ・ワードが、そのまま配列されている。この点は、もともと「米国」ならではの発想であるが、「英国」の「2006年国際倒産規則」において、これらの(問題ある)キイ・ワードがバッサリと落とされていること(貿易と関税2008年9月号64頁[本書第4章5(1)冒頭])と、対比して考えるべき点、でもある。

　次に§1502(「定義」)は、「国連モデル法」2条に対応するが、若干の付加・削除が伴っている。まず、「国連モデル法」の「承認」枠組との関係で重要な点を、先に見ておく。「外国の主要な手続」・「外国の非主要な手続」の区別(定義)、である。

3 「国連モデル法」と「Chapter 15 の米国」・その 2 ――「Chapter 15」の概観と逐条的検討　　347

　まず、同条(4)の「外国の主要な手続」の方だが、"a foreign proceeding pending in the country where the debtor has the center of its main interests"となっている。アンダーラインを付した点が、「国連モデル法」2条(b)と違う点である(*)。

　　＊　"taking place"が"pending"に、"the State"が"country"に、といった点についての変更は、詰まらないから原則的に、以下省略、とする。だが、"centre"から"center"への変更は、一寸だけ面白い。貿易と関税2008年9月号64頁以下の(1)、とくに66頁上段〔本書第4章5(1)後半の、「要するに（!!）」で始まるパラグラフ〕を、参照されたい。
　　そこ（同前64頁以下）にも記したように、「国連モデル法」における「承認」の対象たる、外国の「主要な」手続・「非主要な（主要ではない）」手続の区別は、（既に「1995年条約案」で文言レベルまでフィックスされていたところの）「2000年EU規則」3条（国際管轄）における「主要な倒産手続」と「2次的倒産手続」との区別（同2008年5月号47頁以下）を、「2次的」の文言を「非主要な」に置き換えたのみで、そのまま"埋め込んだ"ものである（!!）。そして、EUの用語法の通りに「国連モデル法」においても、"centre"と表記されていたが、「米国」の「Chapter 15」では、"center"となっているのである。これが前記の、一寸だけ面白い点、である（"establishment"概念についても、全く同一の経緯があることは、この「＊」内に示した個所を、参照せよ。この点は、再度、すぐに後述する）。

　次に、§1502の(5)の、"foreign nonmain proceeding"の定義だが、「国連モデル法」2条(c)の"non-main"を右のごとく表記しつつ、右の「＊」部分と同様に"taking place"と"the State"を変更したのみで、"a foreign proceeding, other than a foreign main proceeding, pending in a country where the debtor has an establishment"と、「国連モデル法」そのままに定義されている。
　ちなみに、右の"establishment"概念もまた、「国連モデル法」2条の(f)において、右の直前の「＊」マークの個所に記したように、「2000年EU規則」（具体的にはそれに先行するEUの「1995年条約案」）の定義を、"ほぼ"そのまま（次の「＊＊」部分の末尾で論ずる）、受け継ぐものだが、§1502の(2)には、"any place of operation where the debtor carries out a non-transitory economic activity"とのみあり、「国連モデル法」における、右にすぐ続く文言としての"with human means and goods or services"の部分が、消されている(*)。

　　＊　この点について、H.R. Rep. 109-31, supra の該当個所にも、"only minor language variations"を行なったのみ、としか書かれていない。もっとも、この点は、貿易と関税2008年5月号53頁以下（本書第3章5の3番目）の「＊＊」の個所で言及しておいたように、「2000年EU規則」との関係でも、ややこしい問題を孕む文言、ではある(**)。
　　＊＊　だが、そんなことよりも（!!）、ここで再度問題となるのが、山本和彦・前掲国際倒産法制における、論述の不正確さ（!!）、「等」についてである。
　　　まず、程度の軽い方から。山本・同前210－211頁は、「国連モデル法」2条の、前記の"main"；"non-main"の外国手続の区分につき、「外国主手続」と「外国従手続」との訳語を当てる。とくに"non-main"を「従」と訳すのは、「平成12年法」の定義（2条3号の「外国従手続」――そこには、「外国主手続ではない外国倒産処理手続をいう」

とあり、「国連モデル法」における"establishment"の語は、ない）を"逆流"させているようで、少なくとも、若干は"気になる""はず"である。

だが、貿易と関税2008年11月号55頁（本章1(2)の3番目）の「＊」部分で示した点、即ち、金融法研究15号における山本教授の、『「承認の効果」に関する「国連モデル法」20条の内容を、それとは主義の異なる「平成12年法」寄りに、歪めて（!!）伝えるものとなっているかのごとき、その論述の問題性』と、あわせ考えれば、山本教授の頭の中の"配線"は、それと同じだ、ということになって、「若干"気になる"」と言うだけで済むかは、問題ともなる。これが、「程度の軽い」問題、である。

次に、山本・前掲210－211頁の「国連モデル法」2条の解説における、"もっと重い問題"について。まず、同前・210頁には、この2条の「定義の中枢を成す「主たる利益の中心（centre of its main interests）」という概念は、EU条約（現EU規則）3条1項の概念に依拠したものと説明されており……」、とある（①――後述）。

右は、その通りである。だが、そこには、例によって、何の引用もない。それが同書における「国連モデル法」に対する"解説"の、大きな問題であることは、既述の通りである。便宜、当方の側から補えば、UNCITRAL, UNCITRAL Model Law on Cross-Border Insolvency with Guide to Enactment, supra, Part two: Guide to Enactment, para. 72に、"The expression "centre of ..... main interests", used in subparagraph (b) to define a foreign main proceeding, is used also in the [EU] Convention on Insolvency Proceedings."（Id. para. 18をも参照せよ）と、そのことが書かれている。

だが、山本・前掲210頁の、前記の「……と説明されており」とは、何事か、と私は思う。日本代表としてUNCITRALの会議に出席し、ウエストブルック教授からも、既述のごとくお褒めの言葉を頂戴した立場の者の"解説"として、この"受け身"的な書き方は、一体何なのか。

私のこの不満は、どうしようもない山本・前掲211頁の「ミス」によって、裏付けられることになる。信じ難いこととして、そこには、「EU条約等は手続に主従の別は設けているが、それは従手続の承認を前提とするものではなく［??］……」、とある。

だったら、「2000年EU規則」16条1項、17条2項の、次の条文は、一体何なのか（!!）。便宜、同一文言の「1995年条約案」の方から、英文で示しておく（貝瀬・前掲別冊NBL57号179－180頁からの条文引用）。即ちそこには――

"CHAPTER Ⅱ　Recognition of insolvency proceedings

Article 16　Principles
1. Any judgment opening insolvency proceedings handed down by a court of a Contracting State which has jurisdiction pursuant to Article 3 [i.e. main and secondary (non-main!!) proceedings] shall be recognized [!!] ..... ."
....
Article 17　Effects of recognition
....
2. The effects of the proceedings referred to in Article 3 (2) [i.e. secondary (non-main!!)] proceedings may not be challenged in other Contracting States. ....."

――と、明確に規定されている。念のため、再度、「2000年EU規則」の同じ条文のドイツ語ヴァージョンを見てみたが、もとより同じである。山本・前掲211頁の、波線の下線で右に示した点は、明確かつ初歩的、そして（本書で何度目になるかは面倒ゆえ調

3　「国連モデル法」と「Chapter 15 の米国」・その 2 ――「Chapter 15」の概観と逐条的検討　　349

べないが）またしても"致命的"な、「誤り」（!!）である（さしあたり、貿易と関税 2008年12月号54頁以下［本章2⑵b］を、参照せよ。――後述の②）。

　本書第4章5⑴（貿易と関税2008年9月号64頁以下）を参照されたい。そこにおいて、私は、『「2000年EU（倒産）規則」の"成立過程"の「国連モデル法（1997年）」への「直接的反映」という重要な事実（!!）の存在』との1項目を設け、「英国」の「2006年国際倒産規則」との関係を含め、当面する問題の全体像を論じていた。

　それは、「国連モデル法」制定過程における「米国の思惑」と「EUの戦略」との"交錯"という、まさに最も重要な局面での問題であった。「課税」の取り扱いを巡る同前・2008年12月号の前記個所におけると同様に、「この人は本当に会議に出ていたのか？」と言いたくなる、あまりにも"初歩的なミス"（前記の②）、である。

　ここで、前記の①の、いかにも"受け身的"な、山本・前掲210頁の指摘とあわせて考えれば、『UNCITRALでの議論の最も大きな"渦"の中に主体的に身を置くことを「していなかった」であろう、小さな日本代表の"薄い影"』が、彷彿とする「はず」である。「国際会議」と言うと、常に孤軍奮闘で、背にアジア、そして世界を意識し、常に（傲慢な）「米国」と対峙し、全力で戦った私の一連の営為からは、信じられないこと、である（WTO設立直後の、シンガポールでの「アジア諸国は反省せよ」の会議、モントリオールでの、そしてパリでのインターネット関連の会議、ジュネーヴでの電子署名・電子認証に関するハイレベル専門家会合、等々。――それらについては、すべて貿易と関税の連載の中で、詳細な報告を行なって来た!!）。

　だが、山本・前掲210－211頁の問題は、それでは終わらない（!!）。同前・211頁では、「国連モデル法」2条の"establishment"が、「営業所」と訳されているのである。

　山本・同前213－214頁では、この「国連モデル法」2条(f)の"establishment"の定義につき、「EU条約（現規則）（2条(h)号）をほぼそのまま採用したものである」とある。具体的に何処が右の「ほぼ」にあたるのか、そこに明示はないが、「2000年EU規則」（及び「1995年条約案」）2条(h)には、"any place of operation where the debtor carries out a non-transitory economic activity with human means and goods or services"という、「国連モデル法」2条(f)の文言の最後の、"or services"の部分が、存在しない。これが、右の「ほぼ」に相当することになる。

　右は細かな点だが、山本・前掲213頁には、この"establishment"を「営業所」と訳した上で、「日本の商法等における営業所」に比して「本モデル法の営業所概念はより広いものとなろうか（したがって、「営業所」の文言は立法化に際し必ずしも適当でないかもしれない）。その意味で、財産所在地管轄を認めたのと紙一重［??］の面があり、……」、などどある。同前頁は、「国連モデル法」の解説のはずだが、その解説に対して、「国連モデル法」（及び、前記のごとく、そのベースとなったEUの行き方）に照らして"修正コメント"を一々せざるを得ないことは、それ自体が、大いに（最近のわが家の流行語としての）"daunting"なこと、である。

　まず、山本・前掲213頁の指摘のうち、右の最初の傍線部分だが、貿易と関税2008年5月号53頁（本書第3章5の3つ目の「＊＊」部分）に書いたように、"any place of operations"とあることからして、「営業所」の訳は、不適当である。むしろ、国際課税の場合のPE（permanent establishment――「恒久的施設」）と同様に、せめて「施設」とでも、訳すべきである。

　他方、石黒・同前頁に記したように、「国連モデル法」のこの定義のもととなった「2000年EU規則」（及び「1995年条約案」）2条(h)において、かかる広い定義がなされたのは、「当該国内での単なる財産の所在を（国際）管轄の根拠としようとすることの放棄

(abandonment!!)に関するコンセンサス作りのためのもの」だ、とされている（私が前記個所で引用した Dicey/Morris/Collins, supra [14th ed.], at 1433からの、フルの引用をしておけば、そこには、"This "very open definition" was adopted as a way of achieving consensus on the abandonment [!!] of the mere presence of assets in a Regulation State as a basis of jurisdiction." とある）。

　ちなみに、一般的には「財産所在地管轄」に拘泥する傾向の強いドイツ（以下にすぐ続く「＊＊＊」・「＊＊＊＊」部分を参照せよ）の側からも、この場合の establishment (Niederlassung) の広汎な定義につき意図された点として、„Beabsichtigt war ein Kompromiss mit denjenigen Mitgliedstaaten, die es schon genügen lassen, dass sich im Inland Vermögen des Schuldners befindet." との、右の「英国」側の指摘と表裏一体をなす指摘 (Schack, supra [IZVR 4. Aufl.], at 358) のあることに、注意すべきである (＊＊＊)。

＊＊＊　「2000年 EU（倒産）規則」を受けて、2003年にドイツでなされた法改正において、即ち、1994年倒産法に第11編335条以下が新設（それについては貿易と関税2008年5月号58頁以下［本書第3章6］）された際、その354条の2項は、同前・61頁に記したように、EU 規則3条2項が Niederlassung の所在を二次的（個別的・属地的）手続の必須の要件としている (nur dann ..... befugt, wenn .....) のに対して、以下のように規定した。即ち、この354条では、債務者が内国に Niederlassung を有していなくとも、債権者が「個別的［二次的］手続」の開始につき「特別の利益 (ein besonderes Interesse) を有しているとき、とりわけ、彼が外国の手続において内国手続におけるよりも大きく不利な立場に立つ公算が大きいとき (voraussichtlich erheblich schlechter stehen wird als .....) に限って」、債権者の申立によって、この「個別的手続」が許される、とされる。だが、もとよりこれも、（貝瀬・前掲国際倒産法と比較法224頁の解説からははっきりしないが）Schack, supra (4. Aufl.), at 358-359 (＊＊＊＊) にあるように、上位規範たる EU 規則によって在来のドイツ法が排除されない場合についての規定、である (....., wo das autonome Recht nicht ohnehin von der EuInsVO verdrängt wird .....)。

＊＊＊＊　ちなみに、貿易と関税2008年5月号61頁上段後ろから6行目のミスプリを今発見し、"at 3589" とあるのを、右の二重アンダーラインのごとく、訂正した。

　だが、この際ついでゆえ、Schack, supra (IZVR 4. Aufl. 2006), at 358から、更に詳しく見ておこう。新設されたドイツ倒産法354条1項には、「債務者が内国に Niederlassung [establishment] またはその他の財産を有しているとき」に、前記の「2次的倒産手続」を開始出来る、とある。それを受けた同条2項では、「債務者が内国に Niederlassung を有しないとき」のかかる手続の開始要件を、右の「＊＊＊」の中の波線傍線部分のように、限定付けているのである。

　ちなみに、Schack, supra, at 358は、この354条1項の、（Niederlassung のない場合についての）手続開始要件を、ZPO23条の「財産所在地管轄」に匹敵する (vergleichbar な) ものとしてはいるが、既述のごとく、すべては「2000年 EU（倒産）規則」の上位性を前提とし、それによってドイツ固有のかかるルールが排除「されない」場合に限定されたものであることに、注意すべきである。

　他方、Ibid には、ここでの Niederlassung の定義が、「意識的に支店概念よりも広い (bewusst weiter als der Begriff der Zweigniederlassung)」ものとされていることへの、当然の言及もある。

もとより、文言は同じでも、「国連モデル法」は、EU規則とは別な道を辿って法発展を遂げて行き得る。だが、以上、この「＊＊＊」・「＊＊＊＊」の論述からも、「国連モデル法」2条(f)の"establishment"の定義につき、これを、「財産所在地管轄」を「認めた」のと「紙一重」と評する山本・前掲213頁は、問題である。

「国連モデル法」2条(f)の"establishment"の定義につき、「EU条約（現規則）（2条(h)号）をほぼそのまま採用したものである」とする山本・前掲213頁の（それ自体は正しい）指摘がある以上、なおさら、規定の文言の背景を、その成立史にまで遡って検討するという、法律学研究の基本中の基本との関係でも、問題が大きい、と言うべきである。

　　　　　　　　●　　　●　　　●

かくて、どんどん、「国連モデル法」及び「平成12年法」の権威書とされる山本・前掲書の"学問的信頼性"は、私の内面において、揺らいでゆく。「もう、いい加減にしてくれ！」と叫びたくなるのは、私の方である（「嫌悪すべきは学問の隙間風　一憲」の一句を、多少迷いながらも俳誌「笹」に投稿したのは、数日前のこと、である——もう、今月分で書ける枚数はリミットに近くなって来た。従って、この先の執筆は、今週末に行なうこととし、2008年12月8日午後8時46分、ここで一旦、筆を擱き、ここまでの部分の点検作業に切り替える。——思えば今日は、2004年12月2日夜、東大正門前で、指一本で5メートル飛ばされ、北京の劉先生から己の「先天の氣」の覚醒を受け、世の中がやたらキラキラし始めてからちょうど1週間後の同年12月9日夜、自分の前のコップの水がねっとりと甘くなったのに気づき、かくて「氣」のパワーが己の外界に放出されるようになってから、丸4年たったことになる。点検終了、2008年12月8日午後9時53分。途中の気持ちの高ぶり、即ち、"怒り"に似た感情も、すべて抑えて、"平常心"を保ってここまで来れた。大きな収穫、である。——執筆再開は同年12月13日午後3時半頃だが、もはや、この先を今書くことは困難と判断し、ここまでの部分の再点検等に重点を置き、今朝届いた青山古稀論集用論文の初校を、本日の仕事のメインとすることにした。作業終了、同日午後6時54分［以上は、貿易と関税2009年2月号分(＊)］）。

＊　　執筆再開というか、2009年初の執筆は、1月4日［日曜］の午後3時17分。1月2日に2月号の初校を済ませた上での執筆再開、である。
　　なお、貿易と関税2008年12月号61頁上段の「＊」部分（本章2(2)c）で、石黒・前掲現代国際私法［上］493頁注381について行なった訂正が、実は必要なかった旨、2008年12月19日、森田博志君（千葉大教授——石黒・前掲国際私法［第2版］26頁注1—c）参照）からの嬉しいファクスで、御指摘を受けた。私の同前書（［上］）については、「章ごとに注が1から起こされていまして、同書493頁注381……の注15は385頁にあるもののはずです。……この部分、先生は間違っておられないと存じます」、との有り難い御指摘である。
　　そして、その通りであった。そこから私は、12月号の前記頁に記したことの延長で、更に或ることを思い出した。東大出版会からは、一つ一つが厖大な情報量の注を"簡素化"せよというのみならず、章ごとに注を1から始めよとの、同じく非学問的な要求をも、受けていたのである。田中英夫先生（12月号の前記頁参照）からは、1冊の本の中での注はすべて通し番号にしておくべきこと、その方が読者に対して親切であることを、お教え頂いていた。ところが、注の番号が4桁になるから不体裁だと言われ、これまた

泣く泣く、従っていたのである

　ちなみに、前記の国際私法（第2版）は、もとより"通し注"で、総計895まである（同じ新世社刊の「国際民事訴訟法」の方は、総計943）。まだお正月ゆえということで、ちらっと前記の現代国際私法［上］の注の、章ごとの注の数を全部足すと、「340＋187＋248＋366＋889」となる。最初から横書きの本だったのだし、問題はなかったはずである。（商業出版社ならともかく、大学の出版会なのに）プンプン、である。

　なぜ新年早々、こんなことを書いたのかと言えば、既に私自身フェッド・アップ状態となった山本和彦・前掲国際倒産法制における文献引用（注の付け方）への大なる不満があるから、でもある。「国連モデル法」や「平成12年法」に関する、余りにも深刻な同書の問題点については、これまで、順次指摘して来たところだが、そもそも、「注の付け方の甘さ」は、分析対象への肉迫の度合いと連動してしまいがちである。そして、容易にミスを誘発する。だから、「注こそ論文の命」だと、私はずっと思い続けて、今日に至った。

　石黒・国境を越える知的財産（2005年・信山社）の「はしがき」ii頁に示した「『学問の基本』をわきまえぬ日本の若手・中堅研究者達の、『信じ難い怠慢』」（なお、この点についての、私の心の底からの「学問的メッセージ」については、同・前掲国際私法［第2版］297頁注479－a）を見よ!!）は、本書のテーマについても、当てはまりそうである。「知的財産」の右の場合には、外国文献について辛うじて言及していた「たった一つ［!!］の先行業績」の、数少ない注に引用された文献を丹念に辿り、検証すれば、すぐに誰でも基本的なミスに気づくはずなのに、誰一人としてそうした当然の学問的営為を「しなかった」ことが、結果として、極めて深刻な事態としての、平成14年の最高裁判決の「国際的孤立」を生んだ(**)。その後に刊行された金彦叔・知的財産権と国際私法（2006年・信山社）のみが、その堂々たる博士論文（同「知的財産権の国際的保護と法の抵触［1－7（完）］」、法協126巻8－12号、127巻1、2号［2009－2010年］）とともに、唯一、こうした意味で信頼出来る文献、である。

**　言うまでもないことだが、どこまでが先行業績によって解明された点であり、どこからが自説かを、明確化することが、論文執筆上、まずもって必要なことである。だが、その過程で、当然、そこで先行業績とされたもの自体についても、同様の作業が必要になる「はず」である。その先行業績が例えば10の外国文献を引用しているならば、それらすべてを、当該引用文献の個別の引用個所の全体的コンテクストに留意しつつ（!!）、一々検証することが、必須となる（直近の具体例として、石黒・前掲国境を越える知的財産308－346頁参照）。だから、同一テーマについて後から論文を書く者は、先行業績を残した人（々）よりも、作業量が、当然多くなる。そして、その繰り返しで、学問は発展して行く。そのはずである。それが、当然の学問的作法のはずであるし、それを覚悟で、皆、研究者の道を選択「する」（ないしは、ここでの文脈で言えば、選択「していた」）「はず」である。

　誰だって（私だって）ミスはする。引用ミス等をしたら、放置することなく、すぐに訂正することも、当然なすべきことである（内容的なミスについてそれをしない人々が、昨今はとくに多いが、そうなってしまうのは、勇気がないか、ごまかそうとする怠惰で汚い気持ちのゆえ、である）。

　だが、それを一々正してゆくのは、後続の研究者の基本的任務でもある。——といったことを、あえて書かねばならない状況に、日本の「法学部」が陥っていることは、真実、嘆かわしいこと、である。もとより、皆が皆、という訳ではないのだが……（ここで「**」の挿入部分は終わり、「*」部分に戻る）。

「国際倒産」の場合にも、右と似たような現象があったはずである。貿易と関税2009年1月号61頁下段の二つ目の「＊」部分（本章2(3)[C]の末尾のそれ）から、適宜辿って頂きたい。かくて、「国際倒産」の場合も、石黒・前掲国際私法「第2版へのはしがき」冒頭の第2・第3パラと同様の展開であったことを、新年早々、私は、大なる悲しみとともに、実感するのである（新世社刊の「国際私法」初版を1994年に出した後の「長い学問的な旅」を経て、「ふと後ろを振り返れば、私の古巣たる"法律学"の世界が、いわば一周遅れで、私がこれまで戦って来たのと同じ類いの火の手に、包まれていた」ことへの嘆き、である）。

　なお、私の書いて来たものの中で、ポリシー通りに「注」が最も厳格なのは、石黒・国際私法と国際民事訴訟法との交錯（1988年・有信堂高文社）である。注の総数は568だが、一つ一つがデモーニッシュなまでに詳密である。前記の現代国際私法［上］のもともとの注も、そんなイメージだったはずである（一昨年の9月の引越しで、自宅の何処かに保存してあった元原稿のコピーは、散逸してしまったはずである。——と書いたら、初校をしてくれた妻が、「ちゃんとあります。プンプン」との付箋を、この個所に付けてくれていた）。

●　　　●　　　●

　さて、「Chapter 15」の§1502 (Definition) の途中からの論述となるが、同条には、それに対応する「国連モデル法」2条にはない「定義規定」がある。そうしたものとして（「債務者」の定義はともかく）重要なのは、同条(7)の「承認 (recognition)」の定義である。

　だが、その内容は、""[R]ecognition" means the entry of an order granting recognition of a foreign main proceeding or foreign nonmain proceeding under this chapter;"という、同義反復的な、漠たるものでしかない。H.R. Rep. No. 109-31 (2005) にも、何のコメントもない。これでは、後述の「承認」の個所の条文紹介の類いでしかない。なくってもよいような、「定義」である。

　これは、従来の§304について、Westbrook, supra (79 Am. Bankr. L. J. [2005])、at 721に、"Section 304 did not provide for recognition of a foreign bankruptcy proceeding as such. It simply gave the United States courts the authority to open an ancillary proceeding ……."とあることとも、関係する（Id. at 717をも参照せよ）。要するに、従来の「304条」において、外国倒産手続の「承認」問題の理論的整理が曖昧だった訳で、それをそのまま引き摺るのが、この定義規定である（§1504に即して、更に後述する）。

　これと対比すべきは、貿易と関税2008年5月号48頁（本書第3章5）で論じた「2000年EU（倒産）規則」の16条1項、17条1項、そして同規則前文22項、である。そこでは、「国際管轄」や「準拠法」問題とともに、牴触法的にトータルな形で「国際倒産問題」を規律する同規則の基本姿勢を踏まえつつ、この場合の「承認」が、一般の「外国判決承認・執行」の場合と同様の牴触法的位置付けとなること、換言すれば、それがいわゆる「自動承認 (automatic recognition)」を意味することが、明確化されている（「スイス」の場合にも基本的に同様であることにつき、同2008年3月号77頁参照［本書第2章5］）。

　「米国の304条の影」を引き摺る「国連モデル法」が、「国際管轄」のルールをも有

しておらず、不完全なものであること(*)については、同2008年9月号68頁（本書第4章5(2)）において、この点についての「英国」側からの指摘を引用しつつ、示しておいた。かくて、従来の米国の「304条」が牴触法的に見て不明確な理論的基盤に立つものであったこと（これは、後述の、Hilton v. Guyot [1895] にも遡る、実に根深い問題である!!）が、「Chapter 15」の、前記の§1502の(7)に示された「承認」の定義規定にも、反映していることになる(**)。

* 但し、§1502の(8)には、「国際管轄」自体ではないが、"within the territorial jurisdiction of the United States" に関する、これまた米国独自の定義規定がある（内容は、ここでは省略）。なお、米国の破産裁判所の「国際管轄（ジュリスディクション）」について、Westbrook, supra, at 715は、従来の米国破産裁判所の広汎なジュリスディクションとの関係で、「Chapter 15」の広がり（sweep）が極めて大きい、という形での指摘をしている ("Given the broad jurisdiction of United States bankruptcy courts, which can be invoked by the mere presence of a lawsuit or an item of property within our borders, the sweep of Chapter 15 is very broad.")。
 他方、『「国連モデル法」と「国際管轄」』という切り口から、一層厳密に、ここで若干見ておくと、条文との関係では、既述のごとく「国際管轄」問題との接点は、存在しない。だが、後述の17条関係のUNCITRAL, Article-by-Article Remarks, supra, at para. 126において、外国手続の「主要」・「非主要」の区別につき、"..... the jurisdictional basis of the foreign proceeding (see paragraph 75 above)." とする個所がある（理論的には、貴重な指摘と言うべきである）。
 けれども、2条（定義）関連の、その「パラ75」を見ても、「ジュリスディクション」の語はなく、同じく2条関連で「主要」・「非主要」の区別に直接触れたパラ72・73も、同様である。もとより、この区別は、再三示したように、「2000年EU（倒産）規則」3条の「国際管轄」の規定の中にあったもの（「1995年条約案」でも同じ）であり ("The expression "centre of ..... main interests", used in subparagraph (b) ......, is used also in the [1995 European Union] Convention on Insolvency Proceedings." とする、UNCITRALの前記のパラ72を見よ）、その"静かなる混入の残像"として、前記のパラ126を、見るべきであろう。

** 但し、『「米国の従来の304条」≒「国連モデル法」』のこの理論的な曖昧さが、日本の「平成12年法」2条5号の「承認」の定義規定に、更に屈折して（!!）反映していることを、忘れてはならない。即ち、同号は、「外国倒産処理手続の承認」とは「外国倒産処理手続について、これを日本国内において第3章の規定による援助の処分をすることができる基礎として承認することをいう」、とする。
 その裏にあるのは、次のことである。即ち、「国連モデル法」のコアたる「承認」枠組を、「平成12年法」は、採用しないことになったのだが、そのことが、そこに影を落としているのである（!!）。
 本章1(2)（貿易と関税2008年11月号53頁以下、2009年1月号54頁）に示したように、「承認決定」をするについての裁判官の判断が慎重になっては困る（??）という甚だ不十分な、屈折した理由から、そうなったのである。そのために、「平成12年法」における「承認」概念が、「国連モデル法」よりも、更に一層曖昧なものとなってしまった（!!）のである。
 法律の名称において既にして、「外国倒産処理手続」と不必要な「処理」の2字を付

3 「国連モデル法」と「Chapter 15 の米国」・その 2 ――「Chapter 15」の概観と逐条的検討　355

し（同・2009 年 2 月号 45 頁上段の「＊」部分参照）、かつ、「承認援助」という、牴触法上の「承認」と国家間の「共助（＝援助）」とをゴッチャにする問題ある言葉遣いをして、右にも示した「米国の影」（本書で再示した点だが、同・2009 年 1 月号 63 頁下段 2 － 4 行目の「＊」部分を見よ）そのものの理論的"混濁"を示すのが、同法である。そこに更に、右の「承認」概念の曖昧さが付加され、そして、「カラっぽの箱」としての「裁量」が、すべてを取り仕切る（??）ことになる。最悪の選択である。

b　§1516 までの諸規定――「EU の戦略勝ちの構図」を含めて

さて、ようやくこれで、§1503 以下に移ることが出来る。

§1503 は、「国連モデル法」3 条（International obligations of this State）そのままの規定だが（内容は省略）、後者（モデル法）の 4 条（Competent court or authority）に相当する §1504 は、"Commencement of ancillary case" との見出しを有する。条文は、A case under this chapter is commenced by the filing of a petition for recognition ……." となっており、ここで、前記のごとく明確な「承認」概念を介さずに存在した従来の「304 条」（ancillary な手続）と、「国連モデル法」経由の「承認」とが、"言葉"の上で、ドッキングする形とはなる。

この §1504 について、H.R. Rep. No. 109-31 (2005) のコメントの最後（[Footnote 112] の最後）のパラには、"The title 'ancillary' in the title of this section emphasizes the United States policy in favor of a general rule that countries other than the home country of the debtor, where a main proceeding would be brought, should usually act through ancillary proceedings in aid of the main proceedings ……." と、従来の「304 条」を彷彿とさせる指摘がある。だが、既述のごとく（貿易と関税 2009 年 2 月号 55 頁の、本章 3(2) a の最初の「＊」の個所参照）、「国連モデル法」には、別途、外国倒産手続承認に関する EU サイドの、「主要」・「2 次的」の手続の区別が（実質的には、「2 次的」を「非主要」とするのみで）、そのまま深く"埋め込まれて"いる。

その結果、その EU 型の区別が、右の §1504 の解説においても、「米国」の従来からの論理の中に、あたかもごく自然なことのように、"溶け出して"いるのである。そこを、"感ずる"べきである。

諸国に合わせるつもりで全く異質な「304 条」を作ってしまった「米国」（貿易と関税 2008 年 11 月号 64 頁以下、67 頁 [本章 1(5)]）が、「304 条」を包帯で隠して「この指とまれ」と諸国をいざない、そうして出来た結果の「国連モデル法」。そのコアをなす「承認」枠組の基本区分に、"EU 製の部品"がするっと混入し、「米国」が指の包帯を解いたとき、それ（異物）が指の細胞に"混入"していたことになる。つくづく面白い構図、である(＊)。

＊　Jay Lawrence Westbrook, "Locating The Eye of The Financial Storm", 32 Brooklyn Journal of International Law (2007), at 1024 は、従来の「304 条」との対比において、"[S]ection 304 (c) imposed sometimes tight restrictions on cooperation based on the substance of the foreign law, while drawing no distinction between primary [i.e. main] and secondary [i.e. nonmain] bankruptcy proceedings in other countries." としている(＊＊)。

356　第5章　「米国連邦破産法Chapter 15」と「国連モデル法」——背景をなす諸事情と逐条的検討

＊＊　なお、従来の「304条」が外国との協力一辺倒ではなかったことが、右に波線アンダーラインを付した部分において、サラッと触れられている。そこにも、注意すべきである。「304条≒コミティ（裁量）」という既述の図式で考えればなおさらだが、右の"tight restrictions"の具体的な中身としては、同前2007年12月号60頁以下、とくに63頁以下で言及したアグレッシヴな諸事例が、関係することになる（本書第1章4(3)）。

だが、例えば Westbrook, supra (2005), at 718に、"The United States courts have long been open to cooperation with foreign bankruptcy proceedings."とあり、そこにおいても"comity"と"cooperation"とが同視されるニュアンスが示されているが、「Chapter 15」の概要を（既述のごとく不完全に）紹介する、彼の「2005年」の論稿（79 Am. Bankr. L. J.）においては、「コミティ」のネガティヴかつアグレッシヴな機能は、概して捨象されているかのごとき印象がある（更に、後述する）。

なお、ウエストブルック教授の前記「2007年」論文は、「Chapter 15制定後の米国」における米国の一部判例の"造反"（!?）との関係で、後に言及する。「外国の主手続」の「承認」については、（automatic stay との関係で）米国裁判官の「裁量≒コミティ」が従来に比して"制約"を受ける、というのが「Chapter 15」（＝「国連モデル法」）の基本だが、それを回避するための、興味深い一部判例の営為がそこにある、と言えよう。

次の§1505（Authorization to act in a foreign country）は、「国連モデル法」5条に相当する。内国管財人等が外国で活動出来ることを定めた規定である。なお、山本・前掲国際倒産法制219頁以下の「国連モデル法」5条に関する解説中に、この条項との関係で（UNCITRAL での審議過程において）、「一部代表」が「日本の属地主義を名指しで批判していた」云々とあるが（同前・219頁）、今はそれ以上言及したくない。まだ、お正月なのだから。そして、すべては同書についてこれまでに指摘した諸点に、尽きているようにも思われるので……。

§1506は、「公序の例外（Public policy exception）」である。「国連モデル法」6条と同様に、"manifestly contrary to ……"とあるが、H.R. Rep. No. 109-31 (2005) には、"The word 'manifestly' in international usage restricts the public policy exception to the most fundamental policies of the United States."との、公序発動を慎重にすべし、とするコメントがある(*)。

＊　だが、"manifestly"という言葉だけで、どこまで米国裁判官の営為を縛れるかは、別問題である。この点で、学生の Notes の類いだが、Jennifer Greene, "Bankruptcy beyond Borders: Recognizing Foreign Proceedings in Cross-Border Insolvencies", 30 Brooklyn Journal of International Law (2005), at 717 も、米国債権者の保護を重視する論調の中で、"…… Chapter 15 does nothing to define American public policy. Thus, courts are given broad discretion in determining what constitutes important public policy."とする。

『「Chapter 15」における「米国型裁量≒コミティ」の残存』については、本章3(1)a [B]（貿易と関税2009年2月号50頁以下）で論じたが、そこでの論述を踏まえつつ、右の、その限りではもとより正しい Greene, supra の指摘に注意しておくべきでもあろう（Id. at 722f には「コミティ」についての論及もある）。だが、Id. at 717 は、右の引用個所にすぐ続いて、"If the recognition of a foreign proceeding would be contrary to whatever a specific court deems to be U.S. public policy, that court could use its dis-

3　「国連モデル法」と「Chapter 15 の米国」・その 2 ――「Chapter 15」の概観と逐条的検討　　357

cretion to deny recognition ‥‥‥ ."」とする。
　§1506 の条文は（「国連モデル法」6 条も同旨）、"Nothing in this chapter prevents the court from refusing to take an action governed by this chapter if ‥‥‥ ."とあるから、たしかにそれはそうなのだが、実は、「Chapter 15 制定後の米国」では、「公序」に頼るよりももっと具体的な形で、「裁量」絡みでの問題が起きている。この点は、ウェストブルック教授の前記の「2007 年」の論文に即して、後述する（直前の「＊＊」部分で一言しておいた点である）。

　かくて、「解釈」の方法に関する §1508（「国連モデル法」では 8 条。ここでは省略するが、本書第 6 章の終盤で、大きくクローズアップされる!!）を間に挟み、§1507（Additional assistance）と §1509（Right of direct access）に至る(*)。だが、それらについては本章 2(3) 等（貿易と関税 2009 年 1・2 月号分）で詳述した。従って、先に行く。

　＊　§1509 以下が、「Chapter 15」の "Subchapter Ⅱ ―― Access of Foreign Representatives And Creditors to The Court" となる（「国連モデル法」第 2 章に対応）。

　§1510（Limited jurisdiction）は、「国連モデル法」10 条に対応する（前者の文言は、後者に対して、意訳的に変更されている）。「なあんだ、国連モデル法や米国の Chapter 15 にも、ジュリスディクション（国際管轄）の規定が、あるんじゃないか‥‥‥」、ということでは「ない」ので、注意されたい。要するに、「外国代表者」が（§1515 の）「承認申立」をしたからといって、"the jurisdiction of any court in the United States for any other purpose" に服することにはならない、とする規定である（新年初の執筆は、この位にしておこう。――以上、2009 年 1 月 4 日午後 8 時 58 分までの執筆。何だか、まだエンジンの調子が悪いが、仕方なかろう。"論述の大きな山場"は、直前の a の項目までにあったのだから、ここでの論述はとくに、"落ち穂拾い"的なものに、ならざるを得ない。ここまでの点検終了、同日午後 9 時 22 分。――執筆再開、同年 1 月 6 日午後 1 時 16 分）。

　次の §1511（Commencement of case under section 301 or 303）は、対応する「国連モデル法」11 条では、見出しが "Application by a foreign representative to commence a proceeding under [identify laws of the enacting State relating to insolvency]" となっている。後者（モデル法）の条文では、"A foreign representative is entitled to ‥‥‥ ."となっており、倒産手続の申立をなし得る「外国代表者」についての限定を、付していない。また、既述の「国連モデル法」7 条（貿易と関税 2009 年 1 月号 62 頁以下［本章 2(3) b］）と同様、「承認」をこの点についての要件とは、していない。だが、その双方について、§1511 では、修正が加えられている。
　「国連モデル法」11 条についての、UNCITRAL, supra (Article-by-article Remarks), at para. 99 の解説では、重要ゆえその全文を掲げれば――

"A foreign representative has this right without prior recognition of the foreign proceeding because the commencement of an insolvency proceeding might be crucial in cases of urgent need [!!] for preserving the assets of the debtor. Article 11 recognizes that not only a representative of a foreign main proceeding but also a representative of a foreign non-main proceeding may have a legitimate interest in the commencement of an insolvency proceeding in the enacting State. Sufficient guarantees against abusive applications are provided by the requirement that the other conditions for commencing such a proceeding under the law of the enacting State have to be met."

――とされている（[＊]――この規定が"standing [or "procedural legitimation"]"に関するものであることについては、Id. at para. 98.）。

* この規定は、右の英文引用部分に波線アンダーラインを付しておいたように、承認をする側の国（例えば米国）での、"倒産手続"の開始についての"urgent need"に、配慮した規定である。それとは別に、既述の「国連モデル法」7条（Additional assistance under other laws）の規定と、それに対応する「米国」の§1509の(f)とが、あることになるので、注意されたい。

これに対して、「Chapter 15」の§1512では、(a)の冒頭に"Upon recognition, a foreign representative may commence ――"とあり、すべて「承認」のなされたことを前提に、条文が構成されている。また、(a)(1)の、「303条」の"involuntary case"については"main; nonmain"の区別はないが、(a)(2)の"a voluntary case under section 301 or 302"については、外国の手続が"main"であることが、要件とされている。

だが、これらの点について、H.R. Rep. No. 109-31 (2005)のコメントには、さしたることが、書かれていない。実質的に、そこには、"This section reflects the intent [??] of article 11 of the Model Law, but adds language [!?] that conforms to United States law or that is otherwise necessary in the United States given its many bankruptcy court districts ……."とあるのみである。

この点についての米国内の事情に踏み込むことは、本書の行論上、必要なかろう。ただ、前記のUNCITRAL, supra (Article-by-article Remarks), at para. 99に明確に示された「国連モデル法」の主義からの、かかる明白な"離反"をする際に、"reflects the intent of article 11"などという英語が用いられている点に、「英語のセンスのお勉強」として、注意しておくべきではあろう（「反映」してはいるが、ぴたり一致はしていないという、ある種の"頬被り"をする際の米国的用語法として、である）。

それに続く§1512 (Participation of a foreign representative in a case under this title)も"standing (or "procedural legitimation")"に関する規定であることは、これに対応する「国連モデル法」12条（モデル法採用国の倒産手続への外国代表者の参加）についての、UNCITRAL, supra (Article-by-article Remarks), at paras. 100 & 101にも示されている。だが、この12条では、"Upon recognition ……."とあり、§1512でも、そうなっている。

かくて、淡々とした記述に飽き飽きしかかったところで登場するのが、§1513 (Access of a foreign creditors to a case under this title) である（「国連モデル法」13条に対応する）。この規定については、貿易と関税2008年12月号52頁以下（本章2(2)）で、米国倒産手続における「外国租税債権の取り扱い」（§1513(b)(2)）に重点を置きつつ、詳論した。——と書いたところで、自分で右個所をザッと読み直してみたが、やはり論述にめりはりを付ける意味で、本書のこれまでの書き方は、よかったのでは、と実感した。

　「承認」問題に移行する前の最後の条文が、§1514 (Notification to foreign creditors concerning a case under this title) である。「国連モデル法」14条に対応する。ほぼ後者の文言に沿った規定だが、最後の(d)が付加され、外国に居る債権者にはもろもろの事情に照らして合理的な"additional time"を与えよ、とする温かい規定が、そこにある。

　さあ、いよいよ「Chapter 15」のSubchapter III (Recognition of A Foreign Proceeding And Relief)、つまり、「承認」に関する規定である（「国連モデル法」第3章に対応）。ここでは、既に多少頭出しをしておいたところの、「Chapter 15制定後の米国の、一部判例の"造反"(!?)」とも言うべき、興味深い現象についても、ようやく言及出来ることになる。それを楽しみに、辛抱を続けよう。

　冒頭の§1515 (Application for recognition) は、「国連モデル法」15条に対応する。さしてコメントを要する点はないが、後者の4項で、「承認申立（the application for recognition）」に際して添付すべき文書につき、翻訳を要求し得る（may require）とあるのに対して、§1515(d)では"shall be translated into English"となっている。

　次の§1516 (Presumptions concerning recognition) が、前記の"一部判例の造反(!?)"とも、関係する。規定の文言自体は、「国連モデル法」16条と同じ（見出しも右規定のそれと同じ）で、ただ、後者の3項の"proof"が"evidence"に（この点については、H.R. Rep. 109-31, supra、の、§1516の最初の[Footnote]で、米国の用語法に合わせ、かつ、"[T]he ultimate burden is on the foreign representative."ということの明確化のためだ、とされている）、そして例によって"centre"が"center"に、それぞれ変更されている。

　後述の論点と関係するので、§1516(c)の条文を掲げておこう。そこには——

"(c) In the absence of evidence to the contrary, the debtor's registered office, or habitual residence in the case of an individual, is presumed to be the center of the debtor's main interests."

——とある。
　まず、これと対比すべき"或るもの"について、一言する。それは——

"In the case of a company or legal person, the place of the registered office shall be presumed to be the centre of its main interests in the absence of proof to the contrary."

——との、「国連モデル法」16条3項と全く同旨の（!!）規定である。これは、便宜、

貝瀬・前掲別冊NBL57号171頁からの英文条文引用をした上での、「1995年EU条約案」の3条1項第2文である。もとより、「2000年EU（倒産）規則」3条1項第2文の文言も同じである（Jayme/Hausmann, supra [12. Aufl.] で確認した）。そして、これは「国際管轄」の冒頭の規定である（なお、貿易と関税2008年9月号67頁［本書第4章5(2)］参照）。

要するに、「承認」に関して、外国手続についての「主要」・「2次的」のEU側の区分が「国連モデル法」にそのまま"埋め込まれる"と共に、かかる"推定規定"も、ほとんど文言レベルまで同じ形で、そこ（モデル法）に"転写"されていた（!!）、のである。それが今や、前記の『"この指とまれ"の指の包帯——解いたらEU製の異物混入』の構図そのままに、「米国」の「Chapter 15」の中に、かくて、埋め込まれていることになる（!!）。

さて、話は、ここからである。他の論点の中にそれが"埋没"しないように、目立つ形で、前記の"造反劇（!?）"について、論じよう。淡々とした論述に、めりはりを付ける意味でも。

c 「Chapter 15制定後の米国」における一部米国判例の造反？——『「裁量」（≒「コミティ付与」）権限への束縛を嫌う米国裁判所の本能的リアクション（!?）』をめぐって

ここで、既に若干引用しておいたところの、「2007年」のウエストブルック教授の、タイトル自体が別途興味を引く論文（但し、若干後述する）が、登場する。Jay Lawrence Westbrook, "Locating The Eye of The Financial Storm", 32 Brooklyn J. Int'l L. (2007), at 1019ff である。その論述のコアをなすのは、前記のごとく「2000年EU規則」・「国連モデル法」に共通するものとしての、"the center [centre] of [the debtor's] main interests"概念である（ちなみに、Id. at 1020は、これを"COMI"と略称するので、以下、仕方なくこの略語を用いるが、私自身は、この手のいかにも専門家ぶった略し方が、大嫌いである）。

問題点を絞って以下に検討するのは、まさに§1516(c)の、前記の推定規定との関係である。Id. at 1023の末尾には、"Two recent cases mark the ends of the spectrum —— the *SPhinX* case establishing maximum discretion and the *Eurofood* case focusing on maximum predictability."とあり、Id. 1024冒頭から、"Discretion and the Right Result Today"との、興味深い項目が始まる。

まず、右の *Eurofood* case とは、「2000年EU規則」3条1項の関係で、貿易と関税2008年5月号52－53頁（本書第3章5の、後から3番目の「＊」部分）で実際のイングランドの事例との関係で言及し、同7月号70頁下段の（本書第4章3の最初の《追記》の後の）「＊＊」部分で若干の補足をした、ECJの事例である。前記の推定規定との関係で、どこまで当該の企業ないし法人についての、"the true administration of its interests on regular basis"（Dicey/Morris/Collins, supra [14th ed.], at 1426）のなされている地を、フレキシブルに探求出来るか、の問題である。

Westbrook, supra (2007), at 1023は、この事例についてのECJの判断を、ともかくも「最大限の予測可能性」を追求したものとする。そして、その対極にあるものとして、米国の *SPhinX* case (In re SPhinX, 351 B.R. 103 [Bankr. S.D.N.Y. 2006], aff'd,

2007 WL 1965597 [S.D.N.Y. July 3, 2007]）を、「裁量権限の最大化」（!!）のための米国裁判所の営為として、掲げていることになる。

　詳細な事例の"紹介"の類いは、年明けで数え年60歳となった私ゆえ、もはや若手の然るべき営為に委ねるが、この「スフィンクス事件」では、SPhinX 社はケイマンで設立され、ケイマンの倒産手続の「米国」における「承認」が、問題となっていた。だが、Westbrook, supra (2007), at 1024によれば、（設立が同地でなされた点を除けば）"SPhinX …… had no other substantial connection with that jurisdiction —— no employees, operations, or assets. All of its directors and most, if not all, of its creditors and investors were located elsewhere."という状況下で、裁判所が、同社の COMI はケイマンの外にあり、従ってケイマンの倒産手続は「Chapter 15」の下での"nonmain"な手続だ、としたのが同判決である。その限りでは、貿易と関税2008年5月号52－53頁に示した実際のイングランドの事例（デラウエア州で設立された会社が、イングランドに「主要な利益の中心」を有するとされた事例）と大差ないように思われる（Westbrook, supra [2007], at 1024は、"Analysis in the court's opinion offers much to admire as to specific points, …… ."として、右に示した点については、判旨を支持しているようである）。

　だが、ウエストブルック教授の批判は、同判決が（「傍論」として？——Id. 1025に、"in dictum"とあった。やはり、判旨の「傍論」を攻撃しているのだ……）、当事者間の合意のみで COMI の所在を決定出来るとの"[t]he implicit rule"を示していた点に、まずは、向けられている（Westbrook, supra [2007], at 1025. —— Id. at 1024f に、当該事件の前記諸事情につき、"Yet the court went on to state that in a different case it would have ignored all those factors on the sole ground that the parties in interest had not objected to the Cayman proceeding and had not initiated a bankruptcy anywhere else."とあった上で、右の点が示されている。その点のみを切り取れば、たしかに行き過ぎた判断だと、さすがに私も思うのだが……）。

　木を見て森を見ざるの弊に陥らぬために、ここで Id. 1024の、既述の"Discretion and the Right Result Today"の項の、冒頭に戻ろう。そこにはまず、"Maximum discretion, ignoring predictability, permits a judge to achieve what seems to the court to be the right result, but …… ."とあり、続いて、"A central point of the Model Law was meant to be adoption of the structure less amorphous than comity [!?] …… ."とある。

　「裁量≒コミティ」に対する彼の基本観（ある種の"傾き"を有する思い入れ）が、ここにも若干過剰に（？）染み出ていることには、別途注意を要する（この「ｃ」の中で後述する）。だが、ともかくその視点から、「スフィンクス事件」の米国裁判所の判断は、"unrestricted discretion of the judge"を COMI の認定に持ち込むもので、不当だ、とされている（Ibid.）。

　「いろいろなことを同時に書く人だなあ」と、「誰かさん」のことを思い出しつつ、この若干"過剰反応"気味の論文を読んでいるのだが、Id. at 1025f から、以下に更なる引用をしておこう。其処に、"穴のあいた頭陀袋に頭を突っ込んでギャーギャー叫ぶ"かのごときこの論文の、背後にある問題の根深さを解く鍵が、あるように思わ

れるので。ともかくそこには――

> "The [SPhinX] court's central concern was that the Cayman proceeding was a ploy to delay, and perhaps derail, the settlement of a claim against the debtor in a U.S. lawsuit. Recognition of the foreign proceeding as a main proceeding would have triggered the automatic stay [!!] of section 1520 of the Bankruptcy Code. The opinion does not explain why the court could not have avoided this difficulty simply by finding a U.S. COMI for the company. That finding would have made the Cayman proceeding non-main and any injunction would have been discretionary."

――とある (Id. at 1025.――ploy は策略、derail は、レールを外して頓挫させること)。

要するに、彼は、このケースで「Chapter 15」の条文に沿って普通に考えれば、ケイマンの手続は「非主要」なそれだとダイレクトに言えたはずなのに、そして、そうすることによって目的は達成されたはずなのに、と嘆く。にもかかわらず、判旨が、ケイマンでの倒産手続が米国での訴訟を遅らせたりする策略の類いだったことの方に眼を向けていることに対して、彼は、大なる反情を示すのである(*)。

* ちなみに、Westbrook, supra (79 Am. Bankr. L. J. [2005]), at 727f には、「Chapter 15」制定前のケースたる、In re National Warranty Insurance Risk Retention Group, 384 F.3d 959 (8th Cir. 2004) についての、Brock, infra (2007) の論点と重なる点が、示されている。即ち、右事件での倒産者は、ケイマンで設立されたが、"All of its business, its headquarters, all of its employees, and virtually all of its creditors were in the United States." ということであった (Ibid は「ケイマン」のことを、"a no-man's land Congress had created ....." などとしてもいる)。

　同グループの経営陣が倒産直前に、残っていた同グループの資産の大半をケイマンに移し、暫定的な清算 (provisional liquidation) を、そこで開始した。そして、ケイマンの管財人達が、米国内でのすべての訴えをブロックすべく、「304条」の申立をし、それが認められた。ケイマンが倒産者の "the country of incorporation" であり、"domicile" でもあるから、というのがその理由である。

　Westbrook, supra (2005), at 728は、この判決を批判し、「Chapter 15」の下では事情がガラリと変わったことを強調する。即ち、――

> "It is clear that this ploy could not be successful under Chapter 15, because the Caymans case would have been a nonmain proceeding entitled to limited recognition at best, while the United States [Nebraska] would be the home to main proceeding, as it obviously should be, and would thus be able to protect properly its victimized consumers."

――とし、更に、そこに付された注94で、"Under §§ 1515-1516, there would be a presumption that its jurisdiction of registration ―― there the Cayman Islands ―― was also its COMI, but the presumption would be easily overcome [!!] on facts like those in National Warranty." としている。

3 「国連モデル法」と「Chapter 15の米国」・その2――「Chapter 15」の概観と逐条的検討　363

　そして(!!)、Westbrook, supra (32 Brooklyn J. Int'l L. [2007]), at 1026には、右の（「*」部分の直前の）個所と対応するところの、"The SPhinX court was unwilling [!!] to accept the restraints [!!] imposed by that [i.e. Chapter 15's] structure, ……."との、"核心的な指摘(!!)"がある（更に、「裁量≒コミティ」の図式で考えるべき点として、Id. at 1026f には、"No court is entitled to grant comity or otherwise react to a foreign bankruptcy proceeding unless Chapter 15 recognition is obtained from a bankruptcy court. ……"ともあることに、注意せよ）。

　以上、混沌としたWestbrook, supra (2007) の論述に忠実に、混沌を混沌のままにあえて示して来た。だが、もう限界ゆえ（読み手 [if any] の側は、なおさらであろう。スミマセンでした。まだ、お正月ゆえ、多少遊んでみました……）、一連の事柄について、一気に纏めておこう。

　「Chapter 15」において、外国の手続が「主要」なものとなると、後述の§1520のautomatic stay がかかることになる。そうなると、その限りで「は」、外国手続に果たして協力するべきか否かに関して、米国裁判官が従来有して来た、強大な「裁量（≒コミティ付与の可否・態様）」の権限が（「承認」をした上での具体的な「救済」については、従来通りの対応が可能とはなるものの――後述）、発動出来なくなる。「スフィンクス事件」の判旨には、当該の外国の手続が「主要」か否かを決定をする際の、まさにその判断過程の中に、大きな「裁量（≒コミティ付与の可否・態様）」の余地を、"従来通りに"(!!)見出そうとする意図がある。それはおかしいと、ウエストブルック教授は、しきりに叫んでいるのである（Id. at 1026は、同判決が「Chapter 15」の構造を、"nothing more than a broad grant of judicial discretion" とするものとして、指弾している）。

　だが、そうであろうか。そもそも、「Chapter 15」の、そして「国連モデル法」の元となった「2000年EU（倒産）規則」3条1項についても、「主要な利益の中心」の定義が同規則の中にないことに対して、「不幸」なこととしての評価が与えられて来ていた（貿易と関税2008年5月号52頁［本書第3章5］。Dicey/Morris/Collins, supra [14th ed.], at 1425）。この点についての解釈の余地は十分にあるし、そこに米国型の「裁量（≒コミティ）」が"ある程度"機能するのは、米国内の出来事としては、むしろ自然なことのように、私は思う。

　それらを極力"封殺"しようというのが、これまでの、この「c」の個所での論述に「も」再度匂わせて来たように、ウエストブルック教授の基本観なのだろう。だが（もとより行き過ぎは問題たり得るが）、それは、米国司法の伝統において、『所詮無理なところを一気にへし折ろうとする営為』、なのではなかろうか。少なくとも、ここで示されている彼の"心の傾き"は、§1509の(f)を終始無視する彼の論じ方（貿易と関税2009年1月号57頁以下［本章2(3) b［A］］で批判したそれ）と、同じもののように、私には思われる(*)。

　　* 本章3(1) a［A］（貿易と関税2009年2月号48頁以下）で示したように、「2005年」の彼の論稿においては、「304条」と「Chapter 15」との"連続性"が、ことさらに強調されていたのに対して、Westbrook, supra (2007), at 1026f では、『従来の「304条」とは

364　第 5 章 「米国連邦破産法Chapter 15」と「国連モデル法」——背景をなす諸事情と逐条的検討

訳が違うのだから、裁判所は勝手に動くな！』といったニュアンスが、濃厚に示されており、その間のギャップも、興味深い。ウエストブルックという人も、結構いろいろな意味で、"揺らぎ（ないしはブレ）"の大きい人、なのかもしれない……。

　『「Chapter 15」においても「米国型裁量≒コミティ」の基本枠組が残存すること』については、本章 3(1)で論じた。但し、そこでは、Westbrook, supra (2005), at 726 を引用しつつ、「承認」後の具体的な「救済（relief）」（条文に即して、更に後述するが、その"残存領域"は、極めて大きい、と言うべきである!!）について論じたのみだったが、この「c」では、それを越えた外国手続の「主要」・「非主要」の区分についても、同様の問題が"伏在"することを、かくて、一例として（!!）、それなりに示したことになる。
　条文を変えたのみで、米国司法の極めて深いところに根差す「裁量（≒コミティ）」（なお、「英国」の場合についての、貿易と関税2008年 9 月号55頁の纏め［本書第 4 章 4(4)］を、参照せよ!!）の"吹き出し口"を、狭められるのか否か。Westbrook, supra (2007) の前記の論述は、むしろ、この点を半ば直感的に感じ取った上での、若干"過剰反応"的な論述に、なっているのではなかろうか、とさえ思われる。この点は、今後の米国判例の展開を、文字通り注意深く、観察すべきところであろう（[*]——なお、ここでの私の論述の前提をなす"或る事柄"につき、石黒・前掲国際民訴法57頁の注223の本文参照。更にそれを、同前・65-66頁の注265までに至る本文とも、対比せよ。そして、それ［ら］を踏まえた貿易と関税2007年12月号62頁［本書第 1 章 4(3)の最初］の「＊」部分を参照せよ）。——このパラグラフを、行論上の都合で、「★」マークで特定する。

　　＊　なお、論文の魅力的なタイトルと内容とに若干齟齬がある面がないではないWestbrook, supra (2007) に対して、内容的にはそれと重なる問題を扱ったところの、米国の実務家の論稿について、多少言及しておく。Timothy T. Brock, "The Assault on Offshore Havens in Bear Stearns Undermines New Chapter 15: Part Ⅱ", 27-1 American Bankruptcy Institute Journal (February 2008), at 24ff である。この著者は、「外国代表者」側に立つ弁護士であり、その立場から、かなり強引に議論を進めているが、その論述の随所に、ウエストブルック教授がある種のアレルギーを何故か感じているところの、従来の「304条」における米国司法の現実への強い郷愁が、若干屈折した形においてにせよ、示されているように思われ、興味を引くから、である（なお、例えば貿易と関税2009年 1 月号59頁下段［本書 2(3) b ［C］の冒頭近くの、★★マークの 1 つ前のパラグラフ］においても、私は、「従来の「304条」をめぐる、同教授の「かくあるべし」論と実際の同条の運用との間にも、微妙なズレがあったと言える」と述べていたが、そのことも、以下の補充的論述と、多少関係する）。
　　　Brock, supra, at 24は、論文冒頭に"Comity and Discretion Must Remain Relevant to the Recognition Process"との見出しを掲げる。もとより、「Chapter 15」についての論述である。Ibid は、本文冒頭において、Hilton v. Guyot, 159 U.S. 113, 16 S.Ct. 139 (1895) を引用しつつ、"Comity is the principle through which courts recognize within their nation's borders the "legislative, executive or judicial acts" of fellow sovereign states."と、まず述べる（Hilton v. Guyot判決については、石黒・前掲現代国際私法［上］402頁、560頁参照。米国における外国判決承認・執行制度の出発点は、「承

3 「国連モデル法」と「Chapter 15の米国」・その2──「Chapter 15」の概観と逐条的検討　365

認」の基礎を「コミティ」に置く同判決にあった [!!]、のである。この点は、米国司法における「コミティ」問題の根深さを知るための、一つの重要なポイントである!!)。

　ブロック弁護士は、「ベア・スターンズ」(!!──現下の、米国発の金融危機の、節目となる例の一件である）について、設立国たるケイマンでなされた倒産手続が、「Chapter 15」の下で「不承認（nonrecognition; refusing recognition）」(Id. at 72.──頁が同誌で飛んでいる）となった点を、強く批判する。Ibid には、それが "foreign nonmain proceedings" としても承認されなかった（"Bear Stearns' ..... "establishment" analysis should have yielded ..... to recognizing debtors' Cayman insolvency cases as at least "foreign nonmain proceedings"."）、とある。§1516(c)の前記推定規定との関係でも、興味深い1事例、とは言えよう（当該外国手続が「主要」でも「非主要」でもないとすれば、「Chapter 15」との関係では、貿易と関税2009年2月号53頁以下 [本章 3(1) b] で述べたように、また、H.R. Rep. 109-31, supra の §1501に付された [Footnote 105] の直前の [Footnote] に示されていたように、その「承認」については、一般法理としての、「裸のコミティ」の出番となる!!）。

　もう一つ興味深いのは、Brock, supra, at 24 fn. 46において、彼とは反対の立場の、同事件についてのウエストブルック教授の意見書への言及のあること、である。ブロックの批判は、ウエストブルック教授の意見書において、「コミティ」の機能が、§1507の前記の "additional assistance" に限られる、とある点に向けられている。だから、前記の Hilton v. Guyot から説き起こして、そのように「コミティ」を閉じ込めるのは不当であるとし、既述の §1507についての legislative history をも示しつつ、"[C]omity was the overriding theme of Chapter 15 ..... ." とするのである。Ibid は更に、"Bear Stearns violates the "True spirit of international comity" by using chapter 15 to deny the transnational effect of the debtors' insolvency proceedings in their Haven-home jurisdiction." とする。まずもって、ケイマンの倒産手続を「主要」なものとして「米国」で「承認」すべきだというのが、その論述の基本である。

　たしかに、余りにも一方的な論じ方ではある。だが、Id. at 24 fn. 49には、Windt v. Owest Communications Intern. Inc., No. 04-3026, 2006 WL 2987097, *15 (D.N.J. Oct. 17, 2006) を引用しつつ、"Comity is a "discretionary" doctrine." とし、かつ、同判決の判旨において、"The availability of [the] wide range of relief [automatically available under chapter 15] is effectively a codification [!!] of previously existing international "comity" [!!] in the area of insolvency proceedings." との趣旨が示されていたこと、への言及がある。

　本書第1章4(2)（貿易と関税2007年12月号57頁以下）の、[「従来の米国連邦破産法」と「コミティ」＆「米国型の"裁量権限"」・その2──米国連邦破産法304条と『「コミティ」の重層構造的性格』(!!)］の項目）を、ここで想起されたい。とくに、前記の2006年の別事件の判旨には、伝統的な「米国的裁量≒コミティ」が、「Chapter 15」を、鮫鱶のような巨大な口をあけて丸呑みしてしまう「とすれば」、こういう形になるのではないかとの、ある種の"予兆"さえ、感じられる。

　要するに、本書の右の個所で言及したところの、「304条」自体が「コミティ」の具体化・法典化だとする見方に示されているのと、同じこと（同じ現象）が、「Chapter 15」について「も」起こるのかどうかの問題、である。その意味では、Westbrook, supra (79 Am. Bankr. L. J. [2005]), at 718が、"That section [i.e. §304] for the first time codified [!!] United States notions of comity and cooperation with foreign courts in bankruptcy matters." としていることも、この意味で、象徴的である（この「2005年」論文

では、右にも波線アンダーラインで示したように、「コミティ」と「協力」とが半ば同視されていた。だが、「2007年」の論文ではトーンが違っていること等、§1504の「＊＊」部分で既述）。

実際、本章3(1)b でH.R. Rep. 109-31, supra をも引用しつつ論じたように、従来の「304条」に比して「Chapter 15」では、「コミティ」が、中心的な概念として更なる"格上げ"を受けている。それがゆえに、前記の"予兆"めいた一部米国判例の動きが、一層気になるのである（すべて、「裁量≒コミティ」という、既述の図式の中で、考えるべき問題である）。

既に若干引用した Greene, supra (2005) にせよ、Brock, supra (2008) にせよ、それぞれに若干屈折しつつも、「304条」の頃の米国への強い郷愁の念が、裏打ちされている。そこに、既に動き出している米国の一部判例の示す方向性をインプットするとき、果たして「Chapter 15の米国」が、ウエストブルック教授の目論見（それは、§1509の(f)の存在によって、一部、既に崩れている!!）の通りに動くのかが、かくて、非常に興味深い問題として析出されることになる（この項目の中の、前記の「★」マークの部分に、ここで"回帰"して頂きたい）。

ここで、「Chapter 15」の条文に即した、淡々とした論述に戻る（少し疲れた。今日はここで筆を擱く。以上、2009年1月6日午後8時53分。──執筆再開は、同年1月8日午前11時44分）。

d §1517以下の「承認」規定──はじめに

さて、§1517 (Order granting recognition) だが、基本は「国連モデル法」17条と同じではあるものの、文言は、かなり変更され、若干の追加もある。まず、§1517の(a)には、以下の場合には「承認の決定（an order recognizing .....）」をせよ、とある（「国連モデル法」17条1項では、"..... shall be recognized if: ....."とある。§1519の(b)についての、後述の「＊」部分参照）。

但し、冒頭に、"Subject to section 1506, ..."とあった上でのこと、である（「国連モデル法」17条1項でも、"Subject to article 6, ..."とある）。つまり、前記の「公序例外」の留保が付いている。

§1517(a)(1)には、"a foreign main proceeding or foreign nonmain proceeding within the meaning of section 1502;"とあり、その(a)の(2)(3)は省略して、同条(b)を見ると、前記の main; nonmain"の区別が、(1)(2)に分けて、再度示されている（「国連モデル法」17条2項(a)(b)も同じ）。「非主要」な外国手続も「承認」されることに、注意すべきである(*)。

* 「主要」・「非主要」（後者は、既述の"establishment"を要件とする）のいずれの手続についても「承認」がなされる、との点も、「2000年EU（倒産）規則」16条と同じである（但し、そこでは、「国連モデル法」の「非主要（non-main）な手続」は「二次的手続」とされている等、既述）。だが、このEU規則25条には、「その他の［外国］裁判の承認・執行」についての規定が、別にある。この点の理論的重要性については、貿易と関税2008年5月号48-49頁（本書第3章5）を見よ。

§1517(c)は、「国連モデル法」17条3項と同じく、「承認申立」については、"shall

be decided upon at the earliest possible time" と、決定を急げとする条項である。だが、この(c)は、後者に対して第2文を付加し、"Entry of an order recognizing a foreign proceeding constitutes recognition under this chapter." とする。前記の§1502(7)の、殆ど無意味な「承認」の定義と"連動"するものである（無意味であるがゆえの"連動"[?]と、こちらも無意味なことを書きたくなる）。

続く(d)については、それに対応する「国連モデル法」17条4項の文言を、先に掲げておこう。そこには、"The provisions of articles 15, 16, 17 and 18 do not prevent modification [!!] or termination of recognition if it is shown that the grounds for granting were fully or partially lacking or have ceased to exist." とある(*)。15条は「承認申立」、16条は前記の「推定」規定、18条は「事後的情報（subsequent information）」、である。

　　＊　右に「修正（modification）」とある点に、注意すべきである。もっとも、いまだこの段階ではさして尖鋭化した問題とは感じにくかろうが、具体的な「救済（relief）」との関係で、ほかならぬ「国連モデル法」自体が、種々の意味で「裁量」を認めていることは、後に示す。その頭出し的な意味で、あらかじめメンションをしておく次第である（既になされた「承認」を、どのような形で、また、どこまで「修正」するのかを、"具体的"に考えてみよ）。
　　　　これに対して、「2000年EU（倒産）規則」においては、16条1項で"自動承認"（即ち、3条の「主要」・「二次的」いずれの手続も、手続開始国で効力が生じたときから、当然に域内国で、その開始国法上の効力——17条1・2項。「2次的」なそれについては、当該国の領域内の資産に限定された、その意味で属地的な効力——を有するに至ること[**]）を規定する。その上で、16条2項で、「主要」な（「債務者の主たる利益の中心」でなされた）手続の承認があっても、「2次的」手続の開始を妨げないとして、実質的には、各国でなされ得る「2次的」なそれを、アンタッチャブルなものとして温存する構造となっている（貿易と関税2008年5月号47頁以下［本書第3章5］参照）。そうした"巧妙"な構造の下で、「国連モデル法」17条4項のような、「承認」後の「修正」といった悩ましい問題についても、それが"賢明"な形で然るべく処理されるように、制度的な工夫がなされているのである（但し、「保全措置」自体については、同規則38条に規定がある。後述）。
　　＊＊　なお、私としては、右に波線傍線を付した個所の実際上の処理において、破産法旧3条・会社更生法旧4条の解釈論として私が提唱していたところの、「清算対象たる財産に関する属地主義」と、倒産者・債権者・管財人相互間の「権限関係」についてのそれ、との間での明確な区別（石黒・前掲国際民訴法295-296頁）、という基本的視点が、重要なものとなって来るように思われるのであるが、どうであろうか。

これに対して、§1517(d)では、右（「国連モデル法」17条4項の文言）の後に、更に文言を追加し、右のmodification or terminationを裁判所が考慮する際に、「承認決定」に信頼を置いた当事者が受け得るprejudiceについて、"due weight"を与えよ（shall）、等の点を書き込んでいる。

続く§1518 (Subsequent information) は、「国連モデル法」18条と同じで、「承認申立」がなされて以降、当該外国で生じたchangeについての、外国代表者に対する

即時通告義務の規定、である。さあ、ここから先が、多少なりとも、面白くなる。

e 「承認」前の「緊急の保全的措置」と「(米国的？)"裁量"」——「国連モデル法」と「2000年EU規則」との基本的な"規律手法"の差（!!）を含めて

　まず、緊急・暫定的な救済の§1519 (Relief that may be granted upon filing petition for recognition) だが、「国連モデル法」19条（見出しは"..... upon application for recognition of a foreign proceeding"となっている）の1項と3項・4項に相当する規定が、§1519の(a)—(c)に置かれた後で、興味深い(d)の規定が、米国独自のものとして、置かれている（(f)も独自の規定）。だが、順次、見て行かざるを得ない。

　要するに、債務者の資産又は債権者の利益の保護のために、救済がurgentlyに必要だとされた場合、外国代表者の要請により、裁判所は、以下の点"を含む（including [!!]）"暫定的な救済を、認め得る (the court may [!!] .....)、とするのが§1519の(a)である。そのあたりから、直前の「＊」部分で示した「裁量」の問題が、ググッと頭を持ち上げる形となる。

　この(a)の(1)—(3)の基本は「国連モデル法」19条1項(a)—(c)と同じである。まず、債務者の資産に対する執行の「停止」(staying execution[＊])が(a)の(1)であり、(a)の(2)では、米国所在の債務者の資産の、全部又は一部の管理又は処分を、当該資産の価値の保全のために、外国代表者又はその他の、裁判所の認めた（authorizeした）者に委ねること、とある。

　　＊　ここでは、「中止」ではなく「停止」の方が、"stay"の訳としては、なじむかもしれない。但し、山本・前掲国際倒産法制266頁は、「中止」としている。なお、「国連モデル法」20条の「承認の効果」に関する、貿易と関税2009年1月号55頁［本章2(3)b［A］の最初の「＊」の、直後の個所］と、対比せよ。

　続く(a)の(3)も、「国連モデル法」（19条1項(c)）と同様に（!!）、後述の§1521(a)の、「裁量オンパレード」（!!）の観のある規定の(3)(4)、そして(7)でリファーされた「いかなる救済（any relief）」であれ、暫定的なものとして認め得る、とする。

　「早く§1519の(d)に行きたいのだが」と悶々としつつ、同条(b)を見ておく。この(b)は、「国連モデル法」19条の3項に相当し、とくに延長がなされない限り、暫定命令は、"承認の決定"のあったとき（"when the petition for recognition is granted"[＊]）にはterminateする、との規定である。

　　＊　この部分は、「国連モデル法」19条3項では、"when the application for recognition is decided upon"となっている。忠実に訳せば、「承認を求める申立について判断が下されたとき」となる。その限りでは、どうでもよいことと思われるであろうが、但し、貿易と関税2009年1月号68頁［本章2(3)b［E］の最後］の「＊」部分を参照せよ。「国連モデル法」17条の見出しも、"Decison to recognize a foreign proceeding"とあり、確かにそれを「承認決定」と訳してもおかしいとは言えないだろうが、そこに「国連モデル法」と「平成12年法」との半ば無意識的な"混濁"が生じている（同前頁の前記個所）となれば、話は別である（今日の執筆は、スタートが早かったので、これ位とする。

3 「国連モデル法」と「Chapter 15 の米国」・その 2 ──「Chapter 15」の概観と逐条的検討　　369

　　──以上、執筆は、2009年1月8日午後6時55分まで。来週から講義・ゼミの再開となり、こうした贅沢な執筆時間は、当分とれなくなる。寂しい（執筆再開は、1月10日午後1時46分。ここまでの補充等を行なったところ、午後5時34分の時点で、既に枚数が尽きていることが判明。従って、切りが非常に悪いが、以下は、次回分の連載執筆に譲る。ここでは、既述の(2) c の個所が、一つの山場となる。毎号毎号、それなりのドラマティックな展開をと念じつつ、淡々と己を見詰めて書き続け、かくて、新たな年の、最初の連載執筆を終える。これから自分がどんな方向に向かうのか。"自分探し"をするための執筆は、かくて、更に続く。点検終了、2009年1月10日午後7時10分〔以上は、貿易と関税2009年3月号分〕──執筆再開は、2009年1月28日〔初不動の日、である〕午後1時41分）。

●　　　　●　　　　●

　この §1519の(c)は、実際にどう処理するのかが大いに気になる条文、である。その文言は、"(c) It is a ground for denial of relief under this section that such relief would interfere with the administration of a foreign main proceeding."となっており、これに対応する、同旨の「国連モデル法」19条4項では、右のアンダーライン部分が "The court may refuse to grant relief under this article if......"となっている。「承認」の申立を前提とする、「緊急・暫定的な救済」（§1519(a)参照）についての規定である。

　いかなる場合に「外国主手続」への"介入・干渉"となるかが、問題となる。だが、H.R. Rep. No. 109-31 (2005), supra の §1519への〔Footnote〕には、後述の同条(d)―(f)への言及があるのみである。そこで、仕方なく UNCITRAL, Article-by-Article Remarks, supra, paras. 135-140 (19条関連。同条4項については para. 140) を見てみることとする。

　そこには、既述の「国連モデル法」19条（「Chapter 15」の §1519）の、基本にかかわるコメントもあるので、まずはそこから見ることとする。UNCITRAL, supra, para. 136では、この条項が規定する「集団的（collective）」な"insolvency relief"につき、それが「裁量的（discretionary）」なものであることへの、明示的な言及がある。既に本書において、「Chapter 15」の §1521(a)とも関係付けつつ、§1519につき「裁量オンパレード」との言葉をあらかじめ示しておいたことに、再度注意して頂きたい。

　次に、UNCITRAL, supra, para. 136では、19条の規定する "collective"(insolvency) relief と、"individual" type of relief とが、明確に対比されている。右の後者、即ち、「個別的（非破産手続的・非集団的）な救済」は、Ibid では、"relief that may be granted before 〔!!〕 the commencement of insolvency proceedings under rules of civil procedure (i.e. measures covering specific assets identified by a creditor)" と説明されている。

　ここでのシチュエイションに合わせれば、例えば、正式の外国倒産手続の承認手続が進められるよりも「前」に、内国で外国倒産者の商標権につき内国債権者が仮差押えをし（それによって「個別の資産」が「特定」される）、外国管財人側が内国仮差押え手続の中で、自己の名において解放金を積んで執行取消を求めた場合など、まさに右の Ibid の説明に対応する場合、であろう。右の例は、本書で何度も示した東京高決昭和56年1月30日判時994号53頁の場合である（請求認容。石黒・前掲国際民訴法296頁、貿易と関税2008年12月号66頁、同2009年2月号46頁、等々参照。UNCITRAL, supra, para.

370　第5章　「米国連邦破産法Chapter 15」と「国連モデル法」——背景をなす諸事情と逐条的検討

136との関係では、法廷地国の一般の牴触法的な、即ちそこに言うところの、"rules of [international] civil procedure"によって認められた外国倒産手続側に対する「救済」、となる)。

　UNCITRAL, supra, para. 136では明示がないものの、この（正式の「承認」申立がなされて「いない」状況下での）"individual" type of reliefが、「国連モデル法」7条によって認められていることは、貿易と関税2009年1月号62頁以下に示し、また、この趣旨を認めた「Chapter 15」の§1509(f)については、同前（2009年1月号）・58頁以下で論じた（本章2(3)b）。いずれも、同前（1月号）・54頁以下の「日本の"暴論"のルーツ」を探る作業の中での言及であったが、そこでの論述を、右のUNCITRAL, supra, para. 136における"individual" type of reliefの説明と対比することが、まずもって必要である(*)。

　　＊　但し、前記の東京高決昭和56年にしても、裸の「裁量」によるものではなく、それがまさに「牴触法的問題処理」の自然な発露としてのものだったことには、注意すべきである。もっとも、"その先"には、更なる牴触法上の理論的問題があったのだが、それについては石黒・前掲国際民訴法296－298頁参照。いわゆる「準拠法的アプローチ」の問題性、の論点である。

　さて、問題の「国連モデル法」19条の4項だが、UNCITRAL, supra, para. 140には、この4項は、同モデル法30条(a)と同じ目的を追求するものだ、とある。「国連モデル法」30条は、"Coordination of more than one foreign proceedings"と題する。そこでは、複数の外国倒産手続がある場合には、（承認国側の）裁判所は「協力と調整 (cooperation and coordination)」に努めよ (shall seek) とされる際に、以下のようにせよ (the following shall apply) とあり、その冒頭の(a)で、"Any relief granted under article 19 or 21 to a representative of a foreign non-main proceeding after recognition of a foreign main proceeding must be consistent with the foreign main proceeding;" とある。

　右の波線アンダーライン部分が、同モデル法19条4項の、"裁量"による救済否定可能性を定めた既述の、"if such relief would interfere with the administration of a foreign main proceeding"の部分に、対応することにはなる。いずれも、「外国主手続」の「承認」との関係、である(*)。

　　＊　但し、「Chapter 15」制定後の米国で、米国裁判官の伝統的な強い「裁量」権限との関係において、まさに『「外国主手続」か否か』の判断を巡って、既に興味深い現象が生じていることについては、本章3(2)cで、§1516の解説自体とは別枠で論じた個所を、参照せよ（!!）。

　同モデル法21条の方は、既に「承認」があった場合の効果（「救済」）の問題ゆえ、具体的救済を与える際に「外国の主手続」と consistent に、それに interfere しないように、「外国の非主要手続」への救済を工夫するというのは、何となくわかる。だが、19条の場合は、いまだ「外国主手続」の「承認」前であり、若干「ウーム??」となっ

3 「国連モデル法」と「Chapter 15 の米国」・その 2——「Chapter 15」の概観と逐条的検討　371

てしまう。

　ここで、同モデル法19条 4 項についての UNCITRAL, supra, para. 140に、戻ってみよう。同モデル法30条(a)と同じ趣旨だと言いつつ、そこでは、"[N]amely that, if there is a foreign main proceeding pending, any relief granted in favour of a foreign non-main proceeding must be consistent (or should not interfere) with the foreign main proceeding. In order to foster such coordination of pre-recognition relief with any foreign main proceeding, the foreign representative applying for recognition is required, by article 15, paragraph 3, to attach to the application for recognition a statement identifying all foreign proceedings with respect to the debtor that are known to the foreign representative." とされている。そして、それでここでの解説は、終わりである。右引用個所の第 2 文、即ち同モデル法15条 3 項で収集される情報（外国における当該債務者に関する訴訟についての情報）だけで、果たしてこの場合の判断が、常に可能なのか。そこが気になる(*)。

　　* 実は、「承認後」に認められ得る「救済」（"Post-recognition relief"——UNCITRAL, supra, para. 154）に関する「国連モデル法」21条の、 3 項に、この点での一応のガイドラインが示されている、とも言える。この21条 3 項は、同条の下で外国「非主要」手続に対して「救済」を与える際には、裁判所はその「救済」が、その（「救済」を与える側の）国の法により、当該外国「非主要」手続において処理さるべき（should be administered）資産（これを "α" とする）に関するものであること（the court must be satisfied that the relief relates to assets that .....)「等」を、要求される、と定めている。
　　そして、この21条 3 項に関する Id. para. 158では、「救済」の内容を "個別に形作る"（in tailoring [!!] the relief）際に考慮すべき一つの顕著（salient）な要素は、それが外国の「主要」・「非主要」いずれの手続のためのものであるかだ、とする。即ち、外国「非主要」手続の代表者の有する利益及び権限（the authority）は、"典型的には（typically）"、倒産債務者のすべての資産へのコントロールを得ようとする外国「主要」手続のそれよりは、狭い（narrower than .....）、とされる。その上で、この 3 項は、右のアイデアを反映して、前記の "α" に「救済」が限定さるべきであり（should）、かつ、（前記の「等」との関係だが）、当該管財人が債務者の資産等に関する「情報」を求めるならば、「救済」は、その手続において（in that proceeding）必要とされる「情報」に関するものでなければならない(must)、と規定したものだ、とされている。
　　そう言われても、いまだ漠たる印象は、拭い難い。そもそも、右の「典型的には」が曖昧である。また、前記の "α" も、漠としている。「2000年 EU（倒産）規則」 3 条 2 項のように、（「国際管轄」規定の中で!!）"establishment" の所在を要件とする「 2 次的」（＝「非主要」な）倒産手続は、当該国内に所在の倒産者の資産に限定された、「スイスの "ミニ破産"」と同様の属地的効力のみを有する、と明言をすれば、この曖昧さは、その限りではなくなる。だが、そこにまでは踏み込まず、「非主要手続の属地性」を一般的に宣言するかわりに前記の "α" を "should" ベースで示し、しかも、「典型的には」との曖昧な押さえ方のみで、先に進もうとする。このあたりの "規律手法の不安定さ"（!!）が、私には、大いに気になるのである。
　　なお、UNCITRAL, supra, para. 158は、21条 3 項につき、その先で、同項の目的は、

裁判所に以下の勧告ないし警告をする（admonish the court that……）点にある、とする。即ち、"[R]elief in favour of a foreign non-main proceeding should not give unnecessarily broad powers to the foreign representative and such relief should not interfere with the administration of another insolvency proceeding, in particular the main proceeding."との点である。だが、「不必要に広汎な権限を」という不明確な言い方とともに、結局、終始曖昧な"干渉"云々に話が戻ってしまっているし、最後の"in particular"の語からは、複数の外国「非主要」手続間の"綱引き"において、この規定がどう機能するのか（前記の"α"として、双方の手続に「組み込まれ得る「債権」」などを想定して考えよ）が、更に気になる（[＊＊]——なお、前記"α"のごとく「資産」に着目するものではないが、「平成12年法」制定前の状況下での私見における、密接関連性基準に基づく「個別的利益衡量」による内外の"債権者の区別"につき、石黒・前掲国際民訴法315頁注854、317頁注863参照）。

＊＊　もっとも、この「国連モデル法」21条3項に対応する「Chapter 15」の§1521(c)につき、H.R. Rep. supraの同条についての二つ目の[Footnote]は、"Subsection (c) is designed to limit relief to assets having some direct connection with non-main proceeding, for example where they were part of an operating division in the jurisdiction of a non-main proceeding when they were fraudulently conveyed and then brought to the United States."としている。もともと当該外国（「非主要」手続国）にあった資産が「詐欺的手段で運搬」され、米国内に持ち込まれた場合が、かくて、その例とされている。たしかに、それなら分かるし、米国裁判官は、「詐欺的手段で」のところに、最も敏感に、かつ本能的に（!!——なお、石黒・前掲国際民訴法240頁注656の第2パラグラフ、及び、同・前掲国境を越える知的財産450－453頁参照）、反応するであろう。だが、もっと微妙な場合は、山ほどあるであろうし、そもそも正式の「承認」前の、保全的救済にとどまる§1519(c)（「国連モデル法」19条3項）に話を戻せば、一層の困難が予想される「はず」である（米国裁判官にとっての、前記の「詐欺的運搬」云々の例は別として）。

このあたりのことは、具体的なシチュエイションを個別に特定しなければ、何も言えないに等しいところであろう。だが、「"積極介入型"の米国的裁量」の伝統からは処理が可能だとしても、その伝統のない国において、どこまでこの規定（同モデル法19条4項）がワークし得るかは、やはり「??」のままであろう。「国連モデル法」19条1項、及び、それを受けた「Chapter 15」の§1519(a)において、与えられ得る救済については、既述のごとく、"the court may……"とあり、"including……"とあり、「承認」後に与えられる救済のカタログの中の"any relief"とも規定されている。そこに既に、「米国型の裁量」の影が色濃く染み出していたことをも、ここで考え合わせるべきである(＊)。

　　＊　参考までに、「2000年EU（倒産）規則」38条（「1995年条約案」でも38条。内容も同じ）の「保全措置」について、一言のみする。そこでは、域内での「外国主手続」、即ち同規則3条の「1項」によって管轄を有する国の裁判所の選任した仮管財人に対し、他の域内国における倒産者の資産の保全のために、他の域内国において、当該他の域内国の法に基づき、清算手続申立からその手続の開始までに認められているすべての措置の、

申立権限を認める、という形での問題解決方法（規律手法）が、示されている（条文については、Jayme/Hausmann [Hrsg.], Internationales Privat- und Verfahrensrecht, supra [12. Aufl. 2004], at 721. なお、同条は、同規則第3章の「2次的倒産手続」の最後に置かれた条文である）。

　法の適用関係は、かくて、明確である。その方が、「国連モデル法」19条よりも、はるかに"安定的"な処理を期待出来るように、私には思われる。

　そして、（いまだ問題の入り口ではあるものの）こうした点が、Schack, supra [IZPR 4. Aufl. 2006], at 356の、「コモン・ローによって"刻印"された[国連]モデル法」との"表現"（貿易と関税2008年5月号62頁[本書第3章5]）の、背後にある"実相"（事柄の実像）をなす、と言うべきであろう。ちなみに、これは、「国連モデル法」と「2000年EU（倒産）規則」との間での『かなり本質的な"規律手法の差"』を示す、極めて重要な問題である。

f 「Chapter 15」と「BCCI事件」との接点!?──§1519(d)（及び§1521(d)）をめぐって

　さて、いよいよ何カ月も前から書きたかったところの、「Chapter 15」の§1519の(d)に移る。まだ話は、「保全的措置」の中である。

　同条(d)－(f)は、「国連モデル法」19条には存在しない規定である。「米国」独自のそれらの冒頭たる同条(d)は──

"The court may not enjoin [!!] a police or regulatory act of a governmental unit, including a criminal action or proceeding, under this section."

──と規定する（右に "a governmental unit" とのみあって、連邦と州とで区別をして「いない」ことも、実際の「BCCI事件」との関係で、既にして重要な点である）。

　実は、「承認」後の具体的な「救済」を定めた「国連モデル法」21条に対応する、§1521 (Relief that may be granted upon recognition) の(d)にも、全く同じ文言の規定がある（もとよりそれも、「国連モデル法」には無い規定である）。双方あわせて、即ち、「保全的措置」段階と「承認」後の段階との双方において、漏れなく（!!）「刑事手続等を含めた政府機関の警察的ないし規制的な行為は、破産裁判所側として禁止出来ないこと」が、明確化されている。

　実は、本書執筆前の"素読み"段階で、私が「!!」と閃いた条項の一つが、これであった。私のその「!!」が、本書の何処と対応するのか。この段階で分かった人には、「コーヒー一杯！」、である。

　まずは、H.R. Rep. No. 109-31 (2005), supra の§1519について付された[Footnote]を見ておこう。だが、そこには、前記のごとき政府機関の行為に対するinjunctive relief を排除（preclude）する云々と、あるのみである（そこには、右の点に続き、"……, leaving section 105 as the only avenue for such relief." とある）。§1521の(d)について言及する同条の3番目の[Footnote]を見ても、さしたる点は、示されていない（若干後述する）。だから、自分で考えて行く以外にない。

　ここでの議論の、"行き着く先"をあらかじめディスクローズしておけば、それは、

このｆの小見出しにあるように、「BCCI事件」（!!）なのだが、§1519の方についても言及されていた「105条」を、先に見ておく（関係条文を、東北大学の芹沢教授の検索システム［貿易と関税2008年11月号63頁参照］から、こうして書きながら、妻に打ち出してもらった）。

「米国連邦破産法」の§105は「裁判所の権限（Power of court）」の一般規定である（11 USC Sec. 105.）。冒頭の(a)に、"The court may issue any [!!] order ..... that is necessary or appropriate to carry out the provisions of this title. ....."とあり、すべての米国的な光はここから発する（!!）、といった感じの規定である（高木新二郎・前掲アメリカ連邦倒産法［1996年］496－497頁の邦訳と、ザッと対比して見たが、変わっていないようである。今は、細かく見る必要がないので、先に行くが）。

気になったので、H.R. Rep. No. 109-31 (2005), supra の§1519について付された［Footnote］の、前記(d)関連の部分の全体を、改めて、ここで示しておく。そこには──

"Subsection (d) precludes injunctive relief against police and regulatory action under section 1519, leaving section 105 as the only avenue for such relief."

──とある。

「気になった」のは、右部分の「英語」が若干厳密さに欠けるように、思われたからである。いずれにしても、前記の警察云々の場面での、破産裁判所側の差止命令の発出は、§1519の(d)によって排除される。だが、右には「かかる救済」にとっては105条のみが、その発出にとっての道となる、とある。そして、「105条」には「必要な命令は何でも出せる」とある。だったら「警察云々」についての「差止命令」も「105条」で出せるのか、となる。もとよりそうではないのだが、右の"such"と"leaving"云々では、「英語」として、押さえ方が不十分と、私には感じられる。要するに、このH.R. Rep. No. 109-31 (2005), supra の"書き方"が、さすが議会筋のものだけあって（!?──若干後述する）、多少ラフだなあと、これまで随所で感じていたのだが、そのことをここでも感じ、念のために、ここで書いておく次第である（だが、すぐ次に述べるように、実は、それだけではない）。

右と同じ視点から、前記の§1521の(d)について言及する同条の3番目の［Footnote］を見ておこう。そこには──

"Subsection (d), (e) and (f) are identical to those same subsections of section 1519. This section [i.e. Sec. 1521] does not expand or reduce [!?] the scope of relief currently available in ancillary cases under sections 105 and 304 [!!] nor does it modify the sweep of sections 555 and 560.[*]"

* 右の「555条」（Contractual right to liquidate, terminate, or accelerate a securities contract）・「560条」（Contractual right to liquidate, terminate, or accelerate a swap agreement）は、ここでの問題と関係しないので、省略する。

3 「国連モデル法」と「Chapter 15 の米国」・その 2 ──「Chapter 15」の概観と逐条的検討　375

──とある。

　§1519 & §1521の、それぞれの(d)に、今は着目しているのであるが、「警察」等の政府機関の行為に対する差止命令を排除するというこの文脈において、§1521の(d)について「も」、右の説明では、「105条」・「304条」の下で従来使用可能とされて来た「救済」の範囲に対して、拡張も縮減も「しない」(!?)のが1521条だ、とある。(とかくセンシティヴな問題たるところの、米国裁判官の裁量権限に関する問題であるがゆえに、半ば意図的かもしれないのだが[!?]）ここの「英語」も厳密ではない。§1521の(d)は、明らかに連邦破産法に新設された禁止規定だから、である（[*]──もっとも、その先において、起こり得ないとは言い切れない事態につき、石黒・前掲国際民訴法57頁注223の本文参照)。或いは、ここで"示唆"されているのは、本書第4章3の、『従来の「英国」と「裁量」』の論点（「426条」と「コモン・ロー」起源の「裁量」との緊張関係）と、同じことなのかも知れないが（!!)。

　＊　そうしたこととは別に、右の［Footnote］が、従来の「304条」の時代との、外国手続側に認められる「救済」面での"連続性"を、ことさらに強調していることは、本書で力説して来たところの、スイス・ドイツ・英国における、『従前の牴触法的処理との連続性を強く意識した国内制度改革への自覚的な眼差し』が、「米国」においても強固であること（既に再三強調して来た点である）を、更に深く認識する上で、重要なポイントとなる（!!)。

　さて、この§§1519＆1521の、それぞれの(d)について、それが念頭に置く「はず」の具体的局面を、本書のこれまでの論述の中から、捜してみよう。既に"種明かし"をしておいたように、その具体例は、「BCCI事件」に見出し得る「はず」である。

　本書第1章3(3)（貿易と関税2007年10月号60-61頁）において、同事件における事態の推移を、私は、以下のように"略述"しておいた。即ち──

『実際のBCCI事件関連の米国での処理は、連邦法と州法［ニューヨーク州銀行法］とにまたがる、複雑なものであった。1991年8月1日に、ルクセンブルグ、英国、そしてケイマンの管財人側（正確にはいろいろあるが、省略する）が、共同で［真船＝土橋・後掲130頁参照］、……米国連邦破産法304条に基づく申立てをし、前記の銀行監督当局による措置にストップをかけようとした。あわせてそこで、在米資産の引渡しも、請求されていた。「民事」専門の一般の倒産法学者は、かかる外国管財人側の請求が認められ、在米資産の「半分」が彼らに引渡されたという結果「のみ」に注目するであろうが、実は、この点での米国の処理は、そう簡単ではない（なぜ「半分」だったのかを、よく考えよ)。同年12月19日、米国連邦司法省筋が、別途登場していたのである（以上、石黒他・後掲130-131頁［土橋＝真船])。

　つまり、言ってみれば「刑事」の処分でBCCIの在米資産全体（約5億5000万米ドル）が「米国」司法長官によって没収され、そのあとは外国管財人側との"寝技による交渉"の結果、米国政府や米国の「被害者」に半分、外国管財人側に半分、

との合意がなされた。だが、外国管財人側の請求を認めていた連邦の破産裁判所との関係が残る。当該裁判所は、「破産裁判所は〔連邦〕政府が没収を行なうことを禁止する管轄権を有しない」等々の理由で、前記の合意の効力を、ともかくも認めたのである（石黒他・後掲224頁［貝瀬幸雄］）。』

——と（これが、前記の「コーヒー一杯！」の個所である）。そこで最後に引用した貝瀬・同前224－225頁と、そこに付された同前・300－301頁の注162（BCCI事件関連の別事件）を、せめて辿る必要がある。右の概略説明よりも若干詳細に、貝瀬・同前224－225頁から、同書（石黒他・前掲国際金融倒産）の実質的な編集者の立場で、適宜補充をしつつ引用すれば——

「BCCI……事件においても、ルクセンブルクの清算人が破産法304条の申立を、〔「国際礼譲原則の最も強力な支持者である」ところの——同前頁］ニューヨーク南部地区破産裁判所で行った（1991年8月1日）。……破産裁判所がBCCIの資産の処分やBCCIに対する訴訟の続行を全関係者（ただし、差止命令の通知を受けた者）に禁ずる緊急差止命令（TRO = temporary restraining order）を発したのちに、連邦大陪審（federal grand jury）が、RICO法［Racketeer Influenced and Corrupt Organizations Act——石黒・前掲新制度大学院用国際私法・国際金融法教材2頁注23参照］……違反を理由として、BCCIの4企業などをコロンビア特別区で起訴した。［それによる］BCCIの在米資産全部の没収を避けるため、ルクセンブルクの清算人は大陪審と交渉を行い、BCCIの組織的非合法活動の代償として「答弁についての合意」（Plea Agreement）を成立させた。その合意書によれば、〔米国〕司法長官が没収したBCCIの全在米資産の半分は、全世界の債権者への配当にあてるために、ルクセンブルクの清算人に引き渡されることになった（残り半分の在米資産は、司法長官がアメリカ政府およびBCCIの「被害者」に分配する［ここで再度、石黒・前掲教材3－8頁を参照し、その後の日本の法制度改革の根っこにあるものへと、思いを馳せるべきである（!!）。例えば貿易と関税2005年8月号48頁を見よ］）。……Petition of Smouha, 136 B.R. 921 (S.D.N.Y. 1992) によれば、以上の「答弁についての合意」は、破産法304条に基づく前記緊急差止命令に違反するものではない［!!］。その理由としては、①連邦政府は、この破産法304条事件において主権免除特権を放棄していないのだから［なお、連邦破産法106条の「主権免除（sovereign immunity）の放棄」につき、条文の邦訳は、高木新二郎・前掲497頁以下にある］、破産裁判所は政府が没収を行うことを禁止する管轄権を有しない、②BCCIの在米債権者は、(i) RICO法上の救済を求めるか、(ii) ルクセンブルクとケイマンでのBCCIの清算手続に参加するという途が残されているので、「答弁についての合意」におけるBCCIの資産没収条項の履行に対し差止めを求める要件（「回復不能な損害」）の立証に成功していない、③……」

——となる。

右の"詳細版"的説明からしても、「警察」云々の措置の破産手続に対する優先性は、

3 「国連モデル法」と「Chapter 15 の米国」・その 2 ──「Chapter 15」の概観と逐条的検討　377

決して自明のものではなかった「はず」である。即ち、刑事没収も絡む「BCCI 事件」の実際の処理において、「304 条」との関係で「緊急差止命令」を出していた米国破産裁判所は、右引用部分の終わり近くの①において、「管轄権を有しない」とは言っているものの、他の側面からも更に判断を加えた上で、連邦政府機関側の行為（を前提とする「答弁についての合意」）が「緊急差止命令」に「違反しない」、との結論を導き出している。

　かくて、再度確認すれば、（既に右に結論を示しておいたように）この実例からも、「Chapter 15」の §1519（及び §1521）の(d)における、「<u>刑事手続等を含めた政府機関の警察的ないし規制的な行為は、破産裁判所側として禁止出来ないこと</u>」との規定内容は、「Chapter 15」制定前の米国において、100％自明の理とは、必ずしも言えない「面があった」、と言うべきである。そこをクラリファイする作業が、「Chapter 15」において、自覚的に行なわれた、と見るのが穏当なところと、私には思われる（[＊]・[＊＊]・[＊＊＊]）。

＊　そう言えるとして、ここで再度問題となるのは、「平成12年法」の制定において、従来の実際の事例の処理からもたらされる種々の"法的智恵"が、そこに何処まで"埋め込まれて"いるのか、との点である。悲しいことに、それは、殆ど皆無ではないのか（!?）。

＊＊　「BCCI 事件」の右の決着の仕方（結論）から見れば、§1519（及び §1521）の(d)は、確かに「確認的」な規定であるとも、言える面はある。だが、右に若干執拗に示したところの、その結論に至る"プロセス"との関係では、純粋に「確認的」とも言い切れない。"精確にすべてを叙述し尽くす"ならば、そのはずである。その"プロセス"論をサラッとバイパスするが如き"説明"が、H.R. Rep. No. 109-31 (2005), supra にあったため、「<u>英語</u>」のニュアンスにまで踏み込んだ論述を、前記のごとくしていた、ので「も」ある（以上、2009年1月28日午後8時16分までの執筆。なんだか、いつ「Chapter 15」の"逐条的解説"が終了するのか、不安になって来たが、必要なことは、書かねばならない。2月上旬は、論文審査や定期試験の採点、それに入試業務等と、意外に多忙な日々であることが判明し、こうして2月20日締め切り分の執筆を、前倒しして始めたのだが、他方、ここ数日、ようやく私の「氣」が、本格的な"安定期"に入ったことを、自覚出来るに至った。不眠不休の妻の、漢方猛勉強と様々な妻手造りの薬酒等の御蔭である。それに感謝しつつ、「明日あること」を信じ、淡々と執筆を続けることとする。執筆再開は、2009年2月1日の、午後3時頃だったか。ここまでの個所の点検等を、まずもって行なった。明日から数日は、とくに大学での仕事が忙しいので、その後に繋ぐための、脳内整理を目的とする、軽い執筆となる）。

＊＊＊　§1519及び §1521の、それぞれの(e)は injunction についての、そして(f)は stay についての、各々同文の規定（「国連モデル法」19条には無い規定）であるが、それらの内容は、ここでは省略する。

g　外国「主手続」の「承認」の効果──§1520

　さて、§1520 (Effect of recognition of a foreign main proceeding) に、ここで移ることとする。「国連モデル法」20条（見出しは右と同じ）に相当するが、文言の差が大きい。ここでは、不必要に議論が細かくなることを防止すべく、「<u>国連モデル法」20条と</u>

対比において、§1520の大筋を把握するのみに、基本的には、とどめておこう。

「国連モデル法」20条は、「外国主手続の承認の効果」につき、1項で、まず3点に分けた規定をしている。即ち、まずその(a)で、「債務者（倒産者）の資産、権利、義務又は責任（the debtor's assets, rights, obligations or liabilities）に関する個別の訴訟又は手続の開始又は続行」が「中止される（is stayed）」ことを、続く(b)で、「債務者の資産に対する執行」が「中止される（is stayed）」ことを、それぞれ定めている。そして、(c)では、債務者のいかなる資産の「移転（transfer）」、"encumber"（山本和彦・前掲国際倒産法制274頁では、「担保入れ」との邦訳が付されている）、「その他の処分（otherwise dispose）の権利は、「停止される」（The right to ..... is suspended.）、とされる（それを受けた同モデル法20条の2－4項は、右の1項の「自動的な中止・停止」を、一定程度で限定付ける意味合いの規定である）。

これが、「国連モデル法」20条における「承認」の「自動的効果」（"the automatic effects"――UNCITRAL, supra, para. 141.）である。だが、それは、「外国主手続」の「承認」に、限られたもの(*)である（Ibid には、19条・21条で与えられる「救済」が「裁量的」であるのに対して、20条のそれが「自動的」なものであることを示した後に、"Another difference between discretionary relief under articles 19 and 21 and the effects under article 20 is that discretionary relief may be issued in favour of main and non-main proceedings, while the automatic effects apply only to main proceedings." とある。「英語」としても、かなり"執拗な書き振り"である）。

* それがゆえに、本章3(2)c（貿易と関税2009年3月号分の、《「Chapter 15制定後の米国」における一部米国判例の興味深い動き――『「裁量」（≒「コミティ付与」）権限への束縛を嫌う米国裁判所の本能的リアクション(!?)』をめぐって》の項目）で扱った"現象"が生じていることを、再度ここで想起する必要がある。

「Chapter 15」の§1520は、(a)項－(c)項からなる。同条に付された H.R. Rep. 109-31, supra の [Footnote 144] に、"[T]he provisions are broader and more complete than those contemplated by the Model Law, but include all the restraints the Model Law provisions would impose." とあるように、条文構成や文言の差はあるが、基本はもとより「国連モデル法」の線で、規定されている。

「米国連邦破産法」の"薮"の中に不必要に入らぬための工夫として、便宜、Westbrook, supra (79 Am. Bankr. L. J. [2005]), at 722から、§1520の基本を、引用しておこう。そこには――

"If recognition is granted, a wide range of relief is available to the foreign representative. The most immediate is an automatic stay of the usual scope and subject to the usual exceptions and possible lift-stay orders [11 U.S.C. §1520 (2005).]. The major difference from a full-case stay is that its effect is limited to the territorial jurisdiction of the United States. The foreign representative is also authorized by §1520 to operate the debtor's United States business under §363.

Sections 549 and 552 apply as well, again within United States territorial jurisdiction."

——とある（[*]・[**]）。§1520の基本を知る上では、それで十分であろう。

* Ibidの右の部分を読んで、何かに気づかないか。Id. at 721からの"Recognition and Relief"の項の流れを再度辿っても、§1520が「外国主手続」の「承認」に限ったものであるという、ここでの前提が、彼の論述において、若干曖昧である（UNCITRAL, supra, para. 141の、前記の"執拗な書き振り"と、対比せよ）。

  こうした"書き方の非厳密性"が、これまでの本書における私の、彼（ウエストブルック教授）に対する不満の、基本をなしていた。いわばどうでもよい右の紹介部分にも、彼のかかる"脳内配線"の傾向が、示されているように、私には思われてならない。こうしたところに"敏感"になってしまったのも、「氣」の進展のなせる業、ではあろうけれども。

** 二つのことを、ここで補充する。まず、右の引用文分にも２カ所波線アンダーラインを付しておいたが、§1520(a)の(1)・(2)・(4)において、"within the territorial jurisdiction of the United States"との文言が、繰り返し示されている（「国連モデル法」20条に、それに相当する文言は無い）。そして、§1502(8)において、この語の「定義」としては、基本的に、債務者の財産との関係でそれが用いられる場合には、有形・無形（tangible; intangible）の財産それぞれにつき、「米国内に所在」のものを言う、とされている。

  次に、右の引用部分中にも「米国連邦破産法」の「363条」、「549条」、「552条」が引用されていたが、§1520では、細かく同法の規定を引用した上での規定作りがなされている。細かくなるので迂回しようと思っていたのだが、念のために順次、やはり示しておこう。§1520の条文の詳細は、以下の通りとなっている（面倒ならば、読み飛ばして頂きたい）。

  即ち、まず§1520(a)の(1)は、「361条」（§362、§363、§364に基づくAdequate protectionが求められた場合の規定）・「362条」（Automatic stay）が、債務者及び米国の領域管轄権内にある債務者の財産について適用される、との文言によって、「国連モデル法」20条１項(a)・(b)を、取り込んでいる（§1520自体についてのH.R. Rep., supraの説明において、"Subsection (a)(1) combines subsection 1(a) and (b) of article 20 of the Model Law ……."とある）。

  次に、§1520(a)の(2)は、米国内所在の財産に関する債務者の利益の移転（a transfer of an interest of the debtor in property that is within …..）につき、基本的に「363条」（Use, sale, or lease of property）、「549条」（Postpetition transactions）、及び「552条」（Postpetition effect of security interest）が適用される、という形で（「552条」の適用を再度示す同条(a)の(4)と一体となって）、「国連モデル法」20条１項(c)を、具体化している（H.R. Rep., supraの前記の［Footnote 144］は、"Subsections (a)(2) and (4) apply the Bankruptcy Code sections that impose the restrictions called for by sebsection 1(c) of the Model Law. ……"としている）。

  これらに対して、§1520(a)の(3)は、右の「363条」・「552条」の下で、との限定、そして、裁判所がこれと異なる命令を発する場合は別として（unless the court orders otherwise, …..）との限定を付した上で、"[T]he foreign representative [of a foreign main proceeding] may operate the debtor's business and may exercise the rights and powers of a trustee under and to the extent provided by ……．"と規定する（前記の Westbrook, supra [79 Am. Bankr. L. J. (2005)], at 722の引用部分の、最後から二つ目のセンテンスに書かれていたことである）。

　以上の §1520(a)に続く同条(b)は、「国連モデル法」20条3項の文言に若干の文言を付加した規定である。即ち、「国連モデル法」20条3項は、「自動的中止」を定めた同条1項(a)をリファーしつつ——

"Paragraph 1 (a) of this article does not affect the right to commence individual actions or proceedings to the extent necessary to preserve a claim against the debtor."

——と規定する。この3項について、UNCITRAL, supra, paras. 151fは、債務者（倒産者）の債権者側にとっての「時効の中断」(the cessation of the running of the limitation period) に配慮したものだ、と説明している（「中断」後はその手続は同条1項(a)に基づき、「中止」される。—— Id. para. 151は、"Once the claim has been preserved, the action continues to be covered by the stay."としている）。

　同条は、UNCITRAL, supra, para. 152の説明を見ても、「自動的中止」のなされている国（そこに、"the enacting State"とあることに注意）の中での扱いについて問題にしているように思われるが、§1520の(b)は、前記の「国連モデル法」20条3項の、アンダーラインを付した部分（individual actions or proceedings の文言）の後に、"in a foreign country"との文言を付して、それ以降の部分と繋げている。この点につき、H.R. Rep., supra の［Footnote 147］には（その第2パラ）、以下の説明がある。即ち、"Two special exceptions to the automatic stay are embodied in subsection (b) and (c). To preserve a claim in certain foreign countries, it may be necessary to commence an action. Subsection (b) permits the commencement of such an action, but would not allow for its further prosecution."との説明である（あんまり面白い話には、つながりそうもない差異、ではある）。

　結局、(蛇は出なかったものの)"薮"をつついてしまったことに若干後悔しつつ、§1520の最後の項たる(c)に、ここで移る。これは「国連モデル法」20条4項に対応しつつ、若干文言を付加したものにとどまる。双方とも、「承認」をする側の国（承認国）における倒産手続の開始を求める権利には、「自動的中止」は影響しない、とする規定である。ここでは、規定の趣旨を一層端的に示すH.R. Rep., supra の［Footnote 147］（その第2パラ）を、引用しておこう。そこには、"Subsection (c) provides that there is no stay of the commencement of a full United States bankruptcy case. This essentially provides an escape hatch through which any entity, including the foreign representative, can flee into a full case. The full case, however, will remain subject to subchapter IV and V on cooperation and coordination of proceedings and to section 305 providing for stay or dismissal. ……"とある。

　これでやっと、§1520の"薮"を、抜け出たことになる（ほんのアイドリングのつもりの執筆だったが、随分と枚数を費やしてしまった。今日はここで筆を擱く。以上、2009年2月1日［日曜］午後8時40分までの執筆。明日は、修士論文2本、そして博士論文1本の口述試験。明後日は「2009年版不公正貿易報告書」の審議。更にその次の日は、テレコム・知財の特別講義の定期試験と採点、である。かくて、数日間、執筆とはご無沙汰となる。——案の定、執筆再開は同年2月8日［日］の、午後2時48分）。

h 「承認」後に与えられ得る「救済」と §1521 ――「国連モデル法」21条への「米国型裁量」の"歯止めなき流入（!!）"

さて、これからがまさに、「国連モデル法」自体が「米国型（!?）」の「裁量オンパレード」であること（!!）を、一層ダイレクトに示す部分となる。まずは、§1521 (Relief that may be granted upon recognition) である。

まずは、同条(a)（「国連モデル法」21条1項）の冒頭部分の文言について、「国連モデル法」に付加された文言に「直線アンダーライン」を、そして、両者に共通だが重要と思われる点に「波線アンダーライン」を、それぞれ付しつつ、以下に示す。同条(a)冒頭は――

"Upon recognition of a foreign proceeding, whether main or nonmain, where necessary to effectuate the purpose of this chapter and to protect the assets of the debtor or the interests of the creditors[*], the court may, at the request of the foreign representative, grant any appropriate relief, including ――"

――との文言を有する。

* 右の「二重アンダーライン」部分は、両者に共通だが、「国連モデル法」21条の「2項」との関係で後述する論点との絡みで、とくに注目すべき点となる。「債権者の利益」とのみあり、「モデル法採用国（例えば「米国」）の債権者の利益」とはなっていない点に、注意すべきである。

まず、「承認」の「自動的効果」についての §1520（「国連モデル法」20条）が外国「主要」手続に関するものであるのに対して、ここでの「救済」は、「主要」・「非主要」のいずれであるかを問わず、与えられ得る。しかも、「必要であるならば」・「いかなる適切な救済も」・「与えられ得る」とあり、右の文言以下の個別の規定は、すべて"例示"である。要するに、すべてが裁判所（裁判官）の"裁量"（!!）によることとなる。

この点との関係では、「国連モデル法」21条の解説の方を、まずもって見るべきであろう。UNCITRAL, supra, para. 154には、その全文を示せば――

"Post-recognition relief under article 21 is discretionary, as is pre-recognition relief under article 19. .....[T]he list [in article 21] is not exhaustive and the court is not restricted unnecessarily [!!] in its ability to grant any type of relief that is available under the law of the enacting State and needed in the circumstances of the case [!!]."

――とある。そして、Id. para. 156（これも、重要ゆえ、全文を示す）には――

"It is in the nature of discretionary relief that the court may tailor [!!] it to the case at hand. This idea is reinforced by article 22, paragraph 2, according to which the court may subject the relief granted to conditions that it considers appropriate [!!]."

——とある（!!）。

　「救済」の内容も自由なら、それに付する「条件」も自由という、Id. paras. 154 & 156に示された、かかる「裁量オンパレード」の発想は、紛れもなく『「従来の米国」における「積極介入型の伝統的裁量」そのもの』（!!）である、と言えよう（貿易と関税2007年12月号51頁以下、57頁以下、60頁以下、同2008年1月号73頁［本書第1章4］参照）。それがUNCITRALを介して、「国連モデル法」そのものへの"歯止めなき流入"を、していることになる（!!）。そしてここで、ドイツのシャックの、「コモン・ローによって"刻印"された「国連」モデル法」との、ここで再度示した"表現"（貿易と関税2008年5月号62頁［本書第3章6(1)の末尾部分］）の真の意義を、一層強く、想起すべきである（一層精確には、「コモン・ロー」と言うよりは「米国法」と、言うべきところではあるが。なお、「英国」に関する貿易と関税2008年7月号67頁以下、同8月号56頁以下［本書第4章3］と対比せよ）。

　さて、かかる「国連モデル法」21条を受けた「Chapter 15」の§1521に関する、H.R. Rep., supraの解説には、それが「米国」にとってあまりにも"自然"なことのゆえか、さしたる点が、示されていない。ともかく、この§1521(a)は、種々の「中止」・「停止」を中心に、7項目にわたって「救済」の例示をする（「主要」なそれを含めて、外国の3つ以上の手続が「BCCI事件」の場合のように競合し、しかも、同事件とは異なり、それらが相互に"競い合う"局面での問題等、ややこしいことは数多く生ずるだろうが［その入り口でのイメージにつき、石黒・前掲国際民訴法291頁の図14参照］、ここでは省略する）。

　その詳細（「藪の中」）については、もはや懲りたので省略するが、同項(5)は、「米国内」（§1502(8)の前記の定義参照）の債務者の資産の全部又は一部の管理又は"換価"（the administration or realization——なお、山本・前掲国際倒産法制282頁参照）を、外国代表者その他の裁判所によってauthorizeされた者に委ねること（entrusting .....）も、この場合の「救済」としてなし得る、とする（同項(7)には、「付加的救済」の規定もある）。

i 「自国内資産」の「外国手続」側への「引き渡し」と「自国債権者保護」——「国連モデル法」自体が設けた「セーフガード措置」!?

　だが、債務者の資産の「引き渡し（turn over）」（UNCITRAL, supra, para. 157）となると、話は別になる。「国連モデル法」21条2項をほぼそのまま受けた§1521(b)である（後者では、"assets within the territorial jurisdiction of the United States"という、一々§1502(8)の前記の定義規定に立ち戻って「米国所在の」となる回りくどい規定方法ではなく、ダイレクトに"assets located in the United States"との文言が用いられている）。

　そこ（§1521(b)）では、「主要」・「非主要」を問わず、外国手続の「承認後」において、「外国代表者」の申立があれば、（「裁量」で!!）米国内に所在する債務者の資産の全部又は一部の「配当（distribution）」を、「外国代表者」等に委ねることができる（may entrust .....）とされるが、そこには、"重大な制約（!!）"が設けられている。即ち

"……, provided that the court is satisfied that the interests of creditors in the United States [!!] are sufficiently protected [!!]."(*)

　　＊　この部分を、後述の論点との関係で、[A]とする。

――との、重大な制約である。§1521(a)（「国連モデル法」21条1項）の文言を示した際に「＊」マークを付して注記した「二重アンダーライン部分」と、対比すべき点である。

　「国連モデル法」21条2項では、この二重アンダーライン部分が"the interests of creditors in this State"とあり、その趣旨は、右の§1521(b)と全く同じである（但し、"sufficiently"は"adequately"となっている。大したことではないが、この点につき、H.R.Rep., supra の、§1521に関する最初の[Footnote]参照。ちなみに、そこには右の"条件付け"につき、とくに説明はない）。

　要するに、「モデル法採用国（米国）内に所在する資産」の「外国手続」側への「引き渡し（turnover）」（条文では「外国手続」側による「換価」。――実質的には、資産の「海外持出し」の問題である。その限りにおいて、山本・前掲国際倒産法制290頁参照）に関しては、「モデル法採用国（米国）の債権者」、つまりは「自国債権者」が十分保護されていることについて、裁判所が満足を得たときに限る、との限定（条件づけ!!）が付されているのである。

　ここにおいて、「国連モデル法」自体に「自国債権者保護」の視点が明示的にインプットされていること（!!）は、重要な意味を有する。UNCITRAL, supra, para. 157は、「債権者保護」（既述のごとく、21条1項冒頭においては、「裁量」による「救済」について、「自国」の債権者の保護、という限定はない）一般と、「自国債権者保護」との関係につき、次のごとき解説を付している。その全文を、重要ゆえに示せば――

"The "turnover" of assets to the foreign representative (or another person), as envisaged in paragraph 2, is discretionary. It should be noted that the Model Law contains several safeguards [!!] designed to ensure the protection of local interests before assets are turned over to the foreign representative. Those safeguards include [!!] the following: the general statement of the principle of protection of local interests in article 22, paragraph 1; the provision in article 21, paragraph 2, that the court should not authorize the turnover of assets until it is assured that the local creditor's interests are protected; and article 22, paragraph 2, according to which the court may subject the relief that it grants to conditions [!!] it considers appropriate."(*)

　　＊　この部分を、後述の論点との関係で、[B]とする。

——と、そこにある。つまり、「外国代表者」への自国内資産の「引き渡し」の前に設けられた、「国連モデル法」自体における、「自国の（ローカルな）利益の保護」を「確保」するための「セーフガード措置」として、そこでは、今論じている「21条」の「2項」の他に、「22条1項」における「自国の（ローカルな）利益の保護」の「原則」、及び、「22条2項」において「救済」に「条件」が付され得ること（すべて「裁量」の世界での問題である‼）の計3点が、「例示」されているのである（同条(3)及びそれを受けた§1521(c)、そして§1521(d)－(f)については既に言及したので、足早に、その先に行く）。

だが、実は、問題はそう簡単ではない。右において言及された「国連モデル法」22条1項には、19条・21条の「救済」の「付与」・「否定」、そして22条3項による（職権でも出来る[", or at its own motion"]ところの）「救済」の「修正」・「終了」を行なう際には、"[T]he court must be satisfied that <u>the interests of the creditors [‼] and other interested persons, including the debtor, are adequately protected.</u>"とあり、そこでは、「ローカルな債権者の保護」とは、書かれて「いない」から、である。

「国連モデル法」22条についての、UNCITRAL, supra, paras. 161－164の解説を、見ておこう（但し、やはり順次、見て行かざるを得ない）。冒頭の「パラ161」には、「外国代表者」への「救済」と、かかる「救済」によって影響を受ける者達の利益とのバランスが、国際倒産立法の目的達成上エッセンシャルだ、との認識が示される。次の「パラ162」は、右の22条1項に明示された者達の利益への言及が、裁判所において19・21条の下での権限（要するに「裁量」の権限）を行使する上で有益な要素となるとした上で、その「救済」を裁判所が、より良く「形作る（tailor）」（まさに、"make clothes to fit individual customers"といった意味で、個別ケース用に"テーラー・メードで誂えた"「救済」、といったイメージでの用語法であることに注意せよ‼）ためには、"[T]he court is clearly authorized to subject the relief to conditions (paragraph 2) and to modify or terminate the relief granted (paragraph 3)."との、やはり既述の「米国型裁量」ならではの指摘がなされる。

ようやく、その次の「パラ163」が、「自国の（ローカルな）債権者保護」か、「債権者保護」一般かという、既述の点に関するものとなる。そこには、22条において"local"とは、条文に書き込めなかった理由が、非常に屈折した形で（‼）示されている(*)。

* なお、こういった点はもはや書くまいと決めていたのだが、やはり一言のみする。以下に示すけっこう重要と思われる論点が、山本・前掲国際倒産法制292頁以下（とくに「救済の考慮要因（利害関係人の利益保護）」に関する同前・293－294頁。なお、「外国管財人等への資産の引渡し」に関する同前290－291頁の、21条についての解説部分をも参照せよ）には、何ら言及されて「いない」のである。——そのことだけを、ここで指摘しておく。

UNCITRAL, supra, para. 163には、以下の如くある。即ち——

"In many cases the affected creditors will be <u>"local"</u> creditors. Nevertheless, in enacting article 22, <u>it is not advisable</u> to attempt to limit it to <u>local creditors</u>.

3 「国連モデル法」と「Chapter 15 の米国」・その2 ――「Chapter 15」の概観と逐条的検討　　385

Any express reference to <u>local creditors</u> in paragraph 1 would require <u>a definition</u> of those creditors. An attempt to draft such <u>a definition</u> (and to establish criteria according to which a particular category of creditors might receive <u>special treatment</u>) would not only show <u>the difficulty</u> of crafting such a <u>definition</u> but would also reveal that <u>there is no justification for discriminating creditors</u> on the basis of criteria such as <u>place of business or nationality</u>."(*)

　*　この部分を、［C］とする。

――と。

　だが、この「解説」は、実に不自然である（!!）。少なくとも、右の個所においては、「定義」の問題と、「正当化」の問題とが、"混在"している。

　右の［C］の個所の冒頭部分で、(「外国手続」側への「救済」によって）影響を受ける債権者とは、多くの場合、「ローカルな債権者」だろう、とある。この点は、前記［B］の UNCITRAL, supra, para. 157、即ち「国連モデル法」21条2項の文言（そこに"the interests of creditors in this State"とある!!）を踏まえて、この22条にも及ぶ（!!）UNCITRAL としての「解説」と、平仄が合う。もとより、この21条2項を踏まえた「米国」の§1521(b)の文言、即ち前記［A］も、同じである。

　だが、この［C］においては、一つの筋として、『「ローカルな債権者」の「定義」上の困難』が、指摘されている。だったら、この文言を既に用いている前記［A］・［B］の、「国連モデル法」21条2項（及びそれを踏まえた§1521(b)）についても、この「定義上の困難」はあったはずである。おかしい。

　それに、「自国の（ローカルな）債権者」の決定基準は、もとより、右の［C］末尾に例示された「事業地や国籍」のみではない。現に、「2000年 EU（倒産）規則」における「2次的倒産手続」の"実質的な優位"（貿易と関税2008年5月号49頁以下）においても、（自国租税債権者を含めた）自国債権者保護等々の、様々な「内国の利益の保護」が、その背景としてはあった（同前・54頁）。

　かくて、「定義」を云々する前記［C］の指摘は、どこから見ても、おかしい。そうなると、そこにおける二つ目の筋としての、「正当化」の点が、問題となる。要するに、「事業地や国籍」といった基準に基づいて、債権者を"差別"（その逆において"特別扱い"）することは、「正当化され得ない」という、（その限りで「は」、貿易と関税2008年11月号58頁、65頁でも批判した"伊藤眞教授の所説"［なお、本章3(1) a［B］参照］を想起させるところの!!）前記［C］の波線アンダーラインを付した個所が、ここでの"屈折した覆面論争"の本質だったものと、推察される。だが、再度前記［C］の冒頭の一文に戻れば、この文脈で影響を受けるのは、多くの場合、「ローカルな債権者」であろう、とのトピック・センテンスが、そこにあるし、そもそもこの指摘は、（前記の EU の場合との対比からしても）十分に頷けるものでもあろう。

　それでは、一体この［C］の指摘の本質は、何処にあるのだろうか。想起すべきは、この点での UNCITRAL の解説が、前記の［B］において、それが21条に関するものであるにもかかわらず（!!）、この22条をも半ば"取り込んで"、「国連モデル法」

が有する"複数（複数形!!）"の「セーフガード」に言及するものだったことである。即ちそこには、"several safeguards [!!] designed to ensure the protection of local interests ……"とあり、"Those safeguards include [!!] the following: the general statement of the principle of protection of local interests in article 22, paragraph 1; the provision in article 21, paragraph 2, ……; and article 22, paragraph 2, …… ."とあった。22条1項には、"local"の語は何ら存在しない（22条2項も同じ）にもかかわらず、である。

　ここには、「自国の（ローカルな）債権者の保護」を22条（1項）でも明示したかったが、"一定の反情（その実、危惧の念）"により、それが出来なかったことへの、ある種の"失地回復"的な思いが、反映している、と見るべきであろう。

　それでは、右の"一定の反情（ないし危惧の念）"は、果たして何処に向けられていたのだろうか。ここから先は、単なる私の"推測"だが、直前のhの、《「国連モデル法」21条への「米国型裁量」の"歯止めなき流入（!!）"》の項目を中心として、ここで強調して来た点としての、「国連モデル法」19条以下で極端に"突出"する、その「米国型裁量の嵐」との関係での、他の諸国の反情（ないし危惧）の念が、そこにあったのではないか。

　従来の米国裁判官の「裁量（≒コミティ）」が、ともすれば自国債権者保護に大きく傾きがちだったこと（例えば「ルクセンブルグ対IRS事件」に関する貿易と関税2008年12月号64頁［本章2(2)cの末尾］の「＊＊＊」の個所参照）を踏まえ、21条2項に加え、22条1項でも「自国の（ローカルな）債権者の保護」を正面に立ててしまっては、今後の「米国」の実務との関係で危険が大きすぎると、他の諸国が懸念（危惧）したことを背景としての、前記［Ｃ］の屈折した書き方、だったのではあるまいか。

　この"推測"の当否については、UNCITRAL, supra, para. 164（そこでは、前記［Ｃ］の指摘は一体何だったのかと思わせるように、平然と"local creditors"の語が用いられている）の次に示されているところの、UNCITRALの「ワーキング・グループ」での審議過程（A/52/17, paras. 82-93; A/CN.9/422, paragraph 113; A/CN.9/433, paras. 140-146; A/CN.9/435, paras. 72-78.）を、貿易と関税2008年8月号63頁以下（本書第4章4(2)）で私が、「国連モデル法」13条2項との関係で分析したのと同様に、誰かもっと若手の研究者が、詳細に検討すれば、すぐにも解明出来るはずである。だが、2009年度からは、ひょっとして東大法学部の民事法分野で最もシニアの教授となるのかもしれない私には、ここまで論じておけば、あとは後進に譲ることも、許されるはずである（もっとも、"後進"がしっかりしていないから、こんな作業を今も行なわねばならないのだが）。

　なお、「国連モデル法」22条1項を受けた「Chapter 15」の§1522(a)にも、"local"の語はなく、"the interests of the creditors ……"とあるのみだが、H.R. Rep., supraの同条に付された最初の［Footnote］には、サラッと、"It［§1522］gives the bankruptcy court broad latitude [!!] to mold relief to meet specific circumstances, including appropriate responses if it is shown that the foreign proceeding is seriously and unjustifiably injuring United States [!!] creditors. …… ."とあり、前記［Ｃ］の屈折した指摘など"何処吹く風か"といった、"That's America."と言いたくなる指摘が、なされている（以上、執筆は、2009年2月8日［日］午後11時40分まで。ちと、

やり過ぎだが、やってしまったものは、仕方がない。──妻に、"心腎肝"のバランスを診てもらい、ゴー・サインが出たので、一気に、同年2月9日午前1時28分まで、点検を続行した〔以上は、貿易と関税2009年4月号分〕）。

j　§1523（「国連モデル法」23条）と「規律手法の不安定さ」──再び「2000年EU規則」の"規律手法"との対比、そして、"信じ難い事実（!?）"との関係において

§1523（Actions to avoid acts detrimental to creditors）は、「国連モデル法」23条に対応する（前記の見出しも同じ文言[*]）。

* 思えば、「米国」に関する論述は、雑誌連載で計7カ月分、となる。そろそろ本気で、区切りを付けたくなって来た。

　もっと、ずっと前に書くべきだったことだが、何故に私が、ここまで克明に「Chapter 15」を辿っているのかの理由は、それによって「国連モデル法」の個々的&全体的構造が（これ以降も適宜織り混ぜて行くところの、「2000年EU〔倒産〕規則」との対比においても）明らかになるからであり、また、それによって、次に「平成12年法」に戻った検討を行なう際の前提が、それだけ堅固に築かれるから、である（ここまでの執筆は、前月分の執筆を終えた日たる、2009年2月8日午後11時55分まで。──執筆再開は、2009年3月3日午後2時53分）。

まず、外国手続の「承認」を前提として（[u]pon recognition）、「外国代表者」に、債権者を害する（detrimental to creditors）行為を「否認」する（to avoid──「国連モデル法」23条1項では、カギ括弧内のイタリック体で、"to avoid or otherwise render ineffective acts detrimental to creditors ....."とある）手続を開始する（to initiate）上での、「適格（standing）」[*]を認める、とするのが§1523の(a)の規定である。但し、この(a)の文言の中には、「国連モデル法」23条1項のカギ括弧内のイタリック体による"detrimental"云々の語はなく、淡々と、「連邦破産法」522、544、545、547、548、550、553条、及び724条(a)に基づく手続を開始する「適格」を、前記の者が有する、とのみある（但し、後に若干補足する点がある。なお、522条以下の規定については、高木新二郎・前掲アメリカ連邦破産法557頁以下、581頁以下、604頁）。

* UNCITRAL, supra (Article-by-article Remarks), para. 165には、"procedural standing"とあり、Id. para. 166には、"standing"の語を説明して、"a concept in some systems referred to as "active procedural legitimation", "active legitimation" or "legitimation" ....."とある。つまりは、「否認」訴訟提起についての「当事者（原告）適格」を、「外国代表者」に認める規定である。

　Id. para. 166は、本条はかかる手続について、何ら「実体的権利（substantive right）」を創設（create）するものではなく、また、「牴触法（conflict of laws）」にかかわるものでもないと、何故か"慎重"である（後述）。だが、Id. para. 167には、"[S]ince the right to commence such actions is essential to protect the integrity of the assets of the debtor and is often the only realistic way to achieve such protection, it has been considered important to ensure that such right would not be denied to a foreign representative on the sole ground that he or she has not been locally appointed."と、「国連モデル法」における"本条設置の基本"が、示されている(**)。

**　けれども、「外国倒産手続」(「外国手続」の「効果」)の「自動承認」を「しない」ことから、一々こんな条項を置かねばならなくなることに、まずもって注意すべきである。言い換えれば、本章 3(2) e（貿易と関税2009年4月号分）で示した『「国連モデル法」と「2000年 EU（倒産）規則」との基本的な"規律手法"の差』という視座からの検討が、ここで「も」重要となる(!!)。

　ちなみに、「2000年 EU（倒産）規則」では、「自動承認」の「原則」を定めた16条及び「承認の効果」の17条を受けて、18条が「管財人の権限」について規定する。「3条1項により管轄を有する裁判所の選任した管財人［外国「主要」手続で選任されたそれ、である］は、手続開始国法により与えられたすべての権限を、他の域内国の領域内で行使できる」とする18条1項が基本であり（そこに付された但書については、後述）、そこに「他の域内国」における「否認訴訟」の提起（その適格）の点も、すべて含まれている（なお、「1995年条約案」の同条についての、貝瀬・前掲別冊 NBL57号48頁以下、16、17条についての44頁以下、46頁以下、そして、否認権の準拠法についての4条2項(m)と13条の特則、等に関する同前・24頁、39頁以下等とも、対比せよ。──ほんの数日前に、貝瀬幸雄・普遍比較法学の復権［2008年11月・信山社］を頂戴したが、そこには、貿易と関税2008年4月号63頁以下［本書第3章4］で言及した貝瀬論文［「EUの金融機関国際倒産法制」］のみが転載されており、同・前掲別冊 NBL の方は、含まれていない）。

　但し、同規則のこの18条の「2項」には、「管財人は、債権者の利益となる否認訴訟を提起できる」とする、第2文がある。一見すると、この18条の2項第2文が「国連モデル法」23条に対応するかのようだが、そう「ではない」ので、注意を要する。

　実はこの2項は、同規則3条2項の「2次的倒産手続」(establishmentの所在を要件とする、属地的効果のみを有する手続だが、16条で、これも域内他国で承認される──同前2009年2月号56頁以下!!)についての規定である。即ち、この第2文冒頭の „Des weiteren kann er ……" の er は、18条2項第1文冒頭の [d]er Verwalter、即ち3条「2項」によって管轄を有する裁判所によって選任された管財人のこと、である（貝瀬・前掲別冊 NBL48頁の訳では分かりにくいが……）。

　かかる者「も」、「債権者の利益となる」限りで(!!)、否認訴訟を提起できるが、外国の「主要な」手続で選任された管財人の否認訴訟提起適格は、「自動承認」ルートで、まさに自動的に認められることになっているのである(***)。

***　もっとも、「2000年 EU（倒産）規則」16条の2項、17条1項但書、18条1項但書［solange ..... nicht ..... の個所］で、当該の（「承認」をする側の）国において「2次的倒産手続」があるならばそちらの方を優先させるという、この規則の基本をなす"別の太い骨組み"からの留保が示された上でのことではあるが。──この『「2000年 EU（倒産）規則」の基本構造』については、本書第3章5を、再度参照せよ。

　ここで、「国連モデル法」23条の「2項」（後述の、"或る屈折した事情"の下に設けられた規定、のようである）に戻れば、外国手続が「主要」・「非主要」いずれであるかを問わぬ右の1項に対して、外国の「非主要」手続の場合には、"[T]he court must be satisfied that the action [to avoid act detrimental to creditors] relates to assets that, under the law of this State, should be administered in the foreign non-main

3 「国連モデル法」と「Chapter 15 の米国」・その 2 ——「Chapter 15」の概観と逐条的検討　　389

proceeding."との限定を付している（「米国」の§1523(b)も、全く同旨である）。即ち、「承認」を経た外国「非主要」手続の「代表者」に付与される、「否認」の「適格」については、その「否認」の手続が、承認する側の国（例えば「米国」）の法により「外国の非主要手続において管理（ないし処理）されるべき資産」だとされる場合に、それが限定されるという、回りくどい規定である。

　そこにおける"satisfied"との「言葉」の底を流れる「米国型裁量」の基本トーンにも着目すべきである。裁判官（裁判所）がこの点につき「満足」、即ち、いわば 100％「外国の非主要手続において管理されるべき資産」だという確信を、得られなければ、当該外国「非主要」手続の「代表者」による否認訴訟等提起の「適格」は、否定されることになる。いくら、その「否認」の手続が"essential to protect the integrity of the assets of the debtor"（UNCITRAL, supra, para. 167）であっても（??）、ということである。——何処かで、二つのことが"混線"しているようである（!!）。まずはそこに、気づくべきである。

　つまり、既述のごとく「債務者の資産の integrity を保護する」ことを第 1 に考える「ならば」、当該の「外国代表者」が、外国の「主要」・「非主要」いずれの手続によって選任されたものかは、本来、関係ないことのはずである。「債権者を害する（detrimental）行為」の存在を指弾する然るべき者が居るならば、右の第 1 に優先すべき考慮からして、その者による「否認」をも認めるのが筋だから、である。現に、既に示したように、「2000年 EU（倒産）規則」18条の 2 項第 2 文は、わざわざ「2 次的（属地的＝非主要）倒産手続」の管財人「も」、明文で「債権者の利益となる否認訴訟」を「提起できる」、としていた。その方が、筋の通ることの「はず」、である。

　だが、「国連モデル法」23条 2 項は、それとは"別の配慮"の方を、優先させてしまっている。それは、外国「主要」手続への「干渉・介入」を極力避けようとする、「すべてが裁量の世界」を前提とした、曖昧な（!!）配慮のゆえ、である（!![*]）。

　　＊　けっこう重要なことをここで指摘しているつもりゆえ、注意して戴きたい。

　つまり、この「国連モデル法」23条「2 項」の、前記の英文の文言の"action"を"relief"に置き換えれば、本章 3(2)h で、19条とあわせて論じたところの、「国連モデル法」21条 3 項（「Chapter 15」の§1521(c)に対応——「承認」後に与えられる「救済」の規定）の文言と、符合する。

　既に私は、「国連モデル法」21条 3 項（及びそれを受けた§1521(c)）の、「規律手法の不安定さ」（!!）に、言及していた。そこでの批判の対象となった事柄を、「国連モデル法」23条 2 項は、"徒に（!!）引き摺るのみ"となっているのである。——以上が、前記の「何処かで、二つのことが"混線"しているようである」との、私の指摘の内容をなす事柄、である(＊)。

　　＊　"問題の更なる（!!）明確化"のために、ここで同前2009年 4 月号分の前記個所（本章 3(2)h）における私の指摘について、"再叙プラス・アルファー"をしておこう。そもそも「当該外国「非主要」手続において処理さるべき（should be administered）資産」

(これを"α"とする）という押さえ方は、曖昧である。「2000年EU（倒産）規則」3条2項のように、（「国際管轄」規定の中で!!）既述の"establishment"の所在を要件とする「2次的」な（＝「非主要」な）倒産手続は、当該国内に所在の倒産者の資産に限定された、「スイスの"ミニ破産"」と同様の属地的効力のみを有する、と明言をすれば、この曖昧さは、その限りではなくなる。だが、そこまでは踏み込まず、「非主要手続の属地性」を一般的に宣言するかわりに、前記の"α"を"should"ベースで示すのみで先に進もうとする。このあたりの"規律手法の不安定さ"（!!）が、私には、大いに気になる（同じく右個所で論じたところの、外国「主手続」への"干渉・介入"のないように、"裁量"で工夫せよ、とする「国連モデル法」19条・21条の"規律手法"についても、全く同様）。──それが、前記個所（本章3(2)h）で私が指摘した事柄である。要するにすべては、「承認」の（牴触法的）「効果」としての「自動承認」という、理論的にはごく自然な前提を、「国連モデル法」が（「米国」の従来の「304条」と同様に）「とらない」ことから生じた問題、と言うべきである（!!）。

　だが、それだけではない。「2000年EU（倒産）規則」の場合には、「主要」・「2次的」両手続間の優劣の判断において、域内他国の「主要」手続を「承認」する立場の、各域内国の様々な利益をむしろ重視し、それらの国々で開始され得る「2次的倒産手続」の方を、実質的には優先させるという、すぐれて現実的な"規律手法"をとった。これに対して、「304条の影」をあくまで引き摺る「国連モデル法」（そして「Chapter 15」）の場合には、外国「主要」手続以外は、「304条」の場合と同様の、あくまで"ancillary"なものだ、との前提（なお、Westbrook, supra [2005], at 721, 717参照）を"漠然と維持"したまま、その実（とくに「米国」の従来からの実務の延長において!!）、「自国債権者保護」へと、大きく傾く。──そこにおける"幾重もの捩れ"が「捩れ」のままで、前記の"α"や"干渉・介入"云々の論点と結び付き、そして（!!）、結局はすべて「裁量」で処理せよ、となるのである。かくて、すべては『「304条」（≒「米国型裁量」）的な"捩れ"』からもたらされるのが、ここで問題としている「国連モデル法」及び「Chapter 15」の不安定な"規律手法"なのだ（!!）、と言うべきである。──後述の論点との関係で、この部分を「★マーク」で特定する（ちなみに、この「★マーク」の個所は、本章3(2)m以下で後述の、「どんでん返しの§1529」に関する論述において、再度重要となる）。

　さて、以上が「国連モデル法」23条（「Chapter 15」の§1523）関連の、基本的な事柄ではあるが、H.R. Rep., supraの、§1523に付された最初の[Footnote]を、念のために見ておこう。そこには、まず、「米国」の同条においては、「否認」についての「適格」が、"only in a pending case under another chapter of this title"との限定付きで認められていることが、示されている（§1523(a)の文言にも、右の"pending"云々の趣旨が盛り込まれた上で、前記の連邦破産法「522条」以下の条文が掲げられている）。

　次に、右の[Footnote]には、珍しく強い調子での指摘がある。即ち、"The Model Law is not clear about whether it would grant standing in a recognized foreign proceeding if no full [bankruptcy] case were pending. This limitation reflects concerns raised by the United State delegation during the UNCITRAL debates that a simple grant of standing to bring avoidance actions neglect to address very difficult choice of law and forum issues. This limited grant of standing in section 1523 does not create or establish any legal right of avoidance nor does it creat or imply any legal rules with respect to the choice of applicable law as to the avoidance of any transfer of obligation.",とある。

　右においては、「否認」の準拠法(等)には踏み込まないことが、かくて"強調"されている。だから、このjの部分の2つ目の「＊」マークの個所で言及したUNCITRAL, supra (Article-by-article Remarks), para. 166の書き振りが、妙に"慎重"だったのだなと、改めて気づかされる。再度、「米国」とUNCITRALとの間に、「≒」マークを付したくもなるところである（[＊]──なお、いわゆる「否認の準拠法」それ自体については、石黒・前掲国際私法［第2版］367頁以下の「三面的債権関係と準拠法」の個所、とくに374－375頁の「手続的強制の契機」に関する論述を、同・前掲国際民訴法298頁と対比しつつ、参照せよ）。

＊　ここで、念のために山本和彦・前掲国際倒産法制296頁以下の「国連モデル法」23条の解説を見てみると、同前・297頁に、以下の"驚くべき（!?）指摘"がある。即ち、UNCITRALの審議過程において──

「一部代表（特に［!?］アメリカ）から、否認権の実体的統一が不十分な現状で外国管財人に否認権行使を認めると、取引の安全を著しく害するおそれがあるとして（!?）、本条の全面削除（!?）を求める意見が出された。しかし、ここでも大勢は右のような配慮は各国が否認準拠法を決定する際に行うべきであり（!?）、行使適格を認める限度では本条は有用であるとした結果、本条は、準拠法は射程外である旨をより明確化した形で採択された。それとともに、日本代表より、外国従［[非主要]!!］手続の場合については、21条3項と同様、当該手続との関連性を求める要件を設けるべき旨が提議され、広い支持を得た結果、本条2項が新たに置かれるに至ったものである。」

──とある。

　山本教授の、右の前段における指摘は、必ずしもH.R. Rep., supraの、§1523に付された前記の、最初の［Footnote］のトーンとも、また、UNCITRAL, supra (Article-by-article Remarks), para. 165fのそれとも、100％符合するものとは言い切れず、気にはなるが、まあよい（もはや、「若手の仕事」に期待する）。

　だが、「何じゃあ、こりゃあ！」と思わざるを得ないのは、右の波線による傍線の部分である（UNCITRAL, supra, paras. 165-167の、23条に関する解説にも、同条2項についての部分は、ない。H.R. Rep., supraも同様である）。

　このj項において、既にその「規律手法の不安定さ」（!!）について、また、「何処かで、二つのことが"混線"しているようである」との指摘と共に批判した「国連モデル法」23条の「2項」が、何と（!!）「日本代表」の提案だったとは（!!）。嘆かわしい限りである（それが、このjの項目の小見出しに「"信じ難い事実（!?）"」と付記した理由である）。

　じっくりと、ここでの「日本代表」の行動パターンを、人間の心理として、見詰めて戴きたい。彼らがなす「べき」ことは、一体何だったのか。「21条3項」にあるから「23条」にも同じものを入れよう、というその発想は、余りにも貧弱かつ短絡的ではないのか。

　既に示したように、「2000年EU（倒産）規則」（UNCITRALでの審議過程では「1995年条約案」）の"規律手法"との対比等、ここで私が検討した事柄の方が、ずっと重要だったはずである。ここで是非、前記の「★マーク」に至る部分を、もう一度お読み戴きた

い（!!）。

　しかるに、「彼ら」は、「304条のグローバル化」の大波には決して逆らわずに、むしろ、ここにおいて、「ささやかな"米国への恭順の意"」を示したことになる。H.R. Rep., supra のトーンからすれば、「米国」サイドとしては、「おう、そんな点もあったのか。よしよし。君達は米国のことを良く知ってるね」、というところ（その程度のこと!!）であろう。私には、眼前にあるモデル法のドラフト「だけ（!!）」を見ていて（「日本」が名指しで批判」されていたこともあり［!?］——本章3⑵b（貿易と関税2009年3月号57頁下段）の、§1505の冒頭部分参照）、おずおずと手を挙げて「米国的提議」をした日本代表の"弱い人間的な眼差し"と"心の傾き"とが、手に取るように見えてしまう。

　これが、貿易と関税2009年1月号54頁（本章2⑶b［A］）にも示した点としての、ウェストブルック［松下淳一訳］「日本の新しい国際倒産法」山本克己＝山本和彦＝坂井秀行編・前掲国際倒産法の新展開（金融・商事判例1112号・2001年）86頁における、「日本からの代表は、成功裡に終わった長い道のりにおいて非常に重要な役割を果たしました。……議論の過程では、山本和彦教授も松下淳一教授も優秀かつ有益な参加者でした」との指摘に繋がる一つの出来事なのだと思うと、私は、とても寂しくなる(**)。

**　私がここで想起するのは、2008年に日本がようやく批准した「1980年国連統一売買法」（それについては、石黒・前掲国際私法［第2版］139頁以下、及び、そこに所掲のもの参照。なお、本書第3章6⑵の最初の「*」の個所との、対比をせよ）の審議過程において、右の2教授とほぼ同様の意味において"活躍（!?）"した、道田信一郎教授のことである（なお、右のものにも引用しておいた石黒「統一法による国際私法の排除とその限界」海法会誌復刊24号［通巻53号・1981年］42頁注85に示した、道田「国際動産売買契約に関する国連条約——条約の誕生」国際商事法務8巻8号［1980年］所収論文を参照せよ）。

　この国連統一法もUNCITRALでの審議を経た上でのものであったが、道田教授は、そこで、たしかに重要な役割を果たした。だが、それは、いかなる意味においてだったのか（??）。つまり、道田教授の専門は、何だったのか。

　彼は、「英米法」の専門家だったはずである。そして、この統一法作成における、「米国商事法典（UCC）のグローバル化」のために、彼は、大いに"活躍"したのである。決して、日本の民事法の専門家として、ではない。そこが、統一法作成後「28年」も後に（但し、まわりの国々がみんな批准しちゃったから、という受け身的な理由で、この統一法による法統一の"実効性"［石黒・前掲国際私法（第2版）140－141頁を見よ!!］はともかくとして!?）、日本がそれを批准した理由で「も」あるはずである。

　国際倒産に関する「国連モデル法」23条の「2項」挿入を提議した「日本代表」の前記の営為は、右の道田教授の営為の、（ものすごく小さな）ミニチュア版のように、私には思われる。国際会議への参加の仕方、つまりは参加をする上での基本的な"心構え"との関係でも、「日本人」として、十分に考える「べき」点が、ここに「も」示されている、と言うべきであろう（［***］・［****］・［*****］）。

***　石黒・前掲国際私法（第2版）139頁に記したように、（「1980年国連統一売買法」に先行する）「1964年ハーグ統一売買法が、実質的には「統一法優位の法的イデオロギー」の"墓場"であり、ヨーロッパ比較法学の苦渋に満ちた挫折を意味し」、その後の各国法統一作業が、「アメリカ主体」でなされるようになったという、問題の最も大きな文脈で、ここでの問題を捉える必要があることは、言うまでもない（!!）。

3 「国連モデル法」と「Chapter 15 の米国」・その 2 ——「Chapter 15」の概観と逐条的検討　　393

　　この「1980年国連統一売買法」以降、UNCITRAL を主要な場としつつ、いかに多数のモデル法やそれに類するものが作成されて今日に至っていることか（!!）。しかも、UNCITRAL のみがそうした場ではない（他の一例として、石黒・同前［第 2 版］292 頁注456—a をも見よ。「ハーグ国際私法会議」の「間接保有証券準拠法条約案」の場合である。これとて、「英米の論理に傾斜し過ぎたゴリ押し」としてのもの、である。同前・156頁注54参照）。例えば UNIDROIT を利用したものとしての、ALI/UNIDROIT, Principles of Transnational Civil Procedure (2006 Cambridge Univ. Press) など、枚挙に暇がない。すべて <u>「米国法のグローバル化」</u> という覇権国家の野望としての営みだ、と言い切ってもよい状況にある。こうした野放図な流れに対して、身を挺して戦って来たのが、この十数年の私、である。

　＊＊＊＊　前記の、『「1980年国連統一売買法」と「道田教授」』の論点は、この点に関する私の主たる分析が、執筆のお作法が何かとうるさい助教授時代のものだったこともあり、「これまで書いて来なかった」点のようである。だが、講義等においては、口頭で、いつも言及して来た。ここで、そうした点が一つ減った（遂に書いた）訳で、つくづく書き続ける（書き続けられる）ことの有り難さを、味わった次第である（以上、執筆終了は、2009年 3 月 3 日の午後 9 時20分。——執筆再開は、同年 3 月 9 日午前 9 時50分頃）。

　＊＊＊＊＊　以上で、§1523は終わりとなる。
　　続く §1524 (Intervention by a foreign representative) は、「承認」後において、「外国代表者」は、債務者が当事者であるところの、いかなる州または連邦の手続においても「参加 (intervene)」できる、とした規定である。「国連モデル法」24条（なお、山本・前掲国際倒産法制299頁以下）と同旨だが、ここで論ずべき点は、とくにないので、先に行く（もっとも、UNCITRAL, supra, para. 168にもあるように、この「参加」の規定は、外国の「主要」・「非主要」いずれの手続の「代表者」についても、認められる。複数の「外国代表者」が"相互に争って"米国手続に「参加」する場合には、「主要」なそれを何となく優先させるのではあろうが、そこに、貿易と関税2009年 3 月号61頁以下の、「一部米国判例の興味深い動き」（本章 3 (2) c）などをインプットすると、どうなるのか。再び、この j の項目の中の前記 <u>★マーク</u> に至る部分との関係が、問題となろうが、もはや「以下同文」の観がある）。
　　なお、UNCITRAL, supra, para. 169では、ここで「外国代表者」が「参加」できる手続とは、「国連モデル法」20条 1 項(a)、又は21条 1 項(a)で「中止」されていないものに限る、との注記をしている。また、同モデル法24条には、", provided the requirements of the law of this State are met,"との文言があるが、§1524では、この文言は落とされている。
　　更に、UNCITRAL, supra, para. 172において、以下の注記もある。即ち、「国連モデル法」12条では「参加」にあたる英語として、"participate"とあるが、それは「集団的な破産手続 (a collective insolvency proceeding) への参加」であり (Id. para. 102を見よ、と其処にある)、24条の"intervene"の方は、債務者による、又は債務者に対する、個別の手続 (individual action —— Id. para. 169では、裁判外 [extrajudicial] の手続を含む、とある) への「参加」だ、とある（＊＊＊＊＊＊）。

　＊＊＊＊＊＊　なお、この12条についての解説たる山本・前掲国際倒産法制234頁には、「その曖昧さが指摘されてきた参加 (participation) の概念について、個別手続への参加の場合とは異なり（個別手続への参加 [intervention] と用語が使い分けられていること

に注意)、非技術的な広い態様の手続関与を表わすものとし、具体的には立法ガイドに例示等を行うことで作業部会の合意がなった（立法ガイドでは、申請や証拠の提出等が例示されている。Guide to Enactment, n.100 ……)」とある。珍しくUNCITRAL, supraの具体的なパラグラフまでが、きちんと引用されているので、若干嬉しくなる。そして、そこに引用されたId. para. 100には、右に傍線を付した個所に相当する文言として、"standing ….. to make petitions, request or submissions concerning issues such as protection, realization or distribution of assets of the debtor ….."とある。

k　§1525－§1527 (Cooperation with foreign courts and foreign representatives)

次が、「Chapter 15」の"Subchapter IV"となる（右のカッコ内の英文は、そのタイトルである)。対応する「国連モデル法」第4章（25〜27条）のタイトルも同じであり、双方とも、「協力」の相手が"複数形"であることに、注意を要する（とくに、外国の「主要」な手続がピタリ一本には絞り難い形で、複数国でなされており、かつ、「非主要」なそれ「も」別にあり、それらの手続が相互に争い合って、いろいろと悩ましい場合のこと、等を考えよ。「国連モデル法」2条(b)の"the centre of its main interests"概念を巡る、既述の曖昧さの問題でもある)。

UNCITRAL, supra (Article-by-article Remarks), paras. 173-178は、「25条」の前に置かれた、「第4章」全体に関する解説である。まずは、そこを見ておこう。

冒頭の「パラ173」では、この「第4章」が「国連モデル法」の「コア・エレメント」であることが、まずもって示されている。そして、この場合の「協力」が、"courts and insolvency administrators from two or more countries [!!]"との関係でのものであることが、明示されている（前記のいろいろと悩ましい場合のことを、極力具体的に考えて見よ)。

次の「パラ174」は、25条・26条が、「協力」を可とするのみならず、"shall cooperate to the maximum extent possible"（25条1項、26条1項）として、「協力」を「命令する（mandate)」ものであることを、強調している(*)。

* 「国連モデル法」を国内法化した「英国」の「2006年国際倒産規則」25条において、右の"shall"が"may"に"変更"されていること（!!）については、貿易と関税2008年7月号69頁（本書第4章の4つ目の「*」部分）において言及したところである（こうした"論文内捜索"が、けっこう大変なのは、いつものことである……)。

だが、この「パラ174」には、「英米法 vs. 大陸法」の図式（なお、貿易と関税2006年2月号61頁以下参照）における、極めて重大な事柄が、実にサラッと書かれている。即ち、これらの「協力」条項は、かかる「協力」への法的基盤（a legal basis）のない国における困難を克服するように、デザインされたのだとされ、その次に――

"Enactment of such a legal basis would be particularly helpful in legal systems in which discretion [!!] given to judges to operate outside areas of express statutory authorization is limited.　However, even in jurisdictions in which there is a tradition of wider judicial latitude [!!], enactment of a legislative framework for co-operation has proved to be useful."

——とある。

　右において、「裁量」との関係で「より広い司法的自由（latitude）」の伝統を有する国々とは、英米法系の国々、とりわけ「米国」、となる。そう「ではない」国々におけるこうした「協力」条項の機能が、果たしていかなるものとなるのかが、問題である。

　と言うのも、右には何ら触れられていない（!!）が、とりわけ「米国」における「裁量」の"実像"は、単なる「協力」ではなく、「積極介入型の"鋭い牙"」を伴ったものだからである。このことは、「裁量≒コミティ」の図式において、既に本書第１章４（貿易と関税2007年12月号57頁以下、60頁以下、そしてその纏めとしての同2008年１月号73頁）において、示した通りである。

　右の「パラ174」は、安易に"軸足"を「米国」に置くから、こうした表面的な指摘にとどまっているのであろう（すぐ、後述する）。だが、「米国的（積極介入型）裁量の"牙"」なしに、どこまで他の諸国でこうした条項が実効的に機能し得るのか。つまり、「可能な限り最大限に協力せよ」との要請に対し、「米国的前提のない国」において、"But how??"との点（後述する!!）を、冷静に問うべきであろう(*)。

*　同前2008年５月号51頁（本書第３章５）に示したように、「2000年EU（倒産）規則」は、「主要」・「２次的」の倒産手続の併存状況において、31条で、双方の手続の管財人間での「協力及び情報伝達の義務（Kooperations- und Unterrichtungspflicht）」を規定する。だが、それについても、Schack, supra（IZVR 4. Aufl.）, at 383が、両手続間の、管財人相互の協力における実際上の困難を、過小評価すべきではない（……, darf man ……nicht unterschätzen）、としている。これは、EU内部の問題としても、正当な指摘と言うべきである。

　これに対して、石黒・同前頁で指摘しておいたのは、「まさにこの［シャックのような現実的な］認識が、あまりにも無邪気に「協力」に凭れ掛かる日本の「平成12年法」、そして新破産法245条−247条には、基本的に欠落している……（!!——後者についての課税当局者への注意喚起につき、同前2007年８月号78頁以下）」、ということであった（この部分を、「★★マーク」で特定する）。

　ここでUNCITRAL, supra, paras. 175−176に移ると、前記の「パラ174」の英文引用部分（そこでは、「裁量」の問題が論じられていたことに注意せよ!!）に、すぐ続く形で、「コミティ」の登場となる（そこまでUNCITRALの頭が「米国寄り」であることにも、注意せよ!!）。即ち——

"175. To the extent that cross-border judicial cooperation in the enacting State is based on the principle of comity [!!] among nations, the enactment of articles 25-27 offers an opportunity for making that principle [i.e. comity] more concrete and adapted to the particular circumstances of cross-border insolvencies.

176. In the States in which the proper legal basis for international cooperation in the area of cross-border insolvency is not the principle of comity [!!], but an international agreement ..... based on the principle of reciprocity, chapter IV of the Model Law may serve as a model for the elaboration of such international cooperation agreements."

——と、そこにある。

　本書が再三「米国」について指摘して来たところの、『「裁量≒コミティ」の基本図式』の正当性が、UNCITRAL の公的解説において「も」、かくて証拠立てられていることになる。だが、ウエストブルック教授の「2005年」の論文と同様（貿易と関税2009年3月号57頁［本章3(2)bの冒頭］の「＊＊」部分参照)、この文脈では、『「米国型裁量≒コミティ」のネガティヴかつアグレッシヴな局面』は、みごとに捨象されてもいる（この捨象された局面が怒涛のごとく"復活"し、いわば本性を現わすのは、後に論ずる§1529［「国連モデル法」29条に対応］において、である‼)。

　もう一つ、注意すべきは、「パラ176」の末尾近くの "may" である。「コミティ（≒裁量)」で「協力」をする伝統のない国においては、この「第4章」を、「条約による協力」のモデルになし得るであろうとする、その"投げ遣り"（ある種"無責任"）とも言えるものの言い方は、一体何なのか（‼)。UNCITRAL の"軸足"が、既述のごとく「米国」サイドにあるから、こうもなるのであろう（「パラ176」における"comity vs. reciprocity" の対比も、若干安易である。本書第4章4(4)［2008年8月号58頁、同9月号57頁］を見よ‼)。

　かかる指摘を経て、UNCITRAL, supra, para. 177は、その「無責任さ」の度合いを更に高め——

"The articles in chapter IV leave certain [??] decisions, in particular when and how [!!] to cooperate, to the courts ..... ."

——などとしている。右の "certain" とは、一体何なのか（‼)。ここにおいて、"when and how" は、既述のごとく問題の本質のはずなのに、無責任の極み、であろう(＊)。

　　＊　十分な司法制度的伝統ないし受け皿がないまま、かかる『米国寄りの「国連モデル法」上の「協力条項」』を、"（既に腹を割かれている）透明なビニール袋のごとき鮟鱇（??)" として、不幸にも "丸呑み" してしまったのが、日本である。だから、「平成12年法」、そして新破産法245条－247条の「協力」規定（前記の「★★マーク」の個所を見よ‼）が、ことさらに内容空疎、なのである。せっかく UNCITRAL, supra, paras. 174-176が、ともかくも実質的には、「英米法 vs. 大陸法」の基本構図に沿って、問題をそれなりに整理してくれていたにもかかわらず（‼)。

　そして、「25条」の解説に至る直前の Id. para. 178は、外国側との「協力」上の "flexibility and discretion" を裁判所に与えることが重要だ、とする。司法的伝統の

3 「国連モデル法」と「Chapter 15 の米国」・その2――「Chapter 15」の概観と逐条的検討　397

異なる国々に対して、『「英米」（端的には「米国」）のようになるのが重要だよ』、と言うに等しい、いささか傲慢な物の言い方、である。

　さて、この辺で、「米国」の §1525 以下に、眼を転じよう。§1525 (Cooperation and direct communication between the court and foreign courts or foreign representatives) には、対応する「国連モデル法」25条にはない文言として、(a)の冒頭に "Consistent with section 1501, ……" が付加され、(b)の末尾には、"……, subject to the rights of a party in interest to notice and participation." との文言が、同様に付加されている。

　右の前者の「1501条」は、既述の「目的規定」であるが、その関係で注目すべきは、H.R. Rep., supra の §1525 についての最初の［Footnote］に、同条に規定された事柄を「裁判所の権利（[t]he right of courts）」として把握するスタンス（同条(b)項に、"The court is entitled to ……" とある。「国連モデル法」25条2項も同様）と共に、"This right must be exercised, however, with due regard to the rights of the parties." との点が、示されていること、である。

　右の「当事者達の権利」とは、§1525の(b)との関係では、米国裁判所が直接外国裁判所等と接触する際の、「ノーティスと参加の権利」（右の英文参照）のみのようにも思われる。だが、同条冒頭における「1501条と整合的に」との文言の付加との関係が残る。§1501(a)(3)には、「すべての債権者等の利益保護云々」とある。右の［footnote］の "the rights of the parties" にそれを読み込めば、UNCITRAL, supra, paras. 174－176が言及して「いない」（捨象している）ところの、既述の『「米国型裁量≒コミティ」のネガティヴかつアグレッシヴな局面』が、"暗闇からいきなり突き出された拳" のように、ここで顕在化する可能性もあるように、私には思われる。

　さて、ここで次の §1526 (Cooperation and direct communication between the trustee and foreign courts or foreign representatives) に移る。これは「米国」の規定ゆえ、右の見出しに、サラッと "trustee" とあるが、「国連モデル法」26条の見出しの方は、もとより、"a person or body administering a reorganization or liquidation under the law of the enacting State" と、慎重な書き振りである。ヨーロッパの大陸法諸国にあって、「英米の信託」にあたる制度を有する国は、極めて少ないから、である（石黒・前掲国際私法［第2版］422頁注745、及び、同・前掲新制度大学院用国際私法・国際金融法教材36頁以下）。

　§1526(a)冒頭にも、「国連モデル法」26条にはない "Consistent with section 1501, ……" との、§1525(a)と同じ文言が、冒頭に付加されているが、§1526(a)・「26条」1項ともに、「管財人」等の問題ゆえに、"subject to the supervision of the court" との制約がある（それぞれの(b)・2項についても同様）。だが、ここにも、"to the maximum extent possible" に「協力」せよとの、既述の文言が、右の双方（§1526(a)・「26条」1項）に付されている。

　むしろ注意すべきは、「「国連モデル法」26条についての、UNCITRAL, supra, para. 180に、"The Model Law does not modify the rules already existing in the insolvency law of the enacting State on the supervisory functions of the court over activities of the insolvency administrator." とあること、である（そこには更に、この

点での既存の"latitude"を変更「しない」ことが望ましい、ともある。再度、後述する)。
そして、ここで想起すべきは、本書第１章２(2) (貿易と関税2007年８月号73頁)におけ
る私の、次の指摘の「はず」である。そこにおいて私は――

- 『従来の"わが国際倒産実務"が、後述の法改正［「平成12年法」の制定］を待た
ずして、既に、"水面下での事実上の交渉"に全てを委ねる傾向を、かなり濃厚に
示していた事実』、及び、

- 『わが"倒産属地主義"の解釈論的相対化が一定程度進んだ後、日本の倒産手続
の国際的射程を巡る……実際の処理が、"水面下"に隠れ、その実態が、主として
担当弁護士による"管財人実務"として「のみ」語られる、あるいは論文として発
表される（そうでなければ、一般の知るところとはならない!!）という傾向が、極め
て濃厚になっ「ていた」こと』

――を、「重大かつ長期的にみれば不健全な理論的・法制度的問題」として、指摘し
ておいた。
　要するに、「平成12年法」制定前の国際的な管財人実務をウオッチして来た私の目
には、「日本の裁判所（裁判官）」が、管財人達の国際的な（つまりは外国での）活動を、
どこまで実効的に「監視」しているのか、「監視」出来ているのかが、既にして（!!）
大きな疑問であった（同前［2007年８月号］74頁上段［本書序章１末尾］の「＊＊」の個
所の、最後のパラグラフの傍線部分をも参照）。少なくとも、その「監視」の程度・態様
の実像は、研究素材としては、全く見えていなかった（!!）。
　その意味では、「平成12年法」における、『「カラッポの空き箱」としての「裁量」
の"氾濫"』という重大な事態（本書で再三指摘し、批判して来たそれ）は、同法制定前
からの、私の右の疑念を、"一層強める"ものでしかなかった（!!）、のである。ここは、
何としても「日本の裁判官達の"肉声"」が、聞きたいところ、である。
　だが、仮に、従来の日本における"the supervisory functions of the court over
activities of the insolvency administrator"が、何ら十分とは言えないものだったと
せよ。そうであっても「協力」一辺倒で行けというのが、「国連モデル法」の示す道だ、
ということになる(*)。

　　＊　既述のごとく、UNCITRAL, supra, para. 180に、「裁判所の監視」についての、既
　　存の"latitude"を変更「しない」ことが望ましい、とある。従来何も監視出来ていな
　　いとしても、そうなのか（!?）。そして、かかる場合における、維持すべき「自由(latitude)」
　　とは、一体何なのか（!?）。

　§1501の「目的規定」をリファーすれば（§1525・§1526の各(a)項について既述）、「米
国」では、既に若干"示唆"しておいたように、「積極介入型裁量（≒コミティ）」の「司
法的伝統」の中で、"いつもの大きな車輪"が、自然に動き出すことに、なるであろう。
だが、同じ「ような」円滑な事態の進展を、「平成12年法」１条の「目的規定」（「こ

の法律は……外国倒産処理手続の効力を日本国内において適切に実現し、もって当該債務者について国際的に整合のとれた財産の清算又は経済的再生を図ることを目的とする」とあるのみ）から、また、既に本書で再三批判して来たような、内容空疎な「平成12年法」の各規定から、どこまで期待出来るというのか（!!）。そこが、問題なのである（§1528以下との関係で、再度後述する）。

　さて、嘆いてばかりいても、仕方がないので、次に進む。§1527（Forms of cooperation）である。「国連モデル法」27条に対応するが、ともに、（前2ケ条に基づく）「協力」は、「いかなる適切な手段によってもなされ得る（may be implemented by any appropriate means, including …..）」とするのみ。UNCITRAL, supra, para. 181は

"Such an indicative listing may be particularly helpful in States with a limited tradition of direct cross-border judicial cooperation and in States where judicial discretion has traditionally been limited."

——とするが、もはや「以下同文」の観がある。そして、すべては「船底に大きな穴の空いた木製帆船で米国法を意気揚々と太平洋・大西洋の向こうの国々に輸出するかのごとき営為」のように、私には映る。再度ここで想起すべきは、「コモン・ローによって"刻印"された［国連］モデル法」という、吐き捨てるようなSchack, supra [IZVR 4. Aufl. 2006], at 356の指摘、である（貿易と関税2008年5月号62頁［本書第3章5］）。そのことを裏付けるかのように、H.R. Rep., supra の、§1527についての最初の［Footnote］には、"United States bankruptcy courts already engage in most of the forms of cooperation described here, but they now have explicit statutory authorization for acts…… ."とある。

　以上で、「Chapter 15」のSubchapter Ⅳは、終わりとなる（以上、2009年3月9日午後6時49分までの執筆。以上の点検は、翌3月10日の午前9時52分から午前10時50分まで。——執筆再開は、同年3月14日昼の0時3分。今日までは、大潮［但し、満月期のそれ］である。その間に、今月分を仕上げておこう）。

I　§1528－§1532（Concurrent proceedings）

　いよいよ、「Chapter 15」の最後のサブ・チャプター（Subchapter Ⅴ）となる（右は、その英文タイトル。「国連モデル法」の「第5章」のそれも、同じ）。「内外」・「外外」の倒産手続の競合の場合、となる。そして、ここに至って、『外国「主手続」重視の「国連モデル法」（及び「Chapter 15」）の"外見的印象"』は、ガラリと変わる（!!）ことになる（特に「国連モデル法」29条、及び、§1529が、問題となる）。

　冒頭の§1528（Commencement of a case under this title after recognition of a foreign main proceeding）に相当する、「国連モデル法」28条の文言を、まずは示しておこう。

"After recognition of a foreign main proceeding, a proceeding under [identify laws of the enacting State relating to insolvency] may be commenced only if the debtor has assets in this State; the effects of that proceeding shall be restricted to the assets of the debtor that are located in this State [!!] and, to the extent necessary to implement cooperation and coordination under articles 25, 26 and 27, to other assets of the debtor that, under the law of this State, should be administered in that proceeding."

——と、そこにある。

　外国「主手続」の「承認」後において、承認国（例えば「米国」）の倒産手続（EU的に言えば、「2次的倒産手続」となる）の開始要件を、後者の国内に債務者の資産のある場合に限定する（§1528でも、この部分については素直に、"assets in the United States" とある）、というのがその前段である。そして、右の後段の"原則"は、かかる承認国（例えば「米国」）側の倒産手続の効力は、右の波線アンダーライン部分にある通り、当該手続国（例えば「米国」）内の債務者の資産に限定する（shall）、というものである（§1528では、この部分は、"assets of the debtor that are within the territorial jurisdiction of the United States" となっているが、右のアンダーラインの個所の意味は、再度§1502(8)に戻って、「米国領域内に所在する資産」となる。この構造については、既述）。

　まずもって注意すべきは、外国「主手続」の「承認」後における承認国側の倒産手続の効力に関する、右の後段に示された"原則"が、『スイスの「ミニ破産」』そのもの（私のスイス側への"提議"によって、初めて明確に条文化されたところのそれ!!──貿易と関税2008年3月号71頁以下、とくに73-75頁［本書第2章4］を見よ!!）だ、ということである。そしてその（『スイスの「ミニ破産」』の）基本は、本書第3章5（貿易と関税2008年5月号47頁以下）に示したように、「2000年EU（倒産）規則」における「2次的（属地的）倒産手続」の取り扱いの中に、しっかりとビルト・インされていた（「1995年条約案」の当時から、である）。そうした「スイス≒EU」の主義が、「国連モデル法」28条の（従って§1528の）、右の"原則"にも、"埋め込まれて"いることになる（!!）。

　右の点はどこまでも強調すべき点である。だが、その"原則"に対して、さすがは「304条の米国」の影響下に作られた「国連モデル法」のこととて（!?──但し、後述の突出した立場との関係では、「米国」はむしろ、モデストだったようである）、"and, to the extent necessary ……" 以下の、既述の「協力」条項との関係での"曖昧な滲み出し"が伴っている。つまり、承認国の外に在る資産に「も」、「協力」に"必要な限り"で、但し、「承認国の法」において"承認"の当該倒産手続の中で管理（処理）される「べき（should）」だとされるもの（UNCITRAL, supra, para. 187には、"foreign assets must be subject to administration in the enacting State "under the law of [the enacting State]"" とある）に限って、当該承認国（例えば「米国」）の倒産手続の効力が及ぶ、とされるのである（「必要」か否かの判断を含め、既述の諸点の延長として、基本はやはり、"裁量"によることになる）。

　この「28条」に関する、UNCITRAL, supra, paras. 184-187の解説を見てみよう。冒頭の「パラ184」には、28条（と後述の29条）において、外国「主手続」の「承認」は、"a local insolvency proceeding"（EU的に言えば、"属地的"な「2次的倒産手続」、と

なる）の開始を阻害「しない」ことが規定されている、とある。

　但し、そこでの「ローカルな倒産手続」の開始要件は、当該の承認国内における「債務者の資産の所在」（既述）であって、その国における「債務者の"施設（establishment）"の所在」（同モデル法２条(f)、17条２項(b)参照）、ではない。そのことの説明が、「パラ185－186」にまで、及んでいる。つまり、この（原則的な）属地的倒産手続の開始要件についての"the less restrictive solution"が同条であり、"the more restrictive"なそれが、債務者の"establishment"の国内所在を要件とする立場（他国の「主要な」手続の承認は、「２次的倒産手続」の開始を妨げないとする、「2000年EU［倒産］規則」16条２項は、まさにこれ）とされ、「パラ186」の末尾では、わざわざ"establishment"の所在にこだわる国々のために、"only if the debtor has an establishment in this State"との代替的文言の利用を示唆している。

　だが、この「パラ186」には、「第５章　競合する手続」の、以下の条項の"本質"を示す文言が、サラッと"混入"している。それは、以下に示すこの「パラ186」の、第３文である。即ち──

　　"By tailoring [!!] relief to be granted to the foreign main proceeding and cooperating with the foreign court and foreign representative, the court in the enacting State would have sufficient opportunities to ensure that the assets in the State would be administered in such a way that local interests [!!] would be adequately protected."

──との文言である。要するに、「ローカルな利益の適切な保護」（!!）を常に念頭に置きつつ、外国「主要」手続側への"テーラー・メイド"の（まさに"個別の顧客に合わせた洋服作り"の如く柔軟な）、「救済」と「協力」を行なう、との基本イメージが、そこにサラッと、すべてを暗示するかのごとく、示されている。

　続く「パラ187」は、山本・前掲国際倒産法制316頁以下にも言及されているところの"或る種のバトル"に関する、UNCITRALとしての解説である。だが、そこ（UNCITRAL, supra, para. 187）では、28条の手続の前記のごとき属地性から踏み出して、外国にある債務者の資産にまで手を伸ばすことが、「ローカルな倒産手続の意味ある運営（a meaningful administration）」をする上で必要たり得る場合として、とくに（especially）、当該資産の所在地国たる外国で「外国（倒産）手続がない場合（when there is no foreign proceeding necessary or available）」のこと「も」、挙げられている（そこに付されたカッコの中では、更に具体的に、詐欺的に［fraudulently］資産が承認国から「持ち出された」場合についての例も、示されている。既述のごとく、「米国の裁判官」が"本能的な反応"をし易い場面設定、である。──逆の「持ち込み」の局面に関する、貿易と関税2009年４月号58頁［本章３(2)eの最後］の「＊＊」の個所参照）。

　いずれにしても、「承認国側のローカルな倒産手続」の"属地性"を踏み越えようとする野放図な営為（山本・同前参照。但し、同前・316頁の「モデル法17条３項」への言及は、何かの間違いである）に対しての、二つの"歯止め"が、28条における前記「協力規定」への言及と、当該在外資産（foreign assets）が、"must be subject to administration in the enacting State "under the law of [the enacting State]"" とである。そのことが、この「パラ187」において明示され、同条の基本スタンスに関する指摘が、以下のように示されている。即ち——

> "Those restrictions are useful in order to avoid creating an open-ended <u>faculty</u> to extend the effects of a local proceeding to assets located abroad, a <u>faculty</u> that would generate <u>uncertainty [!!]</u> as to the application of the provision and that might lead to <u>conflict of jurisdiction [!!]</u>."

——と（facultyは、ここでは文字通りの「力」。外国「主要」手続承認後の状況において、在外資産にも無制限 [open-ended] に手を伸ばそうとすることによる、本条適用上の「不安定さ」と「管轄の牴触」とを回避するのが、かかる制約を設けた理由である、とされていることになる）。

そこで気になって、「米国」の§1528の方を見てみると（細かな条文の引用は省略するとして）、「国連モデル法」28条の前記条文引用中末尾の、"to other assets" 以後の文言が——

> "..... to other assets of the debtor that are within the jurisdiction of the court ....., to the extent that such other assets are not [!!] subject to the jurisdiction and control of a foreign proceeding that has been recognized under this chapter."

——となっている（右の波線アンダーライン部分が、UNCITRALの前記「パラ187」に関する論述中の、波線の傍線部分と"符合"することにも、注意すべきである）。

たしかに、右の波線アンダーライン部分のように、承認国側の倒産手続に"組み込まれ得る在外資産"の射程を限定しておけば、それだけ当該の外国手続との"衝突"は、減じられることになろう。この点につき、H.R. Rep., supra の、§1528に付された最初の ［Footnote］ では——

> "In a full bankruptcy case, the United States bankruptcy court generally has jurisdiction over assets <u>outside</u> the United States. Here the jurisdiction is <u>limited</u> where those assets are controlled by another recognized proceeding, if it is a <u>main [??]</u> proceeding."

——とある(*)。

*　右の解説の大筋はよいのだが、§1528の前記条文の末尾には、"this chapter" とある。そして、「Chapter 15」の下で「承認」されるものには、外国の「非主要」な手続「も」含まれる（§1517(a)(1)）。これに対して、右の ［Footnote］ 末尾には、承認された外国「主要」手続によってコントロールされている資産、のみへの言及がある。両者の平仄があっていない。外国「非主要」手続のコントロールを受けているにとどまる資産の扱いが、

気になる（ちなみに、右の［Footnote］の直前の、§1528自体についてのそこでの説明には、"This section follows the Model Law, with specifics of United States law replacing the genaral clause at the end of the section to cover assets normally included within the jurisdiction of the United States courts in bankruptcy cases, except where assets are subject to the jurisdiction of another recognized proceeding."とある。それならよいのだが……）。だが、そんなところまで日本側として「米国」に付き合う必要は、ないであろう。だから、先に行く。

けれども、ここでむしろ注目すべきは、H.R. Rep, supraの、右に続く同条の（最後の）解説部分において、「連邦破産法305条（Abstention）」（高木新二郎・前掲アメリカ連邦破産法508頁では、「回避」の邦訳がなされているが、要するに、米国での倒産申立を"裁量"で「棄却」・「停止」する規定、である）への言及が、執拗に（!!）なされていること、である。即ち——

"The court may use section 305 of this title to dismiss, stay, or limit a case as necessary to promote cooperation and coordination in a cross-border case. In addition, although the jurisdictional limitation applies only to United States bankruptcy case commenced after recognition of a foreign proceeding, the court has ample authority under the next section [!!] and section 305 to exercise its discretion [!!] to dismiss, stay, or limit a United States cases filed after a petition for recognition of a foreign main proceeding has been filed but before it has been approved, if recognition is ultimately granted."

——とそこにあり、「裁量」による「米国」での「原則において属地的な倒産手続」の「棄却」・「中止（停止）」・「制限」が、（次条、即ち§1529［!!］をも挙げながら）「305条」に2度も言及しつつ、むしろ"強調"されている。
　一体、それは何故なのか（!?）。そこが、続く§1529、つまりは「国連モデル法」29条の"驚くべき構造（!!）"と、深く関係する。だが、"其処"を今月分の連載で書き切ることは、紙数の関係で、残念至極ではあるが、もはや不可能である。
　これまで外国手続との「協力」・「協調」を高らかに謳って来た「国連モデル法」（1条(a)の、「前文」における「目的」規定の冒頭参照）は、何かに躓いてどっと倒れ、頭から"真っ黒な血"を噴出させるがごとく、次の条文（29条）において、いわば『"どんでん返し"（ないしは、"乱暴父さんのちゃぶ台返し"）的な大変身』を、遂げることになる。
　この先は、次の号（そこで、「米国」に関する論述に、きっぱりと終止符を打つ!!）で、論じざるを得ない（以上、執筆は、2009年3月14日［土曜］の午後5時45分まで。同日の、某君の天津での結婚式を祝いつつ。——点検は、同日午後「8時8分」まで［以上は、貿易と関税2009年5月号分］）。

　　　　　●　　　　　●　　　　　●

　さて、既に私は、『これまで、外国手続との「協力」・「協調」を高らかに謳って来

た「国連モデル法」（1条(a)の、「前文」における「目的」規定の冒頭参照）は、何かに躓いてどっと倒れ、頭から"真っ黒な血"を噴出させるがごとく、次の条文（29条）において、いわば「どんでん返し、ないしは"ちゃぶ台返し"的な、"大変身"」を遂げることになる』、と記した。「国連モデル法」29条、及び、「Chapter 15」の §1529（Coordination of a case under this title and a foreign proceeding）からの論述、である（[*]）——執筆再開は2009年3月27日の、午後3時過ぎ、だったか）。

＊　既述の「国連モデル法」23条「2項」についての、「何処かで、二つのことが"混線"しているようである」との指摘に続く、「＊」部分の「★マーク」を付した指摘（貿易と関税2009年5月号56頁〔本章3(2) j の 4つ目の「＊」部分参照〕）、即ち——

『「304条の影」をあくまで引き摺る「国連モデル法」（そして「Chapter 15」）の場合には、外国"主要"手続以外は、「304条」の場合と同様の、あくまで"ancillary"なものだ、との前提（なお、Westbrook, supra [2005], at 721, 717参照）を"漠然と維持"したまま、その実（とくに「米国」の従来からの実務の延長において!!）、「自国債権者保護」へと、大きく傾く。——そこにおける"幾重もの捩れ"が「捩れ」のままで前記の……「干渉・介入（＊＊）」云々の論点と結び付き、そして（!!）、結局はすべて「裁量」で処理せよ、となるのである。かくて、すべては『「304条」（≒「米国型裁量」）的な"捩れ"』からもたらされるのが、ここで問題としている「国連モデル法」及び「Chapter 15」の不安定な"規律手法"なのだ（!!）、と言うべきである。』

——との指摘が、以下の論述と、深くかかわることとなる。

＊＊　右の「干渉・介入」の点は、すぐに後述する、重要な論点となる。

そして、7カ月以上かけた「米国」の「Chapter 15」についての論述に、ここでようやく区切りがつき、同時に、本書は、「スイス」・「EU」・「ドイツ」・「英国」・「米国（&「2000年EU〔倒産〕規則」の"規律手法"との対比における、「国連モデル法」それ自体の全体像!!）」という、実に長い世界一周の旅を終え、いよいよ「日本」へと、"帰還"することになる（本当に、長い旅であった……）。

重要な論点が山積みゆえ、項目を新たに起こして論ずることとする。

m　§1529と「国連モデル法」29条・その1——後者の基本構造に焦点を当てて

まずは、「国連モデル法」29条の方に、焦点を合わせよう。「モデル法採用国における倒産手続と外国（の倒産）手続（a foreign proceeding）との協調（ないし調整——co-ordination）」と題する同条では、右に「外国手続」とのみあり、外国の「主要」・「非主要」の手続を包含した規定となっている。まずは、そこに注意すべきである。

同条は、同一債務者に対して競合して（concurrently）、内外で倒産手続のある場合、モデル法採用国裁判所（内国裁判所 [the court]——例えば「米国」のそれ）は、既述の25、26、27条に基づく「協力と協調（調整）」を求めよ（shall seek cooperation and co-ordination）とし、その際に、以下の(a)項・(b)項・(c)項が適用される（the following

3 「国連モデル法」と「Chapter 15 の米国」・その2——「Chapter 15」の概観と逐条的検討   405

shall apply:)、と規定する。

　まず、(a)項は、「外国手続の承認申立がなされた時点（at the time the application ..... is filed）において（既に）内国手続が行なわれている場合」、である。その場合に、25－27条の「協力＆協調（調整）」を seek せよとの前記の"要請"とともに、"適用"さるべき（ともに "shall"！！）二つの点を示す(i)と(ii)は、以下の内容となっている。即ち——

"(i) Any relief granted under article 19 or 21 must be consistent with the proceeding in this State; and

(ii) If the foreign proceeding is recognized in this State as a foreign main proceeding, article 20 does not [!!] apply;"

——と。

　思い起こして戴きたい（!!）。「国連モデル法」19条・21条は、それぞれ、承認申立がなされた段階・承認がなされた段階での、「救済（relief）」の規定（19条のそれは、"緊急・暫定的"なそれ）、そして、20条は、外国「主要」手続の、「承認の効果」の規定（内国での一定の手続の「自動的中止」を主体とするそれ）、である(*)。

　　＊　「国連モデル法」の「19条」については、本章３(2) f（貿易と関税2009年３月号67頁以下、及び、同４月号の冒頭の55頁以下と、同じく４月号の、「BCCI事件」との関係を扱った58頁以下）参照。「21条」については、同前の f（同前・４月号57－58頁の「＊」・「＊＊」の部分、及び、同前・４月号65頁以下）参照。また、「20条」については、本章３(2) g。

　まず、右の(i)から見てゆくと、モデル法採用国（例えば「米国」）において、既に内国の倒産手続が進行中の状況下で外国手続の「承認」が求められた場合には、その「承認」が実際になされる前か後かを問わず、外国手続側に与えられる「救済」は、常に、内国手続と "consistent" でなければならない（must [!!]）、とされている(*)。

　　＊　既に直前の「＊」部分でリファーした本書の該当個所に示したように、「国連モデル法」の19条・21条は、ともに「（米国の「301条」的な）裁量オンパレード」の規定である。そして19条４項には、外国「主要」手続への「干渉・介入（interfere with .....）」となる場合の「救済」の（裁量による）「否定」が定められており、また、同前2009年４月号56頁（本章３(2) f）にも示したように、「国連モデル法」の30条(a)には、19条・21条で与えられる外国「非主要」手続側への「救済」は、外国「主要」手続の「承認」後においては、当該外国「主要」手続と "consistent" でなければならない（must）、とある。
　　　しかも、同じく前記の f の項（同前［４月号］・56頁）に記したように、19条４項についての解説たる UNCITRAL, supra, para.140には、外国「主要」・「非主要」手続間における "consistent" 云々の点を説明して、"must be consistent (or should not interfere) with ....." とある（must と should とを等価とする無神経さは、ここでは措くが、

要は、"すべて裁量"との前提があるから、本来"命令の度合い"の異なるmustとshouldとが、等価とされることにもなるのである）。

　右の「＊」に示した点からして、「国連モデル法」の全体的な構造ないし趣旨としては、「干渉・介入（interfere with .....）」と「整合・調和（consistent with）」とは同義的となる。かくて、「国連モデル法」29条(a)項(i)の規定の説くところは——

『内国倒産手続が既にある場合には、外国手続側に与えられる（19条・21条による）「救済」は、常に（!!）、内国倒産手続と整合的・調和的でなければならず、内国倒産手続に（!!）干渉・介入するものであってはならない（must）。』

——ということになる（!!）。

n　§1529と「国連モデル法」29条・その2——「内国倒産手続の優位」!!

　ちなみに、ここでの"consistent"の意味としては、英英辞典の"not containing any logical contradictions"に相当し、しかも、そうであるか否かの決定権限は、明確に、「「内国倒産手続」側の論理」が、がっちりと握っていることになる（!!）。次の同項(ii)と一体のものとして、ここには、赤裸々とも言える『内国倒産手続の優越的地位』の宣言がある。

　あらかじめ右の点をインプットした上で「21条」の「救済」の規定に戻れば、本章3(2) i（貿易と関税2009年4月号67頁以下）で論じたところの、同条に埋め込まれた「自国（内国）債権者保護」の視点、即ち「国連モデル法」自体が設けた「セーフガード措置」（!?）が、大きくクローズアップすることになる。しかも、このiの項（同前［4月号］・68頁以下）で論じたところの、次の「22条」の「債権者保護」における、「ローカルな」との限定の"不存在"（但し、「米国」の§1522については、条文の文言はともかく、H.R. Rep., supra において「米国債権者」の保護が明示されている。同前［4月号］・70頁参照）も、この文脈、即ち、「国連モデル法」29条との関係では、そして、とりわけ「米国」との関係では、どこかに吹き飛んでしまう（!!）。即ち、明確な『内国倒産手続の優越的地位』の宣言（29条）と「債権者保護」（22条。——21条では「ローカルな債権者の保護」とある）とを"合体"させれば、とりわけ「米国」においては、「ローカルな（「米国」の）債権者保護」の観点が、津波のような高まりをもって、眼前に迫ることとなる（同前［2009年4月号］の末尾部分［70頁］で、22条をめぐる"覆面論争"との関係で示したところ）。

　右には、「国連モデル法」29条(a)項(i)の説明に、既に同項(ii)をも事前インプットして重要な点を示したが、ここで、その(ii)に移れば、前記のごとく——

『内国倒産手続が既にある場合、「承認」される外国手続が外国「主要」手続であるときには、20条は適用されない（!!）。』

——との、"更に衝撃的"（!!）なことが、そこで規定されていることになる（そもそ

も20条では、外国「主要」手続のみについての「承認の効果」が規定されているにとどまることに、注意せよ。なお、同前2009年4月号63頁以下（本章3(2)gの、2つ目の「＊」部分）の、「何かに気づかないか」云々と記した個所参照）。

　是非、思い起こして戴きたい。「米国」のウエストブルック教授は、同（松下訳）・前掲金融商事判例1112号80頁において、国連「モデル法においては、承認に基づいて自動的に停止の効果が発生」することを強調しつつ、「債務者に対するすべての回収行動の自動的な停止［ないし中止（stay）──石黒注記］および債務者のすべての行為に対する自動的な制約を定めている」のが国連「モデル法20条」だが、それを「日本は採用しないという決断を明示的にしています」とし、同モデル法上の「承認」枠組を採用しなかった日本の対応について、延々とそれを批判していた（同前2009年1月号55頁［本章2(3)b［A］］参照。それを、同2008年11月号53頁以下［本章1(2)］と対比せよ）。そして、Westbrook, 32 Brooklyn J. Int'l L. (2007), supra が焦点を当てて論ずるのも、「国連モデル法」（従って「Chapter 15」）における「債務者の主要な利益の中心（いわゆるCOMI）」概念と、"less amorphous than comity" とされる（Id. at 1024──貿易と関税2009年3月号62頁参照）ところの、その「承認」枠組について、であった（同前［3月号］61頁以下［本章3(2)c］参照）。

　いずれにしても、外国「主要」手続の「承認」に際しての、「国連モデル法」20条の定める「承認の効果」は、このモデル法自体の、まさに核心をなすものであったはずである（UNCITRAL, supra, para. 189に即して、すぐ後述する）。それが、「内国倒産手続の先行」という一事で、すべて「適用排除」と、なるのである（!!［＊］）。

> ＊　ちなみに、Westbrook, 79 Am. Bankr. L. J. (2005), supra, at 723は、「国連モデル法」29条に対応する「Chapter 15」の§1529をも注に引きつつ、"Chapter 15 …… goes so far as to require that relief in a Chapter 15 ［私は "a relief in Chapter 15" だと思うのだが］ be made consistent with the United States full bankruptcy case, but it also commands cooperation and coordination with the foreign proceeding. ……"と、何となく「協力」云々の方に議論を引っ張ってゆこうとする。だが、「国連モデル法」29条(a)項の前記(i)(ii)は、明確に「内国倒産手続」（「承認」申立に先行するそれ）の「優位」を宣言している。後述のように、「Chapter 15」の該当条文も、もとよりモデル法に即したものであり、条文の各項以下の細部にわたる引用もそこにはなく、曖昧な引用である。貿易と関税2009年3月号64頁（本章3(2)cの2つ目）の「＊」の個所、同前頁下段の（右のcの3つ目の）「＊」の個所の第1パラの末尾、同4月号63頁以下（本章3(2)gの2つ目）の「＊」の個所、等で言及したところの、彼の論じ方の問題性の、一環として、ここで示したWestbrook, supra (2005), at 723を把握すべきでもあろう（なお、本書第6章1(1)iの、最初の「＊」部分参照）。

　それではここで、以上の「国連モデル法」29条(a)項(i)(ii)に関する、UNCITRAL, supra の説明を、見ておこう。29条に関する冒頭の「パラ188」は、「協力・協調（調整）」に言及するのみだが、「パラ189」の冒頭のセンテンスの書き方が、既にして"屈折"している。即ちそこには、"The salient principle embodied in article 29 is that the commencement of a local proceeding does not [!!] prevent or terminate the recognition of a foreign proceeding."とある。更にもう一歩突き進むと、「内国倒産手続」が既にあれば、「承認」自体が雲散霧消する"かのごとき"書き方、である（山本・前掲国際倒産法制319頁との関係で、後述する）。

この「パラ189」の第2文は、29条に具体化された（embodied）ところの、『"顕著"な原則』、即ち、『"突出"した、まさに"動物が飛びかかる姿勢"を示したかのごとき、また、要塞・城壁の敵側に向いた"突出部"のごとき、つまりは"salient"な原則』（以上、「ジーニアス英和大辞典」より。――なお、この語については、貿易と関税2009年4月号57頁［本章3(2)eの5つ目の「＊」の個所］をも参照）は、「モデル法の目的達成のために"エッセンシャル"な（即ち、本質的・核心的で欠くことの出来ない）ものだ」、とされている。「すべての状況下で外国手続のために"救済"を与えることを、モデル法採用国裁判所に許容する（allows）意味において、エッセンシャルだ」、とされている（essential ..... in that ....）のである。何だか、妙な"表現"である。

○ §1529と「国連モデル法」29条・その3――「国連モデル法」29条の(b)以下の規定についての補足

行論上の都合で、「国連モデル法」29条の(b)項の(i)(ii)、そして同条(c)項を、ここで示しておいてから先に行く方が、親切と思われるので、そうする。

(b)項は、「内国倒産手続」が外国倒産手続「承認」の後（after recognition）、又は、外国倒産手続の「承認申立の後に（after the filing of the application for recognition）」、開始される（commence する）場合についてのものである。前記の(a)項とは、内外手続の先後の関係が、逆になっているのである。

そして、(b)項の(i)では、かかる場合において、「19条」または「21条」によって外国手続の側に与えられているいかなる「救済」も、「内国裁判所」によって（再）審査されねばならず（shall be reviewed）、かつ（!!）、「内国倒産手続」と inconsistent ならば、「修正ないし終了されねばならない」（shall be modified or terminated if .....）、と規定されている。同条(a)項の前記(i)に対応する規定であり、かくて、「内国倒産手続」と「外国倒産手続」との先後関係の如何を問わず、「内国倒産手続の優位」が、19条・21条の「救済」の規定との関係で、29条(a)項・(b)項の、それぞれの(i)によって、宣言されていることになる（!!）。

続く29条(b)項の(ii)では、やはり前記の(a)項の(ii)に基本的には対応する形で、かかる場合（「内国倒産手続」の方が、前記のごとく「後」の場合）、「承認」ないしその「申立」のなされた外国手続が「主要」なものであるならば（20条がその場合のみを規定していること既述）、「20条1項」による（内国での手続の）中止または停止は、それが「内国倒産手続」と inconsistent ならば、「20条2項」に基づき「修正ないし終了されねばならない」（文言は、前記の(i)と同じ）、とする。

ここに至って、再度「20条」の2項以下を"再点検"すると、そこには、同条1項による「中止・停止」の範囲とその「修正・終了」については、モデル法採用国の「倒産法」規定に服する（subject to）とする2項があり、同条4項には、20条1項（外国「主要」手続の「承認の効果」）はモデル法採用国における「倒産手続」の開始を求める権利に影響しない（does not affect）、とする規定がある（以上につき、貿易と関税2009年

3 「国連モデル法」と「Chapter 15の米国」・その2——「Chapter 15」の概観と逐条的検討　409

4月号64–65頁［本章3(2)g］)。かくて、29条に至る前に、周到な"布石"がそこで既になされていたことに、改めて気づかされることになる。

　以上が「29条」の基本だが、同条(c)項は、外国「非主要」手続の代表者に与えられた（relief granted to ……）「救済」の「付与（granting）」(何だか英語が変だ!?)、「拡張（extending）」または「修正」に際しては、(内国)裁判所は、その「救済」が、内国（承認国。例えば「米国」）の法に基づき当該外国「非主要」手続において管理さるべき（should be）資産に「関係する」(!?) ものであることについて、満足を得ねばならない（the court must be satisfied that the relief relates to assets that ……）、と規定する。

　右のアンダーライン部分の英文に着目して戴きたい。こうした文言による"規律の不安定さ"について、私は、「2000年EU（倒産）規則」との対比を行いつつ、貿易と関税2009年4月号分・5月号分を通して（本章3(2)e以下において）、批判して来たのである（なお、右の"relate to"という曖昧な押さえ方[*]について、私が想起するのは、かの「シルバー精工事件」のライセンス契約中の、"relative to"という、やはり曖昧な文言である。石黒・前掲新制度大学院用国際私法・国際金融法教材54頁の、当該契約書6条(b)についての私の欄外コメント、及び、同前・52頁2段目左参照）。

*　もっとも、この(c)項の解説たる、UNCITRAL, supra, para. 191には、条文に "the court must be satisfied that the relief relates to assets that ……" と既述のごとくあるにもかかわらず、"the relief …… should be limited to assets that ……" と、ラフな押さえ方をし、この点は、19条4項（等）と同じ（same）だ、としている。けれども、19条4項の文言は、"The court may refuse to grant relief under this article if such relief would interfere [!!] with the administration of a foreign main proceeding." というものであり、29条(c)項との"1対1対応"は、ない。その両者が単純に同一視されるあたりにも、よく考えれば、「米国型裁量の"裏打ち"」がある、とも言えよう。微妙なニュアンスの問題、ではあるが。

p　§1529と「国連モデル法」29条・その4——『「埴輪」から「大魔神」への大変身』と『「国際協調オンリーの発想」とは無縁（!?）の「国連モデル法」の真の姿』!!

　かくて、「外国倒産手続」に対する種々の「協力・協調（調整）」とその「承認」（とくに外国の「主要」な手続に対するそれ）を軸とし、ここまで『素朴で可愛いお顔の埴輪』さながらに、ルンルンと"国際協調の花園"をお散歩して来た観のある「国連モデル法」は、この29条において（若干既述したところの、これまでにも散見された"異分子"的な諸規定こそが、事柄の本質だったと言わんばかりに!!)、突然、胸の前でがっしりと組んだ両腕を顔面の上に差し上げた『大魔神』（大映、だったか）の如く、"憤怒の形相"に一変する。——これが、既に、"乱暴父さんのちゃぶ台返し"の如く云々と記した、「国連モデル法"大変身"」の実像、である。——以上を確認した上で、「29条」に関するUNCITRAL, supra に、戻ることとする。

　さて、「パラ189」の、前記のごとき"妙な表現"（前記のnの項目の末尾参照）を経て、「パラ190」の冒頭では、予想通り "However, ……" と来る。そして、右に示した『「可愛い埴輪」から「大魔神」への"大変身"』について、以下、語られることになる（以上、執筆は2009年3月27日午後9時3分まで。実に下らぬことがあって、3月18日・19日の

2日間、めらめらと、但し以前とは違って、静かに、怒りの炎をあげた後、私は、20日から昨日までの1週間、漢方薬酒等と徹底した経絡マッサージによる妻の"完全看護"のもと、完全に心身を休め、かくて執筆に向かった。最初は、いつも執筆開始時に抱く不安や恐れが、ちらっとあったが、そんなものは自力で打破し、さっきから、書いていて楽しくって、楽しくって仕方なくなっていた。いつまででも書き続けたい気持ちはあるが、後先のことを考え、ここで今日は筆を擱く。やはり、執筆は、私だけの"純粋で美しい世界"なのだ、と実感した。——執筆再開は、二日ゆっくり休んで、2009年3月30日午後4時57分)。

「パラ190」の冒頭の1文について、既述の「パラ189」の一部（等）をカギ括弧で、再度念のために示しつつ、引用しておこう。『「国連モデル法」の本質は、まさにこの1文にあり』（!!）といった1文となる。即ち——

"However, the article [i.e. (t)he salient (!!) principle embodied in article 29 which is essential (!!) for achieving the objectives of the Model Law] maintains a pre-eminence [!!] of the local [insolvency] proceeding over the foreign proceeding. ……." (UNCITRAL, supra [Article-by-article Remarks], para. 190.)

"根無し草的な国際協調主義"が「国連モデル法」の本質かと思いきや、「内国倒産手続」がありさえすれば、後者の「プレ・エミナンス」（「優位」）が、明確に、ここに宣言されている。しかもそれは、「パラ189」にあるように、「国連モデル法」の目的達成上の、エッセンシャルな原則として、そこに示されている。

右に"補充"した"salient"の語（「パラ189」）については、その語義について、『"顕著"な、ないしは"突出"した、まさに"動物が飛びかかる姿勢"を示したかのごとき、また、要塞・城壁の敵側に向いた"突出部"のごとき』という、辞書通りのニュアンスを、既に示しておいた。あたかも、「協力」云々で幻惑しておいて、無防備になった相手（例えば、「日本」!?——後述する）に、いきなり"野獣が薮の中から襲いかかる"ように、右の「原則」が、この29条において、示されているのである（!!）。

かくて、「野放図な海外、とくに外国"主要"手続への、国際的な協力・協調」という「国連モデル法」の"外見的特徴"（但し、それすら、「米国の"積極介入型裁量"の牙」に裏打ちされた、「刺（トゲ）だらけの仮面」であったわけなのだが）、つまりは"化けの皮"は、ここにおいて、「国連モデル法」自体によって（!!）剝がされていることになる。"其処"まで含めての「国連モデル法」であることに、どこまでも我々は、注視すべきなのである（!![*]）。

* 本章3(2)kの、「国連モデル法」第4章（「外国裁判所・外国代表者との協力」）についてのUNCITRAL, supra, para. 177の解説に即して、私は——

『十分な司法制度的伝統ないし受け皿がないまま、かかる"米国寄りの「国連モデル法」上の「協力条項」"を、"（既に腹を割られている）透明なビニール袋のごとき鮟鱇（??）"として、不幸にも"丸呑み"してしまったのが、日本である。だから、「平成12年法」、そして新破産法245条－247条の「協力」規定が、ことさらに内容空疎、なのである。』

3 「国連モデル法」と「Chapter 15の米国」・その2——「Chapter 15」の概観と逐条的検討　　**411**

——と記しておいた。

　まさに"其処"が、「国連モデル法」の真にエッセンシャルな部分を度外視して、また、「米国型裁量の"牙"」との関係についても全く無頓着に、米国に「日本は駄目だ」と脅されたがゆえに（!?——再三既述。例えば、貿易と関税2007年8月号79頁以下［本書第1章2］、等）、他の諸国に率先して「2000年」に「日本は国連モデル法をいち早く採用しました」と、にこやかに手を挙げた日本の、「幾重にも歪んだ姿」を照らす強烈な"鏡"、つまりは、この場合の"痛々しき正義"の糾弾対象たる事柄の、内実となる（!!）。

　この点は、「米国」（＆「国連モデル法」それ自体）に関する論述をすべて終えた後、改めて正面から論ずることとする。だが、「平成12年法」を経て規定が置かれるに至った新破産法245条の、この点で象徴的とも言える規定の文言は、やはりここで、改めて、以下に示しておくべきであろう。即ち、「外国倒産処理手続がある場合の特則」（第11章——但し、わずか3カ条）の冒頭たる、この245条（六法の見出しは、「外国管財人との協力」）には、「①破産管財人は、破産者についての外国倒産処理手続……がある場合には、外国管財人……に対し、破産手続の適正な実施のために必要な協力及び情報の提供を求めることができる。②前項に規定する場合には、破産管財人は、外国管財人に対し、外国倒産処理手続の適正な実施のために必要な協力及び情報の提供をするよう努めるものとする」、とある「のみ」、なのである（!!）。

q 　§1529と「国連モデル法」29条・その5——『「硬直的なヒエラルキー」としてそこで「回避」されたもの』と『根源的な制度選択上の岐路』!!

　さて、ここでUNCITRALの、前記「パラ190」に戻ろう。その最後の1文は、「国連モデル法」29条の、(b)項までの解説として——

"Article 29 avoids establishing a rigid hierarchy [!?] between the proceedings since that would unnecessarily hinder [!?] the ability of the court to cooperate and exercise its discretion [!!] under articles 19 and 21. It is desirable not to restrict that latitude [!!] of the court when article 29 is enacted."

——としている（ここに、既述の「パラ191」の29条(c)項への解説を合わせれば、この29条についてのUNCITRALの解説はそれで終わり、となる）。

　右の「パラ190」の解説は、実は、極めて重大な問題を、我々に投げかけている（!!）。其処に気づく"感性"が、強く求められている（!!）のである。即ち、「協力」と「裁量の行使」における（承認国の）裁判所の「自由」を不必要に妨げることのないようにと、「29条」が「回避」した「硬直的なヒエラルキー（階層構造）」とは、一体何のことか、の問題である（!!）。

　だが、"其処"に至る前に、ここで確認しておくべき、重要な点がある。まずは、そこから潰して行こう。

　本書の読者（if any——但し、結局"究極"におけるそれは、常に、ほかならぬ"私自身"なのだが!!）は、「国連モデル法」29条における"「内国倒産手続優位」の宣言"と私が記した段階で、"或ること"に、気づいていた「はず」である。それは、この「国連モデル法」の基本枠組の形成にも、既述のごとく(*)、多面的な影響を及ぼして来

たところの、「2000年 EU（倒産）規則」（UNCITRAL の審議段階では、「1995年条約案」）との関係、である。

* 本書第4章5(1)（貿易と関税2008年9月号63頁、及び64頁以下——「2000年 EU（倒産）規則」の"成立過程"の「国連モデル法」［1997年］への「直接的反映」という重要な事実の存在［!!］）、本章3(2) a （同2009年2月号55頁——main; non-main の区別といわゆる COMI ［債務者の主要な利益の中心］及び establishment の定義、同前・56－57頁——「承認」の対象が外国の「非主要」手続をも含むこと）、等において、本書ではこれまで、この点についての注意喚起を行なって来ており、本章3(2) e （同前・2009年4月号）以降においては、「国連モデル法」と「2000年 EU（倒産）規則」との基本的な"規律手法"の差に重点を置いた論述を、行なって来た（同前［2009年4月号］・58頁［本章3(2) e の末尾］の、「国連モデル法」19条と「2000年 EU（倒産）規則」38条との比較、同・5月号分冒頭頁以下［本章3(2) j］の「国連モデル法」23条と EU 規則17・18条との比較、等を具体的な例としつつ、論述の全体に、両者の"規律手法"の差をちりばめつつ、本書は、ここに至ったのである）。

「内国倒産手続の優位」（但し、"実質的な"それ!!——再度、後述する）は、実は、「2000年 EU（倒産）規則」（「1995年条約案」）が、既に採用していた立場である（!!）。右の、直前の「*」に示した点に追加すべき重要な事柄として、まさに、この点がある。

本書第3章5（貿易と関税2008年5月号47頁以下）において、「2000年 EU（倒産）規則」の「基本構造」について、私は、スイスの「ミニ破産」方式との親近性（!!）に留意しつつ、既に論じていた。そして、そこでの論述のエッセンスは——

◎『この EU 規則は、EU 域内のある国での倒産手続にすべてを一本化する主義を、とって「いない」。即ち、「主要な倒産手続」（本規則3条1項）と、属地的効力（当該国内に所在する倒産者の「財産」に限定された効力）のみを有する「2次的倒産手続」（本規則3条2項）との、ある種の（悩ましい）"緊張関係"において問題を処理しようというのが、この EU 規則の基本スタンスである。』——「2次的倒産手続」のかかる属地的制約もまた、「国連モデル法」に埋め込まれていることに、別途注意せよ（!!）。』

◎『普及効を有する「主要な倒産手続」と属地効のみを有する「2次的倒産手続」（EU 域内で一つとは、限らない!!）とが併存する局面では、前者にとって、いわば基本的にアンタッチャブルな領域として、各域内国の「2次的手続」が存在する。もとより本規則は、かかる「2次的手続」の開始につき、後述の一定の要件（Niederlassung の所在を軸とするそれ）を課してはいるが、各域内国が様々な理由によってかかる手続をとることを、本規則は、むしろ正面から認めているのである。それが EU なりのバランスのとり方である、とも言える。そして、かかる2種の（これを相互に"主従の関係"に立つ、と言うことも若干憚られる）手続の間の、調整をはかるための本規則第3章「2次的倒産手続」（27条－38条）の性格を、最も象徴的に示すのが、35条の、「2次的倒産手続の残余」の規定である。ここにおいて、スイスの「ミニ破産」

方式とこの EU 規則の処理定式との類似性・親近性は、殆ど決定的なものとなる（!!）。』

◎『EU の場合、「主要」・「2次的」の二種の手続の併存時には、「承認」の"論理"は、たしかにいわば休眠し、「ミニ破産」的な「2次的手続」の進行に、基本を委ねる形にはなる。なお、EU 規則31条は、双方の手続の管財人間での「協力及び情報伝達の義務」を規定する。だが、基本は既に示したところとなる。』

◎『本規則前文18項の中の、「主要な倒産手続」の開始の「後」に、かかる「（二次的）倒産手続」を申し立てる権利は本規則によって制約されない、との文言［なお、本規則3条2項及び16条2項の明文規定をも参照せよ!!］によっても確認されているところの、域内各国の属地的手続の開始と遂行の自由（!!）こそが、本規則の基調をなしていることへの、より強い"眼差し"が、既述の「スイスのミニ破産方式」との対比（両者の親近性・類似性への認識）において、注がれるべきであろう。』

◎『貝瀬・前掲国際倒産法と比較法92頁は、同旨の1995年条約33条につき、「本条は、後発の付随手続［「2次的倒産手続」と自然に訳すべきところ］の補助的性格（ancillary character [??]）を表す諸規定の中でも最も重要なもの」だ、とする。だが、そう見るのは、実際の規定の構造からして、即ち、当該条文の文言の中に示された"EU の苦悩"との関係では、若干皮相的に過ぎるように思われる。この点では、（貝瀬・前掲国際倒産法と比較法92頁以下の論じ方とは別に）むしろ、33条に対して「2次的倒産手続」の側から付されている様々な条件の方に、注目すべきである。つまり、いわば"表向き"の「主要な倒産手続」の優先性（その印象!!）にもかかわらず、「2次的倒産手続」との間での、様々な"調整"のなされるべきことが、同条の中に、別途深く埋め込まれているのである。本規則の"基本構造"を、適切に理解するためには、（2点にわたる）"其処"にまずもって注視することが、必須なはずである。……本規則33条「2項」は、「中止」の「解除」との"レトリック"の下に、以下の点を、一層ダイレクトに示す。即ち、「2次的倒産手続」の管轄裁判所は、職権により、または債権者もしくは「2次的倒産手続」の管財人の申立に基づき、次の場合には、「中止」を「解除」する、とある。即ち、「中止」措置が、とりわけ（insbesondere）、「主要な倒産手続」または（oder!!）「2次的倒産手続」の債権者の利益からしてもはや正当化され得ないことが判明した場合には、中止が解除されるのである。』

◎『要するに、原則的に「中止」はするが、そのあとで「2次的倒産手続」の債権者の利益にそれが反するとなったら、「2次的倒産手続」の側の"拒否権"（!!）が発動し、「中止」は「解除」されるのである。そのような"弱い"意味での、「主要な倒産手続」の primacy しか定め得なかったところに、「2次的倒産手続」の"自主性"を重んずる、本 EU 規則の"基本構造"が、やはり端的に示されている（!!）、と言うべきなのである。なお、もはや言うまでもないことだが、「2次的倒産手続」

の側からの、「主要な倒産手続」の管財人に対する「権利」としての、33条1項による既述の（「全ての適切な措置」がとられるべきことに対する）「要求」にもかかわらず、「2次的倒産手続」の債権者の利益が十分に守られていない旨、「2次的倒産手続」の側が判断するときにも、この"拒否権"が発動することに、条文構成上は、なる。』

——となる。このように、「国連モデル法」29条において端的に宣言された「内国倒産手続の優位」は、実質的に（!!）、「2000年EU（倒産）規則」の基本構造を、受け継ぐものとなっている(*)。

* だが、それが、右に再叙した"苦悩するEUの姿"よりも、一層端的な宣言になっているのは、なぜなのか。
 その理由は、「国連モデル法」策定の基調をなすところの、これまで執拗に辿って来た「米国からの風」のゆえであろう。そのことを裏付けるかのごとく、「国連モデル法」29条に対応する「Chapter 15」の§1529（文言の実質的変更はないが、後述の4項が、「国連モデル法」にはないものとして、付加されている）についての、H.R. Rep., supra には、実質的な同条のコメントとしては、以下の短い [Footnote] が置かれているのみ、となっている。即ちそこには——

 "This provision is consistent [!!] with United States policy to act ancillary to foreign main proceeding whenever possible."

 ——とある。要するに、「内国倒産手続の優位」を明確に宣言した上で、再度（!!）「米国型裁量」で、「可能なときには」（!!）いつでも（"whenever possible"）外国側に「協力」するという、『「実は"刺（トゲ）だらけ"の米国型協力」の実像』が、そこにサラッと示されているのである(**)。

** なお、右に"ancillary"とあることとの関係で、H.R. Rep., supra の右の [Footnote] に先立つ、§1529自体の説明において、"This section follows the Model Law almost exactly, but subsection (4) adds a reference to section 305 [!!] to make it clear the bankruptcy court may continue to use that section, as under present law, to dismiss or suspend a United States [bankruptcy] case as part of coordination and cooperation with foreign proceedings." とある。「305条」、即ち「裁量」による米国倒産手続の「棄却」・「停止」（貿易と関税2009年5月号67頁参照）の規定に言及しつつ、あえて「国連モデル法」29条にはない規定を、この4項で設け、そこでバランスを取って、「協力・協調（調整）」へと、但しやはり「裁量」によって"繋げる"のが、「米国流」なのである。だがそれも、「内国（米国）倒産手続の優位」（§1529(1)(2)）を宣言した上でのこと、となる。

さて、以上により、「ここまで持ち越して来た問題」に立ち戻る前提が、すべて整ったことになる。即ち、「国連モデル法」の「29条」が「回避」した「硬直的なヒエラルキー（階層構造）」とは、一体何のことなのか、との問題である。
 再度ここで想起すべきは、「国連モデル法」が前記の「優位宣言」をしつつも、"consistent"；"inconsistent"；"satisfied" といった、裁判官の「裁量」を前面に押し

出した"規律手法"を採用していること、である。もはやここまで論じたならば、右の問の答えは自明に近い「はず」だが、この「硬直的なヒエラルキー」とは、「2000年 EU（倒産）規則」における『明確な牴触法的処理』のこと、と考える「べき」である。

　貿易と関税2008年5月号48－49頁（本書第3章5）に記しておいたことをやはりここで再叙すれば、◎マークとともに示した前記の諸点についての、"前提"として――

　　◎『本書の"全体構造"からして重要となるのは、このEU規則の行き方が、明確に「承認」、即ち（民訴118条的な）牴触法上の「外国判決承認・執行」の場合のアプローチに立って問題を処理していることである。即ち、本規則3条は、既述の2種（細かくは3種だが、今は無視する）の「倒産手続」につき「国際管轄」の規定をまず置き、次に、「準拠法」に関する4条で、別段の規定のない限り、各倒産手続及びその効力は、手続開始国法によるとの、原則規定を置く。そして、5－15条の個別規定を経て、16－26条が、本規則第2章の「倒産手続の承認」となる。

　　本規則16条1項は、3条の管轄を有する加盟国裁判所での、有効な倒産手続の開始につき、他のすべての締約国での、いわゆる"自動承認"（automatic recognition――石黒・前掲国際民訴法221頁。なお、この16条に即してこの点を論ずる Dicey/Morris/Collins, supra [14th ed.], at 1472及び貝瀬・前掲国際倒産法と比較法56頁参照）を規定する。ちなみに、この自動承認（即ち、何らの方式等を必要とせずに、直ちに「承認」がなされること）については、「承認の効果」に関する17条1項によっても、明確化されている（本規則前文22項にも、「自動承認」の語がある）。

　　そして、本規則25条は、（倒産手続以外の）「その他の裁判の承認及び執行可能性」に関する明文規定を置いている。「多様な倒産関係の裁判」を広く取り込むのがこの25条の趣旨だが、これは、全体としての倒産手続とは別個の、いわば「支分的裁判」の承認・執行の問題である（石黒・前掲国際民訴法314、315頁参照！！）。「承認援助」一本槍で、後は「協力」オンリーとするかのごとき「平成12年法」の制定だけでは済まない諸問題の存在（！！）を、こうしたEU規則の規定振りからも、日本側として再認識する必要が、ある。』

――との点がある。

　これらの、『明確な牴触法的処理』は、「国連モデル法」では、何らなされて「いない」。その代わりに、すべて「裁量」を前提とした「曖昧な"規律手法"」が採用されているのである。私は、とくに貿易と関税2009年4月号分以降、まさにこの点に力点を置いた論述をして来たのだが、明確に「米国からの風」の側に立つ UNCITRAL, supra の「パラ190」は、逆に、EU側のかかる正当な牴触法的営為を、「硬直的なヒエラルキー」として、「回避」（その実、「排除」）しようとするのである（前記の"desirable not to ....."云々の指摘と共に！！）。

　要するに、この「パラ190」の前記解説部分には、「2000年 EU（倒産）規則」と「国連モデル法」（＝「304条」的な「米国からの風」）との、最も先鋭化した"衝突の断面"が、

後者の側からの声として、示されていることになる。だが、サラッと読んだだけでは、このことは、恐らく分からない。だから私は、「感性の問題」だと言ったのである（!!）。
　「明確な牴触法的処理」と言っても、（法的な!!）「利益衡量」の余地は、確かに残る。だが、極力"法的な筋道"（"法的論理"!!）の明確化を志向する「大陸法系諸国＆従来の日本」の「規律手法」と、裁判官の「裁量（≒コミティ）」に多くを委ねるそれとの、いずれがベターなのか。──かかる『根源的な制度選択上の岐路』が、この「パラ190」に、凝縮されて示されていることになる（[*]──以上、執筆は、2009年3月30日午後11時30分まで。あっと言う間の6時間余、であった。こうして書いている「私」と、バックのクラシックの「旋律」とが、妙な"渦巻的連動"をしていることを、なぜか今日は強く"感じ"つつ、また、この数カ月分の執筆が、「ここ」にまで私を"導いて"くれたことに感謝しつつ、筆を擱く)。

*　以上の事柄を、「米国」の側から見てみよう。すべてこれまで論じて来たことゆえ、エッセンスのみを、以下に示す。
　「従来の米国」には、外国倒産手続についての「主要」・「非主要」の区別もなく、単に、外国倒産手続に対する"ancillary"な手続としての「304条」（等）が、「裁量（≒コミティ）」に頼って存在したに過ぎない。その「304条」の「国際的突出」（「ボタンの掛け違い」）──同前2008年11月号64頁以下［本章1(5)］）に気づいて「国連モデル法」の策定に走った「米国」は、「304条の基本的温存」（同前2009年2月号48頁以下［本章3(1) a］）というその真意を、"指に巻いた包帯"に隠し、「皆、この指とまれ」とばかり、それ（「国連モデル法」）を基本的にはその通りに（但し、「日本」の5年後の2005年に）採用した。だが、かかる「米国の思惑」と「EUの戦略」との"交錯"の中で、実質的には後者の戦略勝ちで、前記のごとき「法的に厳密な諸概念や基本枠組の設定」においては、結局EU側に多々"巻き取られ"つつ、かつ、それによって「従来の米国」において不明確だった諸点について、いくばくかなりとも"恩恵"を受けつつも、（端的に言えば、それにすら気づかず!!）、頑として「従来の304条の基本枠組」にこだわり、"interfere"; "(in-)consistent"等々の曖昧な「言葉」を因習的な「裁量（≒コミティ）」に纏わせながら、従来路線を突っ走って、こと此処にまで、至っている。その基本は、「304条」に既に存在していた、既述の、種々の「牴触法的な論理の詰めの甘さ」にある。従って、同前2009年4月号60頁下段（本章3(2) fの、後から2つ目）の「*」部分に記した点、即ち、本書で力説して来たところの、「スイス・ドイツ・英国における、『従前の牴触法的処理との連続性を強く意識した国内制度改革への自覚的な眼差し』が、「米国」においても強固である」との点については、「米国」に関する限り、実は、理論的に見て「不十分な」（!!）「従前の牴触法的処理」との"連続性"が、闇雲に志向されたに過ぎない、との"限定"を、ここで付しておかねばならない（!!）のである(**)。

**　他方、同じ英米法系の「英国」について言えば、従来の「英国」における国際倒産の牴触法的処理には、同前2008年10月号53頁以下、とりわけ67頁で論じたように、理論的に見たその"発展度合い"において、（「米国」ほどではないにせよ）不十分な点が多々あった。「それを"止揚"する上で『2000年EU（倒産）規則』の果たした意義には、大なるものがあった」（同前・67頁［本書第4章5(4)の末尾参照!!]）、と言うべきである(***)。

3 「国連モデル法」と「Chapter 15の米国」・その2――「Chapter 15」の概観と逐条的検討　　**417**

　＊＊＊　右の「＊部分」の「米国」、そして「＊＊部分」の「英国」を、併せ考えたところに、国際倒産の法的（牴触法的）処理に関する"英米"の現状と問題点が、すべて凝縮されている、と言っても過言ではない。

　それに対して、<u>基本的には"大陸法系"に属するはずの「日本」の選択は、どうだったのか</u>。貿易と関税2009年2月号57頁（本章3⑵a）において、私は、「国連モデル法」に関する具体的な論点との関係で、『<u>UNCITRALでの議論の最も大きな"渦"の中に主体的に身を置くことを「していなかった」</u>であろう、小さな日本代表の"薄い影"』について論及した。まさにこのことが、次号分以降で「日本の状況」を検討する際の、悲しい前提と、なるのである（以上、多少休んでから、思い立って、2009年3月31日午前1時28分まで、補充をした。――執筆再開は、2009年4月4日午後4時4分［＊＊＊＊］）。

　＊＊＊＊　もはや書くまい、と思っていたことだが、やはり一言のみする。山本和彦・前掲国際倒産法制318－323頁の、「国連モデル法」29条についての解説について、である。冒頭の同前・319頁には、UNCITRALの審議の過程で、「内国並行手続の開始により、外国手続承認の効力が終了する可能性を規定していた」が、これは後に、「むしろ当然の規定［!?］として削除された」とある。この点は、UNCITRAL, supraの、「パラ189」の冒頭のセンテンスの「書き方」について既に示した点との関係で、参考になる指摘ではある。

　だが、それ以降の、誠に淡白な論述には、既述の「埴輪と大魔神」の論点や、EU規則と「国連モデル法」との間の、"規律手法"上の鋭い緊張関係について、殆ど何も<u>語られて「いない」。その"大局"を見据え「ない」論じ方は、私には、信じ難いものである</u>。

r　§1530－§1532の規定――「国連モデル法」30－32条

　さて、いよいよ、これで「米国（Chaper 15）」と「国連モデル法」は、終わりとなる。やはり、「国連モデル法」の規定振りから、見ておこう。

　「国連モデル法」30条については、既に、貿易と関税2009年4月号56頁（本章3⑵e）において、その19条4項との関係で、言及しておいた。同一債務者についての、「2以上の（more than one）外国倒産手続間の調整・協調（coordination）」についての規定である。その場合、25－27条の「協力と調整（協調）」を求めよ（shall seek）とあり、その際に、以下の(a)－(c)項を適用せよ（shall apply）、とある。29条の「内国倒産手続の優位」を、外国手続間に置き換え、「外国"主要"手続の優位」を明示する規定、である。

　(a)項は、外国「主要」手続の「承認」後において（after recognition）、外国「非主要」手続の代表者に与えられるいかなる「救済」も（[a]ny relief granted ……）、当該外国「主要」手続と<u>consistent</u>でなければならない（must）、とする規定である。

　次の(b)項は、外国「主要」手続の「承認」が、外国「非主要」手続の「承認」の後、または、外国「非主要」手続の「承認」申立の後になされるならば、19条又は21条によって与えられているいかなる「救済」も（any relief in effect）、裁判所によって（再）審査されねばならず（shall be reviewed）、かつ、外国「主要」手続と<u>inconsistent</u>ならば、修正又は終了されねばならない（shall be modified or terminated if ……）、とする。

　最後の(c)項は、外国「非主要」手続相互の調整の規定である。即ち、外国「非主要」

手続の「承認」の後に、他の外国「非主要」手続が「承認」される場合には、裁判所は、当該複数手続間の調整を促進する目的のために（for the purpose of facilitating coordination of the proceedings）、「救済」を与え、修正し、または終了せよ（shall grant, modify or terminate relief）とする。

まず、右の(a)・(b)項のキイ・ワードたる"consistent"；"inconsistent"に注目すべきである。これらの規定は、これまで論じて来た通りの、「裁量」オンリーの"不安定な規律手法"の影を、そのまま引き摺るものである。そして、右の(c)項に至っては、もろに、すべてが「裁量」である。何をどう「調整」すべきかは、裸のままで（!!）、裁判官に委ねられることになる。規定の"形"は、29条にも揃えてあるが、それだけの話、である。

ところが、「エッ」と思うことが、30条についての冒頭の解説たる UNCITRAL, supra, para. 192 に書かれている。即ちそこには——

"The provision applies whether or not [!?] an insolvency proceeding is pending in the enacting State."

——とある。

「内外倒産手続間の調整」については、既に詳述した「29条」でカタがついているはずだが、と思うのは、私だけだろうか。だが、これは『「米国型裁量」による複雑系の"綾取り"』の片鱗を、「分かりにくく」示したものであるに過ぎない。即ち、右に続いてそこには——

"If, in addition to two or more foreign proceedings, there is a proceeding in the enacting State, the court will have to act pursuant to both article 29 and article 30."

——とある。29条に"残存"している「協力・調整（協調）」の要請との"共鳴"において、然るべく「裁量」で処理せよ、ということである。だが、基本的な"米国型裁量の綾取り"、しかも"複雑系"のそれに、習熟し得る立場に「ない」者が、下手な真似事をすれば、"（実は鋭利な!!）糸"が絡み合って、血を出しかねないことにもなろう。そんなことには無頓着に、こんなことをサラッと言ってのける UNCITRAL の無神経さに、ムッとする私、である。

次の「パラ193」（これで30条は終わり）には、30条の目的と29条のそれとは similar だとあり、異なる複数の手続に与えられる「救済」の consistency は、「救済」の付与、修正又は終了の取り扱いの、"appropriate tailoring"（!!）によって達成されるであろう（will be achieved by ……）などとある。何度も出て来る"tailor"という、「待ち針だらけで何十分も立たされる、案山子になったような、洋服屋さんでの嫌な思い出」そのままの、「米国型裁量の本質」を示す言葉のイメージ（まさに、"make clothes to fit individual customers"）が、再度ここで重要となる（同前2009年4月号68頁下段［本章 3(2) i ］参照[*]）。

3 「国連モデル法」と「Chapter 15 の米国」・その 2 ――「Chapter 15」の概観と逐条的検討　　**419**

　　＊　この30条に対応する「米国」の§1530についての、H.R. Rep., supra の [Footnote] には、殆ど何も、書かれていない。それだけ「米国」にとっては、自然なことなのであろう。

　続く「国連モデル法」31条の見出しは、"Presumption of insolvency based on recognition of a foreign main proceeding"（対応する「米国」の§1531も同様）であり、「反対の証拠（evidence）のない限り」において、外国「主手続」の「承認」は、モデル法採用国（例えば「米国」）での倒産手続の開始という目的のためには、当該債務者が「支払不能（insolvent）」であることの「証拠」となる（is ..... proof that .....）」、と規定する(*)。UNCITRAL, supra, paras. 194－197には、とくに「内国倒産手続」の開始につき煩瑣な要件審査が必要とされる国もあるから、との解説が付されているが、本書における私の関心事項ではない。

　　＊　§1531では、右の「evidence; proof の使い分け」（なお、§1516の解説個所参照）は踏襲されつつ、"insolvent" の語に代えて、"generally not paying its debts as such debts become due" とされている。そして、H.R. Rep., supra の、同条に付された [Footnote] において、"The word 'proof' in this provision here means 'presumption'." との解説がある。

　かくて、ようやく、「国連モデル法」の最後の条文たる、32条（Rules of payment in concurrent proceedings）に至る（「Chapter 15」の§1532に対応。見出しも同じ）。"素読み" の段階から、「カチン」と来ていた条文である。なぜ「カチン」かと言えば、条文冒頭に――

　　"Without prejudice to secured claims or rights in rem [!?], a creditor ..... ."

――などと、誠に不用意かつ無神経にも（!!）、英米法上の "in rem" 概念が、条文中において何の説明もなく（!!――後述）、卒然と示されていたから、である。UNCITRAL, supra, para. 200は、"[T]he words "right *in rem*" are intended to indicate rights relating to a particular property that are enforceable also against third parties." と、さすがに "釈明" めいた解説を付しているが、"in rem" の反対概念は "in personam" であり、どこまでも英米法上の概念である(*)。そんな概念を、マルチの場で、言葉だけ持ち出してそれで済ますことは、不見識かつ傲慢と言うべきである（だが、山本・前掲国際倒産法制329頁は、これを「物的権利」と、サラッと訳すのみ、である[**]）。

　　＊　なお、英米の訴訟類型・管轄権原理における in personam; in rem の区別につき、石黒・前掲国際民訴法15頁。ちなみに、同じく「米国」のゴリ押しとしての、いわゆる「ハーグ間接保有証券準拠法条約案」においても「英米の論理」に偏した条文作りのあったことにつき、石黒・前掲国際私法［第2版］156頁注54、及びそこに所掲のもの参照。

＊＊　もっとも、実は、「2000年EU（倒産）規則」5条にも、英文では、"Third parties' right in rem（!!）"との見出し（「1995年条約案」5条についての貝瀬・前掲別冊ＮＢＬ57号174頁参照）の下に、同条1項で"in rem"の語が、実際に用いられている。

　但し、この語は、ドイツ語では「第三者の"物権"（Dingliche Rechte Dritter）」と訳されており（Jayme/Hausmann, supra [12. Aufl.], at 711.）、かつ、同条2・3項で、その意義の明確化が、具体的に極力細かく、明文で示されている。それが、明確な「物権」概念（物権と債権との峻別――石黒・前掲国際私法［第2版］220頁の図17と、その前後の論述参照）を有しない「英国」側との、"苦肉の策としての妥協"による、EU内部での用語法だったことになる。そして、それがゆえに、せめてもの概念の法的明確化が、2項・3項で行なわれている、と見るべきである。

　それと対比すれば、「国連モデル法」32条の前記条文の唐突さ、及びUNCITRAL, supra para. 200の解説の不十分さが、浮き彫りとなるはず、である。

　この点はともかく、右の請求ないし権利に影響を及ぼさぬ範囲において（without prejudice to）、との限定の下で、この32条は、いわゆる「ホッチポット・ルール（hotchpot rule）」(＊)について定めている（UNCITRAL, supra, para. 198は、"hotchpotch rule"とするが、後者だと「ごった煮」的な言葉のイメージが、より強く伴うので、エレガントでない）。

＊　石黒・前掲金融取引と国際訴訟巻末注320・318に示したように、「ホッチポット・ルール」について私が最初に（そして、恐らくは日本で初めて!!）言及したのは、本書において再三言及した東京高決昭和56年1月30日判時994号53頁への評釈たる、石黒・ジュリスト748号（1981年!!）125頁以下、具体的にはその128頁であり、それを前提としつつ、1983年刊の石黒・同前書295頁以下で、「信義則的観点」からのその日本への導入を、夙に提唱していた。この点は、本書第1章1（貿易と関税2007年8月号76頁）でも示し、かつ、「スイス」に関する本書第2章4（同前2008年3月号76頁。なお、「EU」に関する同前2008年5月号49頁［本書第3章5］をも参照）でも、再確認をしておいた。

　ここでは、§1532の条文の方を、「国連モデル法」32条とのその細かな文言上の差について、カギ括弧で変更された後者の文言を補充的に示す形で、以下に示すこととする。

"§1532. Without prejudice to secured claims or rights in rem, a creditor who has received [part――この文言は§1532にはない] payment with respect to [「国連モデル法」では in respect of] its claim in a foreign proceeding pursuant to a law relating to insolvency [「国連モデル法」では、in a proceeding pursuant to a law relating to insolvency in a foreign State] may not receive a payment for the same claim in a case [同右では proceeding] under any other chapter of this title [同右では、モデル法採用国の倒産法を要明示、とある] regarding the [同右の same を削除] debtor, so long as the payment to [同右の the を削除] other creditors of the same class is proportionately less than the payment the creditor has already received."

3 「国連モデル法」と「Chapter 15 の米国」・その2──「Chapter 15」の概観と逐条的検討　　**421**

　ゴタついた条文紹介だが、紙数節約のためゆえ、もはやお許し戴きたい。UNCITRAL, supra, para. 198には、「具体例」として、『外国倒産手続で無担保債権者（an unsecured creditor）が5％配当を受け、モデル法採用国（例えば「米国」）で15％配当を受けるとき、同一ランクの債権者間の平等のため、後者の国では10％配当（のみ）を受けることとなる』旨が、この条文の意味として示されている。

　だが、むしろここで強調すべきは、<u>「2000年 EU（倒産）規則」20条2項（なお、それについては、貿易と関税2008年5月号49頁［本書第3章5の、2つ目の「＊＊」の個所］参照!!）においても、外国で既に配当を受けている債権者につき、内国手続での配当を</u>、"only where creditors of the same ranking or category have ..... obtained an equivalent dividend" という形で、限定していることである。「1995年条約案」段階での同項における処理の「具体例」として、貝瀬・前掲別冊 NBL57号53頁は、『外国で5％配当を既に受けていた場合、内国手続で同一ランクの債権者が同じく5％配当を得た段階で、その者は「初めて」内国手続に参加出来ることになる』、とする。UNCITRAL, supra, para. 198の前記「具体例」と、対比すべきである（この EU 規則20条1項の「利得返還義務」、前記の意味での「物的権利」との関係、等については、貝瀬・同前52〜53頁）。

　かくて、<u>「ホッチポット・ルール」の採用、という点で「も」（!!）、「国連モデル法」は、「2000年 EU（倒産）規則」（具体的な "時点" との関係では、「1995年条約案」）の基本構想を、受け継ぐものだったのである</u>（!!）。

＊　本書は、これで「米国」を終わり(＊＊)、以下において、「日本」に戻った論述を、引き続き行なうこととなる（以上、執筆は、2009年4月4日の土曜日、午後11時57分まで。──びっくりした。いつ日が暮れていたというのか［!!］。──点検終了、4月5日午前1時14分。7日からは、「夏学期講義」となる……。夕食等の後、同日夜明け過ぎまで、再点検と、"妻との怒涛のごとき徹夜の議論" を踏まえた次の「＊＊」部分の補充とを行なった）。

＊＊　以上が、英米法、そして比較法学の最高権威、更に言えば、"戦後の東大法学部" における最も高次元での「導きの星」であった故田中英夫先生の学恩に真に報いるための、私としての全力での営為、である［以上は、貿易と関税2009年6月号分］。

第6章 「平成12年法（承認援助法）」と日本の選択？

1 「国連モデル法」と日本の「平成12年法（承認援助法）」との関係？

(1) 「国連モデル法」と「平成12年法」との"基本的なズレ"をめぐって
a　はじめに——これからの論述への基本方針

　執筆再開は、2009年4月27日午前8時15分。ようやく「日本」の「平成12年法（承認援助法）」に、"戻る"ことになる。

　いよいよ"終盤"に入った本書の論述だが、その第1章2（貿易と関税2007年8月号78頁以下）で私は、「平成12年法」への私の基本スタンスを示し、その後もそれを随所で敷衍しつつ、ここに至った。だが、同2008年11月号－2009年6月号分まで、計8カ月かけて、本書第5章の「米国」及び「国連モデル法」自体を克明に辿って来つつ、終始私の頭を離れなかったのは、『「平成12年法」（外国倒産処理手続の承認援助に関する法律〔平成12年11月29日法律129号〕）が、どこまで（!!）「国連モデル法」を受容したものと言えるのか？』という、素朴な疑問ないし基本的な違和感、であった。

　「国連モデル法」は、とくに本書第5章3(2)のpの項で詳述したように、決して外国倒産手続（とくに「主要」なそれ）との"野放図"な「協力」・「協調（調整）」に、尽きるものではなかった。随所に、「ローカルな債権者保護」のための"安全弁"ないし「セーフガード措置」（とくに、第5章3(2) i の項〔同前2009年4月号68頁上段参照。なお、同2月号50頁をも参照〕）を設けつつ、とくに「内外倒産手続の競合」に関する同モデル法「29条」において、明確な「内国倒産手続の優位」を宣言し、そして、すべてを「米国」の「304条」的な、"（積極介入型の）牙を持つ裁量"で調整しようとするというのが、その基本構造であった。その「国連モデル法の基本構造」が、「平成12年法」には、正しく受け継がれて「いない」のではないか、というのが私の、率直な印象（!!）なのである(*)。

　*　本書第5章1(2)（貿易と関税2008年11月号53頁以下）で、『「平成12年法」と「国連モデル法」との間の"亀裂"の一端』について論じたが、例えば、そこで扱った「国連モデル法」における外国倒産手続の「承認の効果」、つまりはそこでの「承認」枠組の「日本」による「不採用」（同前2009年1月号55頁以下）だけが問題なのではない（!!）。そのことを、これから順次示してゆくことになる。

　本書第4章2（同前2008年7月号66頁——「国連モデル法」のその後の採用状況）に示したように、日本がこのモデル法を採用した時期は、諸国に比して極めて早く、2000年（平成12年）段階で「国連モデル法」（1997年）を採用していた国としては、わずかに、「エリトリア」（1998年）、「メキシコ」（2000年）、「南アフリカ」（2000年）があるに過ぎない。再三示したように、「米国」が2005年、「英国」（なお、同前〔2008年7月号〕・62頁参照）が2006年の採用、である。「日本」がその採用を急いだ背景事情（同前2007年

8月号79頁以下、2009年1月号54頁以下、等々参照）はともかくとして、かかる早期の段階で、しかも、「米国」の「Chapter 15」のように、主義として「国連モデル法」を極力そのまま自国法に取り入れる（なお、同前2009年1月号62頁［本書第5章2(3)b［D］の冒頭参照］）の「ではなく」、「日本」は、いかなる方針で「国連モデル法」を採用（受容）したのかが、問題となる。右の点の個別具体的な解明が、以下における論述の、「<u>第1のコア</u>」をなすことになる(*)。

* 結論をサラッと示しておけば（既に、これまでの論述にも匂わせて来たように）、「平成12年法」は、「国連モデル法」の表向きの"印象"たるにとどまるところの、「外国倒産手続」（「外国倒産処理手続」という用語法の問題性については、同前2009年2月号45頁、同3月号56頁［本書第5章2(3)cの、2つ目の「*」部分、及び、同章3(2)aの末尾の「**」部分］）との「協力」・「協調（調整）」の側面を、無邪気かつ"野放図"(!!)に追求し、かつ、個別条文の構成については、日本の倒産法（法廷地実質法!!）の規律枠組との一体性を、「国連モデル法」の条文構成とは切り離して(!!)志向した、実に"ちぐはぐ"なものとなっている。それを、これから具体的に示してゆくことになる。なお、まさにそのために、同前2009年2月号分（54頁以下）の執筆以来、延々と本書は、「国連モデル法」及び「Chapter 15」の全条文につき、詳細な「逐条的検討」を行なって来たのである（同前2009年5月号分［同章3(2)j］冒頭の「*」の個所参照）。

次に、以下の論述の「<u>第2のコア</u>」は、本書のタイトル自体にも明確に示されているところの「国際課税」との関係で、とくに日本の課税権行使が、「平成12年法」によっていかなる影響を受け得るのかを、端的に問うことにある。本書においては、随所に「国際倒産と課税」に関する論点を鏤めて来たが(*)、それらの集大成として、この点を論ずることになる。以下、前記の「<u>第1のコア</u>」から、順次論じて行くこととする。

* ここで、それらを列記しておくことが、必要であろう。と言うのも、私の論文の書き方は、山口誓子の俳論たる「二物衝撃論」（「季語」と「季語でない言葉」との衝突エネルギーによって一句をなすという方法論）の要領で、常に"二つの糸"の振り合わせ」によって、論述が進行する。常に「課税」との関係を意識しつつ、それとの緊張関係において、「国際倒産」を、これまで論じて来た。しかしながら、「国際倒産」については、論ずべき点がそれ自体として無数にあり、その結果として、「課税」に直接関係する論点については、曲がりくねった道の随所に置かれた、いわば"路傍の石"的な印象が、ないではない恐れがある。だから、無論網羅的にではないにせよ、それらをここで列記して、論点の凝縮を図っておく必要が、あるのである。以下、まずは淡々と、それらを示しておく。

　貿易と関税2007年8月号71頁以下の、本書第1章の書き出しも、「国境」との関係を直視しつつ、「国境を越えた公権力行使」の問題を正面に据えたものであったが、同前・74頁下段に「国税サイド」に深く考えて頂きたい点への言及があり、同前・78頁以下にも、<u>新破産法245－247条</u>との関係で、同趣旨の「問いかけ」がある。また、同2007年9月号では、「平成12年法」制定の前史をなす「一橋案」における「国際課税」との関係について、「準拠法の論理の混入」（同前・87頁以下）、「一橋案」における「米国のコミティ」との問題ある関係（同前・94頁以下）を扱う（以上、本書第1章3(1)(2)）、同10月号56頁以下、同11月号64頁以下でも、引き続き「一橋案」における「租税の扱い」に

1 「国連モデル法」と日本の「平成12年法（承認援助法）」との関係？　　425

ついての致命的な問題を、抉り取って論じた（本書第1章3(5)(6)。──なお、同前3(6)〔同誌11月号75頁以下〕では、「承認要件」に関する「一橋案」と「平成12年法」との比較を、行なっている）。

　他方、「米国のコミティ」（それについては、同〔2007年〕12月号51頁以下──本書第1章4）との絡みで、同11月号69頁以下（本書第1章3(5)）では、「国連モデル法」との関係でも重要な論点となる「ルクセンブルグ対IRS事件」を扱い（なお、同12月号65頁）、それらの纏めを、同2008年2月号63頁以下で、一応行なっておいた。

　そして、右の最後の点を含む本書第2章1（同誌2008年2月号64頁以下）では、国税関係者等に「国際倒産と課税」について語る際に私が用いて来た「手書きの一枚紙」（その後、カラー版にして、随時拡充して来ている）が登場する。それによって問題の概要を示し、そこから「スイス」・「EU」・「ドイツ」・「英国」・「米国」に至る"世界一周の旅"へと、本書は向かったのである。

　もっとも、それらの"前提"としては、同誌2007年4月号54頁以下で扱った、すべての元凶と言うべき「米国対外関係法第3リステートメント§483」（「外国租税判決の承認・執行??」）があり、それを本書序章3として、その徹底批判を行なった。そして、それが不当な"矮小化"を行なおうとする「英国」の「インド課税事件」について、同誌・同前63頁で言及し（本書序章3(2)）、後者を本書における論述のコアとし、随所でそれを引用した。

　さて、前記の"旅"で最初に訪れた「スイス」（本書第2章）についても、「課税」との関係では、同誌2008年2月号74頁以下において、「スイスにおける外国破産宣告承認と自国租税債権の処遇」の項目を立てていた（本書第2章3）。同様に、同誌・同前4月号61頁以下では、「EU」について論ずる中で、「2000年EU（倒産）規則」に至る過程での「租税債権の取り扱い」について論じ（本書第3章3）、かつ、同2008年5月号51頁（本書第3章5の、6つ目の「*」に続く個所）では、同規則39条による「EU域内での国境を越えた域内各国租税債権の実現」についても、論じておいた。

　次に、「英国」について論ずる過程で、同2008年8月号63頁以下、同9月号58頁以下では、「重要な追記」として、『「国連モデル法」13条2項と、其処に染み出そうとしていた「米国対外関係法第3リステートメント§483」の不当な論理、そして「英国」の対応』と題し（本書第4章4）、「課税」との関係での重要論点を、UNCITRALでの論議の詳細を辿りつつ示した（既述の「インド課税事件」や「ルクセンブルグ対IRS事件」を、そこに鏤めながら!!──「2003年版OECDモデル租税条約27条」（徴収共助）との関係については、同前・8月号69頁〔なお、本書第5章2(2)c参照〕）。そして、「国連モデル法」との関係での、「外国租税債権の取り扱い」についての「英国の対応」の要点を、同前・9月号62頁で纏めて示しておいた（本書第4章4(5)）。

　同誌2008年11月号53頁以下（本書第5章1(1)）では、それまでの論述を振り返って、一定の纏めを示しているが、ここから「米国」となる。「課税」との関係では、同2008年12月号52頁以下で、『「§483的米国」対「Chapter 15における実際の米国の選択」』との項目を設け、「外国租税債権」に関する「米国流のダブル・スタンダード」を批判した（本書第5章2(2)）。そして、その流れで同前・60頁以下では、「2008年版OECDモデル租税条約」との関係で、「米国」の「Chapter 15」の、誠に気になる§1513(b)(2)の(B)についても、「国税サイド」への重要な注意喚起をしてある（本書第5章2(2)c）。

　以上を経て、同2009年2月号54頁以降、本書は、「米国」の「Chapter 15」と「国連モデル法」の「逐条的検討」に移り、それがここまでに及んだことになる。──大体、以上である。

b 「内外並行倒産」の場合・その１――「国連モデル法」29条の基本（再論）

これまでの議論の流れで、まずは「内外並行倒産」の場合について、見ておこう。前章３(2)ｐの、「§1529と「国連モデル法」29条・その４――『「埴輪」から「大魔神」への大変身』と『「国際協調オンリーの発想」とは無縁（!?）の「国連モデル法」の真の姿』!!」の項目では、紙数の制約から、その個所の最初の「＊」部分において、「新破産法245条」の内容空疎な"協力"規定に言及するのみだった。その点を補足する意味でも、この場合について、まずは見ておくこととする。

「国連モデル法」29条（内外倒産手続の調整 [coordination]）の規定するところを再叙すれば、――

- 『モデル法採用国（例えば「日本」!!）において、既に内国の倒産手続が進行中の状況下で外国手続の「承認」が求められた場合には、その「承認」が実際になされる前か後かを問わず（即ち、「19条」・「21条」ともに）、外国手続側に与えられる「救済」は、常に、内国手続と "consistent" でなければならない（must [!!]）。』（同条(a)(i)）
- 『右と同様に内国倒産手続が既にある場合、「承認」される外国手続が外国「主要」手続であるときには、外国「主要」手続の「承認の効果」を定めた20条は、適用されない（!!）。』（同条(a)(ii)）
- 『「内国倒産手続」が外国倒産手続「承認」の後、又は、外国倒産手続の「承認申立の後に」、開始される（commence する）場合において、「19条」または「21条」によって外国手続の側に与えられているいかなる「救済」も、「内国裁判所」によって（再）審査されねばならず（shall be reviewed）、かつ（!!）、それが「内国倒産手続」と inconsistent ならば、修正ないし終了されねばならない（shall be modified or terminated if .....）。』（同条(b)(i)）
- 『「内国倒産手続」の方が、右と同様に、「承認」又は「承認申立」の「後」の場合、「承認」ないしその「申立」のなされた外国手続が「主要」なものであるならば（20条がその場合のみを規定していること既述）、「20条１項」による（内国での手続の）中止または停止は、それが「内国倒産手続」と inconsistent ならば、「20条２項」に基づき、修正ないし終了されねばならない（shall）。』（同条(b)(ii)）
- 『外国「非主要」手続の代表者に与えられた（relief granted to .....）「救済」の「付与 (granting)」、「拡張 (extending)」または「修正」に際しては、（内国）裁判所は、その「救済」が、内国（承認国。例えば「日本」）の法に基づき当該外国「非主要」手続において管理さるべき (should be) 資産に「関係する」ものであることについて、満足を得ねばならない（the court must be satisfied that the relief relates to assets that .....）。』（同条(c)）

――となる。

これが、前章３(2)ｎで示したところの、「国連モデル法」における「内国倒産手続の優位」（!!）である。すべて、基本は "must; shall" ベースである。そして、UNCITRAL, supra (Article-by-article Remarks), at para. 190には、同条につき、"[T]he article maintains a pre-eminence [!!] of the local [insolvency] proceeding over the foreign proceeding."と、明記されてもいた（この29条が、「国連モデル法」の目的達成上のessentialな諸原則を示したものだとするId. para. 189を含めて、既に強調して示した点である）。

　さて、以下において、かかる「国連モデル法」のコア部分の規律が、日本の「平成12年法」においてどうなっているのかを、具体的に見ておく。一応、同法第5章（「他の倒産処理手続がある場合の特則」）の第1節（「国内倒産処理手続がある場合の取扱い」）たる、57条以下が、「国連モデル法」29条(a)(b)と対応するので、まずはそれを、以下において、見ることとする。

　だが、そう思って書こうとしても、冒頭からして、困ってしまう。「国連モデル法」における、外国倒産手続の「主要」・「非主要」の基本的区別が、「平成12年法」において、何ら内容的に"受容"されて「いない」（!!）から、である。

c 「内外並行倒産」の場合・その2──「平成12年法」における「外国手続」の「主従」の定義と"信じ難い事態"

　日本の「平成12年法」は、本書第5章1⑵（貿易と関税2008年11月号53頁以下）で論じたように、日本の裁判官の「承認」に関する判断が"慎重になっては困る（??）"（同誌・同前53頁参照）という、屈折した理由の下に、「国連モデル法」の「承認の効果」（自動的効果──但し、外国「主要」手続についてのそれ）に関する20条を採用しなかった。だが、それのみならず、そもそも、前記の「主要」・「非主要」の区別も、採用して「いない」。

　この「主要」・「非主要」の区分が、「国連モデル法」・「2000年EU（倒産）規則」に、細かな文言レベルまで（!!）共通する重要なものであることは、本書第4章5⑵（同誌2008年9月号64頁以下）において、この点の基本が"EU側の戦略勝ち"にあること（なお、同誌2009年3月号60頁［本書第5章3⑵b］をも参照!!）を含めて、示しておいた。この段階で既にして、「平成12年法」が本当に「国連モデル法」を採用したものだと、果たして何処まで言えるのかについて、かなり大きな「？」マークが付けられて、然るべきでもあろう(*)。

* あらかじめ一言しておけば、山本和彦・前掲国際倒産法制12頁は、「平成12年法」の「基本構造は、［国連］モデル法に依拠したものと評価できる。もちろん、モデル法と異なる部分もなお存在するが……それらは決定的な不整合とまでは言えない［!?］と考えられる。……強調されるべき点として、今回の改正の中には、現下の国際水準を一歩踏み出した積極的な国際協調姿勢を示している部分も存在する……。例えば、外国主手続の承認により国内倒産手続の中止の可能性を認めている点……である」、とある。「国際協調」を強調するのが同前・11頁以下の「立法の意義」の基調であるが、同前・11頁でも「UNCITRALモデル法を代表とする近時の国際的な規律の潮流」との「適合」云々として、「国連モデル法」自体から若干距離を置く"書き方"が、意図的になされている。だが、ここで扱う「内外並行倒産」やその前提をなす諸点について、『「国連モデル法」と「2000年EU（倒産）規則」との"連動"』という、再度示す論点をもインプットした場合、右に言う「国際的な規律の潮流」との「適合」性が、どうなるのか。そこが問題である。

さて、「主要」・「非主要」の右の基本区分に対して、「平成12年法」は、その2条1項において、「外国主手続」・「外国従手続」の定義をするが、その内容は、「国連モデル法」とは、似て（？）非なるものとなっている。分かりやすいのは「外国従手続」の方ゆえ、それを先に見ると、「外国主手続でない外国倒産処理手続をいう」（2条1項3号）、とあるのみ。「なんじゃ、これは？」という感じである。

　「国連モデル法」では、既述の「施設（establishment）」概念（貿易と関税2008年5月号53頁［本書第3章5の、3つ目の「＊＊」部分］と同2009年2月号55頁［本書第5章3(2) a冒頭］とを、対比せよ）を用いつつ、2条(c)の定義で、"a foreign proceeding, <u>other than a foreign main proceeding, taking place in a State where the debtor has an establishment</u> within the meaning of subparagraph (f) of this article." としている。右の波線のアンダーライン部分のみが、「平成12年法」2条1項3号における「外国従手続」の定義になってしまった観はあるが、そうとすらも言えない（!!）。右の"main"を「主」と訳したとしても、同法における「外国主手続」の定義が、「国連モデル法」（「2000年EU（倒産）規則」と"連動"するそれ）とは、異なるからである(＊)。

　　＊　重要なことして一言すれば、「国連モデル法」の場合、何でも「外国"非主要"手続」として承認される訳ではなく、そのために、前記の"establishment"概念が、一定の歯止めとなっている。その"establishment"すら当該外国に「ない」場合の取扱い（なお、全くその限りにおいて、山本和彦・前掲国際倒産法制29頁における「それ以外の外国手続」への言及部分を参照せよ）は、「国連モデル法」採用国の自主的判断（通常の牴触法的処理!!）によることとなろうが、例えば「米国」の「Chapter 15」においては、かかる外国倒産手続の承認は、専ら「裸のコミティ」によることになる（貿易と関税2009年3月号65頁［本書第5章3(1) bの、4つ目の「＊」部分］）。ともかく、"establishment"概念を介在させることにより、外国倒産手続なら何でも承認するといった主義を「とらない」ことが、「国連モデル法」・「2000年EU（倒産）規則」に共通の主義として、採用されているのである。「国際協調」を標榜しつつ「平成12年法」が易々とそれから離反「している」現実に、ともかくも我々は、ここで注目すべきである。

　「国連モデル法」2条(b)における「外国主要手続」の定義は、既述の通り、"the centre of its [the debtor's] main interest"（いわゆるCOMI）の所在する国における倒産手続、というものである。貿易と関税2009年3月号61頁以下で扱ったWestbrook, 32 Brooklyn Journal of International Law (2007), at 1019ff のコアにあるのも、このCOMI概念であり、そこでは、このCOMI概念が、もはや米・EUに共通のものとして存在することを強調しつつ、最近の「一部米国判決の"造反"」（本書第5章3(2) c）という、極めて興味深い問題が、扱われていたことになる（同誌2009年3月号65頁下段の後半以降の、私の重要なメッセージに、注意せよ!!）。

　ところが、「平成12年法」2条1項2号の「外国主手続」の定義は──

「営業者……の<u>主たる営業所がある国</u>、……当該債務者が個人であるときは<u>住所がある国</u>……、法人その他の社団又は財団であるときは<u>主たる事務所がある国</u>」

──で申し立てられた外国倒産処理手続をいう、となっている。その文言上、何処にも、いわゆる COMI との"接点"はない。かくて、「国連モデル法」と「平成12年法」との、基本的なズレを"検証"すべく、この「内外並行倒産」の場合について、ダイレクトに何がどう違うかを、早く論じたいのに、なかなか其処に行けないもどかしさを、禁じ得ない。

　だが、行き掛かり上、どうして２条１項２号の「外国主手続」の定義が、こんな形になってしまったのかについて、私の従来の国際倒産法研究との関係から、一言しておこう。話は、「一橋案」にまで、そして更に、かの「一成汽船事件」（石黒・前掲国際民訴法294頁以下）にまで遡る（以上、アイドリングとギア・チェンジのための執筆は、2009年４月27日午後２時50分まで。──執筆再開は、同年５月３日午後３時５分）。

　「一橋案」の立法提案には、「第２　国際倒産管轄」（伊藤眞・前掲金融法研究５号［1989年］16頁以下）において、「原則管轄」と「例外管轄」の区別がある。この区別についてはすぐ続いて論ずるが、ともかくそれ（右の区別）を受けた同提案「第４　外国倒産の対内的効力」（同前・19頁以下）の(1)において、「原則管轄にもとづいて外国裁判所が、債務者について倒産手続を開始した場合において、(3)の規定にもとづく承認決定がなされたときには、当該債務者が日本国内にもつ財産に対して外国手続の効力が及ぶ。……」、とされていた。また、その(6)の「承認の要件」（それについては、「平成12年法」の「承認要件」との対比において、貿易と関税2007年11月号75頁以下［本書第１章３(6)]）において、「外国手続が原則管轄にもとづいて開始されたと認められ……る場合に限って、外国手続について承認決定を行う」、とされていた。伊藤・前掲21頁にあるように、「倒産手続本来の効力」たる「個別執行の排除、担保権実行の中止など」は「承認決定をすることによって、初めて生じ」るが、「例外管轄」に基づく外国手続は、そこから排除されていたことになる。

　さて、「一橋案」における「原則管轄」・「例外管轄」の区別であるが、伊藤・前掲16頁が、既述の「平成12年法」２条の「外国主手続」・「外国従手続」の定義とも関係する、重要なヒントとなる。まずは前記立法提案「第２」の中身だが、その(1)の「原則管轄」は、当該債務者（倒産者）が「日本に主たる営業所あるいは取引中心地（センター・オブ・ビジネス）をもつ」場合に、肯定される。その「日本」を「外国」に置き換えれば、同提案「第４」の「承認」の場合の「原則管轄」となる。

　これに対して、同前頁の「第２」の(2)に示された「例外管轄」の方は、主たる営業所あるいは取引中心地が外国でも、当該債務者が「日本国内に財産をもつ」ならば管轄あり、とする形で示されている。そして、伊藤・前掲16頁には、重要な指摘として──

「本要綱案は……国際倒産管轄の所在を明確にし、加えて、原則管轄と例外管轄という２種類の管轄を設けることによりまして、対外的効力を考えるについても、管轄の性質を基準とする、ということにしたわけでございます。
　このような考え方は、解釈論としては、すでに東京大学の青山教授からご提案が

ありますが［!!］、本要綱案は、そこから示唆を受けまして、立法論を展開したわけでございます。」

――とある。「平成12年法」2条1項2号の「外国主手続」の定義では、「主たる営業所・事務所」ないし「住所」が基準となっており、「一橋案」の「主たる営業所あるいは取引中心地」と、右の傍線部分が異なる。だが、いずれにしても、こうした考え方が青山善充教授の「解釈論」に「示唆」を受けたものである、とあるところが重要である(*)。

* 伊藤・前掲17頁には、「主たる営業所が日本及び外国に複数存在する場合」には、「原則管轄の積極的牴触とみなして、並行倒産の問題として処理するということにしております」、とある（同前・23頁以下の同提案「第5　並行倒産」参照。なお、右の点については、竹下守夫編・前掲国際倒産法383頁［伊藤眞］をも参照せよ）。ともかく、「倒産管轄」（国際管轄）を正面から論ずるという点では、「一橋案」は、過剰に「米国」に汚染されることなく、その限りでは健全な方向性を有していた。だが、「国際管轄」の規定を有しない「国連モデル法」（貿易と関税2008年9月号67頁［本書第4章5(2)］。なお、「英国」に関する同2008年10月号53頁以下［本書第4章5(4)］と対比せよ）に毒されて、「平成12年法」では、この点が、曖昧なものとなってしまったのである。

ちょうど先週、4月28日に、伊藤眞＝高橋宏志＝高田裕成＝山本弘＝松下淳一編・青山善充先生古稀祝賀論文集『民事手続法学の新たな地平』（2009年・有斐閣）が届いた。その607頁以下の、石黒「国際倒産と租税――わが国際倒産法制の変革と牴触法（国際私法）」（本書第4章までの論述のサマリー。なお、本書の終章を見よ）の冒頭（同前・609頁）でも、私は、「1979年の論文」における青山教授の、右の「解釈論」に、まずもって言及していた。

同前・611頁の注(1)に示したように、青山「倒産手続における属地主義の再検討」民訴雑誌25号（1979年）158頁において、青山教授は、宣告のなされた外国に「その者の生活ないし活動の本拠たる住所または主たる営業所」がある場合（青山・同前154頁）と、否の場合（具体的には「単なる居所、財産又は主たる営業所以外の営業所」しかない場合。青山・同前153頁は、この後者を「例外的管轄」の場合、としていた）とを区別し、前者の場合には、当時の破産法3条2項にもかかわらず、外国管財人等からの執行判決の申立てを認める、等の解釈論を展開した（石黒・同前609頁、同・前掲国際民訴法295頁。詳細は、同・前掲国際私法と国際民事訴訟法との交錯217頁以下、251頁以下）。かくて、「原則管轄」・「例外管轄」の「一橋案」における区分は、かかる青山説に、そのベースがある(*)。

* その青山説（前掲民訴雑誌論文）は、石黒・前掲国際民訴法294頁に示した「一成汽船事件」を「契機」（同前・295頁）として執筆されたもの（具体的には、カナダ裁判所に多くの民訴学者達が提出した意見書の一つとなる「はず」のもの）であった。なお、同事件については、石黒・前掲国際的相剋の中の国家と企業（1988年）194頁以下、同・前掲金融取引と国際訴訟（1983年）293頁をも見よ。

だが、「一橋案」では、青山説における「原則管轄」の基準たる「住所」と「主たる営業所」のうち、後者のみが示され、かつ、「取引中心地」がそれと併記されていたのに対し、「平成12年法」では、既述のごとく、青山説の「住所」が復活し、「主たる営業所」と並んで規定されると共に、「主たる事務所」も、併せて「外国主手続」の定義において、基準とされることになった。青山説とのリンケージは、かくて、「平成12年法」においては、一層高まった、とも言えそうである。

だが、「その先」(‼) が問題である。そしてそれが、本章 1(1)c の見出し（サブタイトル）に"信じ難い事態"と記したことと関係する。

まずは、石黒・前掲国際民訴法291頁の「図14」に注目して頂きたい。この図は、倒産者（Z社）の「設立準拠法所属国」たるA国、及び、その「実際上の本拠地国」たるB国で、ともに倒産手続が開始され、それぞれの国で選任された管財人 a・管財人 b が、Z の在日資産を狙って、相互に競い合いながら日本に出向く場合の問題を、図示したものである。

同前頁に解説を付しておいたが、これは、実際に生じた「BCCI 事件」（なお、「米国」の「Chapter 15」との関係での、本書第5章3(2)f ［貿易と関税2009年4月号58頁以下］を見よ‼）からの、シミュレーションである。実際の同事件では、右のA国は「ルクセンブルグ」、B国は「英国」となる。BCCI グループの中核企業において、「設立準拠法所属国」と「事実としての（actual な）本拠地国」とは、分かれていたのである(*)。但し、両国（及びケイマン）の管財人は、実際の「BCCI 事件」では共同歩調をとっていたが、そうではなかった場合のシミュレーションが、前記の「図14」だったことになる。

*　詳細については、石黒他・前掲国際金融倒産128頁以下（土橋哲朗＝真船秀郎）。なお、同前・128-129頁によれば、BCCI グループの「営業の中心はロンドン、本部所在地はアブダビ」で、「株式の約80％がアブダビ政府およびその関係者により保有されていた」。そして、「持株会社である BCCI ホールディング社（ルクセンブルグ法人）の傘下で運営が行われていた」が、「BCCI が25［も］の拠点を有する」のが「英国」であった。以上を単純化したのが、右の2国モデルによる説明である（同前・129頁にも、「BCCI の本店所在地はルクセンブルグであるが、営業の中心は25カ所の拠点を有する英国であ」る、とある。但し、いわゆる「法人の属人法」の決定における「本拠地法主義」との関係では、「事実としての（actual な）業務統括地」が問題となるが［石黒・前掲国際私法（第2版）380頁］、いわば企業としての owners の大半はケイマンでも、右の意味での「業務統括地」は、「英国」と言える場合だった、ということになる）。

なお、石黒他・前掲国際金融倒産を執筆・刊行するための研究会での知見を交えて、一言しておく。同前・128, 131頁（土橋＝真船）にあるように、右の持株会社傘下の二つの主要な子会社の一つたる、BCCI　SA（本店ルクセンブルグ）の東京支店（虎ノ門の商船三井ビルに所在）が1986年7月6日に「臨時休業の届出を大蔵省に提出」し、その後、釘澤一郎清算人の下で、同月下旬に商法上の特別清算手続へと移行した。だが、既に在日資産は（ぐずぐずしていたためか？）、商船三井ビルの右事務所借受けのための敷金等しか、残っていなかった。しかも、さすがに銀行マンたる土橋・真船の両氏はそこまで書いてないが、右のプロセスにおいて必要となる規制関連での公的ノーティス

が、目立ちにくい形で、なぜか日経や読売等ではなく、「産経新聞」にちらっと出たのみであり、同書執筆のための研究会で、「何故だ……??」との思いを、皆が抱いたりもした。

　他方、このケースでは、英国管財人側から日本の清算人に宛てて、在日資産はすべて英国管財人の支配下に置く、といったアグレッシヴなレターが来たりもしたが、石黒・前掲国際民訴法323頁以下の注887は、そのことをも踏まえた上での論述、である。

　ここで問題となるのは、かかる場合、「平成12年法」に言う「外国主手続」は、「ルクセンブルグ」・「英国」のいずれとなるか、である。そして、ここで、既述の"驚くべき事態"となる。

　即ち、まず、山本和彦・前掲国際倒産法制27頁は（伊藤・前掲金融法研究5号17頁とは異なり）、「外国主手続は常に1つしか認められないことは当然で」るとしつつ（なお、山本・同前28頁をも参照）、「外国主手続」の決定基準たる「主たる営業所・事務所」につき、「この点について、国内法の解釈としては、定款や登記に記載された本店（形式上の本店）によるのか、現実の営業の中心地である本店（実質上の本店）によるのか、争いがあるところである」、とする。その上で、「平成12年法」の「解釈としては、実質上の本店によるものとする理解が正当である」、と述べる。そして、そのように解する根拠の一つには、「国連モデル法」が、「主たる利益の中心を有する国」という「実質的基準による旨を明らかにしていること」（同モデル法2条(b)）、が、挙げられている。

　だが、同前・28頁には、この点について既に争いのあること（!!）が、示されている。即ち、山本克己「国内倒産処理手続や他の承認援助手続との競合」前掲金融・商事判例1112号142頁は、「実質的本拠概念においては何をもって経済活動の中心地とするかについての判断が不安定であることを考え、法的安定性重視の立場から形式的本拠概念を採用しておく」、としているのである。そして、山本克己・同前頁も山本和彦・前掲27頁同様、右のいずれをとるべきかについての国内での争いに、言及している。

　私の言いたいこと（!!）は、次の通り。「平成12年法」のコア概念たる「外国主手続」の「定義」において、何故か青山説的な（!?）「主たる営業所」・「主たる事務所」という"言葉"を踏襲し、かつ、それ「のみ」で済ませようとする同法立法担当者達の感覚が、言い換えればその無神経さ（!!）が、"信じ難い"のである。右の両山本間のような対立が生ずることは、立法時に既に十分予期出来たはずだし、それなのに、なぜそれを曖昧なまま"放置"して立法してしまったのか。前記の、実際の「BCCI事件」からの一寸したシミュレーションでも、問題の所在は、すぐに明らかとなる「はず」なのに（!!）。

　山本和彦・前掲28頁は、右の両山本間の対立との関係で、山本克己説への配慮から、「特段の事情がなければ、形式上の本店に実質的中心地があることが事実上推定できるものと言え、異なる事情が看取されない限り、裁判所は右推定に基づき判断できるものと解される」、とする。ここで彼の頭にあるのは、「国連モデル法」16条3項の、"the centre of its main interest"についての「推定規定」（この点までEUに巻き取られた上での、従って「2000年EU（倒産）規則」とも共通するそれ!!──貿易と関税2009年3月号60頁以下［本書第5章3(2)bの末尾］を見よ）のはず、である。

1 「国連モデル法」と日本の「平成12年法（承認援助法）」との関係？　　433

　たしかに、「国連モデル法」・「2000年 EU（倒産）規則」に共通する「債務者の主要な利益の中心」概念（「外国主要手続」の定義としてのそれ）について、それ以上の条文上の説明がないことは、貿易と関税2008年5月号52頁［本書第3章5の、後から3つ目の「＊」部分］でも示したように、「不幸」なこととされている（Dicey/Morris/Collins, supra [14th ed.], at 1425を引用）。だが（!!）、国際協調を高らかに謳いながら、易々と欧米等が採用する COMI 概念を捨てて、何故か青山説的な流れの中に"安住"する「平成12年法」には、山本和彦・前掲28頁が恐らく念頭に置くところの、同じく「国連モデル法」・「2000年 EU（倒産）規則」に共通するところの、COMI の所在に関する「推定規定」もまた、存在しない（!!）。

　山本和彦・前掲26頁には、「国連モデル法」20条の「承認」の「自動的効果」を、「平成12年法」が「一切否定している」から、それでいいのさ、といった説明がなされている。だが、問題は、「国連モデル法」のコアたる「承認の効果」、更にはその「承認」概念も（なお、貿易と関税2009年3月号56頁［本書第5章3(2)ａの末尾の「＊＊」部分］参照）、外国手続の「主要」・「非主要」の区別についての定義も、そして COMI に関する右の「推定規定」も排除し、すべてを「国連モデル法」とは別個に、"自国流"に勝手に置き換えておきながら、日本は率先して「国連モデル法」を採用したなどと、果たして言えるのか、にある。山本・同前書「はしがき」3頁には――

　　「日本は……世界でほぼ最初にモデル法の採否に直面することとなった。そして、……最終的にはモデル法の精神［!?］を基本的に反映し、部分的にはそこに示された国際基準を凌駕する［??］ような法制［「平成12年法」］が整備されるに至った。」

――とあるが、以上論じたところ「だけ」からも、かかる指摘ないし自負の念に対しては、大きな「？」マークが、付されて然るべきであろう（以下に示す諸点と、併せて考えよ）。

d　「内外並行倒産」の場合・その3――「平成12年法」57－60条と「国連モデル法」28条以下との個別的整合性？
　本章1(1)のｂにおいて、「国連モデル法」29条の骨子は、再度纏めておいたが、「内外並行倒産」についての同モデル法の規律は、「28条」から始まる。同条は、外国「主要」手続の「承認」の「後」において（[a]fter recognition of foreign main proceeding）、承認国側の「国内倒産手続」は開始出来るが、それは、債務者の資産が国内にあるときに限定され（may be commenced only if ……）、かつ、この場合の「国内倒産手続」は、（詳細は右に譲るが）原則として、スイスの「ミニ破産」と同様に（そして、EU の「2次的倒産手続」の場合と同様に!!）、「国内に所在する債務者の資産に限定されたものでなければならない（shall be restricted to ……）」、とされていた。

　まずもって注意すべきは、この28条による、外国手続の「承認後」における「国内倒産手続」の、「清算対象たる財産の（原則的な）属地的限定」の規定が、「平成12年法」には、何ら存在「しない」（!!）ことである。この点で「も」、「平成12年法」は、（所

註モデル法ではあるが）右の28条の"shall"の語による指令を、あっさりと"無視"していることになる（!![*]）。

> * 従って、この点は、破産法上の一般の取扱いに、従うことになる。だが、伊藤眞・破産法・民事再生法（2007年・有斐閣）181頁以下の「国際破産における破産財団の範囲」についての論述では、同前・183頁で「破産法34条1項カッコ書き」（「破産者が破産手続開始の時において有する一切の財産（日本国内にあるかどうかを問わない。）は、破産財団とする」と規定する）を引用しつつ、単純に、「破産手続開始決定の効果が外国財産にも及」ぶことを前提とする議論を、以下、展開している。そしてその流れで、同前・187頁以下において、「外国倒産処理手続にかかる承認援助手続と国内倒産処理手続……との競合」について論じているが、「国連モデル法」28条の前記限定については、何の記述もない（!!）。かくて、日本は、「国連モデル法」28条（shall の条項）を完全に無視（!!）した制度作りをしている、ということが判明する（!!）。

不必要に、非常に分かりにくい構成（!!）の「平成12年法」57条以下において、外国倒産手続の「承認後」に「国内倒産手続」が"開始"される場合については、59条1項、60条の1・2項で、非常に屈折した形での規定がある（「外国主手続」か否かは、後述のごとく、規定の中に、埋め込まれている）。即ち――

① 「外国倒産処理手続の承認の決定があった後、当該決定の後に同一の債務者につき国内倒産処理手続の開始の決定があったこと……が明らかになった場合」（59条1項）、

② 「外国倒産処理手続の承認の決定があった後、同一の債務者につき国内倒産処理手続の開始の申立てがされたことが明らかになった場合（前条第1項に規定する場合を除く）」（60条1項、及び、同条2項――文言は、右の限りで同一[*]）、

――との、「国連モデル法」には対応「しない」、いわば自己流の、勝手な文言の規定である。

> * 冷静に考えるべきである（!!）。「明らかになった」のは「承認決定があった後」だが、当該の「国内手続」の「開始の申立て」自体は「承認の決定」の「前」だった、という場合、この②では、どうなるのか。
> 　①にあった「当該決定の後に」の文言が、なぜか②にはない。①では、右の「、」の後で、（「承認」の）「決定の後に……開始の決定があったこと」とあるから、両者の先後関係は明確だが、②では、"日本語"の問題として、この点が曖昧である（仮に、そこに何らかの意味を持たせようとしてこうなった、と言うの「ならば」、その言語的センスは、最悪と言うべきである。後述の④についても同様）。
> 　拙い文言作りである。こんなところまで、なぜ"舌足らずな自己流"で行こうとするのか、信じ難い。少なくとも、こんな拙い規定振りが、「国連モデル法」を「凌駕」した（山本・前掲書「はしがき」3頁）などとは、絶対に（!!）言えない（後述）。

1 「国連モデル法」と日本の「平成12年法（承認援助法）」との関係？　　435

しかも、59条1項には、「承認」と「国内手続」との先後関係が右とは逆の場合について――

③ 「外国倒産処理手続の承認の決定以前に同一の債務者につき国内倒産処理手続の開始の決定があったことが明らかになった場合」（59条1項の、「又は」以降の部分）

――の規定も"混入"しており、「国連モデル法」28条、29条の"整理された規定振り"通りにすればよいものを何をネチネチと、との思いを禁じ得ない(*)。

* 　右の③では、直前の「*」部分で一言した"両者の先後関係"は、明確である。要するに、前記②の「、」の位置が、おかしい。「、」があるからややこしくなるのだが、「、」があったりなかったり、という不統一（①②と③）も、つまらぬ話だが、問題である。
　　但し、右の③には「以前」とあるが、すぐ次に論ずる④の57条1項では「前に」とあり、不統一も甚だしい（同じ条文の中の①と③とで、「承認決定」と国内手続の「開始決定」との先後関係が、シームレスに規定される、という面はあるが、同様のシームレスな関係は、前記②と後述の④との間には、何ら存在しない）。

「国連モデル法」29条では、(a)の「承認申立て時点」（at the time the application for recognition ..... is filed）において「国内倒産手続」が（既に）「ある」（is taking place）場合と、(b)の「国内倒産手続」が「承認の後」、または、「承認申立ての後」に「開始する」場合（..... commences after .....）とを、既述のごとく、シャープに対比させた、その意味ではクリア・カットな規定方法をとっていた。それなのに、何を勝手に捏ねくり回して、意図的に分かりにくく（!?）しておるのか、ということである。
　ちなみに、「承認」（「承認申立て」についての「決定」）よりも「国内倒産手続」が「先」の場合については（直前の「*」部分の問題はともかくとして）――

④ 「外国倒産処理手続の承認の申立てについて決定をする前に、同一の債務者につき開始の決定がされた国内倒産処理手続があることが明らかになったとき」（57条1項[*]）

* 　58条1項では、右の「前に」が「前において」とされ、"裁量"による「国内倒産処理手続」の「中止」が、規定されている。「承認」についての「決定」の「前」に「国内手続」が既にある場合の規定だが、「承認申立て」時点と「国内手続」の「開始」時点の先後関係（「国連モデル法」29条(b)は、後者が前者よりも「後」の場合について「も」規定している）は、不明確である。

――の規定がある。
　先を書くことを拒まれ、多少イライラしている私だが（but「平常心」!!）、かくて、「国連モデル法」29条の規定は、馬鹿みたいに分散され、かつ、微妙に一対一対応を欠く形で、縺（もつ）れに縺れつつ、「国内手続先行型」の同条(a)の場合については、「平成12年法（承認援助法）」の前記③④（57条1項、59条1項）に、そして、「承認（ない

436　第6章 「平成12年法（承認援助法）」と日本の選択？

しその申立て）先行型」の「国連モデル法」29条(b)の場合は、「平成12年法」の前記①②（59条1項、60条1・2項）に、辛うじて存在することにはなる。

　だが、問題は、既述のごとく、それら（①－④）の規定が、「国連モデル法」29条における「明確な内国倒産手続の優位」（!!）を、果たして如何に規定しているのか、にある。かくて、ようやくここでの重要な論点を、正面から論ずることが可能となった(*)。

　　* 単なる私の印象だが、「平成12年法」における前記①－④の、魔界への茨の道のように、やたら刺々（とげとげ）しい規定振りは、あたかも、其処に「乱麻を断つべき刀」で斬り込むことを、意図的に阻害しているようにさえ、感じられる（以上、執筆は、2009年5月3日午後10時59分まで。──執筆再開は、同年5月6日午前11時48分）。

 e 「内外並行倒産」の場合・その4── 「国連モデル法」29条の「内国倒産手続の優位」を、「平成12年法」が何処まで "採用" したと言えるのか？
　［A］「国内手続先行型」の場合と「規定相互の矛盾」!?
　まず、（ラフに見て）「国内手続先行型」の、前記③④（57条1項、59条1項）の場合だが、「57条1項」（前記④）は、以下の "3つの要件" の「すべてを満たす場合を除き、当該［承認］申立てを棄却しなければならない」、とする（再度確認すれば、これに相当する「国連モデル法」29条(a)は、外国手続側への「救済」［19条、21条］は「内国手続」と consistent でなければならず［must］、かつ、「外国主要手続」の「承認の効果」［諸手続の自動的中止・停止］を定めた20条は「不適用」、としていた）。
　「57条1項」の規定する "3つの要件" とは、同条1項1－3号の、外国手続が「外国主手続であること」（同項1号）、「援助」することが「債権者の一般の利益に適合すると認められること」（同項2号）、「援助」することで「日本国内において債権者の利益が不当に侵害されるおそれがないこと」（同項3号）、とされる(*)。

　　* 山本和彦・前掲122頁は、右の2号要件につき、「この場合の債権者には内外双方の債権者が含まれる」とし、但し、右の3号要件との関係で、「国内債権者（厳密に言えば、国内財産を自己の債権の引当てとして期待する債権者である。……）」、具体的には「事実上［!?］外国手続への参加が困難な者」や「国内で保障される優先権［!!］が外国手続の中では認められない者」に配意したのが、この3号要件だ、とする。そして、この3号要件の「不当に」の文言につき、同前・123頁は、「国内債権者の債権額・性質、外国手続における外国債権者保護のための措置、外国手続に要する時間等を総合的に判断して決定すべきこと」、そして、この点での「判断権限は、全面的に承認援助裁判所」に「専属する」、としている。
　　　右には単に「専属する」とあるが、要するに、すべては「裁量」となる（後述）。そして、「国内手続が中止した場合」（後述）につき、同前・124頁では、「通常は承認援助手続の中で［「弁済」や個別的「執行」］のような行為を禁じる援助処分がなされることになろう」、とある。

　ところで、以上の指摘との関係で、そこに言う「債権者」を「日本の租税債権（者）」（!!）と設定し、考えて見よ。それが、これ以降の論述の、前記の「第2のコア」の問題となる（!!）。「日本の租税（課税）の取扱い」が、2号要件の「債権者の一般の利益」

1 「国連モデル法」と日本の「平成 12 年法（承認援助法）」との関係？　　437

の中に"埋没"する危険性とともに、3号要件の「不当に」の文言との関係等、非常に不明確なのは、「一橋案」以来の悪しき流れを、徒に引き摺るものでしかない（後述するが、既にこの点を論じた貿易と関税2008年10月号56-57頁［本書第4章5(4) a［B］冒頭の「＊」部分］参照）。

「57条1項」の"3つの要件"すべてをクリアーすれば、「承認の申立て」を「棄却」しなくともよい（同項）が、その場合、「承認の決定」をするときには、国内手続の「中止を命じなければならない」（「57条2項」）。だが、前記④の直後の「＊」部分で示した"先後関係の曖昧さ"を有しつつ、更に「58条1項」は、「承認の申立て」についての「決定」をする「前において」、「裁判所」は、「必要があると認めるときは」、「申立て又は職権で」、国内手続の「中止」を「命ずることができる」（裁量！！）、とする。但し、そうするには、「57条1項各号」の前記の"3つの要件"「すべてを満たす」ことが必要とされ、それを受けて「57条2項」の前記の「中止」の規定には、「58条1項」（同条2項で「準用」される場合を含む）で「中止されているときは、この限りでない」、とある。「57条」・「58条」の間を"行ったり来たり"の、この見苦しい規定振りはともかく、「57条2項」の「承認の決定をするときは」の文言もまた、「58条1項」の「必要があると認めるときは」を、つまりは"全面的な裁量"（！！）を前提とすることが、この"行ったり来たり"の中から、明確になる構図、ではある(＊)。

* 「後はよろしく」と、山本・前掲123-124頁の内国裁判所間の「連絡調整」のための「規則」のみを残して、その場を去ってしまった無責任な立法者に対して、「現場の裁判官達」は、砂漠の夕暮れに水もなく、バスに取り残された、可哀想なツアー客のような立場になる。「何をどうすればいいんだあ！」と、誰だって叫びたくなるであろう。しかも、この"法砂漠"には、オアシスは一切ない。「死して屍を晒せ」とでも、言う積もりなのか。
　「米国の裁判官」だったら、「ようし、任せなさい！」となるが、ここは日本、なのである（！！）。これが、「からっぽの空き箱としての、"米国型・積極介入型裁量"の、法的インフラを欠く日本への移入問題」（貿易と関税2007年11月号67頁以下、同12月号51頁以下、57頁以下、60頁以下、等参照［本書第1章3(6)、及び同章4］）の、一端である。

ここで再度「57条」に戻れば、同条2項のmustとしての「中止」命令との関係で、「57条3項」では、2項の「中止の命令」を、「裁判所」が「取り消すことができる」、とある。これまた、"全面的な裁量"、となる(＊)。

* 「58条3項」にも、"裁量"により「58条1・2項」［等］の「中止」命令を「取り消すことができる」とあるが、「57条3項」が中止の「取り消し」のみであるのに対し、「58条3項」では、「中止の命令」の「変更」も「できる」、とある。遡って「57条3項」で、なぜこの「変更」が、規定されていないのか（！？）。少なくとも、不必要に、芸が細かすぎる、と言うべきである。

以上が、「57条1項」（前記④）に"端を発する"問題である。次に、同じく「国内手続先行型」の前記③（「59条1項」──但し、前記①の場合と一緒くたの規定であり、

かつ、「承認の決定以前に……」とあること等、既述)だが、「59条1項」は、1号と2号とからなり、「59条1項1号」では、「57条1項」の前記の"3つの要件"の「すべてを満たすとき」(以下、便宜、これを［α］とする!!)には、国内手続の「中止」の「決定」を、「しなければならない」、とある。「57条1項」では、「59条1項」と同様、前記の"3つの要件"「すべてを満たす」場合（［α］）につき、「承認の申立て」を「棄却」を"しなくてもよい"、ということになっていたが、「59条1項」では、同一の場合（!!）につき、mustとしての「国内手続の中止」、である。同じ［α］の場合なら、何故規定をバラバラにするのか（!!）。

他方、「59条1項2号」では、［非α］の場合（前記の"3つの要件"すべてを満たす、とは言えないとき）には、mustとして、「承認援助手続」の「中止」の「決定」をせよ、とある。──嗚呼、面倒臭い（!![*]）。

* 「59条2項」には、「59条1項」の2方面での「中止」につき、「取り消すことができる」とあるが、直前の「*」部分で示したのと同じく、「変更」への言及はない。

これまでのところを（細かな点は別として!!）纏めれば──

> 『◎「国内手続先行型」（前記③④）──
> (1) ［α］の場合→→・「承認申立て」を棄却しなくともよい（57条1項）。
>   ・「国内手続」のmustとしての「中止」（59条1項1号）。
>   ・「承認決定」をするなら、「国内手続」のmustとしての「中止」（57条2項）。
>   ・「承認」についての「決定」前の、裁量による「国内手続」の「中止」（58条1項）。
> (2) ［非α］の場合→・「承認申立て」のmustとしての「棄却」（57条1項）。
>   ・「承認援助手続」のmustとしての「中止」（??──59条1項2号）。』

──となる。これだけのことを、なぜ3ヵ条を"行ったり来たり"しつつ、規定するのか。その無神経さ（国民に対する分かりにくさ!!）は、断固、糾弾すべきである。「国連モデル法」29条(a)のスッキリとした既述の条文構成をグチャグチャにしてまで、なぜこんなことをするのか、ということである。

だが、右に波線の傍線を付した部分に、注目して頂きたい。［非α］なら、「承認申立て」自体を「棄却」せねばならないのに、「承認援助手続」（「承認決定」を前提とするそれ!!）が存在することを前提として、なぜそれを「中止」せよ（59条1項2号）、などとするのか（??）。『オカシイではないか（!!）』。この場合、「承認援助手続」は、そもそも行えない制度的前提のはずではないのか（!!──[*]）。

* 「承認援助裁判所と国内倒産裁判所との連絡調整」（山本・前掲書123頁）がうまく行っ

1 「国連モデル法」と日本の「平成12年法（承認援助法）」との関係？　　439

ていず、「国内手続」の存在に"気づかず"に「承認決定」を出しちゃっていた場合のための59条1項2号だろうが、既に走り出しているから「中止」にとどめるというのは、釈然としない処理、と言うべきである。

[B]「承認決定（ないしその申立て）先行型」の場合——極端に拙い規定振り!!

次に、前記の①②（59条1項、60条1・2項）だが、既述のややこしいことは度外視して（!!）、もはや、右と同様に、図式化して示しておこう。（[α]とは、「57条1項1−3号の"3つの要件"」をすべて満たす場合のこと、である）

『◎「承認決定先行型」（前記①②）――
(1) [α]の場合→→・「国内手続」のmustとしての「中止」（59条1項1号――国内手続は、「開始の決定」。それが「承認の決定」よりも「後」の場合）。
　　　　　　　　・（前[59]条「1項」の「場合を除」き??）同項第1号に掲げる事由[α]がある場合には、同号[59条1項1号]に定める「国内手続」（その「開始の申立て」が「承認の決定」よりも「後」の場合）の、mustとしての「中止」（??――60条1項）。

(2) [非α]の場合→・「承認援助手続」のmustとしての「中止」（59条1項2号――国内手続は、「開始の決定」。それが「承認の決定」よりも「後」の場合）。
　　　　　　　　・（前[59]条「1項」の「場合を除」き??）「国内手続」（但し、「開始の申立て」を問題とする）は、同項第2号に掲げる事由[非α]がある場合には、「必要があると認めるときは……同号[59条1項2号]に定める決定[「承認援助手続」の「中止」]をすることができる」（??――60条2項[*]）。』

＊　「60条3項」で、同条1項・2項の決定について、"取り消し"が可能とあるが、60条の「2項」の決定についてのみ、何故か「変更」も、可とされている。既述の、細か過ぎる（自己流の）芸、の問題である。

　右には、"頭の整理"のために、極力前記①②の場合とパラレルに（!!）、(1)・(2)に分けた説明を施した。だが、実は、それぞれの「2番目の・」に波線の傍線を付した部分は、非常に分かりにくい（そもそも①②と③④とは、規定の構造がパラレルになっていない!!）。

　右のそれぞれの「2番目の・」の、「60条1項・2項」の文言は、途中まで、同一である。即ち、「承認援助手続が係属する裁判所は、外国倒産処理手続の承認の決定があった後、同一の債務者につき国内倒産処理手続の開始の申立てがされたことが明らかになった場合（前条第1項に規定する場合を除く）において」とある後に、[α]・[非α]に分けた規律がなされているのだが、「59条1項の1号・2号」では、右の(1)・(2)の「最初の・」に示したように、「承認決定」の「後」とされるのが国内手続の「開始の決定」

であり、そこが、「開始の申立て」を問題とする「60条1項・2項」とは異なる。"そこ"を度外視して右の(1)の「2番目の・」部分を読むと、それが「1番目の・」の"単なる繰り返し"のように、つまりは「馬鹿か、お前は！」、といった感じになる。

著しく「日本語のセンス」が悪い（!!）のだが、右の(1)・(2)のそれぞれの「2番目の・」の部分に波線の傍線を付した「(前「59」条「1項」の「場合を除」き??)」の部分は、要するに、「承認の決定」の「後」として問題となるのが、国内手続の「開始の決定」ではなく、その「開始の申立て」だ（その意味で、前者を除く）と、言いたいだけ、と考えた方が少しは分かり易かろう。

実に下らぬ"日本語"である。とくに、「59条1項」には、前記③の場合も併せて規定されているし、他方、1号で［α］の場合が、2号で［非α］の場合が、それぞれ規定されており、それなのに、［α］の場合について規定する「60条1項」と、［非α］についての「60条2項」で、『「［α］・非α］を包摂する60条1項の場合」を「除き」』、などと平然と書く無神経さ「も」、ここに露呈している。

かくて、再度「承認決定先行型」の場合を、纏め直す必要が生じる。即ち——

『◎「承認決定先行型」（前記①②）——
(1)「承認決定後」の国内手続の「開始の決定」の場合
　(1-a) 前記［α］（"3つの要件"すべて具備）の場合
　　・「国内手続」の must としての「中止」（59条1項1号）。
　(1-b) 前記［非α］の場合
　　・「承認援助手続」の must としての「中止」（59条1項2号）。
(2)「承認決定後」の国内手続の「開始の申立て」の場合
　(2-a) 前記［α］（"3つの要件"すべて具備）の場合
　　・「国内手続」の must としての「中止」（60条1項）。
　(2-b) 前記［非α］の場合
　　・「承認援助手続」の"裁量"による「中止」（60条2項）。』

——となる。（細かな点は別として!!）"再整理"すればこれだけのことなのに、なぜ"下手な日本語"を駆使し、無意味に"言葉"を捏ねくりまわして（!!）、との思いは、前記③④（「国内手続先行型」）の場合と同じである。右の（1-a）・（2-a）は具体的処理において全く同じだし、（1-b）と（2-b）とで、後者のみを「裁量」とするのも、芸が細かすぎる。"言葉に無神経"な「条文いじり」には、反吐が出そうである（!!）。

ともかく、これが、「現下の国際水準を一歩踏み出した積極的な国際協調姿勢を示し」たものとされるところの、「外国主手続の承認によ」る「国内倒産手続の中止の可能性を認め」た（山本・前掲書12頁）諸規定の、"悲惨な実像"（!!）、である。

ここで、以上を纏め、このeの項に決着をつけたいのだが、何と、立法者の日本語（煙幕としてのそれ？——既述）の拙さゆえに、1号分の紙数が、既に尽きてしまった。いい迷惑だが、「纏め」は次と、せざるを得ない（以上、執筆は、2009年5月6日午後

5時40分まで。点検に入る。点検終了、同日午後7時57分［ここまでは、貿易と関税2009年7月号分］）。

f 「内外並行倒産」の場合の「国連モデル法」と「平成12年法」とのズレ・その1——本章1(1)eの「小括」と更なる展開

　「内外並行倒産」の場合に関する「平成12年法（承認援助法）」57－60条の規定が、異様なまでに複雑な（というか、或る種"混乱"に満ちた）ものであるがゆえに、上記のeにおける論述は、大いに難渋した。従って、その「小括」もまた、多少厄介な作業となる（2009年6月1日朝7時36分、ともかくも、執筆再開のために、久々に机に向かう）。

　問題の整理のために、本章1(1)bに纏めておいた「国連モデル法」29条(a)(b)の骨子（同条(c)は、ここでは省略する）と、(細かな点を度外視した上での!!)「平成12年法」57－60条の基本構造とを、以下に再度示しておこう。

　まず、前者（「国連モデル法」29条(a)(b)）は——

・『モデル法採用国（例えば「日本」!!）において、既に内国の倒産手続が進行中の状況下で外国手続の「承認」が求められた場合 (When ..... is taking place at the time the application for recognition ..... is filed,)』
　→『その「承認」が実際になされる前か後かを問わず（即ち、「19条」・「21条」ともに）、外国手続側に与えられる「救済」は、常に、内国手続と"consistent"でなければならない (must [!!])。』（「国連モデル法」29条(a)(i)）
　→『「承認」される外国手続が外国「主要」手続であるときには、外国「主要」手続の「承認の効果」を定めた20条は、適用されない（!!）。』（同条(a)(ii)）

・『「内国倒産手続」が外国倒産手続「承認」の後、又は、外国倒産手続の「承認申立の後に」、開始される場合 (When ..... commences after recognition, or after the filing of the application for recognition, ...)』
　→『「19条」または「21条」によって外国手続の側に与えられているいかなる「救済」も、「内国裁判所」によって（再）審査されねばならず (shall be reviewed)、かつ (!!)、それが「内国倒産手続」と inconsistent ならば、修正ないし終了されねばならない (shall be modified or terminated if ......)。』（同条(b)(i)）
　→『「承認」ないしその「申立」のなされた外国手続が「主要」なものであるならば（20条がその場合のみを規定していること既述）、「20条1項」による（内国での手続の）中止または停止は、それが「内国倒産手続」と inconsistent ならば、「20条2項」に基づき、修正ないし終了されねばならない (shall)。』（同条(b)(ii)）

——との内容である(*)。

442　第6章　「平成12年法（承認援助法）」と日本の選択？

＊　「国連モデル法」29条の構造は、そんなに複雑、という訳ではない。むしろ単純であり、内外並行倒産状況においては25－27条の「協力と調整」を求めよ（shall seek）とした上で、右の(a)－(c)を適用せよ（shall apply）、とするのみである。そして、UNCITRAL, supra, paras. 189-190の骨子も、「内国倒産手続の開始（commencement）」は「外国手続の承認」を妨げたり終了させたりはしない（not prevent or terminate）が、この29条において、「外国手続に対する内国手続の優位（a pre-eminence of the local proceeding over the foreign proceeding）」が"維持（maintain）"される、とする（既述[＊＊]）。

＊＊　貿易と関税2009年6月号分58頁下段において、右の"pre-eminence"を"pre-dominance"と誤記したが（老眼のせいか）、幸い、意味は同じである。なお、この点は、同7月号分の末尾において、訂正済みである（誤りを消さぬべく、本書においては、この点をそのまま残しておく）。

　なお、UNCITRAL, supra, para. 189については、同誌2009年6月号分［本書第5章3(2)n］の［§1529と「国連モデル法」29条・その2］の末尾部分（同前・56頁）、及び［同前・その4］の項目（同前・58頁［第5章3(2)p］）において言及したが、ここで、若干補充しておく。この「パラ189」を文字通りに読めば、「内国手続の開始は外国手続の承認を妨げ、又は終了させない」との原則が、29条に示された「原則」であり、その「原則」が「国連モデル法」の目的達成上「エッセンシャル」だ、とされていることになる。だが、"[t]he salient principle embodied in article 29"の"salient"（突出した!!）のイメージは、明らかに同条(a)(b)において、具体化されている（可能ならばいつでも外国側に「協力」等せよとの点は、何ら"salient"ではない）。だから前記個所で私は、何だか「表現」が妙だと、述べていたのである。

これに対して、「平成12年法」57－60条は、（既に本章1(1)eで詳細に批判した、細かな諸点を度外視して──そうしないと、何が何だか分からなくなること［!!］も含めて、既に論じた──"図式化"して示せば[＊]）──

＊　57条1項1－3号の「3つの要件」、即ち、(1)当該外国手続が「外国主手続」であること、(2)それについて「援助の処分」をすることが「債権者の一般の利益」に「適合すると認められること」、(3)「援助の処分」をすることにより、「日本国内」において「債権者の利益」が「不当に侵害されるおそれ」がないこと、の「すべてを満たす場合」を、前記の如く、「［α］の場合」、とする。

『◎「国内手続先行型」の場合──
　(1)［α］の場合→→・「承認申立て」を棄却しなくともよい（57条1項）。
　　　　　　　　　　・「国内手続」のmustとしての「中止」（59条1項1号）。
　　　　　　　　　　・「承認決定」をするなら、「国内手続」のmustとしての「中止」（57条2項）。
　　　　　　　　　　・「承認」についての「決定」前の、裁量による「国内手続」の「中止」（58条1項）。
　(2)［非α］の場合→・「承認申立て」のmustとしての「棄却」（57条1項）。
　　　　　　　　　　・「承認援助手続」のmustとしての「中止」（??──59条1項2号）。』

『◎「承認決定先行型」の場合――
　(1)「承認決定後」の国内手続の「開始の決定」の場合
　　（1-a）［α］の場合→→・「国内手続」の must としての「中止」（59条1項1号）。
　　（1-b）［非α］の場合→・「承認援助手続」の must としての「中止」（59条1項2号）。
　(2)「承認決定後」の国内手続の「開始の申立て」の場合
　　（2-a）［α］の場合→→・「国内手続」の must としての「中止」（60条1項）。
　　（2-b）［非α］の場合→・「承認援助手続」の"裁量"による「中止」（60条2項）。』

――となる（58条を除き、「……が明らかになったとき［場合］……」との文言だが、右は、その点「等」を一切捨象した纏めたることに注意。この点はすぐに後述する）。

　　　　　　　●　　　　　　●　　　　　　●

　まず、果たして、実際の条文を直視した場合、ここに"略述"した57-60条の"無意味な迷路"（但し、既に詳述した"条文の機微"を度外視してしまうと、真の問題の所在が曇ってしまうので、要注意!!）の示す個別の道筋を、どれだけの人が、シャープに、正確に、理解（把握）し得るのか。それが問題である(*)。次に、このような"法的迷路"が、何のために、即ち、いかなる政策決定に基づいて設定されているのかを、どれだけシャープに、そして説得的に、個別に示し得るというのか（定められた条文上の回路を、無目的的にその通り辿れば、それが正しい法の適用だ、などと言っている場合か、ということでもある）。更に、その「国連モデル法」29条との関係を、どこまで正確かつ適切に説明し得るのか（!!）。

　*　私は、ごく親しい法学者若干名に、何がどうなっているのか、この57-60条の構造が素直に頭に入るか、照会中でもある。法律の専門家だって、そうスンナリとは把握出来ない条文であることは、明らかなはずである。そんな代物を、「国際協調」を錦の御旗として掲げつつ、「平成12年」にもなって、何故作ってしまったのか。一般国民は、全く理解不能であろうが（!!）。
　　ちなみに、ここで、山本克己「国内倒産処理手続や他の承認援助手続との競合」山本克己＝山本和彦＝坂井秀行編・前掲国際倒産法制の新展開（金融・商事判例増刊号1112号・2001年）141頁以下を、サンプルとして見ておこう。同前・142頁には、前記の「3つの要件」の満たされる場合（前記［α］の場合）について、「承認援助法は……例外的に、承認援助手続を優先することとしている」とするが、直前の四角い枠内の纏めからしても、この指摘は正しくない。同前・143頁には、57条1項を引用しつつ、「承認の決定をすることができる」とあるが、その方が、もとより正しい。
　　たしかに、簡単に纏めれば、「承認援助法は、原則として、国内倒産手続を優先することとしている」が、前記の「［α］の場合」には例外的に承認援助手続が優先し"得る"ということだ、ということで整理は可能である。だが、それは、複雑怪奇な実際の条文構成のネチネチ度（それを、私は問題視している）から、一旦目を逸らした上でのことであろう。

同前・141頁には、「承認援助法は……国内倒産処理手続……と承認援助手続が競合する場合については、一方の手続のみが進行することとしている」とあり、その観点から右の枠内での条文整理を見れば、これまた、なるほどと思ってしまうであろうが、だったら、もっと素直な条文作りが出来たはずではないか、との思いが、なおさら募る「はず」、である。

　なお、山本克己・前掲には、できあがった条文に即した"解説"がそれなりになされているが、ここで行なった"条文の機微"にわたる説明は、必ずしもそこにはない。是非とも、既に詳細に行なった"条文批判"を前提に、以上の点をお考え頂きたい。

●　　　●　　　●

　だが、最大の問題は、不要な枝葉を取り除いて、こうして後者の構造を私の頭で必死に"整理"したところで、「平成12年法」57－60条と「国連モデル法」29条との対応関係が、一見して明らかとは、到底言えない（!!）こと、である。そのはずである。「国連モデル法」29条の前記条文上、「外国手続」（その承認ないし承認の申立て）と「内国手続」との"先後関係"は、そう複雑ではない。だが、「平成12年法」57－60条において、その"先後関係"を記述する"言葉"は、既に記したように、訳が分からないほどに複雑である。

　どうして、こんなことになってしまったのか。その理由としては、本章１(1) e［A］の末尾の「＊」の個所に記したように、「内国倒産手続」を担当する裁判所と「外国倒産手続の承認決定」を担当する裁判所との"連絡不十分"（山本和彦・前掲国際倒産法制123頁）を、予期（想定）し過ぎた（!!）条文作りをしてしまった、との点があろう(＊)。

　　＊　山本克己・前掲金融・商事判例141頁以下にも、右の"連絡"云々の点への言及が、繰り返しなされている。だが、同様の問題は、「国連モデル法」を採用する他国でも、十分に生じ得る。「国際協調」をことさらに協調する日本側（既述）が、かかる点を問題視し「ていた」ならば、UNCITRALでの審議過程で、諸国に対して注意喚起を十分に行なって、議論を尽くした上で、かかる国内立法を行なうのが、筋であろう。だが、後述のごとく、その"形跡"はない。

　既に批判したように、この57－60条には、「前に」・「以前に」といった不統一な時点設定（"等"!!——例えば、一度出した命令の「取消」を規定する際に、「取消」と共にその「変更」が、出来たり出来なかったり、といった条文上のバラつきを「も」含む）と共に、「……が明らかになったときは」、あるいは、「……が明らかになった場合において」との文言が、個別の時点設定との関係で、繰り返し用いられている。そしてそれが、厳密な意味での内外手続の"先後関係"（「国連モデル法」29条の前記文言との関係で、本来ならば、必要となるはずのそれ!!）を、不必要に曇らせている。かかる『内国裁判所にとっての事態の判明時点』は、何ら「国連モデル法」29条の問うところではない。従って右の点は、何ら「国連モデル法」採用による必然ではなく、いわば、専ら日本側の"独自案"としてのものである(＊)。

＊ "事態の判明時点"の如何で四苦八苦して混乱した条文を作成せずに、これこれの状況下で出されていた命令等は無効とする等の、国家的対応を明確化すれば済むはずの問題である。「国連モデル法」29条も、その線での立法を、モデル法採用国に薦めていることになる。それは日本ではやりにくいから、ということだった「ならば」、直前の「＊」の個所に示したところとなる。それに対して、これは審議後に判明した問題なのだということ「ならば」、もう少し「日本側」は、"知的想像力・構想力"を豊かにして会議に臨むべきだった、と言うべきである。

　ここで、山本和彦・前掲国際倒産法制120頁以下の「国内倒産処理手続との関係」の個所を見れば、そこには、「平成12年法（承認援助法）」が「国内手続優先の原則」を定めたものだとあり、かかる「原則」が、国連「モデル法を始めとして、多くの国」で「採用」されている、とある。だが、「日本法において注目されるのは、そのような原則を前提としながら、例外的には国内手続の中止の余地を認め、外国手続（承認援助手続）を優先する余地を認めた点にある」とし、前記の「［α］の場合」（前記の3要件）への言及が、なされている（同前・120-121頁）。
　右において「は」、山本・同前（120頁以下）の説明が、「国連モデル法」から意識的に距離を置くものとなっていることに、まずもって注意すべきである。そして、同前・12頁には、既に指摘したように、内外並行倒産状況における、例外としての右の"外国手続優先"（正確には、その可能性）こそが、「現下の国際水準を一歩踏み出した積極的な国際協調姿勢」を示したものとされ、「その意味で、日本が世界に先駆けてこのような規律を採用した意義には、大変大きなものがあろう」、とある。

　だが、「国際協調」と言うのならば、別に問題とすべき点が、ある「はず」である（!!）。言うまでもなくそれは（既述の、内国裁判所間の"連絡不十分"の可能性云々の論点と同様）、かかる日本の"独自案"を、果たして日本側は、「国連モデル法」の審議に際して、UNCITRALの場で、どこまで主張し、了解を得たのか、との点である。だが、UNCITRALでの審議の現場に最も近い立場の論者の著作たる、山本・前掲120頁以下、12頁にも、この点につき、何の説明も「ない」（!!）。

　くどいようだが、「国連モデル法」29条の前記条項は、内外並行倒産時にも25-27条の「協力・調整」を「求めよ」（shall seek）としつつも、前記(a)(b)において、端的な「内国倒産手続の優位」が、"must"; "shall"の強い指令として、定められていた。既に内国で出されている外国手続側への種々の命令についても、専ら「内国手続」と不整合（inconsistent）なら修正・終了せよ（shall）との、"断固たる姿勢"が、そこにおいて貫かれていたのである（前記の「協力・調整」も、「内国手続の優位」を前提とした上での、wherever possibleベースのものである）。
　その"断固たる姿勢"を前に、UNCITRALの審議に際して、それこそ「国際協調」の観点からして、日本側は、前記の点について「提議」し、かかる日本独自の視点につき、あらかじめ十分な議論を尽くすよう、最大限の努力をすべきではなかったのか（!!）。しかも、貿易と関税2009年6月号60頁以下（本書第5章3(2)q）に"詳細"を

示しておいたように、かかる状況下における「内国倒産手続の優位」は、「国連モデル法」・「2000年EU（倒産）規則」双方に共通する、基本ポリシーと言えるもの、であった。こうした状況下で、「国際協調」を標榜しつつ、何故日本側は、易々と独自路線で突っ走ってしまったのか。一番の問題は、そこにある(*)。

* 「国連モデル法」29条の解説たる、山本和彦・同前書318頁以下を、更に見ておこう。そこでは、「本条はきわめて重要な意義を有する規定」だ（同前・319頁）、との点が示された上で、個別の解説がなされている。だが、「内国手続先行時の調整」についての同前・321頁には、この29条は、「原則として内国手続を優先しながら、裁量による調整の余地を認める趣旨」（!?）だ、とある。

この部分は29条(a)の解説だが、前記のごとく、この(a)では、20条の（外国「主要」手続承認の効果としての）「内国手続の自動的中止（停止）」の不適用、及び、外国側への「救済」を、「内国倒産手続」と inconsistent ならば修正ないし終了せよ（must）、とするものである。そこにおいて、「内国倒産手続」と consistent ならばそれを維持する、との部分を「裁量による調整の余地を認め」た趣旨だと解することも、条文との関係で、困難であろう（そもそも inconsistent か否かの判断に「米国型＝積極介入型裁量」の影が濃厚なことは、本書で再三示したように、別問題としてはあるが）。

けれども、山本・同前（321）頁は（内外並行倒産状況について）、そこからいきなり──

「一定の場合 [!?] に外国手続の効果を優先するような規律は協調の可能性を拡げるものとして、むしろモデル法の趣旨に適合的 [!?] なものと思われる。従って、外国主手続の承認の場合に、内国従手続の当然中止を認める提案（一橋試案第5の(2)参照）等は十分に検討の余地があろう（もちろんモデル法の枠内でも、本条柱書所定の協力の一環として、そのような [内国] 手続中止を認める余地はあろう)。」

──と論ずるに至る。

だが、「国連モデル法」が、この29条において、「協力」一辺倒のそれまでの外見的特徴を、「大魔神への変身」の如く、かなぐり捨て、まさに salient に（獣が襲いかかるように!!）、「内国倒産手続の優位」を宣言するものであったことは、本書第5章3(2)p（貿易と関税2009年6月号）分で詳細に論じた通りである。同条の「協力・調整」は、条文上、"shall" ではなく（!!）、"shall seek" 止まりであり、他方、前記の(a)(b)は、"shall apply" であり、かつ、"shall; must" ベースである。一体どこに、「裁量による調整の余地」、しかも、「外国手続優位」の方向でのそれが、認められていると言えるのか（!!）。おかしい。

しかも、右の理解が成り立つのならば、「平成12年法」57－60条における、「一定の場合」（前記の「[α] の場合」）における「外国手続の優位」は、もともと「モデル法の枠内」において「認める余地」のあったものとなる。そうなると、山本・前掲12頁の、前記の誇らしげな指摘、即ち、「現下の国際水準を一歩踏み出した積極的な国際協調姿勢」云々の指摘と、もろに衝突する（"論理の問題" として!!）。

そもそも、前記の「[α] の場合」に、「裁量」で、「外国手続」を優先してよいということは、「国連モデル法」29条の規定に、殆ど真っ向から反することの「はず」である。山本・前掲12頁には、それが故に「一歩踏み出し」云々と、あったのであろう。だったら、何故そのような重大な「国連モデル法」からの "逸脱" について、UNCITRAL の

1 「国連モデル法」と日本の「平成12年法（承認援助法）」との関係？　　447

場で、「提議」し（同誌2009年5月号57頁［本書第5章3⑵ j の、最後の「＊」部分］を見よ!!）、諸国の理解を得ようとしなかったのか。

　他方、そもそも、前記の「［α］の場合」を別枠で"括り出す"こと自体、「国連モデル法」29条には何ら示されていない。それを"括り出し"て別扱いすることについても、同様に、日本側がそう考えたのならば、UNCITRAL の審議の場で、「提議」をし、"国際協調"のために、十分に議論を尽くすべきだったはず、である。そうしたことがなされた形跡もまた、山本・前掲には、何ら示されていない。

　要するに、"独自案"で突っ走っておきながら「国際協調」とは、これ何如に、ということである。それとも、「平成12年法」作成段階で、「内国倒産手続」担当裁判所と「外国倒産手続承認援助」担当裁判所との連絡云々（等）という、「ある種のゴタゴタの中で、こうなっちゃいました」といった程度のことを、過度に"美化"していただけのことなのか（!?［＊＊］）。

＊＊　山本和彦・前掲322頁には、29条(b)についても、「原則として内国手続を優先するものとしながら、やはり裁量による調整の余地を認めたものと言える」とあるが、右に示した点と同様、問題である。「平成12年法」の57－60条に関する山本・同前120頁以下の説明が、「国連モデル法」から意識的に距離を置くものとなっていることと対比した場合の"論理の問題"を含めて、すべて既に論じたところに尽きる（以上の執筆＆点検は、2009年6月1日午後1時58分まで。執筆再開、同年6月7日午前9時45分［＊＊＊］）。

＊＊＊　要するに、同前・321頁以下の「国連モデル法」29条への解説中の、前記の諸点は、同条の構造を、「平成12年法」寄りにデフォルメさせ、シフトさせた上でのものとなっているように、私には思われる。そうでありながら、他方では「平成12年法」57－60条のような行き方も「国連モデル法」29条の趣旨に合致するとするかのごとき"論理のブレ"も、既述のごとく問題だが、ともかく、山本教授のここでの"心の傾き"には、貿易と関税2008年11月号55頁（本書第5章1⑵の、3つ目の「＊」部分）で示した、「国連モデル法」20条の内容を、それとは主義の異なる「平成12年法」寄りに歪めて伝える、金融法研究15号100頁における同教授の指摘と、同じものがある。そこに注意すべきで「も」あろう。

g　「内外並行倒産」の場合の「国連モデル法」と「平成12年法」とのズレ・その2――"裸の裁量"と『「平成12年法」の"基本的な規律手法"の問題性』

　以上の諸点に加え、ここで大いに気になるのは、「平成12年法」57－60条の基本構造を示す直前の、「＊」部分で示した前記の「［α］の場合」、即ち、57条1項1－3号の「3つの要件」すべて具備する場合か否かが、いかなる判断過程を経て決定されるかという、そのプロセスの問題、である。この3要件中、⑴の当該外国手続が「外国主手続」であることはともかく、⑵外国手続について「援助の処分」をすることが「債権者の一般の利益」に「適合すると認められること」、⑶「援助の処分」をすることにより、「日本国内」において「債権者の利益」が「不当に侵害されるおそれ」がないこと、との2要件が、とくに問題となる。

　だが他方、ともかくも右の⑵⑶の要件では、"債権者の利益"が問題とされているけれども、（「内外並行倒産」時か否かを問わず!!）「国連モデル法」における"債権者の利益"の要件化は、いかなるコンテクストで問題となっていたのか（!!）。この点

の精査が、「国連モデル法」と「平成12年法」との、"基本的な規律手法のズレ"という、重大な問題を、後述のごとく、もたらすものとなる。

つまり、第1に、「平成12年法」57―60条において、すべてが「裁量」となっている点が、問題である。「内外並行倒産」状況において「国連モデル法」29条が求める事柄と「平成12年法」57―60条の定めとの基本的な"乖離"は、この点について「も」、問題である。

だが、ここでは更に、問題点の第2として、右の"基本的な「裁量」の位置付け"をめぐって、後述のごとき『「平成12年法」の基本的な規律手法における、重大な"ボタンの掛け違い"の問題（!!）』も、指摘される「べき」である。それが、「内外並行倒産」時の前記の「［α］の場合」の、要件(2)(3)の掲げ方の問題とも、深く関係して来るのである。

「内外並行倒産」時の処理と言うを越えた後者の方が、より大きな問題となるが、以下、若干の確認事項を含め、"相互に絡まる右の第1・第2の問題点"につき、さしあたりは便宜、右の第2の点に"一応の重点"を置きつつ、論じ進めよう。

まず、出発点において再確認すべきポイントとして、前記の「［α］の場合」の(1)の要件との関係で言えば、「国連モデル法」29条は、外国「主要」手続を特別扱いするものではない、との点がある(*)。同条は、「国連モデル法」第3章（「外国手続の承認と救済」15―24条）の基軸をなす19条・21条（「承認」申立て段階での暫定的な、そして「承認」後の、「救済」）と20条（「外国主要手続の承認の効果」としての内国各種手続の"自動的中止［停止］」のすべてにつき、「内外並行倒産」時には、あくまで「内国倒産手続」をメインに据え、かかる「内国手続」から発する光に、すべてを収斂させることを、その骨子とする(**)。

* 「平成12年法」が「国連モデル法」における（そして、「2000年 EU（倒産）規則」とも共通するものとしての!!）、外国手続についての「主要」・「非主要」の基本区分を何ら踏まえて「いない」ことについては、本章1(1)c（貿易と関税2009年7月号分）でも示しておいた。

** それが、「2000年 EU（倒産）規則」の基本構造とも合致するものであることについて、同誌2009年6月号59頁以下の、「根源的な制度選択上の岐路」に言及した個所（本書第5章3(2)q）を参照せよ。

そして、その際（即ち、内外並行倒産状況において、あくまで「内国倒産手続」をメインに据える処理を行なう際）にも、「国連モデル法」22条の「債権者及び利害関係者の適切な保護」の規定(*)が、深く関係して来る（!!）。同誌2009年4月号67頁以下において、21・22条に跨がる問題としての、『「国連モデル法」自体が設けた「セーフガード措置」としての「自国債権者保護」』について、論じておいたが（本書第5章3(2)i）、かかる一般的な基本要請が、「内外並行倒産」時には、一層端的に、鋭い牙（ないし爪）となって、同モデル法のそこに至るまでのすべてを覆すかのごとく、機能することになる。

＊　「国連モデル法」22条1・3項には、19・21条との関係で、「救済」の「修正又は終了」という、29条(b)にも存在する文言がある。

　ところが（!!）、同じく「内外並行倒産」状況に関する「平成12年法」57－60条の基本構造においては、前記の「[α] の場合」の要件の(2)(3)により、「外国主手続」について（「内国倒産手続」の側を押さえ込む形で!!）「援助の処分」を行ない"得る"とされる際に、即ち、「内国倒産手続の優位」という「国連モデル法」29条の基本を覆す際に、（これから論ずるところの、漠然たる）"債権者の利益"が、問題とされている。『方向性としては、全く逆（!!）』、である。

　そして、この点が、前記の重大な"ボタンの掛け違い"の問題と、関係して来る。だが、実はこれは、「内外並行倒産」時の処理にはとどまらない。それは、「平成12年法」の基本的な"規律手法"における「国連モデル法」との大きなズレ（!!）に、深くかかわる重大問題、なのである。

　そこで、行論上の必要もあり、「平成12年法」の基本構造について、より広い視座から、重要な点を示しておく。

　　　　　　　●　　　　●　　　　●

　h　「平成12年法」における「援助の処分」と"裸の裁量"——『「国連モデル法」自体が設けた「セーフガード措置」』との"捩れた関係"、そして「資産の国外持ち出し」に関する重大な制度上の抜け穴!!

　「内外並行倒産」状況についての以上の問題を、"越える"ことにはなるが、ここで、「平成12年法」の中で、外国倒産手続の側に与えられる具体的な"救済"関連の規定において、前記の『「国連モデル法」自体が設けた「セーフガード措置」としての「自国債権者保護」』という同モデル法の基本的要請が、どこまで具体化されているかを、若干見ておこう。具体的には、「平成12年法」第3章の、「外国倒産処理手続に対する援助の処分」（25－55条）の諸規定において、「自国債権者の保護」という、「国連モデル法」21・22条の前記の基本的要請が、果たしてどこまで（!!）、盛り込まれているのか、についての検討である。

　結論を先に示してから、論じよう。後述の④の"例外"を除き、『「国連モデル法」自体が設けた「セーフガード措置」としての「自国債権者保護」』という基本的要請（裁量権限の行使における具体的な"方向性"の指示!!）は、「平成12年法」第3章の「援助の処分」の諸規定において、何らとり入れられて「いない」（!!）。何故か、右の要請を全く無視し、脱落させつつ、すべては、何の方向性も有しない"裸の裁量"（!!）と、なっている(＊)。

　＊　「平成12年法」が、「国連モデル法」の基本たる外国手続の「承認」（その「効果」の20条も含む!!）の枠組を、「承認」の可否につき日本の裁判官の判断が慎重になっては困るといった、理由にもならぬ理由から採用「しない」とした点については、貿易と関税2008年11月号53頁以下（本書第5章1(2)）で、既に批判しておいた。そのことを前提として、山本和彦・前掲書94－95頁でも、「平成12年法」における「承認の効果はすなわち、裁判所が援助処分を発令しうる基礎的状態［!?］を形成することであると言えよ

う」、とある（何と曖昧なことよ!!）。そして、同前・94頁には、以下の"顛末"（!!）を予告するかのごとく、外国手続側に認められる「効果」（「援助処分」）は「すべて裁判所の裁量に基づく個別の決定によって発生するシステム」だ、とある。

以下、若干細かくなるが、耐えて頂きたい。"その先"に、『重要な問題』があるのだから（!!）。かくてまずは、「平成12年法」第3章の具体的な「援助の処分」の諸規定に着目しつつ、淡々と、それが外国手続側に与えられる際の規定上の「要件」に注目すれば――

- 「平成12年法」第3章冒頭の「25条」は、再度「課税」との関係（!!）で後述する"他の手続の中止命令"の規定だが、いかなる配慮の下にそれらを「中止」するか、即ち「中止」の要件としては、「承認援助手続の目的を達成するために必要があると認めるときは」、とあるのみ、である（同条1項）。同条1・2項により「中止した強制執行等の手続」の「取消し」についての同条5項でも、その要件は、「承認援助手続の目的を達成するために特に必要があると認めるときは」、とあるのみである。
- 続く「26条」の、"処分の禁止、弁済の禁止その他の処分"でも、要件は、「承認援助手続の目的を達成するために必要があると認めるときは」、である（同条1項）。
- これに対して、「27条」の"担保権の実行手続等の中止命令"では、要件が、「債権者の一般の利益に適合し、かつ、競売申立人又は企業担保権の実行手続の申立人に不当な損害を及ぼすおそれがないと認めるときは」、となっている（同条1項）。
- だが、「28条」の"強制執行等禁止命令"では、要件が、「承認援助手続の目的を達成するために必要があると認めるときは」、に戻っている（28条1項）。同条（1項及び）2項を前提とする同条4項の「中止した手続の取消し」では、その要件は、「承認援助手続の目的を達成するために特に必要があると認めるときは」、である。
- 「29条」は公告・送達等の規定ゆえ飛ばし、"強制執行等禁止命令（28条）の解除"の「30条」を見ると、要件は、「強制執行等の申立人である債権者に不当な損害を及ぼす恐れがあると認めるときは」、となっている（30条1項）。
- "債務者の財産の処分等に対する許可"の「31条」では、「中止」等のなされる条文を列記した上で、「債務者が日本国内にある財産の処分又は国外への持出し［!!］その他裁判所の指定する行為をするには裁判所の許可を得なければならないものとすることができる。ただし、承認管財人又は保全管理人がある場合は、この限りではない」（*）と規定するが、具体的な要件としては、「裁判所は……必要があると認めるときは」とあるのみ、である（31条1項）。

　　　　　●　　　●　　　●

*　《重大な付記》――この「31条」によると、倒産者の在日資産の「国外への持出し」は、裁判所の許可が必要だと判断「されない」限り、自由だ、ということになる。しかも、「承認管財人又は保全管理人」が居るときには、要「許可」事項とすることも出来ず、在日資産の「国外への持出し」は、同法上、全くの自由、となる（「35条」については後述）。
　　注意すべき点がある（!!）。「31条」の2項には、右の「許可」の要件として、「日本

1　「国連モデル法」と日本の「平成12年法（承認援助法）」との関係？　　451

国内において債権者の利益が不当に侵害されるおそれがないと認める限り」とあるが、それ以前の問題（!!）としての、「国外持出し」それ自体を要「許可」事項とするか否かの判断に際しては、要件は「必要があると認めるときは」とあるのみ、である。裁判所（裁判官）が漠然とその「必要」なしとしていたならば、「債権者の利益」云々は問題とならない、といった"不自然な条文構成"（!!）になっているのである（「国連モデル法」との関係で、すぐに後述する）。

　ちなみに、この「31条」の3項は、「第1項の許可を得ないでした法律行為は、無効とする。ただし、これをもって善意の第三者に対抗することができない」との、どこかから引っ張って来たような条文であるが、在日資産の「国外への持出し」が、"事実として"行なわれてしまった場合、即ちそれが、「法律行為」として行なわれたのではない場合、この3項は、どうなるか。また、そんな細かいことよりも、「国外への持出し」が事実としてなされてしまえば、"後の祭り"であること（本書序章2・3参照）を、一体どう考えての条文作りなのかが、問題となる。

　と言うのも、本書第5章3(2) i（貿易と関税2009年4月号67頁）で論じたように、「国連モデル法」21条2項（米国の§1521(b)も同じ）は、外国手続（「主要」・「非主要」のいずれであるかを問わず）の「承認」を前提としつつ、外国代表者等（裁判所にdesignateされた者）に内国所在の債務者の資産のdistribution（「国外持出し」を含めたそれ!!）を託し「得る（may）」とする際に、以下の「条件」を、明確に付しているからである。即ち、(1)「裁判所」が、(2)「外国代表者の要請」に基づいて、しかも、(3)「内国債権者の利益が適切に保護されていること」について裁判所が満足していることを「条件」として、右のことが、初めて可能となる、との条文である（"……, provided that the court is satisfied that the interests of creditors in this State are adequately protected."）。

　UNCITRAL, supra, para. 157が、右に示した、内国所在の「資産の国外持出し」問題との関係で、まさにそれがなされる「前（before [!!]）」における、"the protection of local interests"のための"safeguards"として、この21条2項を含めた、同モデル法21・22条の諸規定を挙げていることを含めて、私は、前記個所で論じておいた。これは、「内外並行倒産」状況に至る前における、「国連モデル法」の基本ポリシーを示した、重要な条件であり、同モデル法のコアをなす要請でもある。

　しかるに、ここで「平成12年法」の「31条」に戻ると、最もクリティカルな内国所在資産の「国外持出し」について、既述のごとく、要「許可」事項とする前の段階において、裁判所が「必要があると認め」ないならば、「国外への持出し」は、自由となる。しかも、「承認管財人又は保全管理人がある場合」には、この点を要「許可」事由とすることも、出来ない。「承認管財人又は保全管理人」への間接的コントロールで、なぜ十分とするのか。

　もっとも、「35条」1項で、「承認管財人が債務者の日本国内にある財産の……国外への持出しその他裁判所の指定する行為をするには、裁判所の許可を得なければならない」との規定はある（同条2・3項は、31条2・3項と同じ）。だが、「国外への持出し」が、常に（!!）「裁判所の指定する行為」に含まれていないと、この「35条」は「セーフガード」（既述）にはなり得ない。その"制度的な保証"は、どこにあるのか。

　この点で、「外国倒産処理手続の承認援助に関する規則」（平成12年12月27日最高裁規17号、平成18年改正後のもの）を見ておく。例えば同「規則」14条1項2号で、「承認の申立書」に「必要となると見込まれる」ところの「援助の処分」の「内容」を書け、とあるが、そこに「国外持出し」が書かれる保証はない。同「規則」28条が（その31条

の、35条1項への28条の準用の規定を介して）、「平成12年法」31・35条と関係するが、28条1項2号には、「法第31条第1項本文の裁判所の許可を得なければならない行為を指定する決定」は「書面」でせよ、とするのみ。同「規則」28条2項とて、同条1項の「決定」をする際に「必要があると認めるとき」に外国管財人等に提出させることが出来る「資料」とは、「債務者の日本国内にある財産の目録その他」としか、書かれていない。同「規則」29条は、「管理命令の申立書の記載事項等」の規定だが、当面する問題に対する具体的規律は、そこに「も」ない（!!）。

かくて、「国外への持出し」が、確実に「裁判所の許可を得なければならない行為」に「指定」されること（法35条）の"制度的保証"は、「平成12年法」及び前記「規則」上、どこにも「ない」（!!）。これは、「国連モデル法」21条2項の前記規定との関係で、『重大な抜け穴（!!）』となる、座視しがたい問題、である（以上を、山本和彦・前掲書116－117頁と、対比せよ。ちなみに、同前・115頁は、「承認管財人の……管理処分権の及ぶ範囲が……国内の業務および財産に限定されている点が重要」だとし、これを「必然的限定」だ、ともするが、極力"国内"しか見ないで済ますという「平成12年法」の基本が、「国連モデル法」上の重要な"セーフガード"措置の対象たる、内国所在の資産の「国外持出し」問題との関係での、右に述べた『重大な抜け穴（!!）』が生じてしまった原因、でもあろう）。

他方、貿易と関税2009年5月号62－63頁（本書第5章3(2)k の、3つ目の「＊」に続く部分）に記したように、「平成12年法」制定前の状況において既に、国際倒産事例に対する日本の裁判官達の"監視"の実態には、大きな「？」マークが付されて然るべきものがあった。ともかく、事柄の重大性に鑑み、「国連モデル法」21条2項に示されているように、この点については、常に（!!）、日本の裁判所（裁判官）の明確な事前の判断が、明確になされて然るべきであろう。いくら現場の裁判官が嫌がっても、ということである（!!）。

それにしても、「31条」の2項における、「日本国内において債権者の利益が不当に侵害されるおそれがないと認める場合に限り」との許可要件にしても、なぜ「不当に」などと言うのか。どこまでのことがあれば「不当に」となるのか。その含意は、或る程度「債権者の利益が……侵害されるおそれ」があっても、「国外持出し」はよしとする趣旨か。そうだったとして、それは何故か。また、「国連モデル法」21条2項では明示的に「内国債権者の利益」が問題とされていたのに、何故ここで、「内国」の2字を落とすのか。その反面で、「債権者の利益」の「侵害」は、その実、内国・外国双方を合わせたところで生ずるはずだが、なぜここで、「日本国内において」などという限定を付するのか。──等々、疑念は尽きない。

更に"根本的な問題"に遡れば、「国連モデル法」21条2項は、「平成12年法」31条の問題とする資産の「国外への持出し」問題について、裁判所（裁判官）の"裸の裁量"で判断せよと、していた訳「ではない」（!!）。前記(3)の、『「内国債権者の利益が適切に保護されていること」について裁判所が満足していること』との要件を、明示的に課していた。たしかにここでも、「米国型裁量」の影は濃厚だが、それなりに「国連モデル法」が要件を具体的に掲げているというのに、なぜここで日本側が、「必要があると認めるときは」（31条1項）といった"裸の裁量"を、条文の正面に据えるのか。"ボタンの掛け違い"も甚だしいと、私は思うのだが、どうなのか。

ちなみに、右の最後に示した点は、「平成12年法」25条以下の規定について、具体的な「援助の処分」に関する諸規定の、「要件」をつぶさに辿る、という『ここでの作業の行き着くところ』とも、ダイレクトに関係する。──ここで、やりかけだった作業に

1　「国連モデル法」と日本の「平成12年法（承認援助法）」との関係？　　453

戻る。

●　　　●　　　●

- 「管理命令」の「32条」では、それを出す要件は、「承認援助手続の目的を達成するために必要があると認めるときは」とあるのみ（同条1項）。
- 「33条」は公告・送達等、「34条」は"承認管財人の権限"、そして「35条」は、右の重要な「＊」部分で言及したところ。以下、「50条」まで、本書のここでの関心事項とは関係しない規定が続く。だが、「保全管理命令」に関する「51条」1項では、それを出す際の要件が、「承認援助手続の目的を達成するために特に必要があると認めるときは」、となっている(＊)。

＊　公告・送達等の「52条」を経て、"保全管理人の権限"に関する「53条」の1項で、「債務者の常務に属しない行為をするには、裁判所の許可を得なければならない」とする但書がある。「保全管理人」にも言及する「31条」1項但書、及び、「承認管財人」のみに言及する「35条」1項との関係で、「国外持出し」は、この「53条」の1項但書で手当される形にはなる。だが、「国外持出し」と「債務者の常務に属しない行為」との関係は、グレーであろう。かくて、ここに「も」、「国連モデル法」21条2項の前記規定との関係での、『重大な抜け穴（!!）』がある、ということになる（!!）。

- 「54条」は"保全管理人代理"、「55条」は準用規定。——ここで、「平成12年法」第3章は、終わりである。

さて、極めて長く、そして重要な「＊」部分を経て、本書がここで、「平成12年法」第3章の、具体的な外国手続側への「援助の処分」についての「要件」を、何故こうまで執拗に辿って来たのかを、ようやく正面からディスクローズする段階となった。
　同法「25条」－「55条」の関係規定の示す「要件」には、①「承認援助手続の目的を達成するために必要があると認めるときは」（25条1項［他の手続の中止命令］、28条1項［強制執行等禁止命令］、31条1項［在日資産の「国外持出し」等］）、②「承認援助手続の目的を達成するために特に必要があると認めるときは」（25条5項［強制執行等の手続の取消し］、26条1項［処分禁止、弁済禁止等］、28条4項［中止した強制執行等の手続の取消し］、51条1項［保全管理命令］）、更には、③「必要があると認めるときは」（31条1項——前記の在日資産の「国外持出し」との関係!!）といった、一般条項的な"裸の裁量"をその内実とする規定が、氾濫していた。その点が、ここで抑えておくべき、重要なポイントとなる。——そして、右に対する"例外"を④とすれば、それは、「債権者の一般の利益に適合し、かつ、競売申立人又は企業担保権の実行手続の申立人に不当な損害を及ぼすおそれがないと認めるときは」とする27条1項と、「強制執行等の申立人である債権者に不当な損害を及ぼす恐れがあると認めるときは」とする30条1項、のみであった。
　右の"例外"たる④は後に纏めて言及することとして、「平成12年法」第3章における「援助の処分」の「要件」を大きく特徴付ける、顕著な前記①－③の「要件」について、ここで正面から論ずる。それらを含めて、同法第3章の前記諸規定は、基本

的には、「国連モデル法」19・21条の、外国手続側に対して与えられる「救済（Relief）」の規定、そして、同モデル法20条の、外国「主要」手続の「承認の効果（Effects of recognition)」の規定に、対応する「はず」である。

　だが、「平成12年法」の前記諸規定の「要件構成」の仕方には、それに対応する「国連モデル法」の「19－21条（そして22条）」の「要件構成」との間で、"重大なボタンの掛け違い"（!!）があったように、私には思われる。そのことを、以下に論ずる（実は既に私自身が指摘しておいた問題を、ここで敷衍する形となる）。

　「国連モデル法」の「19－21条」は、既述のごとく、同モデル法「第3章」（「外国手続の承認及び救済」）の中の規定である。「承認の申立」（15条）から始まるその「第3章」（「平成12年法」の前記諸規定も、同法「第3章」のそれ、である）には、既述の、同モデル法22条がある。21条2項の、前記の「国外持出し」等に関する規定とともに、この22条の1項・2項をも掲げつつ、UNCITRAL, supra, para. 157は、それらを纏めて、「国連モデル法」における"safeguards"として、明示していた。

　たしかに、それらは、「国連モデル法」のことゆえ、内国裁判所（裁判官）の「裁量」を前提としている（詳細は、貿易と関税2009年4月号55頁以下、同5月号53頁以下［本書第5章3(2)のe・j］、等参照）。しかも、「米国型」の「牙を持った裁量」である。

　だが、「国連モデル法」におけるそれらの「救済」の規定によって示されているのは、『何ら具体的な判断基準（ないし方向性）を持たない"裸の裁量"』、「ではない」（!!）──（微妙なニュアンスの問題として、"裸の裁量"という言葉を、こうした意味で、ここでは用いている）。それらは、『「ローカルな利益の保護」という「セーフガード」を前提とした「裁量」』、なのである。しかも、その「セーフガード」は、既述のごとく、まさに"must"としてのもの、である(*)。

　*　たしかに、「国連モデル法」20条1項の「内国手続の自動的中止（停止）」は（同条4項で内国倒産手続の開始申立を、「権利」として認めつつも）、19・21条の「救済」とは異なり、まさに「自動的」に生ずるものである（UNCITRAL, supra, para. 141）。だが、それとて、同条2項において、実は重大な制約がある。即ち、かかる自動的な"stay and suspension"の「及ぶ範囲（scope）」のみならず、その「修正又は終了（modification or termination)」についての言及が、同項において、明文でなされている。具体的には、それらの点は承認国の倒産法規定による（..... are subject to ..... any provisions of law of the enacting State relating to insolvency .....）、とされている。

　　そして、同条2項に関するUNCITRAL, supra, para. 149においても、"Sometimes it may be desirable for the court to modify or terminate the effects of article 20."として、「自動的中止（停止）」後のその"覆滅"可能性を明示している。この個所は、「米国型裁量」を前提すれば、一層理解が楽になるはずのものであろう（Id. para. 150をも、この点で参照せよ）。20条では、ともかく一定の内国手続の自動的中止（停止）をすればよいのであり、その後での修正・終了は、何と、内国倒産法の規定により、自由なのである（!!）。

1　「国連モデル法」と日本の「平成12年法（承認援助法）」との関係？　　455

　これに対して、「平成12年法」第３章の諸規定における、前記①－③の「援助の処分」（即ち「救済」）の「要件」を、再度、見詰めて頂きたい。そこにある「承認援助手続の目的を達成するために必要があると認めるときは」（前記①。──②の「特に」との文言によって、何が何処まで変わるかも問題だが……）との要件、更に一層無責任と言うべき、③の「必要があると認めるときは」との要件の構成（その設定）は、一体どうしたことなのか。せっかく「国連モデル法」が、『「ローカルな利益の保護」という「セーフガード」』を軸に「裁量」権限を行使せよと、ここで「は」"具体的な方向性"を示しているのに、"それ"を何故『脱落』させるのか（!!〔*〕）。

＊　日本の裁判官は、あまりにも"可哀想"である。便宜、前記①の要件について言えば、「承認援助手続の目的」とは何だろうかと、「平成12年法」の目的を定めた１条を見ても、そこには、「外国倒産処理手続の効力を日本国内において適切に〔？〕実現し、もって当該債務者について国際的に整合のとれた〔？〕財産の清算又は経済的再生を図ることを目的とする」、としか書かれていない。とくに、「当該債務者について……を図ること」と、"the debtor"のみを問題にするかのごとくである。だが、「国連モデル法」の「前文」の(c)では、"all creditors and other interested persons, including the debtor"の利益保護が謳われていた。前記の、同モデル法の強調する「セーフガード」は、この「目的」規定を、十分に踏まえたものだったのである。言い換えれば（!!）、「平成12年法」は、その１条の「目的」規定自体が、「国連モデル法」に比して、外国との「協力・協調」一辺倒の方向に、『糸の切れた凧』のごとく!!）徒に流れ、彷徨い、かつ、その曖昧さを、「国連モデル法」第３章の基本趣旨に反し（!!）、同法第３章の前記諸規定にも、前記①－③の「要件」において、徒に"増幅"させるのみのものと、なっている（!!）。
　「平成12年法」は、その随所に、これまで指摘して来たような『「国連モデル法」からの（半ば無自覚な〔!?〕ものも含めた）"離反"』を伴いつつ、肝腎な「援助の処分」について「も」、誠に無責任な立法をしてしまったものとして、強く批判すべきものなのである。あるいは、山本和彦・前掲書「はしがき」２頁の、再三批判したところの、UNCITRALでの審議において「名指しで日本の態度が批判された」云々といった点が、右に示した『「糸の切れた凧」化現象』の、原因であろうか。──ともかく、以上が、前記の"重大なボタンの掛け違い"（!!）の問題、である（＊＊）。

＊＊　ここで想起すべきは、山本・同前321頁が、「一定の場合〔!?〕に外国手続の効果を優先するような規律は協調の可能性を拡げるものとして、むしろモデル法の趣旨に適合的〔!?〕なものと思われる」云々と、「内外並行倒産」時について、述べていたことである。「協力・協調」路線を、かくて野放図に辿る（否、日本の裁判官に「辿らせる」!!）べく、実はすべてが、前記の「凧」に"仕組まれていた"という、"最も暗い読み"も、あるいは出来るのであろうか。同前・48頁に、「承認援助事件は、事件数はそれほど多いものではないと予想されるが……」とあることが、私は、妙に引っ掛かっている（この点は、後述する。──以上、執筆＆点検は、2009年６月７日〔日曜〕の午後７時８分まで。執筆再開は、同年６月14日午後１時24分）。

　　　　　　　　　●　　　　●　　　　●

i　「内外並行倒産」の場合の「国連モデル法」と「平成12年法」とのズレ・その３──前記ｇの問題関心に立ち戻りつつ示される「強迫観念モデル」とは？

　ここで、以上のｈの項の"長い挿入部分"を経て、ｇの項の問題関心に立ち戻る。「内

外並行倒産」時に、"債権者の保護"の観点から外国手続側を優先させ得るとする、「平成12年法」57－60条の規定の構造（前記の「［α］の場合」についての処理）において、「要件」として"債権者保護"を持ち出す際の"方向性"が、「国連モデル法」29条とは全く逆であること（既述）を、ここまでの論述において、既に示しておいた。

　だが、前記のhの項から判明することは、既述のごとく、次のことである。即ち、「内国債権者保護」を重要な"セーフガード"として常に意識しつつ、外国手続側への"救済"（「平成12年法」で言えば「援助の処分」）を行なえという、「国連モデル法」における"裁量権限行使"の際の具体的な『方向づけ』が（断片的な前記④の場合を除き）、「平成12年法」第3章の諸規定においては、何故か雲散霧消し、『糸の切れた凧』のごとく、"裸の裁量"に、専ら委ねられていること、である。

　"裸の裁量"の方が、裁判官にとってベターだ、などと言えるのかを、考えるべきである。他方、本書で執拗に辿って来たところの、「国連モデル法」における「米国型裁量」の濃厚な影を、想起すべきである。かかる「米国型裁量」に「も」そこで付されていたところの、「内国（自国）債権者保護」の"セーフガード"措置を、「日本」が脱落させて「平成12年法」（第3章の「援助の処分」）を制定する"実質的根拠"（!!）は、一体何処にあったのか。──そこには、以上論じて来た具体的諸問題を越えた、『「平成12年法」制定上の基本的方向性をめぐる重大な疑念』が、実はある。

　既述のごとく、「国連モデル法」の基本構造は、外国手続側への具体的な「救済（relief）」を与える際、「国連モデル法」21・22条に示された"セーフガード"としての"protection of local interests"（端的に言えば"the local creditors' interests"の保護──UNCITRAL, supra, para. 157）を重視するものであった。その点が、同モデル法29条の「内国倒産手続の優位」（内外並行倒産時のそれ）の場合にも貫かれ、但し後者においてはそれが一層尖鋭化し、「内国倒産手続の優位」として具体化するだけだ、といった全体構造となる。

　しかるに（!!）、外国手続側への「救済（＝「援助の処分」）」付与の要件を、かかる「国連モデル法」の構造に反して、あえて（原則として）"裸の裁量"とするのが、「平成12年法」である。のみならず（!!）、「国連モデル法」上"セーフガード"措置が一層先鋭化する「内外並行倒産」状況下において、「平成12年法」57－60条（同法第5章）は、"債権者の保護"を正面から、しかも「国連モデル法」とは"逆方向"で持ち出し、前記の「［α］の場合」について、「国連モデル法」29条とは逆に、外国手続の（裁量による）優位を、宣言する。──これはもはや、単なる1つの"ボタンの掛け違い"、ではない。"ボタンの掛け違い"のn乗で、話がグチャグチャになっている、と言うべきである。

　なぜ、そうなったのか。──以下、いわゆる良識派には、"穿ち過ぎの単なる憶測"と一蹴されようが、"仮想的な心理モデル"による説明（!?）を試みる。

　私に思い当たるのは、ともかくも、次の1点のみである。即ち、"米国に脅された日

本"(本書第1章2——貿易と関税2007年8月号79-80頁)の基本イメージ、である。「米国」(正確には「？」マークを付すべきだが、前後の事情からして明らかなところ)から、従来の日本の倒産属地主義につき、判例・学説によるその相対化への着実な努力を度外視した不当な批判が、UNCITRALの審議の場でなされ、日本側がそれに対して適切な説明ないし、「対米戦略の基本」たる"ミラー・アタック"による反論(石黒・同前頁、及び同・前掲世界貿易体制の法と経済82頁以下)を、しなかったこと(同誌2008年11月号55頁[本書第5章1(2)の、3つ目の「*」の個所]をも参照せよ)、との関係である。

　その"単なる心理的反動"(!?)で、闇雲に外国手続に「承認援助」(具体的には「援助の処分」)を与えることこそが善との、1条の目的規定(既述)を含む「平成12年法」の基本的な"方向性"が生じ(なお、この点で、「米国」の意向に過度に反応する「日本」のイメージを増幅させるところの、同誌2008年12月号60頁冒頭[本書第5章2(2)b の、最後の「*」部分の第4パラグラフ以降]の私の指摘を、参照せよ)、「平成12年法」第3章の前記諸規定における、"裸の裁量"のオン・パレードとなったのではないか、というのが私の見方である。つまり、前記の現象は、その"或る種の対米恐怖"が先に立った結果としてのものではないか。

　換言すれば、前記の(珍)現象は、「援助の処分」の要件として「自国(内国)債権者の保護」を"セーフガード"として一々入れてしまっては、「反国際協調の烙印」(!?)を押されてしまうから、それは避けたいとの、(対米摩擦処理に不慣れな——同誌2007年8月号79頁[本書第1章2(2)冒頭]参照)"心の傾き"が、「平成12年法」の立法者達に生まれた結果、なのではないか。それが、同法第3章の、前記④の例外を除く①－③の要件構成に反映し、他方、外国手続側に有利な局面で、同法57-60条の前記の「[α]の場合」についての"債権者保護"の要件化(前記の(2)(3)の要件)にも、"心理的"に繋がって行ったのではないか。

　だが、問題は、右に"仮想モデル"的に示した「米国の対日恫喝への恐怖」と、実際の「国連モデル法」との、一体どちらを向いて「平成12年法」を作成す「べき」だったのか、にある。そのはず、である。

　「米国」とて、「国連モデル法」29条の線で自然に「Chapter 15」の §1529 を作成していたことは、同誌2009年5月号64頁以下、同6月号53頁以下(本書第5章3(2)m以下)で、詳細に示した通りである。「モデル法の水準を大きく下回るような立法」を日本がした場合の「アメリカからの厳しい批判」(同誌2008年12月号60頁[本書第5章2(2)b の、最後の「*」部分の第4パラグラフ以降]参照)を日本側が恐れていたとしても、肝腎の「国連モデル法」自体が、前記の"セーフガード"を重視する以上、何も恐れる「べき」ものは、ここにはなかった「はず」である。

　ここに、興味深い事実がある。即ち、「平成12年法」57条1項の、前記「[α]の場合」の(3)の要件、即ち、「日本国内」における「債権者の利益が不当に侵害されるおそれがないこと」(それが満たされない場合、同条1項所定の場合につき、承認申立ては、

mustとして棄却される)につき、かのウエストブルック教授からの批判のあることが、山本和彦・前掲国際倒産法制123頁に示されている(正確には、同条のドラフト段階での規定への批判、である)。ウエストブルック(松下訳)・前掲金融・商事判例1112号90頁、である。

ウエストブルック教授は、同前頁において、「この要件は非常に緩やか」に見え、「日本の債権者に対する不利益の可能性を少しでも示せば［!?］……外国管財人の申立てを棄却できる」ことになり得る点を、批判する。山本・前掲123頁は、「この国内債権者保護要件の運用に関して外国から見た懸念が大きい」として、右の同教授の批判に言及している。ここで「も」、山本教授が、「国連モデル法」自体を直視するのではなく、専ら「ウエストブルック＝外国」の図式で考えていることに、注意すべきである(前記の"仮想モデル"との関係において、である)。

更に、右の図式を越え、「ウエストブルック＝国連モデル法」ないし、「ウエストブルック＝米国」の図式で「平成12年法」の立法関係者達が考えがちであること、しかるに、ウエストブルック教授の"心の傾き"が、「国連モデル法」の現実の諸規定の構造とも、更には、「米国のChapter 15」の諸規定の現実とも、随所で"明確な乖離"を有することは、本書の随所で、これまで指摘して来た通りである(*)。

　　＊　同誌2009年1月号54頁以下、とくに58頁以下の"中間的取りまとめ"［本書第5章2(3)b［C］］、同2月号46頁以下、51頁［本書第5章2(3)cの、3つ目の「＊」に続く部分、及び、同章3(1)bの冒頭］、同3月号63頁以下、66頁［本書第5章3(2)cの、最初の「＊」に至る部分、及び、この「c」の項の、2つ目の「＊」とその直前のパラグラフ］、同4月号63頁以下［同章3(2)gの、2つ目の「＊」部分］、そして、「国連モデル法」29条に関する同6月号56頁［同章3(2)nの最後の「＊」部分］、等参照。

ウエストブルック(松下訳)・前掲90頁の、前記の「少しでも示せば」の部分は、多少大袈裟だし、何よりも、これまで示して来た「国連モデル法」の基本構造(前記の"セーフガード"の問題や、「国連モデル法」29条の実際の条文)との関係で、同前頁の指摘は、問題である。それは、貿易と関税2009年6月号56頁(上記の「＊」部分参照)で一言しておいたところの、彼独特の"心の傾き"に裏打ちされたもの、と言うべきである。

ともかく、「日本側」が、終始「ウエストブルック教授」を通して「米国」、そして「国連モデル法」を見がちだった、との点をインプットして、ここでの問題を考えてみよう。その前提をインプットすると、「平成12年法」第3章の諸規定が「糸の切れた凧」そのままに、"裸の裁量"一辺倒での「援助の処分」の要件化を、「国連モデル法」を離れて(「内国債権者の保護」に言及することなく!!)行なったこと、そして、「国連モデル法」とは逆に、「内外並行倒産」時に「外国倒産手続側の優位」を裁量でもたらし得るとした点(そこで"債権者保護"を持ち出すという、更なる"心理的屈折"に、注意せよ!!)は、前記の"仮想モデル"通りに、一応説明出来るように、私には思われるのである。──だが、真実は奈辺に在ったのか。「立法関係者達」に、聞きたい

ところである。
　さて、以上においては、前記の"相互に絡み合う第１・第２の問題"につき、その"絡み合い"に重点を置いた論述を、行なって来た。本章１(1) e の、内外並行倒産時の問題処理に限らず、広く「平成12年法」第３章の要件構成の問題性をも、以上において指摘して来たことになる。
　だが、ここで、「平成12年法」57－60条の「内外並行倒産」時の処理において、前記の「[α] の場合」の(2)(3)の要件につき、その審査の"具体的なプロセス"がどうなるのか（前記の、第１の問題）に、再度焦点を合わせたい。「租税」を其処にインプットした場合どうなるのか（??）、の問題である（この点は、以下の k の項で扱う）。
　だが、そこから先は、次の執筆に委ねざるを得ない。かくて本章の論述は、その１(1)（貿易と関税2009年７月号分）冒頭の a（「これからの論述への基本方針」）に示した「第２のコア」、即ち、『「平成12年法」と「国際課税」との接点』へと、徐々にシフトすることとなる（以上、執筆は、2009年６月14日［日曜］の午後７時38分まで。──点検は、同日午後９時34分、終了。明日は、「紫陽花記念日」である［以上は、貿易と関税2009年８月号分］）。

j　「内外並行倒産」の場合の「国連モデル法」と「平成12年法」とのズレ・その４──これまでの論述の再整理と若干の展開

　まずは、本章１(1)のこれまでの論述のコアの部分を、"意識の連続性"を維持するために、最低限、纏めておこう。その上で、先に進むこととする（執筆再開は、2009年７月４日［土曜］の午後３時頃[*]）。

* これまでと同様、「平成12年法（承認援助法）」57条１項１－３号の「３つの要件」、即ち、(1)当該外国手続が「外国主手続」であること、(2)それについて「援助の処分」をすることが「債権者の一般の利益」に「適合すると認められること」、(3)「援助の処分」をすることにより、「日本国内」において「債権者の利益」が「不当に侵害されるおそれ」がないこと、の「すべてを満たす場合」を、「[α] の場合」、とする。
　　ちなみに、前記の f の項で、「平成12年法」57－60条の規定内容を、細かな部分を度外視して (!!)、極力「国連モデル法」29条とパラレルになるように（但し、全くそうはなっていない!!）、示しておいたように、前記の「３つの要件」すべてが満たされた場合、「国内倒産手続」は、「must として中止」されることになる。但し、この「[α] の場合」の設定の仕方自体、「国連モデル法」から離れた、日本の"独自路線"としてのものであることに、再度注意せよ（念のために後述する）。

● ● ●

　「内外並行倒産」に関する「平成12年法」57－60条の「規定の構造」の問題もさることながら、右の「[α] の場合」の(2)(3)で登場する"債権者利益の保護"の観点は、「国連モデル法」上は、その第３章（15－24条）の、外国手続側に与えられる「救済（relief）」において、常に念頭に置かれるべき、そしてその際に、まずもって local interests の保護を志向すべき、「セーフガード」措置としてのものであった。ところが、同モデル法第３章に対応する「はず」の、「平成12年法」第３章（「外国倒産処理手続に対する

援助の処分」──25－55条）においては、既に示したように、ごく一部の例外（前記の④の場合）を除き、かかる『「国連モデル法」自体が設けた「セーフガード措置」としての「自国債権者保護」』という基本的要請（裁量権限の行使における具体的な"方向性"の指示‼）は、「平成12年法」第3章の「援助の処分」の諸規定において、何らとり入れられて「いない」（‼）。何故か、右の要請を全く無視し、脱落させつつ、すべては、何の方向性も有しない"裸の裁量"（「糸の切れた凧」のごときそれ‼）と、なっている。

「国連モデル法」の基本が「米国型・積極介入型の"牙をもった裁量"」を前提としたものであることは事実だが、ともかくもここでは、その「裁量」権限の行使につき、「国連モデル法」自体が具体的な方向性を指示しているというのに、何故それを脱落させるのか。また、こんなことをしてしまっては、日本の裁判官が、あまりに可哀想ではないか。──そして、そこから「平成12年法」1条の目的規定にまで遡ってみると、そこには、「国連モデル法」の「前文」において示された、いわば複眼的な目的規定に比して、野放図な外国側への協力・協調の観点のみが、浮き上がって存在していた。

かくて、「平成12年法」が「国連モデル法」の外見的"印象"たるにとどまるところの、外国側への協力・協調の面のみを志向する、極めて一面的なものであることが、同法の全体構造の問題として（‼）、判明する(*)。これが、前記のgの項の副題として、『「平成12年法」の"基本的な規律手法"の問題性』と記した点、である。

* それが、『対米恐怖に裏打ちされた、ある種の"屈折した強迫観念"』によるものではないか、との点をも含めて、前記のiの項（貿易と関税2009年8月号68頁以下）では指摘しておいた）。

他方、「内外並行倒産」状況における「国連モデル法」29条の、明確な「内国倒産手続の優位」の宣言は、そこ（「内外並行倒産」状況）に至るまでの段階において常に追求されるべき、同モデル法上の右の「セーフガード措置」の、一層端的な追求、としての意味合いを有していた。だが、「平成12年法」57－60条の「内外並行倒産」状況における処理では、全く逆の"現象"が、生じていた。

つまり、同法第3章の「援助の処分」の諸規定では「国連モデル法」の基本に反して（‼）眠っていたところの、"債権者利益の保護"の観点が、いきなり正面に据えられつつ、但し具体的には、内国倒産手続を抑え込んで、「裁量」で外国「主手続」の優越を宣言し得るとの、これまた「国連モデル法」に反した主義が、宣言されていた。このコンテクストで登場するのが、前記の「［α］の場合」の、(2)(3)の要件である。しかも、まさにこの最後の点が、「平成12年法」が「国際基準を陵駕する」（山本和彦・前掲国際倒産法制「はしがき」3頁）ものとして、称揚されていた(*)。

* ちなみに、前記の"強迫観念モデル"を前提とすると、「内外並行倒産」状況において、「平成12年法」57－60条が、「国連モデル法」29条に反して、前記「［α］の場合」に「裁量」による外国手続側の「優位」を宣言したという、誠にチグハグな現象も、それなり

1 「国連モデル法」と日本の「平成12年法（承認援助法）」との関係？　　461

に理解可能にはなるように、私には思われる。

　だが、ここで、再度、二つの点を指摘しておく必要がある。第 1 に、まさに右の最後の点に言及した貿易と関税2009年 7 月号60頁にも示しておいたように、「平成12年法」は、「国連モデル法」のコアたる「承認の効果」、更にはその「承認」概念も（なお、同誌2009年 3 月号56頁［本書第 5 章 1 (2)］参照）、外国手続の「主要」・「非主要」の区別についての定義も（同誌2009年 7 月号56頁以下）、そして、いわゆる COMI（「債務者の主要な利益の中心」──それの所在する国での手続が、外国「主要」手続とされる）に関する右の「推定規定」も（同前・61頁）すべて排除し［以上につき、本章 1 (1) c の末尾部分参照］、それら（「2000年 EU（倒産）規則」とも多くの点で連動するそれら）の点につき、すべてを「国連モデル法」とは別個に、"自己流"に勝手に置き換えて作成されている(*)。にもかかわらず、そうした日本の独自路線としての営為が、「国際協調」ということで語られている奇異な現象（!!［**］）。──そうした一連の事柄を、本書のこの文脈で、再度想起する必要がある。

＊　それら諸点に加えて（!!）、前記のごとき「平成12年法」第 3 章の要件構成における基本的な"ボタンの掛け違い"（"裸の裁量"のオン・パレード!!──前記の h の項の、長い挿入部分を参照せよ）、更には、「内外並行倒産」状況の処理における「国連モデル法」29との"明確な主義の乖離"といった、右に再叙したところの、大きな問題があることになる。
　　そして、それらすべてが、本章 1 (1)の項目立ての内実を、なすことになる（更に、次の「第 2 の問題」に付した「＊」部分で再度示す、「在日資産の"国外持ち出し"」問題に関する"重大な制度上の抜け穴"の存在も、それらに加えるべき、大きな"ズレ"の、一例となる!!）。

＊＊　「国際協調」というのなら、「国連モデル法」や EU 規則等との制度的連携をまずもって図るべきところ、「平成12年法」では、闇雲に外国手続側に「協力」することこそが「国際協調」だとの"短絡"が生じているかのごとく、である。
　　ちなみに、ここでも、「国連モデル法」自体とも「Chapter 15の米国」の現実とも乖離する面を多々有するところの、"ウエストブルックの影"にのみ日本側が焦点を当てた制度作りをしてしまったという、既述の「強迫観念モデル」を念頭に置くと、すべてがすっきりと説明出来るように、私には思われる。

　他方、第 2 の問題は、「内外並行倒産」に関する「平成12年法」57－60条が、山本・前掲書の言うような、称揚・称賛の対象となり得る代物か、との点にある。それゆえ、その"悲惨な実像"を抉る作業が、延々と本書において、なされて来たことになる(*)。

＊　この57－60条において、『内国裁判所にとっての"事態の判明時点"』という、「国連モデル法」29条には何ら存在しない観点が、不必要に正面に出ていることから、実際の規定の構造が徒に複雑怪奇となっていることも、前記の f の項で指摘しておいた。そして、そこでは更に、日本側がかかる問題意識を有していたならば、同様の問題が他の諸国でも生じ得るであろうことからして、また、「国際協調」を標榜するのならばなおさら、UNCITRAL でのモデル法審議過程で、なぜこの点につき問題提起をし、議論を尽くし

ておかなかったのかについても、指摘した（山本・前掲書を引用しつつ、『……。それとも、[後の]「平成12年法」作成段階で、「内国倒産手続」担当裁判所と「外国倒産手続承認援助」担当裁判所との連絡云々（等）という、[すぐれて実務的な問題が持ち上がり、かかる国内的な]ある種のゴタゴタの中で、[実際の規定が]こうなっちゃいました」といった程度のことを、[山本・前掲書が]過度に"美化"していただけのことなのか』、と記した点［貿易と関税2009年8月号60頁（このｆの項の、最後の「＊」部分の末尾）］が、実際に近いのかもしれない）。

　他方、同じく前記のｈの項の「《重大な付記》」の個所では、「平成12年法」31条との関係で、「倒産者の在日資産の"国外持ち出し"問題」にも言及した。「国連モデル法」21条2項が、この点につきモデル法採用国裁判所の明確な関与を要求し、前記の「セーフガード」措置の最もクリティカルな場面での問題として、「内国債権者の利益が適切に保護されていること」を明確な条件と設定した上で、この「国外持ち出し」問題に対処していることを、踏まえた検討である。

　ところが（!!）、「平成12年法」に付属する「規則」までを含めた検討の結果として、制度上の"重大な抜け穴"（!!）のあることが、判明した。これまた、『「国連モデル法」と「平成12年法」とのズレ』を示す、座視し難い問題となる（既述[＊＊]）。

＊＊　なお、前記ｈの長い挿入部分（「平成12年法」第3章の諸規定における、具体的な要件構成に関する逐条的検討）は、同法の全体構造に関する本書での検討上の、ある種のバイパスとしてのもので「も」あったことを、ここでディスクローズしておく。

●　　　●　　　●

　さて、前記のｉの項においては、問題を「平成12年法」57－60条の「内外並行倒産」状況における処理に戻し、前記「[α]の場合」の(2)(3)の要件についての審査の、"具体的なプロセス"を問題としかけていた。いよいよ、その先を論ずることになる。

　まず、山本克己・前掲金融・商事判例1112号142－143頁を見ておこう。そこには、まず右の(2)につき、「債権者の一般の利益に適合すると認められるためには、当該外国倒産処理手続について承認援助処分をして、わが国に所在する債務者の財産や事業を当該外国倒産処理手続に取り込ませるほうが、国内倒産処理手続を進める場合よりも、債権者全般についてより有利な配当ないし計画弁済が見込まれる[!!]ことが必要である」、とある（同前・142頁）。だが、「債権者一般の利益と内国債権者の利益の矛盾牴触の可能性も一つの考慮要因になりうる」とされ、「そこで、[外国主手続側への]承認援助手続を優先させるための要件として、承認援助法は[3]の要件を要求したのである」、とされている（同前・143頁）。

　そして、この(3)の要件につき、同前頁は、「その文言からみて、一般に内国債権者の保護が云々される場合よりもやや広く、国内倒産処理手続に参加した債権者、そのほか国内にある債務者の財産が自らの債権の引当てとなることを期待する債権者の利益を保護する趣旨である」とし、「ここでの利益とは、配当や計画弁済などの多寡[!?]のほか、当該外国倒産処理手続と内国倒産処理手続へのアクセスの難易[!?]、配当や計画弁済までに要する時間[!?]など、さまざまなかたちのものがありうると考えられ、[3]の要件の判断はさまざまな事情を総合してされることになろう」、とする（＊）。

1 「国連モデル法」と日本の「平成12年法（承認援助法）」との関係？　　463

＊　そこに、「日本の租税債権（者）」（!!）をインプットした場合、果たしてどうなるのかが、私の主たる関心事となる。
　　なお、山本克己・同前の右の解説には、(3)の要件における「不当に」の文言への言及がない。この点は、山本和彦・前掲書に即して後述する。

　次に、山本和彦・前掲国際倒産法制122頁以下（なお、それについては、貿易と関税2009年7月号64頁でも、既に言及しておいた）を見てみよう。そこでは、前記の(2)の要件につき、山本克己・前掲と同様に、「債権者の全体の利益になること」が必要とされ、「この場合の債権者には内外双方の債権者が含まれる」、とされる。そして、「例えば、外国再建手続を進行させた方が、国内破産手続によるよりも、債権者全体の配当が増加するような場合[＊]である」、とされる。

＊　厳密に考えるべきである。「援助の処分」を外国側にすることにより、「債権者全体の配当が増加する」かどうかは、「援助の処分」を日本側がする段階では、正確には、分からない。単に、そうなる「であろう」との蓋然性（ないしは期待）が、そこにあるのみ、である（山本克己・前掲142頁に、「見込まれる」云々とあったことに、注意せよ。但し、どのような事情の下に、かかる「見込み」ありとされるのかも、問題である。すべてが「裁量」だから、で「も」ある。既述）。
　　しかも、外国での手続において「債権者全体の配当」が「増加」するような日本側の具体的な援助として、最も端的なものとしては、"在日資産の引き渡し（国外持出し）"が考えられる。それを"種"として外国側に引き渡し、外国側でその種子を発芽させ、育ててもらって、より多くの配当が回るようにしてもらう、ということである（山本克己・前掲引用個所参照）。
　　だが、本当にそうなるかどうかは、外国手続の終結を見るまでは、誰にも分からない。想定外の事実が後に判明する、といったことも十分に考えられる。
　　これが「米国型・積極介入型」の「牙をもった裁量」であれば、「約束が違うじゃないか！」として、後で間接強制（端的には裁判所侮辱）をかける、等の手立てがある。けれども、そうした"便利な（?）道具"は、日本にはないし、あるべきでもない。
　　また、既述のごとく、「国連モデル法」21条2項の明文規定に反して、「平成12年法」31条1・2項では、日本の裁判所が"在日資産の国外持出し"について、とくにそれを「指定する行為」としなければ（この点に、とくに裁判官として関心を有しなけば）、既述のごとく、スルッと"国外持出し"が可能となる、といった"制度上の重大な抜け穴"がある。要するに、在日資産が国境を越えて外国側に、事実として渡ってしまえば、後の祭りとなる。
　　だからこそ、内国の優先的債権者への配当後、残余があれば、但し外国の配当計画までチェックしてからそれを渡すという、用意周到なスイスの「ミニ破産」方式が、あるのである（本書第2章──貿易と関税2008年2月号69頁以下、同3月号69頁以下）。また、それとの類似性の高い「2000年EU（倒産）規則」（本書第3章5）においても、域内「主要」手続の管財人に、一定の制約の下で、他の域内国内に所在する資産の"国境を越えた持出し"を認めつつ（18条1項）、持出された域内国の側で「2次的倒産手続」が開始されれば、後者の管財人に、持出し先の当該外国たる域内国における、裁判上又は裁判外の主張をなし得る権限を付与する（同条2項。なお、この点につき、同誌2008年5月号50頁）、等の調整（詳細は、同前頁以下）を行ないながら、他方、establishment の

所在という比較的軽い要件で「2次的倒産手続」の開始を認め、それがあれば、基本的にそれをアンタッチャブルとする、より大きな文脈（!!）において、域内各国の local interests の保護を、実質上、優先させているのである（同前・47頁以下）。

これに対して、EUという"制度上の傘"のない「国連モデル法」においては、再三既述のごとく、最もセンシティヴな問題たる"資産の国外持出し"について、22条2項で、「米国型・積極介入型の裁量」を前提に、"……, provided that the court is satisfied that the interests of creditors in this State [!!] are adequately protected."との条件の下に、これを認めているのである。それなのに、日本では……、ということになる。

ここで、机上の空論とばかりは言えない問題の局面として、以下のごとき場合を、想定せよ。即ち、「大丈夫、日本の債権者はちゃんと保護しますから……」と外国側に言われて在日資産の引き渡しがなされた後、蓋を開けて見たら、「債権者全般」（山本克己・前掲142頁）としては、たしかに配当額等がより有利となってはいたが、何故か日本の債権者のみが劣後的取扱を受けていた、といったことだって、生じ得ないではなかろう（貿易と関税2007年12月号54頁［本書第1章4(1)の、4つ目の「＊」に続く部分］で、「倒産手続について……も国により、制度により、さまざまなものがあり、安心できるものもあれば、そうでないものもあり……」との、高木新二郎判事の金融法研究5号44－45頁の言葉を引用した個所を、この点で想起せよ）。ともかく、この場合の"予測"が外れた場合の制度手当「も」、何ら「平成12年法」には存在しないことになる。

さて、山本和彦・前掲122頁は、右に続けて、「そのような［前記(2)の要件を満たす］場合であっても、国内債権者（厳密に言えば、国内財産を自己の債権の引当てとして期待する債権者である。……）の利益を不当に侵害する際には国内手続の劣後を認めないのが、［3］の要件である」と述べ、続いて——

「理論的には、外国手続においてすべての債権者の利益が増進されるとしても[＊]、国内債権者の中には事実上外国手続への参加が困難［!?］な者も存在し得るし、また国内で保障される優先権［!!］が外国手続の中では認められない者もいよう。そのような者にとっては、自らの利益保護の最後の砦である国内倒産手続の中止により、その利益が害されるおそれ［!?］があることになる。結局、問題はそのような利益侵害が「不当」［!?］なものと考えられるか否かに係っており、国内債権者の債権額・性質［!?］、外国手続における外国債権者保護のための措置、外国手続に要する時間等を総合的に判断して決定すべきこととなろう（但し、単に国内債権者の債権額に比して国内財産が多いということ［??］は、国内倒産手続にも外国債権者が加入しうることを考えれば、原則として「不当な利益侵害」とは言えないものと解される[＊＊]。この国内債権者保護要件の運用に関して外国［??］から見た懸念が大きいことにつき、ウエストブルック・前掲［金融・商事判例1112号］90頁参照）。」

＊　この想定が、直前の「＊」部分の最後のパラグラフに示した点と"関係"することに、注意せよ。

＊＊　この一文は、意味不明である。「国内債権者の債権額に比して国内財産が多いということ」との場面設定自体、不自然だが、ウエストブルック（松下訳）・同前頁は、既述のごとく、前記(3)の要件が「非常に緩やか」に見えることを批判していた。山本・同

1 「国連モデル法」と日本の「平成12年法（承認援助法）」との関係？　　　465

前の右の場面設定との若干の"すれ違い"が気になるが、それは、言ってみれば"いつものこと"、である。だが、同じく"いつものこと"ではあるが、座視し難いのは、ここで「も」、山本和彦・前掲書が、「ウエストブルック＝米国＝外国」との"歪んだ図式"の中にあること、である。それも、既述の"強迫観念モデル"（なお、貿易と関税2009年6月号56頁上段［本書第5章3(2)n］の、最後の「＊」部分、そして更に、本書第5章2(3)b［C］（同誌1月号58頁以下）の「中間的取りまとめ」の個所を「も」、参照せよ）の一つの背景としてある事柄（山本和彦・前掲書の書き振りの問題にはとどまらぬそれ‼）、である。

──と述べる。さて、これらの点を、どう考えるべきなのか。

k　「内外並行倒産」の場合の「国連モデル法」と「平成12年法」とのズレ・その5──「租税」をそこにインプットするとどうなるか？

　さて、いよいよ"「課税」という切り口"から、右の両山本説（と言うより、日本での通常の見方）を、斬ることとなる（ちなみに、伊藤眞・前掲破産法・民事再生法187－188頁においては、前記の「3つの要件」の詳細は、何ら語られていない）。

　結論を先に言えば、貿易と関税2009年7月号64頁（本章1(1)e［A］冒頭の「＊」部分）に既に示しておいたように（なお、同2008年10月号56-57頁［本書第4章5(4)a［B］の、最初の「＊」部分］をも見よ）、山本和彦・前掲122頁は、日本国内での「優先権」に、言葉としては言及しているものの、実際のその論述の仕方は、何ら「国内租税債権」を念頭に置いたものとは、なっていない（‼）。「国境を越えた公権力行使の禁止」（本書序章1・2参照。但し、条約があれば別。──なお、「2000年EU［倒産］規則」39条については、同誌2008年4月号61頁以下、同5月号51頁、等参照［本書第3章1の冒頭、及び同章5］）の大原則からして、日本の課税当局が外国の倒産手続との関係で期待し得るのは、たかだか二国間租税条約上の「徴収共助」制度（同誌2007年5月号54頁以下、同6月号52頁以下、同7月号54頁以下［本書の序章2(2)、第5章2(2)c］）のみとなる（但し、いまだ実例はない）。

　ある国の課税当局が外国倒産手続からの配当を受けると考えること自体、背理である（本書序章3(2)の「インド課税事件」を想起せよ。なお、同誌2008年2月号64頁以下［本書第2章1］）。「英国」ないしはかつての「大英帝国」（その残照ないし残映‼）絡みの、『「承認」と「共助」との交錯』という"悲しい文脈"（同前・66-67頁、同2008年7月号57-58頁［本書第4章1の冒頭］、等参照）を越えるものとして、私が知り得た唯一の事例は、同誌2008年8月号66頁でも再叙した「ルクセンブルグ対IRS事件」（本書第1章3(5)参照）であった。

　そこで得られた「美味しい林檎」（ルクセンブルグでの倒産手続における、やむにやまれぬ事情があったがゆえの「米国IRS」への配当。そのあと、ルクセンブルグ側は当てが外れて、ひどい目に遭った。同前頁）の味を忘れられない「米国」が、「もう一度落ちてくるかもしれない美味しい林檎を、私から奪うな」的に、「林檎と手錠」戦略に打って出て、「国連モデル法」13条2項の審議に際し、諸悪の根源たる「米国対外関係法第3リステートメント§483」の論理をそこに埋め込もうと画策したことについては、同前（同誌2008年8月号）・63頁で詳述した（本書第4章4(2)）。そうしておきながら、「米

国の Chapter 15」が（「米国」の判例が§483の論理に従っていないからということで）、従来通りに各国租税債権の執行は国境で遮断されるとの、いかにも「米国」らしい「ダブル・スタンダード」を採用したことについては、同2008年12月号52頁以下（本書第5章2(2)）で、これを示しておいた。

　かくて、「国連モデル法」の制定過程においても、「課税」の問題は重大な争点となっていたのだが、山本和彦・前掲書からも知られる点として、日本側がかかる争点について無頓着であり、かつ、実に妙な（あり得ない）認識を示していたことについては、同前（2008年12月号）・57－60頁で、詳述した（本書第5章2(2)b）。そのようなことがあったから、石黒「国際倒産と租税」前掲青山先生古稀祝賀論文集607頁以下に、「「一橋案」における租税債権の取扱に立ち戻って──牴触法の理論枠組との関係での根源的な疑念」の項目を立て、内外租税債権の処遇が「準拠法」（但し、何についてのそれかも、不明!!）に左右されるとする、理論的にあり得ない前提に立つ「一橋案」（本書第1章3(1)──貿易と関税2007年9月号88頁以下参照）の、「こうした根源的な問題が如何にクリアされて「承認援助法」に至ったのかという、まさにそこが、気になってならない」（前掲青山古稀・625頁）として、同論文を結んでいたのである。

　ところが、(右の段階で既に分かってはいたことだが)案の定、前記の両山本説には、「平成12年法」57－60条（内外並行倒産）との関係での、前記(2)(3)の要件につき、「課税」との関係が、そもそも念頭にない、との事実が、ここで判明したことになる。

　言い方を変えよう。前記の両山本説において、「日本の国税債権」が、無視し得る額ではなくして存在していたと仮定して考えると、どうなるのか。
　その場合、前記(3)の、「日本国内」において「債権者の利益」が「不当に侵害されるおそれ」は（「不当に」の文言を別とすれば）、「おそれ」どころではなく、常に明確に存在することになる。そして、「不当に」との条文上の文言に言及する山本和彦・前掲122頁も、具体的には、「不当」か否かを、「国内債権者の債権額・性質、外国手続における外国債権者保護のための措置、外国手続に要する時間等を総合的に判断して決定すべき」だ、としている。
　右において、『「国内租税債権」なんか民間債権者を不当に圧迫しているのみゆえ、劣後させればよい』といった、その後の新破産法における"不当な租税債権の劣後化"（後述）の背景をなす"不当な声"をそこにインプットすれば、「国内租税債権」にはその「性質」上問題がある（？）から、その点は見ないようにしよう、といった"暴論"（超暴論!!）も、説かれ得ないではない。
　まさにそこが怖いところゆえ、「一橋案」との対比を行なった貿易と関税2008年10月号57頁（本書第4章5(4)a［B］）で私は──

　『「平成12年法」においては、かかる［「一橋案」においては存在していた］"個別債権者への眼差し"［*］が、「債権者の一般の利益」の中に、いわば半ば"埋没"し（57条1項2号）、3号で、辛うじて「日本国内において債権者の利益が不当に侵害されるおそれがないこと」とあるので、そこで半ば"再浮上"する、不安定な存在となっている。この3号が2号に引っ張られれば、「一般の利益」の中に、個別債権

者（［内国］租税債権者を、とくにここでは考えている）の利益は再度"沈み込み"がちとなろうし、「日本国内」での「不当」な「侵害」という曖昧な文言（これは、「一橋案」の(6)の(ロ)に相当する）の中に、［同案］(6)の(ハ)の「権利の順位」の問題なども、解消されてしまう（!!）。この57条1項の2・3号の構造の中で、3号の「不当に侵害されるおそれ」との文言を見直すと、「国連モデル法」の……"大義"［＊＊］の前に、日本の租税債権などがひれ伏すのは、本来致し方なく、従って「不当」ではないといった、それこそ不当なリアクションも、あり得るように見えて来るところが、怖い。……』

＊　同誌2007年11月号76頁（本書第1章3(6)）に示しておいたように、「一橋案」第4（「外国倒産の対内的効力」）の「承認の要件」に関する(6)には、承認拒絶事由として、「(イ)債務者に対するすべての利害関係人の権利が公平に取り扱われないおそれがあること」、「(ロ)内国債権者の利益が不当に侵害されるおそれがあること」、「(ハ)利害関係人の権利の順位について、当該外国法と日本法との間に重大な差異があること」の3点が、示されていた。要するに、「一橋案」は、「すべての利害関係人」・「内国債権者」・「利害関係人の権利の順位」につき、つまりは、外国手続におけるそれら"一人一人の扱い（!!）"につき、ともかくも（正当に!!）注目していた。だからこそ、「(8)　承認の効果」の③で、「租税債権あるいは労働債権など」の処遇が、（屈折した形において、ではあれ）問題となっていたのである。

＊＊　但し、「平成12年法」の全体が、そして、その57-60条もまた、「国連モデル法」の基本から、随所において、無意味に"遊離"するものであることは、これまでに縷々示して来た通りである。

――と指摘しておいたのである。もとよりそれは、断固打破すべき暴論（亡国論!!）ではあるが、それから先のことについては、「課税」を一層正面に据えた、後の論述に譲る。

　だが、ここで、もっと大きなマグニチュードの問題につき、一言しておきたい。「内国租税債権の存在」を前記のごとく普通にインプットした場合、前記の「［α］の場合」につき、(3)の要件をクリアーすることは、出来なくなる「はず」である。

　要するに、内外で倒産手続に入った者について、「外国主手続」側に「裁量」で「援助の処分」を行なうという、「国連モデル法」29条を"越えた"（？）ものとして称揚されるところの、前記「［α］の場合」についての"外国手続の優位"も（それを「国際水準を陵駕する」ものとする山本和彦・前掲書「はしがき」3頁、及び、「平成12年法」が「現下の国際水準を一歩踏み出した積極的な国際協調姿勢を示している部分」として「外国主手続の承認により国内倒産手続の中止の可能性を認めている点」に言及する同前・12頁をも、再度見よ）、「内国租税債権の存在」を、無視し難いものとして"まともに（まっとうに!!）"前提とする限り（それは、ごく当たり前の、通常の事態と、考えるべきものの「はず」、である!!）、「全くあり得ない」（!!）ことになる。かくて問題は、「一橋案」の外国倒産手続承認要件の場合と、同じとなる（貿易と関税2007年11月号64-75頁［本書第1章3(5)］参照。但し、既に「内国租税債権」が倒産者の内国所在の財産から、事実と

して100％の満足を受けていた、といったような幸運な場合は、別であるが）。

　『この重大な問題』を、前記の両山本説を始めとした日本の民訴・倒産法学者達は、一体どう考えているのか。それが、青山古稀論文の前記の最後の一文を受けた、私の彼らへの"質問状"となる。前記のごとく、「国連モデル法」の審議過程でも「課税」の扱いが大問題となりながら、おそらくは「民事だけを見るのが民訴・倒産法学者＆法務省"民事局"」との立場（？）から、「非民事」の領域での出来事を直視出来ず、そのまま今日にまで至ってしまった"彼ら"の、問題あるスタンス（!!）。――それが、やはり"大きなツケ"として、ここで回って来た観は、否めない（かの「BCCI事件」との関係でも、民事・非民事の双方を見据えた考察が不可欠であることにつき、「米国のChapter 15」との関係を含め、貿易と関税2009年4月号58頁以下［本書第5章3(2)f］で示した点も、この文脈で参照せよ。――現在、2009年7月4日の午後11時8分。今日は、ここで筆を擱く――執筆再開は、同年7月7日午後0時9分［*］）。

* 「平成12年法」第5章の第1節（内外並行倒産）については、他に61条があり、また、同章第2節（外国倒産処理手続が複数ある場合）の62-64条があるが、以下同文の観があり、本書での検討は、省略する。

(2) 『「平成12年法」適用事例の"極端な乏しさ"』と『水面下に潜る裁判所の判断プロセス!?』――『「決定」・「命令」の「公告等」の仕方』に端を発する『「平成12年法」の"致命的な構造"？』

　以上で、本章1（貿易と関税2009年7月号53頁以来）の、『「国連モデル法」と「平成12年法」との間の基本的なズレ』に関する検討は、一区切りとなる。それは具体的には、「内外並行倒産」の場合を軸としつつ、「平成12年法」第3章の諸規定の要件構成の問題等をもそこに織り混ぜた形で行なわれたところのもの、であった。そして、前記の、論述上の「第1のコア」は、ほぼ論じ尽くしたことになる。かくて本書は、論述上の「第2のコア」たる、「課税」との関係へと、シフトしてゆくべきことになる。――そのはず、であった。

　だが、その前に、以上の本章1の各項目を踏まえた上で、それらをある意味で"総括"する、極めて重大な問題につき、ここで一言しておく。

a　論述の前提――「平成12年法」適用事例の"極端な乏しさ"

　まず、2009年5月9日付けで、上智大学の森下哲朗教授よりお送り頂いた英文の資料について。具体的には、United Nations, General Assembly, A/CN.9/SER.C/ABSTRACTS/72 (12 Dec. 2007), UNCITRAL, CASE LAW ON UNCITRAL (CLOUT): Cases relating to UNCITRAL Model Law on Cross-Border Insolvency (MLCBI); Id. ABSTRACTS/73 (7 April 2008); Id. ABSTRACTS/76 (1 August 2008) である。それらには、Cases 754-761; 762-769; 787-794が、それぞれ示されている（途中抜けているCases 770-786は、ABSTRACTS/74-75の分であろう）。

　もっとも、そこで紹介されている「国連モデル法」の諸国における適用事例中、「米

1　「国連モデル法」と日本の「平成12年法（承認援助法）」との関係？　　469

国」が22件で、殆どすべてを占め、残り2件は「英国」、である。こうした結果もまた、「コモン・ローによって"刻印"された［国連］モデル法」という、貿易と関税2008年5月号62頁で紹介し、本書においても、事あるごとにそれに言及して来たところの、ドイツのSchackの言葉を、想起させるものと言えよう（なお、"国境を越えた課税権行使"問題に関する、「国連モデル法」との関係での「英国」のスタンスについての、同誌2008年9月号62頁［本書第4章4(5)］の二重下線部分をも参照）。

　必ずしも、モデル法採用国（なお、2008年5月10日段階でのその採用国につき、本書第4章2［同誌2008年7月号66頁］）でのすべての事例がそこに掲げられている、との保証はないが、右を見る限り、まさに「国連モデル法」は（GettysburgでのLincolnの演説に準［なぞら］えて言えば）、「米国」の、「米国」による、「米国」のためのもの（Model Law of the U.S., by the U.S., for the U.S.）であったことが、鮮明となろう（なお、同誌2008年10月号60頁以下、64頁以下［本書第4章5(4) a ［C］、及び同b ［B-2］］、等参照。但し、かかる「米国の思惑」と、"実質的な戦略勝ち"のEUとの関係については、『「この指とまれ」の指の包帯を解いたら……』、に言及する本書第5章3(2) b ［同誌2009年3月号57頁］参照）。

　そこで気になるのが、「平成12年法」の適用事例の数、である。本書第1章2(2)（同誌2007年8月号81頁）では、ジュリスト別冊184号・倒産判例百選［第4版］（2006年）208頁以下の、田頭章一「国際倒産法制について」に、注目していた。

　この田頭・前掲には、「官報公告によると、平成18年5月現在、<u>承認決定は2件しかなく</u>（官報3738号24頁、4278号27頁参照）、その利用例は多いとはいえない。しかし、承認援助手続の利用を考慮したり、それを背景にして<u>交渉</u>をしたりする例は少なからず存在するようであり、承認援助手続の国際倒産処理実務に与える影響はやはり大きかった［??］とみるべきであろう（なお、承認援助手続は申し立てられていないが、日韓のグループ企業の倒産処理をめぐる興味深い報告として……参照）。」、とあった。要するに、「承認決定は2件」のみ。そして、右の「ようである」の言葉から推測されるように、<u>国際倒産処理の実態は、（一層深く!!）いわば"水面下に潜って"</u>しまった観がある（この点で、貿易と関税2007年8月号73頁をリファーしつつ、「国連モデル法」26条との関係で、「平成12年法」制定前の日本における、<u>国際倒産事例に関する裁判所［裁判官］の監視の状況［その不十分さへの懸念］</u>について論じた、同2009年5月号62-63頁［本書第5章3(2) kの、最後の「*」に至る部分］を、参照せよ）。

　なお、右の田頭・前掲の引用とともに、貿易と関税2007年8月号83頁（本書第1章2(2)）では、松下淳一・国際私法判例百選［新法対応補正版］（別冊ジュリスト185号・2007年）210頁以下の、同法に基づく「はじめての承認事件」たる、「東京地判平成15年11月11日決定（平成15年［承］第1号承認援助事件――<u>判例集未登載</u>、官報平成15年11月25日第3738号24頁）」の、そこに記載された以下の「決定要旨」に、注目していた。即ちそこには――

「Xについての外国倒産処理手続（2001年12月14日に申し立てられた、中華人民共和国の香港高等法院第1審裁判所に係属する強制清算事件）を承認する。」
「Xの日本国内における業務及び財産に関し、承認管財人による管理を命ずる。［既

述の「管理命令」である。]」
「承認管財人Ａ、Ｂ、Ｃ……。」

——とだけある。あとはすべて、"水面下に潜る形（!!）"、となる。
　なお、右は、官報（平成15年11月25日付け、第3738号24頁）に掲載された平成15年（承）第1号「外国倒産処理手続の承認及び承認援助手続による管理命令」（平成15年11月11日東京地裁民事第8部）の、「2　主文」(1)(2)の"すべて"と、「3　承認管財人」についての記載である。
　それに続く「4」の全文を、後述の論点との関係で、ここに示しておく。そこには——

「債務者［Ｘ］の財産（日本国内にあるものに限る。）の所持者及び債務者に対して債務（日本国内にある債権に係るものに限る。）を負担する者は、債務者にその財産を交付し、又は弁済をしてはならない。」

——とあるのみ。この「4」は、「平成12年法」33条1項2号に「公告」の内容として明示されているものだが、やはり、"結論"のみしか、書かれていない。しかも、条文上、それでよいとされてしまっている（!!）。かくて、裁判所の判断の「結論」のみが「官報」に掲載されており、松下・前掲に「判例集未登載」とあるように、具体的な裁判所の"判断プロセス"は、闇の中、である（33条4項では、「裁判書」の「送達」が規定されてはいるのだが……。後述）。
　なお、この点で、貿易と関税2007年8月号83頁では、松下・前掲210頁に、「判明している限りでは、同法の適用事例として解釈論上問題となる点……が1つあるのも注目に値する」とある点にも、注目していた（具体的には、松下・同前211頁にあるように、本件で承認申し立てをしたのが「仮清算人」であり、「強制清算事件の開始の判断がされた旨は［本件］決定要旨……には表れていない」が、それで十分かが、右の「解釈論上問題となる点」である、とされていた）。
　そこに示しておいたように、注目すべきは「右の松下教授の指摘の、"言外の意味"」であり、解釈論上の問題が「1つある」のが"珍しい"、とのニュアンスが其処にはある。「平成12年法」について、具体的な「解釈論」上の争点が生じにくいこと（なお、同誌2007年8月号80頁［本書第1章2(2)の、最初の「＊」に至る部分］の、東大ロー・スクールでの参加学生への問いかけをも、この点で参照せよ）を前提として説かれたのが、再三言及した松下教授の"暴論"だったことになる。
　これに対して、同前（2007年8月号）・81−82頁では、「国際倒産事例は、多方面の関係者の利害調節を、「国境」を越えて、如何に行なうかという、極めて高度な法政策的判断を要する問題である。だが、だからこそ（!!）各ステップでの法的判断（牴触法的なそれ）［そのプロセス!!］の精緻さと、判例・学説による詳細な検証とその蓄積（!!）が、大いに求められる、と言うべきではないか。同法制定自体に対して、この点からの強い疑問が、呈せられてしかるべきである（後述）。それなのに、従来の判例・学説の蓄積（法文化の継承!!）を同法制定が全否定したとする、前記の暴論ま

でがあるのは、一体どうしたことなのか」との、本書における基本的な検討の方向性を示す指摘を、行なっておいた。

さて、その後、「平成12年法」のかかる適用実態に、変化があったのか。金融庁ルートも含めて、この点を調べてくれたのが、元日銀で信州大学を経て、2009年春から北海道大学法学部に転じた、嶋拓哉教授である(*)。

* 嶋拓哉「銀行倒産における国際倒産法的規律」金融庁金融研究研修センター (Financial Research and Training Center) Discussion Paper Series, DO 2009-1 (2009年6月) 1－26頁が公表された。同年7月1日付けでそのコピーを頂いたが、「銀行破綻処理手続」の「承認対象性」というその分析視角（[!!]——同前・17頁以下。なお、石黒・前掲国際民訴法211頁以下、とくに218頁以下、石黒他・前掲国際金融倒産1頁以下［石黒］、そして、それらを踏まえて「国際金融の全体像から見た"国際倒産現象"」について論じた、本書第1章3(4)［同誌2007年10月号59頁以下］、更に、同じく金融プロパーの問題を論じた同誌2008年4月号63頁以下［本書第3章4］を参照せよ)、「平成12年法」制定で従来の判例・学説がすべて無になったとの、前記の暴論への正当なる批判（嶋・同前21頁以下）等、大いに注目すべき内容、である。

同年5月14日付け、及び、翌15日付けでの嶋教授のご教示は、次の2点。まず、何と(!!)、その後右時点まで、新たな承認事例は1件もなく、かつ、前記2件のうち1例については、"承認取消し"となっている。かくて、「平成12年法」は、2009年（平成21年）の今現在も、殆ど使われていない(!!)ことが、判明する(*)。

* 田頭・前掲の言う第2の事例は、「官報」（平成18年2月16日第4278号27頁）掲載の、「平成18年（承）第1号」（東京地裁民事第8部）であり（「外国倒産処理手続の承認」）、その「2　主文」には、やはり——

「債務者についてアメリカ合衆国ハワイ地区連邦破産裁判所に係属する倒産手続（アメリカ合衆国連邦倒産法第11章）（同裁判所事件番号05－50011）を承認する。
平成18年2月3日」

——とあるのみである。
なお、この事例については、「平成12年法」28条の「強制執行等禁止命令」も、同裁判所から、同日出されているが、その「平成18年（モ）第75007号（平成18年（承）第1号）」についての官報上の記載もまた——

「主文　すべての債権者は、債務者の財産に対する強制執行、仮差押え又は仮処分の手続（当裁判所が平成18年2月3日付けで承認の決定をした外国倒産処理手続において弁済が禁止されていない債権に基づくものを除く。）をしてはならない。
平成18年2月3日」

——とあるのみのもの、である。
そして、問題の取消し事例は、前記の「平成15年（承）第1号」の方である（後述）。

次に、なぜ（一般の判例集ではなく）「官報」にこの種の事例が掲載されるのみなのかの理由について、嶋教授からは、山本和彦・前掲61頁のコピーをお送り頂いた。私は、"その先"が知りたかったのだが、それはともかく、山本・同前頁は、「平成12年法」の8条（公告等）を挙げ、<u>「承認援助手続における公告の方法」が（一般の判例集への登載ではなく）専ら「官報」への掲載である理由</u>につき、「集団手続である倒産処理手続の特性に鑑み［??］、送達の負担を軽減するとともに［??］、統一的な処理を可能にする趣旨［??］とされる」、とする。

山本・同前頁が掲げるこの理由（「趣旨」）が、何の理由（趣旨説明）にもなっていないことは、誰の目にも明らかであろう。送達の負担云々はここでは関係ないが、「集団手続」だから判例集には載らないというのは、説明になっていない。「官報」に載せたから「統一的処理」が「可能」になるというのも、おかしい。"いつもの現象"（本書の随所で既に指摘して来たこと）だが、ピントがずれている(*)。

* 多少後述もするが、「官報」による「公告」は、例えば「破産手続開始決定」についても、なされている（伊藤眞・前掲破産法・民事再生法115頁。新破産法32条1項、10条1項参照）。

だが、問題は、単なる"国内的処理の惰性"で国際倒産における「承認援助手続」の「公告等」を考えるのみでよいか、との点にある（!!）。山本和彦・同前(61)頁は、右に続き、「本手続のように、特に国際的な性格が強いものについての公告がきわめてドメスティックな官報公告で十分であるかには疑問もあるが……」と、してくれてはいる。

けれども、一層重大なのは、<u>『裁判所の"判断プロセス（判断理由）"の開示』の問題のはずである</u>。例えば21条3号（承認申立棄却事由）の公序良俗の判断内容、等の他にも、最も端的なものとして、（事例はいまだないものの）「内外並行倒産」状況における、前記の<u>"債権者の利益"関連の判断プロセス（57条1項2・3号!!）</u>などは、極めてクリティカルな問題となるはずである。その点が、「平成12年法」自体の中で、どう規定されているかを検証するのが、以下の検討の主眼となる。

その際、<u>対比すべき重要なポイント</u>は、「平成12年法」制定前の、従来の判例における"判断理由開示"のなされ方、である。石黒・前掲国際民訴法296頁以下の、東京高決昭和56年1月30日判時994号53頁をはじめとする従来の"外国倒産手続承認"に関する諸事例では、一般の場合と同様、「判決書」（裁判書）の必要的記載事項として、「理由」（なお、民訴253条1項3号。上告との関係では、312条2項6号）の記載が、それなりになされていた（なお、新堂幸司・新民事訴訟法［第4版・2008年］627頁参照）。

だが、「平成12年法」により、その"判断理由開示"のレベルが、<u>著しく"後退"してしまったとすれば、それは、それ自体が重大な問題となる</u>。"其処"を、本書は、問題視するのである。

b 「平成12年法」における「公告等」のなされ方と「裁判所の判断プロセス」の"不開示"（ないし"不存在"!?）

まず、「官報」掲載のみ、との点について。右の8条のほか、「平成12年法」の23条には、「承認の決定」につきその「主文」を「公告」せよとあるが、「主文」（のみ）とあるところ（<u>前記の「官報」掲載の"実例"を、再度参照せよ!!</u>）が、大いに気にかかる。たしかに21条の承認拒絶事由は、実際上殆どバリアにはならないものばかりだ

が、それでも、同条１－６号を裁判所が具体的に判断したのかという、その"判断理由"が、問題となる（公序について、既述[*]）。

* 但し、「承認の決定」についての22条１項では、21条が挙げられている他に、「第57条第１項又は第62条第１項の規定によりこれ［「承認の申立て」］を棄却する場合を除き、……承認の決定をする」、とある。そして、右の後者の二つの規定（内外・外外の「並行倒産」の場合）には、「債権者の一般の利益」（等）についての判断が、mustとして存在する。そもそも当該事例がそうした（並行倒産の）事例か否か、また、この点がyesだったとして、債権者の"利益"がどう判断されたのか。──こうした諸点が"開示"さるべきところ、それすら前記の"実例"においては、不明である。そんなことでよいのかが、大きな問題となる「はず」なのである。

だが、「公告」・「通知」(*)がなされるのは、23条において、「当該決定の主文」であり、「承認の決定があった旨」でしかない。これでは、24条の「即時抗告」の手続も、限りなく空しいものとなろう。しかるに、24条２項で承認決定の取り消しが確定すると、その「公告」は「主文」のみ、「外国管財人等」への「送達」も、「その主文」のみ、となる（24条２項）。なぜ「主文」（要するに、裁判所の判断の"結論"）のみで、よしとされるのか(**)。

* 23条３項１号で、「承認の決定があった旨」の「通知」先の一つとして、「租税その他の公課を所管する官庁又は公署」、とある。貿易と関税2007年11月号76頁に記したように、「平成12年法」において、「租税」という言葉は、ここでしか登場しない(!!)。そしてそのことが、これから前記の「第２のコア」について論じて行く際の、重要な伏線となる。なお、「平成12年法」に付属する「外国倒産処理手続の承認援助に関する規則」（平成12年最高裁規則17号。平成18年最高裁規則２号による改正後のもの）23条には、「東京国税局長」以下の通知先が、規定されている。

** このｂ項の、直前の「*」部分を、再度見よ（!!）。

次に、同法第３章（「援助の処分」）冒頭の、25条（他の手続の中止命令等）を見てみよう。同条１項１号で定義された「強制執行等」（「強制執行、仮差押え又は仮処分」のこと）、同項２号の「債務者の財産に関する訴訟手続」、同項３号の「債務者の財産に関する事件で行政庁に係属しているものの手続」(*)につき"裁量"(**)で出され得る「中止の命令」、更には同条５項で同様に出され得る「中止した強制執行等の手続の取消し」(***)の命令については、「公告等」はどうなされるのか。

* 「課税」との関係で、この文言が、例えばその後の新破産法における条文構成との対比（!!）において、「平成12年法」の中で有し「得る」(!!)"危険な意味合い"については、本章2(4)ｂで後述する。

** 同法第３章の諸規定の、"要件構成"については、本章1(1)ｈ参照。それに対して、ここでは、"実際の命令等の出し方"という側面から、「平成12年法」第３章についての右の論述を補う重要な作業が、なされていることになる。

＊＊＊　実に細かいことだが、25条5項で、同条「第1項又は第2項の規定により中止した強制執行等の手続の取消し」とある際、「強制執行等」については、同条1項1号の定義からして、「強制執行、仮差押え又は仮処分」を意味することになる。その限りでは、同条2・3の別枠での「手続」の扱いが、問題となる。もっとも同条2項に、「前項の規定による中止の命令」とあり、そこでは、1項1号の「手続」と同2・3号のそれとがワン・セットとされているので、救われる面はあるが、多少ラフであろう。25条5項は、最も厳密には、「強制執行等」に更に「等」を足し、「強制執行等等」としないと、定義上おかしなことになる「はず」である。この種のことは、二度と書くつもりはないが（但し、後述‼）。

　右の点につき、25条8項では、右の「中止の命令」や5項の「取消しの命令」等について、「その裁判書」の「当事者」への送達を定める。「裁判書」にどう書くかが問題だが、前記の「規則」（最高裁規則）を見ても、同法25条関連では、「申立書」の「記載」事項についての規律しかない（同規則24条）。既述の民訴253条のような、肝腎の「裁判書」をどう書くべきかについての規定は、「平成12年法」には存在しない(＊)。

　　＊　25条9項で、同条2項の「中止の命令があった旨」の「通知」先として、「第23条第3項各号に掲げる者」とあり、「租税その他の公課を所管する官庁又は公署」へも、かくて「通知」がなされることになる。

　次に、「平成12年法」26条の、「承認の決定と同時に又はその決定後」に、同様の形で（裁量により）出され得るところの、「債務者の日本国内における業務及び財産」に関する、「処分の禁止」・「弁済の禁止」や「その他の処分」について見ると、この場合には同条6項で25条6－8項、そして9項の準用があるから、右と同じ扱いとなる(＊)。

　　＊　またしても、「平成12年法」の細かな条文構成への批判へと、本書が迷い込んだかと思われるかもしれないが、そうではない。「内外並行倒産」状況における前記の「［α］の場合」について、山本和彦・前掲124頁に、「国内手続が中止した場合、国内手続に基づいて生じていた弁済禁止や個別執行禁止の効力は失われる。……が、通常は承認援助手続の中でこのような行為を禁じる援助処分がされることになろう」、とある（なお、その"予告"を兼ねた、貿易と関税2009年7月号64頁［本章1(1)e［A］の冒頭］に、注意せよ）。
　　　本書における関心は、かかる指摘が、日本の「租税」債権（課税）との関係で、いかなる意味を有するかを、どこまでも"精査"することにある。国税当局が「平成12年法」制定過程で、法務省側から受けていた"説明"［本章2(2)］との関係で、また、後の新破産法における、国税債権の不当な劣後化（一部の、優先的破産債権への格下げ、等の事態）との関係において、「平成12年法」の実際の条文構成を、それ自体として、新破産法等のそれと冷静に（‼）対比した場合、一体何が見えて来るかの問題、である。すべては、いずれ"其処"に、収斂する（‼）のである。

　もはや、足早に先に行くこととするが、27条（担保権の実行手続等の中止命令）も、その8項で25条8・9項の準用があり、「公告等」は右と同じ。だが、「すべての債権

1　「国連モデル法」と日本の「平成12年法（承認援助法）」との関係？　　　475

者に対し、債務者の財産に対する強制執行等の禁止を命ずることができる」とする28条（1項――2項でそれが、「強制執行等禁止命令」とされ、「既にされている強制執行等……の手続は、中止する」、とされている[*]）については、"公告等"の規定が別にある。29条である。

　　＊　右に言う「強制執行等」とは、既述の25条1項1号からして、同項2号の「債務者の財産に関する訴訟手続」、同項3号の「債務者の財産に関する事件で行政庁に係属しているものの手続」を除くものとなる。なお、右の傍線部分の意義については、新破産法の関係規定等との関係で、本章2(4)bにおいて後述する。

　29条では、右の「強制執行等禁止命令」（や、その取り消し・変更の決定）については、「その主文を［!!］公告し」、かつ、「その裁判書」（!!）を「送達」せよ、とある（同条1項。――取り消し等についても、5項で「裁判書」の「送達」）。ここでようやく、「主文」と「裁判書」との対比が、条文上「は」、明確になされるに至る。だが（!!）、乏しいながらもたった1件存在する"実例"において、裁判所の"判断プロセス"（"判断理由" !!）は、具体的に、どう示されていたというのか（!!）。この点は、既に示した実例を、参照されたい。また、前記の、肝腎の「裁判書」をどう書くべきかについての規定（その不存在）についての指摘を、ここで想起せよ。

　以下、「裁判書」の「送達」は、30条（強制執行等禁止命令の解除）の5項、32条（「管理命令」）についての、既述の33条5項、「保全管理命令」の52条2項、「内外並行倒産」の57条6項、58条6項、59条5項、60条6項、等で（63条5項も同じ）規定されている。

　だが、56条の「外国倒産処理手続の承認の取消し」において「は」（!!）、3項で、「主文」及び「理由の要旨」（!!）の「公告」をせよ、となる。――オカシイとは思わないか（!!）。ここに至るまでの諸規定において、なぜ「理由の要旨」の「公告」が、省略されていたのか。

　だが、ここは、"貴重な先例"を、見ておく必要がある。まさに56条の「外国倒産処理手続の承認の取消し」事例（既述の、平成19年1月11日付け官報第4499号掲載の、「平成15年（承）第1号」による「承認」の「取消し」についての、東京地裁民事8部決定［平成18年12月25日］）、である。ところが、そこには――

「1　主文　　外国倒産処理手続の承認を取り消す。
　2　理由の要旨　　外国倒産処理手続の承認援助に関する法律56条1項2号に定める事由がある。」

――とあるのみ、なのである（!!）。

　56条1項2号は、21条2-6号の事由を列記しているが、3号の公序、4号の援助の必要性の欠如、5号の報告義務違反、6号の不当な目的での申立て等の、一体どれに該当したのか"すら"、明らかではない。そこから、この種の場合の「裁判書」の記載内容も、自ずから推察出来そうである……。

　かくて、「主文」と「裁判書」とは、実際上はイコールの（或いはそれに近い!?）よ

476　第6章 「平成12年法（承認援助法）」と日本の選択？

うであり、裁判所が、「承認決定」や具体的な「援助の処分」において、何をどう判断したかの、肝腎の"判断プロセス"が、殆ど何も示されていない（「のではないか」）との現実に、我々は、当惑す「べき」ことになる（!!）。

　ところで、なぜ"理由開示"の曖昧な「平成12年法」に、なってしまったのか。本書第6章におけるこれまでの検討をすべて踏まえれば（!!）、理由は簡単である。
　「国連モデル法」第3章に相当する「平成12年法」第3章（「援助の処分」）の諸規定において、既述のごとく、同モデル法に反して（!!）、何の方向指示器もない、全くの"裸の裁量"が、規定されてしまったことを、ここで想起すべきである。むしろ、現場の裁判官としては、理由を示したくとも、怖くて出来ない、というのが実情ではないか、とも思われる。
　そして、「それでいいんですよ」と、「糸の切れた凧」を誘うがごとく（!!）、実際の平成12年法」の諸規定も、作られている（「理由の要旨」に言及するのは56条3項のみ）。

　だが、ここで問うべきは、まずもって次のことである。"彼ら"が（ウエストブルック教授を通して!?）大いに参考とした「はず」の、米国の国際倒産事例（判例）において、"判断プロセス（判決理由）不開示"などという非常識なことが、一体あるのか否か（「ルクセンブルグ対IRS事件」の判旨についての貿易と関税2007年11月号70頁以下［本書第1章3(5)］、「米国型裁量」の本質を抉った同2007年12月号51頁以下、とくに同前・63頁以下［本書第1章4(3)］の諸事例や、かの「BCCI事件」に関する同2009年4月号61頁［本書第5章3(2) f］、等の「304条」関連での指摘、そして、本書第5章3(1) a［A］の、ポーズとしての「304条」の削除［同2009年2月号48頁以下］を経た「Chapter 15」における、例のCOMI概念を巡る一部米国判例の動向について論じた同2009年3月号61頁以下［同章3(2) c］、等を参照せよ）。

　また、"理由不開示"のまま、ともかく外国側に「援助の処分」をしましたとの、結論のみが示される「ような」制度作りをしてしまって、果たしてそれで「日本の国際信用」（山本和彦・前掲書「はしがき」2頁）が高まった、などと言えるのかどうか。「平成12年法の日本」こそが、この意味で、「キチンとした法整備をしない無責任な国」（同前頁）として、指弾さるべきではないのか（「国連モデル法」の「前文」(b)(c)に、"[g]reater legal certainty"や、国際倒産の"[f]air and efficient administration"が同モデル法の「目的」として掲げられていることとの関係でも、この点を、問題とすべきであろう）。

　更に、こうした論者が、「平成12年法」の制定によって、従来の日本の判例・学説の蓄積はすべて無になったなどと、既述の暴論を説くのは、一体何故なのか（なお、貿易と関税2009年1月号54頁以下［本書第5章2(3) b［A］］。それとの対比において、伊藤眞・前掲破産法・民事再生法187頁注37をも見よ）。かかる"暴論"によって、前記の"理由不開示"の問題性が、一層増幅するというのに（!!——以上、2009年7月7日午後7時3分までの執筆を経て、執筆再開は、同年7月12日午前10時39分。同日午後0時4分、一旦中断した後、翌13日午後0時5分から午後5時46分までの執筆。点検終了、同日午後6時40

分［以上は、貿易と関税2009年9月号分］)。

2 「平成12年法」と「課税」

(1) 問題の所在——その事前の"開示"

本書第6章冒頭以来の、『「国連モデル法」と「平成12年法」との"基本的な（無数の!!）ズレ"』に関する論述を経て、いよいよこれから、『「平成12年法」と「課税」』（本章における論述上の「第2のコア」の問題）について、ダイレクトに論ずることになる（そのための数時間の準備を経て、執筆開始は2009年8月6日、午前9時25分）。

もっとも、問題の全体的マグニチュードは、本書のこれまでの論述の中で、具体的かつ多面的に、既に示されて来た。その意味では、これから論ずる点は、いわばその"落ち穂拾い"的な意味合いを有するに過ぎない（但しそれは、「国税サイド」に対しては、重要なメッセージとなる!!）。

それに、例えば本章1(1)kの項でも、「課税」の問題が直截に扱われてはいた。即ち、「内外並行倒産」状況に関する「平成12年法」57－60条において、（「国連モデル法」29条に反して）「裁量」で「外国主手続」を優先させ得る、とされる点について、日本の租税債権を"ごく普通に"インプットすると、そんな場合があり得ないことを、そこにおいて指摘しておいた(*)。

* なお、本章1(2)bにおいては、「官報」への「公告」を主軸とする「平成12年法」の諸規定において、「裁判所の判断プロセス」が、従来よりも一層"水面下"に潜る形となっていること（「結論」のみの"開示"）を、強く問題視した。だが、倒産法学者達の一般のリアクションは、他の倒産諸法においても既にそうなっているのだから、仕方ないですよ、といったものであろう（例えば伊藤眞・前掲破産法・民事再生法115頁、593頁以下と対比せよ。山本和彦・前掲国際倒産法制61頁も、「平成12年法」8条の「公告等の方法」につき、「全面的に民事再生法10条と同旨である」とし、それ以外の倒産諸法の規定にも言及している）。

  だからこそ本章の右の個所では、こうした「日本の倒産［諸］法の規律枠組との一体性」のみを追求するのみでよいのかを、多面的に論じたのである（とくに、『"彼ら"が（ウエストブルック教授を通して!?）大いに参考とした"はず"の、米国の国際倒産事例（判例）において、"判断プロセス（判決理由）不開示"などという非常識なことが、一体あるのか否か」［!!］と述べた部分参照）。

さて、以下の、本章2における議論が何処に向かおうとしているのかを、事前に"開示"しておこう。山本和彦・前掲書98頁には、「平成12年法」25条の「他の手続の中止命令」の規定との関係で、卒然と（!!）——

「なお、国税徴収法上の滞納処分は、中止命令の対象とはならない。」

──との一文がある（但し、その一方で、同前・83頁には、同法23条3項1号の「通知」との関係で、日本の「租税」につき、「外国手続ではその優先権が維持される保障はない[!?]ので……」といった、「国家管轄権」に無頓着な、既に批判したところの、日本の民訴・倒産法学者にありがちな、論理の"揺らぎ"が見られる。なお、既に示したように、「平成12年法」において、「租税」という"言葉"は、この23条3項1号でしか、出て来ない[25条9項が、「第23条第3項各号に掲げる者」への「通知」を規定する、といったことは別として]。その点が、以下の論述と、関係して来ることになる）。

　これから示してゆくように、「平成12年法」の審議の過程でも、同様の理解があったように思われる。だが、「平成12年法」は、山本和彦・前掲書「はしがき」3頁にもあるように、「世界でほぼ最初に[国連]モデル法の採否に直面」した上でのものであり、単なる日本の倒産諸法との関係で、「平成12年法」の個別条文の意義を決してよいか、との問いかけが、「外国側」からは、なされ「得る」はずである（後述）。
　とくに、「外国管財人」側が、実際の「平成12年法」の"条文構成"の、（これから順次見てゆくような）日本の倒産諸法との微妙なズレ（!!）に着目し、要するに、『後の新破産法の"条文構成"等との関係で、また、「平成12年法」の立法経緯を理由として、山本・前掲98頁のように考えることは、出来ないはずだ』と、強く主張した場合、どうなるのか。──そこが問題である(*)。

　　* 念のために一言しておけば、「外国管財人側」（「外国側」）が、かかる主張をして、日本の裁判所に食い下がった場合にどうなるか、との観点からの以下のシミュレーションの基礎には、石黒・前掲世界貿易体制の法と経済（2007年・慈学社）の随所に「も」示したところの、実際の日米通商摩擦の"現場"に極めて近いところからの、私なりの実体験がある（官民一体となった「米国」の対日攻勢に関する諸事例についてのそれ）。

「国税サイド」としても、その法的リスクを考えておかねばならない、と思われる。その際、既に指摘したところの、「平成12年法」の適用事例の極端な乏しさゆえ、これは大した問題ではない、と「考えてしまう」ことの、「法的リスク管理」上の問題性については、貿易と関税2005年10月号63頁以下、同11月号49頁以下同12月号49頁以下の、「シルバー精工事件」関連での論述などとも対比しつつ、じっくりと考えて頂きたい。

　ちなみに、そうした問題関心ゆえに、本章1の論述中においても、頭出し的に──

『* 「課税」との関係で、この[25条（他の手続の中止命令等）の1項3号の「債務者の財産に関する事件で行政庁に係属しているものの手続」との]文言が、例えばその後の新破産法における条文構成との対比（!!）において、「平成12年法」の中で有し「得る」（!!）"危険な意味合い"については、後述する。』

『* ……「内外並行倒産」状況における前記の「[α]の場合」について、山本和彦・前掲124頁に、「国内手続が中止した場合、国内手続に基づいて生じていた弁済

禁止や個別執行禁止の効力は失われる。……が、通常は承認援助手続の中でこのような行為を禁じる援助処分がされることになろう」、とある（なお、その"予告"を兼ねた、貿易と関税2009年7月号64頁［本章1(1) e ［A］冒頭］に、注意せよ）。

本書における関心は、かかる指摘が、日本の「租税」債権（課税）との関係で、いかなる意味を有するかを、どこまでも"精査"することにある。国税当局が「平成12年法」制定過程で、法務省側から受けていた"説明"との関係で、また、後の新破産法における、国税債権の不当な劣後化（一部の、優先的破産債権への格下げ、等の事態）との関係において、「平成12年法」の実際の条文構成を、それ自体として、新破産法等のそれと冷静に（!!）対比した場合、一体何が見えて来るかの問題、である。すべては、いずれ"其処"に、収斂する（!!）のである。』

——といった"事前の注記"を、しておいた。

(2) 「平成12年法」の立法過程での「租税」の取扱い？——予想される「外国管財人側」のクレイムとの関係において

さて、今日の執筆の事前準備で、後に言及する佐藤英明「破産法改正と租税債権」租税法研究33号（2005年）68頁以下を読み、同前・84頁注(8)の記載から、妻に「法務省のWEBサイト（http://www.moj.go.jp/）」にアクセスしてもらった。問題の資料もそこにあったので、安心してそれを、まずは引用しておこう。

だが、事前に、それについての結論を示しておけば、問題は、「平成12年法」制定過程での、以下の（若干屈折した）配慮が、「平成12年法」の条文（"条文構成"）に、何ら反映して「いない」（!!）こと、にある。つまり、明確な条文の文言で以下のことが示されているならばともかく、そうでない以上、前記のごとき「外国管財人」側の、日本の「課税」に対するクレイム（シミュレーションとしてのそれ）を、「平成12年法」の"枠内"で、何処までシャットアウト出来るのか。そこが、問題となる「はず」である。

「平成12年法」の審議過程で、「租税（課税）」との関係が議論されたのは、次の引用部分にある通り、「平成12年7月28日」の「法制審議会倒産法部会第25回会議」において、"のみ"のようである。同日の会議では、「個人債務者の民事再生手続に関する要綱案（案）」（部会資料29）とともに、「国際倒産法制に関する要綱案（案）」（部会資料30）が、審議された。もとより、後者が、「平成12年法」に至るものである。

以下、多少長いが、該当部分を引用する。引用趣旨は、A4コピーで1頁弱のこの"説明"のみで、「国税サイド」が、何処まで自己を守り切れるのかを、冷静に考えることにある（結論は、相当危うい!!）。ともかくそこには、法制審議会の「〇〇幹事」の説明として、山本和彦・前掲書98頁の、前記の率然たる指摘の、背景をもなすのであろう"或る事情"が、以下のごとく示されている。即ち——

「それから、租税その他公課を所管する官庁に対する通知［「平成12年法」23条3項1号］ということでございますが［★］、国内租税債権の取扱いにつきましては、これまでこの部会の場で特に議論されたことはない［!!］わけですが、租税債権に

つきましては、それが執行できる範囲というのが、その国の領土の中に限られているというのが法律上の大原則でございます。そういたしますと、外国倒産処理手続が承認されて、外国手続の中で配当等が行われることになると、国内の租税債権というのは全く考慮されないと思われます。そういった点を勘案いたしますと、国内の租税債権というのは、この承認手続とは全く別世界で取立てなり徴収なりをしていかざるを得ないだろうと。要するに、この承認手続の中では、強制執行等、あるいは担保権の実行手続の中止という手当てが設けられておりますけれども、滞納処分についてはこれを止めるというわけにはいかないだろうというふうに考えております。つまり、承認の決定がされて承認手続が進行した場合であっても、滞納処分については何ら制約が加わらないという前提で考えているわけですが、[★] その点を踏まえましても、外国企業がこの承認手続を申し立ててその手続を進行させて、国内の財産をどんどん換価してしまうという事態を考えてみますと、やはり国内で優先権を持っている債権者である租税債権者に対して、一定の通知を行う必要があるのではないかと考えられます。この点は、租税を所管する省庁からもそういった通知が必要だろうというふうな指摘を受けているところでございまして[*]、それを踏まえて租税その他公課を所管する官庁に対する通知も、ここに並べて規定したということでございます。

　ここのただし書にありますけれども、典型として承認の決定のときにこういった通知をする必要があるということが原則ですけれども、ここに列挙してありますように、決定をする以前の段階に、それぞれの保全処分、強制執行の手続の中止、あるいは弁済禁止、処分禁止等の処分がされた場合にも通知すると、その通知がされている場合には承認の決定のときに改めて通知はしないと。要するに、一番最初の段階で 1 回通知をするという整理でこの規定を設けてございます。」

――とある。

* 　ここに示されている通りだったとして、「国税サイド」に対して改めて問うべきことは、かかる「通知」がなされるのみで、なぜ十分だとしてしまったのか、との点である。言いたいことは無数にあるが、右の一文に、すべてを託そう。本書は、右の一文に込められた"思い"を具体化したものに「過ぎない」のだから（!!）。
　　ちなみに、同日の会議において、右の説明等が済んだ後、座長が、「租税・公課所管官庁に通知をするというのも、これでよろしゅうございますね」と発言したが、その直後のやり取りは、かなり気になるものである。即ち（右の座長発言の続きから引用すると）――

　　● 「……。大蔵省からおいでになられた幹事、交代される予定で前任者がお辞めになって、まだ後任が選任されていないようでございますので、現在はおいでになりませんが、若干関係があるということで、○○幹事、何か御意見ございますか。おいでになられて早々で恐縮ですが。」
　　● 「特段ございません。」
　　● 「それでは、これで御承認いただいたということで、次に参りたいと思います。……」

——ということで、済んでしまっている。ちなみに、この間、会議参加者からの「租税」に関する発言は、一切記録されていない。

　右の法制審議会幹事の、「租税」関連での「説明」に対する評価上の"結論"は、既に示してある。「国税サイド」が、右の長い引用部分の、波線の傍線を付した個所で（それのみで）己を守れると考えている（実は、考えさせられている!?）とすれば、それは、相当危ないことだ、ということである。
　この点との関係で、まず確認すべきは、これが、「平成12年法」上、「租税」という言葉が唯一登場する、同法23条3項1号の「通知」（既述）についてのものだ、ということである（内国［国内］租税債権の取扱いへの前言及の、『コンテクスト』の問題。——前記引用中の、二つの★マーク部分の間に、「租税」プロパーの問題がサンドウィッチ状態にあることに、注意せよ。しかも、2番目の★マークの後における説明は、「通知」の要否に戻ってしまっている。要するに、厳密な「コンテクスト」としては、「租税」プロパーの、国家管轄権絡みでの前記の「説明」は、"ちなみに"程度の、弱い位置付けとなっている）。
　次に、『表現』の問題としても、「だろう」とか、「という前提で」とか、"英訳"を考えると"危ない表現"、即ち、「外国側」がどこまでそれで説得されるかが大いに心配な日本語の表現が、用いられている(*)。

* この点で、「ハワイ裁判所での日本の税務調査（等）に対するディスカヴァリ命令の発出？」関連での、貿易と関税2006年4月号68－70頁と、対比せよ（!!）。「米国」の裁判所を納得させるには、曖昧な日本の文献の英訳引用は、かえって命取りとなるので云々、といった文脈での問題が、右の個所での指摘事項だが、ここでの問題も、それと同じである。

　更に、致命的なのは、右引用部分の冒頭である。即ち、そこにあるところの、「国内租税債権の取扱いにつきましては、これまでこの部会の場で特に議論されたことはない」、との事実、である。
　これを「外国側」から見れば——

『議論されたことがないのなら、ここで示された「滞納処分については何ら制約が加わらないという前提」には、「平成12年法」との関係で、どれほどの法的な権威と拘束力とがあるのか??』

——との問いかけが、相当程度の説得力をもって、なされ得よう。それに対する、右の「前提」の側に立つ者の反論は、どのようになるのか。
　「外国側」に、右のごとく詰め寄られたところで、「日本側」（法務省側？）が持ち出す「であろう」論拠は、既述の、日本の倒産諸法の"条文構成"との関係、のはずである。だが、"其処"に至るには、少々の回り道（!?）が、必須となる（以上の執筆は、2009年8月6日午後0時41分まで。——同年8月8日午前9時7分、執筆再開）。

(3) 「平成12年法」と「課税（滞納処分）」？——日本の倒産諸法の"条文構成"との関係

a 「民事再生法」と「平成12年法」——「前者の"条文構成"の後者への混入（!?）」という基本構図について

　以上の問題関心との関係で、再度、「平成12年法」の"条文構成"に戻った検討が、必要となる。同法第3章の「援助の処分」が外国手続の側になされる際に、「国内（内国）租税債権」との関係は、一体どうなるのか。——この点の解明には、後に制定された「新破産法」の"条文構成"との対比（等）が必要となるのではあるが、"時系列"に沿って、まずは、「民事再生法」との対比を、行なっておく。

　同法第3章の「援助の処分」は、「国連モデル法」第3章の「外国手続の承認と救済」のうち、「救済（Relief）」に関する19条以下に、一応対応する。そのはずではあるが、私には、本書執筆のための検討を始めた当初から、<u>大いなる違和感</u>が、実はあった。
　一例として、「国連モデル法」21条の"Relief that may be granted upon recognition of a foreign proceeding"の規定（それについては、貿易と関税2009年4月号65頁以下［本書第5章3(2) h］を、再度見ておこう。そこには、要するに、"[T]he court may ..... grant any appropriate relief, including: ...."といった、『<u>「米国型裁量」の「歯止めなき流入」</u>』が、具体的な"条文構成"において、顕著に見られた（同前・65頁の見出しを参照せよ）。そしてそれは、同モデル法19条（「緊急の保全的措置」）と同様のもの、であった（この19条を21条と関係させつつの検討は、同誌2009年3月号67頁以下、同4月号55頁以下［同章3(2) e］で行なった）。

　このような「国連モデル法」の「救済」に関する規定振りと、「平成12年法」第3章の「援助の処分」のそれとを対比すると、後者が、"やたら硬い印象"のものであることが、前記の"違和感"の原因、であった。「平成12年法（承認援助法）」25条の"他の手続の中止命令"、28条の「強制執行等禁止命令」、32条の「管理命令」等々の、"硬い表現"は、一体、何処から、もたらされたものなのか。

　この点で、山本和彦・前掲国際倒産法制104頁は、「平成12年法」28条の「<u>強制執行等禁止命令</u>」につき、「これは、民事再生法上の包括的禁止命令の制度（民再27−29条）を参考に創設されたものであり、<u>基本的な制度設計はすべて同法に倣っている</u>」、としている。ここで、『「平成12年法」の具体的な"条文構成"と「民事再生法」との関係』という切り口が、改めて浮上する。
　山本・同前98頁の、「<u>他の手続の中止命令</u>」（25条）の解説部分でも、同条で「中止の対象となる手続は、<u>国内倒産手続における中止の対象と基本的に同等</u>であるが、若干の差異がある。例えば［民事］再生手続［<u>民再26条1項2号</u>］では……」、との指摘がある(*)。

　　* 山本・同前頁の前記の指摘、即ち、「なお、<u>国税徴収法上の滞納処分</u>は、中止命令の対象とはならない」との、卒然たる指摘（後に"検証"する）は、この文脈でのものである。

「平成12年法」26条の「処分禁止、弁済禁止その他の処分」に関する山本・同前101頁にも、「国内手続において認められている同種の保全処分（破155条、民再30条、会更39条）と同趣旨である」、とある。また、「管理命令」（32条）に関する同前・113頁にも、「基本的には［民事］再生手続上の管理命令と同趣旨のものである……。したがって、その規律の多くは、民事再生法の管理命令に関する規定（民再64条−78条）と同一になっている」、とある。

「民事再生法」の制定は、「平成11年」（同年12月12日、法225号）であり、「平成12年法（承認援助法）」（平成12年11月29日、法129号）に先行する(*)。

* 前記の「平成12年7月28日」の「法制審議会倒産法部会第25回会議」においても、一連の審議の後、恐らくは法務省側の〇〇委員から、「ちょうど昨年の今ごろ、民事再生法の部会の御決定をいただいたわけですが、その後、休む間もなくこの1年間、大変精力的に御審議いただきまして……国際倒産法制に関する要綱案……について部会で御決定をいただきまして本当にありがとうございました」との、謝辞が述べられている。

かくて、本章1(1)の『「国連モデル法」と「平成12年法」との"基本的な（無数の!!）ズレ"』に関する論述を補う、"追加的な事項"として、そして、私の前記の"違和感"の背景をなすものとして、次の点が、改めて指摘さるべきこととなる。即ち、「平成12年法」第3章の「援助の処分」の諸規定は、「国連モデル法」の諸規定をベースに、「ではなく」(!!)、専ら日本の倒産諸法、とりわけ前年に制定された「民事再生法」の規定の"移し替え"という基本構想(*)に基づいて、またしても日本の"独自路線"として作成されていた（!!）、ということである(**)。

* ここでは、「租税（課税）」との関係ゆえに、同法第3章に着目したが、同法全体に、いかにも堅苦しくて細かしい手続規定が、いわば氾濫している。それらも、日本の倒産諸法からの、"移し替え"によるものである。だから、「国連モデル法」を採用して作りました、と言う割りには、「平成12年法」の全体印象が、あまりにも同モデル法とは、違うのである。

** 言うまでもないことゆえ、ここまでの論述において、とくにメンションすることはなかったが、「国連モデル法」8条（「解釈」）は、"In the interpretation of this Law, regard is to be had to its international origin [!!] and to the need to promote uniformity in its application and the observance of good faith." と規定する。もとより、これとて「モデル法」止まりでのものだが、ここまで「国連モデル法」との齟齬が大きい「平成12年法」ゆえ、それを右の英文規定に言う "this Law" と言うこと自体、抵抗が大きい。だが、2007年段階でのUNCITRALのホームページにおける、"Status: 1997-Model Law on Cross-border Insolvency" との文書でも、"This page is updated whenever the UNCITRAL Secretariat is informed of changes in enactment of the Model Law." との前提の下に、もとより、Legislation based on the UNCITRAL Model Law ..... has been adopted in: ..... Japan (2000), ..." となっている（更に本章2(4)bで後述する）。

たしかに、再度「国連モデル法」21条の"条文構成"の骨子を例にしつつ示しておいたように、"米国型裁量"を前提とするそれらを、そのまま日本に移入することには、抵抗感があって当然ではある。だから、前年の「民事再生法」を軸に、従来の日本の倒産諸法の"条文構成"の"移し替え"で対処しました、ということにも、一理はある。

だが、その反面において、「平成12年法」には、「国連モデル法」の基本に反して（そして、脅された末に反射的に〔!?〕真似ようとした「米国型裁量」の基本にも反して!!）、本章1(1)g（貿易と関税2009年8月号60頁以下）で指摘したところの、"裸の裁量"ですべてを処理しようとする、"基本的な規律手法"の問題性、「等々」（!!）という、本書において縷々指摘して来た致命的な「無数の問題」がある。それらを、忘れてはならない（本書における、「スイス」・「EU」・「ドイツ」・「英国」・「米国」〔&「国連モデル法」それ自体〕という世界一周の旅から得られた、凝縮されたすべての法的エネルギーが、「平成12年法」にある"あまたの不純な要素"を焼き切るためのものであったことを、ここで想起すべきである）。

b 『「平成12年法」と「課税（滞納処分）」との関係』を考える上での前提・その1──「民事再生法」と「課税」

ここで、本章2の基本的問題関心に、一旦立ち戻ることとする。「平成12年法」の"条文構成"に対して、かくも大きな影響を与えた、その前年制定の「民事再生法」において、「課税（滞納処分）」との関係は、いかなるものであったのか。この点を、議論の前提として、確認しておこう。

結論を先に言えば、「民事再生法」（平成11年）との関係では、「課税（滞納処分）」はセーフであった。だが、「平成12年法（承認援助法）」を経た上での、その後の（「改正会社更生法」〔平成14年12月13日、法154号〕及び）「新破産法」（平成16年6月2日、法75号）で、「課税（滞納処分）」は、重大な制約を受けることになった。そして、『「平成12年法」と「課税（滞納処分）」との関係』を考える上では、こうした「平成12年法」以降の日本の倒産法制との関係を、考えておく必要がある。

つまり、少なくとも、民訴・倒産法学者達の頭の中では（「民事再生法」と「平成12年法」との既述のリンケージ同様!!）、一連の倒産法制の整備は連続的なものであり、それらの国内法制における"条文構成"と「平成12年法」のそれとが、（遡って!!〔*〕）密接な関係を有することにもなる(**)。

* 但し、「旧破産法」71条1項と2項との対比を、すぐ次の「*」部分で行なうが、そこに示すように、「旧破産法」以来の、いわば「日本側」としては骨身に染み付いた用語法が、「平成12年法」の"条文構成"に「も」、反映していることになる（再度後述する）。

** 本書では、主として「新破産法」の条文構成との対比を軸に、後に検討を行なうこととする。「改正会社更生法」と「課税（滞納処分）」との関係については、金子宏・租税法（13版・2008年）742頁以下参照。

なお、同書「13版」は、その「はしがき」iv頁にあるように、金子先生御自身「のみ」

が全面的に（つまり、校正も含めて）改訂に当たられたもののようである。とくにその点に、私個人としては、深い思い入れがある、とだけここでは記しておこう。

さて、「民事再生法」との関係だが、金子・前掲（13版）744頁には――

「租税債権は、一般優先債権として、成立の時期をとわず（旧破産法71条……に相当する規定がない[*]）再生手続によらないで随時に弁済を受けることができる（122条2項。租税債権のうち、再生手続開始決定の後に成立したものは、費用性をもつ場合には、共益債権にあたると解することもできる）。したがって、国および地方公共団体は再生債務者の一般財産に対して、滞納処分を行なうことができると解すべきである。しかも、他の強制換価手続と異なり[!!]、滞納処分に対して、裁判所は、その中止を命ずることができない（26条1項・27条1項・31条1項但書[**]）。」

――とある（なお、以上を、伊藤眞・前掲破産法・民事再生法579頁以下と対比せよ）。

* 「旧破産法」71条は、その1項で、「破産財団ニ属スル財産ニ対シ国税徴収法又ハ国税徴収ノ例ニ依ル滞納処分ヲ為シタル場合ニ於テハ破産ノ宣告ハ其ノ処分ノ続行ヲ妨ケス」と規定していた。ちなみに、同条2項は、1項の「滞納処分」と対比させる形で、「破産宣告ノ当時行政庁ニ繋属スル事件アルトキハ其ノ手続ハ……ニ至ル迄之ヲ中断ス」、と規定していた。そして、このような"条文構成"が、「平成12年法」25条（他の手続の中止命令等）の1項3号の、「債務者の財産に関する事件で行政庁に係属しているものの手続」との文言と、関係して来ることになる（後述）。

** 民事再生法26条の規定は、山本和彦・前掲98頁の、「平成12年法」25条（他の手続の中止命令）の解説部分でも、既述のごとく言及されていた規定であるが、前者（民事再生法26条）1項4号には、「再生債務者の財産関係の事件で行政庁に係属しているものの手続」についての「中止の命令」が、規定されている（その限りでは、金子・前掲も、『「滞納処分」と「行政庁に係属しているものの手続」とを区別する、いわば伝統的な理解』に立って、論じていたことになる。なお、直前の「*」部分の第2文に、注意せよ）。

なお、民事再生法の27条は「包括的禁止命令」、31条1項但書は、担保権実行手続の中止命令の規定、である。前者の「包括的禁止命令」の規定が、山本和彦・前掲国際倒産法制104頁において、「平成12年法」28条の「強制執行等禁止命令」の下敷きとなっていたものとして言及されていたことは、既述の通りである。

ともかく、「平成11年」の「民事再生法」においては、「課税（滞納処分）」は、"無傷"であった。

c 『「平成12年法」と「課税（滞納処分）」との関係』を考える上での前提・その2――（「改正会社更生法」&）「新破産法」と「課税」

既述のごとく、ここでは、国内的な大変革のあった「新破産法」に焦点を合わせた論述を行なう。「旧破産法」47条2号では、「破産宣告前の租税債権は、すべて財団債

権」（金子・前掲［13版］738頁）として、優遇されていた（「破産手続開始後の租税債権は、旧法のもとでも、一般的には財団債権ではなく、「破産財団ニ関シテ生シタルモノ」に限り、財団債権とされていた（47条2号但書）。」——金子・同前738−739頁）。

だが、「新破産法」の下では、「破産手続開始決定前の原因に基づいて生じた租税債権……のうち、財団債権とされるのは、破産手続開始当時まだ納期限（具体的納期限を意味すると解すべきであろう）の到来していないもの（破産手続開始までの延滞税・延滞金・利子税を含む）、または納期限から1年（その期間中に……包括的禁止命令が発せられたことにより、租税滞納処分ができない期間がある場合はその期間を除く）を経過していないものに限定される（148条1項3号）。しかも……」、ということになってしまった（金子・前掲［13版］738頁[*]）。

> *　以下に示す点との関係を含め、私は、国税関係者に対して、『「平成12年法」が終わりではない。必ず次が来る』云々と、ことあるごとに、声を大にして訴えていたが、その通りになってしまった。
> 　なお、若干後述する点ではあるが、金子・同前738頁にあるように、「納期限から1年が経過している租税債権が財団債権から除かれて［98条で「順位1番の優先的破産債権とされて」］いるのは、租税債権は一般的優先権と自力執行権が与えられているから、一般的に1年内に徴収することが可能であると考えられ［てい］るためである」。つまり、納期限から「1年内に徴収」出来る「はず」だ、との"思い込み"（!!）が、立法関係者や民訴・倒産法学者達に"も"ある（例えば伊藤眞・前掲破産法・民事再生法230頁）。
> 　この「納期限から1年」という期間設定を"合理的"と考える人々に対して、本書を通して、まずもって訴えるべきことは、貿易と関税2005年9月号60頁以下（石黒・前掲新制度大学院用国際私法・国際金融法教材70頁以下［同誌1995年3月号58頁以下］をベースとするそれ）でその一端を示したところの、実際の「国際的な税務否認」事例、との関係である。複雑な「金融工学」のスキームをも駆使して"課税逃れ"がなされる実態を、そうした人々は、一体どこまで認識しているというのか（!!）。
> 　隠れ蓑としての、ことさらに複雑に組まれた取引スキームを、徹夜に継ぐ徹夜で必死に解析して、その上で処分に持ち込むまでの現場での必死の労苦は、日本の国家財政を守るための正当なものである。それを"も"、「納期限から1年」で斬るとは、一体どういうことなのか。——なお、この点での、より大きな"文脈"での問題把握については、「国際税務否認」関連での最高裁の英断とその有する意味合いについて論じた、同・前掲世界貿易体制の法と経済9頁以下、168頁以下、223頁以下、等を参照せよ（後述する）。

それのみではなく、「新破産法」では、金子・前掲（13版）740頁以下に示されているような、「滞納処分」に対する重大な制約が、課されることとなっている。もはや、実際の条文に即して、この点を示すこととする（「平成12年法」の"条文構成"との関係で、この方が、都合がよいので）。

まず、右の点の前提として、「新破産法」24条の"他の手続の中止命令等"の規定（破産の「申立てがあった場合」の規定）では、同条1項1号で、債務者の財産に対して既になされている「強制執行、仮差押え、仮処分」等を「強制執行等」とし（細かな点は省略）、（若干飛ばして）同項4号で、「債務者の財産関係の事件で行政庁に係属しているものの手続」を含め、「必要があると認めるときは」（!![*]）、それらの「中止」

の命令を出せる、とある。そこに「は」、「滞納処分」に関する明示的な文言は、ない。そして、そのことを前提として、金子・前掲（13版）740頁も、この24条の「中止」命令の規定において、「滞納処分はその対象から除かれている」、としている。"一般の理解"も、そうしたものであろう（伊藤・前掲書103頁以下をも参照。但し、この点は、更に後述する［!!］）。

　だが、「新破産法」25条の「包括的禁止命令」（24条と同様、破産の「申立てがあった場合」の規定）では、「滞納処分」が明示的なターゲットと、なってしまっている。同条は、24条の「中止の命令」で不十分な場合、前記の「強制執行等」と並んで「国税滞納処分」（細かな限定等は省略）の「禁止」を「命ずることができる」、と規定するに至ったのである（25条１項[*]）。

　　＊　伊藤・前掲書106頁は、「国税滞納処分が中止命令の対象にならないにもかかわらず［新破産法24条１項１号］、禁止命令の対象となるのは、開始決定時にすでに開始されている滞納処分の続行が妨げられないのに対して［同法43条２項］、開始決定後の滞納処分の開始が禁じられること［同条１項］を反映したものである」と、ともかくも、説明している。なお、そこに付された同前頁の「注128」には、「会社更生では、滞納処分は中止命令の対象にも（会更［24条２項］）、禁止命令の対象にもなりうる（会更［25条１項本文］）。他方、民事再生では、中止命令の対象にも、禁止命令の対象にもならない（民再［26・27条］参照）」、とある。

　もっとも、ここでは、徒に「新破産法」の基本を辿っている訳ではない。むしろ、「平成12年法（承認援助法）」との関係で問題なのは（これまでの論述にも匂わせて来たように!!）、「滞納処分」と「行政庁に係属しているものの手続」との関係(*)、である。

　　＊　"従来の一般の理解"は、これまで示して来た諸点にもあったように、右の両者は截然と区別する、というものであった（金子宏教授も同様の理解に立つことは、既述）。それが日本の倒産諸法の"条文構成"上の、大前提である。そして、それを前提に「平成12年法」の諸規定があるのだから、だから同法との関係で、「滞納処分」は大丈夫だというのが、立法関係者を含めた"一般の理解"であろう。だが、「外国側」からのクレイムに対して、本当にそれで十分なのかを問うのが、既述のごとく、ここでの検討の骨子をなす。

　ちなみに、「新破産法」24条と25条との関係において、この観点から若干気になるのは、24条では１項４号で「行政庁に係属しているものの手続」が、中止命令の対象として挙がっていたが、25条では、（24条１項１号で定義された）「強制執行等」と「滞納処分」のみが挙げられていること、である。「行政庁」云々は、25条では、事柄の本質にさしてかかわらぬから、ということではあろうけれども(*)。

　　＊　伊藤・前掲書106頁を引用した、二つ前の「＊」部分との関係で言えば、「改正会社更生法」24条の"他の手続の中止命令"の規定では、「国税滞納処分」についての２項に対し、同条１項５号で、「行政庁に係属しているものの手続」の取扱いが、やはり別枠で、規定されている。25条１項の「包括的禁止命令」でも、24条１項２号の（定義された）「強

制執行等」と「国税滞納処分」とが列記され、その反面で、24条1項5号の、「行政庁に係属しているものの手続」への言及は、やはりない。

また、「平成12年法（承認援助法）」の前年に制定の「民事再生法」26条の"他の手続の中止命令等"の規定では、1項4号で、「行政庁に係属しているものの手続」への言及がありつつ、「滞納処分」の語はない、といった関係になる（更に、後述する）。

ところで、「滞納処分」の"言葉（文言）"は、「新破産法」において、「包括的禁止命令」関連の、既述の25条（1・2項）と同命令の解除に関する27条（2項）で、最初に登場する。そして、次に、破産手続開始決定があった場合の、強制執行等の"他の手続の失効等"に関する42条と、区別した規定としての、43条（1・2項。開始決定があった場合の「国税滞納処分」の取扱い──既述。3つ前の「*」の個所参照）で、出て来る（そして、開始決定との関係での、43条と対をなすところの、「破産財団に関する事件で行政庁に係属するもの」についての規定が、46条にある）。

その後の規定もザッと辿れば、97条（4号）の「租税等の請求権」の定義規定（「破産手続開始後の原因に基づいて生ずるもの」は「破産債権に含まれる」とする）を経て、100条（破産債権の行使）の2項1号で、「租税等の請求権」の行使であって、「破産手続開始の時に……既になされている国税滞納処分」は、同条1項の制約の外だ、とする場面で、再度「滞納処分」の語が登場する、といったことになっている(*)。

　　*　「租税等の請求権」の語（文言）については、114条1号で、「財団債権に該当しないもの」の「届け出」が規定され、それについての134条の「特例」規定、そして、「納期限から1年」云々の、前記の148条1項3号の「財団債権」の規定に至る（その他、163条3項、202条2号、214条1項2号、253条1項1号）。

以上を纏めよう。ともかく、『「民事再生法」→「平成12年法」→「改正会社更生法」→「新破産法」』という、日本の倒産法制の、わずか数年の間の（!!）大変革の中で、「滞納処分」の取扱いは、明文でのこの語への言及があって初めて問題となるというのが、"従来の一般の理解"であったし、立法時にも、それを前提とした作業がなされて来た、と言える。

その反面で、そこには、「行政庁に係属するもの（手続）」と「滞納処分」（それ自体）とは別だ、との一般の理解、ないしは基本的な"相場感"めいた"暗黙の了解"が、やはりあった。ただ、この後者の認識については、既述のごとく、「旧破産法」71条2項が、1項の「滞納処分」と対比させる形で、「破産宣告ノ当時行政庁ニ繋属スル事件アルトキハ其ノ手続ハ……ニ至ル迄之ヲ中断ス」、と規定していたという、ずっと以前からの用語法上の区別が、今も受け継がれているものとして、理解さるべきものでもあろう。

ともかく、これでやっと、既述の"少々の回り道"が、終わったことになる（以上の執筆は、2009年8月8日午後5時33分まで。──執筆再開は、伊豆・静岡での震度6の地震のあと、同年8月11日午前5時37分）。

(4) 『「外国側」から見た「平成12年法」』と『「租税」に関する同法の"迷路"』!?
　　──「滞納処分は安全（無傷）だ」と本当に言い切れるのか？
a 「租税（課税）」に関する「「平成12年法」の"迷路"──「新破産法」等との対比において

　以下、「内国倒産手続」が存在せず、単純に「平成12年法」に基づく承認援助が申立てられた局面での問題に、さしあたり集中する。既述のごとく、「外国側」から見た場合、25条1項3号の「行政庁に係属しているものの手続」の文言を、「滞納処分」との関係で、如何に把握すべきかが、問題の焦点となる。本章2(3)で見た"日本の常識"が、「外国側」に対して、どこまで通用するかの問題、である。

　「平成12年法」の下では、既述のごとく、25条で、「承認援助手続の目的を達成するために必要があると認められるとき」には、「承認の決定と同時に又はその決定後」に、"他の手続の中止命令"が出され「得る」。そして、（26・27条を経て）28条の「強制執行等禁止命令」が、25条と同じ要件で、出され「得る」形となる。

　この点について、まず、第2の「平成12年法」適用事例を、見ておこう。本章1(2) a で扱った、「官報」（平成18年2月16日第4278号27頁）掲載の、「平成18年（承）第1号」（東京地裁民事第8部、「外国倒産処理手続の承認」）である。この事例においては、「平成12年法」28条の「強制執行等禁止命令」も、同裁判所から、同日（平成18年2月3日）付けで出されている。

　その「平成18年（モ）第75007号（平成18年（承）第1号）」についての官報上の記載には、既に示したとおり──

　「主文　すべての債権者は、債務者の財産に対する強制執行、仮差押え又は仮処分の手続（当裁判所が平成18年2月3日付けで承認の決定をした外国倒産処理手続において弁済が禁止されていない債権に基づくものを除く。）をしてはならない。」

──とあった(*)。

　*　この事例は「内外並行倒産」の事例ではないが（正確には、既に示した通り、「そう思われる」程度のことしか言えないが）、「承認決定」と同時に、「強制執行等禁止命令」が出されている。従って、本章2(4)冒頭の想定とは異なり、「内外並行倒産」状況で「国内手続が中止した場合」について、既述の山本和彦・前掲書124頁が述べるところの、「債務者の弁済」や「債権者」の「強制執行等」について、「通常は承認援助手続の中でこのような行為を禁じる援助処分がされることになろう」、との指摘は、必ずしも「内外並行倒産状況」の場合のみのものとは、言い切れないように思われる。

　もっとも、28条の「強制執行等」の「禁止」について言えば、25条1項1号で、「強制執行、仮差押え又は仮処分」を指して、「以下、『強制執行等』という」とある。とくに限定のない「以下」の文言ゆえに、条文上は、28条でも、それが前提されていることになる(*)。従って、25条1項で右の「強制執行等」（同項1号）と区別された「債務者の財産に関する事件で行政庁に係属しているものの手続」（同項3号）は、28条の射程外である、と考えるのが、一応"常識的な理解"、ではあろう。だが、25条自

体の中において、「債務者の財産に関する事件で行政庁に係属しているものの手続」（同条1項3号）と「滞納処分」（より広く、課税）との関係は、どうなのか。

    ＊ 但し、右の実例において、「強制執行、仮差押え又は仮処分の手続」とあるとき、厳密に言えば、そこに明確な条文の引用がないため、この点が多少曖昧とも、言えないではない。官報掲載で済ますにしても、条文との関係の、一層の明確化が、必要であろう。

既に示した従来の日本の倒産諸法における例（"条文構成"上の常識）からは、「滞納処分」の取扱いについては、その旨の明文の有無が、基本的な決め手となる(＊)。

    ＊ 但し、例えば「旧破産法」上、「破産宣告後に破産財団に対して新たに滞納処分を行うことは許されない」とされたのは、判例（最判昭和45年7月16日民集24巻7号879頁）によるものゆえ（「新破産法」43条1項がそれを踏襲するものであることを含めて、金子・前掲［13版］740頁）、この点は、必ずしも絶対という訳ではない。

また、「平成12年法」との対比のために、「新破産法」24条の、"他の手続の中止命令等"の規定を再度見れば、この「中止」の命令を出す際に、「平成12年法」25条よりは若干広めに「強制執行等」を定義しつつ（「新破産法」24条1項1号。——同項但書で、この1号手続の「中止」には、「その手続の申立人である債権者に不当な損害を及ぼすおそれがない場合に限り」との、「平成12年法」にはない［!!］「中止」の命令への制約が、かけられている）、同項4号で、それとは別枠で、「債務者の財産関係の事件で行政庁に係属しているものの手続」が、同じく「中止」の対象として、掲げられている。

他方、同法46条には、「破産財団に関する事件で行政庁に係属するもの」の取扱いについて、44条の中断・受継の規定の準用がある。そして、伊藤・前掲破産法・民事再生法309頁は、この点につき、「ここで予定されているのは、行政不服審査法や、国税通則法［!!］、特許法などの特別法にもとづく不服審査手続である」、としている（「行政庁」云々の文言につき、辛うじてそこにおいてのみ、右の説明がある）。

ちなみに、右の「行政庁」云々の文言のある「新破産法」24条（1項4号）、46条、「民事再生法」26条、69条についての、従来の一般の理解を反映したものとしての、平成21年版六法全書の参照条文は、課税との関係ではすべて同じであり、「行政庁に係属する事件の例」として、「税通［国税通則法］75－113」条が、挙げられている（伊藤・同前頁と対比せよ）。かくて、「平成12年法」25条の「中止命令」の対象たる「債務者の財産に関する事件で行政庁に係属しているものの手続」（同条1項3号）の意味も、右と同様と想定されている「であろう」ことが、ある種の、一般的な"相場感"の問題として、判明する。

国税通則法75－113条は、（114条以下の「訴訟」と区別された）「不服申立」（「異議申立」及び「審査請求」——金子・前掲［13版］753頁以下）の規定であり、実際の課税措置（「国税に関する法律に基づく処分」［75条］——もとより「滞納処分」を含む［!!］。この点に関する従来からの理解につき、金井助智税理士のご教示による、荻野豊・最新版実務国税通則法［1999年・大蔵財務協会］325頁、志場喜徳郎他共編・平成8年改訂国税通則法精解［1996年・同協会］762頁、等）との関係では、「不服申立」の段階に入っておれば、「平成12

2 「平成12年法」と「課税」　491

年法」25条に言う前記の「行政庁に係属しているものの手続」として、それ(不服申立の手続)が「中止」命令の対象となる、ということで整理されているものと、一応は思われる。

　だが、まず注意すべきは、「平成12年法」25条の2項において、「承認の申立て」があれば承認の「決定」の前でも、「前項の規定による中止」を命じ得るとされ、更に、同条5項で、「承認援助手続の目的を達成するために特に必要がある」なら、「第1項又は第2項の規定により中止した強制執行等の手続の取消し［!!］」(同項本文)をも、「承認の決定があった後」に(同項但書)命じ得る、とあることである。

　ここで、本章1(2)bの項目で、唯一「＊＊＊」マークを付した個所での指摘を、想起して頂きたい。「実に細かしいこと」との前提での指摘だが、そこでは——

　『[平成12年法］25条5項で、同条「第1項又は第2項の規定により中止した強制執行等の手続の取消し」とある際、「強制執行等」については、同条1項1号の定義からして、「強制執行、仮差押え又は仮処分」を意味することになる。その限りでは、同条2・3号の別枠での「手続」の扱い［「行政庁に係属しているものの手続」を含む!!］が、問題となる。もっとも同条2項に、「前項の規定による中止の命令」とあり、そこでは、1項1号の「手続」と同項2・3号のそれとがワン・セットとされているので、救われる面はあるが、多少ラフであろう。25条5項は、最も厳密には、「強制執行等」に更に「等」を足し、「強制執行等等」としないと、定義上おかしなことになる「はず」である。』

　——と、"フェイント"的に(!!)、あえて"一般の理解"には反するであろう理解を、示しておいた。25条5項の「取消し」も、1項1号の「強制執行等」の定義通りに、「行政庁」云々を除外したものと読むのが、条文上は、素直であろう。だが、"解釈"の問題として、とくに、後述のごとく「外国管財人側」(「外国側」)が、「行政庁」云々の「手続」も5項の「取消し」に含める「べき」だと、説得的に強く主張した場合にどうなるのかが、ここでの問題である。

　もっとも、ここで「行政庁」云々の「手続」が「取消し」の対象となるとしても、それは、"従来の理解"(なお、伊藤・前掲309頁)を前提に、厳密に考えれば、国税通則法75-113条の「不服申立」(「異議申立」及び「審査請求」)の「手続」となり、それが「行政庁に係属しているものの手続」となる。そして、その「取消し」の結果、単に課税処分のある状態が、"復活"する(!?)という、若干ちぐはぐなことになる(なお、執行不停止の原則と、後述の例外についての、金子・前掲［13版］757頁参照)。そうなると、何のために「中止」の上を行く「取消し」を、ここで規定したのかが、分からなくもなる「はず」で、そのちぐはぐさから「も」"逆算"して、25条5項は、1項1号の「定義」通り、やはり「行政庁に係属しているものの手続」を除く「べき」だ、とはなろう。

　だが、右は、課税処分に対する「不服申立」の「手続」"のみ"が、25条1項3号の「行政庁に係属」の「手続」だと、前提した場合のこと、である(日本の倒産諸法における"常識"を横滑りさせた右の理解においては、25条で中止した手続につき、「管理

命令」段階で37条の中断・受継がなされる、との単純な構造が、この点での「平成12年法」だ、ということになる)。"そうではない理解"が、「外国側」から示されたら、どうなるのか。——といった、ある種の"鼠花火"のぐるぐる回り（!!）が、ここから生じ「得る」ことになる。

この点で、右の「平成12年法」25条5項につき、山本和彦・前掲書99頁の指摘に、注目する必要がある。そこには——

「例えば、商品の差押えや当座預金の差押え等の場合には、いかに強制執行等を中止しても、差押えの効果が続く限り、商品を売却したり手形を決済したりする活動ができなくなる。日本における事業を再建する必要がある場合、債務者の事業を継続するためには単なる手続の中止では十分ではなく、その取消し、それに基づく商品の販売・預金の払戻し等が必要となる場合が考えられよう。また、国内財産を外国手続の用に供するために［!!］、その処分や国外持出し［!!］が必要となる場合には、その前提として、既になされている差押え等を取り消す必要があろう。したがって、他の再建型倒産法制の規律に倣い（民再26条3項・39条2項、会更67条6項）、強制執行等の取消しの援助処分を認めたものである……。」

——とある（▼）。

「外国管財人側」、つまり「外国側」からすれば、日本の租税債権が、右の観点から、まさに邪魔だという場合、日本の課税当局の営為自体に対して、待ったをかけるべく、「平成12年法」の中に、"使えそうな規定"を捜すであろう。

ここで、再度「平成12年法」25条1項3号の、「債務者の財産に関する事件で行政庁に係属しているものの手続き」についての、「中止」（1・2項）＆「取消し」（5項）の、規定の文言を、何の前提もなく、"日本の常識"にもとらわれず、ごく自然に見た場合、どうなるのか（"解釈"の問題）。そこが問題となる(*)。

* ちなみに、「新破産法」24条の「中止」の規定でも、「特に必要」なら、同条「第1項の規定」により「中止」した「強制執行等の手続の取消し」をなし得る（同条3項）とあり、その「第1項」には、1項1号で定義された「強制執行等」の他、同項4号の「行政庁に係属しているものの手続」が、別枠となっている。その限りで、「平成12年法」25条の"条文構成"と"解釈"について右に述べた点は、「新破産法」についても同様となり「得る」（但し、この「*」部分の末尾参照）。

だが、実際の課税措置との関係では、「不服申立」の段階に入っておれば、「新破産法」24条1項4号に言う前記の「行政庁に係属しているものの手続」として、それ（不服申立手続）が「中止」命令の対象となるだけだというのが、既述のごとく、従来の"一般の理解"であった（その実益の一端［!?］として、差押財産の換価と不服申立との関係［国税通則法105条1項但書］に関する、金子・前掲［13版］757頁参照）。

ここで、「行政庁」云々の文言について、次のbの項で示す点を"単純に"あてはめれば、右を越えて課税処分ないし滞納処分自体が、「第1項の規定により中止した強制執行等の手続の取消し［!!］」（24条3項）の対象と、"解釈上"なり「得る」かも、問題となり得ないではない（伊藤眞・前掲書308-309頁が、「新破産法」43条2項との関

2 「平成12年法」と「課税」　493

係で、「滞納処分」の「続行を否定する」立法提案が「採用されなかった」ことに言及していることに、ここで注意すべきである。かかる方向での"解釈"可能性の問題である)。

ただ、「新破産法」上は、25条の「包括的禁止命令」の規定が別にあり、そこで「強制執行等」と並んで「国税滞納処分」の「禁止」がある。また、「課税」との関係では、「明文」がないと原則的に(既述)それ以上は踏み込まないとの"不文律"めいたものが若干あるようでもあり、それらのことからも、既述の"一般の理解"においては、24条1項4号の「行政庁に係属しているものの手続」が、前記の"(金子説を含む)一般的整理"の下に、解されて来たのであろう(もっとも、「旧破産法」上は、71条1項で「滞納処分」が、その2項で「行政庁ニ繋属スル事件」が、シャープに対置され〔後者は「手続」の「中断」の規定〕、"強制執行等"は70条で、それぞれ規定されていた)。

"純粋な国内立法"における従来の"一般の理解"は、十分に尊重されるべきであろう。だが、「平成12年法」は、既述の「国連モデル法」の採用との関係で、それとは若干別扱いたり「得る」。そこが問題、なのである。

b 「平成12年法」25条の「中止」及び「取消し」と「課税処分」──「外国側」から見た「行政庁に係属しているものの手続き」とは?

"従来の一般の見方"では、既述のごとく、「租税確定」の「手続」を経て、「租税徴収」の「手続」に至る一連の流れ(金子・前掲〔13版〕613頁)の中で、納税者側の「不服申立」手続に対して、「平成12年法」25条の「中止」がなされ得る、ということで、この点が整理されていた「ようである」。だが、山本・前掲99頁(直前のaの項における、前記の▼の個所)の、「外国側」から見ても十分に納得の行くであろう問題関心からはなおさら、「行政庁に係属しているものの手続き」との文言を、ごく自然に見たならば、『少なくとも「有効な租税確定処分」(金子・同前615頁)があった段階から、その徴収の「手続」が終了するまでを、トータルに考えて、即ち、金子・同前697頁の「滞納処分又は強制徴収」に、至る前の段階から(!!)、それが「行政庁に係属している……手続」なのだと、なぜ言えないのか(??)』、との問いかけが、なされ「得る」であろう(*)。

　　* 「係属」は「事件」を前提とすると答えたとしても、「有効な租税確定処分」があった後は、課税庁内での「手続」がそれとして進行する故、それを〔行政庁内部での〕「係属」と、なぜ言えぬのか、との問いかけが、「外国」側からは、更になされ「得る」であろう。

「日本側」が、既述のごとく"対外国"では説得力の弱い"立法経緯"に関する法制審議会の議事録に加え、"滞納処分はセーフ"との、卒然たる山本・前掲書の前記の指摘や、日本の倒産諸法の"条文構成"を持ち出して応戦したところで、「外国側」は、『そんなこと、「平成12年法」の何処に書いてあるのか?』と、問うであろう。

"日本の倒産法制の常識"を主張したところで、既述の点(本章2(3)aの、「＊＊」の個所を見よ)、即ち、「平成12年法」がUNCITRALに対しても、「国連モデル法」の採用による立法として公式に通告されたものであることからして、その"解釈"は、同モデル法の前記の8条を旨としてなされる「べき」であり、「日本側」のドメスティックな"解釈"で押し通すのは、そもそも右趣旨に反する、等々の"攻勢"が、「外国側」

からのものとして、予想される。

　かかる主張が厳しく（とくに「外国側」の官民が一体となって）なされたとせよ。「平成12年法」上「租税」に言及する条文が、23条3項1号（「通知」）以外に存在しない状況下では、25条1項3号の「行政庁に係属しているものの手続」の文言を、それ自体として見たとき、税務当局に、「滞納処分」に至る前の段階から、事件は「係属」（英語で言えば"pending"）しているのであって、その「手続」について、25条1項3号で、ともかくも「中止」は、命じ「得る」として、「"外堀"が埋められてしまうこと」は、ある程度覚悟しておいた方がよさそうに、私には思われる（山本和彦・前掲書98頁の指摘と、対比せよ）。

　「外国側」としては、更に、"内堀"をも埋めるべく、山本和彦・前掲書99頁の、直前のaの項における、前記の▼マークを付した指摘（その実質論）などを示しつつ、まさにかかる指摘は、当該事案において「日本の租税債権を押さえ込むこと」こそが、「承認援助手続の目的を達成するために特に必要がある」（25条5項）ことを、如実に支持する、などとして、"解釈"による「課税処分」（「滞納処分」を含むが、それよりも広いそれ。既述）の「取消し」（同項）をも、主張し「得る」であろう。即ち、同法1条の目的規定からしても、一般の「強制執行等」と同等に、あるいはそれ以上に、「行政庁」云々の「手続」で25条1項の「中止」の対象となる「べき」（既述）「課税処分」自体を、同条5項の「取消し」の対象とす「べき」であり、そうでないと「外国手続」は、まさに山本・同前頁の指摘のように、うまくは進まない、等の主張を、大胆にも「外国側」がして来「得る」ものと、予め見込んでおくべきである（37条の中断・受継の規定についても、if any ということで考えれば済む、といった主張が、なされるかも知れない[*]）。

　　＊　もっとも、「中止」にまで持ち込めれば、「外国側」は、後は日本の裁判所への"寝技"攻撃で、「在日資産の国外持ち出し」にまで、至り「得る」（倒産者の在日資産の「国外持ち出し」問題については、本章1(1)h（貿易と関税2009年8月号63頁以下）の「制度上の重大な抜け穴」が、「平成12年法」には存在することに、山本・前掲書99頁の、前記の▼マークを付した指摘との関係でも、注意せよ）。

　もとより、日本の裁判官が、既述の"一般の理解"を前提に、「そんなこと、出来るはずは……」とのリアクションを示すことを、私とて期待する。だが、強烈な外国からの圧力がかかったとき、日本の裁判所の対応がどうなるのかは、実際のところ、分からない。

　窮した「日本側」は、「国連モデル法」13条2項の審議過程での「租税」の取扱い（本章2(2)［同誌2008年8月号63頁以下、同9月号58頁以下］）を持ち出すかもしれない。だが、「外国側」からは、『要するに右の審議では、「租税」（但し、直接には「外国」のそれ）の取扱いは、各国に委ねられているのであり、かつ、「国連モデル法」よりも一層、「平成12年法」は外国手続への「協力」一辺倒の構造になっており、「援助の処分」を与える際にも、「国連モデル法」の種々の「セーフガード措置」における、（自国租税債権者を含む）"ローカルな債権者保護"は、何ら要件化されていないではないか』、と

の反論が予想される。「外国側」が、更に、「平成12年法」制定後の「改正会社更生法」・「新破産法」における「滞納処分」の"相対化"こそが日本の倒産法制の正しい流れであり、「平成12年法」25条も（その文言への前記のごとき自然な理解に基づく"解釈"に加え）、かかる流れの中で把握すべきだ、などと主張したらどうか。——等々、シミュレーションは、殆どエンドレスで続く。

かくて、本章1において「平成12年法」と「国連モデル法」との間の"大きなズレ"として指摘して来た諸点が、すべて「日本側」（国税側）に対して、"Againstの風"として、ここでは機能し「得る」、といったこととなろう（以上、2009年8月11日午後1時15分までの執筆。点検終了、同日午後4時41分［ここまでは、貿易と関税2009年10月号分］）。

(5) 「小括」——「国税サイド」での反省点・今後の注意点を含めて!!

これまでの執筆で、本書において予定していた検討事項については、一応、私なりには論じ尽くしたことになる（執筆再開は、"満月期大潮"の2009年9月3日、午後2時33分）(*)。

* 従って、貿易と関税2005年9月号以来、丸4年以上に及ぶ本論文（「国際課税と牴触法［国際私法］」）も、あと数号分で、終了となる（同誌2010年3月号分で、同論文は、終わりとなった）。その間、別途公表等して来た論文もあり、かつ、それらの中には、公表と言っても、あまり目立たぬ形のものが少なからずある。本書が仕上がった後、それらを同誌の、殆どギネス・ブックもの、ではないかと疑われる連載の中に定着させることが、私にとっての、次の仕事となる。

　いつの頃からか、事前の書き溜めを一切せず、専ら毎月毎月の「氣」の進展具合をチェックする目的で、自覚的な自転車操業を続けて来たが、それも、もうよいであろう。もっと自然に、己を見詰め続ければ、それで済む話であるから（とくに2009年春以降は、己を一切消す、「空」の執筆手法にも拘って来たが、それにはとんでもない"副作用"があることも分かったし、すべて自然体に戻すこととする。私は私、なのだから）。

さて、本章2(4)では、とくにマニアックな問題を扱った。即ち、「平成12年法」25条1項「3号」の、「債務者の財産に関する事件で行政庁に係属［英語で言えば"pending"］しているものの手続」(*)という、従来誰も本気では考えて来なかったのではないか、とも疑われるところの、同条1項の「中止」命令の対象について、それを「外国側」（「外国管財人側」）から見た場合の、シミュレーションを行なった。

* この文言は、既に示した通り、「旧破産法」以来、「滞納処分」それ自体とは区別された存在として、"日本側"では認識されて来ており、かつ、課税関係を含めた「不服申立」の「手続」（のみ）を意味するものとして、いわば何となく、用いられて来ていた。

そのシミュレーションとは、右の「行政庁」云々の文言を、様々な"日本的なしがらみ"をすべて断ち切り、あくまで「平成12年法」の中で見た場合、「外国側」から、思わぬ主張がなされて来「得る」ことの、検証であった。「平成12年法（承認援助法）」

は、"対外的"には、あくまで、同年（2000年）に日本が「国連モデル法」の世界に先駆けての"採用"をしたものとして、制定されたものである（その旨、UNCITRALへも通告されていることを含めて、既に示しておいた）。その場合、（「滞納処分」を含めた）「課税処分」自体を、右の文言の"自然な意味内容"として捉えることが、「外国側」からはなされ「得る」であろうことが、そこでの論述の、基本であった。どうか、下線を付した右の「＊」に対応する部分の文言を、素直に英語に訳して、考えて頂きたい。

"日本側"の理解としては、平成11年の「民事再生法」、翌年の「平成12年法（承認援助法）」、そしてその後の「改正会社更生法」、「新破産法」という一連の倒産法制の改革は、"連続的"なものであって、前記の「行政庁」云々の文言も、そうした一連の改革の波の中で、(あまり目立たぬ)川底の石のごとく、ゴロゴロと揉まれた単なる結果として、「平成12年法」にも顔を覗かせたものだった、のであろう。だが、"対外的"には、「国連モデル法」の採用による法制定だったという、「平成12年法」の"international origin"（「国連モデル法」8条［解釈］中の文言）からして、かかる"日本的なしがらみ"で、何処まで「外国側」に"対抗"できるかが、問題の本質であった。

伊藤・前掲破産法・民事再生法106頁を引用しつつ既に示したように、「新破産法」では、「滞納処分」は「中止命令の対象にならない」が、「禁止命令の対象となる」のに対して、「会社更生では、滞納処分は中止命令の対象にも……禁止命令の対象にもなりうる」。だが、「民事再生では、中止命令の対象にも、禁止命令の対象にもならない」、とされる。それらは、「国税サイド」と「倒産法サイド」との"日本的な（純粋に国内的な!!）暗闘"の結果、であろう。「新破産法」制定時には、「国税サイド」として相当に頑張った、ともされる点について言えば、それに先行する「改正会社更生法」のようになってはたまらない、との事情があったものと思われる。

だが、本章2(4)の論述にも匂わせておいたように、「国税（滞納処分）無傷」で終わった「民事再生法」の翌年の「平成12年法」制定時に、「国税サイド」は、殆ど何もしなかったようである（法制審議会で「租税」が議論されるという大事な時期に、大蔵側の後任の委員が決まっていず、欠席するとは、一体何事か!!）。だから、「倒産法（民事）サイド」が余計に勢い付き、「改正会社更生法」での前記の事態に、至ってしまったのでもあろう。その後の「新破産法」制定時に相当頑張ったとしても、結果としては、「納期限から1年」云々の、「不当な租税債権の劣後化」を、やはり招いてしまったではないか（!!）。

思い返せば、「平成12年法」制定過程は、一連の前記倒産法制の改革の中で、「課税（租税）」の取扱いを正面から論ずる（論じさせる!!）ためには、最高の場であった「はず」である。「一橋案」以来、「倒産法サイド」は、「公権力行使と国境」についての基本的センスを欠いたままであり、それを反映してか、「国連モデル法」作成時の「§483的米国の論理」を巡る諸国の暗闘に対しても、山本和彦・前掲書に象徴されるようなトンチンカンな理解（要するに、無理解——既述）しか、示し得ない状態であった（本書第5章2(2)b）。まさに、「租税」に対して「エアー・ポケット＆ノー・ガード」状態だった"其処"で、「国税サイド」が頑張ってくれていたならば（過去完了!!）、その後の「滞納処分」（というか「課税」）問題の相対化への不当な流れを、十分に押し

戻し得たのではないか、との点が、私にとっての痛恨の一事となる（ことあるごとに「一橋案」以来の「課税権行使」への無頓着振りを批判して来た私が、「平成12年法」制定に至る過程で、右の問題性を埼玉県某所で熱く語って帰宅したある夜、黒板に自宅ファクス番号を大書して来たことの成果として、遂に主税局の担当課の連絡先を、匿名ファクスで教えてもらい、翌朝急行したが、もうすぐ閣議決定ゆえ……とのことで、駄目だコリャッ、となった時の思いを活字に定着させたのが、これまでの論述であった）。

ところで、「新破産法」制定との関係では、既に一言した佐藤英明「破産法改正と租税債権」租税法研究33号（2005年）68頁以下がある。同前・70頁は、「新破産法」における既述の"租税債権の不当な劣後化"について、「それは、破産手続外における租税債権の扱いと整合的なものだといえるのであろうか」との、正当な（!!）問題設定をする。例えば、これまでとくに論じなかったが、「新破産法」において、「加算税につき、その優先性が大幅に削減されたこと」（劣後的破産債権化）から、「特に法人である納税者が破産した場合には、加算税を徴収しうる可能性はほとんどなくなった」（同前・71頁）ことも含め、同前・72頁には、「租税債権に対してその速やかな行使を求めるという考えにはどのような理由があるのであろうか。また、本税と付帯税の極論ともいうべき扱いの差には、いかなる理由があるのであろうか」との、これまた正当な問いかけがある（「加算税」について言えば、それにはもともと、法執行の実効性を担保するためのサンクションとしての、重要な側面がある。それを、あっさりと最劣後債権とする無神経さは、一体どこからもたらされるものなのか）。

既述の「納期限から１年」云々の「新破産法」の不当な取扱いについて、同前（72）頁では、租税の場合の「自力執行権」との関係で、租税徴収サイドがその権利を「合理的期間内に行使しなかった場合にまで最優先の地位を付与するのは相当でない」（小川秀樹編著・一問一答新しい破産法189頁が、引用されている）ということが、その理由だったとした上で、「国税徴収法によって与えられている租税債権の自力執行権の時間的制限と裁量の範囲内であれば、その行使は、本来、徴収当局の合理的な裁量に委ねられているはずであり、その不行使をもって租税債権の優先性に変更を加える根拠とはならないのではないか」との、正当な疑問が呈せられている（佐藤・前掲72－73頁）。

このこととの関係で、とかく「徴収猶予等」が「与信」だとして、その点から租税債権を「一般の私債権と区別する必要はない」といった論がなされがちであり、「新破産法」制定時にも、こうした議論のあったことが、同前・73頁には示されている。そして、「すでに昭和31年の時点」で、「現行国税徴収法の立法過程において」、右と全く同じ議論がなされていたとの、注目すべき指摘が、佐藤・同前（73）頁で、なされている。だが、昭和31年段階では、「徴収猶予」の別な側面、即ち、「滞納処分の促進が租税を滞納している事業者等の経済的破綻の後押しになること」が考慮され、そのことへの「ためらい」から、「新破産法」における前記の"暴挙"には至らなかった、とある（同前・74頁。但し、暴挙云々は、私の評価。──"劣後化"により、課税当局に右の「ためらい」がなくなったら、倒産事例が不必要に増えることにもなり得る。その点を無視して、狭隘な、個々の倒産手続の中での「アンチ租税」の声のみが響いて、こうした制度改革をもたらしたことになる。"全体的な制度設計の在り方"として、昨今の日本では、

ありがちなことではあるが、問題であろう。要するに「合成の誤謬」の問題である）。

　前記の、「租税債権」を「一般の私債権と区別する必要はない」といった論について言えば、「島国」ゆえの暴論と、私は考える。「国家の営為」を「民間債権者への圧迫」としか考えられぬその視野の、狭隘さを、まずもって指弾すべきである。

　「国境を越えた問題把握」の必要性を、私は、ここでも痛感する。こうした論者は、「外国租税債権」をも、「一般の私債権と区別する必要はない」と把握するのであろうか（??）。おそらくそうであろう。だからこそ、「一橋案」における、内外租税債権の処遇が「準拠法」（何についてのそれか、すら不明!!）によって左右されるといった、「牴触法」の基本をわきまえぬ暴論（「等々」!!——すべて既述）が、出て来るのでもあろう。

　全く同じ議論がなされつつ、「昭和31年」と「平成16年」とで、前記の点での結論が逆転したこととの関係で言えば、その間における「市場の論理」の不当な台頭も、その理由となるであろう。「市場の論理」が「法的正義」を駆逐した第1弾は、私の見るところでは、「昭和58年（1983年）」の、「貸金業法」の制定にあった（石黒・前掲世界貿易体制の法と経済［2007年・慈学社］227頁以下を見よ!!）。

　私のその後の"全仕事"との関係では、思えばその2年後、「昭和60年（1985年）」に、レーガン＝中曽根ラインでの、「電電改革」（テレコム競争導入・民営化）があり、「規制緩和・規制改革・構造改革」への急速な流れがあって、石黒・法と経済（1998年・岩波書店）における徹底した「新古典派経済学批判」を通じての、「市場原理主義批判」に至る。そして、同・国際私法［第2版］（2007年・新世社）の「はしがき」に示したように、「私にとって見れば、テレコム等での個別分野での戦いに一区切りつけて、ふと後を振り返れば、私の古巣たる"法律学"の世界が、いわば一周遅れで、私がこれまで戦ってきたのと同じ類の火の手に、包まれていた」ことになる。「租税債権の不当な劣後化」の背景にも、同じ事情があったと、見るべきである。

　佐藤・前掲75頁は、前記の分析を踏まえ、「新破産法」制定に至り、「租税の公共性」の「主張の説得力が著しく弱まっている」ことを、危惧する。「新破産法」の制定過程で、「徴税当局」は、「破産法手続の外ではすでに国税徴収法が「租税の公共性」を根拠に一般私債権との関係で国税の最優先原則を定めている」と縷々主張したにもかかわらず、前記のごとくなってしまったことから、「私債権類似性論」に対する「公共性論」の「弱さは顕著である」、とされている（同前頁）。また、「延滞税や加算税」の極端な劣後化も、「まさに、一般私債権としての引き直しによって結論が導かれている」、とされている（同前頁）。

　まさに、"「私」の側の論理"（租税債権によって圧迫される私企業等の論理——最もプリミティヴな「市場の論理」）によって、"「公」の側の論理"が駆逐される構図、である。佐藤・同前（75）頁以下が示す、「租税の公共性論」の側での更なる議論の詰めの欠如は、つくづく残念ではある。だが、同前・76頁がサラッとのみ触れるところの、「租税が国家財政の基盤を支えるものであること」との視点には、前記の私の"全仕事"との関係でも、言うべきことが多々ある。

　日本国内で言えば、ちょうど一昨日、経済産業研究所の通商政策史作成のためのインタビューでも指摘したことだが、石黒・前掲世界貿易体制の法と経済134頁以下（「日

本の構造改革の原点と"エッシャーの騙し絵"?」の項)の、産業構造審議会総合部会基本問題小委員会の3冊の報告書(1993-1995年)から、「市場原理主義」的な日本の改革の悲劇が本格化し、橋本政権下での、「1997年の規制緩和・行革の嵐」へと至る。レーガン・サッチャー的な「小さな政府」論の台頭、である。

　その過程で、極端な「財政危機」が生じ、結局は赤字国債の大量発行で、日本国債の格付けの大幅ダウン等々の、国家として誠に由々しき問題が生じた。誰でも知っているところの、そうした事態を、前記の、「租税が国家財政の基盤を支えるものであること」との視点、更には、「租税の公共性」論と、正面から、堂々とぶつけて見よ(!!)。私の言いたいことは、まさにそれ、である(!!)。

　「昭和31年」時点と同じレベルの論議が「新破産法」制定時に"再燃"したとしても、「平成16年」の段階で、日本の財政は、長期的には既に"火の車"だったはずである。国家財政がかかる危機ゆえ、頑張ってもらわねばならないのは、まずもって「国税徴収」のはず、ではないか(!!)。それが不十分ゆえ(「足らない」から)、赤字国債の発行へと、国家が走ることになる。その悪循環を断ち切るべく、従来以上に(!!)、「国税徴収」には頑張ってもらわねばならないはず、である。もはや事態は、個々の倒産事例における「私債権 vs. 租税債権」といったミクロの問題関心では、語り得ぬ段階まで来ている(!!)。——かかる正論を、堂々と「国税サイド」は、一歩も引けぬ不退転の決意で、どこまでも説くべきだったし、これからは、せめてそうして頂きたい([A])。

　ここで、中里実・タックスシェルター(2002年・有斐閣)187頁以下の、「アメリカのタックスシェルター報告書」(U.S. Department of the Treasury, The Problem of Corporate Tax Shelters —— Discussion, Analysis, and Legislative Proposals [July 1999])に、注目すべきである。徴収側・納税者側のどちらにも役立つような、微妙なスタンスで書かれたのが中里・前掲書ではあるが、米国財務省の右報告書は、「法人向けタックスシェルター」の「蔓延の結果として」、米国で「法人税収が落ち込んでいる」ことへの、猛烈な危機感から、発出されたものである。中里・同前190頁の、「それほどに、1990年代以降のアメリカにおける課税逃れ商品の問題は深刻なものとなってしまったのである」との指摘の"重さ"に、注目すべきである。

　こうした「課税逃れ商品」は、新型インフルエンザ並みの速さで日本にも伝播し、「国際的な租税回避」問題へと発展して久しい。だから私は、前記の「納期限から1年」云々を「合理的」と考える人々に対して、本章2(4)において——

『この「納期限から1年」という期間設定を"合理的"と考える人々に対して、本書を通して、まずもって訴えるべきことは、貿易と関税2005年9月号60頁以下(石黒・前掲新制度大学院用国際私法・国際金融法教材70頁以下[同誌1995年3月号58頁以下]をベースとするそれ)でその一端を示したところの、実際の「国際的な税務否認」事例、との関係である。複雑な「金融工学」のスキームをも駆使して"課税逃れ"がなされる実態を、そうした人々は、一体どこまで認識しているというのか(!!)。

　隠れ蓑としての、ことさらに複雑に組まれた取引スキームを、徹夜に継ぐ徹夜で

500　第6章　「平成12年法（承認援助法）」と日本の選択？

必死に解析して、その上で処分に持ち込むまでの現場での必死の労苦は、日本の国家財政を守るための正当なものである。それを「も」、「納期限から1年」で斬るとは、一体どういうことなのか。——なお、この点での、より大きな"文脈"での問題把握については、「国際税務否認」関連での最高裁の英断とその有する意味合いについて論じた、同・前掲世界貿易体制の法と経済9頁以下、168頁以下、223頁以下、等を参照せよ（後述する）。』

——と、記しておいたのである（[B]）。
　従来からの、漠然たる「租税の公共性論」に対して、以上の「[A]+[B]」からの大局的な見方を、「租税（法）サイド」から「も」、至急に示して頂きたい。「民事」の世界での私利私欲に終始する時代は、2008年の世界的金融危機を経た現在、もはや明確に、葬り去られた「はず」なのだから(*)、なおさらである（[C]）。

　　＊　そうなる前、即ち、『「私利私欲の追求」の前に、社会全体（国家）の利益は引っ込め』との風潮が広く世界を覆っていた頃、しかも、こともあろうに「アジア経済危機」が顕在化した1997年、そして1998年に、悍ましいドラフトの出されていたのが、日本の通産省主導（!!）の、OECDのMAI（多数国間投資協定）案、である。それについても、石黒・前掲世界貿易体制の法と経済157頁以下で論じてあるが、「租税」がそこで、「国有化・収用」と基本的に同視され、ミニマイズすべき「規制」として扱われていた点については、右の詳細版たる同・グローバル経済と法（2000年・信山社）230頁以下の、「Taxation」の項を、参照せよ。「二国間租税条約」のネットワーク構造をすべてぶっ飛ばす危険な構図がそこにあったのだが、「国税サイド」の関心の程は、一体どうだったと言うのか（!!）。

　ここで、佐藤・前掲82頁に戻れば、そこには、租税債権の「特殊性」（同前・81頁以下）について、「租税債権にはある種の「脆弱性」——すなわち、そもそも徴収確保に困難な性格——があり、それを補完するものとして租税債権の優先性を位置づけることができるのではないか」、とある。その通りとは思うが、なお後ろ向きの観がある。もっと正面から、前記の「[A]+[B]+[C]」の視点、即ち、明確な「世界観」に立脚する主張を、して頂きたい。
　ただ、ここで、「租税債権の優先性」について、「国税サイド」として注意すべき点がある。大局的に見た場合、そして、日本の現下の財政危機を考えれば、前記の「[A]+[B]+[C]」の通りなのだが、自分達に都合のよいところだけ"つまみ食い"をして、外国の法制度を、更なる「租税叩き」に使う輩は、以下のことにいずれ気付いて、あれこれ言い出すであろう。
　つまり、貿易と関税2008年9月号59-60頁（本書第4章4(5)の中で、唯一「＊＊」マークを付した部分）で、私はDicey/Morris/Collins, supra [14th ed.], at 1448fを引用しつつ——

『＊＊　但し、右の引用部分の末尾には、「課税」との関係で重要なことが、実は、別途書かれている。即ち、（右の[2000年EU（倒産）規則] 39条が「租税債権の優先

性［priority; preference］」については語っていないこと［貿易と関税2008年5月号51頁参照］との関係で）「英国」が租税債権の優先性を2002年に否定したこと（!!）が、記されている。そこには——

"The claims of taxation authorities are often accorded a considerable preference ..... . For the abolition [!!] of Crown preference in England, see Enterprise Act 2002, s. 251."

——とあるのである。スイス（連邦の租税債権）の場合についての貿易と関税2008年2月号74頁以下（本書第2章3）、ドイツの場合についての同3月号81頁（同章5の末尾近く、参照）の指摘と、対比すべきである。「英国」も同じことに、なってしまったようである。だが、日本は日本、のはずである。』

——と、記しておいた。

スイスの場合には、右の引用個所に示したように、同国の租税債権の中核は「州（カントン）」のそれにあり、かつ、巧妙な制度作りの中で、それが守られていることに、別途注意すべきである。だが、右の「英国」及び「ドイツ」（1999年に Fiskusvorrechte を廃止。右の個所参照）の制度改革を、諸外国の最近の流れだとあえて短絡的に把握した上での主張が、「アンチ国税」側からなされた場合のことを、「国税サイド」は、十分に予期し、対応を考えておかねばならない。

右の2国に対して、「米国」及び「フランス」は「優先権」維持のままであること等、この点は、私が論文指導をさせて頂いた柏聖「諸外国の租税徴収制度と事務運営」（平成21年度税務大学校研究科提出論文）に、右の点での"防波堤"となることをも私自身意識しつつ、書いて頂いたが、継続的なウオッチが、必要である。

以上が、本章2の『「平成12年法」と「課税」』の項目の、「小括」である。そしてここで、本書全体の「総括」が、必要になる。

終章——米国の思惑、EU の戦略、そして日本の無策

　2007年8月号から2009年11月号までに及ぶ、本書のもととなった連載論文を振り返ると、私には、大袈裟ではなく、万感の思いがある。一言で言えば、「米国の思惑、EU の戦略、そして日本の無策」、となる。その「日本の無策」とは、本書で扱った「スイス」・「ドイツ」・「英国」・「米国」のいずれの国でも、「従来の自国法制度との連続性」を重視した制度改革がなされているというのに、何故「日本」ではそうではないのか、との情けない思いのことである。

　だが、本書第6章2(5)に示したように、「無策」は、日本の民訴・倒産法学者達のみのものではない。不必要に攻め込まれるばかりで、堂々たる反論を然るべき段階（それは、複数、否、多数あったはず‼）でせずに、殆ど沈黙するかの如くであった日本の「国税サイド」の問題、でもある。あまつさえ、「一橋案」との関係で、「石黒の考えに国税サイドは同調していない」と言うがごとき国税サイドの論稿が出されていたことなど、言語道断的状況もあった（石黒・前掲新制度大学院用国際私法・国際金融法教材70頁以下参照‼）。

　だが、20年近く"封印"していた「スイスと私」についても、「石黒条項」とも言うべきスイスの「ミニ破産」とその後を、"封印"を解いて初めて書けたし、「2000年EU 規則」（「1995年条約案」）と「国連モデル法」それ自体についても詳論出来た(*)。「米国」についても、今まではさほど書かなかった「304条」制定段階での"ボタンの掛け違い"から出発して、「Chapter 15と BCCI 事件」といった切り口を含め、十分に論じたつもりである（すべては、石黒・前掲国際民訴法289頁以下の「国際倒産」の部分の、抜本拡充のための営為、であった）。

　　* 私のスイス留学中のサジェスチョンで明確化された「スイスのミニ破産」構想が、「2000年 EU 規則」を経て、屈折した形にせよ、「国連モデル法」の中にまで"染み込んで"いることを確認出来たことは、望外の喜びであった（これこそが、［隠れた］世界貢献であろうが‼）。思えば、以下にも出て来る東京高決昭和56年1月30日判時994号53頁は、私の考えが実質的に採用された最初の判例だったし、「国際倒産」とは、何かと縁のある私、である。

　他方、「ウエストブルック＝米国＝国連モデル法」といった、事実に反する（‼）前提で、（脅された揚げ句）怯え切って行動した「日本側」（「法務省民事局」を含む——UNCITRAL の会議に出ていた法務省側担当者は、何と、石黒・国際私法の危機［2004年・信山社］、及び同・前掲国際私法［第2版］で糾弾した、「法例廃止」の暴挙で顔を出すのと、同一人物であった‼）についても、「強迫観念モデル」を示しつつ、その"情けない実像"（!?）を、深く抉ることが出来た(*)。

　　* その基本構図は、「日米規制改革対話」で米国に脅された結果としての、「新会社法」制定の場合（石黒・前掲世界貿易体制の法と経済167頁以下、223頁以下。「法務省民事局」

との関係では、とくにその234頁に注意せよ‼)と、同じではないかとの思いを、私は強く抱く。

あれこれ、この「小括」をどう書こうか考えた末、既に一言してあるところの、青山古稀記念論集所収論文(「英国」に至るまでの本書の論述の、エッセンス)を、多少紙数節約のための工夫等を施しつつ以下に示し、本書序章2の小論と対比させることで、本書の各パーツとの架橋を図りたい。

●　●　●

☆　「国際倒産と租税――わが国際倒産法制の変革と牴触法(国際私法)」(伊藤眞＝高橋宏志＝高田裕成＝山本弘＝松下淳一編・民事手続法学の新たな地平 [2009年・有斐閣] 607頁以下):

一　論述の前提――「外国倒産処理手続の承認援助に関する法律」の制定と従来の牴触法的理論枠組との関係をめぐって

青山教授は、「外国倒産処理手続の承認援助に関する法律」(平成12年法律129号――以下、「承認援助法」と略称する)の制定前、夙に1979年の論文において、例えば破産について言えば、宣告のなされた「外国にその者の生活ないし活動の本拠」がある場合と否の場合とを区別し、前者の場合には、当時の破産法3条2項にもかかわらず、外国管財人等からの執行判決の申立を認める、等の解釈論を展開しておられた[1]。「承認援助法」制定前の状況下においては、様々な解釈論に下支えされつつ、若干の判例の下で、わが倒産属地主義の緩和に向けた努力が続けられていたが[2]、「承認援助法」の制定で、状況はたしかに一変した。

だが、「裁判ごとに対内効の肯否の結論が分裂すること」の防止の観点から、同法32条以下の「管理命令」の「有無」による一義的処理、つまりは同法の手続への問題の一元化を志向し、同法制定によって従来の「判例法」は(従って、それを下支えした解釈論も)「先例としての価値を失う」とする見解[3]がある。その一方で、「承認援助手続の枠組みの外で、外国倒産手続ないし外国倒産処理手続開始決定の「承認」を観念すべきである」として、同法の枠組みの外での、一般の外国裁判の承認、即ち一般の牴触法的処理の余地を残すべきだ、とする見解もある[4]。

筆者自身は、「同法に基づく手続が実際に動き出した場合に、その限りで、従来の一般的な処理定式(牴触法上の、通常の取り扱い)が修正を受けるものと、解さねばおかしい」、との立場である[5]。そして、その理由の一つには、外国管財人側に立つわが倒産実務家の声として、「管理命令」発出に伴い「自分以外の第三者が承認管財人に選任されたとき」には、外国管財人側は国内での手続につき「直接のコントロール」を「失う」等として、同法ルートにはそれなりのリスクが伴うことへの認識が示されていること[6]もある。つまり、東京高決昭和56年1月30日判時994号53頁のような、いわばミクロ・レベルでの個別差押への対応と、外国管財人側の全体としての(マクロ・

一　論述の前提——「外国倒産処理手続の承認援助に関する法律」
　　の制定と従来の牴触法的理論枠組との関係をめぐって　　505

レベルでの）対応とは、別であり得るということだが、同法ルートを唯一としてしまっては、外国管財人側の手足を、不必要に縛ることになるのではないかとの点が、一つにはある(7)。

　他方、「承認援助法」のもととなった1997年の「国連モデル法」(8)が、決して自己完結的なものではなく、むしろ不完全な存在であることにも、注意すべきである。この点は、「2000年EU（倒産）規則」(9)・「国連モデル法」・「従来の一般の牴触法的処理」の三者の巧妙な融合を図った英国において、最も明確に認識されているところである。

　即ち、英国（具体的にはイングランド・ウェールズとスコットランド）は、2006年４月３日（翌日発効）の The Cross-Border Insolvency Regulations 2006によって、「国連モデル法」を採用した(10)。だが、右の認識の下に、「2000年EU（倒産）規則」の包括性に対して、「国連モデル法」が決してそうしたものではなく、それを採用したところで、残存する問題群に対しては（準拠法問題に限らず）、在来の牴触法的枠組がそれらを処理するとの強烈な認識が、別途示されている(11)。もとよりそれは、最優先で適用される「2000年EU（倒産）規則」に服することを、すべての前提としたものではあるが、「承認援助法」（従って「国連モデル法」）オンリーでよいとする前記の見解との関係で、このEU規則自体の構造にも、ここで目を向けておく必要がある。

　このEU規則について、まず注意すべきは、それが、EU域内の或る国での倒産手続にすべてを一本化する主義を、とって「いない」ことである。即ち、「主要な倒産手続」（同規則３条１項）と、属地的効力（当該国内に所在する倒産者の「財産」に限定された効力）のみを有する「２次的倒産手続」（同規則３条２項）との、ある種の（悩ましい）"緊張関係"において、但し表向きの印象とは別に、種々の政策目的からして、域内各国で進められる「２次的倒産手続」の方を、基本的にアンタッチャブルとする形で問題を処理しようというのが、このEU規則の基本スタンスである(12)。

　その際、同規則３条は、既述の２種（細かくは３種だが、今は無視する）の「倒産手続」につき「国際管轄」の規定をまず置き、次に、同規則16条１項で、３条の管轄を有する加盟国裁判所での、有効な倒産手続の開始につき、他のすべての締約国での、いわゆる"自動承認（automatic recognition）"(13)を規定する。このように、同規則は、外国倒産手続の承認を、一般の牴触法上の、即ちわが民訴118条と同様の牴触法的理論枠組の中に、明確に位置付けている(14)。のみならず、同規則25条は、「その他の裁判の承認及び執行可能性」に関する明文規定を置いている。これは、全体としての倒産手続とは別個の、いわば「支分的裁判」の承認・執行問題への、自覚的対応としてのものである(15)。「承認援助」一本槍で、後は「協力」オンリーとするかのごとき「承認援助法」の制定だけでは済まない諸問題の存在を、こうしたEU規則の規定振りからも、日本側として再認識する必要が、あるように思われる(16)。

　たしかに、このEU規則は、日本の「承認援助法」と同様、同規則下の複数の手続（管財人）間の「協力」等につき、31条で規定を置く。だが、ドイツの側からは、それについて「主要」・「２次的」の両手続間の、管財人相互の協力における実際上の困難を、過小評価すべきではない、とする指摘のあることにも、我々として注意しておくべきであろう(17)。

二　国際倒産と租税

1　はじめに

わが国際倒産法制の変革は、いわゆる「一橋案」[18]の立法提案に始まる、と言ってよい。その後、前記の「国連モデル法」にすべてが吸収され、「承認援助法」の制定に至るのである[19]。だが私は、そもそもの出発点たる「一橋案」の立法提案に「租税」をインプットしたとき、そこにおける外国倒産手続の承認要件の満たされる場合が、果たしてあるのかを、夙に問題視していた。

要するにそれは、「外国倒産手続の承認要件たる[一橋案]の(6)[ハ]については、わが租税債権もそこに含めて解する以上、わが国の租税債権が外国で執行されるといったことが、国家管轄権論上、税務執行共助の条約ルートで当該外国で取り立てられるか、あるいは、当該外国が特にかかる域外執行に対して国家的同意を与える場合を除き、基本的にありえない点が問題となる。そもそも租税債権が外国で一切無視される（お互いにそう扱う）のが大原則である以上、わが租税債権が当該外国手続における倒産者に対して存在する限り、わが租税債権者（国）の、当該外国手続における「権利の順位」については、「重大な差異」のあることが、むしろ原則となる。差異というより、それは端的な無視である。また、(6)[ロ]の、「内国債権者の利益が不当に害されるおそれのあること」という承認拒絶事由も、この点からして、同様に原則として存在する、ということにもなりうる。一橋案においては、わが国の租税債権を含めて考えても承認要件の満たされる場合があることを前提に、承認したあとの、その効力面で、前記の(8)③で、租税債権に「優先権」の認められる場合につき、「禁止による不利益が著しいとき」に限って、例外を設けようとされる。その論理の構成が、国境を越えた課税権の行使（執行）という問題の本質との関係で、当を得たものかが、かくて問題となるのである。……「承認」論と「共助」論との関係を含め、問題の真の全体的把握が、強くのぞまれる」、との批判である[20]。

そこで前提とした国家管轄権（執行管轄権）上の問題[21]については、以下においても再論する。「承認援助法」において、この点、即ち租税の取り扱いがどうなったのかは、実に興味深い問題となるが、ともかく租税（課税）という「非民事」（国家公権力行使）の領域[22]からの光を当てることによって、国際倒産法制の抱える問題の重要な一局面が明らかになる。ここではそのことを、「国連モデル法」制定過程での論議からも、若干示しておこう。

2　1997年「国連モデル法」制定過程での「租税」の取り扱い——米国対外関係法第3リステートメント§483の問題ある論理との関係において

米国の対外関係法第3リステートメント§483は、外国の租税判決・刑事判決の承認・執行も可なりとし、それらを一般の民事判決同様に扱う、不当なものである[23]。幸い、米国判決も、今のところそれに従ってはいないし、例えば米加関係において、カナダ最高裁の側から、かかる国境を越えた営為を明確に突っぱねた先例も、いまだ生きている[24]。

前記の §483に示された考え方は、(米国を含めた) 諸国の国家実行に、明確に反するものである。そしてこの点は、英国国際私法の体系書における、"There is a well-established and almost universal principle that the courts of one country will not enforce the penal and revenue laws of another country..... . [T]he best explanation ..... is that suggested ..... in Government of India v. Taylor, that enforcement of such claims is an extension of sovereign power which imposed the taxes, and "assertion of sovereign authority by one State within the territory of another, ..., is (treaty or convention apart) contrary to all concepts of independent sovereignties.""との指摘からも、明らかである[25]。

私の知る限り、(英米型コミティの機能する"共助"関連の問題を別とした場合の) 国際倒産関連での唯一の例外は、「ルクセンブルグ対IRS事件」一件のみである[26]。しかるに、米国側は、恐らくはこの事例に味を占めて、「もう一度落ちて来るかもしれない美味しい林檎を私から奪うな」的な主張を、「国連モデル法」作成過程で行ったようである[27]。

「国連モデル法」に付された「立法のためのガイド」のパラ105には、このモデル法13条 (Access of foreign creditors to a[n insolvency] proceeding .....) の2項に付された注2の中の代替案 (そこでtaxの語が出て来る) についての、解説中の1文として、"The alternative provision in the footnote differs from the provision in the text only in that it provides wording for States that refuse to recognize foreign tax [!] ..... claims to continue to discriminate against such claims."とある。随所に「§483的米国」への遠慮があり、問題の真相を摑みにくい面はあるが、実は同項の審議過程での中心的な問題は、「外国課税当局 (等) の債権の承認問題に、思い切って踏み込むべきか否かだった」とされている。そこまでこの条項の射程を広げることに対する困難として、外国の租税 (等) に自国の租税と同等のステータスを与えることを望まない国々の抵抗 (resistance) が挙げられ、この領域にあえて踏み込むことで、このモデル法の採用が縮減することも示唆された、とある。

一連の論議の末に「§483的米国」の主張は排除されるのだが、そこに至る過程では、外国の「公的請求」を認めることが自国の倒産手続を進める上で必須と考える裁判所に対して、「手錠をかける (handcuff)」ようなことはするな、との見解が示されたりもした。だが、「租税の取扱い」にまで踏み込むことには「一般的な躊躇 (a general hesitation)」が示されていた中で、どう見ても、この見解は、諸国の中での少数派である。そして、現実問題としてかかる主張をする国は、後述の諸点からも、「§483的米国」以外にあり得ない[28]。ちなみに、右の「手錠をかける (handcuff)」ようなことはするな云々の見解について、諸国の国家実行中の特異な事例たる、前記の「ルクセンブルク対IRSの事例」を、そこに重ね合わせて見れば、パズルの一枚が、ピタリと嵌まるはずである[29]。ともかく、こうした激しい「国連モデル法」制定過程での論議の中で、日本代表がいかなるスタンスだったのか[30]。私は、この点が若干気になっている。

3 「2000年EU（倒産）規則」と租税──「英国の選択」との関係を含めて

このEU規則には、「租税（課税）」について、イノヴェイティヴな規定たる39条がある。即ち、まず同規則32条（債権者の権利行使）の1項は、すべての債権者は「主要な倒産手続」及びすべての「2次的倒産手続」において、債権届出をなし得るとする。それを受けた39条（債権届出の権利）は、更に明確に、手続開始国外の「課税当局」等を含めた、手続開始国以外の他の域内国に常居所、住所、本拠のいずれかを有するすべての債権者の、債権届出の「権利」を認める。つまり、EU域内各国間に限定されたものではあれ、その限りで各国租税債権の"国境を越えた"実現が、明文をもって認められているのである。他方、同規則上の「2次的倒産手続」をとる域内各国に認められた（自国のローカルな債権者の利益を含めた）利益の一環として、「2次的倒産手続」をとる国にとっての、当該国の課税当局の利益の実現（自国租税債権の、自国内の資産からの満足）が、本規則の中に別途"埋め込まれて"いる[31]。これは、1963年以来続けられて来た欧州サイドにおける域内国際倒産法制の整備において、（各国法上の担保権と共に）租税債権の取り扱いが大きな争点となって来たことを踏まえた、一つの解決である[32]。

それでは、このEU規則とともに「国連モデル法」をも採用した「英国」（イングランド・ウェールズ、及びスコットランド）は、前記の「国連モデル法」13条の2項との関係を含め、この点でいかなる対応をしているのか。「英国」は、前記の2006年国際倒産規則のアネックスとして、若干の修正を加えた上で「国連モデル法」を採用しているが、その13条には、もともとのモデル法にはない、以下に示す第3項が、加えられている。即ち、"3.　A claim may not be challenged solely on the grounds that it is a claim by a foreign tax [!!] ..... authority but such a claim may be challenged ── (a) on the ground that it is in whole or in part a penalty, or (b) on any other ground that a claim might be rejected in a proceeding under British insolvency law."との条項である。そのトリッキーな（そして、したたかな）構造を、ここで解析しておこう。

まず、この「英国」独自の第3項について、「国連モデル法の採用」によって「インド課税事件」（既述のGovernment of India v. Taylor）的な「英国」の牴触法上の基本ルール（厳密には、一般国際法上の執行管轄権の問題）が、一部覆された、とされている[33]。だが、そこに最初のトリックがある。それを一部覆したのは、「2000年EU（倒産）規則」の方なのであって、この指摘は、単に「米国」主導の「国連モデル法」（端的に言えば「§483的米国」）への、屈折したリップ・サービスの類いである。

つまり、オリジナルの「国連モデル法」13条2項の代替案では、このモデル法が、「外国租税債権」（等）の排除（exclusion）という（「米国」を含めた）諸国の伝統的立場に影響しない（does not affect）ことを明確化することに、その主眼があった。けれども、「英国」ヴァージョンの13条3項は、一見したところでは、逆方向での規定振りとなっている。その限りでは、「§483的米国」へのある種の友好的配慮、のようでもある。だが、その先に、いかにも「英国」らしい落とし穴が、用意されている。

要するに、すべては同項の(b)で決着を付ける（帳尻を合わせる）構造なのである。そこに"any"とあるところがミソである。既述の「インド課税事件」的な「英国」

の牴触法上の基本ルールによって、「§483的米国」が固執するような国境を越えた課税権行使は、遮断される構造となっているのである。

　他方、この第3項に、"such a claim may be challenged" とあることに、注目すべきである。これは、「EU規則」と「国連モデル法」との架橋のための文言である。即ち、例えば「フランス」の課税当局が同国租税債権の「英国」倒産手続における実現を要求して来た場合には、前記のEU規則39条との関係で、「英国」側としてそれを拒絶「出来ない」。だが、例えば「米国（IRS）」が同じことを求めて来た場合には、それを拒絶「出来る」、ということになる。それが、この13条3項に "may be challenged" とあることの、本当の意味である。

　かくて、纏めれば、以下のとおりとなる。即ち、『「英国」ヴァージョンの「国連モデル法」13条3項は、「§483的米国」の"隠れサポーター"のようにプリテンドしつつも、全くそうなってはいず、巧妙な条文構成の中で、(1)「2000年EU（倒産）規則」、(2)「国連モデル法」、(3)「英国の在来の国際私法（国際倒産法）」の、(1)から(3)までの優先順位において、「インド課税事件」に象徴される諸国の、そして「英国」自身の、（一般国際法上の「執行管轄権」、即ち、国境を越えた公権力行使の禁止という基本的要請、に基づく）明確な国家実行を、「EU規則」に牴触しない範囲で"温存"する構造と、なっている。』――これが「英国の選択」の実際上の姿である[34][35]。

三　「一橋案」における租税の取り扱いに立ち戻って――牴触法の理論枠組との関係での根源的な疑念

　ところで、「租税（課税）」という切り口からここまでの検討を行って来た以上、どうしても一言せねばならないことがある。日本における国際倒産法制の変革に向けた一連の論議の中で、牴触法上は明確に「非民事」に属する「租税（課税）」の問題が、一体如何に扱われて来たのかという、根源的な問題である。そこで、そもそもの出発点たる「一橋案」におけるこの点の扱いを、見ておくこととする。

　竹下教授は、「一橋案」の立法提案を説明する際に、以下のように論じておられる[36]。即ち、「最も困難と思われますのは、主要な法抵触問題についての準拠法の規律であります。担保権とか、労働債権あるいは租税債権等をいったいどのように処遇したらよいか、それについていずれの国の法を準拠法として判断すべきか、という問題がとくに重要であると思われます。そこで、私どもの国内法改正試案……では、原則的に普及主義への転換を定めると同時に、これらの問題についての規律をおもな内容として定めているのであり……」、とされている。其処に、既にして重大な理論的混乱があることに、気づくべきである[37]。

　「国際倒産法」の立法提案において「租税債権」の「処遇」が「最も困難」な問題となる、との竹下教授の認識は正しい。だが、「それ」（即ち「租税債権」）について、「いずれの国の法を準拠法として判断すべきか」という問題設定は、実は、そもそもおかしい。

　日本で選択される「準拠法」の如何で、内外の租税債権の、国際倒産手続（日本で

の手続、及び、外国倒産手続の承認の局面）における「処遇」が決定されるというのは、一体如何なる論理に基づくものなのかを、冷静に考えて見る必要がある。

とくに「外国」租税債権の「処遇」を考えて見ると、(a)「日本」の倒産手続において、「外国」課税当局が直接「日本」に出向き、配当要求をした場合に、「日本」側で定める「準拠法」次第で、その「処遇」が左右される、との論理が、ここで示されていることになる。他方、其処で示されているのは、(b)日本の国際倒産手続における、「日本」の租税債権の「処遇」も、同様に「準拠法」に左右されるとの論理、のようでもある。右の(a)(b)ともに、そんなことは、実はあり得ない。

紙数の関係で、右の(a)の部分につき一言しておくにとどめるが、この(a)の「日本」を「英国」に、「外国」を「インド」に"変換"すれば、『(a)「英国」の倒産手続において、「インド」課税当局が直接「英国」に出向き、配当要求をした場合に、「英国」側で定める「準拠法」次第で、その「処遇」が左右される』、ということになる。だが、どこか、基本的におかしくないか。要するに、右の"変換"を経た場面設定は、既述の「インド課税事件（Government of India v. Taylor）」そのものである（インドの課税当局が英国での倒産手続に出向き、インドの租税債権につき、配当を受けようとして、蹴っ飛ばされた事例である）。

米国の対外関係法第3リステートメントのReportersの、この判決の意義を矮小化して伝えようとする歪んだ意図[38]にもかかわらず、この英国判決はまさに、諸国における「執行管轄権」（「国境を越えた公権力行使の禁止」）問題の取り扱いの基本を、明確に示したものだったはずである。かくて、「一橋案」の基本スタンスを示した竹下守夫教授における、「租税債権」の「処遇」に関する前記の立論は、「国連モデル法」の前記の13条2項を巡る激しい論議においても当然の前提とされていたはずの、「執行管轄権」問題に関する諸国共通の理解を、共有するものとはなっていない。

他方、竹下教授が、ここにおいて、具体的に如何なる問題についての準拠法を想定しておられるのかが、実は定かではない。例えば「租税債権の優先性の準拠法」などというものを考えるのだとしたら、それは全くナンセンスとなる。どうか、この点を、踏みとどまってじっくりと、考えて頂きたいものである[39]。

私は、こうした根源的な問題が如何にクリアされて「承認援助法」に至ったのかという、まさにそこが、気になってならない[40]。

（1）　青山善充「倒産手続における属地主義の再検討」民訴雑誌25号（1979年）158頁。なお、この点につき、石黒『国際私法と国際民事訴訟法との交錯』（1988年・木鐸社）217頁以下。

（2）　石黒『国際民事訴訟法』（1996年・新世社）294頁以下。なお、旧法下の谷口安平教授の解釈論と私見との親近性につき、同前・296頁。

（3）　松下淳一・国際私法判例百選（新法対応補正版・2007年）211頁。結論同旨、伊藤眞『破産法・民事再生法』（2007年・有斐閣）183頁、山本和彦『国際倒産法制』（2002年・商事法務）112頁。

（4）　山本克己「新しい国際倒産法制における「承認」概念とその周辺」河野正憲＝中島弘雅編『倒産法大系』（2001年・弘文堂）153頁。なお、同前・146頁をも参照。同旨、森下哲朗「国際倒産と銀行倒産」国際私法年報3号（2001年）243頁。なお、木川裕一郎「外国倒産処理手続の承認をめぐる考察」桜井孝一先生古希祝賀『倒産法学の軌跡と

三 「一橋案」における租税の取り扱いに立ち戻って
——牴触法の理論枠組との関係での根源的な疑念　　511

展望』(2001年・成文堂) 520頁以下をも参照せよ。
（５）石黒「国際課税と牴触法（国際私法）[中－23]」貿易と関税2007年8月号82頁。
（６）坂井秀行「外国管財人の地位」山本克己＝山本和彦＝坂井秀行編『国際倒産法制の新展開』（金融・商事判例増刊号 [1112号]）（2001年）110頁。なお、同前・114頁（坂井）をも参照せよ。
（７）石黒・前出注（５）82頁。なお、「承認援助法」に対する私の総括的評価は、山本・前出注（３）「はしがき」２頁に示されたような、以下のごとき一般の理解とは、全く逆である。即ち、山本・同前は、従来の「日本の姿勢は……経済的破綻の問題についてキチンとした法整備をしない無責任な国として、大げさに言えば国際信用にも関わるもの」であり、「日本の行政重視・司法軽視の体質を具現したものとする評価も可能であった」が、「その意味で、今般の法整備は... 大きな前進を遂げたものと評価出来よう」、とする。だが、石黒・同前（2007年8月号）83頁以下に「承認援助法」下の実例に即して記したように、私は、"米国流の裁量"の表面的な移入（後出・注(40)参照）のみで、基本的にすべてが"水面下"に潜り、実際の訴訟（国際訴訟）という形で顕在化しにくい法制度作りをする方が、むしろ「無責任」なことではないのか、と考える。国際倒産事例は、多方面の関係者の利害調節を、「国境」を越えて、如何に行なうかという、極めて高度な法政策的判断を要する問題である。だが、だからこそ、各ステップでの法的判断（牴触法的なそれ）の精緻さと、判例・学説による詳細な検証とその蓄積が、大いに求められる、と言うべきではないか。そしてその意味でも、後述の「2000年EU（倒産）規則」や、スイス国際私法（石黒・前出注（５）論文[中－29]貿易と関税2008年2月号69頁以下、同前・[中－30]同3月号69頁以下で詳述）、そしてドイツの場合（同前・[中－32]同5月号57頁以下、同前・[中－33]同6月号54頁以下）における現実直視型アプローチ、更に、同じく自覚的な「英国の選択」（後述）から、日本が学ぶべきことは多い、と考えているのである。なお、スイスの「ミニ破産」方式（その成立過程については、過去において全く言及しなかった点を含めて、同前・[中－30]同3月号69頁以下）が牴触法上の「承認」アプローチではなく「共助」のそれだとする一部の理解の誤りについては、同前（2008年3月号）・76頁以下、また、属地的な「２次的倒産手続」を実質的に重視する「2000年EU（倒産）規則」とスイスの「ミニ破産」との類似性・親近性については、同前・[中－32]同5月号47頁以下を、それぞれ参照せよ。
（８）UNCITRAL国際倒産モデル法。それについては、山本・前出注（３）191頁以下。なお、日本は「承認援助法」によって2000年にそれを採用したが、同年までにそれを採用していたのは、エリトリア（1998年）・メキシコ・南アフリカ（ともに2000年）のみ。米国が2005年、英国（イングランド・ウェールズ・スコットランド）は2006年（北アイルランドは2007年）の採用である。この点につき、石黒・前出注（５）論文[中－34]貿易と関税2008年7月号66頁。なお、南アフリカの特殊事情につき、同前・57頁以下。
（９）倒産手続に関する2000年5月29日のEU規則（Verordnung [EG] Nr. 1346/2000 des Rates über Insolvenzverfahren vom 29. Mai 2000, ABl. EG Nr. L 160, S.1.）。なお、貝瀬幸雄「EU規則（regulation）との比較」山本＝山本＝坂井編・前出注（６）65頁以下。
（10）石黒・同前論文[中－34]貿易と関税2008年7月号62頁以下。
（11）Dicey/Morris/Collins, The Conflict of Laws (14th ed. 2006), at 1409. なお、石黒・同前論文[中－36]貿易と関税2008年9月号68頁以下。ジュリスディクション問題を中軸とする従来の英国の国際倒産法の基本について、石黒・同前論文[中－37]貿易と関税2008年10月号53頁以下。
（12）EU規則の基本構造についての、石黒・同前論文[中－32]貿易と関税2008年5月号47頁以下参照。
（13）石黒・前出注（２）221頁。なお、この16条に即してこの点を論ずるDicey/Morris/Collins, supra note 11, at 1472及び貝瀬幸雄『国際倒産法と比較法』（2003年・有斐閣）56頁参照。ちなみに、この自動承認については、「承認の効果」に関する17条1項によっても、明確化されている（また、同規則前文22項にも、「自動承認」の語がある）。

512   終章──米国の思惑、EUの戦略、そして日本の無策

(14)　山本克己・前出注（4）146頁以下の問題関心と対比せよ。
(15)　石黒・前出注（2）314、315頁参照。
(16)　この点につき、同・前出注（5）論文［中-32］貿易と関税2008年5月号48頁以下。
(17)　Haimo Schack, IZVR (4. Aufl. 2006), at 383. なお、「国連モデル法」につきId. at 356は、「コモン・ローによって"刻印"された［国連］モデル法は、日本・メキシコ・南アフリカによって受容され、最近の米国における国際倒産法改正に、基準を与えるものとして影響を及ぼした。だが、欧州においては、いずれにせよ［2000年］EU倒産規則［の存在］により、殆ど受け入れられない」、との興味深い指摘をしている。以上につき、石黒・同前論文［中-32］貿易と関税2008年5月号51、62頁。なお、「国連モデル法」に「国際管轄」の規定が欠如していることもまた、米国連邦破産法304条の構造をそのまま引きずるものであることにつき、同前・［中-36］同2008年9月号67頁以下。また、「国連モデル法」制定に向けた米国の動きについて、この「304条が孤立をしないことが彼ら［米国］のメリット」だとする竹下守夫＝竹内康二＝伊藤眞＝西澤宗英「〈シンポジウム〉国際倒産法の立法論的検討」金融法研究5号（1989年）13頁の指摘（竹内）のあることに、注意せよ（同頁［竹内］には、「現在、ABA、IBAの2つの母体が中心となって、国際倒産について、304条の拡張という基本的な認識で作業を進めているのではないか」、ともある）。
(18)　竹下守夫編『国際倒産法』（1991年・商事法務）381頁以下（伊藤眞）参照。
(19)　山本・前出注（3）3頁以下。
(20)　石黒＝貝瀬幸雄＝佐藤鉄男＝弥永真生＝真船秀郎＝土橋哲朗『国際金融倒産』（1995年・経済法令研究会）401頁以下（石黒）。なお、この点を再叙した石黒・前出注（5）論文［中-26］貿易と関税2007年11月号64頁以下、73頁、及び、同『新制度大学院用国際私法・国際金融法教材』（2004年・信山社）70頁以下を見よ。
(21)　石黒・前出注（2）41頁以下、及び、同・前出注（5）論文［中-28］貿易と関税2008年1月73頁以下。但し、この点については、「外国租税債権執行禁止原則の根拠が疑問視されている今日［の福祉国家］においては、外国租税債権が一部にとどまる場合には、外国倒産の承認によって実現される外国国家の主権的利益は微弱［??］であって、むしろ……国際倒産法上の諸利益の実現が重視されるべきであろう（国際民事手続法上のトレランス［??］）。したがって、まず内国租税当局が租税債権を回収してから、その残余を外国管財人に引き渡すという限度で、執行管轄権の貫徹がはかられる［??］」との、若干アンビバレントな見解もある。石黒他・前出注(20)259頁（貝瀬幸雄）。それに対しては、石黒・前出注（5）論文［中-26］貿易と関税2007年11月号71頁以下の批判を見よ。
(22)　牴触法上の民事・非民事の区別につき、石黒・前出注（2）8頁以下。
(23)　ALI, Restatement, Third, Foreign Relations Law of the U. S. (1987), §483, Reporters' Note 1 & 2 (Id. Vol. 1, at 613) 参照。その不当性については、石黒・前出注（5）論文・［中-19］貿易と関税2007年4月号56-69頁、同前・［中-20］同5月号54-57頁で徹底的に批判したところ。
(24)　同前・［中-20］同2007年5月号55頁（544 U.S. 349, 125 S. Ct. 1766 [2005] を引用）、及び同前・［中-19］同2007年4月号の65-66頁参照。後者では、Scoles/Hay/Borchers/Symeonides, Conflict of Laws (4th ed. 2004), at 1296-1298の、"Tax and Penal Judgments and Claims"（§24.23）についての論述でも、1963年にカナダ最高裁が、"It is perfectly elementary [!!] that a foreign government cannnot come here [ie. to Canada] to enforce a judgment for tax." と述べたことが示されている（従って、2004年段階でも、米加関係では、この事例が生きている、ということになる）。それとともに、そこでは "The [U.S.] courts ……continue to deny [!!] recognition to foreign-nation tax claims and judgments although the policy considerations reviewed above support a broad view in favor of enforcement of both interstate and international claims." とされ、かくて、米国の判例は、前記リステートメント§483でサジェストされた方向には、何ら向かっていない。そのことの再度の確認が、まずもって重要である。
(25)　Dicey/ Morris/Collins, supra note 11, at 101. なお、例えば石黒・前出注（5）論文［中

(26) 石黒他・前出注(20)225頁以下（貝瀬幸雄）が紹介する Overseas Inns S.A.P.A. v. U.S., 685 F. Supp. 968 (N.D. Tex. 1988), 911 F. 2d 1146 (5th Cir. 1990) である。貝瀬・同前をベースに事案を簡略化しつつ示せば、ルクセンブルグ法人 Overseas は米国ＩＲＳから納税申告を怠ったと指摘され、米国で不服申立てを行なっていたが、その過程で、1976年12月にルクセンブルグで倒産した。1978年1月に同社と IRS との間での、同社の納税額に関する和解が成立し、それに基づき同社の納税額を定める米国判決が、下されていた。ルクセンブルグの管財人（同国裁判所の選任した commissaires）は、同年3月に同社の再建案を提出したが、そこでは、極めて異例なこととして、米国 IRS が「一般債権者」に分類されていた。つまり、ルクセンブルグの倒産手続において、米国（外国）租税債権への配当が、認められたのである。これは同社再建のための苦肉の策だったが、その後、IRS が同社の在米資産を別途差押した。それを不当とするルクセンブルグ側の主張を、米国裁判所は、「礼譲は、ある国が他国租税債権に影響を与えることまでも許すものではない。ルクセンブルグでの再建計画においては IRS は非担保債権者とされているのに対し、アメリカ破産法によれば IRS は担保権者としての優先的地位を有するのである。したがってルクセンブルグの裁判はアメリカを不当に侵害し (unfairly prejudices)、アメリカの法とポリシーに反する」、として拒絶した（貝瀬・同前226頁）。なお、この点につき、石黒・前出注(5)論文［中－26］貿易と関税2007年11月号69頁以下。

(27) 「国連モデル法」制定過程での以下の諸点に関する詳細は、同・前出注(5)論文［中－35］貿易と関税2008年8月号63頁以下。UNCITRAL での審議過程を示す A/52/17 (General Assembly Official Records: Fifty-second Session, Supplement No.17), paras. 190-192; A/CN.9/422, paras. 179-187; A/CN.9/433, paras. 77-85; A/CN.9/435, paras. 151-156を踏まえた論述が、そこでなされている。

(28) ちなみに、「国連モデル法」13条2項の注2の中で示された代替案としての第2項には、"Paragraph 1 of this article does not affect ..... the exclusion of foreign tax ..... claims from such a proceeding. ......" とあり、「国連モデル法」採用国における外国租税債権の排除には影響なし、との点が明確化されていた。そして、UNCITRAL, supra (A/CN.9/435), para. 155には、"It was noted that foreign tax ..... claims were not expressly excluded from the ambit of paragraph (2). Thus, strong support was expressed for retaining the option contained in the footnotes, since a number of jurisdictions [!!] would have difficulties in enacting the Model [Law] if they did not expressly reserve the possibility for the enacting State to exclude [!!] foreign tax and social security claims." との趣旨説明がなされている。以上につき、石黒・前出注(5)論文［中－35］貿易と関税2008年8月号69頁、及び、同前・［中－36］同9月号57頁。

(29) UNCITRAL, supra (A/CN.9/422), paras. 180-184. なお、詳細は、石黒・前出注(5)論文［中－35］貿易と関税2008年8月号65頁以下。また、同前・［中－30］同2008年3月号81頁に記した通り、Schack, supra note 17, at 380は、米国連邦破産法上の租税債権の優先性を定めた規定を引用しつつ、自国租税債権の優先性を外国にも承認させようと米国が固執（pochen）している実例として、まさに前記の「ルクセンブルグ対 IRS」の事例を、引用している。

(30) なお、石黒・同前［中－23］同2007年8月号79頁以下と対比せよ。

(31) 同前・［中－32］同2008年5月号51頁。

(32) この EU 規則39条に至る前史については、同前・［中－31］同2008年4月号61頁以下。ちなみに、条約で各国が互いに主権を譲り合うのであるから、こうしたことについて、一般国際法上の「執行管轄権」の問題は、もとより生じない。

(33) Dicey/Morris/Collins, supra note 11 (14th ed. First Supplement 2007), at 134.

(34) 詳細は、石黒・前出注(5)論文［中－36］貿易と関税2008年9月号58頁以下。

(35) だが、かかる「英国」のしたたかさよりも前に、EU 全体としてのタフな交渉スタンスを、「国連モデル法」の制定過程から、十分に認識しておくべきであろう。同前（9

月号）・64頁以下に、纏めて示しておいた点である。即ち、「2000年 EU（倒産）規則」の"成立過程"の「国連モデル法」（1997年）への「直接的反映」という重要な事実の存在について、である。要するに、「1997年」の「国連モデル法」作成過程においては、1963年以来作業が続けられ、「1995年条約案」で内容的にはほぼすべてフィックスされていたところの、EU 域内での法統一（「2000年 EU［倒産］規則」に結実するそれ）における「主要な倒産手続」・「2次的倒産手続」の区別の仕方、そして後者の開始要件たる"establishment"（施設）概念（それについては、国際課税の場合の PE 概念との関係を含めて、石黒・同前論文［中－32］貿易と関税2008年5月号53頁）等が、具体的な文言レベルまで、全くそのまま"埋め込まれている"のである（"center"を"centre"と表記するところまで、一緒である）。

　　右の点は（例えば山本・前出注（3）210頁にも簡単な指摘はあるものの）、「英国」ヴァージョンの「国連モデル法」13条3項の制定経緯との関係で既に言及した点、即ち、「外国租税債権」の取扱いとの関係で、「§483的米国」の意図通りには「国連モデル法」が作成され得なかったこととともに、本書における重要な指摘事項となる。これらの点は、明らかに（「英国」を含めた）EU 諸国の、"作戦勝ち"と、言うべきであろう。

　　ここで再度指摘しておくならば、「2000年 EU（倒産）規則」の基本構造は、域内での「主要な倒産手続」の「承認」（民訴118条的な、即ち牴触法上「共助」とは明確に区別されるところの、明確な「承認」アプローチ）を表向きには軸としつつも、「スイスの"ミニ破産"」同様のスタンスから、域内各国での「2次的倒産手続」（前記の"establishment"を要件とするそれ）の開始の自由を、当該国内のローカルな債権者の保護等のために認め、後者を基本的にアンタッチャブルとする、すぐれて現実的な解決を志向するものであった。そして、それと同時に、域内各国の「租税債権」（等）については、自国の「2次的倒産手続」におけるその満足の他に、国境を越えた域内での債権の実現をも認めるとの、一般の国家実行の変更を、域内限りで認めるものでもあった。そうした「2000年 EU（倒産）規則」の基本枠組が、「1997年」の「国連モデル法」の中に、明確に"事前インプット"されていたのである。そのためもあって、「英国」サイドにおける「2000年 EU（倒産）規則」と「国連モデル法」との"接合"は、ごく自然なものと、なっているのである。

(36)　竹下守夫＝竹内康二＝伊藤眞＝西澤宗英・前出注(17)7頁（竹下）。なお、以下に示す点につき、石黒・前出注（5）論文［中－24］貿易と関税2007年9月号88頁以下参照。そこでは、竹下編・前出注(18)28頁（竹下）の同様の指摘に基づく検討も、別途行っている。

(37)　他方、"非民事"の「租税債権」と、基本的には"一般民事"の「担保権」・「労働債権」とが、そこにおいて同列に把握されていることの奇異さにも、目を向けるべきである。この点は、既にして「一橋案」が、さしたる自覚的意図なくして「§483的米国」の影を引きずるものであったこと（言い換えれば、「民事」の論理ですべてを割り切ろうとする傾向にあったこと）を、示すものとも言える。

(38)　石黒・前出注（5）論文［中－19］貿易と関税2007年4月号61頁以下。

(39)　そこから先の議論については、同前・［中－24］貿易と関税2007年9月号88頁以下参照。また、以上につき、同・国際私法［第2版］（2007・新世社）60頁の、「図6　国際民事紛争における基本的な法の適用関係」を、同前・59頁の説明とともに、参照せよ。そして、「牴触法の理論枠組」について一層分かり易い再整理を試みた同・前出注（5）論文［中－28］貿易と関税2008年1月号73頁以下をも、参照せよ。

(40)　なお、「承認援助法」の本質を、裏から把握する上で必須の、米国の「積極介入型裁量権限」と「コミティの重層構造的性格」については、同・前出注（5）論文［中－27］貿易と関税2007年12月号57頁以下、同前・［中－28］同2008年1月号73頁を、また、「国連モデル法と連邦破産法 Chapter 15の米国」については、同前・［中－38］同11月号53頁以下、及び、それに続く数カ月分の連載（同2009年6月号分まで）を、それぞれ参照せよ（──以上の執筆基準時点は、2008年8月29日［＊］）。

* 非常に禁欲的な以上の小論をもって、本書の結びとする（2009年9月3日午後9時28分、脱稿［以上、貿易と関税2009年11月号分］。——なお、著書化のための作業は、2009年12月26－28日の三日間、ぶっ通しで。作業終了は、同年12月28日午後10時33分。——初校開始は2010年3月12日夜。それを始めて間もなく、金子宏先生からのfaxが届いた。本書のもとになった「国際課税」関連の連載論文の、最後の部分［貿易と関税2010年3月号］をお送り申し上げたことに対する、御礼の御言葉と共に、「国際送達」についての私見、等を、強くサポートして頂いた。もうすぐ金子先生の「第15版」が出版される、とのことである。そして、私の本書初校終了は、2010年3月21日午後10時45分。これから始まる妻裕美子の詳細チェックの大変さを痛感しつつ‼——4月12日午前0時14分、遂に、妻の「終わったあっ！」の声が聞こえた。その間、4月8日には、金子先生の『租税法［第15版］』を、頂戴していた。そして、何とそこ［419頁］には、本書のもとになった連載論文が、光栄にも、引用されていた‼）。

索引(*)

* 微妙なことばの差があっても然るべき頁に辿り着くよう、とくに意を用いた。

あ 行

IMF協定8条2項b …………… 221
Aérospatial事件 ……………… 124
アエロメヒコ事件 ………… 81,97,109
アクト・オヴ・ステート・ドクトリン
　………………………… 15,34,106
アジア経済危機 ………………… 500
アブダビ政府 …………………… 65
アメリカからの厳しい批判 ……… 308
アメリカ牴触法革命 …………… 21
アライド・バンク（Allied Bank）事件
　………… 34,104,106,107,109,293
あり得ない誤解 ………………… 309
或る種の対米恐怖 ……………… 457
アルゼンチン政府サムライ債デフォル
　ト事件 ………………………… 317
暗号技術の輸出規制 …………… 72
アンブロシアーノ銀行事件 ……… 69
EU域内での国境を越えた域内各国租税
　債権の実現 …………………… 425
EU規則39条 …………………… 170
EU規則と国連モデル法との架橋 … 509
EU規則の基本構造 …………… 189
EU規則の基本スタンス ………… 505
EU金融機関倒産指令 … 172,173,176,289
EUサイドのしたたかさ ………… 258
EU製の部品 …………………… 355
EU全体としてのタフな交渉スタンス 513
EUとECとの区別 ……………… 223
EUの苦悩 …………………… 188,413
EUの戦略 ……………………… 503
EUの本質的な苦悩の内実 ……… 203
イエズス会禁止条項 …………… 142
以遠権問題の本質 ……………… 103
域外的公権力行使 ……………… 304
域外適用 …… 111,112,117,118,120,121,231
域内各国の属地的手続の開始と遂行の
　自由 ……………………… 188,413
域内法統一の理念 ……………… 197
イギリスの確定的な判例法理 …… 171
幾重にも捩れた承認概念 ………… 34
ISDAマスター・アグリーメント … 39
ISO-9000シリーズ ……………… 76
ISO-9000の求めること ………… 76
痛々しき正義 …………………… 411
1号PE ………………………… 186
一連の倒産法制の整備 ………… 484
一連の判例展開の出発点 ……… 38
一括清算ネッティング ………… 94
一成汽船事件 …………… 38,429,430
一般条項的な一般的・白紙的委任 … 12
一般法理としてのコミティ … 103,111,345
糸の切れた凧 ………… 455,456,458,460,476
インターネット法国際コロキウム … 104
インターネット法国際コロキウム報告
　………………………………… 260
インド課税事件 … 13,20,22,24,30,34,41,51,
　　85,131,163,214,234,239,241,247,249,
　　250,251,254,286,425,465,508,509,510
In re Koreag事件 ……………… 110
ウエストブルック教授の基本観 … 363
ウエストブルック教授の心の傾き … 458
ウエストブルック教授の日本批判
　………………… 319,322,337,339,458
ウエストブルックという人 ……… 324
ウエストブルックの願望 …… 322,323,325
「ウエストブルック＝米国」との歪んだ
　前提 …………………………… 337
胡散臭い統計 …………………… 291
打ち上げ失敗の村祭りの花火 …… 334
埋め込まれた異物 ……………… 197

518　索　引

営業所⋯⋯⋯⋯⋯⋯⋯⋯⋯⋯⋯ 185,349
英国型裁判の重層構造⋯⋯⋯⋯⋯⋯ 246
英国裁判官の広汎な裁量権限の淵源
　⋯⋯⋯⋯⋯⋯⋯⋯⋯⋯⋯⋯⋯ 245,263
英国裁判所の管轄行使における裁量的
　性格⋯⋯⋯⋯⋯⋯⋯⋯⋯⋯⋯⋯⋯ 269
英国司法の最も深いところ⋯⋯⋯ 236,246
英国紳士⋯⋯⋯⋯⋯⋯ 251,252,253,292
英国という悲しい言葉遣い⋯⋯⋯ 164,289
英国特有の承認と共助との交錯⋯⋯ 85,94
英国とは何か？⋯⋯⋯⋯ 164,165,178,214
英国と南アフリカとの関係⋯⋯⋯⋯ 167
英国における国際倒産の牴触法的処理 416
英国における条約の取扱い⋯⋯⋯⋯ 216
英国の悲しい現実⋯⋯⋯⋯⋯⋯⋯⋯ 131
英国の基本的な状況⋯⋯⋯⋯ 131,163,213
英国の在来の牴触法的処理との接合⋯ 255
英国のしたたかさ⋯⋯⋯⋯⋯⋯⋯⋯ 513
英国の従来の国際倒産法制の基本と裁量
　⋯⋯⋯⋯⋯⋯⋯⋯⋯⋯⋯⋯⋯ 231,232
英国の従来の国際倒産法の基本⋯ 228,263
英国の従来の倒産法制の概要⋯⋯⋯ 231
英国の選択の実際上の姿⋯⋯⋯⋯⋯ 509
英国の通商利益保護法⋯⋯⋯⋯⋯⋯⋯46
英国の牴触法上の基本ルール⋯⋯⋯ 249
英国の伝統としての裁量⋯⋯⋯⋯⋯ 227
英国の本音⋯⋯⋯⋯⋯⋯⋯⋯⋯⋯⋯ 167
英語のニュアンス⋯⋯⋯⋯⋯⋯⋯⋯ 377
AT&Tの分割 ⋯⋯⋯⋯⋯⋯⋯⋯⋯ 104
英米合作⋯⋯⋯⋯⋯⋯⋯⋯⋯⋯⋯⋯⋯73
英米における民事・非民事の混淆
　⋯⋯⋯⋯⋯⋯⋯⋯ 8,13,16,59,247,309
英米の訴訟類型・管轄権原理⋯⋯⋯ 419
英米の論理と日本の論理⋯⋯⋯⋯⋯⋯94
英米の論理に傾斜し過ぎたゴリ押し
　⋯⋯⋯⋯⋯⋯⋯⋯⋯⋯⋯⋯⋯ 175,393
英米法系の英米法系たる所以⋯⋯ 168,215
英米法系の盟主としての英国⋯⋯ 219,292
英米法上のin rem概念⋯⋯⋯⋯⋯⋯ 419
英米法と大陸法⋯⋯⋯⋯⋯⋯⋯⋯ 163,394
ACE（Automated Commercial Environ-
　ment）⋯⋯⋯⋯⋯⋯⋯⋯⋯⋯⋯⋯⋯71

エクィティ（衡平法）⋯⋯⋯⋯⋯⋯ 234
エシェロン（ECHELON）⋯⋯⋯⋯⋯70
establishment概念 ⋯⋯⋯⋯⋯ 347,428,514
establishmentの定義 ⋯⋯⋯⋯ 257,259,351
エリトリア⋯⋯⋯⋯⋯⋯⋯⋯ 224,423,511
援助⋯⋯⋯⋯⋯⋯⋯⋯⋯⋯⋯⋯⋯⋯ 204
援助処分を発令しうる基礎的状態⋯⋯ 449
援助の処分をすることができる基礎⋯ 354
エンロン・ワールドコムの破綻⋯⋯ 315
美味しい林檎⋯⋯ 240,241,247,302,465,507
美味しい林檎と手錠のレトリック
　⋯⋯⋯⋯⋯⋯⋯⋯⋯⋯⋯⋯⋯ 307,309
欧州中央銀行⋯⋯⋯⋯⋯⋯⋯⋯⋯⋯ 175
OECDの租税委員会　⋯⋯⋯⋯⋯⋯ 301
OECDモデル租税条約⋯ 309,310,314,315
OECDモデル租税条約27条⋯ 13, 236,237,
　　243,248,300,301,310,311,312,313,425
驚くべき事態⋯⋯⋯⋯⋯⋯⋯⋯⋯⋯ 432
オプション⋯⋯⋯⋯⋯⋯⋯⋯⋯ 312,313
オペレーショナル・リスク⋯⋯⋯ 70,71,75
表向きの主要な倒産手続の優先性
　⋯⋯⋯⋯⋯⋯⋯⋯⋯⋯⋯⋯⋯ 188,413

か　行

ガーンジー島の税制⋯⋯⋯⋯⋯⋯⋯ 217
外貨とは一体何なのか？⋯⋯⋯⋯⋯ 176
外貨はカネかモノかの論⋯⋯⋯⋯⋯ 177
外国管財人等への資産の引渡し⋯⋯ 384
外国従手続⋯⋯⋯⋯⋯⋯⋯⋯⋯ 347,428
外国主手続⋯⋯⋯⋯ 257,347,370,432,442
外国主手続か否か⋯⋯⋯⋯⋯⋯⋯⋯ 434
外国主手続側への自国資産引き渡し⋯ 266
外国主手続の承認の効果⋯⋯⋯⋯⋯ 378
外国主手続の定義⋯⋯⋯⋯⋯ 428,429,432
外国主要手続の承認の効果⋯⋯⋯ 408,441
外国主要手続の定義⋯⋯⋯⋯⋯⋯⋯ 433
外国主要手続への干渉・介入⋯⋯ 369,389
外国訴訟差止命令⋯⋯⋯⋯⋯ 34,100,288
外国租税債権執行禁止原則⋯⋯⋯⋯ 84,512
外国租税債権の処遇⋯⋯⋯⋯⋯⋯⋯ 510
外国租税判決・刑事判決の承認・執行
　⋯⋯⋯⋯⋯⋯⋯⋯⋯⋯ 15,128,246,506

索　引

外国租税判決の承認・執行………　237,299
外国代表者への自国内資産の引き渡し
　………………………………………　384
外国手続に対する内国手続の優位……　442
外国倒産処理手続………………　335,354
外国倒産処理手続という用語法の問題性
　………………………………………　424
外国倒産処理手続の承認………………　354
外国倒産処理手続の承認援助に関する
　規則…………………………………　451
外国倒産手続…………………………　335
外国倒産手続の主要・非主要の基本的
　区別………………………　427,448,461
外国倒産手続の承認決定を担当する裁
　判所…………………………………　444
外国倒産の対内的効力……………　60,77
外国の公法上の債権……………………　96
外国の主要な手続………………　259,346
外国の配当計画………………………　135
外国の非主要な手続………　346,370,402
外国配当計画の不承認………………　145
外国非訟裁判の承認・取消・変更……　57
外国法人の認許………………………　199
外国法の適用と裁判所………………　118
外国没収裁判の執行共助………………　10
蚕の換価制限…………………………　145
解釈論によるコミティの日本への導入論
　………………………………………　103
改正日米租税条約………………………　6
階層構造………………………………　173
改訂バーゼル・コンコルダート………　68
概念の相対性……………………………　64
書き方の非厳密性……………………　379
書き手の心理……………………………　27
確認訴訟の訴訟物……………………　205
学問的信頼性…………………………　351
隠れサポーター……………　254,292,308,509
過去の自分への検証作業……………　169
加算税…………………………………　497
貸金業法…………………………　47,498
過剰管轄………………………………　203
課税当局の利益………………………　183

課税要件法定主義………………………　12
仮想的な心理モデル…………………　456
価値権理論……………………………　177
各国租税債権の国境を越えた実現
　…………………………………　183,508
各国の国際金融倒産法制………………　68
各国法統一作業の全体像………　196,221
カナダ南部鉄道事件……　104,106,107,293
株券等の保管及び振替に関する法律…　177
カボタージュ…………………………　216
管轄権……………………………　376,377
管轄中心の要件構成…………………　264
管轄の牴触……………………………　402
管財人実務………………………　45,316,332
管財人相互の協力における実際上の困
　難…………………………………　189,505
干渉・介入………………　372,404,405,406
間接強制………………………………　463
間接保有証券…………………………　174
間接保有証券準拠法条約案……　174,393
カントン…………………………　142,144
官報……………………………………　338,470
官報公告…………………………………　44
願望と現実……………………………　337
管理命令………　44,45,48,315,319,337,453,
　　　　　　　　　482,483,504
規制緩和・行革の嵐…………………　499
規制の論理………………　114,118,119,120
規制の論理イコール非民事か？………　119
北アイルランド………………………　220
基本的人権保障との相剋……………　305
基本的人権保障のための防波堤………　11
基本的な概念の再整理………………　116
基本的な規律手法……………………　484
基本的な法の適用関係……………　113,514
客観的連結……………………………　176
9・11以降の一連の事態………………　72
旧弊な主権概念………………………　131
狭義の国際私法（準拠法）的アプロー
　チの諸相……………………………　279
凝縮されたすべての法的エネルギー…　484
共助……149,152,154,157,158,181,196,206,

520　索　引

	263, 289, 297, 355, 507, 511, 514
共助拒絶事由	9, 10, 13
共助とレシプロシティ	275
行政効率の向上	14
強制執行等禁止命令	450, 471, 475, 482, 485, 489
強制執行等の定義	491
行政実務の流れ	14
強制措置	10, 13
強制措置と任意措置との微妙な限界点	14
行政庁に係属しているものの手続	475, 478, 485, 487, 488, 489, 490, 491, 492, 493, 494
強迫観念モデル	455, 460, 461, 465, 503
業務統括地	431
協力への法的基盤	394
規律手法の不安定さ	371, 387, 389, 390, 391, 409
銀行規制	39
銀行の海外子会社	74
禁止による不利益が著しいとき	80
キントナー原則	64
金融機関の国際倒産現象	67
金融機関の倒産	172
金融規制	286
金融工学	486, 499
金融のMS	174
金融法学会	283
屈折した強迫観念	460
苦悩するEUの姿	414
組合契約	63
グリーン判事	105
グローバル盗聴	70, 71
警察実務家の立場	10
刑事事件における第三者所有物の没収手続に関する応急措置法	11, 14
刑事執行共助	118
刑事被告人の立場	11
刑事被告人"未満"	11
刑事没収	66, 377
罪刑法定主義	35
ケイマン	362

契約の神聖さ	60
ゲマインデ	142
ゲマインデ社会	144, 146
現下の国際水準	445, 446, 467
権限関係	367
権限関係に関する属地主義	37
原則管轄	62, 431
原則管轄・例外管轄の一橋案における区分	430
原則管轄と例外管轄の区別	429
憲法感覚	11
券面不発行	177
権利形成的国家行為	157
権利能力なき社団・財団	63
権力の抑圧移譲	89
恒久的施設	349
公序例外	366
合成の誤謬	498
後続の研究者の基本的任務	352
硬直的なヒエラルキー（階層構造）	411, 414
後発的付随倒産手続	187
公法・私法の枠	115
公法上の債権	51
公法と私法	20
国際会議への参加の仕方	392
国際課税のPE	185
国際管轄	180, 203, 259, 265, 266, 274, 279, 298, 353, 354, 357, 360, 371, 390, 415, 505, 512
国際基準を凌駕するような法制	433
国際協調	428, 433, 443, 444, 445, 446, 461
国際銀行監督	65
国際銀行監督上の最低基準	69
国際金融倒産の全体像	67
国際金融の全体像から見た国際倒産現象	176, 286, 471
国際金融法の全体像	64, 68
国際決済銀行（BIS）	67
国際私法イコール準拠法選択？	59
国際私法と国際民事訴訟法との交錯	56, 57, 353

国際私法の危機･････････････････････503	国連モデル法制定に向けた米国の動き
国際信用･･････････････42,47,285,511	･････････････････････････512
国際捜査共助法････････････････････13	国連モデル法と2000年EU規則との基本
国際送達･･････････････････････････515	的な規律手法の差･････368,373,388,412
国際訴訟における訴訟物･･･････････204	国連モデル法と平成12年法との基本的
国際通貨基金････････････････････317	な規律手法のズレ･･････････････448
国際的な規律の潮流との適合性･･････427	国連モデル法と平成12年法との基本的
国際的な税務否認･･･････113,486,499	なズレ･････････････････423,483
国際倒産管轄････････････････････429	国連モデル法における承認の対象･････347
国際倒産処理の実態････････････････44	国連モデル法の外見的特徴･･････････410
国際倒産事例に関する裁判所[裁判官]	国連モデル法の基本構造･･････423,456
の監視の状況［その不十分さへの懸念］	国連モデル法の基本ポリシー･･････････451
･･････････････････････････469	国連モデル法のコア・エレメント････394
国際倒産事例に対する日本の裁判官達	国連モデル法の諸国における適用事例
の監視の実態･･･････････････452	･････････････････････････468
国際倒産と課税に関する論点･･･････424	国連モデル法の真の構造･･･････343,409
国際倒産法の全て･･････････････････262	国連モデル法の制定（審議）過程
国際倒産法の立法論的検討････････････49	･････････････317,466,468,513
国際二重起訴････････････････158,271	国連モデル法の制定経緯････････290,292
国際破産における破産財団の範囲･････434	国連モデル法のその後の採用状況
国際振込に関するUNCITRALモデル法	････････････････････223,235
････････････････････････････68	国連モデル法の本質････････････････410
国際民事紛争処理の深層････････････157	国連モデル法は排他的なルートなのか？
国際礼譲･･･････････････････106,107	･････････････････････････315
国税徴収法の立法過程･････････････497	国家からの授権･･･････････････････2
国内租税債権の取扱い････････479,481	国家管轄権･･････････51,55,78,199,506
国内的処理の惰性････････････････472	国家管轄権の基本･･････････････････80
国内犯への置き換え･･･････････････118	国家管轄権論･････････････････････289
国民皆兵のスイス････････････････147	国家管轄権論からの普遍的要請･･････77
国連国際組織犯罪防止条約･･･9,10,305,313	国家管轄権論に対する無理解･･････････77
国連麻薬新条約･･･････････････9,305,313	国家財政の危機･････････････････････89
国連モデル法7条の趣旨･････331,332,333	国家財政の基盤･･････････････498,499
国連モデル法8条（解釈）･･･････483,496	国家体制の変更と（それにもかかわらぬ）
国連モデル法13条2項の審議過程での	法制度の連続性････････････････214
租税の取扱い･････････････494,506	国家的同意････････････2,3,22,86,506
国連モデル法13条2項の制定過程	国境に落ちたコインの両側････8,32,35,54,
･････････････238,286,287,299	117,248,304
国連モデル法21条への米国型裁量の歯	国境を越えた協力･････････････208,209
止めなき流入･･･････････････381	国境を越えた公権力行使･･････1,2,5,8,
国連モデル法29条の驚くべき構造･････403	35,48,51,58,78,113,171,247,254,
国連モデル法自体が設けたセーフガー	424,465,509,510
ド措置････････････382,406,460	国境を越えた公権力行使の禁止･････････82

国境を越えた公権力行使の諸相……　15,39
国境を越えた問題把握の必要性………　498
国境を越える環境汚染………………　145
言葉遣いの心理………………………　169
言葉に無神経な条文いじり…………　440
この人は本当に会議に出て居たのか？
　………………………………………　336
個別債権者への眼差し……　90,91,267,466
コミティ概念……………………………　210
コミティと公序…………………………　235
コミティと国際協調……………………　294
コミティと同質のもの……………………　43
コミティとはそれでは一体何なのか？
　………………………………………　103
コミティとレシプロシティ……………　247
コミティの位置付け……………　341,344
コミティの実際の機能…………………　104
コミティの重層構造的性格…　101,102,103,
　　109,111,197,233,260,289,344,
　　346,365,514
コミティのネガティヴかつアグレッシ
　ヴな機能……………………………　356
コミティの最も厳密な定義……………　247
コミティの有する強度の政治性………　107
コミティのレトリック……………　107,109
コミティ批判………　103,111,210,221
コモン・ロー………………　234,274,382
コモン・ロー・ルール……………　278,279
コモン・ロー起源の裁量…………　234,375
コモン・ロー上の裁量…………………　245
コモン・ロー上の諸原則………………　233
コモン・ローによって刻印された国連
　モデル法……　194,196,224,290,373,382,
　　399,469,512
コモン・ローの伝統……………………　167
コモンウェルス…………………………　43,165
コモンウェルスの定義……………　166,169
コモンウェルスへの復帰………………　195
根源的な制度選択上の岐路…　411,416,448
混　　線…………………………………　404
「混蔵寄託＋共有権」的構成　…………　177

さ　行

サービス標準化…………………………　76
在外資産…………………………………　78
罪刑法定主義……………………………　305
債権者の一般の利益………　90,91,267,436,
　　442,447,453,462,466,473
債権者保護を持ち出す際の方向性……　456
最高裁の国際的孤立……………………　116
最後の貸手（LLR）機能　………………　69
財産所在地管轄…………　203,349,350,351
財産に関する属地主義……………………　37
再審理……………………………………　107
財政危機…………………………………　499
在日資産の国外への持出し………　450,451,
　　461,462,463,494
サイバー・セキュリティ……………　70,72
裁判官の営為の内実………　81,96,99,286
裁判官の裁量……………………………　45,47
裁判書にどう書くか？…………………　474
裁判所の権限の一般規定………………　374
裁判所の判断プロセスの不開示（ないし
　"不存在"!?）………………………　472
裁判所侮辱…………　23,100,260,288,463
債務者のestablishment　………………　401
債務の所在地……………………………　106
在来の牴触法的枠組……………………　505
裁量オンパレード……　368,369,381,382,405
裁量権限行使の際の具体的な方向づけ
　………………………………………　456,460
裁量権行使に至る制度的な基盤・諸前
　提と実際のプロセス…………………　96
裁量事項…………………………………　106
裁量的共助拒絶事由………………………　14
裁量と共助………………………………　275
裁量と共助との関係……………………　226
裁量とコミティ…………………………　121
裁量による調整の余地…………………　447
詐欺的手段………………………………　372
サバチーノ・アメンドメント…………　107
サバチーノ事件……………………………　34
差　　別……………………　240,248,303

三倍賠償……………………………… 117
三倍賠償判決………………………………46
304条の国際的な孤立 ……………… 295
304条の頃の米国への強い郷愁の念 … 366
304条の示す外国倒産手続の承認要件 101
304条の立法過程 ……………………… 102
残余財産の外国管財人等への引渡し
 …………………………………… 144,212
シカゴ体制下の以遠権問題の三重構造
 的性格……………………………… 103
私契約に影響する部分……………… 53,55
時効の中断……………………………… 380
自国債権者保護……………………… 159,278
自国債権者保護の視点………………… 383
自国債権者保護への強い要請………… 341
自国租税債権の実現…………………… 184
自国租税債権の優先性……………… 159,240
自国租税債権の優先的取扱…………… 199
自国内資産の外国手続側への引き渡し
 ……………………………………… 382
自国法制度の連続性への強靭な自覚… 344
自国法文化の伝統の継承…………… 127,338
自国法文化の脈々たる継承…………… 204
自己資本比率規制………………………73,76
自己資本比率規制の問題性………………69
自己資本比率規制へのズレ込み…………69
自己資本比率規制への強い疑念…………74
自己資本比率規制偏重の不健全な事態…73
私債権類似性論………………………… 498
資産凍結措置………………… 117,118,120
資産の国外持ち出し……………… 383,449
市場原理…………………………………47
市場原理主義批判……………………… 498
市場の論理……………………………… 498
システミック・リスク…………… 174,175
施設（establishment）概念 ………… 428
事前規制…………………………………69
事態の判明時点………………………… 445
執行管轄権…… 1,2,5,8,16,22,25,32,34,35,
 48,51,58,61,78,80,82,84,85,88,117,214,
 249,254,289,304,508,509,510,512
執行管轄権という言葉……………… 112,113

執行管轄権と立法管轄権………………13
執行管轄権問題の矮小化……………… 129
執行管轄権問題への無理解………… 51,52
執行共助……………… 1,5,6,129,130,506
執行のための飛び領土………………… 203
執行吏……………………………………52
実際の訴訟運営に関する裁判官の行動
 パターン…………………………… 205
実質的再審査の禁止……… 29,180,237,311
支店概念………………………………… 350
自動承認…… 158,180,192,282,353,367,388,
 390,415,505,511
自動的中止……………………………… 380
ジブラルタル…………………………… 164
支分的裁判…………………… 193,206,415,505
支分的裁判の承認・執行 180,197,261,262
司法共助（judicial assistance）……… 233
司法共助（judicial assistance）の本質 235
弱者保護…………………………………47
借用概念…………………………… 63,64,113
社債管理会社設置強制…………… 114,119
shallとmayとの関係………………… 227
州際問題……………………………… 26,305
住所単一の原則………………………… 133
住所または主たる営業所……………… 430
従前の牴触法的処理との連続性… 375,416
重大な国連モデル法からの逸脱……… 446
重大な制度上の抜け穴………………… 461
重大な理論的混乱…………………… 50,52
従手続の承認…………………………… 348
州法マター………………………………19
従来型のコミティ……………………… 344
従来の304条が外国との協力一辺倒では
 なかったこと……………………… 356
従来の英国の国際倒産法の基本……… 511
従来の自国国際倒産法制との連続性… 332
従来の牴触法の自発的展開…………… 338
従来のわが国際倒産法の基本…………37
主たる営業所…………… 428,429,430,431,432
主たる事業地と取引中心地との関係……62
主たる事務所…………………………… 428
主手続ではない外国の手続…………… 257

524　索　引

シュヴァイツァーハレ事件……………134
主要ではない外国の手続…………259
主要な倒産手続……179,183,184,187,188,
　　　　　190,192,193,196,203,258,347,412,
　　　　　413,505,514
主要な利益の中心………184,185,202,228,
　　　　　348,361,367,407,432,433,461
ジュリスディクション…263,275,278,354,
　　　　　357,511
ジュリスディクションのルールの欠如
　　　　　……………………………………261
ジュリスディクション問題と従来の英
　　国国際倒産法…………………………259
準拠法上の地理的適用範囲に関する規
　　範の取扱い……………………………116
準拠法選択の基本…………………………49
準拠法選択のプロセスに関する最重要
　　事項………………………………………205
準拠法的アプローチ………………56,57,370
準拠法の論理……52,55,113,114,117,118,
　　　　　119,120,272,277,278,279
準拠法の論理の混入……………48,271,424
準拠法問題に関する最重要事項………204
純粋な国内立法における従来の一般の
　　理解………………………………………493
純然たる通商法規…………………………46
上位規範たるEU規則……………………194
条件付き承認…………91,92,94,97,99,287
証券・マネーのペーパーレス化問題
　　……………………………………172,177,289
常時日本の裁判所が監督する前提………92
承認……149,154,157,180,181,183,184,196,
　　　　　206,289,331,333,338,355,359,370,
　　　　　511,514
承認援助……………………………………40,355
承認援助手続における公告の方法……472
承認援助手続の目的………450,453,455,491
承認概念……………………………………510
承認管財人又は保全管理人への間接的
　　コントロール…………………………451
承認拒絶事由………………………………89,154
承認決定………97,98,193,330,333,334,337,
　　　　　367,434,438,439
承認決定のなされた後……………………91
承認後に認められ得る救済……………371
承認対象性…………………………………471
承認と共助…………………………………167
承認と共助との関係……………………128
承認と共助との交錯………219,328,335
承認と共助との鵺的存在……127,155,260
承認と共助との明確な理論的区分……153
承認と国内手続との先後関係…………435
承認の意味…………………………………206
承認の効果に関する国連モデル法20条
　　の内容……………………………………284
承認の定義…………………………………353
承認の論理…………………………………413
承認要件……………………………………282
承認要件に関する一橋案と平成12年法
　　との比較…………………………………425
条文の機微……………………………443,444
条　　約……………171,304,308,309,338
条約とコミティ？………………………123
諸国の一致した国家実行………………286
自力執行権……………………………486,497
私利私欲に終始する時代………………500
シルバー精工事件……………337,409,478
事例の乏しさ……………………………276,277
新会社法制定………………………………503
信義則的観点……………………………38,420
人権的視座………………………………16,23
人権的配慮の無視………………………129
人権保障の国境を越えたバイパス………35
新古典派経済学…………………………29,32
紳士協定…………………………………67,68,74
信じ難い事実………………………………391
信じ難い事態…………………………427,431
信じ難い怠慢………………………………352
真の各国法の統一………………………261
新破産法制定との関係…………………497
新破産法と課税……………………………485
心理的歪曲効果を伴う用語法…………215
スイス国際私法典…………………………134
スイスとコモン・ロー諸国……………157

索　引　525

スイスと米国……………………… 160	世界的金融危機………………………… 500
スイスにおける外国破産宣告の承認要件	世界破産法条約構想………………… 317
……………………………………… 137	世界貿易体制と国内規制改革………… 255
スイスにおける租税債権の優先性…… 140	セキュリティ・マネージメント・スタン
スイスに住所を有する債権者……… 137,138	ダード………………………… 71,76
スイスに住所を有する債権者の債権… 141	世銀グローバル円債（1992年）……… 174
スイスの家族制度………………… 144,146	積極介入型裁量権限………………… 514
スイスのスイスたる所以…………… 143	積極介入型の伝統的裁量…………… 382
スイスの選択………………………… 127	積極介入型の米国型裁量…… 94,98,99,100,
スイスの租税債権…………………… 133	110,233,234,288,345,372
スイスの租税債権の処遇…………… 139	積極介入型の米国型裁量の実像
スイスの内発的・内在的な提言……… 155	……………………… 111,260,287,344
スイスの内発的な法的発展………… 156	積極介入型の米国型裁量の全体像…… 288
スイスの人々の行動パターン……… 156	積極的な国際協調姿勢……… 427,440,445,
スイスのミニ破産と私……………… 145	446,467
スイス民法典（ZGB）………………… 144	絶対的強行法規…… 52,53,55,88,114,115,
スイスらしい批判のかわし方……… 140	117,119,120,289
スイス連邦憲法59条とスモン訴訟…… 142	絶対的強行法規性…………………… 113
推定規定……………………… 432,433,461	設立準拠法…………………………… 431
水面下での事実上の交渉…………… 398	設立準拠法主義……………………… 63
水面下に潜る裁判所の判断プロセス… 468	攻めるのは米国との前提…………… 314
推理劇……………………… 337,342,343	1992年改正前の銀行法……………… 74
数倍賠償……………………………… 260	1992年版ISDAマスター・アグリーメ
スコットランドとの関係…………… 219	ント………………………………… 74
スフィンクス事件……………… 361,363	1978年の米国連邦破産法改正………… 68
スペインのシェリー酒事件…… 15,131,214	1980年国連統一売買法……… 261,392,393
すべてが裁量………………………… 284	先行業績……………………………… 352
全てが水面下に潜る構図…………… 47	戦後の韓国…………………………… 214
全ての混乱の元凶…………………… 129	戦後の深刻な東西対立……………… 167
全てをtaxpayer側から見ること…… 35	センター・オブ・ビジネス………… 429
住信vs.UFJ事件……………………… 60	全体的な制度設計の在り方………… 497
スモン訴訟…………………………… 150	1848年のスイス連邦憲法………… 142,147
スワップ取引………………………… 75	相互協議………………………… 79,312
精確な各国法の比較………………… 22	相互の保証…………………………… 154
清算対象たる財産に関する属地主義… 367	相対的強行法規……………………… 53
政府の不作為………………………… 3	双方可罰性……… 7,8,9,10,12,13,14,118,
セーフガード……… 34,451,454,455,456,	305,310
459,462	双方可罰性要件の相対化……… 12,42,313
セーフガード措置……… 423,449,460,494	属地主義………………… 37,38,88,154,510
セーフガード措置としての自国債権者	属地主義緩和………………………… 37
保護………………………………… 448	属地主義緩和に向けた一連の判例展開
世界銀行……………………………… 317	……………………………………… 336

属地的効力……………………………… 179
束縛を嫌う米国裁判所の本能的リアク
　ション……………………………… 378
組織犯罪処罰法………………………10,14
組織犯罪処罰法62条………………………10
訴訟と非訟………………………………… 2
訴訟物…………………………………… 200
訴訟物の同一性………………………… 158
訴訟物論争の狭間……………………… 205
租税債権の優先性…………………500,501
租税債権の優先性の準拠法？……………52
租税債権の劣後化………………41,88,466
租税法律主義の本旨……………………… 7
租税条約……… 300,302,309,310,312,315,
　　　　　　　　　　　　　　　465,500
租税条約上の徴収共助規定………………12
租税叩き………………………………… 500
租税という言葉……………………473,478
租税の公共性…………………………… 498
租税の公共性論………………………… 500
租税法律主義………………… 6,7,12,32,35,310
租税法律主義との大きな緊張関係……… 7
租税を所管する省庁…………………… 480
その他の裁判の承認及び執行可能性
　…………………………………180,415,505
ソルベンシーに関する規律………………68

た　行

第１次日米租税条約…………………… 310
対ウエストブルック配慮……………… 323
大英帝国の残映・残照……… 43,131,166,248
対抗力……………………………………… 3
第三国の絶対的強行法規の適用ないし
　考慮……………………………………119
第３次日米租税条約………………… 64,311
第２バーゼル・コンコルダート（1983年）
　……………………………………………69
滞納処分……477,480,481,482,484,485,487,
　　　　　　　　　488,489,490,495,496
滞納処分に対する重大な制約………… 486
対米戦略の基本………………………… 457
大魔神への変身………………………… 446

大陸法……………………………… 98,287
他州の租税判決……………………………19
他州の租税判決の州境を越えた執行……8
正しい英国認識………………………… 215
タックスシェルター…………………… 499
他の手続の中止命令…… 193,285,482,485,
　　　　　　　　　　　　　　486,489
他の法域の裁判所との協力（共助）の
　伝統…………………………………… 234
ダブル・スタンダード……… 313,314,466
誰も語ろうとしない真実…………………37
知的財産権侵害の準拠法……………… 116
知的財産権と国際私法………………… 117
致命的な誤り…………………………… 349
チャーチル…………………………………71
Chapter 15制定後の米国における一部
　判例の造反………………………359,360
Chapter 15の排他性に関する例外…… 324
注意すべき英米の論理……………………18
仲　裁…………………………………… 312
中止命令………………………………… 477
徴収共助… 5,6,13,30,39,130,309,310,311,
　　　　　　　　　　　　312,425,465
徴収共助の合憲化……………………… 310
徴収共助の実例……………………………12
徴収共助メカニズム等への無理解………79
懲罰賠償………………………… 116,117,260
聴聞の機会…………………………………10
通貨はモノだとする議論……………… 110
通信傍受……………………………………70
牴触法上の民事・非民事の基本的区分
　………………………………………56,59,61
牴触法的問題処理の自然な発露……… 370
牴触法的理論枠組……………………… 504
牴触法の基本…………………………… 200
牴触法の基本構造……………………… 128
牴触法の理論枠組……………… 111,509,514
手形・小切手統一条約………………… 197
適切な法廷地…………………………… 271
テクニカル・データの輸出規制…………73
手　錠……………………………… 240,302,507
手錠と林檎戦略………………………… 312

索　引　527

手続的保障	201, 311, 312
手続法的アプローチ	57
手続法の論理	55
デュー・プロセス	313
デルブリュック銀行事件	68
電子商取引	175
電子マネー問題	174
ドイツ型抵触規定観	57
ドイツ国内での法の整備	191
ドイツ統一前の東ドイツ	214
統一法優位の法的イデオロギー	392
東西ドイツの統合	170
倒産管轄	272
倒産共助のシステムと個別承認のシステム	46
倒産事前防止	69
倒産実務家の立場	45
倒産諸法の条文構成上の大前提	487
倒産属地主義	87, 398
倒産属地主義の解釈論的修正の実像	42
倒産法学者達の一般のリアクション	477
投資家対国家の仲裁	315
当事者適格	37
当然の学問的作法	352
Toga事件	109
特許独立の原則	116
ドミサイル	278
どんでん返しの§1529	390
どんな訴訟が起き得るか？	43

な 行

内外並行倒産	90, 267
内国裁判所間の連絡不十分の可能性	445
内国裁判所にとっての事態の判明時点	444, 461
内国租税当局の反発	306
内国手続の自動的中止	454
内国倒産手続の優位	406, 408, 412, 414, 423, 426, 445, 456
内国倒産手続を担当する裁判所	444
内発性	158
内発的な自国の法発展との連続性	

	164, 290, 340
名指しでの日本批判	42
何についての準拠法が問題となり得るのか？	53
Niederlassungの定義	350
二国間経済連携協定	14
2次的倒産手続	163, 178, 179, 181, 183, 185, 186, 188, 190, 192, 194, 196, 258, 289, 347, 350, 385, 388, 400, 412, 463, 505, 508, 511, 514
2次的倒産手続の側の拒否権	189, 413
2次的倒産手続の残余	182
2次的倒産手続の自主性	189, 413
2003年版のOECDモデル租税条約27条（徴収共助）	128
2000年EU（倒産）規則と租税	508
2000年EU（倒産）規則の基本構造	178, 196, 258, 289, 388, 412, 414, 448, 514
2000年EU倒産規則の上位性	253, 350
2000年EU倒産規則の成立過程の国連モデル法（1997年）への直接的反映	255, 412
2000年EU（倒産）規則の39条	253, 306
日米規制改革対話	503
日米刑事共助条約	8, 9, 10, 12, 13, 42, 305, 310, 313
日米通商摩擦	42
日米貿易摩擦への比較法文化的視点	31
日韓刑事共助条約	12, 14, 305
日本型国際協調の陥り易い傾向	88
日本側における初歩的誤解	329
日本側の米国理解の問題性	302, 306
日本代表の行動パターン	391
日本的なしがらみ	495
日本の規制改革・構造改革	90
日本の裁判官達の肉声	398
日本の裁判官のメンタリティ	81
日本の実務の運用	284
日本の税務調査等に対するディスカヴァリ命令	481
日本の属地主義	356
日本の対抗立法	46

索　引

日本の倒産諸法の条文構成との関係… 481
日本の倒産法制の常識……………… 493
日本の倒産法（法廷地実質法）の規律
　枠組との一体性…………………… 424
日本の法制度改革の根っこにあるもの
　………………………………………… 376
日本の法律の世界で今起きていること
　………………………………………… 198
日本の暴論のルーツは？……… 45, 316, 370
日本の無策…………………………… 503
日本版SOX法 ……………………………75
任意清算アプローチ……………… 45, 316
任意措置………………………………… 13
抜け駆け的な個別執行………………… 38
熱帯雨林の樹木…………… 247, 260, 314
ネッティング……………………… 74, 75
根無し草的な国際協調主義………… 410
粘性の強い司法的アメーバ………… 314
納期限から1年が経過している租税債権
　………………………………………… 486
ノー・ガードでの承認……………… 285
野放図な対外援助の姿勢…………… 193
ノルウェー・タックス事件…… 30, 131, 214

は　行

ハーグ間接保有証券準拠法条約案
　……………………………………173, 419
Basel―Ⅰ ………………………… 70, 73, 75
バーゼル・コンコルダート… 66, 67, 68, 70
Basel―Ⅱ ……………………………… 69, 71
バイパスされる国境………………………35
白紙的委任………………………………… 7
破産裁判所側の差止命令…………… 374
破産法改正と租税債権……………… 497
破産法旧3条…………………………… 37
裸のコミティ…………107, 293, 344, 345, 346,
　　　　　　　　　　　　　　　365, 428
裸の裁量………447, 449, 452, 453, 454, 456,
　　　　　　　　　　　　　　　458, 460
裸の裁量のオン・パレード………… 461
バチカン…………………………………… 69
埴輪から大魔神への大変身……… 409, 426

バブル崩壊に至るプロセス………………73
パブロフの犬……………………………… 56
パラグラフ・チェンジ……………………27
バランシング・テスト……………… 111
はるか上空の風……………………… 288
判決の反射的効果と準拠法………… 205
反国際協調の烙印…………………… 457
判断理由開示のレベル……………… 472
BIS規制……………………… 69, 73, 74, 75
BCCI事件 … 38, 39, 60, 62, 64, 65, 66, 68, 69,
　74, 79, 110, 227, 268, 286, 373, 374, 375, 376,
　　　377, 382, 405, 431, 432, 468, 476, 503
BCCI事件とLLR …………………………67
BCCI事件の基本構造 …………………… 62
BCCIの在米資産 …………………………66
比較法………………………………… 297
比較法学……………………………… 421
比較法学の危機……………………………95
比較法学の基本…………………39, 95, 125
比較法学の苦悩……………………… 222
比較法研究…………………………32, 295
比較法的考察…………………… 297, 298
比較法の本質………………………… 211
非学問的な固定観念……………………… 59
ビジネス・コンティニュイティ……… 71
非主要手続の属地性………………… 371
非訟事件………………………… 200, 206
皮相的なハーモナイゼーション…… 260
日立対IBM事件 ……………………… 5, 191
一橋案……………………………………… 49
一橋案と国際課税………………………… 48
一橋案と租税…………………………… 60
一橋案と米国の思惑とのリンケージ……59
一橋案に対する二つのアタック…… 130
一橋案の承認要件………………………… 86
一橋案の本質……………………………… 57
非便宜訴訟地排斥の原則（forum non
　conveniens）……………………………… 92
非民事… 1, 39, 50, 65, 76, 80, 89, 112, 114, 115,
　　116, 118, 119, 198, 286, 289, 468, 506, 509
非民事の法領域への目配り……………… 67
非民事領域への眼差し……………… 199

索引 529

ファイナリティ概念の多義性………… 174	………………………………… 392
フェアネス……………………… 103,105	米国制度の皮相的移入……………… 92
フェアネスとコミティとの関係	米国製の眼鏡……………………… 156
………………196,210,247,255,290	米国政府の逆探知（グローバル盗聴）…72
普及主義……… 51,87,151,154,159,184,199	米国的前提のない国……………… 395
不自然な条文構成………………… 451	米国的な法制度の強烈な輸出戦略……76
不承認となった外国判決…………… 191	米国的論理のグローバル化……… 341
二つの軸足を持つ英国……………… 261	米国特有の現象…………………… 121
物　権………………………………… 420	「米国と国連モデル法」を論ずる重要な
物権的価値返還請求権……………… 177	前提　　　　　　　　　　　　 290
物権と債権との峻別………………… 420	米国にありがちな現象……………… 21
物権法的アプローチ………………… 177	米国における一般国際法の地位の低さ
不当な準拠法の論理の影……… 272,278	…………………………………35,304
船荷証券統一条約…………………… 221	米国における外国判決承認・執行制度
不平等条約改正問題………………… 199	の出発点　　　　　　　　　　 364
不服審査手続………………………… 490	米国における条約の法的地位…… 124,313
不文律………………………………… 493	米国における日本法研究…………… 31
普遍主義……………………………… 199	米国における罰金（fine）…………23
普遍的国家実行……………………… 241	米国における比較法研究の手薄さ…… 298
PRIMA原則　　　　　　　　　 173	米国におけるフェアネス概念…… 210,255
プレイメン事件………………………23	米国に特異な暗闇…………………… 211
米・イラン、米・リビアの金融紛争	米国の思惑………………………… 503
…………………………………53,117	米国の苦悩………………………… 121
並行倒産アプローチ……………… 45,316	米国の最大権威の基本的な論稿…… 322
米国SOX法のシステム技術面での問題	米国の資産凍結措置………………… 54
……………………………………72	米国の司法制度の実像………… 105,125
米国型・積極介入型裁量の法的インフ	米国の戦略の全体像………………… 313
ラを欠く日本への移入…………… 437	米国の対日恫喝……………… 281,456,457
米国型コミティのオン・パレード……58	米国の牴触法革命…………………… 22
米国型コミティの三重構造的性格…… 132	米国のデータベースへのアクセス規制
米国型コミティの重層構造的性格	…………………………………72,73
…………………………125,128,294	米国のパートナーシップ……………63
米国型裁量＆コミティのしがらみ…… 123	米国の法と政策…………………… 106
米国型裁量による複雑系の綾取り…… 418	米国の「林檎と手錠戦略」……… 238
米国型裁量の解釈論上の導入……… 92	米国のローカルな債権者の保護…… 296
米国型裁量の実像……………… 104,105	米国の論理に巻き取られるのみの悲し
米国型裁量の単なる表層部分……… 288	い日本　　　　　　　　　　　　 48
米国型裁量の歯止めなき流入……… 482	米国法のグローバル化………… 156,393
米国債権者の保護………………… 406	米国法の重層的構造……………… 209
米国裁判官の裁量権限に関する問題… 375	米国法の深層……… 102,111,128,196,211
米国裁判所での内外不平等の実態…… 314	米国法の表層部分………………… 208
米国商事法典（UCC）のグローバル化	米国法の本質………………………… 1

米国流の裁量……………………………43
米国流の裁量の表面的な移入…………511
米国流のダブル・スタンダード…299,425
米国連邦破産法304条の制定過程 ……295
米国連邦破産法上の租税債権の優先性
　……………………………………132,159
平成17年度税制改正による組合損失制
　限規定の導入………………………63
平成12年法1条の目的規定…………398
平成12年法制定上の基本的方向性をめ
　ぐる重大な疑念………………………456
平成12年法適用事例の極端な乏しさ
　……………………………………468
平成12年法と課税……………………477
平成12年法と国連モデル法との間の亀裂
　……………………………………281
平成12年法における承認概念…………354
平成12年法の基本的な規律手法の問題性
　……………………………………447,460
平成12年法の審議過程………………478
平成12年法の全体的印象……………483
平成12年法の致命的な構造……………468
平成12年法の立法過程での租税の取扱い
　……………………………………479
平成12年法への私の基本スタンス……423
ペーパーレス化………………………176
ペーパーレス化された証券（dematerialised
　instruments）……………………173
ヘルシュタット（Herstatt）銀行事件
　………………………67,68,101,104,293,295
ヘルシュタット・ショック……………110
ヘルシュタット・リスク………………68
ベルリンの壁…………………………167
返還前の香港…………………………216
弁明的自白……………………………330
法　域…………………………………217
包括的禁止命令………………485,486,487
法人の属人法…………………………56,431
法人の内部組織の変更…………………56
法的印象主義……………………………22
法的不安定性…………………………210
法的無責任体制の構築……………………4

法的迷路………………………………443
法的リスク管理………………………478
法の位階構造…………………………305
法の本質………………………………204
法文化の継承……………………………47
法律学研究の基本中の基本……………351
ポーズとしての304条削除 ………339,476
ホールド・アップ…………………299,308
他の手続の中止命令……………………43
保全措置……………………………367,372
ボタンの掛け違い…295,299,326,448,449,
　　　　　　452,454,455,461,503
没収共助…………………………………14
ホッチポット・ルール（hotchpot rule）
　………………38,145,153,181,420,421
本拠地法主義……………………………63,431
本当の米国の姿…………………………122
翻訳の適否……………………………199

ま　行

前川レポート……………………………73
マクロ・レベルでの外国管財人側の対応
　……………………………………45,316
マネージメント・スタンダード…………76
マネー・ローンダリング………………65
麻薬特例法………………………………14
マルコー事件…………………………4,5,67
マンとモリスの論争…………………221
見落としがちなこと………………272,273
見切り発車的な効率重視………………176
ミクロ・レベルでの外国管財人側の対応
　……………………………………45,316
三田工業事件……………………………3
蜜蜂（die Bienen）の所有権 …………145
三菱自動車事件……………………124,125
南アフリカ……165,166,167,169,195,214,
　　　　　　235,246,423,511,512
ミニ破産…38,66,127,133,134,135,137,138,
　　　　139,140,141,143,144,148,152,154,
　　　　158,159,160,163,178,179,182,183,
　　　　184,185,188,194,196,206,209,211,
　　　　258,270,289,371,390,400,412,413,

　　　　　　　　　　　433,463,503,511,514
ミニ破産という言葉……………………145
ミニ破産と私………………………………152
ミニ破産の残余……………………………145
ミラー・アタック………100,242,457
民事再生法……………………482,484
民事再生法と課税………………………484
民事再生法の管理命令…………………483
民事再生法の規定の移し替え…………483
民事と非民事………………………………20
民事の絶対的強行法規…………………114
民事・非民事の混淆………127,128,129
民商事における裁判管轄及び裁判の承
　認・執行に関するEU規則……………207
昔の学者の概念操作……………………187
報われぬ愛の証し………………………195
無証券化（ペーパーレス化）…………176
無責任な国…………42,47,285,476,511
明確な内国倒産手続の優位……………436
メイド・イン・アメリカ・ロー………256
最も多い準拠法問題に対する誤解……204
モデル法……………………………………338
モデル法上の承認枠組を採用しなかっ
　た日本の対応……………………………407
モデル法制定過程での諸国一般の認識
　………………………………………………283
モデル法の趣旨………………282,283,446
モデル法立法の意義……………282,283

や 行

ヤオハン事件…………………………………4
USライン事件……………………………67
優先権………184,186,192,198,211,341,436,
　　　　　　　　　　　　464,501,506
郵便による送達……………………1,3,113
ユーロクリア………………………174,176
Eurofood事件……………………185,228,360
指の包帯……………………………355,360
ヨーロッパ比較法学の苦渋に満ちた挫折
　………………………………………………392
予納税………………………………………142

ら 行

利害関係人……………………………10,11,14
リステートメント…………………………17
利息制限法…………………………………47
立法管轄権……………………111,114,289
立法管轄権と執行管轄権との区別……112
立法関係者にありがちな現象…………325
立法上の暴挙………………………………288
リビア制裁措置……………………………73
理由開示の曖昧な平成12年法…………476
理由の要旨…………………………………475
理由不開示の問題性………………………476
「林檎と手錠」戦略………………………465
ルクセンブルグ対IRS事件……76,83,132,
　　　　　159,160,199,239,241,247,287,302,
　　　　　307,309,314,386,425,465,476,507
歴史の針……………………………………110
レシプロシティ……………108,230,247
レシプロシティ概念の問題性…………230
レシプロシティとコミティ……………235
連邦憲法裁判所の論理の脆弱性…………12
ローカルな債権者…………………………98
ローカルな債権者の定義………………385
ローカルな債権者の保護…………132,133,
　　　　　　　　　　　　　494,514
ローカルな債権者保護のための安全弁
　………………………………………………423
ローカルな債権者を外国の債権者より
　保護する理由……………………201,288
ローカルな少額債権者の法的保護の利益
　………………………………………200,211
ローカルな利益の保護……………454,455
論証のプロセス……………………………32

わ 行

わが倒産属地主義の緩和に向けた努力
　………………………………………………504
私債権vs.租税債権………………………499
私とhotchpot ruleとの関係……………153
藁人形……………………………………2,41

〈著者紹介〉

石 黒 一 憲（いしぐろ かずのり）

昭和25(1950)年生まれ。昭和44年、都立日比谷高校卒。同45年、京都大学法学部中退。同49年、東京大学法学部卒。同学部助手・助教授を経て、現在、東京大学大学院法学政治学研究科・法学部教授。専攻は、国際私法・国際経済法、等。

〈主要著書〉『現代国際私法［上］』(1986年・東京大学出版会)、『国際私法［第2版］』(2007年・新世社)、『国際民事訴訟法』(1996年・新世社)、『法と経済』(1998年・岩波書店)、『電子社会の法と経済』(2003年・岩波書店)、『通商摩擦と日本の進路』(1996年・木鐸社)、『世界情報通信基盤の構築』(1997年・NTT出版)、『IT戦略の法と技術』(2003年・信山社)、『国境を越える環境汚染』(1991年・木鐸社)、『国境を越える知的財産』(2005年・信山社)、等。

学術選書
16
国際民事訴訟法

❀ ✱ ❀

国際倒産 vs. 国際課税
―牴触法的考察―

2010(平成22)年6月25日　第1版第1刷発行
5416-7：P552　￥12000E-012-050-015

著　者　石　黒　一　憲
発行者　今井　貴　渡辺左近
発行所　株式会社　信山社
〒113-0033　東京都文京区本郷6-2-9-102
Tel 03-3818-1019　Fax 03-3818-0344
henshu@shinzansha.co.jp
笠間才木支店　〒309-1611　茨城県笠間市笠間515-3
Tel 0296-71-9081　Fax 0296-71-9082
笠間来栖支店　〒309-1625　茨城県笠間市来栖2345-1
Tel 0296-71-0215　Fax 0296-72-5410
出版契約5416-01010　Printed in Japan

ⓒ石黒一憲, 2010.　印刷・製本／東洋印刷・大三製本
ISBN978-4-7972-5416-7　C3332　分類329.630-a007　国際民事訴訟法
5416-01011：012-050-015《禁無断複写》

JCOPY　〈㈳出版者著作権管理機構 委託出版物〉
本書の無断複写は著作権法上での例外を除き禁じられています。複写される場合は、そのつど事前に、(社)出版者著作権管理機構(電話03-3513-6969, FAX 03-3513-6979, e-mail: info@jcopy.or.jp)の許諾を得てください。

◇学術選書◇

1	太田勝造	民事紛争解決手続論(第2刷新装版)	6,800円
2	池田辰夫	債権者代位訴訟の構造(第2刷新装版)	続刊
3	棟居快行	人権論の新構成(第2刷新装版)	8,800円
4	山口浩一郎	労災補償の諸問題(増補版)	8,800円
5	和田仁孝	民事紛争交渉過程論(第2刷新装版)	続刊
6	戸根住夫	訴訟と非訟の交錯	7,600円
7	神橋一彦	行政訴訟と権利論(第2刷新装版)	8,800円
8	赤坂正浩	立憲国家と憲法変遷	12,800円
9	山内敏弘	立憲平和主義と有事法の展開	8,800円
10	井上典之	平等権の保障	続刊
11	岡本詔治	隣地通行権の理論と裁判(第2刷新装版)	9,800円
12	野村美明	アメリカ裁判管轄権の構造	続刊
13	松尾 弘	所有権譲渡法の理論	続刊
14	小畑 郁	ヨーロッパ人権条約の構想と展開〈仮題〉	続刊
15	岩田 太	陪審と死刑	10,000円
16	石黒一憲	国際倒産 vs. 国際課税	12,000円
17	中東正文	企業結合法制の理論	8,800円
18	山田 洋	ドイツ環境行政法と欧州(第2刷新装版)	5,800円
19	深川裕佳	相殺の担保的機能	8,800円
20	徳田和幸	複雑訴訟の基礎理論	11,000円
21	貝瀬幸雄	普遍比較法学の復権	5,800円
22	田村精一	国際私法及び親族法	9,800円
23	鳥谷部茂	非典型担保の法理	8,800円
24	並木 茂	要件事実論概説 契約法	9,800円
25	並木 茂	要件事実論概説Ⅱ 時効・物権法・債権法総論他	9,600円
26	新田秀樹	国民健康保険の保険者	6,800円
28	戸部真澄	不確実性の法的制御	8,800円
29	広瀬善男	外交的保護と国家責任の国際法	12,000円
30	申 惠丰	人権条約の現代的展開	5,000円

信山社

価格は税別

◇学術選書◇

31	野澤正充	民法学と消費者法学の軌跡	6,800円
32	半田吉信	ドイツ新債務法と民法改正	8,800円
33	潮見佳男	債務不履行の救済法理	近刊
34	椎橋隆幸	刑事訴訟法の理論的展開	続刊
36	甲斐素直	人権論の間隙	10,000円
37	安藤仁介	国際人権法の構造Ⅰ〈仮題〉	続刊
38	安藤仁介	国際人権法の構造Ⅱ〈仮題〉	続刊
39	岡本詔治	通行権裁判の現代的仮題	8,800円
40	王 冷然	適合性原則と私法秩序	7,500円
41	吉村徳重	民事判決の理論(上)	8,800円
2010	高瀬弘文	戦後日本の経済外交	8,800円
2011	高 一	北朝鮮外交と東北アジア:1970-1973	7,800円

◇総合叢書◇

1	甲斐克則・田口守一 編	企業活動と刑事規制の国際動向	11,400円
2	栗城壽夫・戸波江二・古野豊秋 編	憲法裁判の国際的発展Ⅱ	続刊
3	浦田一郎・只野雅人 編	議会の役割と憲法原理	7,800円
4	兼子仁・阿部泰隆 編	自治体の出訴権と住基ネット	6,800円
5	民法改正研究会(編)(代表 加藤雅信)	民法改正と世界の民法典	12,000円
6	本澤巳代子・ベルント・フォン・マイデル 編	家族のための総合政策Ⅱ	7,500円
7	初川満 編	テロリズムの法的規制	7,800円

◇法学翻訳叢書◇

1	R.ツィンマーマン 佐々木有司 訳	ローマ法・現代法・ヨーロッパ法	6,600円
2	L.デュギー 赤坂幸一・曽我部真裕 訳	一般公法講義	続刊
3	D.ライポルド 松本博之 編訳	実効的権利保護	12,000円
4	A.ツォイナー 松本博之 訳	既判力と判決理由	6,800円
9	C.シュラム 布井要太郎・滝井朋子 訳	特許侵害訴訟	6,600円

信山社

価格は税別

ISBN 978-4-7972-5545-4 定価：本体 6,800 円（税別）　　2008年9月15日刊行

ヨーロッパ人権裁判所の判例
Essential Cases of the European Court of Human Rights

〈編集〉戸波江二・北村泰三・建石真公子・小畑 郁・江島晶子

ボーダーレスな実効的人権保障の理論と実体
ヨーロッパ人権裁判所の全貌を一冊に!!

◇特別寄稿◇I　ヨーロッパ人権裁判所と人権保障／II　在ストラスブール日本国総領事館と欧州評議会◇概説◇ヨーロッパ人権条約の実施システムの歩みと展望／II　ヨーロッパ人権裁判所の組織と手続／III　ヨーロッパ人権条約とフランス／IV　ヨーロッパ人権裁判所の判例の特色／V　(1)ヨーロッパ人権条約とイギリス　(2)ヨーロッパ人権条約とフランス　(3)ヨーロッパ人権条約とドイツ◇1　ヨーロッパ人権条約の基本問題◇〔A　ヨーロッパ人権条約とヨーロッパ人権裁判所の位置づけと性格〕1　国内憲法・憲法裁判所との関係／2　EC法・EC司法裁判所との関係／3　EC法・EC司法裁判所との関係／4　国家賠償と人権裁判所／5　卓国際的武力紛争と人権裁判所／〔B　管轄的異議性と地域性〕7　国家免除との関係／8　留保／9　実施機関の権限内容／10　パイロット判決／〔D　国家の条約実施義務〕11　国民の義務的性格〕12　私人の行為と国家の義務性〕13　私人の行為と国家の義務性〕14　ノン・ルフールマン原則と犯罪人引渡／15　ノン・ルフールマン原則と退去強制／〔C　条約の解釈〕16　条約の解釈／17　自律的解釈／18　評価の余地／19　権利の進歩性〕20　実効的救済手段を得る権利／〔E　個人の人権裁判所への申立権〕21　暫定措置／〔F　条約実施手続〕23　国家間申立／24　国内的救済原則〕25　国内的救済原則〕26　訴訟計的的出訴◇2　ヨーロッパ人権条約が保障する権利◇〔A　生命に対する権利〕27　生命的救済〕28　自然災害と生命〕29　死刑制度〕30　精神病者の人身の自由／〔C　刑事司法の拷問の禁止と難民政策〕30　被死刑と患者〕31　精神病者の人身の自由／〔C　刑事司法の諸原則と諸利益〕32　受刑者の逃走と被告人の逃走／〔B　人身の自由・被拘禁者の権利〕29　獄人身検査〕33　外国人と拷問〕34　無罪の推定〕35　弁護人接見を受ける権利〕36　証人尋問権〕37　無罪の推定〕38　罪刑法定主義と遡及処罰の禁止〕39　一事不再理〕40　裁判を受ける権利〕41　裁判を受ける権利の保障的意義〕42　公正な裁判の保障と武器平等・対審性原則〕43　論点の欠如／〔E　人格権・プライバシーの保障〕45　判決の執行／〔E　人格権・プライバシーの保障〕46　氏名／47　性格権〕48　同性愛〕49　自己情報〕50　性格力からの保護〕51　有名人のプライバシー〔8条〕〕52　公害〕53　騒音〕54　通信の秘密〕55　住居の尊重／〔F　家族生活の尊重・継続の権利〔8条・12条〕〕56　外国人の内縁と私生活・家族生活の尊重〕57　シャリアのずどにら迎連する親の権利〕58　非嫡出子〕59　婚姻の権利／〔G　思想・良心・宗教の自由〕60　国家の宗教的中立〕61　信教の自由〔9条〕〕62　表現の自由〔10条〕〕63　表現の自由と人権の自由〕64　政治的表現〕65　裁判の自由〕66　劇場表現〕67　人権的表現〕68　通信の秘密と侵害〕69　映像の自由〕70　被告人の自由／〔H　労働の自由と社会的人権〕71　集合の自由〔11条〕〕72　社会的人権〕73　未成年人の土地収用と財産権〕74　財産権用の制限〕〔K　教育権〔第1議定書2条〕〕75　教育権／〔L　自由選挙の権利〔第1議定書3条〕〕77　選挙権〔第1議定書3条〕〕78　被選挙権〕79　被選挙権同等法としての訴訟要件◇資料◇人権および基本的自由の保護のための条約（ヨーロッパ人権条約）／II　ヨーロッパ人権裁判所規則（抜粋）／III　ヨーロッパ人権裁判所判例一覧／IV　ヨーロッパ人権裁判所判例索引〕／V　教会基本条約要覧（概略）／〔V　個人申立の審査手続の流れ／VI　事件処理状況／VII　検索ツールによる判例・文献の調べ方

解説判例 80 件に加え、概説・資料も充実
━━━ 来たるべき国際人権法学の最先端 ━━━

信山社

ドイツの憲法判例 I〜
WICHTIGE ENTSCHEIDUNGEN DES BUNDESVERFASSUNGSGERICHTS

◇ドイツ憲法判例研究会 編◇
◦栗城壽夫・戸波江二・根森健 編集代表
ドイツの憲法判例 I（第2版）
◦栗城壽夫・戸波江二・石村修 編集代表
ドイツの憲法判例 II（第2版）
◦栗城壽夫・戸波江二・嶋崎健太郎 編集代表
ドイツの憲法判例 III 最新刊
◦栗城壽夫
19世紀ドイツ憲法理論の研究
◦高田敏・初宿正典 編訳
ドイツ憲法集（第5版）

◦H・P・マルチュケ=村上淳一 編
グローバル化と法 〔日本におけるドイツ年〕法学術例会会

フランスの憲法判例
LES GRANDES DÉCISIONS DU CONSEIL CONSTITUTIONNEL DE LA FRANCE

◇フランスの憲法判例研究会 編◇
◦編集代表 辻村みよ子

◦糠塚康江 著
パリテの論理
◦今野健一 著
教育における自由と国家

◦(監修) 浅野一郎・杉原泰雄
(編集) 浅野善治, 岩崎隆二, 植村勝慶, 浦田一郎, 川崎政司, 只野雅人
憲法答弁集（1947-1999）

◦芦部信喜 著
憲法叢説1 **憲法と憲法学**
憲法叢説2 **人権と統治**
憲法叢説3 **憲政評論**

信山社

◆クラウス・シュテルン 著◆
ドイツ憲法 I
総論・統治編

赤坂正浩・片山智彦・川又伸彦・小山剛・高田篤 編訳
鵜澤剛・大石和彦・神橋一彦・駒林良則・須賀博志・
玉蟲由樹・丸山敦裕・亘理興 訳

A5変 592頁 本体15,000円（税別）

§4 憲法 小山剛 編 小山剛・鵜澤剛・川又伸彦 訳／§12 地方自治 小山剛 編 駒林良則 訳／§13 政党 高田篤・丸山敦裕 訳／§16 自由で民主的な基本秩序 高田篤 編 片山智彦 訳／§18 民主制原理 高田篤 編 須賀博志 訳／§20 法治国家原理 高田篤 編 丸山敦裕 訳／§21 社会国家原理 小山剛・川又伸彦 編 亘理興 訳／§22 議院内閣制の基礎と形成 小山剛 編 川又伸彦 訳／§32 連邦憲法裁判所 赤坂正浩 編 神橋一彦 訳／§36 作用の分割と分配：権力分立原理 赤坂正浩 編・訳／§44 憲法裁判 赤坂正浩 編 玉蟲由樹・大石和彦 訳

◆クラウス・シュテルン 著◆
ドイツ憲法 II
基本権編

井上典之・鈴木秀美・宮地基・棟居快行 編訳
伊藤嘉規・浮田徹・岡田俊幸・小山剛・杉原周治・
西土彰一郎・春名麻季・門田孝・山崎栄一・渡邉みのぶ 訳

A5変 504頁 本体13,000円（税別）

§66 防御権 棟居快行 編 伊藤嘉規・西土彰一郎 訳／§69 客観法的基本権内容 棟居快行 編 棟居快行・西土彰一郎・山崎栄一・宮地基 訳／§76 私法秩序における基本権の効力 井上典之 編 渡邉みのぶ・門田孝 訳／§79 基本権の限界づけの概念と種類（M. ザックス執筆）井上典之 編 井上典之・浮田徹・春名麻季 訳／§84 過剰侵害禁止（比例原則）と衡量命令 鈴木秀美 編 小山剛 訳／§91 憲法裁判所による基本権保護 鈴木秀美 編 杉原周治・鈴木秀美・岡田俊幸 訳

シュテルン国法学のエッセンスの訳出を慶ぶ

日独公法学の交流に多大の功績を積まれたドイツ公法学の泰斗シュテルン教授の代表作・ドイツ国法学のエッセンスがこのたび訳出される運びとなり、慶びにたえない。わが国の公法学に裨益すること多大なものがあると信じ、江湖の研究者におすすめする。

東京大学名誉教授　塩野 宏

信山社